香河县农村信用社志

《香河县农村信用社志》编纂委员会　编

方志出版社
Publishing House of Local Records

图书在版编目（CIP）数据

香河县农村信用社志 / 《香河县农村信用社志》编纂委员会编. —北京 : 方志出版社, 2023.11
ISBN 978-7-5144-5877-0

Ⅰ. ①香… Ⅱ. ①香… Ⅲ. ①农村信用社－概况－香河县 Ⅳ. ①F832.722.4

中国国家版本馆CIP数据核字（2023）第246616号

责任编辑：刘方圆
责任校对：张玉霞
责任印制：梅中英
出 版 者：方志出版社
地　　址：北京市朝阳区潘家园东里9号（国家方志馆4层）
邮　　编：100021
网　　址：http://www.zgfzcb.cn
发　　行：方志出版社图书营销中心（010-67110500）
印　　刷：河北亿博源印刷有限公司
开　　本：889毫米×1194毫米　1/16
印　　张：37.75
字　　数：1004千字
版　　次：2023年11月第1版
印　　次：2023年11月第1次印刷
定　　价：298.00元

《香河县农村信用社志》编纂委员会

主　任：华国旺

副主任：李雅卓　王　健

成　员：李玉春　张　岩　王　辉　曹彦君　曾宪君　韩卫华

《香河县农村信用社志》编纂办公室

主　任：王　健

成　员：韩卫华　王　力　果桂芝　王丽颖　张　淞　任　超
张　冉　姚　静　孙　莹　马艳青　纪春生　计凯东
蔡志国　王从亮　陈　冰　王涛华　周　蒙　杨建海
辛学伟　王　川　赵广斌　刘洪权　王　鹏　刘成杰
安文杰　刘海军　何东杰　徐智峰　刘　宇　刘亦兵
白素华　韩　鹏　宋季青　马晓明　李雪松　赵　越
张　伟　王晨光　韩　颖　魏　鸿　吴向红　孙亚楠
张　颖　任娟娟　李守杰　赵　丹　庹　稳

主　笔：王　健　张　颖　李守杰　赵　丹　庹　稳

《香河县农村信用社志》审稿人员

杨振亮　香河县地方志编纂中心主任
王树春　香河县地方志编纂中心副主任科员
王爱民　香河大运河文化研究会会长

凡　例

一、本志以马克思列宁主义、毛泽东思想、邓小平理论、“三个代表”重要思想、科学发展观、习近平新时代中国特色社会主义思想为指导，坚持辩证唯物主义和历史唯物主义的立场、观点和方法，全面系统、客观真实地记述香河县农村信用社 100 年发展的历史和现状，着重记录中华人民共和国成立以后特别是 1996 年与中国农业银行脱离行政隶属关系后的发展历程和取得的辉煌成绩，本志注重体现专业特点和时代特征，力求思想性、科学性和资料性统一。

二、本志上限时间为 1923 年，为了记述的完整性和系统性，大事记及个别重大事项适当追溯到有资料可查和事物发端；下限为 2022 年 12 月 31 日，部分内容适当下延，主要记述香河县农村信用社的 100 年发展历程，个别事物和数据图片收集至本志出版前。

三、本书以志为主，辅以述、记、传、图、表、录，使志文表达实景更形象化、具体化。使用规范的现代语体文和记述体，以第三人称记述，一般只记事实，不作评论，寓观点于记述之中。记述注意详近略远。力求横不缺项、纵不断线，全面记述，文风朴实，简洁流畅。

四、本志前设概述，综述史实反映全貌，为全志之纲；大事记按时间先后顺序，简明记述香河县农村信用社成立 100 年以来各个时期有影响的大事、要事、新事、首事、特事，为全志之经；专业志采用章节体，设篇、章、节、目 4 个层次，个别地方设置子目，子目不排序号，以不同字体区别。各篇章事以类聚，分类排列，横排门类，纵述史实。全志设组织机构、管理体制、业务经营、内部管理、监督保障、党群文化、人物 荣誉等共 7 篇 35 章 121 节，总约 100 万字。志尾设附录、编纂始末。图、表随文而出。

五、本志除引文外，人物称谓一般直书其名，不冠褒贬，不加先生、女士、同志等泛称。需反映活动者身份的，在人名之前加职务（职称）、学衔，身份一般与人物活动内容相关。志文以史实反映人物，不作评价。

六、本志使用规范的简体汉字，数字用法、标点符号用法分别采用国家标准《出版物上数字用法》（GB/T 15835—2011），《标点符号用法》（GB/T 15834—2011），计量单位采用国家技术监督局 1993 年 12 月发布的《量和单位》系列国家标准。中华民国成立前纪年使用朝代年号纪年，括注公元年份；中华民国成立后的纪年均使用公元纪年。

七、本志数据大多采用档案资料、文献及各支行上报统计数据。个别数据出处不同，会有所差异，请读者采用本志数据时，注意出处。

八、本志记述各种组织、机构、单位、法律法规、文件、会议等专用名称使用全称，如名称过长，在概述、大事记及专业志文中首次出现时用全称，并加括号注明简称，其后用简称。如：中共河北省委、河北省人民政府，分别简称“省委”“省政府”；中共香河县委、香河县人民政府，分别简称“县委”“县政府”；中国人民银行香河县支行、中国农业银行香河县支行，分别简称“人行香河支行”“农行香河支行”；河北省农村金融体制改革领导小组办公室、河北省农村信用合作管理办公室，分别简称“省农金体改办”“省信合办”；河北省农村信用社联合社，简称“省联社”；河北省香河县信用合作社联合社、香河县农村信用合作联社，简称“县联社”；河北香河农村商业银行股份有限公司，简称“香河农商银行”。

九、本志人物传，本着“生不立传”原则，选录有重大影响、有突出贡献、全国（部级）先进个人、省劳动模范、已故县联社领导等人物，以卒年为序；历届县联社正职级领导成员，以生年为序列入人物简介。

十、本志资料主要来源于中国人民银行香河县支行档案库、香河县档案馆、中国农业银行香河县支行档案库、香河农商银行档案库以及《香河县志（1979—2008）》《河北农村金融志》等，除志中已注明外，资料来源不一一注明出处。

百年回眸（1923—1995 年）

香河县城内福音堂（中国第一家农村信用社成立地址）（摄于 1956 年）
图片来源：香河大运河文化研究会

于树德（1894—1982）
图片来源：中共杭州小组纪念馆

章元善（1892—1987）
图片来源：香河大运河文化研究会

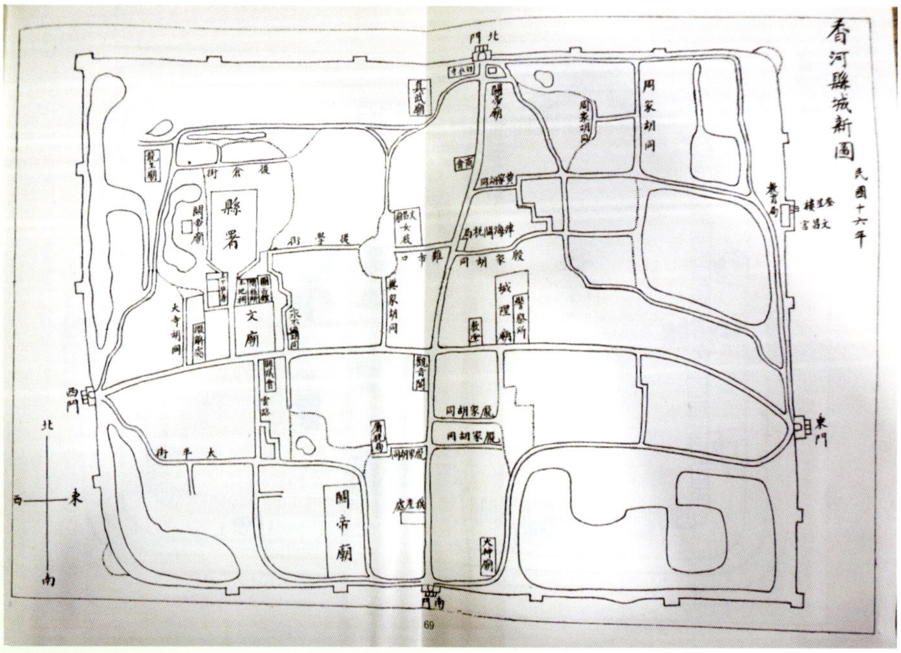

1927 年，香河县城手绘地图 图片来源：1936 年版《香河县志》

1925年，华洋义赈会第一次合作讲习会，京兆香河七社和宝坻一社代表合影。内有：香河县城内社、大王庄社、孙家止务社、叶家屯社、北渠口社、固辛庄社、孙小营社代表

图片来源：《中国华洋义赈救灾总会丛刊·第一次合作讲习会汇刊》(1926年版)

The First Co-operators' Training Course in lecture session—Dec. 2, 1925.

1925年11月27日至12月3日，华洋义赈会组织的第一次合作讲习会在北京宣武门外的南方大学举行。学员来自香河、通县、三河、涞水、高阳、饶阳、蠡县、定县、束鹿、深县唐县、临城等15县、52社，到会听讲者104人。图为学员在教室听课情形。　图片来源：《中国华洋义赈救灾总会丛刊·第一次合作讲习会汇刊》(1926年版)

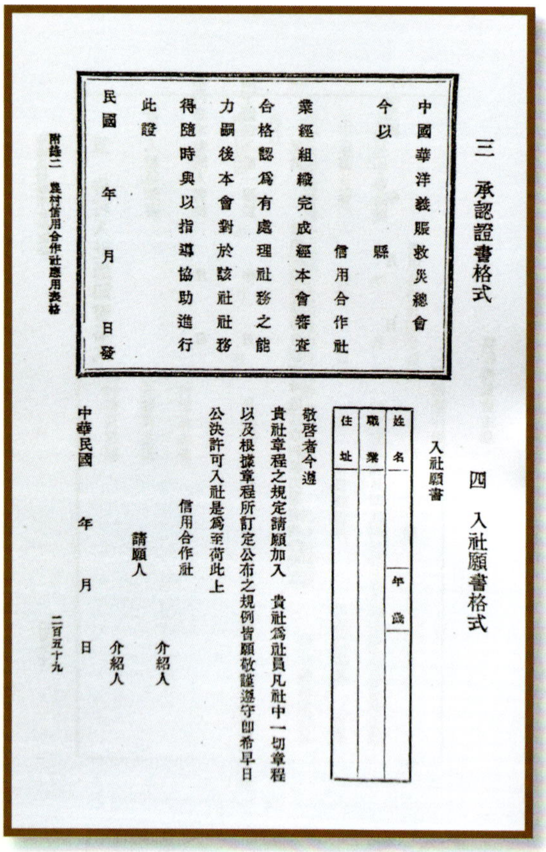

三　承認證書格式

中國華洋義賑救災總會
今以　　縣　　信用合作社
業經組織完成經本會審查
合格認爲有處理社務之能
力嗣後本會對於該社社務
得隨時與以指導協助進行
此證
民國　　年　　月　　日發

四　入社願書格式

入社願書

姓名		年齡	
職業			
住址			

敬啓者今遵
貴社章程之規定請願加入　貴社爲社員凡社中一切章程
以及根據章程所訂定公布之規例皆願敬謹遵守即希早日
公決許可入社是爲至荷此上
信用合作社
請願人　　介紹人
介紹人
中華民國　　年　　月　　日

附錄二　農村信用合作社應用表格　二百五十九

20世纪30年代，信用合作社应用表格
图片来源：张镜予编《中国农村信用合作运动》，商务印书馆，1930年1月发行

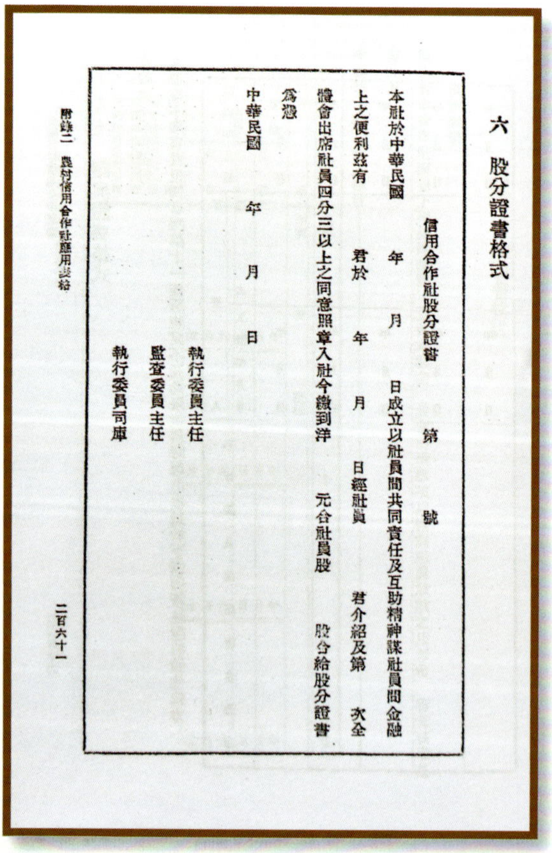

六　股分證書格式

信用合作社股分證書　第　　號
本社於中華民國　　年　　月　　日成立以社員間共同責任及互助精神謀社員間金融
上之便利茲有　　君於　　年　　月　　日經社員　　君介紹及第　　次全
體會出席社員四分三以上之同意照章入社今繳到洋　　元合社員股　　股合給股分證書
爲憑
中華民國　　年　　月　　日
執行委員主任
監查委員主任
執行委員司庫

附錄二　農村信用合作社應用表格　二百六十一

民国时期，信用合作社使用的钱箱
综合办公室供图

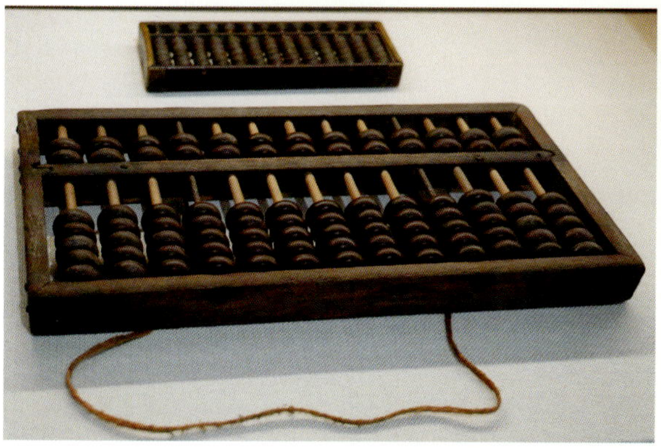

20世纪80年代，香河县农村信用社使用的算盘
综合办公室供图

民国时期，信用合作社使用的钱袋子
综合办公室供图

20世纪80年代，香河县农村信用社使用的款包
综合办公室供图

民国时期，信用合作社使用的钱柜　　综合办公室供图

民国时期，信用合作社使用的保险柜　　综合办公室供图

20 世纪 50 年代，香河县信用合作社定额储蓄存单　　综合办公室供图

20 世纪 50 年代，香河县信用社定期有奖存单　　综合办公室供图

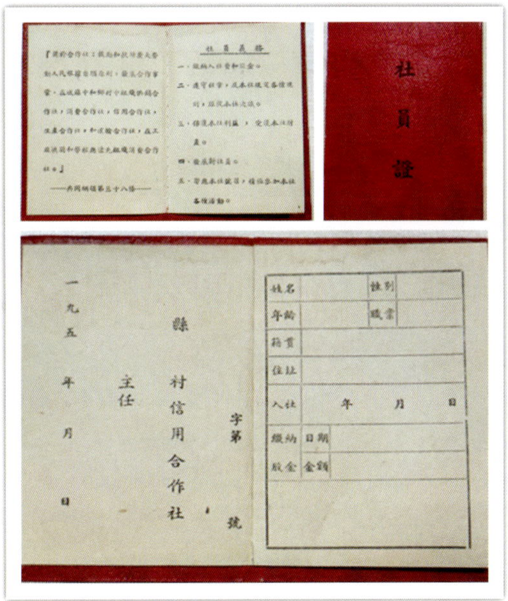

20 世纪 50 年代，香河县农村信用合作社社员证（空白）
综合办公室供图

1982 年 7 月 18 日，刘宋信用社欢送李培芹（前排左三）合影　　祁艳杰供图

20 世纪 80 年代末，安平信用社职工合影　　综合办公室供图

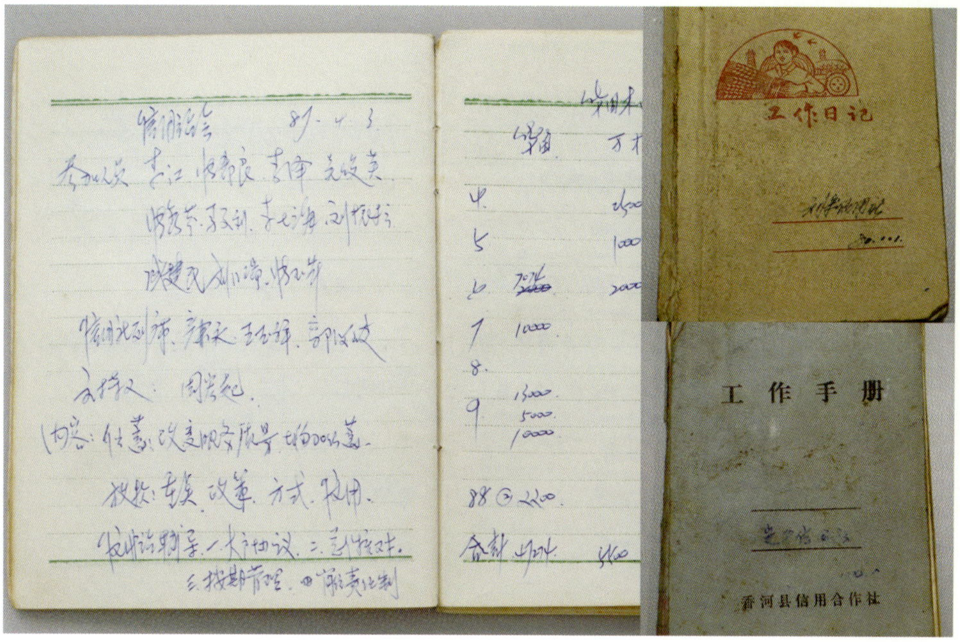

20世纪80年代，香河县农村信用合作社职工工作日记和工作手册　　综合办公室供图

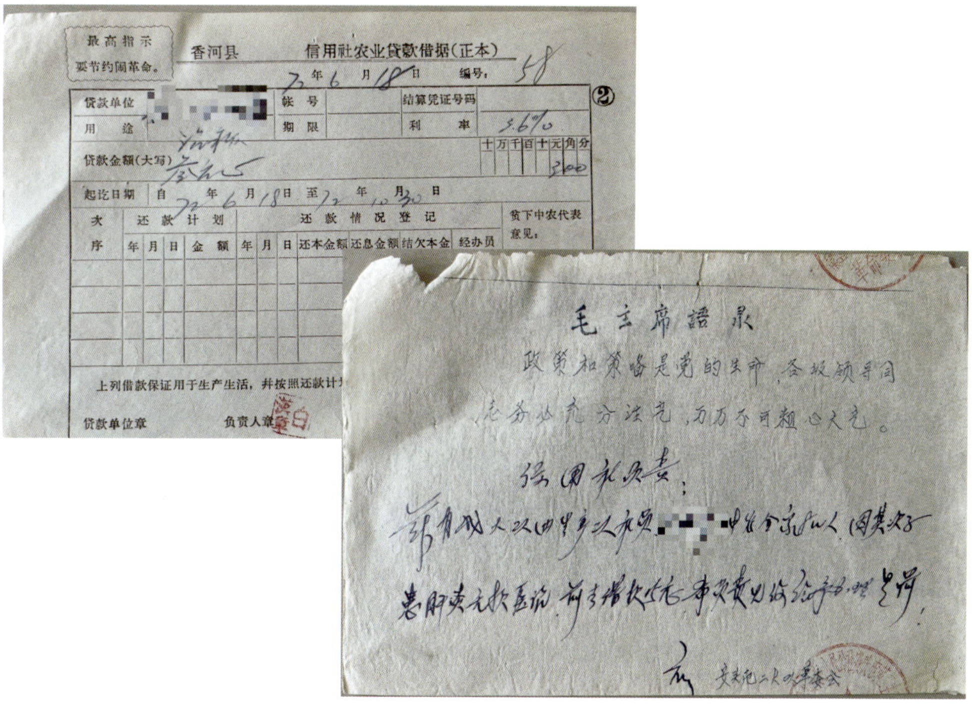

20世纪70年代，香河县农村信用社贷款借据和借款申请书　　综合办公室供图

百年回眸（1996—2023 年）· 体制改革

2007 年 1 月 18 日，香河县农村信用合作联社开业典礼　　　　　　综合办公室供图

2018 年 5 月 18 日，河北香河农村商业银行股份有限公司开业典礼

综合办公室供图

百年回眸（1996—2023 年）·领导关怀

2010 年 5 月 9 日，省联社党委书记李志国（左三）到县联社支持企业香河家具城调研

综合办公室供图

2014 年 11 月 21 日，省联社党委书记、理事长王文进（右一）到县联社支持企业香河家具城调研

综合办公室供图

2023年7月31日，省联社党委书记、理事长徐翀（左二）到香河农商银行调研指导
综合办公室供图

2023年1月17日，廊坊审计中心党委书记、主任李纲（右二）到香河农商银行调研指导
综合办公室供图

2023年8月22日，县委书记梁宝杰（左二）到香河农商银行调研指导
综合办公室供图

2018年9月4日，中国人民银行廊坊中心支行党委书记、行长曹建强（右二）到香河农商银行调研
综合办公室供图

2022 年 6 月 24 日，省银监局农村银行处处长翟义刚（左四），廊坊银保监分局党委书记、局长周懋（左五）到香河农商银行调研　　综合办公室供图

2023 年 3 月 22 日，廊坊市地方金融监督管理局局长汪俊岭（右三）到香河农商银行支持企业众旺集团调研　　综合办公室供图

百年回眸（1996—2023 年）· 党建引领

2023 年 7 月 1 日，香河农商银行党委班子成员重温入党誓词

综合办公室供图

2023 年 7 月 9 日，香河农商银行党委书记、董事长华国旺（中）到基层党支部调研

综合办公室供图

百年回眸（1996—2023年）· 廉政建设

2022年7月7日，香河农商银行清廉金融文化主题演讲比赛现场

综合办公室供图

2022年7月21日，香河农商银行高级管理人员参观廊坊法治宣教中心，开展警示教育活动

综合办公室供图

百年回眸（1996—2023 年）· 业务发展

2019 年 12 月 5 日，省联社副主任张志强出席香河农商银行承办的河北省农村信用社京津冀农银通卡业务主题营销现场会暨信用卡业务营销交流会　　综合办公室供图

2023 年 8 月 17 日，省联社副主任魏建斌（中）出席香河农商银行承办的河北省农村信用社（农商银行）2023 年支付场景现场会　　综合办公室供图

2002 年 6 月 5 日，县联社主任樊德祥（左一）到养殖户调研　　综合办公室供图

2002 年 5 月 22 日，五百户镇香椿营村“信用村”揭牌仪式　　综合办公室供图

2009 年 9 月，信贷员到李庄村蔬菜大棚对种植户进行贷前调查

综合办公室供图

2023 年 5 月，香河农商银行员工（右）到香河县育珍园养羊场开展现金知识宣讲

综合办公室供图

2022 年 8 月 19 日，香河农商银行与香河县第三中学举行“银校一卡通”签约仪式
综合办公室供图

2022 年 4 月 20 日，香河农商银行开展金融知识进社区活动　　　　综合办公室供图

香河农商银行支持企业——三强实业集团　　公司客户经理部一部供图

香河农商银行支持企业——众旺集团　　公司客户经理部一部供图

香河农商银行支持企业——河北富都华创家具制造有限公司

公司客户经理部一部供图

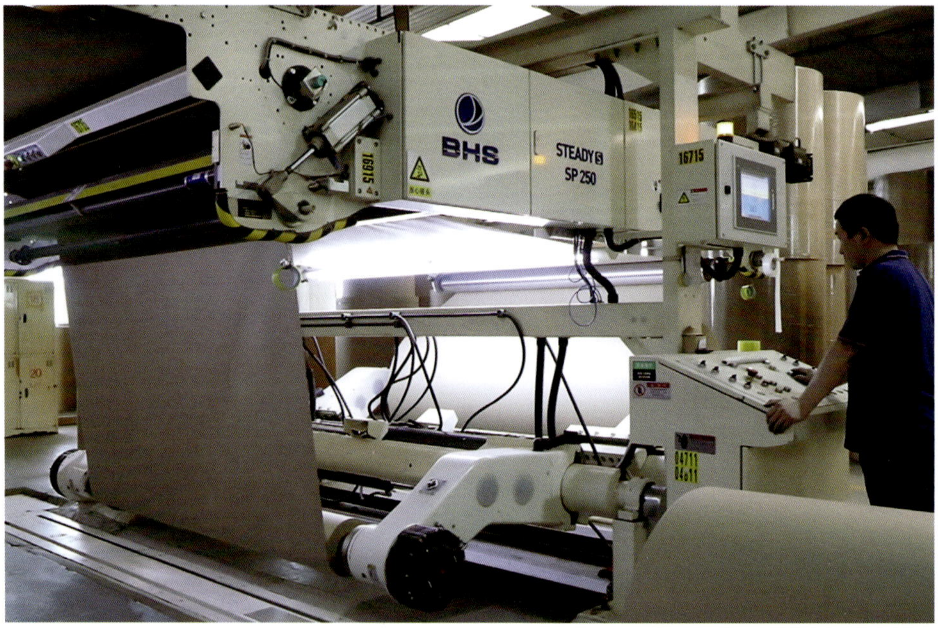

香河农商银行支持企业——香河县高氏印务有限公司生产车间

公司客户经理部一部供图

香河农商银行支持企业——嘉美家居　　　　公司客户经理部一部供图

香河农商银行支持企业——经纬家具城　　　　王爱民 摄

香河农商银行支持企业——汽配城　　　　香河县方志编纂中心供图

香河农商银行支持企业——香河石材城　　　　香河县方志编纂中心供图

百年回眸（1996—2023 年）· 网点建设

2001 年，梁家务信用社外景　　　　综合办公室供图

2001 年，安头屯信用社外景　　　　综合办公室供图

2004 年，香河县农村信用社办公环境　　综合办公室供图

2007 年，香河县农村信用社营业环境　　综合办公室供图

2023年，香河农商银行集中办公大厅　　综合办公室供图

2023年，香河农商银行公司客户经理部营业厅　　综合办公室供图

2023 年，香河农商银行营业部客户等候区　　综合办公室供图

2023 年，香河农商银行营业部自助服务区　　综合办公室供图

百年回眸（1996—2023 年）· 企业文化

2011 年 4 月 28 日，县联社职工参加廊坊市农村信用社喜迎中国共产党成立 90 周年文艺会演。图为合影　　综合办公室供图

2023 年 5 月，香河农商银行高管合影（从左向右依次为曾宪君、李玉春、张岩、王健、华国旺、李雅卓、王辉、韩卫华）　　综合办公室供图

2023 年 6 月 29 日，农信社发源地展览馆落成开馆　　　综合办公室供图

《香河县农村信用社志》编审人员合影（由左向右依次为李守杰、任娟娟、张颖、王爱民、王树春、杨振亮、王健、韩卫华、王力、庹稳、赵丹）　　综合办公室供图

2013年3月16日，县联社举办财务技能竞赛　　综合办公室供图

2023年5月28日，香河农商银行开展"百年农信再出发"职工健步走活动
综合办公室供图

2023 年 7 月 17 日，香河农商银行拔河比赛现场　　综合办公室供图

2023 年 7 月 18 日，香河农商银行举行庆祝农信社成立 100 周年红歌比赛
综合办公室供图

序

山河日月镌刻璀璨初心，百年农信写就精彩华章。

世纪征程，奔流激荡；百年辉煌，铸就伟业。1923 年 6 月，中国第一家农村信用社在河北香河成立，第一代农信人在中国早期无产阶级革命者于树德、合作理论专家章元善等人的带领下，组织农民互助合作，服务农村金融需求，推动农业经济发展，用汗水、泪水、勇气和智慧谱写了可歌可泣的壮丽篇章。香河第一家信用合作社的诞生，点亮了近代中国农村信用合作事业的第一盏灯，开创了中国历史上大规模合作实践之先河，对此后华北乃至中国合作事业的发展，具有重大的示范作用和辐射功能，影响巨大，意义深远。河北香河，光荣地成了中国农村合作事业的发祥地。

山河为碑，青史为鉴；历史沧桑，精神永恒。100 年来，一代代农信人深深扎根乡村沃土，用“挎包”精神载满农民希望，用“三水”精神沁润百姓心田，用“三同”精神丈量农村大地。100 年来，农村信用社历经风雨，砥砺前行，见证了中国农村金融的沧桑巨变，实现了普惠金融服务的历史性飞跃，已成为推动地方经济发展的重要金融力量。100 年来，在中国共产党的领导下，红色金融事业从无到有、从小到大、从弱到强，擘画了一部波澜壮阔、精彩夺目的壮丽画卷。农信社在不同时期承载着不同的历史使命，虽然体制机制、隶属关系几经变迁，但是农信“姓党、为民、兴农”的初心使命始终代代赓续、薪火相传。一部农信发展史，就是在中国共产党领导下的奋进史，承载着丰厚的革命历史、生动的革命事迹、宝贵的革命精神和优良的革命传统，在百年金融发展史中留下了极为悠久、极为珍贵的历史印记。

岁月峥嵘，初心不改；征途漫漫，惟有奋斗。为庆祝中国农村信合事业的百岁华诞，我们以岁月为笔，以史实为字迹，编写这部《香河县农村信用社志》，是为存史，记述前人筚路蓝缕、以启山林、艰苦创业、砥砺前行的奋斗历程；是为资政，感召当代农信人重温百年峥嵘岁月，凝聚奋勇前行的精神力量；是为教化，启示后人研究历史、总结过去，激励党员干部队伍更纯粹、更努力、更奋斗；亦为育人，将革命的火种代代相传，让农信的事业生生不息。新长征路上，有风有雨是常态，风雨无阻是心态，风雨兼程是状态。愿新征程中的农信社，赓续初心，逐梦远航；愿奋进路上的农信人，接续奋斗，不负荣光！

是为序。

河北省农村信用社联合社廊坊审计中心党委书记、主任

2023 年 9 月

目 录

概 述

在中国农村信用合作（简称“农信”）事业发展史上，从第一位探索推动信用合作运动的“中国合作运动之父”薛仙舟将信用合作事业的理念引入中国，到 1923 年第一家农村信用合作社——香河县第一信用合作社在中国成立，再到中华人民共和国将发展信用合作事业列入国家战略，一系列开创性的事件，让这段孕育现代合作理念的历史显得极不寻常。

一

香河县地处燕山南麓平原，位居河北中部偏东，廊坊市东北部，面积 448 平方千米。截至 2022 年底，辖淑阳镇、安平镇、刘宋镇、安头屯镇、渠口镇、五百户镇、蒋辛屯镇、钱旺镇、钳屯镇 9 个镇，1 个省级工业园区，300 个建制村；常住人口 44.9 万人。

香河历史文化悠久。其建置远溯辽宋，契丹会同元年（938），于此置榷盐院，号淑阳郡，由武清、漷（今属通州区）、三河划部分地域置香河县，迄今已有一千多年的历史。曾诞生京剧名家郝寿臣、武术大师张策、学界泰斗张中行等誉满华夏的名师大家。解放战争时期，轰动中外的“安平事件”就发生在县域所辖安平镇。

香河区位优势得天独厚。香河是河北省仅有的 3 个同时接壤京津的县份之一，距北京市中心 45 千米，距天津市中心 70 千米，处于环渤海经济圈的核心腹地、京津“一小时经济圈”的黄金节点。

香河交通路网便捷畅达。形成以高速公路京哈高速公路（G1）、首都地区环线高速公路（G95），国省道干线公路京滨公路（G103）、唐通公路（G509）、通武公路（G230）、平香线（S274）为骨架，县乡公路为支脉，县镇相通、村街相连的网格化公路交通格局。

香河自然生态优美宜人。全县域通过 ISO 14001 国际环境管理体系认证和 ISO 14000 国家示范区验收，拥有潮白河、北运河、引泃入潮河、青龙湾河 4 条主要河流水系，常年流水不断，两岸绿树成林，形成都市之间难得的天然氧吧和城市绿肺。国家、国安两大足球训练基地即因香河的良好生态，而落户于青龙湾河畔。

香河产业特色鲜明。香河是东北亚地区最具影响力的家居产品集散地之一、中国北方最大的钣金制品和印刷包装生产基地之一。香河家具城展厅面积 220 万平方米，规模为北方最大、全国第二，为香河赢得“中国北方家具之都”的美誉。国安第一城由中信集团仿照明清时期的北京城精心打造，先后承办过二十国集团（G20）会议、中美第三届战略经济对话等一系列国际级会议，并被确定为国际金融论坛年会永久会址，香河因此又被誉为“中国北方会展名城”。

香河社会环境和谐稳定。伴随经济的快速发展，教育、医疗、就业、社会保障等民生工程高标准配套，人民安居乐业。先后荣获全国科技工作先进县、全国残疾人工作先进县、全国计划生育优质服务县、全国农村中医工作先进县和全省双拥模范县、全省环保先进县、省级文化先进县、省级文明县城等多项国家和省级荣誉。截至 2021 年，香河县连续 6 届被评为“全国平安建设示范县”，4 次获得“长安杯”殊荣。

二

合作社，是劳动群众根据互助合作原则自愿联合而建立起来的一种经济组织，由它所服务的人们共同拥有和民主管理，在共同使用组织资源的基础上产生利益，并进行公平的分配，从而改善与提高合作者的生产和生活。合作社的类型有很多种，按照经营业务的不同可以分为生产合作社、消费合作社、供销合作社、信用合作社、服务合作社等。合作社肇始于西方，近代的合作社运动，是在资本主义制度下兴起的。

欧洲空想社会主义者奠定了合作社的思想基础。英国的托马斯•莫尔（1478—1535）是欧洲早期空想社会主义学说的创始人、合作社思想的奠基人，其在明正德十一年（1516）出版的《乌托邦》一书中已显现了以合作互助为核心精神的合作思想萌芽。清咸丰三年（1854），德国弗里德里希•雷发巽（1818—1888）为解决农民的根本需求，决定尝试开办一家集消费和信用于一体的综合性合作社。由农民自己筹款，组成一项以生产为目的的合作基金，以较低的利率贷给农民，使农民们通过自己的互助来取得必要的生产资金。于是雷发巽在原来合作社的基础上增设了储蓄和贷款业务，并将互助金库改组成信用合作社，专门向农民提供信贷以便他们购买牲畜、农具、肥料等更多东西。从此，世界上第一个真正意义上的农村信用合作社诞生。

19 世纪中叶，马克思、恩格斯批判地吸收了空想社会主义者的合作制思想，继承和发展了罗虚代尔原则，创立了科学的社会主义合作制思想。马克思、恩格斯认为，合作社的发展是建立在生产资料公有制基础之上，合作制是向共产主义过渡的中间环节，合作社是改造农民的最好办法，吸引农民走合作化道路必须遵循自愿、示范、教育、帮助、因地制宜的原则。只有在无产阶级掌握政权的前提下，在社会主义经济规律的支配下，合作社才能真正发挥解放劳动群众的作用。列宁在《论合作制》中指出，合作制度是把私人利益结合起来的有效制度，在工人阶级掌握国家政权和全部生产资料的条件下，“合作制的发展就等于社会主义的发展”。

马克思、恩格斯和列宁的科学合作制思想，为如何引导农民走上社会主义道路提供了理论指导，成为无产阶级革命斗争的武器和国际合作运动的指南。

三

1919 年五四运动前后，随着马克思列宁主义在中国的迅速传播，一些归国留学生和社会主义者将西方的合作社思想传入中国，他们积极宣传各种合作社思想，希望通过合作社来改变社会、扶助工农、振兴乡村，并开始了一系列的合作社实践。这一时期传播的合作思想大致分为三类：一是合作主义的合作社思想，代表人物是朱进之、徐沧水、薛仙舟、汤苍园、覃寿公、寿勉成。他们主要倡导建立各种合作组织，在国家主导下开展国家与社会组织的制度化合作，通过发展合作社，用和平改良的而非激进革命的方法解决社会问题。二是“三民主义”的合作思想，代表人物是孙中山、戴季陶、陈果夫。他们把合作社作为实现“三民主义”，特别是民生主义的基本国策，作为平均地权、节制资本的一个基础。三是马克思列宁主义的合作思想，以李大钊、陈独秀、毛泽东等为代表的共产党人，在传播马克思主义的同时，积极宣传马克思主义的合作社思想。他们认为合作社运动是工农运动的重要组成部分，是改造旧社会的重要力量之一。只有工人阶级掌握政权，才能真正建立代表人民利益的合作社。这一时期的合作社实践主要如下：1918 年 3 月，由北京大学教授胡均、王建祖等倡议发起的中国第一个消费合作社——北京大学消费合作社；1919 年 10 月 22 日，由上海复旦大学教授薛仙舟倡议创办的中国第一个城市信用合作社——上海国民合作储蓄银行；1923 年 6 月，由中国华洋义赈救灾总会在河北省香河县城内指导创建的“香河县第一信用合作社”，成为中国第一个农村信用合作社。

信用合作的发展很快引起了政府当局的关注，国民党政府为了巩固其统治，把复兴农村作为一项措施，积极推动合作社发展。1931 年 4 月，国民党统治当局制定《农村合作社暂行规程》，并由实业部公布，把信用合作摆在 9 个合作［信用、供给、生产、运销、利用、储备、保险、消费、其他（如建筑或改良品种）之合作］之首。截至 1949 年 2 月底，在国民党统治区有信用合作社 5.2 万个。

中国共产党在领导工农武装夺取政权的革命过程中，十分重视农村信用合作事业，1927 年毛泽东在《湖南农民运动考察报告》中就专题讲到“合作社运动”，指出“合作社，特别是消费、贩卖、信用三种合作社，确是农民所需要的”。1930 年 3 月，闽西第一次工农兵代表大会通过的《经济问题决议案》提出：要普遍发展信用合作社组织，以吸收乡村存款。随后信用合作社便在闽西根据地逐步发展起来，并推广到江西省、湘鄂西等苏区。1933 年 9 月，临时中央政府颁布《信用合作社章程》，对信用合作社的组织办法作了详细的规定。1943 年 1 月，边区第一个信用合作社——延安南区沟门信用合作社成立。沟门信用合作社不但帮助农民解决了生产和生活上的困难，而且为在抗日根据地减少高利贷活动和初步建立农村新的信贷关系，起到示范作用。截至 1947 年，全国解放区建立信用合作社 880 余个，为中华人民共和国成立初期的合作运动奠定了良好的基础。

四

中华人民共和国成立以后，党和政府发展生产，改善人民生活，并采取了一系列措施，大力发展合作经济。1951 年 5 月，中国人民银行召开全国农村金融工作会议，会议要求各级银行贯彻执行“深入农村，帮助农民，解决困难，发展生产”的农村金融工作总方针，确定在农村普遍建立银行机构、发放农业贷款的同时，重点试办农村信用合作社，通过组织资金，调剂余缺帮助农民解决生产生活困难，以抑制、取代高利贷活动。1954 年 2 月 20 日，中国人民银行召开第一次农村信用合作座谈会，明确发展农村信贷的目的是发展农业生产，打击高利贷，认为信用合作社发展的速度要加快，迅速占领农村信贷市场。到 1957 年底，全国共有信用社 88368 个。1949—1957 年是中国农村信用合作社普遍建立和迅速发展时期。

1958—1978 年，是中国社会主义建设的曲折发展时期，这一时期的农村信用合作事业同样步入了曲折的发展历程。1958 年 12 月 20 日，国务院印发《关于人民公社信用部工作中的几个问题和国营企业流动资金问题的规定》，要求：设在人民公社的人民银行营业所与农村信用合作社合并，组成人民公社信用部。1959 年 5 月，中国人民银行把原来的信用社从信用部分出来，下放给生产大队变为信用分部。1962 年底，农村信用社形式上恢复了独立核算、自管资金、自负盈亏的经营。1966—1978 年，农村信用合作社取消民主管理组织形式，基本按国家银行基层机构进行管理，逐步走上了官办道路。

中共十一届三中全会以后，中国进入了以经济建设为中心、实行全面改革开放的历史新时期，信用合作社作为调节农村生产和流通的重要经济杠杆及组织分配信贷资金的重要渠道，也加快了改革步伐。1981 年 2 月 5 日，中国农业银行印发《关于改革信用社管理体制试点的通知》，要求各分行都要认真抓好一两个县的试点。随通知附发《关于改革信用社管理体制的试点意见》，指出：要明确信用社是集体所有制的金融组织，逐步恢复和加强信用社组织上的群众性，管理上的民主性，业务经营上的灵活性。信用社要独立经营独立核算，逐步做到自负盈亏；任何单位和个人不准抽调信用社资金，侵占信用社财产。调整和健全公社及公社以下的信用合作组织。

1983 年 2 月 19 日，中国农业银行印发《关于改革信用社管理体制的试点意见》，拉开了农村信用社体制改革的大幕。进行以恢复信用合作社组织上的群众性、管理上的民主性、经营上的灵活性（简称“三性”）为主要内容的体制改革。在试点取得经验的基础上，1984—1985 年，全面恢复信用合作社的“三性”。全国建立市、县农村信用合作社联合社 2000 余家。

随着金融改革的深化，1996 年 8 月，国务院作出《关于农村金融体制改革的决定》，决定农村信用合作社与农业银行脱离行政隶属关系，成立国务院农村金融体制改革部际协调办公室，专门负责农村信用社的领导和管理工作。截至 1999 年底，全国农村信用社独立核算的法人机构 39986 个，县联社 2452 个，服务网点 28 万个，正式职工 64.5 万人。全国农村信用社各项存款余额 13358 亿元，占金融机构的 12.3%；各项贷款余额 9226 亿元，占金融机构的 9.8%。

2003 年 6 月 27 日，国务院印发《深化农村信用社改革试点方案》（国发〔2003〕15 号），方案确立了农村信用社的改革发展方向，就是把农村信用社逐步办成由农民、农村工商户和各类经济组织入股，为农民、农业和农村经济发展服务的社区性地方金融机构；积极探索和分类实施股份制、股份合作制、合作制等各种产权制度，使农村信用社真正成为“自主经营、自我约束、自我发展、自担风险”的市场主体，把农村信用社的管理交给省政府负责，通过省级联社，对农村信用社实施管理、指导、协调、服务。2004 年 8 月 17 日，国务院印发《关于进一步深化农村信用社改革试点的意见》（国办发〔2004〕66 号），意见将北京、天津、河北、陕西、内蒙古等 21 个省（市、区）纳入进一步深化农村信用社改革试点地区。2005 年 2 月 18 日，河北省深化农村信用社改革试点领导小组《关于组建河北省农村信用社联合社的请示》获得省政府的同意批复；3 月，河北省人民政府印发《河北省深化农村信用社改革实施方案》；6月29日，经中国银行业监督管理委员会批准，河北省农村信用社联合社挂牌开业。省联社成立以后，根据《河北省农村信用社深化改革实施方案》精神，省联社继续保留石家庄、沧州、衡水市联社，在其他设区市设立办事处，办事处在授权范围内主要承担对农村信用社的业务指导、稽核审计、综合协调、安全保卫检查、信息统计等工作；11月，省联社廊坊办事处成立。2015年10月30日，河北省农村信用社联合社第二届理事会审议通过了《市级机构改制组建审计中心实施方案》，正式开启市级机构改革，2016年8月23日至30日，省联社正式撤销廊坊等8家办事处并相应成立8家审计中心。至此，市级机构改制完毕。

五

1923年6月，在华北公理会传教士邵作德（美国人，1919年到中国，任北京育英学校副校长）的介绍下，中国华洋义赈救灾总会章元善与于树德首先选定在京兆香河县县城的福音堂（老城隍庙东侧，今香河县淑阳大街新华书店斜对面）成立“香河县第一信用合作社”，也是中国第一家农村信用合作社。信用社成立时共有社员31人，集股56元。执行委员（理事）5人，王玉堂任执行委员会（理事会）主席；监查委员（监事）6人，阮玉恒任监查委员会（监事会）主席；宣传员为曹文德（由燕京大学经济系创建者兼主任、英国合作专家戴乐仁介绍）。

1925年底，香河申请成立的信用合作社有7个，包括县城内福音堂、叶家屯、孙家止务、大王庄、北渠口、固庄、孙小营社。除孙小营社外，其他6个社都被华洋义赈会正式承认。至1926年2月，香河县七里庄、小屯、后马坊、南台村申请成立了信用合作社；宝坻县的卸甲庄、韩庄、窦庄（这3个村于1962年6月1日划入香河县）申请成立信用合作社；11月，香河县北六百户、南吴村、孙小营社被华洋义赈会正式承认；同年12月，许庄社成立。1927年4月，七百户社成立。9月，孙各庄社成立。12月，九百户社成立。

1927年6月，北洋政府农工部下令“查禁合作社”，许多农信社被当地警察取缔、查封，其中，包括香河县的北渠口社，轰动一时的合作事业陷入低潮。

中华人民共和国成立以后，1952年，香河县在东口头村试办信用社，至1955年，全县有62个农村信用合作社，1956年，撤区并乡将全县62个信用社划成24个，1962年香（河）宝（坻）分县后，香河县以公社为单位建17个信用社，归地方政府管理。信用合作社的相继建立，帮助农民解决生产生活中的资金困难，有力打击高利贷活动。

1958年12月，国务院颁布《关于适应人民公社化的形势，改进农村财政贸易体制管理的决定》，把财政、银行、粮食和商业部门设在农村的基层机构的人员和资金，下放给人民公社管理。1966年，香河县农村信用社全面实行贫下中农管理。

1979年2月，国务院恢复中国农业银行的通知中规定，农村信用社既是集体所有制的合作金融组织，又是农业银行的基层机构，香河县农村信用社归农业银行香河县支行领导管理体制确立。

1984年11月9日，农业银行香河县支行组建河北省香河县信用合作社联合社，县联社召开第一届社员代表大会，选举产生县联社管理委员会，变农业银行香河县支行直接管理领导信用社为通过县联社实现对信用社的领导和管理。

1996 年 12 月 25 日，香河县农村信用社与农业银行脱离行政隶属关系，各项工作接受当地人民银行的监管。

2000 年 12 月 8 日，金隆、府前街、鑫鑫 3 家城市信用社改制成为农村信用合作社。

2006 年 10 月 13 日，香河县农村信用合作联社筹建组上报中国银行业监督管理委员会河北监管局《关于筹建香河县农村信用合作联社的请示》（香信联筹字〔2006〕12 号），申请筹建香河县农村信用合作联社，将信用社和联社两级法人改为统一法人。2006 年 12 月 3 日，县联社召开香河县农村信用合作联社创立暨首届社员代表大会，标志着以县为单位统一法人组建工作完成，加快了改革和发展步伐。 2007 年 1 月 18 日，香河县农村信用合作联社开业，社会各界代表 100 余人参加县联社一级法人揭牌开业庆典仪式。

2016 年 3 月 21 日，香河县农村信用合作联社为进一步完善服务功能，提高经营管理水平，增强市场竞争力，结合自身业务状况，启动筹建农村商业银行工作。2018 年 5 月 18 日，河北香河农村商业银行股份有限公司正式揭牌开业，实行一级法人、统一核算、分级管理、授权经营的管理体制。

截至 2022 年末，香河农商银行下辖 28 个营业网点，在职员工 341 人，存款 1895091 万元，贷款 1389349 万元，是香河县服务网点最多、存款规模最大、最具影响力的金融机构。

100 年来，香河县农村信用社开中国农信先河，倡导合作、服务地方、勇于逐梦、砥砺前行的发展历程，成为中国 100 年奋斗史上的重要组成部分。新时代、新征程、新起点，香河县农村信用社将以习近平新时代中国特色社会主义思想为指导，深入贯彻落实中共二十大精神，在实现第二个百年奋斗目标的赶考路上，以建成一流的区域性现代化商业银行为目标，赓续“挎包”精神，厚植农信担当，为建设美丽香河、美丽河北、美丽中国不懈奋斗。

大事记

1923 年

年初，华洋义赈会编印散发《农村信用合作社是什么？》和《农村信用合作社经营的方法》，在北京周边农村进行广泛宣传。

4 月，由农利分委办会主席、燕京大学教授戴乐仁起草，副总干事章元善译正，仿效德国雷发巽式信用合作制度，厘定中国第一部《农村信用合作社空白章程》（章程全文，只需填入社名等，各社可以通用，故名“空白章程”）并印刷颁行，章程内容包括合作社宗旨、社员资格、入社程序、资本来源、组织机构、股份规定、盈余分配等。随后，香河县城内的农民代表首先给华洋义赈会致函，请求依据“空白章程”成立信用合作社。

6 月，在华洋义赈会农利分委办会的辅导和华北公理会传教士、北京育英学校副校长邵作德的帮助下，中国历史上第一个雷发巽式无限责任农村信用合作社——香河县第一信用合作社，在香河县城内福音堂诞生。最初入社社员 31 人，集股 56 元（银圆）；推选执行委员 5 人，王玉堂任执行主席；推选监查委员 6 人，阮玉恒任监查主席；宣传员曹文德（由燕京大学经济系创建者兼主任、英国合作专家戴乐仁介绍）。

11 月 18 日，华洋义赈会合作指导员于树德，柬约香河、涞水、定县、通县、唐县、深泽 6 个县的代表到北京总会谈话，亲自指导合作社建设事宜。

1924 年

3 月 9 日，合作委办会委派杨嗣诚到香河县实地调查信用合作社社员的信用、社员入社是否自愿、村民对合作社有无恶感、当地社会经济状况、是否符合有关章程要求、办事是否客观等并形成调查报告。

3 月 17 日，华洋义赈会正式承认香河县第一信用合作社，并颁发承认证书。

3 月 30 日，香河县第一信用合作社在香河县署备案。随后，华洋义赈会向香河县第一信用合作社放款 500 元（银圆），香河社向农民放款年利率为 1 分。

4 月，华洋义赈会合作委办会议定由合作指导员于树德着手筹备各社办理储蓄事项。

6 月 1 日，为传达合作消息、普及合作思想、提倡合作事业，华洋义赈会出版合作刊物《合作讯》第一期。

7 月 4 日，合作委办会决议通过了于树德制定的《农村信用合作社储金章程》，共 8 章 30 条。该章程内容包括存款人条件、储金存入规则、储金支取规则、储金簿及支款单规定、利息规定、储金终止及存款人死亡规定等。

1925 年

6 月，香河县孙小营社宣布成立。

是月，香河县第一信用合作社进行改组，经营范围从县城周边 5 千米调整为县城内，将名称更改为“香河城内社”。

7 月，香河县大王庄社、孙家止务社、叶家屯社、北渠口社、固辛庄社宣布成立。

11 月 27 日至 12 月 3 日，华洋义赈会在位于北京宣武门外法源寺后的南方大学举办第一次合作讲习会。自香河、通县、三河、涞水、高阳、饶阳、蠡县、定县、束鹿、深县、唐县、临城等 15 个县 52 个合作社的 104 名学员参加讲习会。其中，香河县 7 名学员参会，分别为香河城内社的丁起宽、大王庄社的刘宝玉、孙家止务社的王章、叶家屯社的董继曾、北渠口社的张宝发、固辛庄社的郭义方、孙小营社的阮玉怀。

1926 年

2 月，香河县七里庄社、小屯社、后马坊社、南台社宣布成立。宝坻县卸甲庄（今属香河县）社、韩庄（今属香河县）社、窦庄（今属香河县）社宣布成立。

4 月，华洋义赈会合作委办会相继制发《信用合作社联合会空白章程》《农村信用合作社储金章程》和《合作社社务成绩分等考核办法》。

是月，香河县北岗村社、北辛屯社、安头屯社、北六百户社、南吴村社、赶水坝社、牛牧屯社、北吴村社宣布成立。

11 月，华洋义赈会举办第二次合作讲习会，分为甲、乙两组，甲组于 11 月 14—20 日在定县举办，定县、安平、蠡县、深泽、唐县、深县等 13 个县 95 个合作社的 196 名学员参加讲习会；乙组于 11 月 25 日至 12 月 2 日在北京农业大学举办，来自香河、通县、三河、宝坻、武清、涿县、涞水、文安等 12 个县 64 个合作社的 127 名学员参加讲习会。其中，香河县 13 个合作社的 26 名学员参加了讲习会，分别为叶家屯社的董长富，北六百户社的马学文、马渭川、马锡智，北吴村社的李廷璋、李佑，孙家止务社的邱国弼、王章，大王庄社的刘宝玉、毕福来，北渠口社的张兰、张宝发，七里庄社的赵福恒、辛福田，邵庄社的樊德立、陈国良，南吴村社的凌占贞、凌仲三，孙小营社的阮士陛、王国维，圣延寺社的张庆椿、杨玉山，香河城内社的丁起宽、刘蕙，固辛庄社的尹俊卿、郭义方。宝坻县卸甲庄（今属香河）社的李永桐、窦庄（今属香河）社的吴太和与宗明和、韩庄（今属香河）社的芮宝琛与崔永富也参加了本次讲习会。

12 月，香河县许庄社宣布成立。

1927 年

4 月，香河县七百户社宣布成立。

9 月，香河县孙各庄社宣布成立。

10 月 17 日至 12 月 31 日，华洋义赈会在京西西柳村永安观举办第三次合作讲习会，为期 3 个月。本次讲习会改变了前两次办会方式，以传授合作智识及方法、造就各地方合作领袖人才为宗旨，先举办 1 个月的讲员训练班，再举办讲习会。讲员训练班名额最初限定 40 人，后增加到 65 人，旁听生 3 人，因战事影响，最终实到 39 人。报名人员必须先通过入学考试，香河县叶家屯社的任丽泉考取并参加了本次讲员训练班。

11 月，北洋政府农工部通令京兆、直隶地方长官，转饬各县查明各信用合作社有无纠葛，分别限制禁止。通令发出后，安平、定县、良乡、香河等县知事，纷纷奉令饬查境内信用合作社。定县大白尧及悟村信用合作社、安平北关信用合作社、香河县北渠口信用合作社等，被警察取缔。

12 月，香河县九百户社宣布成立。

1928 年

3 月 1 日，《合作讯》登载《农村信用合作社勤俭储金规约》。

6 月，国际合作社联盟主编的《国际合作评论》，刊载中国创立香河县第一信用合作社。

是月，南京国民政府将北京改名北平，直隶省改名河北省，原京兆区各县并河北省。

1929 年

6 月，香河县冯乐庄社宣布成立。

7 月，香河县三百户社宣布成立。

9 月，香河县王家摆社宣布成立。

12 月，香河梁家务社、王店子社、头百户社、四百户社成立。

1930 年

1 月 11—15 日，华洋义赈会第五次合作讲习会之癸组讲习会在香河北六百户举办，由北六百户社执行主任马学文任癸组讲习会主任，北六百户社事务员马渭川任癸组讲习会司账，北六百户社监查主任王希孟、北六百户社司库马锡智、大王庄社监查主任毕福来、北六百户社社员马太和马增任癸组讲习会招待员。来自通县、香河、三河 17 个社的 34 名代表参加了本组讲习会，其中香河北六百户、孙家止务、叶家屯、冯乐庄、三百户、梁家务、王店子、头百户、四百户、大王庄、辛屯 11 个合作社 25

名代表参会。华洋义赈会的杨嗣诚、包松青到会授课。香河北六百户社的马宠卿、马寿祺亦各授课程数小时。至癸组香河讲习会结束，华洋义赈会第五次合作讲习会九组分会场讲习会全部举办完毕，河北省 39 个县、334 个合作社的 717 名学员参加讲习会。

2 月，香河县黄家东仪社、大马坊社、赵家庄社宣布成立。

3 月，香河县桥上村社宣布成立。

4 月 10 日，由国民党河北省农矿、工商两厅联合召开会议，成立河北省合作事业指导委员会，聘请华洋义赈会的章元善、杨嗣诚、魏竞初、董时进为委员。

4 月，香河县梁庄社宣布成立。

6 月，香河县大祁庄社宣布成立。

9 月，香河县有农村信用合作社 28 个，其中被中国华洋义赈救灾总会承认的 8 个，未承认的 20 个。

1931 年

11 月，自河北省政府开始办理合作社补行登记以来，各地合作社均感不便，很多已组合作社自动解散（包括香河），未组者畏缩不前，合作运动停滞不前。华洋义赈会农利股遂派员赴各社帮办登记。

11 月 9 日起，华洋义赈会举办第七次合作讲习会，再一次调整办会方式，先在北平举办为期 4 个星期的讲员训练班，以培养合作讲习会讲员，录取学员 38 人。香河县王家摆社的张绍诚、北六百户社的马宠卿考取讲员训练班并参加培训。

12 月 1—7 日，华洋义赈会在北平第一习艺工厂内先行举办了第七次合作讲习会之第一组讲习会，听讲员 43 人，代表 11 个县、25 个合作社。香河县王家摆社的张绍诚任教务组职员并担任“农仓贩卖合作”课程讲员；北六百户社的马宠卿任事务组职员并担任宿舍第三组组长。

1932 年

自 12 月 1 日起，华洋义赈会开始举办第八次合作讲习会，共分 24 个组，至 1933 年 3 月 30 日，分别在大名县徐小庄社（第一组）、广平县西固店社（第二组）、安国县西固社（第三组）、大名县陈庄社（第四组）、肥乡县东漳堡社（第五组）、元氏县宋曹社（第六组）、元氏县南关社（第七组）、南宫县曹家井村社（第八组）、献县陌南社（第九组）、新河县西杨家庄社（第十组）、蠡县城内福音堂（第十一组）、河间县小里文社（第十二组）、平乡县城内（第十三组）、无极县东侯坊社（第十四组）、成安县东关社（第十五组）、唐县管家佐社（第十六组）、柏乡县大汪社（第十七组）、涞水县石亭山后社（第十八组）、束鹿县吴王社（第十九组）、曲周县侯村镇（第二十组）、定县油味社（第二十一组）、曲周县安寨镇社（第二十二组）、沧县萧家庄社（第二十三组）、深泽县南关山西会馆（第二十四组）陆续举行，听讲学员来自河北省 47 个县、485 个合作社，总人数 1423 人。

1933 年

9 月 25 日，华洋义赈会派员到通县、三河、香河、宝坻、顺义、武清等县调查信用合作社社务状况。

截至 9 月底，香河县有信用合作社 22 个，其中，华洋义赈会承认 11 个、未承认 11 个。

11 月 29 日至 1934 年 3 月 13 日，华洋义赈会举办第九次合作讲习会，分 32 个组，分别在赵县、肥乡、广平、曲周、元氏、临城、完县、南宫、献县、高邑、尧山、河间、平乡、大名、新河、深泽、易县、永年、成安、蠡县、盐山、威县、无极等县举办，听讲学员来自河北省 47 个县、865 个合作社，总人数 3032 人。

1934 年

11 月 19 日至 1935 年 3 月 29 日，华洋义赈会举办第十次合作讲习会，共分 62 个组，分别在香河、柏乡、曲周、束鹿、临城、肥乡、赞皇、赵县等 62 地举行。听讲学员来自 63 个县、1959 个合作社，总人数 5394 人。香河县叶家屯社于 11 月 19—25 日承办第一组合作讲习会，听讲人数 42 人，代表香河、武清、通县 13 个合作社。本组讲习会首由周贾庄社的张绍诚（原属王家摆社）发起，叶家屯社、大王庄社、孙家止务社、周贾庄社、王家摆社、六百户社、庞营社等参与筹备，叶家屯社职员王玉堂、董长富、古道兴、张福全等负责会务工作。华洋义赈会讲员刘兆昌由北平到讲习会授课。香河县党部代表赵瑞元、公安局 2 名警员参加开幕典礼。香河县周贾庄社、叶家屯社荣获“十合讲”观摩成绩最佳社称号。

1935 年

11 月至 1936 年 6 月底，华洋义赈会第十一次合作讲习会分别在河北各地举行。讲习会分 3 种举办形式：一是讲员训练班，以培养讲习师资为宗旨，由深泽、肥乡、无极、安平、栾城、河间、平乡、晋县等各县联社主办，共分 8 组，受训人员 200 余人；二是合作讲习会，以训练合作事务人才为宗旨，由各联社及各合作社筹办，共分 93 组，听讲学员来自河北省 59 个县、1899 个合作社，总人数 6863 人；三是特种讲习班，以训练合作人才为宗旨，由华洋义赈会直接派员筹备，共有 2 组，参加听讲人员 157 人，代表 88 个合作社。

12 月 25 日，殷汝耕发表《冀东防共自治委员会改组冀东防共自治政府宣言》和《冀东防共自治政府组织大纲》，正式宣布将“冀东防共自治委员会”改组为“冀东防共自治政府”，以通县为政府所在地，管辖冀东 22 个县（含香河），殷汝耕自任为“冀东防共自治政府”政务长官（主席），将华北农业合作事业委员会在冀东组织和核准成立的 1320 个合作社（含少数互助组），吞并改组窃为己有，变成日本侵略者对华进行经济掠夺和奴化愚弄中国人民的工具。

1936 年

11 月至 1937 年 3 月，华洋义赈会第十二次合作讲习会分别在河北省各地举行，会期最少 3 天。讲习会以各社自动筹办为主，各组讲员由各筹备社自聘，但华洋义赈会为培养讲习会师资，以供给各组讲习会讲员及训练联社职员，于 1936 年 9 月 25 日至 10 月 25 日在邢台省立师范学校举办为期一个月的讲员训练班，从河北省内 40 余县的 800 多名报名者中，选录 65 人（含旁听生 17 人）进行培训。讲员训练班结束后，各县讲习会陆续举办，截至 12 月底，已有深泽县联社等 26 组举办合作讲习会。

1937 年

7 月 7 日，“卢沟桥事变”爆发后，日本帝国主义发动全面侵华战争，华北农业合作事业委员会主席刘治洲弃职出走，120 名员工陷入溃乱。

8 月 2 日，“北京地方维持会”委派张铁绪等 7 人为委员，潘毓桂为主席委员，接管华北农业合作事业委员会，并拨款 50 万元作为“助成资金”及应急救济资金，督导该会开展工作。不久潘毓桂调任伪天津市市长，改由张铁绪任主席委员，并委任日本人石井俊之为顾问，进行合作社改组合流的准备。

1938 年

1 月 12 日，日伪“华北临时政府”行政部命令华北农业合作事业委员会在“新民会”指导下开展工作。

3 月 1 日，“新民会”设厚生部，专事设计和推动城乡合作社的规划及发展等事宜。

4 月 3 日，“新民会”河北省指导部在天津成立，负责督促推动各县合作社工作的开展。

夏，冀东爆发数十万人参加的大暴动，摧毁铁路沿线以外的日伪政权，日伪汉奸自顾不暇，其所办的合作社陷于停顿。之后，抗日大军西进受阻，抗日斗争被迫转入低潮，日伪乘机指使“新民会”抓紧操办合作社。

1939 年

至年底，“新民会”在冀东控制的新旧合作社 1371 个，社员 50849 人，股金 101698 元。多数县成立了“官办”的合作社联合会，香河县自称“新民合作总社”，制定合作事业设施暂行办法 15 条，要求全县奋力开展合作社工作。

1940 年

1 月底，冀东抗日民主政权晋察冀边区冀东办事处成立，香河县隶属之。

4 月 20 日，日伪“河北省合作社联合会”在保定成立，理事长由伪省长吴赞周兼任，日本人末次重一代理常务理事，久留景三等 4 人为顾问，下设总务、事业、指导 3 个科及监察室，并在北平、石门（今石家庄）、天津等地设有办事处。该会在业务方面负责统筹贷款，实行食盐、烟草、石油、面粉、煤炭等物资的配给制度，加剧对华经济统治和侵略掠夺。

6 月 25 日，伪河北省公署制定《河北省合作社指导纲要》，并发布训令，要求各道道尹及县、市、局、处长配合“新民会”抓紧兴办合作社。

1941 年

1941 年至 1945 年 8 月，冀东敌后抗日游击战争迅猛发展。在中国共产党的领导下相继成立联合县民主政权。迁栾丰联合县北部山区军民，在反“扫荡”、恢复发展根据地、开展大生产运动的同时，积极组建综合社、运销社、生产社三类合作社。

1945 年

12 月，冀热辽行署发出指示：要求各县、区在未成立县联社、区办事处前，先设合作指导员管理推动合作社工作。

1946 年

1 月，各联合县被撤销，恢复香河县建制，属冀东区（行署）第十八专署。

12 月 2 日，冀东行署决定拨出 2 亿元（边区币）作为合作贷款，支持合作事业。

12 月 5 日，冀东行署印发《关于加强合作社工作的指示》。

1947 年

8 月，冀东行署召开财经会议，行署主任张明远在报告中要求：采取由点到面、由小到大巩固发展的方针把合作社搞好。据与会的 19 个县统计，全区已成立合作社 287 个，社员 31700 人，股金 1666 万千克小米。

1948 年

12 月 1 日，华北人民政府宣布，以华北银行为基础，合并北海银行、西北农民银行，在河北省石家庄市组建中国人民银行，并同日发行拾圆、贰拾圆、伍拾圆 3 种人民币。中国人民银行的成立及第一套人民币发行，标志着中国共产党领导下的全国统一的金融体系基本形成。中国人民银行成立后，内设合作处。

1949 年

8 月 1 日，河北省人民政府成立，香河属河北省通县专区。

8 月，香河县供销合作社成立。

11 月 1 日，中央人民政府政务院设立主管全国合作事业的行政机构——中央合作事业管理局，任命孟用潜为局长，梁耀、于树德为副局长。

11 月，中国人民银行和华北供销合作总社联合印发《关于典型试办合作信用部的指示》，确定中华人民共和国成立初期的信用合作工作由人民银行和供销社共同领导。

11 月 25 日，中国人民银行颁布《合作社信用部今后推进办法》和《信用合作社组织试验工作大纲》。人行河北省分行和省供销社选择定县为试办农村信用合作社（部）试点，在中国人民银行和华北供销合作总社领导下，从省、专区行、社机关调配主要干部，中国人民银行垫付资金 3000 万元（旧币）作基金，在县供销社社员基础上成立县信用社，采用与供销社兼营方式，先行开业。

1950 年

3 月 15 日，中国人民银行在北京召开第一届全国金融会议，会议结束后，以通令形式向所属颁发《第一届全国金融会议综合记录》，指出："根据去年试办折实储蓄的经验，折实储蓄应予扩大，并根据今年新的需要，拟定统一的折实存款办法。"

1951 年

5 月，中国人民银行召开第一次全国农村金融工作会议，颁布《农村信用社章程准则（草案）》《农村信用互助小组公约（草案）》，决定全面开展农村金融工作，在广大农民群众中重点试办农村信用合作组织与调剂农民群众资金余缺。

1952 年

7 月，人行香河支行印发委托信用社、金融小组办理储蓄手续，确定信用社可委托办理有奖、定额及货币定期（整存整付）等储蓄存款业务。

11 月，人行香河支行在东口头村试办农村信用社。

12 月 19 日，中国人民银行《关于现行利率的补充和修订的通知》中规定：农村信用合作社的存放利率由各社自行决定，逐步与国家银行存放利率接近，但不得勉强，国家银行收存信用社的转存款和对信用社的放款均按一分二厘计息，以鼓励其自存自放。

1953 年

1 月 5 日，人行香河支行印发《1953 年农村金融工作主要精神》，要求逐步推广信用合作社，基层社也可设信用部，信用社归国家银行领导，信用社利率和国家银行利率一致。

1 月 17 日，人行香河支行印发《印花税免税通知》，农村信用合作社、农村信用小组及供销社信用部，向银行贷款所立借据均暂免贴印花。

10 月，人行香河支行在打鹌户村试办信用社。

12 月 16 日，中共中央发出《关于发展农村合作社的决议》指出“农业生产互助合作社、农村供销合作社和农村信用合作社是农村合作化的三种形式。这三种合作互相分工又互相联系和促进，从而逐步地把农村的经济活动与国家的经济建设计划联结起来，逐步地在生产合作的基础上改造小农经济”，“农村信用社的发展，从试办以来已经有不同的组织形式，例如信用社小组，信用合作社或供销社信用部，应该继续推广和改进这种信用合作，并使其他农业生产互助合作进一步密切联系起来，有系统地支持农村合作社的运动”。

1954 年

1 月 9 日，人行河北省分行发出《关于信用合作社名称问题的通知》，明确关于农村信用合作社组织的名称，应按《中国人民政治协商会议共同纲领》的规定称为“信用合作社”。

1 月 14 日，中国人民银行颁发《农村信用合作社章程（草案）》，对农村信用合作社的性质作出明确规定。

9 月，人行河北省分行印发《信用合作教材》。

1955 年

6 月 1 日，中国农业银行河北省分行印发《关于解决信用合作社干部待遇的意见》，规定信用合作社脱产、半脱产干部待遇可参照当地乡干部待遇标准规定，补贴干部每月给予补贴 5—8 元，不享受以上待遇的干部可根据半年结算时的盈余情况，提 30%—50%进行一次补贴，予以适当奖励。

1956 年

6 月 27 日，中国农业银行发出《关于 1956 年下半年农村金融工作的指示》指出：要继续进行信用社的整社工作，抓紧对信用社干部的训练。在开展业务中仍然要注意帮助社员解决生产生活困难，防止高利贷乘机活动。

7 月 28 日，中国人民银行根据《中华人民共和国宪法》规定，首次制定“存款自愿、取款自由、存款有息、为储户保密”的储蓄工作原则。

1957 年

1 月 22 日，中国农业银行转抄财政部税务总局规定：1957 年继续免征农村信用合作社工商业税。

1 月 26 日，中国人民银行印发《农村信用合作社示范章程草案》规定：信用社办理社员、非社员和各种生产合作组织的储蓄存款，经过银行同意，也可办理其他机关、学校、团体的存款。

10 月，香河县农村信用社贯彻中央“精简机构、紧缩编制、下放干部、加强劳动锻炼”的指示，裁减干部。

11 月 22 日，中国人民银行印发《为通报各地信用社服务站形式希迅速总结经验大力推行的通知》，对服务站的设置范围、人选、资金使用、账务处理、干部报酬以及在建站中掌握的原则作出具体规定。

1958 年

12 月 20 日，国务院印发《关于适应人民公社化的形势，改进农村财政贸易管理体制的决定》，规定农村中财政贸易体制应根据统一领导，分级管理的方法，实行机构下放，计划统一，财政包干的办法，也就是“两放三统一包”的管理办法，“两放”，即下放人员、下放资产；“三统”，即统一政策、统一计划、统一流动资金管理；“一包”，即包财政任务。香河县农村信用社实行机构下放管理。

是年，国务院颁发《关于人民公社信用部工作中几个问题和国营企业流动资金问题的规定》。要求设在人民公社的国家银行营业所和农村信用社合并，组成人民公社信用部，在公社的信贷管理上，实行差额包干，一年两算，半年差额，基本不变的方法。

1959 年

1 月，财政部、中国人民银行报经国务院同意，决定自 1959 年 1 月 1 日起，取消利息所得税。

1960 年

1 月，中国人民银行向中共中央财贸部汇报 10 年来工作情况的汇报提纲中，关于信用社工作提到："在信用合作运动发展史上，1949—1953 年是重点试办，1954—1956 年是大发展，普遍实现信用合作化，1955 年以后，整顿、巩固、提高。"

9 月 20 日，中共宝坻县香河镇公社管理委员会印发《关于信用分部今后工作安排的指示》，对新建信用分部干部补贴问题、信用分部领导关系、新建信用分部在业务经营中的盈亏问题、干部储备培训、会计处理手续和资金管理、分部名称等问题进行规定。

11 月 3 日，中共中央印发《关于人民公社当前改革问题的紧急指示信》。人民公社信用部（信用股）复名信用社。

1961 年

6 月，中国人民银行印发《农村信用合作社工作条例（草案）》，提出：农村信用社实行独立经营，自负盈亏，业务经营方针是为社员服务，为生产服务，为促进人民公社的巩固和提高服务。

9 月 19 日，中国人民银行印发《关于当前清理旧农贷应该注意的几个问题的通知》，要求信用社发放的各种贷款，也应该同时清理，但是，由于信用社是群众性的组织，盈亏自负，凡是有贷户的债务，都不要减免，找不到贷户的呆账，需要报销的，要经过理事会或者社员代表大会批准。

9 月 26 日，中国人民银行印发《关于讨论和试行〈农村信用合作社若干政策问题的规定（草案）〉的通知》，规定指出："现阶段中国的农村金融组织有两种所有制，一种是全民所有制的国家银行，一种是集体所有制的信用合作社。信用社是国家银行的助手，是农村带动人民的资金互助组织，是中国农村社会主义金融体系的重要组成部分。"

1962 年

1 月 23 日，中国人民银行印发《关于银行委托信用社代办农贷应按规定付给手续费的通知》指出，信用社是集体所有制经济，不能无偿地为国家银行办理业务。规定：信用社代办农贷的手续费按 5‰—10‰计算。各行可以在这个幅度内，根据当地信用社业务的繁简、盈亏情况，自行确定。

8 月 20 日，国务院批转中国人民银行《关于信用社干部口粮问题的请示报告》，明确信用合作社脱产干部的口粮全部改由国家供应，副食品和日用品也按照公社同级干部的待遇标准，由商业部门供应。

11 月 9 日，中共中央、国务院批转中国人民银行《关于农村信用合作社若干问题的规定（试行草案）的报告》。中共中央批示指出："农村信用合作社在社会主义建设时期内，对支援农业生产和解决农民生活困难，仍将发挥重要作用。为了加强党对农村信用合作社工作的领导，中共中央和国务院同意中国人民银行的建议，各级农林办公室、农委、农村工作部和财贸办公室都要加强对农村信用合作社的领导，并以农口为主。”

1963 年

6 月 7 日，人行天津专区支行转发人行河北省分行《关于整顿农村信用合作社的意见》，要求每个公社一个信用社，生产大队设信用站，生产队设信用员，健全信用社理、监事会和社员代表大会组织，全面清理存款和放款，香河县各信用社按照通知要求进行整顿。

6 月，中共中央转发安徽省《关于社队随意挪用信用社资金和占用信用社职工的通报》，中国人民银行发出通知，要求各地银行必须退还信用社资金。

10 月 8 日，中共中央、国务院作出《关于恢复建立中国农业银行，统一管理国家支援农业资金的决定》。

10 月 21 日，中共中央、国务院批转《中国人民银行关于整顿信用社打击高利贷的报告》，决定农村信用社干部和资金由农业银行县支行统一管理，各省农业银行和各级支行设立信用合作专管机构，经管信用合作社工作。

12 月末，农行与人行分设，成立中国农业银行天津专区中心支行。

1964 年

4 月 20 日，中国农业银行印发《关于认真学习和贯彻执行〈中共中央批转邓子恢同志关于城乡高利贷活动情况和取缔办法的报告和批示〉的指示》指出：“取缔办法，应当根据劳动人民从宽，旧剥削分子从严；小量从宽，大量从严；偶放从宽，惯放从严；坦白从宽，抗拒从严；情节轻微从宽，情节恶劣从严，自动退息从宽，拒不退息从严的原则，分别不同情况不同对象，区别处理。”

4 月，河北省天津专区信用合作社先进代表会议召开，香河县刘宋信用社吴玉兰代表先进集体作典型发言。

5 月，农行香河支行成立，负责管理香河县农村信用社。

6 月 5 日，中国农业银行、劳动部印发《关于信用合作社干部工资、福利待遇的联合通知》，通知明确规定信用合作社脱离生产的专职干部工资标准，由省分行和劳动厅（局）根据党中央、国务院确定的原则，结合本地区具体情况协商拟定，报告省、自治区、直辖市人民委员会批准后下达执行。

11 月 3 日，中国农业银行河北省分行印发《关于颁发农村信用合作社会计制度（草案）的通知》，要求各信用社自 1965 年 1 月 1 日起试行此制度。

1965 年

3 月 26 日，中共中央、国务院印发《关于处理 1961 年以前农村四项欠款问题的通知》，香河县各农村信用社积极清理落实。

11 月，中共中央根据“积极备战、精兵简政”的主旨批转中国农业银行同中国人民银行合并的请示报告。

12 月 5 日，国务院财经组统一把农贷“有借有还、到期归还、再借不难”的原则改为“有借有还、到期归还”，香河县农村信用社的农贷原则也随之调整。

12 月，中国人民银行召开全国分行行长会议就《1966 年农村金融工作意见》提出，加强信用社的整顿。要求每个信用社（部）都要通过“四清整顿，达到‘二十三条’规定的 6 条标准”，香河县农村信用社落实“四清整顿”工作意见。

1966 年

7 月 1 日，农行香河支行并入人行香河支行，香河县农村信用社业务再次由人行香河支行管理。

1967 年

5 月 6 日，人行天津专区支行印发《关于分配 1966 年信用社亏损补贴指标》的通知，分配香河县农村信用社 2000 元亏损指标。

1968 年

2 月 18 日，中共中央、国务院、中央军委、中央文化革命领导小组印发《关于进一步实行节约闹革命，坚决节约开支的紧急通知》，规定对各机关、团体、学校、企业、事业单位 1967 年底各项经费和资金年终结余存款实行冻结，对地、富、反、坏、右、叛徒、特务、走资派、反革命资产阶级分子、反革命知识分子 10 种人的储蓄存款实行冻结。

1969 年

1 月，《人民日报》发表题为《农村商业是否由贫下中农管理好》的调查报告，提倡农村信用社由贫下中农管理。

是月，中国人民银行在天津召开 18 个省、市、县银行参加的座谈会，会议明确信用社斗批改的两个根本问题是“关于贫下中农管理信用社、信用社职工不脱产，走亦工亦农道路”。

6 月 12 日，中国人民银行印发《关于抓紧清理 1961 年以前旧农业贷款的通知》。通知要求：1961 年以前旧农业贷款清理的政策，原则上仍按照中共中央、国务院 1965 年 3 月 26 日《关于处理 1961 年以前农村四项欠款问题的通知》办理。具体如何执行，由各省、自治区、直辖市革命委员会，根据当地实际情况决定。对 1962 年以后尚未归还的农业贷款，仍然要贯彻有借有还的原则，以维护国家信用。

1970 年

5 月，香河县银行革命委员会工作组到钱旺村信用社，开展“斗、批、改”试点工作。

7 月 25 日至 8 月 20 日，财政部召开全国财政银行工作座谈会，讨论财政银行的改革问题。明确规定农村信用社支持地方“五小”（钢铁、煤矿、机械、水泥、化肥）贷款改按银行的利率执行，有盈余的，按一定比例上缴银行，有亏损的，由银行核定后给予补贴。

1971 年

2 月 12 日，财政部印发《关于试行农村信贷包干的通知》。要求：农贷资金只能用于规定的范围，要结合生产发展的需要，有计划、有重点地使用，不要平均分配。任何部门和单位不准抽调和挪用信用社的资金，对农村信用社要加强领导，充分发挥信用社打击高利贷，支援农业生产的积极作用。

3 月，河北省香河县革命委员会对香河县信用社 1961 年以前符合豁免条件的农业贷款予以豁免批准。

1972 年

4 月 21 日，人行天津地区支行同意对香河县金辛庄信用社弥补 1971 年亏损 33.04 元、大七里庄信用社弥补 1971 年亏损 287.28 元。

6 月 28 日，河北省革命委员会财金局印发《河北省信用合作社财务管理暂行办法》，香河县农村信用社遵照执行。

10 月，中国人民银行召开全国银行工作会议，会议的中心议题是解决“管理偏移、监督不力”的问题，要求各地加强对信用社的领导，充分发挥信用社的作用，不再要求信用社职工走亦工亦农的道路，强调信用社干部应保持相对稳定。

11 月，中国人民银行颁发《储蓄存款试行章程》，规定的储蓄种类为活期储蓄和定期储蓄。定期储蓄分整存整取和零存整取两种。

1973 年

1 月 16 日，人行天津地区支行转发《河北省革命委员会财金局关于信用社干部执行退职、退休规定的一些具体问题》的通知，通知要求信用社干部退职、退休按国务院工人、职员退职、退休的有关规定执行，费用由信用社公益金中列支，工龄自全部脱离生产参加工作之日算起，自 1973 年 1 月 1 日起执行。

5月18日，中国人民银行下发《关于信用社1970年以前的历年亏损补贴意见的通知》，指出凡做到以下要求的信用社，其亏损即可进行补贴：1.信用社经过整顿，做到账款清楚；或虽未整顿，确已做到账款清楚，能够按照政策开展业务活动。2.已制定全省（市、区）统一的信用社财务管理办法和费用开支标准，并能贯彻执行“勤俭办社”的方针。3.抽调、挪用信用社资金、在信用社乱摊费用开支和长期抽调信用社干部做与信用社无关的工作的情况，得到基本解决。国家补贴信用社的亏损，要先由信用社提出历年亏损的报告，检查亏损原因，总结经验教训，经贫管会（组）讨论通过，公社革委会审查签注意见，报县支行审查同意后，逐级汇总上报。

7月，中国人民银行河北省分行印发《河北省农村信用社财务管理制度（试行稿）》，规定农村信用社要在党委一元化的领导下，依靠贫下中农搞好财务管理，认真贯彻党的方针、政策，严格遵守财务管理制度。任何部门和个人都不准抽调和挪用信用社资金，不准摊销与信用社无关的费用开支。

1974年

1月11日，财政部发出《关于信用社盈亏处理意见的通知》。指出：1.信用社1970年以前的历年亏损，上报中国人民银行审批后，逐步给予补贴。2.信用社1971年以后的亏损，由各省、自治区、直辖市分行制定信用社亏损补贴办法，由中国人民银行给予补贴。3.信用社有盈余的年度，可以提取股金分红。

2月24日，中国人民银行发出《关于结束对1961年以前农业贷款豁免工作的通知》，决定：截至1973年底，结束对旧农贷的豁免工作。以后发生应豁免的旧农贷，不再上报中国人民银行核销，可作为银行损益处理。

5月11日，财政部农村金融局向部核心小组作《关于农村信用合作社几个问题的请示报告》。明确指出信用社的任务是积极组织农村闲散资金，支持集体农业生产，支持贫下中农困难户，打击高利贷活动。

6月1日，中国人民银行召开全国农村金融工作座谈会，明确人民公社领导下的贫下中农管理组织，只是信用社的权力机构，不是执行机关，要求各地信用社加强业务管理。

1975年

是年，人行营业所不再开办农村集体存款，全部业务移交信用社办理。

1977年

5月14日，中国人民银行印发《关于信用合作社发放生产设备贷款给予利差补贴的通知》，要求信用社发放生产设备贷款执行国家统一的利率政策，按月息一厘八计算，比转存银行款月息二厘七，所差九毫，由银行给予利差补贴，补贴办法力求简化，在每年年终决算前清算一次。

11月28日，国务院印发《关于整顿和加强银行工作的几项规定》。指出：信用社是集体金融组织，又是国家银行在农村的基层机构，各地一定要把信用社办好，信用社的资金应当纳入国家信贷计划，人员编制应当纳入县集体劳动工资计划，职工待遇应当与人民银行基本一致。

1978年

3月20日，中国人民银行发出《关于认真执行对农村经济单位银行不扣款的原则的通知》。指出：生产大队、生产队和社队办企业欠有关部门的款项（包括税款）应通过有关部门催收，银行、信用社不能代扣款，希望各行向有关部门宣传解释。

5月，中国人民银行印发《关于农村金融机构的几点意见》的通知，对信用社机构设置，领导关系、工作任务、业务经营和财务核算等方面作了具体规定。

1979年

2月1日，人行香河支行印发《关于信用社各项费用管理》的通知，规定信用社各项费用分为个人费用、公用费用、专项费用三部分，任何部门和个人不准抽调和挪用信用社资金，不准摊销与信用社无关的费用开支。

2月23日，国务院印发《关于恢复中国农业银行的通知》。

2月28日，中国人民银行全国分行行长会议指出：发展农村金融事业，必须加强信用社工作。信用社的资金纳入国家信贷计划，信用社干部的管理和待遇同银行干部一致起来。上级单位不得强迫社队向银行和信用社借款，办群众不愿意办的事情，买群众不愿意买的物资。由于违反上述规定，造成贷款不能归还的，要追究经济责任。

10月，廊坊地区农业银行从人民银行机构中分设出来，分设后称中国农业银行廊坊地区中心支行。

11月15日，农行廊坊地区中心支行印发《关于加强信用社基本建设管理》的通知，要求信用社新建或扩建房屋，必须事先编造预算计划，经公社同意，县支行审查签注意见，报地区中心支行批准。

11月27日，中国农业银行印发《办好信用站的若干规定》。

1980年

4月18日，恢复设立中国农业银行香河县支行，其业务与人行香河县支行分离，香河县农村信用社再次由农行香河支行管理。

5月28日，中国人民银行颁布新的《中国人民银行储蓄存款章程》指出：国家宪法规定保护公民储蓄的所有权，个人在银行的储蓄存款永远归个人所有，不得侵犯。银行实行存款自愿，取款自由，存款有息和为储户保密的原则。

6月11日，钳屯信用社制定《关于信用站管理制度》，被中国农业银行廊坊地区中心支行转发。

8月，中共中央对信用社的改革作出明确指示："把信用社下放给公社办不对，搞成'官办'的也不对。这都不是把信用社办成真正集体的金融组织，信用社应该在银行的领导下，实行独立核算，自负盈亏。它要办得活一点，不一定受银行一套规定的约束，要起民间借贷的作用。"

1981年

3月9日，中国农业银行印发《关于改革农村信用合作社体制，搞活信用合作社工作的意见》提出：在贯彻调整方针中，对信用社管理体制逐步进行改革，并对信用社的组织机构、资金管理、业务范围、筹集资金、存放款利率、股金分红、经营管理等12个问题提出具体意见。

3月17日，在廊坊地区会计、出纳技术表演赛中，五百户信用社张进先获计算利息第一名，珠算第二名。

3月31日，安平信用社、刘宋信用社被中国农业银行廊坊地区中心支行评为"金融红旗单位"。

4月2日，刘宋信用社吴玉兰被中国农业银行评为1980年度全国金融红旗手，获得奖章和证书。

5月6日，中国农业银行香河县支行印发《认真做好社队企业的贷款管理工作》的通知。

7月10日，刘宋信用社被中国农业银行河北省分行评为"1980年度省级金融红旗单位"。

7月23日，中国农业银行香河县支行明确信用社兼职拨款员。

1982年

4月，孙止务信用社改名为大罗屯信用社，大七里庄信用社改名为东鲁家口信用社。

9月7日，中国农业银行廊坊地区中心支行在农行香河支行召开储蓄工作经验交流会。安平信用社、五百户信用社作典型发言。

11月20日，农行廊坊中心支行与农行香河支行联合调查组，对石虎信用社支持社员制作大笤帚的情况深入调查。

12月，中国农业银行召开全国分行长会议，着重讨论信用社管理体制改革，确定信用社改革的目的、方向和内容，讨论通过《关于改革信用社管理体制的试点意见》，明确信用社改革的实施步骤。

1983年

1月2日，中共中央印发《当前农村经济政策若干问题》（1号文件），指出：农村经济从自给半自给向着较大规模的商品生产转化，从传统农业向现代农业转化的发展方向。提出：农村信用社应改善服务态度，在筹集资金、办理信贷、监督资金的使用方面发挥应有的作用。明确提出"信用社应坚持合作金融组织的性质”。

2月9日，中国农业银行香河县支行制定《信用站基本条件、先进信用站标准（讨论稿）》。

2月19日，中国农业银行发出《关于改革信用社管理体制试点的通知》。

3月12日，安平信用社被评为省级“金融红旗单位”，吴玉兰被评为省级“金融红旗手”。

1984年

1月1日，中共中央印发《关于1984年农村工作的通知》（1号文件），要求信用社进行改革，真正办成群众性的合作金融组织，在农业银行的领导、监督下独立自主地开展存贷业务，贷款利率可以浮动。

6月7日，原中国农业银行香河县支行管理的农村信用社人事档案移交信用合作股，同时移交农村信用社劳资报表。

11月5日，中国农业银行香河县支行制定《香河县信用合作社联合社管理条例（草案）》。

11月9日，河北省香河县信用合作社联合社正式成立，召开首届社员代表大会，讨论并通过《河北省香河县信用合作社联合社管理条例》，农行香河支行行长兼县联社主任王振中作工作报告。

12月26日，中国农业银行印发《农村信用合作社贷款呆账损失处理试行办法》，信用社开始实行呆账准备金制度。

1985年

1月1日，中共中央、国务院印发《关于进一步活跃农村经济的十项政策》（1号文件），文件中规定：信用社实行独立经营，自负盈亏，所组织的资金，除按规定向农业银行交付提存准备金外，全部归自己使用。在保证满足农业社员贷款之后，可以以余款经营农村工商信贷，可以跨地区开展存贷业务。信用社之间、信用社与各专业银行之间可以发生横向业务联系。存放利率允许参照银行所定基准利率上下浮动，有的可以接近市场利率。信用社必须遵守国家金融政策并接受农业银行业务领导。

3月20日，安平信用社被中国农业银行廊坊地区中心支行评为1984年度“先进集体”。

4月2日，安平信用社王军被评为1984年度省级“先进个人”。

10月26日，中国农业银行转发税务总局《关于对农村信用社恢复征收营业税的通知》，从1986年1月1日起，开始对信用社征收营业税。

1986年

1月，中共中央、国务院关于1986年农村工作的部署中指出：中央1985年第一号文件对信用社规定的各项政策和国务院有关信用社体制改革上的各项规定，应逐项落实。要分地区适当降低信用社提存准备金比例，不得向信用社下达指令性转存款指标，保证信用社多存多贷。

4月，中国农业银行召开全国分行长会议，确定信用社改革将贯彻“巩固、消化、补充、改善”的方针，金融体制的改革围绕增加储蓄、改进服务、合理使用资金三个方面去进行。

是月，中国农业银行印发《农村信用合作社管理暂行条例》共9章36条。

6月30日，农行香河支行召开第二届职代会第二次会议，县联社选出7个工会小组长，各工会小组负责日常工会工作开展。

7月，县联社孙秋颖参加农行河北省分行第三届技术比赛，获得国家级珠算技术六级证书。

9月7日，河北省香河县农村信用社联合社专用票据在全县通兑。

9月12日，县联社制定县内票据交换程序、规则，开始票据交换业务。

1987年

1月，中共中央印发《把农村改革引向深入》，指出：国家银行及各级政府均不得干预基层信用社资金运营的自主权。

8月10日，中国农业银行印发《关于农村信用合作社实行专业技术职务聘任制度的通知》。

8月20日，中国农业银行印发《中国农业银行基层行、信用社信贷人员、会计人员、所社主任岗位职务培训试行方案》。

1988年

1月4日，中国农业银行印发《农村信用合作社稽核工作暂行规定》，要求县联社设稽核股，配备副主任级总稽核，原则上按3—6个信用社配备一名稽核员，其中股级、副股级稽核员不少于50%。稽核人员要经过上级信用合作管理部门考核合格后发给稽核证。

3月23日，大罗屯信用社被中国农业银行河北省分行评为“优质服务单位”，张金荣被评为省级“优质服务标兵”。

3月29日，县联社召开信用站表彰大会，信用社主任、外勤人员和信用站会计300余人参加，表彰45个优秀信用站。

4月6日，中国农业银行印发《农村信用合作社乡镇企业贷款管理暂行办法》。

4月10日，县联社与全县17个信用社主任签订承包经营责任书。

6月，刘宋信用社与天津中北城市信用社建立结算关系，开办直接通汇业务。

9月10日，中国农业银行印发《关于农村信用社开办人民币长期保值储蓄存款有关问题的通知》。

11月，县联社设置营业部。

11月26日，县联社召开第二届理事会一次会议。选举宋昆为理事长，张泽为副理事长，薛秀海、贾天相、王凤昆为理事。

12月5日，农行廊坊地区中心支行、廊坊地区行政公署税务局转发《农村信用合作社成本管理暂行办法》和《河北省农村信用合作社成本管理具体实施办法》，香河县农村信用社贯彻执行。

12月23日，经河北省香河县信用合作社联合社社员代表大会选举，中国农业银行香河县支行党组研究同意，张泽任县信用合作社联合社副主任，任职期间享受县农行香河支行副行长级待遇。

1989年

3月15日，中国农业银行转发国家税务总局《关于集体信用合作社建立贷款呆账准备金的暂行规定》。

7月31日，县联社存款及所辖城关信用社、石虎信用社、渠口信用社、安平信用社、刘宋信用社、王家摆信用社、李庄信用社完成存款半年度会计计划，受到中国农业银行廊坊地区中心支行通报表扬。

9月，城关信用社会计张宇清，在农行河北省分行第四届技术比赛中，获得计算器计息第三名，荣获省二级业务技术能手称号。

1990年

6月10日，县联社制定《信用站手续费使用的试行办法》。

6月20日，中国农业银行印发《中国农业银行全国工资工作会议纪要》，决定1989年9月底以前参加工作的信用社正式职工（含合同制职工）均列入这次调资范围；凡1989年9月底以前评委会通过、验收合格并被聘任的信用社各级各类专业技术人员，都可按照有关规定执行新的工资标准。

7月19日，中国农业银行河北省分行对无非正常贷款和无“两呆”（呆滞贷款和呆账贷款）贷款的金辛庄信用社予以通报表彰。

9月13日，城关信用社更名为淑阳信用社。

1991年

1月8日，中国农业银行转发《国家税务总局关于重申对农村信用社减免营业税的通知》指出：对于经营性亏损和个别纳税确有困难的农村信用社，可以按税收管理体制的规定，由各省、自治区、直辖市税务局审批给予定期减税或免税照顾。

3月5日，按照农行廊坊中心支行《关于对全辖信用站进行全面稽核检查的通知》，县联社组织开展信用站综合大检查。

8月20日，农行香河支行转发农行河北省分行《关于金融系统工作人员亲属回避的暂行规定》，对亲属回避范围、原则要求、组织实施方式作出明确规定。

11月5日，撤销钳屯、王家摆信用社所辖分社。

11 月 27 日，中国农业银行转发国家税务总局《关于农村信用社、集体企业若干税收、财务问题的两个暂行规定的通知》。主要内容：减免所得税问题；贷款呆账损失处理和提取呆账准备金问题；计提定期储蓄应付未付利息问题；计提应付未付保值储蓄贴补息问题；1991 年灾区信用社危房修建费用问题；运钞车购置费用列支问题。

11 月 27 日，中国农业银行印发《关于农村信用社开办生产基金存款业务的意见》。要求各地农村信用社要积极扩大推行开办生产基金存款业务，充分发挥信用社组织调剂资金的作用。

12 月 13 日，县联社停办新的保值储蓄业务。

1992 年

3 月 28 日，农行廊坊中心支行召开农村信用社会计出纳工作现场会，县联社作题为《采取有效措施，落实会纳工作规范化》的典型发言。

4 月 28 日，农行香河支行转发农行廊坊中心支行《农村信用社临时工管理暂行办法》，县联社即日起遵照执行。

5 月 13 日，由县联社承办的廊坊市农村信用合作工作会议在香河县召开。

12 月 11 日，国务院颁布《储蓄管理条例》（国务院第 107 号令），自 1993 年 3 月 1 日起施行。《储蓄管理条例》规定，国家保护个人合法储蓄存款的所有权及其他合法权益，鼓励个人参加储蓄。储蓄机构办理储蓄业务，必须遵循“存款自愿，取款自由，存款有息，为储户保密”的原则。

1993 年

6 月 9 日，农行廊坊中心支行举办为期 2 天的信用社会计规范化管理培训班，县联社各社主任、会计员、明细监督员参加。

12 月 25 日，国务院颁布《关于金融体制改革的决定》，强调在改革时将县农村信用联社从中国农业银行体系中独立出来，办成基层信用社的联合组织。

1994 年

2 月 23 日，中国人民银行、中国农业银行联合印发《关于加强农村信用社领导和管理的通知》。

3 月 23 日，农行香河支行主管副行长、联社副主任带领全县信用社主任，到全国股份合作制改革试验区——山东淄博周村区周村农业银行参观学习。

1995 年

8 月 7 日，农行河北省分行转发中国农业银行《农村信用社会计工作达标省级实施办法》。

10月1日，《中华人民共和国担保法》颁布实施。

1996年

8月1日，新版《农村信用社支票》正式启用，其他各类支票均停止使用。

8月22日，国务院印发《关于农村金融体制改革的决定》。

9月11日，县联社召开会议，传达农村信用社体制改革文件精神，香河县常务副县长魏敬贤、人行香河支行行长李福山、农行香河支行行长于自然、县联社主任刘永春、县农工部负责人等参加会议。

10月5日，中国农业银行印发《农村信用合作社稽核处罚暂行规定》。

10月30日，按照廊农金改办〔1996〕1号文有关规定，县联社在原定编22人的基础上增加7人，总计29人。设5个科室，分别是保卫科、稽核科、业务科、财务科、办公室。

11月28日，县联社向廊坊市农村金融体制改革领导小组办公室呈请建办公楼，在原办公楼西侧建（接）楼1栋，面积为518.8平方米，投资额68万元。

12月24日，根据国务院农村金融体制改革部际协调小组办公室《对〈关于河北省农村信用社与银行脱离行政隶属关系的请示〉的批复》精神，县联社于1996年12月25日开始，正式与农行香河支行脱离行政隶属关系。同时各项工作接受当地人民银行的监管。

1997年

1月30日，县联社制定《主任办公会会议制度》，自公布起执行；制定《香河县农村信用社职工医药费管理暂行办法》自1997年1月1日起执行；制定《联社社务会议制度》，自公布之日起执行。

3月5日，县联社制定《1997年度科室奖励办法》，对业务科、财务科、稽核科、保卫科、办公室分别制定考核内容。

4月3日，县联社成立联社工会委员会，召开工会会员第一次代表大会，县总工会主席、人行香河支行工会主席、县联社主任出席会议，贾天相当选工会主席。

4月4日，中国人民银行行长助理段晓兴在全国农村信用合作社联社主任第一期培训班上的讲话指出：一是统一思想，提高认识，全面领会国务院决定精神；二是中国农村经济的发展需要合作金融；三是坚持合作制是信用社自身管理和发展的需要。

4月7日，县联社保卫工作被廊坊市农村金融体制改革领导小组办公室评为全市第一名，被省公安厅授予“安全防范先进单位”称号。

4月28日，中国人民银行印发《关于防范和化解农村信用合作社风险的通知》。

4月30日，在廊坊市农村信用社职工业务技术比赛中，县联社职工李雪梅获得手工计息第三名。

5月7日，廊坊市农村金融体制改革领导小组办公室聘任刘永春为县联社主任，张玉华、贾天相为副主任。

8 月 14 日，县联社设置金融监督电话，电话号码“8317643”。电话的受理范围：联社机关、所辖 18 个营业单位及所有工作人员违反国家金融法律、法规、规章的行为；有违已经公开的服务承诺和有损农村信用社社会形象的行为；其他违法违纪违规行为。

10 月，梁家务信用社组建大窑上分社。

11 月 1 日，经县联社管委会研究决定，对 17 名经济师、1 名会计师、45 名助理经济师、18 名助理会计师、10 名经济员、95 名会计员、12 名初级工全部予以重新聘任。

11 月 14 日，中国人民银行农村合作金融监督管理局、人事司印发《关于省、地（市）农金改办人员划转及农村信用合作社联合社主要负责人有关问题的通知》。

11 月 24 日，中国人民银行印发《农村信用合作社资产负债比例管理暂行办法》，对农村信用社实行资产负债比例管理。

12 月 6 日，县联社在香河宾馆召开庆祝中国农村信用社成立 45 周年暨香河县农村信用合作社联合社成立 12 周年庆祝大会。

1998 年

3 月 5 日，中国人民银行农村合作金融监督管理局印发《农村信用合作社和农村信用合作社联合社主要负责人任职资格管理试行办法》。

3 月 7 日，县联社召开先进集体、先进工作者表彰大会，淑阳等 8 个信用社被评为先进集体，崔振岐等 44 人被评为先进工作者，王晓燕等 24 人被评为先进信用站会计。

3 月 10 日，中国人民银行印发《资不抵债农村信用社综合治理意见》。

3 月 24 日，中国人民银行印发《关于改革存款准备金制度的通知》。

4 月 1 日，财政部、国家税务总局印发《关于贫困县农村信用社继续免征企业所得税的通知》。

4 月 6 日，中国人民银行农村合作金融监督管理局印发《农村合作金融机构许可证管理暂行办法》。

4 月 20 日，中国人民银行印发《关于严格控制农村信用社员工增长的通知》，主要内容：在当前农村信用社管理体制改革的过渡时期，对全国农村信用社员工实行负增长政策，从严控制农村信用社员工的增加。各省分行要认真核实全省农村信用社自然减员人数，实行自然减员指标集中管理，年末全部上缴总行。

11 月 12 日，中国人民银行印发《关于修改农村信用合作社资产负债比例管理指标的通知》。

1999 年

1 月 22 日，中国人民银行印发《关于农村信用社资金融通若干问题的通知》，农村信用社的资金融通以联社为单位进行，可在全国范围内与金融机构进行同业拆借、债券现券交易和债券回购。

5 月 18 日，中国人民银行印发《中国人民银行对农村信用合作社贷款管理暂行办法》，规定：中国人民银行对再贷款实行“限额控制、授权操作、规定用途”的管理原则。

8月26日，中国人民银行廊坊中心支行印发《关于香河县安头屯等18家农村合作基金会并入农村信用社的批复》。

9月9日，中共香河县委批复同意县联社建立“中共香河县信用联社党组”。刘永春任党组书记，樊德祥、张玉华、贾天相任党组成员。

10月，中国人民银行合作金融机构监管司印发《农村信用社营业、守库、押运期间安全保卫工作规程（暂行）》。

2000年

3月20日，国务院发布《个人存款账户实名制规定》（国务院令第285号），自2000年4月1日起，国家实行储蓄存款实名制，个人在银行储蓄机构新开户存款，必须凭居民身份证、军官证、华侨证等有效证件办理，储蓄机构必须填写记载存款人的真实姓名、证件号码。

4月21日，县联社对1997年度和1998年度已取得社会专业技术资格证书的10名助理经济师、3名中级工和2名高级工给予聘任。

7月3日，河北省香河县农村信用合作社联合社召开第五届社员代表大会，制定《第五届社员代表大会选举办法》《理事会工作制度》《监事会工作制度》，通过《河北省香河县农村信用合作社联合社章程》，选举新一届理事会、监事会成员。

7月26日，中共香河县委批复县联社请示，任命樊德祥为县联社党组书记；免去刘永春县联社党组书记职务。

9月4日，廊坊市农村金融体制改革领导小组根据县联社第五届第一次社员代表大会选举推荐，理事会表决通过，经人民银行任职资格审查核准，聘任樊德祥为理事会理事长，李进臣为监事会副监事长。

12月8日，县联社召开理事会，听取香河县城市信用社清查工作报告，研究金隆、鑫鑫、府前街3家城市信用社申请改制为农村信用社的请示，同意3家城市信用社改制为农村信用社。

2001年

3月中旬，县联社开展“三个代表”重要思想学习教育，安排干部下基层，为县联社分包的安平镇高庄村解决村民饮水等问题。

4月13日，县联社召开2000年先进工作者和先进集体表彰及2001年工作部署大会，对先进工作者和先进单位进行表彰，同时对全年工作作部署，县政府副县长刘玉海、人行香河支行副行长刘振巨出席会议并讲话。

4月28日，廊坊市农村金融体制领导小组办公室授予县联社“文明单位”称号。

10月30日，中国人民银行天津分行授予县联社“农村信用社改革整顿规范工作单位”称号。

12 月，刘宋信用社迁至刘宋村倪李线与香北线交叉路口东北 50 米处。

2002 年

1 月 28 日，据中国人民银行天津分行核发批准的金融机构法人许可证，自 2002 年 1 月 28 日起，原 3 家城市信用社分别更名为香河县金隆农村信用合作社、香河县鑫鑫农村信用合作社、香河县府前街农村信用合作社，启用新的行政公章，同时废止旧的行政公章。

3 月 13 日，县联社对 1999 年取得助理经济师资格证书的 4 人，2000 年取得工人技术职称资格证书的 6 人给予聘任。

4 月 2 日，县联社在人行廊坊市中心支行全市综合考核中列第二名，刘宋信用社被评为全市“十佳信用社”。

4 月 17 日，香河县第一个信用村揭牌仪式在蒋辛屯镇挠子庄村举行，人行廊坊中心支行行长李承奎、县委副书记尹广泰、副县长刘玉海及人行香河支行、县联社、蒋辛屯镇主要领导参加揭牌仪式。

7 月 3 日，县联社决定对 2000 年取得助理经济师专业技术资格证书的 17 人给予聘任。

12 月，中共中央印发《关于进一步加强金融监管，深化企业改革，促进金融健康发展的若干意见》，提出农村信用社改革的重点是明确产权关系和管理责任，净化内部管理和自我约束机制，增强为“三农”服务的功能，发挥农村信用社支持农业和农村经济发展的金融主力军和联系农民的金融纽带作用。

2003 年

2 月 28 日，县联社印发《香河县农村信用社优质客户大额贷款限额管理办法》，对优质客户的基本条件、评定程序、限额贷款管理等作出规定。

4 月 1—2 日，县联社对各社人员进行保险业务培训，开始代理保险业务。

5 月 6 日，县联社在加强自身预防“非典”（非典型性肺炎）工作的同时，积极组织全体干部职工捐款，为抗击“非典”奉献爱心。全系统 345 名干部职工捐款 8.48 万元，其中集体捐款 5 万元，个人捐款 3.48 万元。

6 月 27 日，国务院印发《关于深化农村信用社改革试点实施方案的通知》，要求加快信用社管理体制和产权制度改革，启动全国农村信用社改革。

8 月 17 日，县联社保卫科组织各信用社持枪管枪人员进行枪支管理培训。

9 月 6 日，县联社聘请律师为全县 86 名信用社主任、外勤副主任及信贷人员进行《贷款通则》专项培训。

9 月 12 日，中国银行业监督管理委员会印发《农村商业银行管理暂行规定》和《农村合作银行管理暂行规定》。

9 月 15 日，中国人民银行印发《农村信用合作社县级联社管理规定》和《农村信用合作社管理规定》。

10月1日，中共十六届三中全会通过《关于完善社会主义市场经济体制若干问题的决定》，要求信用社通过试点取得经验，逐步把农村信用社改造成农村社区服务的地方性金融企业。

11月，全县21个信用社（营业部）的对公柜台配置微机，实现对公业务的电脑化。

12月，淑阳、府前街等5个信用社进行数据移植。

2004年

4月21日，中国银行业监督管理委员会印发《关于规范农村合作金融机构入股的若干意见》。

6月16日，县联社开展“规范管理年”活动。

6月25日，县联社召开行风听证质询会，并聘请30名行风监督员，其中12名监督员提出建议，县行风办、银监办、人行香河支行主要负责人出席会议。

7月21日，县联社召开第五届监事会第二次会议，选举张玉华为监事长。

8月17日，国务院办公厅印发《关于进一步深化农村信用社改革试点的意见》。

11月22日，市、县档案局档案检查验收组到县联社进行档案检查、验收升级工作，经过验收，县联社档案达到省三级标准。

12月7日，县联社召开理事会，讨论通过《2004年绩效工资考核办法》，同时与中行香河支行签订委托代理承兑汇票协议。

2005年

1月4日，省联社改革试点领导小组印发《农村信用社以县（市、区）为单位统一法人实施办法》《农村合作银行组建方案》《农村商业银行组建方案》。

1月10日，县联社被授予“廊坊市星级职代会单位”称号。

1月15日，省联社改革试点领导小组印发《关于认真做好农村信用社清收不良贷款的通知》，要求进一步提高对清收不良贷款重要性的认识，采取多种方式做好清收不良贷款工作，明确清收任务，合理安排不良贷款的清收工作，要充分发挥清收主体的作用，建立清收奖励机制。

1月19日，中国人民银行印发《人民币银行结算账户管理办法实施细则》，明确人民银行是银行结算账户的监督管理部门，负责对银行结算账户的开立、使用、变更和撤销进行检查监督；将《人民币银行结算账户管理办法》中所称“开户登记证”改为“开户许可证”。

1月20日，县联社制定实施《财务管理办法》。

3月15日，县联社被评为“2004年度河北省农村信用社保险统筹工作先进单位”。

4月4日，县联社召开第五届第三次社员代表大会，对出资入股河北省农村信用社联合社的议题进行审议，根据县联社资本状况决定出资40万元，认购4股。

5月9日，县联社第五届第四次社员代表大会，经投票表决，一致同意樊德祥为河北省农村信用社联合社首届社员大会代表。

6月29日，省联社正式挂牌开业。

8月9日，中国银行业监督管理委员会印发《县（市）农村信用合作联社组建审批工作指引》的通知。

11月10日，淑阳、金辛庄、大罗屯、渠口、东鲁家口、石虎、安头屯、五百户、香城、李庄、蒋辛屯、梁家务、安平、王家摆、鑫鑫、金隆信用社档案管理达到河北省三级标准。

12月30日，经与县政府协商，自2006年起全县由财政支付的100多家县直单位干部职工的工资通过县联社统一代发，涉及代发人员6593人，全年代发金额约1亿元。

2006年

1月9日，县联社印发《关于撤并信用站给付代办员一次性补偿金的规定》，长期遗留的佣金补偿问题最终得以解决。

1月18日，县联社印发《香河县农村信用社绩效工资考核管理办法》，开启了绩效工资薪酬模式。

5月15日，按照省联社《河北省农村信用社信贷业务审批办法（试行）》的有关规定，县联社信贷业务审批委员会正式成立。

5月30日，县联社五级分类风险管理委员会成立，开始对贷款全面进行五级分类工作。

6月2日，县联社召开第五届监事会第九次会议，增选贾天相为监事。

6月12日，经县联社研究决定，制定实施《香河县农村信用社押运工作暂行办法》。

6月21日，县联社召开第五届理事会第二十三次会议，会议一致通过樊德祥辞去香河县信用联社主任职务，贾天相、张志刚辞去香河县信用联社副主任职务的请示。

12月3日，香河县农村信用合作联社创立大会暨首届社员代表大会第一次会议召开。

12月6日，香河县农村信用合作联社中央银行专项票据兑付工作办公室正式成立。

12月13日，县联社在香河县贵宾楼召开第一届监事会第一次会议，会议选举贾天相为监事长；审议并通过《香河县农村信用合作联社监事会议事规则》《香河县农村信用合作联社监事会工作制度》；召开第一届理事会第二次会议。会议聘任王宝生为香河县农村信用合作联社主任，聘任赵万宏、毕国明为香河县农村信用合作联社副主任。审议并通过《香河县农村信用合作联社主任任期目标责任制管理办法》。

12月17日，河北省银监分局正式批准香河县农村信用合作联社开业。

2007年

1月18日，香河县农村信用合作联社开业。

3月16日，县联社印发《香河县农村信用合作联社中层干部岗位聘任聘用实施方案》《香河县农村信用合作联社员工聘任聘用方案实施细则》。

4月24日，县联社印发《香河县农村合作联社行风建设工作实施方案》。

5月29日，香河县农村信用合作联社推出按揭贷款业务。

9月6日，香河县农村信用合作联社成功兑付央行专项票据19484万元。

2008年

1月26日，县联社印发《香河县农村信用合作联社2008年度员工竞聘实施细则》，凡符合竞聘条件的在岗员工均可参加，未竞聘到岗位的员工实行营销员待遇。

5月20日，县联社向省联社申请加入全省综合业务网络系统。

5月29日，县联社全体党员交纳2.23万元“特殊党费”支援四川省汶川地震灾区。

6月26日，县联社在香河电视台开办《信合之友》电视栏目，进行改革发展成效宣传。

8月26日，县联社组织首批通过省联社招聘员工进行岗前培训。

10月14日，县联社开始发行信通卡（借记卡）。

2009年

2月24日，县联社举办廊坊农信社存款突破300亿元大型宣传庆祝活动。

4月8日，县联社筹建办公楼建筑面积6782平方米，占地面积1124.84平方米，立项申请得到省联社廊坊办事处同意批复。

5月27日，省联社信贷管理部总经理孙双伦一行到县联社贷款客户中冶长城重型机械制造有限公司调研指导工作。

6月8日，县联社开展庆祝“河北省农村信用社存款突破4000亿元暨信通卡发行量突破300万张”系列宣传活动。

7月6日，县联社申请开办银行汇票签发业务。

7月13日，县联社在香河县顺隆宾馆四楼小会议室召开第二届理事会第一次会议，会议选举王宝生为第二届理事会理事长；召开第二届监事会第一次会议，选举赵万宏为监事长。

8月1日，县联社开通“96369”全省客户服务热线。

10月18日，县联社选举产生出席中国共产党河北省农村信用社联合社廊坊办事处第一次代表大会代表。

10月28日，省联社廊坊办事处印发《关于同意召开中国共产党香河县农村信用合作联社党员大会的批复》，同意成立中国共产党香河县农村信用合作联社委员会。

10月，新华街分社、新开街分社被撤销。

11月3日，中国共产党香河县农村信用合作联社党员大会召开，选举王宝生为党委委员、书记，赵万宏为党委委员、纪委书记，方利、王元伟、周新颖为党委委员。

11 月 6 日，香河县农村信用合作联社全辖网点全面开通农信银通存通兑业务。

11 月 9 日，香河县农村信用合作联社党委建立联社党总支部及 14 个基层党支部。

11 月 18 日，省联社副主任李子洲到香河县农村信用合作联社调研指导工作。

12 月 20 日，大罗屯信用社由大罗屯村北迁至新开街西段。

2010 年

1 月 29 日，省联社党委副书记、副理事长何福魁及省联社廊坊办事处主任樊鸿武、副主任张玉华到香河县农村信用合作联社慰问困难员工。

3 月 3 日，香河县农村信用合作联社存款突破 40 亿元。

4 月 7 日，香河县农村信用合作联社成立员工身份置换工作小组，印发员工身份置换工作实施方案，共置换员工 29 人。

4 月 20 日，县联社组织“为青海省玉树灾区献爱心”捐款活动，全体员工共捐款 1.5 万余元。

8 月 13 日，香河县农村信用合作联社增设业务拓展部。

11 月 3 日，廊坊市农村信用社稽核管理系统正式运行。

11 月 27 日，香河县农村信用合作联社首台 ATM 机（自助柜员机）在府前街信用社开通并投入使用。

2011 年

3 月 15 日，香河县农村信用合作联社印发《2011 年股份制改革工作方案》，成立改制工作领导小组。

同日，经省联社廊坊办事处批准，县联社成立基层客户经理部，城区片客户经理部更名为第一客户经理部，西片客户经理部更名为第二客户经理部，南片客户经理部更名为第三客户经理部，东片客户经理部更名为第四客户经理部。

3 月 24 日，香河县农村信用合作联社设立“爱心帮扶基金”，收到员工自愿捐款 66680 元。

5 月 6 日，廊坊银监分局同意香河县农村信用合作联社增资扩股 1 亿元。

7 月 25 日，省联社廊坊办事处同意香河县农村信用合作联社开办网上银行业务的申请。

9 月 27 日，香河县农村信用合作联社家具城储蓄所由香河县秀水街汇美家具城迁至香河县秀水街中意家具城，更名升格为“香河县农村信用合作联社秀水街分社”。

10 月 21 日，省联社廊坊办事处副主任张景平到香河县农村信用合作联社调研。

2012 年

1 月 18 日，中共香河县农村信用合作联社委员会撤销原 15 个基层党支部，新建 10 个基层党支部。

2 月 1 日，县联社印发《香河县农村信用合作联社客户投诉管理办法（试行）》，规范客户投诉管理制度。

2月28日，县委县政府印发《关于表彰2011年度促进全县经济和社会发展有功单位和个人的通报》，香河县农村信用合作联社获得奖励31万元。

3月12日，县联社增设科技部。

3月20日，县联社举行新办公大楼落成典礼仪式，省联社廊坊办事处副主任张玉华，县委常委、常务副县长马文龙，各乡镇、街道办和县直机关部门主要负责人，企业代表应邀出席庆典仪式；联社理事、监事、员工代表等参加庆典仪式。

4月5日，县联社召开香河县农村信用合作联社工会第一次会员代表大会，大会选举周新颖为工会主席，选举王亚男、马连军、刘雪梅、张金友、高文杰、殷立清为工会委员，同时选举产生经费审查委员会、女职工委员会委员。

4月6日，省联社系统工会印发《关于规范河北省农村信用合作联社各级工会名称的通知》，对各级工会名称进行统一规范，香河县农村信用合作联社工会委员会全称“香河县农村信用合作联社工会”，简称“香河县联社工会”。

5月2日，县联社印发《香河县农村信用合作联社大额头寸预报制度》，各基层网点自印发之日起执行。

6月14日，县联社印发《香河县农村信用合作联社人民币贷款利率定价管理办法（试行）》。

8月20日，县联社召开第三届理事会第一次会议，选举王宝生为香河县农村信用合作联社第三届理事会理事长。

2013年

1月6日，县联社印发《柜员等级评定方法及管理办法》。

2月5日，县联社召开党员代表大会，选举马长生为中共香河县农村信用合作联社委员会党委委员。

2月26日，香河县农村信用合作联社工会委员会召开第一届职工代表大会第一次会议。

4月2日，县联社实行公务用车改革，对21辆基层公务用车进行公开竞拍。

5月1日，县联社印发《关于发放员工交通补贴的规定（试行）》。

5月6日，县联社组织召开大堂经理工作交流座谈会，联社理事长、主任、副主任、相关业务部室负责人及各信用社大堂经理共20人参加。

6月27日，中共香河县农村信用合作联社党委开展“党员流动红旗标兵”活动。

6月，县联社创建门户网站并投入使用。

是月，县联社29家营业网点全部配备网银体验机。

7月10日，县联社无纸化电子考场投入使用。

10月28日，省联社同意县联社启动农村商业银行筹建工作。

是年，县联社工会被河北省金融工会联合会授予“工会工作先进单位”称号。

2014 年

5 月 9 日，省联社印发《河北省农村信用社联合社章程》，原章程即行废止。

5 月 13 日，县联社召开党员代表大会，选举孙晋为中共香河县农村信用合作联社委员会党委委员。

7 月 23 日，县联社鑫鑫信用社迁址香河县秀水街亚太城商铺 79 号 C1-01。

9 月 4 日，县联社成立远程集中授权中心。

2015 年

1 月 9 日，省联社印发《河北省农村信用社信通卡（IC 借记卡）章程》。

7 月 6 日，省联社二代办公系统开始试运行。

6 月 30 日，廊坊首家农信社自助银亭在香河正式开通。

10 月 12 日，县联社召开第四届理事会第一次会议，会议选举王宝生为香河县农村信用合作联社理事长；召开第四届监事会第一次会议，选举冯宝祥为香河县农村信用合作联社监事长。

12 月 7 日，县联社微信公众平台正式开通。

2016 年

2 月 22 日，县联社被省联社廊坊办事处授予“2015 年度综合考评第三名”称号。

3 月 2 日，廊坊银监分局副局长李加恒到县联社指导农商行改制工作，与县联社领导班子座谈。

3 月 7 日，县联社设立会计结算部。

4 月 15 日，县联社认购河北省政府债券 13032 万元。

4 月 25 日，县联社聘请温州博冠咨询有限公司的讲师对临柜人员和网点负责人进行职业形象、服务流程、营业环境培训，在全系统内开展星级柜员创建活动。

同日，省联社印发《关于表彰 2015 年度全省农村信用社安全保卫工作先进集体和先进个人的通报》，县联社获“河北省农村信用社安全保卫工作先进集体”称号。

4 月 29 日，廊坊市银监分局局长王东升深入县联社合作企业调研指导。

5 月 10 日，县联社召开第四届社员代表大会第二次会议，县委常委、常务副县长陈刚，人行香河县支行行长樊振华，县银监办主任刘杰出席大会并讲话，河北王文成律师事务所律师对大会进行全程见证。大会通过举手表决，通过了关于《同意组建河北香河农村商业银行股份有限公司》《香河县农村信用合作联社原社员股金处置意见》等议案。

5 月 16 日，县联社开通“香河县农村信用合作联社”微信订阅号，为客户提供县联社工作动态、产品服务介绍和经济金融政策等资讯信息和线上服务。

6 月 24 日，省联社新反洗钱业务管理系统切换上线。

6月27—29日，县联社承担发行贺岁纪念币任务，发行纪念币2000枚。

6月30日，中共河北省农村信用社联合社委员会印发《关于表彰全系统优秀共产党员、优秀党务工作者和先进基层党组织的决定》，中共香河县农村信用合作联社委员会获“先进基层党组织”称号，刘雪梅获“优秀共产党员”称号。

10月11日，副县长王玮到香城屯信用社调研。

11月23日，县联社召开党员大会，选举新一届党委委员，王宝生为党委委员、书记，冯宝祥为党委委员、纪委书记，王元伟、孙学辉、朱建功、郑存利、周新颖为党委委员。

12月13日，县联社王宝生、王元伟、冯宝祥、孙学辉、朱建功、郑存利、周新颖、计凯东、李玉春参加中国共产党河北省农村信用社联合社廊坊审计中心第一次代表大会。

12月26日，县联社印发《香河县农村信用合作联社关于发放员工交通补贴的规定（试行）》，对交通补贴内容和金额进行调整。

2017年

1月26日，县联社开始发行京津冀农银通卡。

2月10日，河北省农村信用社联合社印发《关于表彰河北省农村信用社2016年度先进典型的决定》，香河县农村信用合作联社获“2016年度十佳经营管理奖”。

2月21日，廊坊银监分局局长王东升到县联社调研指导工作。

3月16日，省联社廊坊审计中心印发《关于表彰廊坊农村信用社2016年度先进集体和先进个人的决定》，香河县农村信用合作联社获“2016年度经营效益优秀单位”称号，任超获“2016年度存款组织工作先进个人”称号，任伟超获“2016年度‘清非’工作先进个人”称号，胡秋菊、吴艳茹获“2016年度十佳信用社主任”称号，赵广斌获“2016年度十佳中层管理人员”称号。

3月22日，县联社印发《员工消费贷款管理办法（修订）》。

4月17日，县联社获得河北省银监局筹建河北香河农村商业银行股份有限公司的批复。

4月26日，沙发市场分社迁址更名为新华大街分理处。

7月7日，中共河北省农村信用社联合社廊坊审计中心委员会印发《关于表彰全市农信系统优秀共产党员、优秀党务工作者和先进基层党组织的决定》，杨勇、李雅静、刘冬雪、刘雪梅被评为优秀共产党员，米洋被评为优秀党务工作者，淑阳信用社支部委员会被评为先进基层党组织。

8月1日，电子验印系统在县联社各网点全面投入使用。

8月7日，中共河北省农村信用社联合社廊坊审计中心委员会印发《关于香河联社改制农商行后人事任免、拟提名的通知》，任命王宝生为河北香河农村商业银行股份有限公司党委委员、书记，拟提名董事长；任命冯宝祥为河北香河农村商业银行股份有限公司党委委员、纪委书记，拟提名监事长；任命王元伟为河北香河农村商业银行股份有限公司党委委员，拟提名行长；任命孙学辉、朱建功、郑存利为河北香河农村商业银行股份有限公司党委委员，拟提名副行长。

8月9日，河北香河农村商业银行股份有限公司创立大会暨第一次股东大会召开。

8月25日，县联社各网点开始电子对账系统签约工作。

9月4日，县联社开始通过小额支付系统处理全国支票影像交换业务。

12月27日，省银监局同意关于河北香河农村商业银行股份有限公司开业的请示。

2018年

1月11日，香河农商银行设立资金营运中心，为计划财务部二级部室。

1月19日，香河农商银行各网点正式上线省联社二代核心业务系统。

2月8日，省联社廊坊审计中心印发《关于表彰廊坊市农村信用社2017年度先进集体和先进个人的决定》，香河县农村信用合作联社获“2017年度经营效益优秀单位”称号，刘亦兵获“2017年度存款组织工作先进个人”称号，胡秋菊获“2017年度十佳信用社主任”称号，曾宪君、计凯东获“2017年度十佳中层管理人员”称号，邵淑娟获“2017年度十佳员工”称号。

3月9日，香河农商银行召开股东大会第二次会议审议并通过《河北香河农村商业银行股份有限公司聘请河北瑞立会计师事务所有限公司及河北王文成律师事务所两家中介机构》《河北香河农村商业银行股份有限公司薪酬与提名委员会关于2018年职工薪酬管理办法（修订）》《河北香河农村商业银行股份有限公司揭牌开业日期》《河北香河农村商业银行股份有限公司股权管理暂行办法（试行）》等十项议案的决议。

3月13日，香河县农村信用合作联社工会委员会更名为河北香河农村商业银行股份有限公司工会委员会。

3月15日，正式启用河北香河农村商业银行股份有限公司新印章。

5月11日，钳屯支行、刘宋支行通过省联社五星级网点验收。

5月18日，河北香河农村商业银行股份有限公司正式揭牌开业。

5月26日，香河农商银行进行新老行号切换工作。

9月4日，中国人民银行廊坊市中心支行行长、党委书记曹建强，在人行香河支行行长樊振华陪同下，到香河农商银行淑阳支行、营业部进行调研。

12月19日，中共河北省农村信用社联合社廊坊审计中心委员会印发《关于县级行社人事任免、拟提名的决定》，任命张斌为香河农商银行党委委员、书记，拟提名董事长；张永康为香河农商银行党委委员、拟提名行长；王健为香河农商银行党委委员、纪委书记，拟提名监事长；朱建功拟提名副行长；郑存利拟提名副行长；李玉春为香河农商银行党委委员，拟提名副行长；免去王宝生香河农商银行党委书记、委员职务，不再担任董事长；王元伟香河农商银行党委委员职务，不再担任行长；冯宝祥香河农商银行党委委员、纪委书记职务，不再担任监事长。

2019 年

1 月 11 日，香河农商银行召开股东大会第四次会议，审议并通过《河北香河农村商业银行股份有限公司 2019 年职工工资薪酬考核分配管理办法（草案）的议案》等 5 项议案。

3 月 27 日，完成全辖各支行业务清讫章的收缴工作，共计收缴清讫章 149 枚，业务凭证不再加盖业务清讫章。

4 月 19 日，香河农商银行资金营运中心调整为一级部室。

5 月 23 日，河北农信银税联网系统上线，实现全省城镇居民养老保险、医疗保险通过柜面和手机银行进行缴费，方便了广大农村用户养老和医疗费用的缴纳和查询。

6 月 18 日，香河农商银行上线河北农信现金统计及大额现金报送管理系统。

7 月 5 日，香河农商银行稽核部更名为审计部。

8 月 22 日，“河北农信 e 缴费”社会保险在线缴费业务在全省金融机构率先上线运行，为广大城乡居民提供线上自助缴费服务。

8 月 29 日，河北农信管理会计系统内部资金转移定价子系统上线。

9 月 6 日，香河农商银行各网点正式上线运行省联社第二代反假货币系统。

9 月 24 日，香河农商银行成立小贷中心，风险资产管理经营中心工作并入信贷管理部。

9 月 24 日，渠口支行邵淑娟代表省联社廊坊审计中心参加 2019 年廊坊市反洗钱知识与技能大赛，获得“个人优秀选手”称号。

9 月，香河农商银行成立事后监督中心，29 家网点全部上线事后监督系统。

10 月 21 日，省联社研发推出“智存通”个人可定制化新型存款产品，并在全省农信系统推广开办。

11 月 13 日，周蒙、薛静、张颖代表香河农商银行参加省联社廊坊审计中心组织的反洗钱知识竞赛，夺得竞赛第二名。

11 月 16 日，河北农信网上支付跨行清算系统（又称“超级网银”）上线。

11 月 29 日，综合办公室任娟娟代表香河农商银行参加人行香河支行组织的金融系统演讲比赛，获得三等奖。

12 月 3 日，廊坊市银保监局党委书记、局长白同顺到香河农商银行调研指导。

12 月 5 日，全省农信社京津冀农银通卡业务主题营销现场会暨信用卡业务营销交流会在香河召开，大会由省联社主办，省联社廊坊审计中心、香河农商银行承办，省联社副主任张志强，省联社廊坊审计中心主任兰成民、副主任姜义全，省联社市场拓展部主要业务人员及各市级机构业务主管科室负责人，香河农商银行领导班子成员及部分县级行社主管领导参加。

2020 年

4 月 18 日，香河农商银行安抚路分理处迁址至香河县城外城汽配城，更名为运河大道分理处，正式开业。

8 月 17 日，香河农商银行为首家企业客户开通农信 e 缴费业务。

8 月 20 日，香河农商银行征信系统终端正式启用。

8 月 28 日，香河农商银行召开股东大会第六次会议，审议并通过《关于选举第二届董事会董事长的议案》，张斌担任第二届董事会董事长；通过《关于选举第二届监事会监事长的议案》，王健担任第二届监事会监事长；通过《关于李玉春同志辞去董事会秘书职务的议案》等 11 项议案。

9 月 16 日，香河农商银行工会委员会召开第三届第二次会议，选举曹彦君为香河农商银行工会主席。

9 月 22 日，香河农商银行设立统计部，为风险合规部二级部室。

10 月 19 日，香河农商银行小贷中心变更为小贷管理部。

11 月 12 日，廊坊银保监分局副局长王宝华到香河农商银行对支持企业复工复产政策落实情况进行调研指导。

11 月，香河农商银行推选邵淑娟为市级劳动模范。

2021 年

1 月 1 日，省联社审计管理系统上线运行。

1 月 4 日，香河农商银行 45 名员工参加香河红十字会献血活动，累计献血 14000 毫升。

1 月 14 日，香河农商银行召开线上股东大会，审议通过《2020 年度股金分红方案》等 5 项议案。

3 月 11 日，在廊坊市农村信用社 2021 年度纪检监察工作会议上，香河农商银行纪委书记王健代表县级行社纪委作 2020 年履行党风廉政建设监督责任报告。

4 月 8 日，香河农商银行与香河县自然资源规划局举办“不动产抵押登记便民服务网点”揭牌仪式。

4 月 15 日，省联社廊坊审计中心印发《关于表彰全市农村信用社（农商银行）2020 年度先进集体和先进个人的决定》，刘宋支行行长陈和宁获“2020 年度十佳支行行长（信用社主任）”称号，信贷管理部经理王从亮获“2020 年度十佳中层管理人员”称号，风险合规部马海涛荣获“2020 年度十佳员工”称号。

5 月 17 日，香河农商银行开通即时制卡业务，客户办理同号换卡业务 1 周即可取卡。

7 月 19 日，香河农商银行薛静在人行廊坊中心支行组织的反洗钱知识竞赛中获二等奖。

7 月 30 日，省联社廊坊审计中心印发《关于表彰全市农村信用社（农商银行）优秀共产党员、优秀党务工作者、先进基层党组织的决定》，香河农商银行辛学伟获评优秀共产党员，张志军获评优秀党务工作者，钱旺支行党支部获先进基层党组织称号。

8 月 3 日，香河农商银行综合办公室任娟娟参加“2021 年廊坊市党建巡礼活动”专题演讲比赛，获三等奖。

9 月 6 日，家具城分理处停止营业，业务并入金隆支行。

9 月 10 日，省联社稽核系统和风险实时预警系统停止运行。

10 月 20 日，省联社党委副书记、主任张志强一行到香河农商银行走访慰问 92 岁高龄的老党员李凤池。

同日，香河农商银行蒋辛屯支行迁址至蒋辛屯镇大香线西侧嘉禾商贸楼 17 号。

11 月 20 日，香河农商银行在营业部布放的智慧柜员机全部投入使用，可替代柜面 80%以上对私类业务。

12 月 13 日，香河县人民政府组织开展全民反诈集中宣传活动，香河农商银行董事长张斌作为金融机构代表发言。

12 月 22 日，省联社廊坊审计中心副主任李文涛一行到香河农商银行对各项指标完成情况及 2022 年工作规划进行调研指导。

12 月 30 日，香河农商银行王家摆支行在原址改造新建办公用房投入使用。

2022 年

1 月 27 日，香河农商银行启用新版个人和单位客户开户类业务凭证。

3 月 22 日，香河农商银行向香河县红十字会捐款，助力香河县新冠疫情防控。

3 月 24 日，香河农商银行上线运行省联社账户信息管理系统。

5 月 20 日，省联社廊坊审计中心副主任张勇主持召开香河农商银行中层以上干部会议，宣布省联社关于香河农商银行领导班子调整的决定：华国旺任香河农商银行党委委员、书记，提名任董事长；李雅卓任香河农商银行党委委员、副书记，提名任行长；王健任香河农商银行党委委员、纪委书记，提名任监事长。

6 月 24 日，中国银保监会河北省分局农村银行处处长翟义刚对香河农商银行“农信社发源地展览馆”项目进行考察和调研。

6 月 29 日，香河农商银行党委书记、董事长华国旺在省联社农信系统巡察工作会议暨 2022 年巡察工作动员部署会上，代表廊坊市县级行社作典型发言。

7 月 1 日，省联社廊坊审计中心印发《关于香河农商银行换届领导班子调整的通知》，李玉春、张岩、王辉任香河农商银行党委委员、副行长，免去郑存利、姚燕强党委委员职务，不再担任副行长。

7 月 12 日，香河农商银行公司客户经理部并入营业部，市场拓展部为结算管理部二级部室，资金营运中心为计划财务部二级部室，撤销小贷管理部。

7 月 27 日，香河农商银行与五百户镇人民政府举行“农村金融综合服务中心”挂牌仪式，五百户镇党委书记吴立春，农业农村局农村经济服务中心主任后瑞富，香河农商银行行长李雅卓、副行长王辉及相关工作人员参加揭牌仪式。

8 月 3 日，省联社上线智能反欺诈平台。

8 月 12 日，香河农商银行开始办理第三代社保卡发行及更换业务。

8 月 17 日，省联社党群部主任高玉成、副主任刘金霞，省联社廊坊审计中心主任李纲、综合科科长马艳到香河农商银行对“农信社发源地展览馆”的筹建工作进行实地考察。

9月23日，中国共产党河北香河农村商业银行股份有限公司党员大会召开，选举华国旺、李雅卓、王健、李玉春、张岩、王辉、曾宪君为新一届委员会委员；选举王健、王丽颖、石婷婷为纪律检查委员会委员；新一届委员会召开全体会议，选举华国旺为党委书记；纪律检查委员会召开全体会议，选举王健为纪委书记。

11月1日，香河农商银行安平支行被省联社评为“2019—2021年度先进集体”，孙云太被评为“先进个人”。

2023年

1月17日，省联社廊坊审计中心党委书记、主任李纲到香河农商银行调研。

2月7日，省联社党委副书记、副理事长王河山到香河农商银行调研。

2月8—9日，香河农商银行机关办公区由二层整体搬至三、四层，二层开始建设“农信社发源地展览馆”。

2月15日，廊坊市银行保险纠纷调解委员会驻香河农商银行调解室成立，调解室设在府前街支行，廊坊市司法局党组成员崔铁强、廊坊市中级人民法院立案庭庭长赵俊山、县政府副县长刘海霞、省联社廊坊审计中心副主任刘耿堂等共同为调解室揭牌，县域内各家银行、保险机构主要负责人参加揭牌仪式。

2月20日，香河农商银行运河大道分理处被省联社廊坊审计中心评为2022年度存款营销先进单位和市场拓展先进单位。

3月11日，香河农商银行召开第三届董事会第一次会议选举华国旺为香河农商银行第三届董事会董事长，选举董事会下设各专门委员会主任委员，委员；召开第三届监事会第一次会议，选举王健担任第三届监事会监事长；召开股东大会第十次会议，审议通过《河北香河农村商业银行股份有限公司修改公司章程的议案》《河北香河农村商业银行股份有限公司2022年度董事会工作报告》等17项议案。

3月17日，在廊坊市农村信用社2023年度纪检监察工作会议上，香河农商银行纪委书记王健代表县级行（社）纪委作2022年履行党风廉政建设监督责任报告。

3月21日，香河农商银行按省联社要求切换新版企业网银和企业版手机银行。

3月22日，廊坊市地方金融监督管理局局长汪俊岭到香河农商银行调研。

3月24日，中国银保传媒董事长朱进元到香河农商银行重点支持企业调研。

4月6日，廊坊市农信系统2023年度财会统计及科技拓展工作会议在香河农商银行召开。

6月3日，香河农商银行“农信社发源地展览馆”专家论证会在6层会议室召开，会议采取现场+线上视频的方式进行。

6月29日，香河农商银行“农信社发源地展览馆”落成开馆。

第一篇　组织机构

自 1923 年中国第一家农村信用社在河北省香河县成立以来，香河县农村信用社历经 100 年艰难而曲折的发展历程，由于行政区划与乡镇建制的调整变迁、管理体制的变革和自身改革发展的要求，农村信用社的建制与名称也几经变革。

1923—1949 年，香河县农村信用社开始发展，但因日本发动侵华战争，很多信用社都停止业务。1952—1956 年，伴随全国合作化运动全县各区纷纷设立信用社。1956 年，全县共有信用社 51 个。1958 年农村实行人民公社化，调整农村财贸管理体制，中国人民银行将县城以下办事处营业所下放至公社，与当地信用社合并成立公社信用部，所在地设有中国人民银行分支机构的信用社一律改称信用部，设立信用分部。1961 年，全省贯彻执行中共中央的人民公社“六十条”，农村信用社的建制和名称得以恢复。1962 年 6 月，香（河）宝（坻）分县，恢复香河县制，香河县辖城关、孙止务、王家摆、安平、钳屯、李庄、五百户、香城屯、刘宋、安头屯、金辛庄、钱旺村、渠口、石虎辛庄、大七里庄、蒋辛屯、梁家务 17 个人民公社，全县设立 17 个信用社。1984 年 11 月 9 日，河北省香河县信用合作社联合社成立，县联社设置 4 个股室，17 个信用社。1996 年 12 月 25 日，与农行香河支行脱钩后，县联社设置 5 个科室，1 个营业部，17 个信用社，236 个信用站。2006 年，香河县农村信用合作联社成立后，设置 10 个科室，1 个营业部，基层设置 20 个信用社，10 个信用分社。2018 年，河北香河农村商业银行股份有限公司成立，共设置 13 个部室，1 个公司客户部，4 个客户经理分部，1 个营业部，基层设置 20 个支行，8 个分理处。2019 年，取消客户经理分部，保留公司客户部，在 11 家支行设立小贷中心。2023 年 6 月末，香河农商银行共设置 12 个部室，2 个公司客户部，1 个营业部，基层设置 22 个支行，5 个分理处。

第一章　基层组织

1923 年 6 月，华洋义赈救灾总会在香河创办中国第一家农村信用社，到 1927 年被“义赈救灾总会”承认的信用社有 430 个。这些信用社是仿照德国雷发巽式信用社创办的，订立信用社章程，发放贷款，其目的是通过信用社解决农民的生产生活困难。

1949 年 3 月，中共中央主席毛泽东在中国共产党七届二中全会的报告中指出：占国民经济总产值 90%的分散的个体的农业经济和手工业经济是可能和必须谨慎地、逐步地而又积极地引导它们向着现代化和集体化的方向发展的，任其自流的观点是错误的。必须组织生产的、消费的和信用的合作社和中央省、市、县、区的合作社的领导机关。毛泽东上述关于农业合作化的指导思想，经过 9 月中国人民政治协商会议第一届全体会议的讨论和一致同意而付诸实施。会议通过的《中国人民政治协商会议共同纲领》第三十八条规定：关于合作社，鼓励和扶助广大劳动人民根据自愿原则发展合作事业。在城镇中和乡村中组织供销合作社、消费合作社、信用合作社、生产合作社和运输合作社。

1950 年 3 月，在中国人民银行召开的第一届全国金融会议上确定信用社试办的方针和任务。在试办阶段信用合作的组织形式分为四种：1.信用合作社。设立信用社较好的条件是在土改工作业已完成，经济作物丰富，手工业、副业较发达地区以及工矿区。一般以 1 个行政村镇或邻近几个村为组织范围。信用社是农村信用互助组织发展的较高组织，应具有一定的形式，要民主管理，订立章程，设理事、监事。2.信用部。供销社的信用部应服从供销社统一管理与办理登记手续，在社务上亦应由供销社负责领导，但是资金要划定，财务要分开。即在业务上应加以扶持领导，并帮助逐渐达到资金分开会计独立。3.信用互助小组。在群众自发基础上，1 个行政村内组织 1 个或几个信用合作小组，可以订立简单互助公约，要有负责人。互助小组组织健全、业务发达且条件具备时提高改为信用社。4.原有的组织形式。农村中各种私人借贷的原有组织，仍可存在，并可扩大互助范围。随着业务发展农村经济生产和社员生活需要，信用合作又增设信用分社、代办站、储蓄所、城郊信用社等组织形式。

1952 年，人行香河支行在东口头村试办信用社。

1962 年，撤销信用部，信用部这种组织形式不再存在。

1984 年，河北省香河县信用合作社联合社成立。

2006 年，县联社撤销信用站，信用站这种组织形式不再存在。12 月 17 日，河北省银监分局正式批准香河县农村信用合作联社开业，标志着以县为单位统一法人组建工作圆满完成，结束县联社、信用社两级法人体制。

2007 年 1 月 18 日，香河县农村信用合作联社开业。

2018 年 5 月，河北香河农村商业银行股份有限公司正式揭牌开业，实行一级法人、统一核算、分级管理、授权经营的管理体制，分支机构设立为支行或分理处，结束县联社、信用社、信用分社的历史。

第一节　信用社

农村信用社又称信用合作机构，是由个人集资联合组成的以互助为主要宗旨的合作金融机构，简称“信用社”。信用社以互助、自助为目的，在社员中开展存款放款业务。

1920 年，全国许多省份遭受旱灾，其中，华北各省旱灾最为严重，各地义赈救灾团体纷纷成立，以中外合办的“华洋义赈会”影响最大。1922 年，秋，北京华洋义赈会发起召开各地义赈联席会议，会上决定将救灾剩余资金用于农村合作事业。1923 年 6 月，中国华洋义赈救灾总会在香河县县城城隍庙东侧的福音堂（今香河县淑阳大街新华书店斜对面）成立“香河县第一信用合作社”，也是中国第一家农村信用合作社。

1925 年 6 月，香河县孙小营社宣布成立。同月，香河县第一信用合作社进行改组，将经营范围从县城周边 5 千米调整为县城内，将社名更改为“香河城内社”。7 月，香河县大王庄社、孙家止务社、叶家屯社、北渠口社、固辛庄社宣布成立。

1926 年 2 月，香河县七里庄、小屯、后马坊、南台村相继成立农村信用合作社。宝坻县的卸甲庄、韩庄、窦庄（这 3 个村于 1962 年 6 月 1 日划入香河县）也申请成立农村信用合作社。4 月，北岗村社、北辛屯社、安头屯社、北六百户社、南吴村社、赶水坝社、牛牧屯社、北吴村社宣布成立。12 月，许庄社成立。

1927 年 4 月，香河县七百户社成立。9 月，香河县孙各庄社成立。12 月，香河县九百户社成立。截至 1927 年，全国被华洋义赈救灾总会承认的信用社 430 个。

1928 年 2 月，国民政府颁布《合作运动纲要》，并在国民党“三大”提出要举办信用合作社。1931 年 5 月，国民党召开三届中央第一次临时全会，通过《中华民国训政时期约法草案》，把“设立农业金融机关，奖励农村合作事业”作为国家发展农村经济、改善农民生活而应积极实施的事项。

1929 年 6 月，香河县冯乐庄社宣布成立。7 月，香河县三百户社宣布成立。9 月，香河县王家摆社宣布成立。12 月前，梁家务社、王店子社、头百户社、四百户社成立。

1930 年 2 月，香河县黄家东仪社、大马坊社、赵家庄社宣布成立。3 月，香河县桥上村社宣布成立。4 月，香河县梁庄社宣布成立。6 月，香河县大祁庄社宣布成立。9 月，香河县内有信用合作社 28 个，其中，被中国华洋义赈救灾总会承认的 8 个，未承认 20 个。

截至 1933 年 9 月底，香河县有信用合作社 22 个，其中，华洋义赈会承认 11 个，未承认 11 个。

1949 年 9 月 29 日，中国人民政治协商会议第一届全体会议通过《中国人民政治协商会议共同纲领》，第三十八条规定，关于合作社：鼓励和扶助广大劳动人民根据自愿原则，发展合作事业。在城镇中和乡村中组织供销合作社、消费合作社、信用合作社、生产合作社和运输合作社。

1950 年，中国人民银行和中华全国合作社联合总社提出试办信用社工作。首先在华北开始试办，年底在河北、山西等省组织了 105 个信用社，并在 439 个供销社内建立信用部。

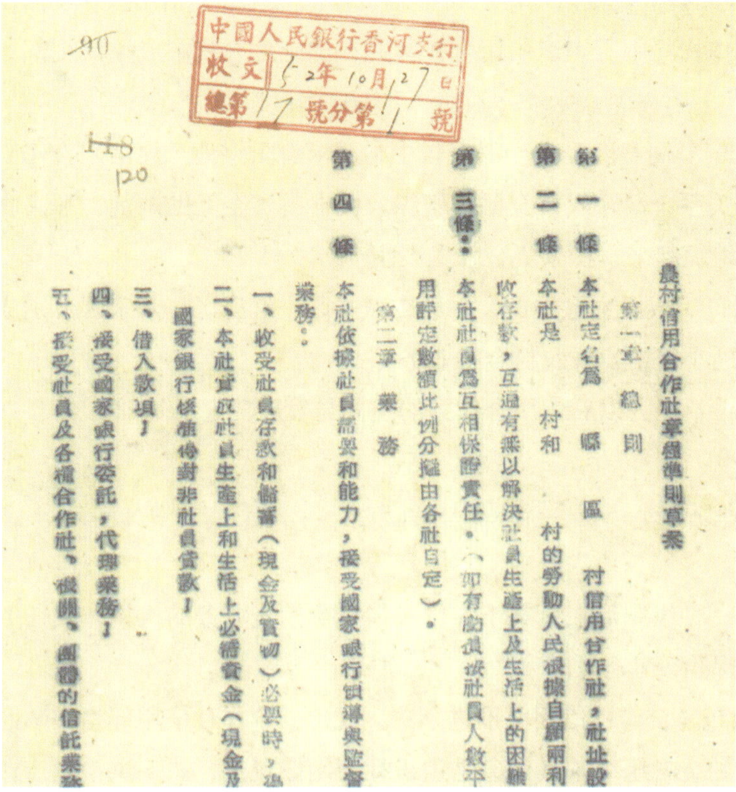

中國人民銀行香河支行
收文 52年10月27日
總第17號分第1號

農村信用合作社章程準則草案

第一章 總則

第一條 本社定名為　縣　區　村信用合作社，社址設

第二條 本社是　村和　村的勞動人民根據自願兩利

收存款，互通有無以解決社員生產上及生活上的困難

第三條：本社社員為互相保證責任。（如有虧損按社員人數平

用評定數額比例分擔由各社自定）。

第二章 業務

第四條 本社依據社員需要和能力，接受國家銀行領導與監督

業務：

一、收受社員存款和儲蓄（現金及實物）必要時，

二、本社貸放社員生產上和生活上必需資金（現金及

國家銀行核准借對非社員貸款；

三、借入款項；

四、接受國家銀行委託，代理業務；

五、接受社員及各種合作社、機關、團體的信託業務

1952 年，中国人民银行印发《农村信用合作社章程准则草案》

综合办公室供图

1951 年 5 月，中国人民银行召开第一届全国农村金融工作会议，更明确地提出发展信用合作是农村金融的重要工作之一，要求把银行机构推广到区镇，各省都进行重点试办信用社。

1952 年，在中国人民银行关于“深入农村、帮助农民、解决问题、发展生产”的农村金融工作方针指导下，人行香河支行在东口头村建立信用社。1953 年，在打鶘户村建立信用社，召开社员代表大会。到 1955 年，全县有信用社 62 个。

1962 年香河、宝坻分县后，香河县以公社为单位建 17 个信用社，分别是城关信用社（淑阳信用社）、金辛庄信用社、孙止务信用社（大罗屯信用社）、王家摆信用社、安平信用社、钳屯信用社、渠口信用社、七里庄信用社（东鲁家口信用社）、石虎辛庄信用社、钱旺信用社、刘宋信用社、安头屯信用社、五百户信用社、李庄信用社、香城屯信用社、蒋辛屯信用社、梁家务信用社。

2000 年 12 月 8 日，金隆、鑫鑫、府前街 3 家城市信用社改制为农村信用社，全县有信用社 20 个。

2018 年 5 月 18 日，河北香河农村商业银行股份有限公司正式揭牌开业，县联社所辖 20 个信用社、8 个分社全部改称为支行、分理处。

第二节　信用互助组

信用互助组是农村信用合作组织的初级形式，由于形式简便，范围不大，能够帮助组员解决一定的生产、生活困难，因而便于建立和发展。但由于规模较小，调剂资金的能力有限，作为发展信用合作的一种过渡形式，主要通过信用互助组的业务活动，使农民认识到互助合作的好处，逐步增强发展农村金融的意识。

信用互助小组订有公约，收集股金，建立简单的账簿，选举正、副组长，办理组内的存款、放款业务，调剂资金解决组员困难。

信用互助小组由本村信用部或金融委员领导，银行农金外勤在业务上给予协助和指导。信用互助小组向银行存款，通过本村信用部或金融委员办理。

1950 年 6 月 20 日，中国人民银行在《关于重要城市郊区农村金融工作的意见》中指出：开展信用合作组织，先在有利条件之蔬菜区和经济作物集中区组织信用合作社并在健全之村社中成立信用部、信用小组等。

1951 年，人行香河支行农村金融工作第一届金融委员会议报告中，要求有重点地开展信用合作工作，通过信用互助组织建立农村新的借贷关系，活跃农村金融，组织农民自有资金互助调剂，解决农民生产和生活中的经常需要，使农民逐渐组织起来，积累资金，发展生产。

1951 年，人行香河支行先在四区（渠口）成立金融委员会，后在城关区、红庙区、刘宋区分别成立金融委员会，由金融委员会建立信用互助小组，发展农村金融业务。

香河县的信用互助小组虽然简单不完善，但为以后信用合作社的建立与发展奠定了基础。

第三节　信用部

信用部是农村集体所有制信用机构的一种组织形式，属于农村具体执行信贷业务的机构，其任务为代理国家银行办理存款、放款、储蓄、保险等业务。

1949 年 11 月 25 日，中国人民银行颁布《合作社信用部推进办法》规定：合作社信用部是在政府的领导下与国营经济的扶植下、劳动人民的金融组织。其任务是组织社会闲散资金，调剂供销生产资金，扶助发展生产，繁荣社会经济，积累公共财富。组织形式一般采用兼营资金，不独立，与供销部混合经营，互相支援，但在客观条件需要与可能时亦可单独成立信用社。当月，华北供销合作总社、中国人民银行联合发出《关于典型试办合作社信用部的指示》，指出：“随着形势进展，配合资金建设，促进城乡互济，倡导物资交流是经济建设的中心任务之一。农村金融活跃与否又是物资能否畅通交流的重要因素。信用合作是在政府领导与国营经济的扶植下，组织社会游资以发展生产的有力工具，也是繁荣社会经济、积累共有财产的重要途径。”

供销社的信用部是供销合作社的组成部分，受村供销社领导，在账务组织、业务经营、资金应用等方面由银行负责指导。信用部的服务对象以当地农民为主，放款以社员为主，社员有优先权，非社员贷款须经理事会批准。信用部成立时，制定章程草案、业务规则草案、暂行办法细则等基本规章制度，初步开展存、放款业务。信用部的干部由村供销社理事会聘请或由社员代表大会选举产生，不脱离生产。信用部单独立账，资金与供销社资金严格划分、专款专用。为促进信用部业务发展，银行对信用部经营上给予各种便利。信用部除使用其自有资金外，如因事实需要，须提出具体计划，经上级批准，向银行申请贷款，但以办理存款业务之周转资金为限。

1950 年 3 月，中国人民银行在北京召开全国第一届金融会议。会议对今后农村工作提出 5 项基本任务，其中，第三项为“大力组织与开展私人借贷，帮助合作社开展信用业务”。

1951 年 7 月 10 日，人行河北省分行《开展农村金融工作初步意见》指出：关于信用合作的形式问题，只要有利活跃农村金融，有利发展生产，无论什么形式都要大力发展，如信用社、信用部，自由借贷及其他互助会等。

1956 年，农业合作化中，中国部分地区把信用社改为农业生产合作社的信用部。

1958 年 8 月 29 日，中共中央印发《关于在农村建立人民公社问题的决议》。同年 12 月 20 日，中共中央国务院发布《关于适应人民公社化的形势改进农村财政贸易管理体制的决定》指出：把国家在农村的粮食、商业、财政、银行等部门的基层机构，下放给人民公社，实行“两放、三统、一包”的管理体制。原来的信用社大多改为生产大队的信用部，账务、资金未作实质性变动，银行、信用社仍坚持分别核算、独立核算。同时，国务院印发《关于人民公社信用部工作中几个问题和国营企业流动资金问题的规定》指出：人民公社的信用部既是人民公社的组成部分，又是人民银行在当地的营业所；人民公社信用部一律办理对外汇兑。

1959 年，按中国人民银行对农村信用社作出的规定，香河县以生产大队为单位建立信用分部，业务经营由生产大队和公社信用部双重领导，信用分部的职工由生产大队管理，盈亏归生产大队统一核算，信用社完全成为生产大队的一个内部机构。

1962 年，刘宋信用部撤部留念　　综合办公室供图

1959 年 5 月，香河县按照人行河北省分行指示，根据中央《关于加强农村人民公社信贷管理工作的决定》，在全县范围内将下放给公社的营业所收归银行，原信用合作组织改建成信用部；下设信用分部，由公社领导，实行独立核算，自负盈亏。

1960 年 1 月 5 日，人行宝坻县支行《1959 年全年工作总结》（1958 年 11 月，香河县并入宝坻县）中提到，全县信用分部吸收社员个人存款 180 万元，全县共建 12 个大型人民公社，公社内设信用分部。

1962 年 7 月，财政部、中国人民银行印发《关于印发农村生产资金座谈会纪要的通知》，要求各地迅速解决信用社工作中存在的一些问题：一是信用社的管理体制问题，信用社应当恢复 1957 年以前的管理体制，即信用社应当是一个独立核算单位，资金独立、自负盈亏，公社不得挪用或者支配信用社的资金。二是加强信用社的领导。除人民银行加强业务领导，在一定范围内给予资金支持外，各级党委农村工作部也恢复到 1957 年以前的状态，加强对农村信用社工作的领导。三是信用社干部的口粮问题必须得到解决。四是整顿信用社账目，清理被社队占用的信用社资金，社队平调的信用社资金，应当由社队归还。11 月，中共中央、国务院批转中国人民银行《关于农村信用合作社若干问题的规定》，对农村信用社的任务、机构设置、与人民银行的关系、信用社管理体制和干部配备做出了明确规定。

1962 年，撤销信用部，恢复信用社。部分地区信用分部经过整顿改为信用站，由信用社统一计算盈亏。此后信用部这个信用合作组织形式不复存在。

第四节　信用分社

信用分社是农村信用社的派出机构，一般设在乡范围内经济活动较集中或边远分散的地方。按照群众方便，经济合理，便于管理，保证安全的原则设置。信用分社一般不实行独立核算，其账务并入信用社统一核算。

1983 年 2 月 19 日，中国农业银行印发《关于改革信用社管理体制试点的通知》指出：公社以下的信用机构要逐步普及和加强。农村普遍实行生产责任制，信用社的服务对象从主要是社队集体转变为主要是双包户、专业户（重点户），业务量大大增加，迫切需要增加公社以下的信用合作组织，以便就近办理存、贷款，及时解决集体和个人生产、生活上的资金需要。信用分社的设置除边远山区以及离乡信用社较远的农村农户较集中的地方外，很多信用社还在县城周边、工矿区、街道设置分社、储蓄所、以便大力组织存款、扩大信用社业务。

1986 年 9 月 13 日，中国农业银行廊坊中心支行印发《关于农村信用社机构设立、撤销、合并有关问题的通知》，指出：在信用社范围内建立、撤销、合并不独立核算的信用分社和储蓄所，由信用社理事会研究，经县支行批准，报中心支行备案，信用社分社、储蓄所、信用站是信用社辖属机构，不是独立核算单位。

1996 年，县联社有分社 8 个，分别是淑阳第一、第二、第三、第四、第五分社，安平一街分社，钱旺后大街分社，钱旺刘庄分社。

2006 年，县联社完成统一法人社后，有分社 9 个，分别是淑阳信用社永明路分社、新华街分社、华联分社、前套村分社、安抚路分社，金辛庄信用社家具城分社，大罗屯信用社新开街分社，安平信用社安平一街分社，金隆信用社沙发市场分社。

2009 年，县联社有 7 个信用分社，分别是淑阳信用社永明路分社、华联分社、前套村分社、安抚路分社，金辛庄信用社家具城分社，安平信用社安平一街分社，金隆信用社沙发市场分社。

2011 年，县联社有 8 个信用分社。9 月 27 日，原家具城储蓄所由香河县秀水街汇美家具城迁至香河县秀水街中意家具城，更名升格为“香河县农村信用合作联社秀水街分社”，受金隆信用社管辖。

2018 年，河北香河农村商业银行股份有限公司成立后，8 个信用分社全部更名为分理处。

第五节　储蓄所

储蓄所是信用社分支机构，是信用社为开展储蓄存款，方便储户存、取款而设立的网点，不独立核算，定期向信用社报账并表。信用社储蓄所有固定营业地点，一般设在集镇或者大集市所在地，实行全日制开门营业。每所至少配备信用社职工 3 人，双人临柜，交叉复核。储蓄所只办理储蓄业务，不办贷款业务，业务上受信用社领导，所组织的储蓄存款上缴信用社统一使用。

县联社在 1998 年、1999 年分别建立营业部淑阳大街储蓄所、营业部安平开发区储蓄所，于 2000 年相继撤销。

2004 年，县联社建立家具城储蓄所，后因业务经营发展变化。2011 年 9 月 27 日，由香河县秀水街汇美家具城内迁至香河县秀水街中意家具城内，更名升格为“香河县农村信用合作联社秀水街分社”，受金隆信用社管辖。

第六节　信用站

信用站是农村信用社设立的代理代办存、贷款业务的组织，在以乡为范围建立信用合作社后，对离城镇较远的单个村或几个村建立信用站，以方便群众存、取款。

1957 年 11 月 22 日，中国人民银行印发《关于大力推行信用服务站组织形式的通报》，要求普设信用服务站。信用站不独立核算，定期向信用社交账，每个信用站设 1 人。

1958 年 3 月 7 日，人行香河县支行印发《中国人民银行香河支行关于建立信用社服务站的意见》，意见指出为方便开展存贷款业务，根据 1958 年农业生产“大跃进”和农业发展纲要的要求，在 50 户以上的村要广泛建立信用服务站。

1961 年 9 月 26 日，中国人民银行印发《关于讨论和试行农村信用合作社若干问题的规定（草案）的通知》，信用社机构按人民公社三级组织设立。人民公社设信用社，生产大队设信用站，生产队设业务员，由信用社统一计算盈亏。是年，全县有信用站 286 个。

1962 年，全县有信用站 222 个。

1971 年，全县有信用站 78 个，主要业务是开展社员储蓄、支持贫下中农社员生产生活困难贷款、协助银行和信用社搞好金融工作。

1981 年 3 月，中国农业银行印发《关于改革农村信用社体制搞活信用合作工作的意见》指出：“信用站是代办机构，一般只办理社员的存、贷款业务。现有办得不好的信用站要进行整顿，没有的地方，如有需要，要积极创造条件，相应建立。信用站的业务员不脱产，由信用社按业务量大小，付给手续费。”

1996 年 12 月 25 日，河北省香河县信用合作社联合社与中国农业银行香河县支行正式脱离隶属关系。截至年底，全县有 236 个信用站。

1997 年 10 月 28 日，县联社转发廊坊市农村金融体制改革领导小组办公室文件（廊农金改办字〔1997〕53 号）《关于转发〈河北省农村信用代办站管理试行办法〉的通知》指出：代办站是农村信用合作社在农村设立的储蓄代办机构，是农村金融网点的重要组成部分。大村（镇）可单独设立代办站，邻近村可以几个村联合建立代办站。信用社所在地的村（镇），原则上不再单独设置代办站。代办站应尽量设在居民集中的地方，配备必要的防范设备，代办员要认真执行安全防范和保卫制度。代办站大额现金的取送，都要由信用社派人押运。

2004 年 6 月 17 日，县联社印发《香河县农村信用社代办业务管理办法》，规定：信用站设立在需要向农民提供金融服务而当地没有农村信用社营业网点的自然村中，原则上一个自然村只设立一个代办站；代办站的设立要充分考虑到农村信用社的储蓄存款业务量、存款年增长量和成本的高低及农村信用社资金营运水平，避免盲目设立；代办站的地址应选择在农户较为集中、安全条件较好的地点，原则上设立在代办员家中。农村信用社要为代办站配备必要的防盗、报警和其他必要的防范设施；对拟建的农村信用社代办站，农村信用社要进行储源调查，写出调查报告和拟建方案，经农村信用社理事会讨论，报县联社审批。

2005 年 9 月 7 日，县联社制订《关于加强农村信用社代办站管理的实施方案》，方案要求：1.对属下列情况的信用站一律撤并，且及时向群众公告。包括：存款规模在 300 万元（含 300 万元）以下的信用站；与信用社办公所在地一致的信用站；对检查发现有问题的信用站。2.对属下列情况的必须调换信用站代办员：存款规模在 300 万元以上信用站，但代办员年龄在 55 岁以上或年龄虽未满 55 岁但身体状况不能胜任信用站工作的；代办人员经商办企业或在其他企业参资入股的、传销、代理保险业务的；信用社职工家属开办的；其他需要调换的。按照方案要求，县联社对部分农村信用社代办站进行撤并。

2006 年 1 月，县联社印发《关于撤并信用站给付代办员一次性补偿金的规定》，全县农村信用社清理代办站工作全面铺开。当年，信用社代办站全部被撤销。

第七节　客户经理部

2007 年，香河县农村信用合作联社加强大额信贷资产的集中管理，弱化大额信贷资产风险，成立公司客户经理部。4 月 25 日，县联社印发《香河县农村信用合作联社客户经理管理办法》，实现客户经理工作制度化、规范化。12 月 23 日，县联社印发《香河县农村信用合作联社关于客户经理部大额贷款接收管理实施细则（试行）》，规定将辖内信用社贷款余额在 300 万元（含）以上大额贷款（以认定后的五级分类形态为次级以上类为准），全部移交至公司客户经理部管理。

2009 年，在基层设立城内、东片、西片、南片客户经理分部。2010 年 1 月 7 日，县联社印发《香河县农村信用合作联社客户分部客户经理管理办法》规定：县联社共设置 4 个客户分部，并相应成立 4 个信贷业务审批小组，分别为：1.东片，办公地点在渠口信用社，所辖区域为钱旺、渠口、东鲁家口、石虎辛庄共 4 个信用社。2.南片，办公地点在香城屯信用社，所辖区域为五百户、香城屯、李庄、刘宋、安头屯共 5 个信用社。3.西片，办公地点在大罗屯（暂设在钳屯）信用社，所辖区域为安平、王摆、大罗屯、梁家务、钳屯、蒋辛屯共 6 个信用社。4.城区片，办公地点在淑阳信用社，所辖区域为淑阳、鑫鑫、府前街、金隆、金辛庄共 5 个信用社。人员配置：客户分部人员设置为所辖信用社客户经理，设分部经理岗 1 名、信贷内勤岗 1—2 名，客户经理岗若干名。

2011 年 1 月 21 日，县联社印发《香河县农村信用联社客户经理岗位等级动态管理办法（试行）》，将客户经理等级分为高级、一级、二级、三级、四级，实行按年聘用，按季享受绩效工资及相应营销费用及其他福利待遇。年内，县联社按照管理办法，在客户分部经理及正、副主任中评选出高级客户经理 8 名、一级客户经理 15 名、二级客户经理 39 名、三级客户经理 15 名。

2011 年 2 月 16 日，省联社廊坊办事处正式批准县联社设立第一、第二、第三、第四客户经理部。3 月 15 日，县联社印发《香河县农村信用合作联社关于成立基层客户经理部的通知》，经省联社廊坊办事处批准，县联社正式成立基层客户经理部，城区片客户经理部更名为第一客户经理部，西片客户经理部更名为第二客户经理部，南片客户经理部更名为第三客户经理部，东片客户经理部更名为第四客户经理部。

2019 年 4 月，香河农商银行成立小贷中心，解散 4 个客户经理部，在 11 家支行设置小贷中心，小贷中心经理由支行行长兼任，保留公司客户经理部。

2022 年 7 月 12 日，香河农商银行党委印发《中共河北香河农村商业银行股份有限公司委员会关于部室调整的通知》，公司客户经理部并入营业部。

2022 年 9 月 28 日，香河农商银行党委印发《中共河北香河农村商业银行股份有限公司委员会关于蔡志国等聘任、解聘职务的通知》，设立公司客户经理部，蔡志国任经理。

第八节　小贷中心

2013 年 3 月 28 日，省联社印发《关于推进小额信贷试点改革的指导意见》指出：省联社在借鉴世界银行、海南联社等国内外小额信贷先进技术的基础上，结合张家口市怀来县联社进行的小额信贷改革实践，决定在全省推广小额信贷试点改革，即在有条件的县级行社成立小额信贷中心（以下简称“小贷中心”）。

2016 年 4 月 18 日，省联社印发《关于推进全省小额信贷改革工作的通知》指出：小贷中心的人员管理要严格按照《关于进一步推动小额信贷改革的试点指导意见》执行，尤其是在人员淘汰机制和劳动合同的签订上，要做到合法合规、严密有序，且有利于工作开展。对已获批增加人员编制的试点行社要积极加快小贷中心的建设步伐，完成对新员工的招聘培训，尽早开办业务；对于其他行社，省联社将不再单独对成立小贷中心增加编制进行审批，各行社要从现有编制或今后新招录人员中调剂解决，同时，各行社选聘小贷中心员工应以未从事过信贷业务的人员为主。已获审批增加人员编制的试点行社要加强对小贷中心人员的管理，原则上新招录人员要在小贷中心工作满三年以上，同时要建立人员晋升激励机制，提高员工工作积极性。

2019 年 9 月，香河农商银行成立小贷中心。部门职责：主要负责小贷业务的组织和落实、双基共建及人民银行小微企业精准对接工作。11 月 17 日，香河农商银行印发《小贷中心管理办法（试行）》，规定小微贷款是指通过小贷中心机构号发放的 30 万元（含）以下辖区内微小客户贷款。香河农商银行总行小贷中心，垂直管理 11 家小贷中心。主要负责小贷中心的日常信贷业务管理、合规和风险的检查督办督导、培训等相关工作。小贷中心从事小微贷款业务，各小贷中心办公地点设在各行客户经理部，实施合署办公。小贷中心经理由支行行长兼任，接受香河农商银行相关部室的业务指导和检查。

2020 年 4 月 20 日，香河农商银行印发《河北香河农村商业银行股份有限公司小贷中心管理实施细则（修订）》规定，香河农商银行总行设小贷中心，在 11 家支行设立小贷分中心，分别是淑阳小贷分中心、金辛庄小贷分中心、大罗屯小贷分中心、蒋辛屯小贷分中心、安平小贷分中心、钳屯小贷分中心、五百户小贷分中心、安头屯小贷分中心、刘宋小贷分中心、渠口小贷分中心、钱旺小贷分中心，小贷分中心主任由支行行长担任。10 月 19 日，香河农商银行印发《关于小贷中心变更为小贷管理部的通知》，小贷中心更名为小贷管理部。

2022 年 7 月 12 日，香河农商银行党委印发《中共河北香河农村商业银行股份有限公司委员会关于部室调整的通知》，根据业务需要撤销小贷管理部，11 家小贷分中心由信贷管理部管理。

第二章　县级机构

第一节　农村信用社合作社联合社

1980 年 10 月 15—24 日，中国农业银行在北京召开全国信用合作处长座谈会。会议讨论研究了信用社管理体制改革问题、信用社管理体制存在的种种弊端、信用社管理体制改革的方向。认为：应该尊重信用社的自主权，不应该把信用社当成银行的附属物。把主要依靠行政办法管理信用社改为主要依靠经济办法办信用社；把行、社一起吃“大锅饭”的财务管理制度改为独立经营、自负盈亏，实行经济核算，讲求经济效果的管理制度；把存贷利率倒挂的不合理办法改为存贷利率有合理利差的办法。会议还对信用社的组织机构、资金管理、贷款范围、筹集资金、存放利率、股金分红、经营管理、加强信用站、所社联营、试办县联社、民主管理、队伍建设及加强对信用社的领导等，进行讨论并提出具体改革意见。

1981 年 3 月 9 日，中国农业银行印发《关于改革农村信用合作社体制搞活信用合作社工作的意见》，提出“试办县联社。县联社和农行县支行实行一套人马、两块牌子。统一调剂全县信用社的资金管理、教育培训信用社职工，统一管理使用信用社上交的公益金等。调剂信用社的资金，要经调动资金的信用社同意，并要付给利息”等要求。

1983 年 1 月，中央一号文件提出“信用社应坚持合作金融组织的性质”。

1983 年 2 月 5 日，中国农业银行印发《关于改革信用社管理体制试点的通知》要求：各分行都要认真抓好一两个县的试点。随通知附发《关于改革信用社管理体制的试点意见》指出：要明确信用社是集体所有制的金融组织，逐步恢复和加强信用社组织上的群众性，管理上的民主性，业务经营上的灵活性。信用社要独立经营独立核算，逐步做到自负盈亏；任何单位和个人不准抽调信用社资金，侵占信用社财产。调整和健全公社及公社以下的信用合作组织。县一级要建立信用社的联合经济组织——信用合作联合社，各个信用社之间在经济上实行既独立又联合的办法。县联社的主要任务：1.根据各个信用社的资金余缺在全县范围内调剂；2.统一调剂信用社的盈亏；3.统筹解决各信用社退职退休经费和亏损社的医药费；4.组织信用社工作经验交流，加强信息工作；5.管理信用社职工的培训教育工作；6.加强对信用社执行方针、政策和账务工作的检查。试办县联社可以履行上述 6 项任务，也可以只履行第 2 项至第 6 项任务。意见还对农业银行加强对信用社的领导提出了具体要求。

1984 年 5 月 12 日，农行廊坊地区中心支行印发《信用社管理体制改革试点意见》指出：成立县信用合作社联合社，县联社的任务：领导和监督信用社认真执行国家的金融方针政策；领导和组织信用社开展农村信用合作业务；组织协调信用社经济关系；管理信用社的社务（含机构、人员、劳资、职工教育等）、业务、计划（含统计、资金调剂、提供信息等）；管理监督财务、会计工作，负责对资金、账目、财务的稽核工作，提取和管理信用合作发展基金。县联社的组织形式及制度：县联社设立理事会，理事主任由农行县支行主管信用合作工作的副行长兼任，副主任从理事中选任，理事会一般每季度开会一次，实行民主集中制。县联社的办事机构设社务、业务、财务（含稽核）三组。要求各县加快组建县联社。

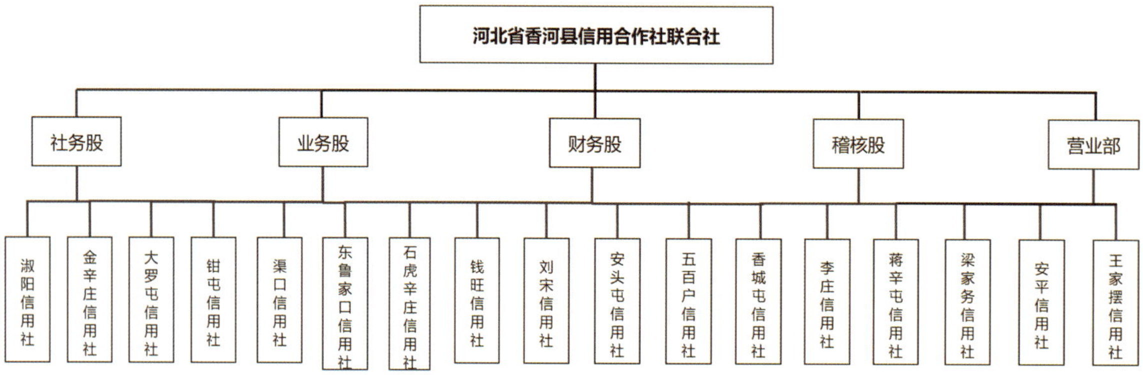

图 1-2-1 1990 年河北省香河县信用合作社联合社组织结构图

1984 年 11 月 9 日，为落实国务院提出的把信用社真正办成自主经营、自负盈亏的群众性合作组织、逐步组建农村合作银行的改革方向。中国农业银行香河县支行组建河北省香河县信用合作社联合社，召开第一届社员代表大会，大会讨论通过《香河县信用合作社联合社管理草案》，选举产生信用联社管理委员会，变农行香河支行直接管理领导信用社为农行通过县联社实现对信用社的领导和管理，进一步理顺银行和信用社的关系，信用社的业务、财务、人事统一由县联社管理。县联社成立之初设置 4 个股室，17 个信用社。1988 年 11 月，县联社设置营业部。

1997 年 10 月 13 日，中国人民银行河北省分行转发中国人民银行《农村信用合作社县级联合社管理规定》（银发〔1997〕390 号），规定指出，县联社是指经中国人民银行批准设立、由所在县（市）农村信用合作社入股组成、实行民主管理、主要为农村信用社服务的联合经济组织，是企业法人。县联社根据中国人民银行有关规定，对辖内农村信用社行使以下管理职能：1.根据全国农村信用社统一的规章制度，制定辖内农村信用社人事、劳资、信贷、财务、会计、稽核、保卫等方面的具体制度办法并组织实施；2.管理农村信用社人事、劳资，统筹解决农村信用社职工退职退休经费；3.检查、考核农村信用社信贷、财务收支计划执行情况，稽核、辅导农村信用社业务和财务；4.监察、处理农村信用社案件，组织指导农村信用社做好安全保卫工作；5.协调有关方面的关系，维护农村信用社的合法权益；6.综合汇总农村信用社的会计、统计报表，按规定及时上报；7.其他管理职能。为辖内农村信用社提供以下服务：1.组织农村信用社之间的资金调剂；2.经中国人民银行批准，参加资金市场，为农村信用社融通资金；3.办理或代理农村信用社的资金清算和结算业务；4.组织管理农村信用社的社团贷款；5.组织做好农村信用社的现金供应和回笼；6.筹集、管理农村信用社风险防范基金；7.组织农村信用社职工培训教育；8.组织经验交流，为农村信用社提供各种信息咨询服务；9.其他服务职能。

第二节 农村信用合作联社

随着深化农村信用社改革推进，县级联社统一法人已成为农村信用社改革的主要组织形式。它既有效解决二级法人体制发展不平衡、部分信用社资不抵债、后续乏力的弊端，又使统一法人体制发挥信用社的整体功能，防范化解风险，持续为农村经济和农民服务，促进信用合作事业健康发展。

2003 年 6 月 27 日，国务院印发《关于印发深化农村信用社改革试点方案的通知》，指出要按照“明晰产权关系、强化约束机制、增强服务功能、国家适当支持、地方政府负责”的总体要求，加快农村信用社管理体制和产权制度改革，把农村信用社逐步办成由农民、农村工商户和各类经济组织入股、为农民、农业和农村经济发展服务的社区性地方金融机构。

9 月 15 日，中国银监会印发《关于农村信用社以县（市）为单位统一法人工作的指导意见》，指出统一法人改革主要目的是明晰信用社产权关系，完善法人治理机构，落实管理责任；建立完善内部控制制度，促进信用社经营体制转换；建立新的管理模式，减少管理环节，降低管理成本，提高管理效率；增资扩股，充实资本实力，增强信用社整体抗御风险的能力；改革服务方式，完善服务功能，提高信用社支农服务水平。

2005 年 1 月 4 日，河北省深化农村信用社改革试点领导小组印发《农村信用社以县（市、区）为单位统一法人实施办法》的通知，指出以县（市、区）实行统一法人的条件是：全辖农村信用社统算，账面资能抵债；基层农村信用社自愿；县级联社有较强的管理能力；统一法人后县联社股本金达 1000 万元以上（经河北银监局批准，可适当调整），核心资本充足率在任何时点达到 2%。

2006 年 7 月 10 日，县联社成立香河县农村信用合作联社筹建工作组，理事长樊德祥任组长，监事长贾天相、主任王宝生、副主任赵万宏、副主任毕国明为组员。筹建工作组下设办公室，办公室主任由王宝生担任。县联社开始统一法人行社筹建工作。12 月 3 日，香河县农村信用合作联社创立暨首届社员代表大会召开。12 月 12 日，中国银监会河北监管局对香河县农村信用合作联社筹建工作作出批复，同意筹建香河县农村信用合作联社，同意香河县农村信用合作联社筹建方案。

2007 年 1 月 18 日，香河县农村信用合作联社开业，标志着以县为单位统一法人组建工作圆满完成，加快了香河县农村信用社改革和发展步伐。香河县农村信用合作联社一级法人成立后制定《香河县农村信用合作联社章程（草案）》。在原有部室设置基础上增设人力资源部、客户经理部 2 个部室，资产保全科改名为资产保全部，电脑科改名为科技部，共设置 10 个部室，1 个营业部，基层设置 20 个信用社，10 个信用分社。

第三节 农村商业银行

2003 年 6 月，国务院印发《关于深化农村信用社改革试点方案》，要求按照股权结构多样化、投资主体多元化的原则，根据不同地区情况分别进行不同产权形式的农村信用社改革试点，对于有条件的地区进行股份制改制。

2005 年 1 月 4 日，河北省深化农村信用社改革试点领导小组印发《农村商业银行组建方案》的通知指出：农村商业银行是指以农村信用社和农村信用社县（市、区）联社为基础组建，由辖内农民、农村工商户、企业法人和其他经济组织共同发起成立的股份制地方金融机构。农村商业银行是独立的企业法人，享有由股东入股投资形成的全部法人财产权，依法独立享有民事权利，并以全部法人资产独立承担民事责任。农村商业银行以安全性、流动性、效益性为经营原则，实行自主经营、自担风险、自负盈亏、自我约束，依法开展业务，不受任何单位和个人干涉。农村商业银行应当保障存款人的合法权益不受任何单位和个人的侵犯，遵守国家法律、行政法规，执行国家金融方针和政策。农村商业银行依法接受国家银行业监管机构的金融监管。并在自愿的基础上，向河北省农村信用社联合社入股，接受省联社的管理、指导、协调和服务。

2016 年 3 月 21 日，香河县农村信用合作联社结合自身业务状况，启动筹建农村商业银行工作，并将筹建工作请示分别上报省联社廊坊办事处、省银监局。

2023 年 6 月，香河农商银行外景　　王爱民 摄

2017 年 8 月 9 日，河北香河农村商业银行股份有限公司召开创立大会暨股东大会第一次会议，通过《河北香河农村商业银行股份有限公司筹建工作报告》《河北香河农村商业银行股份有限公司章程（草案）》等 17 项议案，组成河北香河农村商业银行股份有限公司第一届董事会、监事会。

2017 年 12 月 28 日，河北香河农村商业银行股份有限公司获得中国银监会河北监管局开业批复（冀银监复〔2017〕361 号），同意河北香河农村商业银行股份有限公司及辖内 28 家分支机构开业。

2018 年 5 月 18 日，河北香河农村商业银行股份有限公司正式揭牌开业，实行一级法人、统一核算、分级管理、授权经营的管理体制。

1996—2023年香河县农村信用合作联社（农商银行）领导班子任职情况一览表

表1-2-1

姓名	性别	职务	任职时间
刘永春	男	主　任	1996年1月至1999年9月
张玉华	男	副主任	1996年1月至2004年7月
樊德祥	男	理事长（主任）	1999年9月至2009年6月
王宝生	男	主　任	2006年8月至2009年6月
张玉华	男	监事长	2004年7月至2006年8月
贾天相	男	监事长	2006年8月至2009年8月
赵万宏	男	副主任	2004年7月至2009年8月
张志刚	男	副主任	2004年7月至2007年1月
毕国明	男	副主任	2006年8月至2012年8月
王宝生	男	理事长（董事长）	2009年6月至2018年12月
方　利	男	主　任	2009年8月至2015年9月
王元伟	男	主任（行长）	2015年9月至2018年12月
赵万宏	男	监事长	2009年8月至2015年9月
冯宝祥	男	监事长	2015年9月至2018年12月
王元伟	男	副主任	2009年8月至2015年9月
孙　晋	女	副主任	2011年12月至2015年9月
马长生	男	副主任	2012年8月至2015年9月
郑存利	男	副主任（副行长）	2015年9月至2022年7月
朱建功	男	副主任（副行长）	2015年9月至2020年6月
孙学辉	男	副主任（副行长）	2015年9月至2018年12月
周新颖	女	工会主席	2012年4月至2019年4月
张　斌	男	董事长	2018年12月至2022年5月
张永康	男	行　长	2018年12月至2022年5月
王　健	男	监事长	2018年12月起
李玉春	男	副行长	2018年12月至2023年6月
姚燕强	男	副行长	2020年6月至2022年7月
曾宪君	男	行长助理	2017年8月起
李玉春	男	董事会秘书（副行长）	2017年8月至2020年9月
韩卫华	男	董事会秘书	2020年9月起

续表1-2-1

姓名	性别	职务	任职时间
王　健	男	监事长（兼任工会主席）	2019 年 4 月至 2020 年 9 月
曹彦君	女	工会主席	2020 年 9 月起
华国旺	男	董事长	2022 年 5 月起
李雅卓	男	行　长	2022 年 5 月起
张　岩	女	副行长	2022 年 7 月起
王　辉	男	副行长	2022 年 7 月起

一、内设机构

县联社成立之初，依据中国农业银行印发《关于改革信用社管理体制试点的通知》和农行廊坊中心支行印发的《信用社管理体制改革试点意见》要求，按照精简、高效的原则，合理设置部门机构。

1984 年 11 月，河北省香河县信用合作社联合社成立，设置社务股、业务股、财务股、稽核股 4 个股室，17 个信用社。

1988 年 11 月，设立联社营业部，共计 5 个股室，17 个信用社。

1996 年 12 月 25 日，河北省香河县农村信用合作社联合社与中国农业银行香河支行脱离行政隶属关系，联社机关设置办公室、业务科、财务科、保卫科、稽核科 5 个科室，1 个营业部，17 个信用社，236 个信用站。

1997 年，县联社机关设置 5 个科室，1 个营业部；基层设置 17 个信用社，8 个信用分社，243 个信用站。

1998 年，县联社机关在原有 5 个科室的基础上，增设信息电脑科、监察室 2 个科室，共设置 7 个科室，1 个营业部；基层设置 17 个信用社，10 个信用分社，240 个信用站。

1999 年，县联社设置 7 个科室，1 个营业部；基层设置 17 个信用社，10 个信用分社，242 个信用站。

2000 年，县联社根据业务发展的需要增设资产保全科，设置 8 个科室，1 个营业部；基层设置 20 个信用社（金隆、鑫鑫、府前街 3 家城市信用社由县联社统一管理），10 个信用分社，242 个信用站。

2007 年，香河县农村信用合作联社一级法人成立，在部室设置上增设人力资源部、客户经理部 2 个部室，资产保全科改名为资产保全部，电脑科改名为科技部，设置 10 个部室，1 个营业部；基层设置 20 个信用社，10 个信用分社。

2009 年，香河县农村信用合作联社设置 10 个部室，1 个营业部；基层设置 20 个信用社，8 个信用分社（撤销新华街分社、新开街分社），根据业务发展需要，增设党委办公室、风险监控部、授信审批部，取消业务科，稽核部和监察室合并为稽核监察部，财务科改名为计划财务部，科技部并入计划财务部，保卫部改名为安全保卫部，资产保全部改名为风险资产管理经营中心，设立城内、东片、西片、南片客户经理部。

2010年，香河县农村信用合作联社根据业务发展需要，联社增设业务拓展部，设置11部室，1个营业部，1个公司客户经理部，4个客户经理分部；基层设置20个信用社，8个信用分社。

2012年，香河县农村信用合作联社根据业务发展需要，设置科技部，将城内、东片、西片、南片客户经理部改名为第一、第二、第三、第四客户经理部，设置11个部室，1个营业部，1个公司客户经理部，4个客户经理分部；基层设置20个信用社，8个信用分社。

2013年，香河县农村信用合作联社根据业务发展需要，设置改制办公室，稽核监察部分为稽核部和监察室，设置13个科室，1个营业部，1个公司客户经理部，4个客户经理分部；基层设置20个信用社，8个信用分社。

2016年，香河县农村信用合作联社根据业务发展需要，增设会计结算部，设置14个科室，1个公司客户部，4个客户经理分部，1个营业部；基层设置20个信用社，8个信用分社。

2018年，香河农商银行挂牌开业，取消改制办，设置13个科室，1个公司客户部，4个客户经理分部，1个营业部；基层设置20个支行，8个分理处。

2019年，香河农商银行资金营运中心独立成为一级科室，撤销4个客户经理分部，成立小贷中心，风险资产管理经营中心并入信贷管理部，设置14个科室，1个公司客户部，1个营业部；基层设置20个支行，8个分理处。

2021年9月，家具城分理处停止营业，其业务并入金隆支行。

2022年7月，资金营运中心并入计划财务部，为计划财务部二级部室，市场拓展部并入结算管理部，为结算管理部二级部室，取消小贷管理部，公司客户部并入营业部。9月重新设立公司客户部，清非营销大队调整为一级部室，共设置12个部室，1个公司客户部，1个营业部；基层设置20个支行，7个分理处。

2023年1月，科技部与市场拓展部合并为科技拓展部，香河农商银行共设置12个部室，1个公司客户部，1个营业部；基层设置20个支行，7个分理处。4月14日，香河农商银行设立公司客户经理部一部，公司客户经理部二部。5月，前套村分理处、运河大道分理处升格为支行。

二、部室简介

（一）综合办公室

1996年，县联社设立综合办公室，其前身为社务股。具体职责：1.负责向领导反映本行各种工作信息，并提出建设性意见；2.负责传达贯彻上级精神，催办、督办领导布置的各项工作任务；3.负责协调各部室工作，建立和维护正常的办公秩序；4.负责文秘工作及文件处置、传递、保管等；5.负责各类会议的组织及资料管理工作；6.负责

2023年，香河农商银行综合办公室职工合影　　综合办公室供图

制定学习制度，组织员工学习；7.负责管理印章及机要文件档案；8.负责企业文化的组织创建和宣传工作；9.负责本行行政事务、后勤保障及车辆管理工作；10.承办领导交办的其他事项。

1996—2023年综合办公室主要负责人任职情况一览表

表1-2-2

名称	姓名	性别	职务	任职时间	成立时间
综合办公室	贾天相	男	主任	1996 年 5 月至 1996 年 12 月	1996 年
	庄　发	男	主任	1996 年 12 月至 1998 年 2 月	
	王耀庭	男	主任	1998 年 2 月至 2000 年 3 月	
	周建富	男	主任	2000 年 3 月至 2004 年 8 月	
	马长生	男	副主任（主持全面工作）	2004 年 8 月至 2006 年 4 月	
	马长生	男	主任	2006 年 4 月至 2009 年 9 月	
	刘海军	男	主任	2009 年 9 月至 2012 年 1 月	
	张金友	男	主任	2012 年 1 月至 2013 年 1 月	
	王金明	男	主任	2013 年 1 月至 2016 年 1 月	
	韩卫华	男	董事会秘书（兼任）	2016 年 1 月至 2023 年 4 月	
	王　力	女	主任	2023 年 4 月起	

（二）人力资源部

2007 年，县联社设置人力资源部，具体职责：1.负责本行人力资源管理相关政策、制度、办法的传达、制定和实施；2.负责机构设立、变更、终止及董事、高级管理人员任职资格申报等工作；3.按管理权限负责本行干部考察、考核和调配等工作,负责后备干部的规划、培训和管理工作，落实全辖人力资源结构的合理化调整；4.负责员工管理和统一调配工作；5.负责员工教育培训工作；6.负责员工薪酬管理工作；7.负责本行绩效考核工作；8.负责员工专业技术职务的相关工作；9.负责考勤管理；10.负责各项社会保险及离退休、退职人员的管理工作；11.负责人事档案及劳动合同的管理工作；12.承办领导交办的其他事项。

2023 年，香河农商银行人力资源部职工合影　　综合办公室供图

2007—2023年人力资源部主要负责人任职情况一览表

表1-2-3

名称	姓名	性别	职务	任职时间	成立时间
人力资源部	刘海军	男	经理	2007 年 8 月至 2009 年 10 月	2007 年 8 月
	杨　勇	男	经理	2009 年 10 月至 2013 年 1 月	
	李玉春	男	经理	2013 年 1 月至 2019 年 4 月	
	曹彦君	女	经理	2019 年 4 月至 2020 年 9 月	
	曾宪君	男	行长助理（兼任）	2020 年 9 月至 2021 年 5 月	
	殷　图	男	经理	2021 年 5 月至 2022 年 7 月	
	果桂芝	女	副经理（主持全面工作）	2022 年 7 月起	

（三）结算管理部

2016 年，香河县农村信用合作联社根据业务发展需要，增设会计结算部，2019 年会计结算部改名为结算管理部，下辖集中授权中心、后督中心 2 个二级部室。远程集中授权中心于 2014 年 9 月 4 日成立，为计划财务部二级部室。2016 年计划财务部与会计结算部分设，远程授权中心为会计结算部二级部室。2019 年 9 月，后督中心成立，为结算管理部二级部室，

2023 年，香河农商银行结算管理部职工合影　　综合办公室供图

结算管理部具体职责：1.负责本行会计工作的组织指导与管理；2.负责按照结算制度、政策、操作流程制定本行实施细则并组织实施；3.负责本行结算管理、资金清算管理工作；4.负责本行支付结算检查、监督和指导培训；5.负责本行大额、小额支付系统管理工作；6.负责反洗钱、反假币工作；7.负责本行各营业网点库存现金管理，核定、检查和监督现金库存；8.负责本行委派制会计考核与管理工作；9.负责本行事后监督中心、远程集中授权中心的各项工作；10.承办领导交办的其他事项。

后督中心具体职责：1.监督各营业网点贯彻执行国家有关财经法规、规章制度的情况，对各营业网点上交的会计凭证资料逐笔进行审查，督促各营业网点合规、合法处理各项业务，严把账务、凭证质量关，杜绝、堵塞一切差错和漏洞，防范各类经济案件发生。统计分析在不同时期差错、事故、案件特点，及时调整重点监督内容；2.按时完成业务监督工作，不积压账务凭证；3.负责记录事后监督业务差错和差错处理情况，负责督促落实整改措施；4.及时报告事后监督中发现的重大问题、违规事件，定

期向结算管理部报送事后监督工作报告，提供相关监督信息；5.分析及评估事后监督发现差错、事故、问题的分布领域和产生诱因，向主管领导提出各类内控和改进操作风险管理、制度流程、检查监督、培训、考核绩效等方面的措施和建议；6.严格执行交接手续，妥善保管被监督营业网点的会计凭证资料，确保完整无缺；7.负责按程序完成会计凭证内部及外部调阅工作，其中，外部调阅由事后监督中心负责人及主管领导批准同意后进行，内部调阅由网点负责人批准经事后监督中心负责人同意后进行；8.负责档案室的防火、防盗、防潮及各类设施的保管和维护工作；9.严格遵守保密制度，对工作中掌握的客户信息、各单位经营状况等信息不得随意向外泄露。

远程授权中心具体职责：负责处理全辖所有营业网点的授权业务，对符合授权条件的交易进行授权。

2016—2023年结算管理部主要负责人任职情况一览表

表1-2-4

名称	姓名	性别	职务	任职时间	成立时间
结算管理部	姚　静	女	经理	2016 年 1 月起	2016 年 1 月

（四）科技拓展部

1998 年设立信息电脑科，2007 年信息电脑科改名为科技部，2009 年科技部并入计划财务部，2012 年根据工作需要重新设置科技部，2023 年 1 月与市场拓展部合并为科技拓展部，具体职责：1.制定计算机管理的相关规程，并组织实施推进，对计算机系统进行管理，保证系统安全；2.收集、整理、反馈客户意见，为成员机构、联网商户和行业客户提供技术支持和专业咨询服务；3.负责拟订本行信息管理相关制度和操作规程，会同有关部门，对制度执行情况进行检查；4.负责拟订本行科技电子设备购置及软件更新计划，负责科技设备的安装、维护和管理工作；5.负责本行信息技术安全管理、计算机系统、网络系统的安全运行并做好技术指导工作；6.负责本行科技软件安装、维护和日常管理；7.负责电子设备的登记保管和报废申报等；8.会同有关部门，组织科技业务知识培训。9.承办领导交办的其他事项。

2023 年，香河农商银行科技拓展部职工合影　　综合办公室供图

市场拓展部原名业务拓展部，2010 年设立为一级部室，2022 年 7 月 12 日并入结算管理部，为二级部室，2023 年 1 月与科技部合并，具体职责：承担指导、推动和组织全行信通卡业务等电子银行业务、中间业务发展管理及 ATM、POS 机的布放、管理、规范，提高电子银行及中间业务业务水平，降

低电子银行及中间业务经营成本，防范业务操作性风险等工作，负责电子银行、中间业务新产品的创新、培训、推广等工作。除基本职能外，市场拓展部还负责防范电信网络诈骗及消费者权益保护工作。

1998—2023年科技拓展部主要负责人任职情况一览表

表1-2-5

名称	姓名	性别	职务	任职时间	成立时间
电脑科	陈淑云	女	科长	1998 年至 2007 年 8 月	1998 年
科技部	杨　勇	男	经理	2007 年 8 月至 2009 年 10 月	2007 年 8 月
	李雪松	男	经理	2012 年 3 月至 2019 年 4 月	2012 年 3 月
	杨　勇	男	经理	2019 年 4 月至 2022 年 11 月	
业务拓展部	赵广斌	男	经理（主持全面工作）	2010 年 8 月至 2012 年 1 月	2010 年 8 月
	计凯东	男	经理	2012 年 1 月至 2016 年 1 月	
	赵广斌	男	经理	2016 年 1 月至 2022 年 7 月	
	闫秀琴	女	副经理	2022 年 7 月至 2023 年 1 月	
科技拓展部	孙　莹	女	经理	2023 年 1 月起	2023 年 1 月

（五）信贷管理部

2019 年设置信贷管理部，信贷管理部前身为业务股、授信审批部及风险资产经营管理中心的部分职能。

业务股设立于 1984 年，1996 年县联社与农行香河支行脱离行政隶属关系后更名为业务科，2009 年 10 月取消。

2023 年，香河农商银行信贷管理部职工合影　　综合办公室供图

授信审批部于 2009 年设立，2019 年取消。主要职责：1.负责组织本行信贷业务管理工作，立足服务“三农”和小微企业，制订本行农业贷款计划、农业贷款比例并组织落实；2.负责各类信贷业务的规章制度、操作流程的制定和完善；3.负责新信贷产品的设计、开发和推广，并组织策划新信贷业务的拓展工作及大型宣传活动；4.负责利率管理，监督检查本行贷款利率的执行情况；5.负责对业务部门事前提交的信贷资料进行政策性、合规性、可行性审查，提出审查意见，在授权范围内及时审批，对超出授权范围的，按程序逐级提交审批，并负责组织召开审批会议，负责组织信贷业务的上报咨询；6.负责征信管理；7.负责贷款卡的审核；

8.承办领导交办的其他事项。

风险资产经营管理中心原为资产保全科，2000 年，县联社设立资产保全科，主要职责：1.负责风险资产管理及经营数据的统计、分析和上报；2.负责本行呆账贷款核销的组织与申报；3.负责本行诉讼事务管理；4.负责中介服务机构的选用和信息反馈；5.负责不良贷款的清收、盘活及保全等；6.负责不良投资的清收；7.负责已置换不良贷款、已核销呆账贷款的处置；8.负责抵债资产的接收、管理与处置；9.负责政府捐赠资产的管理与处置；10.承办领导交办的其他事项。

2019 年，香河农商银行部室职责调整，信贷管理部负责原授信审批部工作内容，并承担部分风险资产经营管理中心职责。主要职责：1.信贷规划和体系建设；2.信贷规模管理，将相关任务分解到各网点，督导各项指标完成情况；3.存款、贷款的管理，对各单位存贷业务进行指导、监督和检查，促进存贷业务的健康、快速、规范运行；4.征信管理工作，做好征信宣传及培训工作，征信前置系统及征信自助查询机管理工作；5.信贷制度建设、内部控制。总结信贷管理中的问题和经验，草拟制定有关信贷管理的规章制度；6.授信政策管理。根据省联社及监管部门制定的相关文件对信贷人员进行业务知识培训，提高信贷人员的整体素质；7.利率管理，监督利率执行情况。及时优化利率定价模型，提高风险管理和市场化定价水平；8.信贷系统管理，做好新信贷系统的使用与业务管理工作；9.评级授信管理、信贷审查、审批组织。做好授信审批工作，加快审批效率；10.信贷档案管理、信贷信息统计、信贷综合管理；11.承办领导交办的其他事项。

1996—2023年信贷管理部主要负责人任职情况一览表

表1-2-6

名称	姓名	性别	职务	任职时间	成立时间
业务科	曹文祥	男	科长	1996 年 5 月至 1998 年 2 月	1996 年
	刘　富	男	科长	1998 年 2 月至 2002 年 7 月	
	殷立清	男	科长	2002 年 7 月至 2006 年 7 月	
	孙学辉	男	科长	2006 年 7 月至 2007 年 4 月	
	杜振涛	男	科长	2007 年 4 月至 2009 年 10 月	
授信审批部	郑存利	男	经理	2009 年 10 月至 2012 年 1 月	2009 年
	刘洪权	男	经理	2012 年 1 月至 2016 年 1 月	
	王从亮	男	经理	2016 年 1 月至 2019 年 4 月	
信贷管理部	刘洪权	男	经理	2019 年 4 月至 2019 年 7 月	2019 年
	王从亮	男	经理	2019 年 7 月至 2023 年 4 月	
	张　淞	男	经理	2023 年 4 月起	

（六）计划财务部

2023 年，香河农商银行计划财务部职工合影　　综合办公室供图

1984 年，县联社成立后设立财务股，1996 年改称财务科，2009 年改名为计划财务部，2018 年下辖资金营运中心 1 个二级部室，2019 年资金营运中心独立为一级部室，2022 年 7 月并入计划财务部。

计划财务部主要职责：1.负责制定财务管理制度，会同有关部门，对财务相关制度执行情况进行检查；2.负责本行的财务预算、各项业务指标、财务指标的编制、下达、管理及考核；3.负责各项费用的分解、管理、考核，管理控制经营成本；4.负责本行固定资产、无形资产的管理；5.负责呆账、坏账准备金的管理；6.负责本行财务审批事项的受理、资本性支出和自有闲置资产调度的管理，牵头处理本行涉税事务工作；7.负责提出对股东分红的预算；8.承办领导交办的其他事项。

资金营运中心于 2018 年 1 月设立，设立之初为计划财务部二级部室，2019 年独立为一级部室，2022 年 7 月并入计划财务部，为二级部室，主要职责：1.根据确定的投资业务在资金管理系统负责业务的发起，包括银行同业柜面业务的办理、资金业务管理系统前台发起业务的操作和复核工作等；2.做好账户开户、维护、变更、账户年检和银行间业务对账等工作；3.负责银行同业业务交易对手的授信工作，包括资料的收集、整理、撰写报告、归档等；4.负责资金业务的各类报表报送和相关自查、调研报告撰写等工作；5.配合上级和监管部门的各项检查；6.其他临时性工作。

1996—2023计划财务部主要负责人任职情况一览表

表1-2-7

名称	姓名	性别	职务	任职时间	成立时间
财务科	王　军	男	科长	1996 年至 1997 年 1 月	1996 年
	李长甫	男	科长	1997 年 1 月至 2001 年 3 月	
	崔树军	男	副科长（主持全面工作）	2001 年 3 月至 2002 年 7 月	
	崔树军	男	科长	2002 年 7 月至 2006 年 4 月	
	周新颖	女	科长	2006 年 4 月至 2009 年 10 月	
计划财务部	周新颖	女	经理	2009 年 10 月至 2012 年 1 月	2009 年 10 月
	曾宪君	男	经理	2012 年 1 月至 2019 年 3 月	
	殷　图	男	经理	2019 年 3 月至 2021 年 5 月	

续表1-2-7

部室	姓名	性别	职务	任职时间	成立时间
计划财务部	曾宪君	男	行长助理（兼任）	2021 年 5 月至 2022 年 7 月	2009 年 10 月
	胡秋菊	女	经理	2022 年 7 月至 2023 年 1 月	
	张　冉	女	副经理（主持全面工作）	2023 年 1 月起	
资金营运中心	孙　莹	女	副经理	2018 年 1 月至 2019 年 4 月	2018 年 1 月
	王丽颖	女	经理	2019 年 4 月至 2022 年 7 月	

（七）风险合规部

2009 年 10 月，县联社设立风险监控部；2018 年 5 月，更名为风险合规部，下辖统计部 1 个二级部室。

2023 年，香河农商银行风险合规部职工合影　　综合办公室供图

风险合规部部门职责：1.负责信贷业务运行质量的统计、分析；2.负责对本行发放贷款质量进行检查；对信贷业务部门的贷后管理情况进行监督检查，做好信贷风险的风险预警和风险评估工作；3.负责本行贷款五级分类的日常管理，按季对信贷资产质量变化情况进行监测、分析；负责对新增贷款质量的检测和考核；4.负责建立健全风险管理体系，会同有关部门，对风险管理业务相关制度执行情况进行检查，组织有关风险管理的培训；5.负责对负债业务、中间业务的管理检查；6.持续关注法律、规则和准则的最新发展，正确理解其精神，准确把握其对本行经营的影响，及时向高级管理层提供合规建议；7.制订并执行本行年度合规管理计划；8.负责对本行各项政策、程序和操作指南的合规性进行审核评价，组织和督促各业务条线及时对其梳理和修订；9.负责对本行员工进行合规培训；10.负责组织制定本行合规管理程序及合规手册、员工行为准则等合规指南，为员工合规行为提供指导；11.负责识别、评估与本行相关的合规风险；12.收集、筛选可能预示潜在合规问题的数据，建立合规风险监测指标，衡量合规风险发生的可能性和影响，评价制度存在的合规缺陷；13.实施合规风险评估、测试，通过合规风险报告路线向上报告；14.组织开展合规性检查；15.制定本行合规风险报告路径；16.负责对新产品、新业务提供必要的合规测试和审核；17.保持与监管机构日常的工作联系，跟踪和评估监管办法和监管要求的落实情况；18.承办领导交办的其他事项。

2020 年 9 月 2 日，香河农商银行设立统计部，部门职责：1.负责已纳入省联社统计报表系统管理的监管部门非现场监管报表、人民银行金融统计报表、客户风险统计、金融精准扶贫贷款统计、存贷款标准化统计制度研究及报送工作；2.负责辖内业务运行综合分析及调研分析工作，统计数据治理；3.负责主要监管指标及重要业务数据的统计、监测、分析，统计业务检查；4.负责统计制度培训；5.承办领导交办的其他事项。

2009—2023年风险合规部主要负责人任职情况一览表

表1-2-8

名称	姓名	性别	职务	任职时间	成立时间
风险合规部	任伟超	男	经理	2009 年 10 月至 2012 年 1 月	2009 年 10 月
	郑存利	男	经理	2012 年 1 月至 2013 年 1 月	
	王瑞山	男	经理	2013 年 1 月至 2016 年 1 月	
	刘洪权	男	经理	2016 年 1 月至 2019 年 3 月	
	宋季青	男	副经理（主持全面工作）	2019 年 3 月至 2019 年 4 月	
	孙 莹	女	经理	2019 年 4 月至 2023 年 1 月	
	马艳青	男	副经理（主持全面工作）	2023 年 1 月起	
统计部	赵 越	男	副经理	2020 年 9 月至 2021 年 7 月	2020 年 9 月
	吴向梅	女	副经理	2021 年 7 月起	

（八）监察室

1998 年，县联社设立监察室，2009 年监察室与稽核部合并为稽核监察部，2013 年独立为监察室，具体职责：1.负责全辖党风廉政建设和反腐败工作的监督检查，及时向农商银行领导和审计中心纪检监察部门请示汇报；2.对所辖部门、网点的监察工作进行指导和监督检查；3.负责对所辖范围内案件的立案、核查、审理、处置和上报工作；4.负责全辖处理处罚管理与指导；5.按规定受理属于监察业务范围内的群众举报、控告和申诉，具体承办上级机关转办和领导交办的信访举报件；6.负责全辖客户投诉的受理、调查、处置工作；7.保持与当地检察、监察机关的联系，安排部署和检查全辖的廉洁从业警示教育等工作；8.负责全辖廉政档案的管理、更新及廉政意见回复工作；9.收集整理和保管本行的监察档案。

2023 年，香河农商银行监察室职工合影　　综合办公室供图

1998—2023年监察室主要负责人任职情况一览表

表1-2-9

名称	姓名	性别	职务	任职时间	成立时间
监察室	李进臣	男	科长	1998 年 8 月至 2002 年 6 月	1998 年
	王耀庭	男	科长	2002 年 6 月至 2004 年 8 月	
	庄　发	男	科长	2004 年 8 月至 2007 年 3 月	
	王亚男	女	科长	2007 年 3 月至 2009 年 10 月	
	杨　勇	男	经理	2013 年 1 月至 2016 年 1 月	
	计凯东	男	经理	2016 年 1 月起	

（九）清非营销大队

清非营销大队前身为风险资产管理经营中心，2019 年，风险资产经营管理中心并入信贷管理部；2020 年 9 月，安全保卫部视频监控中心外包，原视频监控中心人员成立清非营销大队，作为信贷管理部二级部室；2021 年改为风险合规部二级部室，2022 年 9 月独立为一级部室，因职责分工调整，风险资产经营管理中心部分职责划分到各支行客户经理部门及信贷管理部负责。部室职责：1.清收以前年度形成的表内、表外不良贷款；2.营销贷款；3.营销存款；4.领导安排的其他任务。

2023 年，香河农商银行清非营销大队职工合影　　综合办公室供图

原风险资产经营管理中心主要职责：1.负责风险资产管理及经营数据的统计、分析和上报；2.负责本行呆账贷款核销的组织与申报；3.负责本行诉讼事务管理；4.负责中介服务机构的选用和信息反馈；5.负责不良贷款的清收、盘活及保全等；6.负责不良投资的清收；7.负责已置换不良贷款、已核销呆账贷款的处置；8.负责抵债资产的接收、管理与处置；9.负责政府捐赠资产的管理与处置；10.承办领导交办的其他事项。

2000—2023年清非营销大队主要负责人任职情况一览表

表1-2-10

名称	姓名	性别	职务	任职时间	成立时间
资产保全科	赵以录	男	科长	2000 年 3 月至 2002 年 7 月	2000 年 3 月
	庄　发	男	科长	2002 年 7 月至 2004 年 8 月	
	乔德明	男	科长	2004 年 8 月至 2006 年 4 月	
	赵立新	男	副科长（主持全面工作）	2006 年 4 月至 2007 年 8 月	
	赵立新	男	科长	2007 年 8 月至 2009 年 10 月	
风险资产管理经营中心	赵立新	男	经理	2009 年 10 月至 2016 年 1 月	2009 年 10 月
	任伟超	男	经理	2016 年 1 月至 2019 年 4 月	
	王从亮	男	经理	2019 年 4 月至 2019 年 9 月	
清非营销大队	周宝宇	男	副经理	2020 年 9 月至 2021 年 7 月	2020 年 9 月
	陈　冰	男	副经理	2021 年 7 月至 2022 年 9 月	
	陈　冰	男	副经理（主持全面工作）	2022 年 9 月起	

（十）安全保卫部

2023 年，香河农商银行安全保卫部职工合影　　综合办公室供图

1996 年，县联社设立保卫科。2009 年，改名为安全保卫部。具体职责：1.贯彻落实上级和公安、银监部门有关要求，组织落实全县营业网点安全保卫工作；2.贯彻落实安全保卫工作规章制度；3.监督检查香河农商银行办公场所、辖内营业网点的安全保卫工作；4.协助配合有关部门调查、处理与营业网点有关的治安刑事案件及灾害事故；5.负责本行安全保卫人员的管理、培训工作；6.组织守押人员做好金库守卫和运钞押运工作；7.负责枪支弹药的管理；8.负责安全防范设施的建设、管理及维护工作；9.依据有关规定，对违反安全保卫规章制度的网点和员工提出处理意见；10.组织对员工进行安全防范教育，制定防抢、防爆、防火等应急预案，并组织有关部门、全辖网点开展演练，增强全员防范意识，提高防范技能；11.负责总行内部安全管理和涉及自身的社会治安综合治理的日常工作；12.负责对监控中心的管理、检查；13.完成上级和领导交办的其他工作任务。

1996—2023年安全保卫部主要负责人任职情况一览表

表1-2-11

名称	姓名	性别	职务	任职时间	成立时间
保卫科	杜景宗	男	科长	1996 年 12 月至 2002 年 7 月	1996 年 12 月
	赵以录	男	科长	2002 年 7 月至 2006 年 4 月	
	刘卫东	男	副科长（主持全面工作）	2006 年 4 月至 2009 年 10 月	
安全保卫部	李长甫	男	经理	2009 年 10 月至 2010 年 5 月	
	李雪松	男	副经理（主持全面工作）	2010 年 5 月至 2011 年 1 月	
	李雪松	男	经理	2011 年 1 月至 2012 年 1 月	
	张万全	男	经理	2012 年 1 月至 2016 年 1 月	
	崔树军	男	经理	2016 年 1 月至 2019 年 4 月	
	杜振涛	男	经理	2019 年 4 月至 2021 年 7 月	
	纪春生	男	经理	2021 年 7 月起	

（十一）党委办公室

党委办公室成立于 2009 年，此前的党委工作主要由综合办公室负责。主要职责为：1.负责组织召开各类党员会议，安排党委召开的会议，及时传达上级党委的指示、决定、通知，将贯彻执行情况向党委及上级党组织汇报；2.负责本行党务管理，负责党费的收缴与管理，管理党委印章、部门文书档案和机要文件，按照规定培养、发展党员，接待、受理有关党的工作的群众来信、来访工作；3.负责草拟党委、工会的决议、报告、计划、总结及其他有关文件，对党建、工会的有关数据进行统计、上报。4.负责组织开展本行共青团、妇联的活动，组织参加上级及地方党委组织的各类活动；5.承办领导交办的其他事项。

2023 年，香河农商银行党委办公室职工合影　　综合办公室供图

2009—2023年党委办公室主要负责人任职情况一览表

表1-2-12

名称	姓名	性别	职务	任职时间	成立时间
党委办公室	王亚男	女	经理	2009 年 10 月至 2013 年 1 月	2009 年 10 月
	王文泽	男	经理	2013 年 1 月至 2019 年 4 月	
	张志军	男	经理	2019 年 4 月至 2022 年 7 月	
	王丽颖	女	经理	2022 年 7 月起	

（十二）审计部

1984 年，县联社设立稽核股，1996 年改称稽核科，2009 年 10 月，改为稽核部，2019 年 7 月 5 日改名为审计部。具体职责：1.负责根据香河农商银行战略发展规划、年度工作目标和董事会要求，拟订审计中长期工作规划和年度工作计划，并在批准后执行；2.负责建立完善香河农商银行审计工作制度体系，拟订有关审计工作流程、作业标准、职业道德规范等内部审计制度；3.负责组织开展内部及上级机构部署的审计任务，根据审计情况出具内部审计报告，提出整改要求与管理建议，按照相关规定对发现问题进行移交，负责跟踪督促问题整改，开展后续审计；4.负责组织对香河农商银行业务管理部门和职能管理部门履职情况进行审计；5.负责组织审计人员培训；6.负责香河农商银行审计档案管理。

2023 年，香河农商银行审计部职工合影　　综合办公室供图

1996—2023年审计部主要负责人任职情况一览表

表1-2-13

名称	姓名	性别	职务	任职时间	成立时间
稽核科	孙连起	男	科长	1996 年至 1999 年 3 月	1984 年
	张万全	男	科长	1999 年 3 月至 2002 年 7 月	
	王耀庭	男	科长	2002 年 7 月至 2006 年 4 月	
	乔德明	男	科长	2006 年 4 月至 2007 年 8 月	
	陈淑云	女	科长	2007 年 8 月至 2009 年 10 月	

续表1-2-13

名称	姓名	性别	职务	任职时间	成立时间
稽核监察部	严家新	男	经理	2009 年 10 月至 2012 年 1 月	1984 年
	王继生	男	经理	2012 年 1 月至 2013 年 1 月	
稽核部	王继生	男	经理	2013 年 1 月至 2016 年 1 月	
	安文杰	男	经理	2016 年 1 月至 2019 年 4 月	
	任　超	男	经理	2019 年 4 月至 2019 年 7 月	
审计部	任　超	男	经理	2019 年 7 月起	

三、客户经理部

2007 年 4 月，县联社成立公司客户经理部，2009 年在基层设置 4 个客户经理分部，2019 年撤销客户经理分部，保留公司客户部，2023 年 4 月设立公司客户经理部一部，公司客户经理部二部。客户经理部主要职责：1.负责拟定本部门存款、信贷、中间业务和机构业务的中长期发展规划，并组织实施推进；2.负责本部门信贷业务产品开发提议、代理保险和金融机构类中间业务产品的综合管理和市场营销；3.负责组织发展优质客户，搞好营销管理、关系维护，提高重点地区、重点行业、重点产品和重点客户的牵头营销及重要客户的直接经营工作；4.负责清收不良贷款；5.负责建立健全本部门职责范围内的风险内控制度并组织实施；6.负责本部门信贷台账的管理及营销业绩的统计，并按要求报送；7.承办领导交办的其他事项。

2023 年，香河农商银行公司客户经理部一部职工合影
综合办公室供图

2023 年，香河农商银行公司客户经理部二部职工合影
综合办公室供图

2007—2023 年客户经理部主要负责人任职情况一览表

表1-2-14

名称	姓名	性别	职务	任职时间	成立时间
公司客户经理部	孙学辉	男	经理	2007 年 4 月至 2009 年 10 月	2007 年 4 月
	杜振涛	男	经理	2009 年 10 月至 2013 年 1 月	
	郑存利	男	经理	2013 年 1 月至 2016 年 1 月	
	肖求真	男	经理	2016 年 1 月至 2019 至 4 月	
	蔡志国	男	经理	2019 年 4 月至 2023 年 4 月	
公司客户经理部一部	蔡志国	男	经理	2023 年 4 月起	2023 年 4 月
公司客户经理部二部	王从亮	男	经理	2023 年 4 月起	2023 年 4 月
第一客户经理部	赵广斌	男	副经理（主持全面工作）	2009 年 10 月至 2011 年 6 月	2009 年 10 月
	杨建兵	男	副经理（主持全面工作）	2011 年 6 月至 2012 年 1 月	
	殷立清	男	经理	2012 年 1 月至 2013 年 1 月	
	王玉岐	男	经理	2013 年 1 月至 2016 年 1 月	
	严家新	男	经理	2016 年 1 月至 2019 年 4 月	
第二客户经理部	计凯东	男	副经理（主持全面工作）	2009 年 10 月至 2012 年 1 月	2009 年 10 月
	王瑞山	男	经理	2012 年 1 月至 2013 年 1 月	
	米　洋	男	经理	2013 年 1 月至 2019 年 4 月	
第三客户经理部	马正仁	男	副经理（主持全面工作）	2009 年 10 月至 2013 年 1 月	2009 年 10 月
	马连军	男	经理	2013 年 1 月至 2018 年 12 月	
第四客户经理部	勾建武	男	副经理（主持全面工作）	2009 年 10 月至 2012 年 1 月	2009 年 10 月
	严家新	男	经理	2012 年 1 月至 2016 年 1 月	
	王　鹏	男	经理	2016 年 1 月至 2019 年 4 月	

四、网点简介

营业部

香河农商银行营业部成立于 1988 年 11 月，地址设在香河县府前街 12 号，2012 年 3 月 21 日，迁至新华大街 62 号。

2023 年，香河农商银行营业部职工合影　综合办公室供图

营业部是全县各支行、分理处结算汇兑、资金融通、现金凭证调拨服务中心，实行独立核算，自主经营。主要经营范围为：吸收公众存款；发放短期、中长期贷款；办理国内结算；办理票据承兑与贴现；代理发行、代理兑付、承销政府债券；买卖政府债券、金融债券；从事同业拆借；代理收付款项及代理保险业务；从事银行卡（借记卡）业务等。该网点有员工 16 名，其中，35 岁以下 8 名，共产党员 5 名。设有营业部主任、营业部副主任及委派会计各 1 名，分别负责本网点的各项工作；大堂经理及保安各 1 名，分别负责客户的引导与宣传及安保工作；前台柜员 7 名，负责所有柜面业务，均具有充足的理论知识及专业技能。

2023 年，香河农商银行营业部外景　　综合办公室供图

营业厅内设 6 个分区：综合业务区、自助服务区、VIP（贵宾）服务区、非现金业务区、客户体验区、金库区。主要设备有自动柜员机、智能现金柜台、智慧柜员机、自助硬币兑换机、自助填单机、征信查询机、智能排队叫号机、网银体验机、POS 机等智能化设备，同时提供饮水机、客户等候座椅、客户填单台、客户咨询台等便民设施，为客户提供更加舒适、便捷、高效的服务。

营业部按照“立足‘三农’、服务中小企业”的市场定位，坚持优质服务，不断加强自身职业道德建设，积极探索和实践现代化商业银行的改革发展之路，为辖内客户提供高质量的金融服务。截至 2022 年 12 月 31 日，营业部各项存款余额 324490 万元；各项贷款余额 1000881 万元。

1996—2023年营业部主要负责人任职情况一览表

表1-2-15

名称	姓名	性别	职务	任职时间	成立时间
营业部	王耀庭	男	主任	1996 年 4 月至 1998 年 2 月	1988 年 11 月
	李进臣	男	主任	1998 年 2 月至 1999 年 8 月	
	魏起春	男	主任	1999 年 8 月至 2002 年 7 月	
	张新忠	男	主任	2002 年 7 月至 2006 年 4 月	
	张金平	男	主任	2006 年 4 月至 2007 年 8 月	
	崔振岐	男	主任	2007 年 8 月至 2008 年 12 月	
	张万全	男	主任	2008 年 12 月至 2012 年 1 月	
	周新颖	女	工会主席（兼任）	2012 年 1 月至 2013 年 1 月	
	陈　伟	男	主任	2013 年 1 月至 2016 年 1 月	
	胡秋菊	女	主任	2016 年 1 月至 2022 年 7 月	
	蔡志国	男	主任	2022 年 7 月至 2022 年 9 月	
	曾宪君	男	行长助理（兼任）	2022 年 9 月至 2023 年 1 月	
	张　淞	男	副主任（主持全面工作）	2023 年 1 月至 2023 年 4 月	
	王从亮	男	主任（客户二部经理兼任）	2023 年 4 月起	

1996—2022年营业部存贷款余额一览表

表1-2-16　　单位：万元

年份	存款余额	贷款余额	年份	存款余额	贷款余额
1996	333	6834	2010	31434	180534
1997	1278	9056	2011	31882	232596
1998	1918	11644	2012	51028	258998
1999	2521	14228	2013	71919	316605
2000	2614	10822	2014	83182	398913
2001	3041	10603	2015	123985	469039
2002	3331	10370	2016	197300	493868
2003	3735	10298	2017	236782	548117
2004	3237	11287	2018	174491	650202
2005	3603	7425	2019	210284	712202
2006	7675	7510	2020	219067	802393
2007	11469	107114	2021	271754	878581
2008	19208	135418	2022	324490	1000881
2009	29216	146113	—	—	—

淑阳支行

2023 年，香河农商银行淑阳支行职工合影　　综合办公室供图

香河农商银行淑阳支行成立于 1956 年，原为城关信用社，坐落于香河县淑阳镇淑阳大街；1990 年 9 月 13 日，改名为淑阳信用社，2018 年改制后称淑阳支行。

淑阳支行原辖 5 个分社，为淑阳一、二、三、四、五分社，2006 年统一法人行社后分别更名为永明路分社、新华街分社、华联分社、前套村分社、安抚路分社，后因业务需要新华街分社于 2009 年 10 月撤销，安抚路分社于 2019 年 9 月迁址更名为运河大道分理处，属大罗屯支行管理，2023 年 5 月升格为运河大道支行。

淑阳支行对外开通 4 个营业窗口，其中，包括 3 个综合业务窗口和 1 个爱心窗口服务于老幼病残孕等特殊客户群体。营业大厅内配备网银体验机、叫号机等便民服务设施，配备液晶电视、广告机、公告栏等宣传设备，为客户配备饮水机、等候椅、报刊栏、医疗箱、轮椅、雨伞、零钱兑换处等便民设施。

该行有员工 11 名，其中，正、副行长及委派会计各 1 名，信贷客户经理 3 名，综合柜员 5 名，配有自助取款设备 1 台，自助存取款一体设备 1 台。自助设备+人工窗口的运营模式使支行能够更加从容地应对周围银行的竞争压力，快捷地为客户解决业务需求，减少客户的等待时间。

2023 年，香河农商银行淑阳支行外景　　综合办公室供图

淑阳支行始终秉承“以客户为中心”的服务态度，全心全意服务城乡客户、个体工商户、小微企业，致力于乡村振兴，是城乡居民身边的贴心银行。截至 2022 年 12 月 31 日，各项存款余额 67509 万元，贷款余额 71221 万元。

1960—2023年淑阳支行主要负责人任职情况一览表

表1-2-17

名称	姓名	性别	职务	任职时间	成立时间
城关信用社	李凤芸	女	主任	1960 年至 1984 年 8 月	1956 年
	宋文志	男	主任	1984 年 8 月至 1986 年 10 月	
	吕进才	男	主任	1986 年 10 月至 1988 年 9 月	
	张玉华	男	主任	1988 年 9 月至 1990 年 9 月	
淑阳信用社	张玉华	男	主任	1990 年 9 月至 1996 年 1 月	
	崔振歧	男	主任	1996 年 1 月至 2001 年 3 月	
	赵万宏	男	主任	2001 年 3 月至 2004 年 7 月	
	牛新元	男	主任	2004 年 7 月至 2006 年 5 月	
	王瑞山	男	主任	2006 年 5 月至 2012 年 1 月	
	王玉岐	男	主任	2012 年 1 月至 2013 年 1 月	
	杜振涛	男	主任	2013 年 1 月至 2016 年 1 月	
	韩　鹏	男	主任	2016 年 1 月至 2018 年 5 月	
淑阳支行	韩　鹏	男	行长	2018 年 5 月至 2019 年 4 月	
	刘亦兵	男	行长	2019 年 4 月至 2022 年 9 月	
	王涛华	男	副行长（主持全面工作）	2022 年 9 月至 2023 年 4 月	
	王涛华	男	行长	2023 年 4 月起	

1996—2022年淑阳支行存贷款余额一览表

表1-2-18　　单位：万元

年份	存款余额	贷款余额	年份	存款余额	贷款余额
1996	6599	4000	2006	21561	15271
1997	8705	5063	2007	27332	7957
1998	10756	6467	2008	39193	9365
1999	13070	6765	2009	23827	10699
2000	14200	6476	2010	31312	16488
2001	16011	7701	2011	29968	22102
2002	16867	8659	2012	32277	29104
2003	17941	11000	2013	36689	40283
2004	18245	11999	2014	41412	38726
2005	17906	13968	2015	42864	45544

续表1-2-18

年份	存款余额	贷款余额	年份	存款余额	贷款余额
2016	40066	60308	2020	53108	67726
2017	49948	88312	2021	59063	74308
2018	44911	91233	2022	67509	71221
2019	48783	73214	—	—	—

金辛庄支行

2023 年，香河农商银行金辛庄支行职工合影 综合办公室供图

香河农商银行金辛庄支行，前身为金辛庄信用社，2018 年，改制后更名为金辛庄支行。成立于 20 世纪 50 年代，营业地址位于香河县淑阳镇金辛庄村。主要经营范围：吸收公众存款；发放短期、中长期贷款；办理国内结算；办理票据承兑与贴现；代理收付款项及代理保险业务；从事银行卡（借记卡）业务等。

金辛庄支行位于香河城东南，香宋公路东侧，交通便利，地理位置优越，处在香河城区与乡镇的重要交界处。附近有贵都、鹏大、金钥匙、经纬家具城等多家大型家具购物中心，且与多家物流中心相邻，处于香河家具产业的核心位置，支行配备自助柜员机、智慧柜员机、智能排队叫号机、网银体验机、POS 机等智能化设备，同时提供饮水机、客户等候座椅、客户填单台、客户咨询台等便民设施，为客户提供更加舒适、便捷、高效的服务。

2023 年，香河农商银行金辛庄支行外景 综合办公室供图

金辛庄支行一直坚持“立足‘三农’、服务中小企业”的市场定位，为辖内客户提供高质量的金融服务。设有支行行长、支行副行长及委派会计各 1 名，分别负责支行全面工作、信贷业务、柜面业务；前台柜员 4 名，负责柜面业务；客户经理 3 名，负责各项贷款业务；大堂经理及保安各 1 名，分别负责客户的引导与宣传及安保工作。

截至 2022 年 12 月 31 日，各项存款余额 39025 万元，各项贷款余额 33960 万元。

1958—2023年金辛庄支行主要负责人任职情况一览表

表1-2-19

名称	姓名	性别	职务	任职时间	成立时间
金辛庄信用社	许宝田	男	主任	1958 年至 1966 年 8 月	1958 年
	王　瑞	男	主任	1966 年 8 月至 1982 年 6 月	
	李进臣	男	主任	1982 年 6 月至 1997 年 1 月	
	贾万荣	男	主任	1997 年 1 月至 2002 年 7 月	
	张金友	男	主任	2002 年 7 月至 2007 年 8 月	
	王双清	男	主任	2007 年 8 月至 2008 年 5 月	
	曾宪君	男	主任	2008 年 5 月至 2009 年 10 月	
	任　超	男	副主任（主持全面工作）	2009 年 10 月至 2010 年 1 月	
	任　超	男	主任	2010 年 1 月至 2012 年 1 月	
	崔树军	男	主任	2012 年 1 月至 2016 年 1 月	
	任　超	男	主任	2016 年 1 月至 2018 年 5 月	
金辛庄支行	任　超	男	行长	2018 年 5 月至 2019 年 4 月	
	李雪松	男	行长	2019 年 4 月至 2022 年 11 月	
	韩　鹏	男	行长	2022 年 11 月至 2023 年 1 月	
	李雪松	男	行长	2023 年 1 月起	

1996—2022年金辛庄支行存贷款余额览一览表

表1-2-20　　单位：万元

年份	存款余额	贷款余额	年份	存款余额	贷款余额
1996	2552	1964	2010	10897	4691
1997	2803	1929	2011	15434	5949
1998	3653	3009	2012	16925	6896
1999	4470	3128	2013	19076	7552
2000	4990	2197	2014	21306	8109
2001	5501	2370	2015	24367	10216
2002	5818	2535	2016	32038	9542
2003	5869	3144	2017	32903	8865
2004	6469	3462	2018	30171	9230
2005	6100	3399	2019	31085	12874
2006	6106	2839	2020	31256	21376
2007	7396	1949	2021	34373	30785
2008	9545	2016	2022	39025	33960
2009	7825	2908	—	—	—

大罗屯支行

2023 年，香河农商银行大罗屯支行职工合影　综合办公室供图

香河农商银行大罗屯支行原名为孙止务信用社，1982 年 4 月，更名为大罗屯信用社；2018 年，改制后更名大罗屯支行。该支行始建于 1958 年，位于河北省廊坊市香河县淑阳镇大罗屯村村北，2009 年迁址至香河县淑阳镇新开街西段。该支行设有支行行长 1 名，副行长 1 名，委派会计 1 名，综合柜员 4 名，客户经理 2 名。设立 4 个对外营业窗口，其中，3 个综合业务窗口和 1 个爱心窗口。营业大厅内配备网银体验机、智慧柜员机、自助填单机、叫号机等便民服务设施，配备液晶电视、广告机、公告栏等宣传服务设备，为客户配备饮水机、等候椅、报刊栏等，设置在行 ATM 机 2 台，为客户提供 24 小时存取款服务。

2023 年，香河农商银行大罗屯支行外景　综合办公室供图

截至 2022 年 12 月 31 日，支行存款余额 142954 万元，贷款余额 33431 万元。

大罗屯支行被中国农业银行河北省分行评为“1989 年度优质服务单位”；被中国农业银行廊坊地区中心支行评为“1990 年度先进单位”；被省联社廊坊审计中心评为廊坊农信系统“2020 年普惠金融年先进工作组”。

1958—2023年大罗屯支行主要负责人任职情况一览表

表 1-2-21

名称	姓名	性别	职务	任职时间	成立时间
孙止务信用社	姚世荣	男	主任	1958 年至 1966 年 7 月	1958 年
	王文奎	男	主任	1966 年 7 月至 1980 年 4 月	
	宋文志	男	主任	1980 年 4 月至 1982 年 4 月	
大罗屯信用社	宋文志	男	主任	1982 年 4 月至 1984 年 5 月	
	贾天相	男	主任	1984 年 5 月至 1987 年 12 月	
	李长瑞	男	主任	1987 年 12 月至 1992 年 6 月	
	崔振岐	男	主任	1992 年 6 月至 1995 年 12 月	
	王凤昆	男	主任	1995 年 12 月至 1998 年 2 月	
	庄　发	男	主任	1998 年 2 月至 2002 年 7 月	

续表 1-2-21

名称	姓名	性别	职务	任职时间	成立时间
大罗屯信用社	刘　富	男	主任	2002 年 7 月至 2006 年 4 月	1958 年
	张万全	男	主任	2006 年 4 月至 2008 年 12 月	
	严家新	男	主任	2008 年 12 月至 2009 年 10 月	
	曾宪君	男	主任	2009 年 10 月至 2012 年 1 月	
	米　洋	男	主任	2012 年 1 月至 2013 年 1 月	
	杨建兵	男	主任	2013 年 1 月至 2018 年 5 月	
大罗屯支行	杨建兵	男	行长	2018 年 5 月至 2018 年 6 月	
	周新宇	男	行长	2018 年 6 月至 2019 年 4 月	
	杨建兵	男	行长	2019 年 4 月至 2022 年 10 月	
	周　蒙	男	副行长（主持全面工作）	2022 年 10 月至 2023 年 4 月	
	周　蒙	男	行长	2023 年 4 月起	

1996—2022年大罗屯支行存贷款余额一览表

表1-2-22　　单位：万元

年份	存款余额	贷款余额	年份	存款余额	贷款余额
1996	3020	1326	2010	60147	5627
1997	3602	1352	2011	73780	7022
1998	4505	1933	2012	75359	18312
1999	5779	2607	2013	82683	25795
2000	6357	2992	2014	95269	25723
2001	6407	2944	2015	103422	27669
2002	6409	3165	2016	122583	26298
2003	6917	4060	2017	135887	37149
2004	8173	4820	2018	127887	36320
2005	7628	5763	2019	117149	30476
2006	7190	5042	2020	125125	29727
2007	11134	1254	2021	135904	29571
2008	21761	1928	2022	142954	33431
2009	9199	2753	—	—	—

钳屯支行

2023 年，香河农商银行钳屯支行职工合影　综合办公室供图

香河农商银行钳屯支行原名钳屯信用社，2018 年，改制后更名钳屯支行。建立于 1961 年，地址位于香河县钳屯镇钳屯村，1999 年 4 月，新建三层砖混办公楼；2011 年进行装修改造。该支行设置支行行长、副行长、委派会计各 1 名，客户经理 3 名，柜员 5 名。外聘大堂经理、保安、厨师各 1 名。

该支行设有 3 个现金业务窗口及 1 个非现金业务窗口，配备 2 台取款机，2 台存取款一体机，1 台智慧柜员机。对外开办存款、贷款、汇兑、中间业务、代收代付等金融服务。

2023 年，香河农商银行钳屯支行外景　　综合办公室供图

钳屯支行以面向农村，服务农民为宗旨，坚持内部管理精细化，贷款管理流程化，存款组织多样化，安全防范常规化，不断加大支农支小力度。截至 2022 年 12 月 31 日，存款余额 109802 万元，贷款余额 16417 万元。

1961—2023年钳屯支行主要负责人任职情况一览表

表1-2-23　　单位：万元

名称	姓名	性别	职务	任职时间	成立时间
钳屯信用社	宋　刚	男	主任	1961 年 1 月至 1984 年 8 月	1961 年
	徐登凯	男	主任	1984 年 8 月至 1986 年 10 月	
	徐登富	男	主任	1986 年 10 月至 1998 年 2 月	
	曹文祥	男	主任	1998 年 2 月至 2002 年 7 月	
	周志远	男	主任	2002 年 7 月至 2007 年 8 月	
	王继生	男	主任	2007 年 8 月至 2012 年 1 月	
	乔德明	男	主任	2012 年 1 月至 2016 年 1 月	
	吴艳茹	女	主任	2016 年 1 月至 2018 年 5 月	
钳屯支行	吴艳茹	女	行长	2018 年 5 月至 2021 年 4 月	
	杨建海	男	行长	2021 年 4 月起	

1996—2022年钳屯支行存贷款余额一览表

表1-2-24　　　　　　　　　　　　　　　　　　　　单位：万元

年份	存款余额	贷款余额	年份	存款余额	贷款余额
1996	4283	1743	2010	38808	5061
1997	5015	1810	2011	33750	5502
1998	5938	3082	2012	38891	4461
1999	7613	4259	2013	48137	2682
2000	7546	4359	2014	52211	3891
2001	8158	4900	2015	61595	3751
2002	8463	4969	2016	79574	5030
2003	8978	5404	2017	99534	5620
2004	10279	6886	2018	91718	4309
2005	10792	6388	2019	96536	4395
2006	11848	8189	2020	96556	6220
2007	13647	2709	2021	103463	11311
2008	16675	1949	2022	109802	16417
2009	20262	2322	—	—	—

渠口支行

2023年，香河农商银行渠口支行职工合影　综合办公室供图

香河农商银行渠口支行建立于1957年，始建地址位于渠口镇老街区内，1998年10月，迁至香河县香宝公路北侧渠口镇政府对面；1999年7月，新建四层办公楼，东临渠口镇主街，南临香宝公路，紧邻渠口镇政府，地理位置优越，交通十分便利。2018年改制后更名为渠口支行。

2023年，香河农商银行渠口支行外景　　综合办公室供图

渠口支行2022年有在岗职工9名（含支行行长1名、委派会计1名、综合柜员4名、客户经理3名），外聘门卫、厨师各1名，保安1名，

大堂经理 1 名。该支行营业环境整洁，配备在、离行自助设备 8 台、A 类点钞机 6 台、清分机 1 台、智慧柜员机 1 台、网银体验机 1 台，便携式社保卡制卡机 1 台，设有适老服务设施、残疾人专用通道，开通爱心窗口及企业开户绿色通道。

渠口支行一直致力于服务农村经济发展，认真贯彻落实支农支小服务方针，注重提升自身专业素养和服务质量，充分发挥基层金融网点作用。截至 2022 年 12 月 31 日，各项存款余额 100094 万元，贷款余额 31013 万元，被省联社评为“2013—2015 年度先进集体”，被县联社评为“2015 年度先进信用社”，被香河农商银行评为“2018 年度先进支行”。

1957—2023 年渠口支行主要负责人任职情况一览表

表1-2-25

名称	姓名	性别	职务	任职时间	成立时间
渠口信用社	刘方春	男	主任	1957 年至 1960 年	1957 年
	石玉文	男	主任	1960 年至 1970 年	
	邵殿元	男	主任	1970 年至 1975 年	
	杨起发	男	主任	1975 年至 1982 年 7 月	
	边庆祥	男	主任	1982 年 7 月至 1984 年 8 月	
	胡井申	男	主任	1984 年 8 月至 1987 年	
	于德凤	男	主任	1987 年至 1991 年 4 月	
	王凤昆	男	主任	1991 年 4 月至 1996 年 1 月	
	赵以录	男	主任	1996 年 1 月至 1999 年 12 月	
	王耀庭	男	主任	1999 年 12 月至 2002 年 7 月	
	姚建生	男	主任	2002 年 7 月至 2006 年 4 月	
	王瑞山	男	主任	2006 年 4 月至 2007 年 8 月	
	周建富	男	主任	2007 年 8 月至 2008 年 5 月	
	刘洪权	男	主任	2008 年 5 月至 2009 年 10 月	
	肖求真	男	主任	2009 年 10 月至 2016 年 1 月	
	纪春生	男	主任	2016 年 1 月至 2018 年 5 月	
渠口支行	纪春生	男	行长	2018 年 5 月至 2021 年 7 月	
	辛学伟	男	行长	2021 年 7 月起	

1996—2022年渠口支行存贷款余额一览表

表1-2-26　　单位：万元

年份	存款余额	贷款余额	年份	存款余额	贷款余额
1996	5800	3311	2010	23462	7864
1997	6802	2527	2011	27166	12323
1998	8104	4315	2012	33024	14471
1999	9573	5649	2013	37731	16421
2000	9839	4460	2014	43236	17066
2001	10650	4733	2015	52162	17219
2002	10758	5348	2016	56699	21987
2003	11314	6192	2017	68606	28481
2004	11978	6933	2018	74306	30294
2005	11562	6898	2019	80540	29489
2006	12474	7311	2020	85363	29281
2007	13363	5663	2021	91892	31698
2008	14165	4647	2022	100094	31013
2009	15592	4898	—	—	—

钱旺支行

2023 年，香河农商银行钱旺支行职工合影　综合办公室供图

香河农商银行钱旺支行原名钱旺信用社，建立于 1957 年，1999 年，由香河县钱旺镇政府后搬迁至青年路 2 号。2022 年，该支行有职工 9 名（包括支行行长 1 名、支行副行长 1 名、委派会计 1 名、综合柜员 4 名、客户经理 2 名）。

钱旺支行服务于钱旺镇各村街，全心全意服务“三农”、助力“脱贫攻坚”、致力乡村振兴，始终秉持着“以客户为中心”的服务理念，时时以客户为本，处处为客户着想。截至 2022 年 12 月 31 日，各项存款余额 91773 万元，贷款余额 16223

2023 年，香河农商银行钱旺支行外景　综合办公室供图

万元。

该支行先后获得2020年香河农商银行反洗钱知识竞赛团队二等奖，2021年香河农商银行党史知识竞赛活动团队二等奖。

1957—2023年钱旺支行主要负责人任职情况一览表

表1-2-27

名称	姓名	性别	职务	任职时间	成立时间
钱旺信用社	王井信	男	主任	1957年2月至1966年7月	1957年
	许万荣	男	主任	1966年7月至1982年6月	
	吕进才	男	主任	1982年6月至1986年10月	
	宋文志	男	主任	1986年10月至1999年3月	
	李万发	男	主任	1999年3月至2000年3月	
	吴金栋	男	主任	2000年3月至2006年4月	
	殷立清	男	主任	2006年4月至2012年1月	
	刘宏杰	男	主任	2012年1月至2013年1月	
	杨建海	男	主任	2013年1月至2016年1月	
	李卫东	男	主任	2016年1月至2018年5月	
钱旺支行	李卫东	男	行长	2018年5月至2022年7月	
	刘成杰	男	行长	2022年7月起	

1996—2022年钱旺支行存贷款余额一览表

表1-2-28　　单位：万元

年份	存款余额	贷款余额	年份	存款余额	贷款余额
1996	5160	1932	2010	26579	12246
1997	6001	2126	2011	40184	16548
1998	7101	2734	2012	40349	21103
1999	8243	3128	2013	46964	26342
2000	8281	2970	2014	53371	30543
2001	8913	3826	2015	54759	29858
2002	9266	4244	2016	58020	26330
2003	9751	5067	2017	61242	24252
2004	10558	5835	2018	73593	20633
2005	11025	7417	2019	73918	15731
2006	11164	8160	2020	80775	15549
2007	12133	5545	2021	86129	17039
2008	14917	5199	2022	91773	16223
2009	18571	6199	—	—	—

刘宋支行

2023 年，香河农商银行刘宋支行职工合影　　综合办公室供图

香河农商银行刘宋支行原名刘宋信用社，成立于 1957 年，2018 年，改制后更名为刘宋支行。位于香河县刘宋镇刘宋村。2001 年新建三层办公楼，2011 年进行装修改造。网点距离县城 14 千米，南临倪李路，西临香北路，地处交通要道，辖 25 个行政村。

2022 年，刘宋支行有员工 10 名，其中，行长 1 名、副行长 1 名、委派会计 1 名、综合柜员 5 名、客户经理 2 名，办公场所建筑面积 500 余平方米，职工生活区建筑面积 300 余平方米。现代化办公设施配备齐全，配备 ATM 自动取款机 1 台、存取款一体机 1 台、智慧柜员机 1 台、网银体验机 1 台。经营范围包括吸收公众存款；发放短期、中期和长期贷款；办理国内结算；办理票据承兑与贴现；代理发行、代理兑付、承销政府债券；买卖政府债券、金融债券；从事同业拆借；代理收付款项及代理保险业务；从事银行卡（借记卡）业务等。

2023 年，香河农商银行刘宋支行外景　　综合办公室供图

该支行始终坚持以“服务三农”为宗旨，深化改革，强化管理，大力推广小额农户贷款，从根本上解决农民“贷款难”问题。刘宋支行根据农户的生产生活实际，努力拓展业务，在支持农业和农村经济发展中起到了重要作用。截至 2022 年末，存款余额 70993 万元，贷款余额 20743 万元。

刘宋信用社被中国农业银行河北省分行评为 1980 年度“省级金融红旗单位”、1981 年度“省级金融红旗单位”，被中国人民银行廊坊中心支行评为 2001 年度“十佳信用社”。

1960—2023年刘宋支行主要负责人任职情况一览表

表1-2-29

名称	姓名	性别	职务	任职时间	成立时间
刘宋信用社	吴玉兰	女	主任	1960 年至 1984 年 8 月	1957 年
	张志清	男	主任	1984 年 8 月至 1986 年 10 月	
	贾万荣	男	主任	1986 年 10 月至 1997 年 1 月	
	李进臣	男	主任	1997 年 1 月至 1998 年 2 月	
	王风昆	男	主任	1998 年 2 月至 1999 年 3 月	
	吴庆新	男	主任	1999 年 3 月至 2002 年 7 月	
	牛新元	男	主任	2002 年 7 月至 2004 年 8 月	

续表1-2-29

名称	姓名	性别	职务	任职时间	成立时间
刘宋信用社	周建富	男	主任	2004 年 8 月至 2007 年 8 月	1957 年
	王金明	男	主任	2007 年 8 月至 2009 年 10 月	
	马晓明	男	主任	2009 年 10 月至 2016 年 1 月	
	陈和宁	男	主任	2016 年 1 月至 2018 年 5 月	
刘宋支行	陈和宁	男	行长	2018 年 5 月至 2022 年 7 月	
	赵广斌	男	行长	2022 年 7 月起	

1996—2022年刘宋支行存贷款余额一览表

表1-2-30　　单位：万元

年份	存款余额	贷款余额	年份	存款余额	贷款余额
1996	4562	1200	2010	19668	7565
1997	5401	1246	2011	23227	10626
1998	6419	1544	2012	28649	15409
1999	7780	2111	2013	33174	16149
2000	7614	2750	2014	37837	18468
2001	8224	3530	2015	40613	19705
2002	8655	4194	2016	40037	21788
2003	9152	4960	2017	44687	24472
2004	10407	5852	2018	46274	23756
2005	11086	8565	2019	50574	18618
2006	10804	8900	2020	56524	19476
2007	11109	2709	2021	65286	19981
2008	13119	2153	2022	70993	20743
2009	14668	2174	—	—	—

安头屯支行

2023 年，香河农商银行安头屯支行职工合影 综合办公室供图

香河农商银行安头屯支行成立于 1957 年，原名为安头屯信用社，原址为安头屯镇安头屯村内，1997 年迁至香河县安头屯镇香北线北侧，1999 年 4 月新建三层办公楼，2011 年进行装修改造。2022 年，支行设支行行长 1 名、副行长 1 名，委派会计 1 名，综合柜员 4 名，客户经理 2 名，配备离、在行自助存取款设备 8 台，智慧柜员机 1 台，网银体验机 1 台。同时设有小微企业开户绿色通道、残疾

人专用通道，小面额票币兑换及爱心窗口，满足多种客户群体的各类金融需求。

安头屯支行立足辖区，服务地方，为全辖 24 个村街办理村集体日常各项存、取款，代扣代发业务。为当地村民、个体工商户办理存、贷款业务。截至 2022 年 12 月 31 日，各项存款余额 102353 万元，贷款余额 14238 万元。

2023 年，香河农商银行安头屯支行外景　　综合办公室供图

1963—2023年安头屯支行主要负责人任职情况一览表

表1-2-31

名称	姓名	性别	职务	任职时间	成立时间
安头屯信用社	边庆祥	男	主任	1963 年 3 月至 1980 年 4 月	1957 年
	胡景森	男	主任	1980 年 4 月至 1984 年 8 月	
	边庆祥	男	主任	1984 年 8 月至 1986 年 10 月	
	徐登凯	男	主任	1986 年 10 月至 1990 年 6 月	
	马德恒	男	主任	1990 年 6 月至 1995 年 8 月	
	刘　富	男	副主任（主持全面工作）	1995 年 8 月至 1997 年 1 月	
	王金明	男	主任	1997 年 1 月至 2000 年 3 月	
	刘宝瑞	男	主任	2000 年 3 月至 2002 年 7 月	
	曹文祥	男	主任	2002 年 7 月至 2007 年 8 月	
	张金友	男	主任	2007 年 8 月至 2012 年 1 月	
	安文杰	男	主任	2012 年 1 月至 2016 年 1 月	
	杜振涛	男	主任	2016 年 1 月至 2017 年 10 月	
	刘亦兵	男	主任	2017 年 10 月至 2018 年 5 月	
安头屯支行	刘亦兵	男	行长	2018 年 5 月至 2019 年 4 月	
	安文杰	男	行长	2019 年 4 月至 2022 年 7 月	
	刘洪权	男	行长	2022 年 7 月起	

1996—2022年安头屯支行存贷款余额一览表

表1-2-32　　　　单位：万元

年份	存款余额	贷款余额	年份	存款余额	贷款余额
1996	3909	2034	2010	23140	4776
1997	4661	2090	2011	30095	4141
1998	5567	2790	2012	35641	4987
1999	6878	3080	2013	42689	5234
2000	7067	2952	2014	50991	8401
2001	7598	3654	2015	57491	8098
2002	8024	4404	2016	59874	8804
2003	8533	4928	2017	66351	12050
2004	9795	6122	2018	73777	13251
2005	10712	6398	2019	77803	12623
2006	11614	7402	2020	83824	11595
2007	13126	4100	2021	94308	13277
2008	16600	3712	2022	102353	14238
2009	18310	3399	—	—	—

五百户支行

2023年，香河农商银行五百户支行职工合影 综合办公室供图

香河农商银行五百户支行始建于1956年，原名为五百户信用社，2018年改制更名五百户支行，地址位于香河县五百户镇五百户村，该支行业务辐射周边43个行政村。办公楼建筑面积550平方米，营业环境整洁，办公设施先进，有员工10名，其中，行长、副行长、委派会计各1名，柜员5名，客户经理2名，外聘大堂经理、保安、厨师、门卫各1名。

2023年，香河农商银行五百户支行外景　　综合办公室供图

五百户支行自成立以来立足农村，服务农民，

支持农业。始终坚持把支持农村经济发展和产业结构调整为作为服务宗旨和市场定位，引导农民发展特色产业，重点支持蔬菜生产和购、销、运输、加工业的发展。截至 2022 年 12 月 31 日，存款余额 78201 万元，贷款余额 18580 万元。

1962—2023年五百户支行主要负责人任职情况一览表

表1-2-33

名称	姓名	性别	职务	任职时间	成立时间
五百户信用社	石　起	男	主任	1962 年 8 月至 1980 年 4 月	1956 年
	徐登富	男	副主任（主持全面工作）	1980 年 4 月至 1982 年 6 月	
	徐登富	男	主任	1982 年 6 月至 1986 年 10 月	
	梁福田	男	主任	1986 年 10 月至 1991 年 9 月	
	刘宝瑞	男	主任	1991 年 9 月至 1998 年 2 月	
	吴庆新	男	主任	1998 年 2 月至 1999 年 3 月	
	牛新元	男	主任	1999 年 3 月至 2002 年 7 月	
	冯子波	男	主任	2002 年 7 月至 2007 年 7 月	
	乔德明	男	主任	2007 年 7 月至 2012 年 1 月	
	李卫东	男	主任	2012 年 1 月至 2016 年 1 月	
	杨　勇	男	主任	2016 年 1 月至 2018 年 5 月	
五百户支行	杨　勇	男	行长	2018 年 5 月至 2019 年 4 月	
	王　鹏	男	行长	2019 年 4 月至 2022 年 11 月	
	李雪松	男	行长	2022 年 11 月至 2023 年 1 月	
	王　鹏	男	行长	2023 年 1 月起	

1996—2022年五百户支行存贷款余额一览表

表1-2-34　　单位：万元

年份	存款余额	贷款余额	年份	存款余额	贷款余额
1996	3526	2120	2004	7113	4992
1997	3832	2298	2005	6508	4764
1998	4686	2809	2006	7001	4868
1999	5609	3508	2007	9259	2272
2000	5611	3750	2008	12467	2375
2001	6123	4020	2009	16290	3171
2002	6124	4225	2010	21230	7473
2003	6450	4369	2011	30306	11027

续表1-2-34

年份	存款余额	贷款余额	年份	存款余额	贷款余额
2012	34587	13187	2018	50850	14605
2013	38615	13647	2019	57557	14607
2014	41673	13807	2020	62057	16840
2015	46297	15172	2021	70410	22568
2016	52331	17366	2022	78201	18580
2017	52040	15821	—	—	—

蒋辛屯支行

香河农商银行蒋辛屯支行成立于 1958 年，原名蒋辛屯信用社，建社时经营地址位于香河县蒋辛屯镇蒋辛屯村，2021 年 10 月 20 日迁至香河县大香线西侧嘉禾商贸楼 17 号。支行有员工 9 名，其中，行长 1 名，副行长 1 名，委派会计 1 名，客户经理 2 名，柜员 4 名。外聘大堂经理、保安、厨师、门卫各 1 名。

2023 年，香河农商银行蒋辛屯支行职工合影 综合办公室供图

该支行扎根蒋辛屯镇村街及现代产业园区，全心全意服务“三农”、致力于乡村振兴，在当地老百姓中留下好口碑、好印象。截至 2022 年 12 月 31 日，存款余额 102067 万元，贷款余额 9372 万元。

蒋辛屯支行始终秉承“以客户为中心”的服务理念，时时以客户为本，处处为客户着想，支行在大厅配备医疗箱、雨伞、零钱兑换处等便民设施，让客户感受到温暖和关心；配备移动展业设备，可以到各个村委会中办理非现金业务，让行动不便的老人们足不出村便能激活社保卡，感受到国家养老补贴的温暖，为老百姓打通金融服务“最后一公里”；配备自助取款设备 2 台，自助存取款一体设备 2 台、自助发卡机 3 台、智慧柜员机 1 台，可以更快捷地为客户解决业务需求，减少客户的等候时间。

2023 年，香河农商银行蒋辛屯支行外景　　综合办公室供图

1958—2023年蒋辛屯支行主要负责人任职情况一览表

表1-2-35

名称	姓名	性别	职务	任职时间	成立时间
蒋辛屯信用社	魏有荣	男	主任	1958 年至 1980 年	1958 年
	段德全	男	副主任（主持全面工作）	1980 年 4 月至 1984 年 8 月	
	段德全	男	主任	1984 年 8 月至 1990 年 8 月	
	姚建生	男	主任	1990 年 8 月至 2000 年 3 月	
	韩广彬	男	主任	2000 年 3 月至 2000 年 6 月	
	王瑞山	男	主任	2000 年 6 月至 2006 年 4 月	
	刘　富	男	主任	2006 年 4 月至 2007 年 8 月	
	王尚志	男	主任	2007 年 8 月至 2008 年 5 月	
	肖求真	男	主任	2008 年 5 月至 2009 年 10 月	
	马连军	男	主任	2009 年 10 月至 2013 年 1 月	
	周新宇	男	主任	2013 年 1 月至 2018 年 5 月	
蒋辛屯支行	周新宇	男	行长	2018 年 5 月至 2018 年 6 月	
	杨建兵	男	行长	2018 年 6 月至 2019 年 4 月	
	周新宇	男	行长	2019 年 4 月至 2022 年 11 月	
	王　川	男	副行长（主持全面工作）	2022 年 11 月至 2023 年 4 月	
	王　川	男	行长	2023 年 4 月起	

1996—2022年蒋辛屯支行存贷款余额一览表

表1-2-36　　单位：万元

年份	存款余额	贷款余额	年份	存款余额	贷款余额
1996	2719	1595	2006	8360	6646
1997	3201	1735	2007	9553	1776
1998	3780	1955	2008	12145	2261
1999	4280	2341	2009	15262	2604
2000	4381	2683	2010	30859	2942
2001	4879	3100	2011	52181	4264
2002	5186	3392	2012	49212	5173
2003	5553	3770	2013	57787	5846
2004	6590	4946	2014	71042	4107
2005	7893	5882	2015	67370	4763

续表1-2-36

年份	存款余额	贷款余额	年份	存款余额	贷款余额
2016	82133	5533	2020	101634	5035
2017	92635	6228	2021	95431	6246
2018	98221	4381	2022	102067	9372
2019	95329	4335	—	—	—

安平支行

2023 年，香河农商银行安平支行职工合影　　综合办公室供图

香河农商银行安平支行成立于 1958 年，原名安平信用社，原址香河县安平镇，2013 年迁址到香河县安平镇 103 国道东侧。辖区地处京、津、唐经济三角区内，位于香河县城西部偏南 10.4 千米。西与北京市通州区相接，南与天津市武清区接壤。地理位置优越，交通便利，境内乡村公路呈网状分布，辐射全镇，304 省道贯穿镇中，西有京塘 103 国道穿境而过，有着良好的交通优势和区位优势。安平镇面积 33.52 平方千米，辖区有 29 个建制村，镇政府驻安平一街村。

2022 年，该支行有员工 10 名，其中，支行行长、副行长、委派会计各 1 名，综合柜员 5 名，客户经理 2 名。办公场所建筑面积 953 平方米，2016 年实施网点建设，成功打造为一个环境整洁、办公设备现代化的农村商业银行，配备电脑 12 台，自助设备 8 台，可对外办理吸收公众存款；发放短期、中期和长期贷款；办理国内结算；办理票据承兑与贴现；代理发行、代理兑付、承销政府债券；买卖政府债券、金融债券；从事同业拆借；代理收付款项及代理保险业务；从事银行卡（借记卡）业务；经国务院银行业监督管理机构批准的其他业务。

2023 年，香河农商银行安平支行外景　　综合办公室供图

安平支行始终坚持以服务客户为宗旨，大力推广石材城租金贷款，解决商户资金需求。截至 2022 年 12 月 31 日，各项存款余额 58876 万元，各项贷款余额 123270 万元。2022 年，获得省联社 2019—2021 年度“先进集体”称号。

1958—2023年安平支行主要负责人任职情况一览表

表1-2-37

名称	姓名	性别	职务	任职时间	成立时间
安平信用社	程信民	男	主任	1958年至1964年	1958年
	程如仁	男	主任	1964年至1975年	
	严　瑞	男	主任	1975年至1980年	
	杜景宗	男	主任	1980年至1984年8月	
	王　军	男	主任	1984年8月至1986年10月	
	周洪起	男	主任	1986年10月至2000年3月	
	姚建生	男	主任	2000年3月至2002年7月	
	魏起春	男	主任	2002年7月至2007年7月	
	冯子波	男	主任	2007年7月至2008年5月	
	王玉岐	男	主任	2008年5月至2012年1月	
	刘海军	男	主任	2012年1月至2016年1月	
	孙云太	男	主任	2016年1月至2018年5月	
安平支行	孙云太	男	行长	2018年5月至2022年7月	
	安文杰	男	行长	2022年7月起	

1996—2022年安平支行存贷款余额一览表

表1-2-38　　单位：万元

年份	存款余额	贷款余额	年份	存款余额	贷款余额
1996	4189	2570	2010	20458	7465
1997	5002	2862	2011	28021	11806
1998	6104	3756	2012	27533	13478
1999	8335	5057	2013	30178	12081
2000	8451	4261	2014	30615	10503
2001	8950	4501	2015	32654	10990
2002	8476	4612	2016	38905	51939
2003	8957	5003	2017	41277	64363
2004	9518	5719	2018	42431	71456
2005	9010	5824	2019	50062	95190
2006	9137	7151	2020	51045	106524
2007	10127	1629	2021	53035	116426
2008	12538	2484	2022	58876	123270
2009	10651	3382	—	—	—

东鲁家口支行

2023 年，香河农商银行东鲁家口支行职工合影 综合办公室供图

香河农商银行东鲁家口支行始建于 1958 年，原名大七里庄信用社，1982 年 4 月更名为东鲁家口信用社，2018 年改制后更名东鲁家口支行，地址位于香河县渠口镇东鲁家口村，经营范围包含：吸收公众存款；办理国内结算；办理票据承兑与贴现；从事银行卡（借记卡）业务；经国务院银行业监督管理机构批准的其他业务（依法须经批准的项目，经相关部门批准后方可开展经营活动）。

该支行有职工 5 名，其中，行长 1 名，柜员 4 名。另外，配备保安、大堂经理、厨师、门卫各 1 名。配备自动存取款机 1 台，自动取款机 1 台。

东鲁家口支行充分发挥金融服务优势，支持周边印刷包装、家具制造、水泥销售、环保设备制造等产业发展，不断做优做实特色金融服务，致力于乡村振兴，建立良好的群众基础，使东鲁家口支行存款规模一年胜过一年。

2023 年，香河农商银行东鲁家口支行外景 综合办公室供图

2019 年 4 月，该支行按照总行要求停办贷款业务，截至 2022 年 12 月 31 日存款余额为 37117 万元。

1964—2023年东鲁家口支行主要负责人任职情况一览表

表1-2-39

名称	姓名	性别	职务	任职时间	成立时间
大七里信用社	周学清	男	主任	1964 年 12 月至 1981 年 11 月	1958 年
	李凤池	男	主任	1981 年 11 月至 1984 年 8 月	
东鲁家口信用社	张春海	男	主任	1984 年 8 月至 1990 年 10 月	
	王德起	男	主任	1990 年 10 月至 1992 年 8 月	
	王耀庭	男	主任	1992 年 8 月至 1996 年 4 月	
	王德起	男	主任	1996 年 4 月至 2000 年 3 月	
	王瑞山	男	主任	2000 年 3 月至 2000 年 6 月	
	周志远	男	主任	2000 年 6 月至 2002 年 7 月	
	王尚志	男	主任	2002 年 7 月至 2007 年 7 月	

续表1-2-39

名称	姓名	性别	职务	任职时间	成立时间
东鲁家口信用社	李雪松	男	主任	2007 年 7 月至 2009 年 10 月	1958 年
	杨建海	男	副主任（主持全面工作）	2009 年 10 月至 2010 年 1 月	
	杨建海	男	主任	2010 年 1 月至 2013 年 1 月	
	刘宏杰	男	主任	2013 年 1 月至 2016 年 1 月	
	刘海军	男	主任	2016 年 1 月至 2018 年 5 月	
东鲁家口支行	刘海军	男	行长	2018 年 5 月至 2022 年 11 月	
	马晓明	男	行长	2022 年 11 月至 2023 年 1 月	
	刘海军	男	行长	2023 年 1 月起	

1996—2022年东鲁家口支行存贷款余额一览表

表1-2-40　　单位：万元

年份	存款余额	贷款余额	年份	存款余额	贷款余额
1996	2106	1020	2010	7665	2709
1997	2533	1291	2011	10298	2293
1998	2983	1602	2012	11927	2598
1999	4095	2279	2013	14108	2043
2000	4015	2036	2014	15412	2138
2001	4452	2200	2015	17146	2620
2002	4452	2415	2016	18064	3085
2003	4215	2902	2017	19973	4782
2004	4566	3263	2018	22292	4174
2005	4346	3012	2019	25005	2145
2006	4452	2965	2020	28063	170
2007	4838	2719	2021	33464	0
2008	6136	2376	2022	37117	0
2009	6786	2124	—	—	—

石虎辛庄支行

2023 年，香河农商银行石虎辛庄支行职工合影　综合办公室供图

香河农商银行石虎辛庄支行，原名石虎辛庄信用社，2018 年改制后更名为石虎辛庄支行，始建于 1958 年，地址位于香河县渠口镇石虎辛庄村。支行设有：支行行长 1 名，负责本网点的全面工作；前台柜员 3 名，负责柜面业务；大堂经理 1 名，负责客户的引导与宣传工作；保安 1 名，负责安全保卫工作；同时还配备自助柜员机、智能排队叫号机、网银体验机、智能 POS 机等智能化设备，提供饮水机、客户等候座椅、客户填单台、医药箱、便民雨伞等设施，为客户提供舒适、便捷、高效的服务。

石虎辛庄支行主要经营范围为：吸收公众存款；发放短期、中期和长期贷款；办理国内结算；办理票据承兑与贴现；代理发行、代理兑付、承销政府债券；买卖政府债券、金融债券；从事同业拆借；代理收付款项及代理保险业务；从事银行卡（借记卡）业务；经国务院银行业监督管理机构批准的其他业务。

石虎辛庄地处香河县城东北，东部与天津市宝坻区相邻，北部与三河市相邻，交通便利，地理位置优越，附近有石虎批发市场、石虎卫生院，石虎小学，毗邻蒋渠线，处于石虎片区的核心位置，人口密集，小商业体聚集，具有一定的发展潜力。石虎辛庄支行一直“立足‘三农’、服务中小企业”，为辖内客户提供高质量的金融服务。截至 2022 年 12 月 31 日，各项存款余额 35359 万元。

2023 年，香河农商银行石虎辛庄支行外景　　综合办公室供图

1960—2023年石虎辛庄支行主要负责人任职情况一览表

表1-2-41

名称	姓名	性别	职务	任职时间	成立时间
石虎辛庄信用社	刘芳春	男	主任	1960 年至 1984 年 8 月	1958 年
	于德风	男	主任	1984 年 8 月至 1987 年	
	胡景森	男	主任	1987 年至 1997 年 1 月	
	韩广斌	男	主任	1997 年 1 月至 2000 年 3 月	
	冯子波	男	主任	2000 年 3 月至 2002 年 7 月	
	张万全	男	主任	2002 年 7 月至 2006 年 4 月	

续表1-2-41

名称	姓名	性别	职务	任职时间	成立时间
石虎辛庄信用社	王继生	男	主任	2006 年 4 月至 2007 年 8 月	1958 年
	贾天武	男	主任	2007 年 8 月至 2009 年 10 月	
	安文杰	男	副主任（主持全面工作）	2009 年 10 月至 2010 年 1 月	
	安文杰	男	主任	2010 年 1 月至 2012 年 1 月	
	任　超	男	主任	2012 年 1 月至 2013 年 1 月	
	赵广斌	男	主任	2013 年 1 月至 2016 年 1 月	
	刘成杰	男	主任	2016 年 1 月至 2018 年 5 月	
石虎辛庄支行	刘成杰	男	行长	2018 年 5 月至 2022 年 7 月	
	何东杰	男	副行长（主持全面工作）	2022 年 7 月至 2023 年 4 月	
	何东杰	男	行长	2023 年 4 月起	

1996—2022年石虎辛庄支行存贷款余额一览表

表1-2-42　　单位：万元

年份	存款余额	贷款余额	年份	存款余额	贷款余额
1996	2600	1346	2010	8693	4489
1997	3059	1587	2011	11211	4244
1998	3598	1973	2012	14051	4951
1999	4103	2281	2013	14606	6000
2000	4059	2760	2014	17305	7119
2001	4416	3138	2015	19323	4908
2002	4418	3223	2016	19961	5474
2003	4272	3169	2017	22413	5005
2004	4642	3266	2018	24744	4448
2005	4796	3346	2019	26615	2436
2006	5050	3369	2020	29349	713
2007	5083	3165	2021	32802	543
2008	6353	3034	2022	35359	0
2009	7004	2978	—	—	—

香城屯支行

2023 年，香河农商银行香城屯支行职工合影 综合办公室供图

香河农商银行香城屯支行原名香城屯信用社，始建于 1958 年，2018 年改制后更名为香城屯支行，经营地址位于香河县五百户镇香城屯村，办公楼建筑面积约 2000 平方米，上下四层，一层为营业室，二层为宿舍区，三层为档案室，四层为活动区。

2022 年，该支行有职工 4 名，支行行长 1 名，综合柜员 3 名。经营范围：吸收公众存款；发放短期、中期和长期贷款；办理国内结算；办理票据承兑与贴现；代理发行、代理兑付、承销政府债券；买卖政府债券、金融债券；从事同业拆借；代理收付款项及代理保险业务；从事银行卡（借记卡）业务；经国务院银行业监督管理机构批准的其他业务（依法须经批准的项目，经相关部门批准后方可开展经营活动）。

截至 2022 年 12 月 31 日，香城屯支行存款余额 52435 万元。

2023 年，香河农商银行香城屯支行外景 综合办公室供图

1958—2023年香城屯支行主要负责人任职情况一览表

表1-2-43

名称	姓名	性别	职务	任职时间	成立时间
香城屯信用社	张　怀	男	主任	1958 年至 1980 年	1958 年
	刘新明	男	主任	1980 年至 1982 年 7 月	
	梁福田	男	主任	1982 年 7 月至 1986 年 10 月	
	马连华	男	副主任（主持全面工作）	1986 年 10 月至 1987 年 10 月	
	李洪跃	男	主任	1987 年 10 月至 1989 年 2 月	
	王德起	男	主任	1989 年 2 月至 1997 年 1 月	
	冯子波	男	主任	1997 年 1 月至 2000 年 3 月	
	佟德发	男	主任	2000 年 3 月至 2001 年 3 月	
	李长甫	男	主任	2001 年 3 月至 2007 年 7 月	
	刘宏杰	男	主任	2007 年 7 月至 2012 年 1 月	

续表1-2-43

名称	姓名	性别	职务	任职时间	成立时间
香城屯信用社	孙立新	男	主任	2012 年 1 月至 2016 年 1 月	1958 年
	殷　图	男	主任	2016 年 1 月至 2018 年 5 月	
香城屯支行	殷　图	男	行长	2018 年 5 月至 2019 年 4 月	
	王文泽	男	行长	2019 年 4 月至 2022 年 7 月	
	周　蒙	男	副行长（主持全面工作）	2022 年 7 月至 2022 年 11 月	
	徐智峰	男	副行长（主持全面工作）	2022 年 11 月至 2023 年 4 月	
	徐智峰	男	行长	2023 年 4 月起	

1996—2022年香城屯支行存贷款余额一览表

表1-2-44　　单位：万元

年份	存款余额	贷款余额	年份	存款余额	贷款余额
1996	2399	1200	2010	11623	3533
1997	2821	1519	2011	15458	4237
1998	3321	1650	2012	19283	4030
1999	4191	1952	2013	22335	4058
2000	4612	2628	2014	25966	4250
2001	4937	2865	2015	31345	4214
2002	5167	2982	2016	32131	4289
2003	5413	3214	2017	33373	8649
2004	6155	3890	2018	34096	14130
2005	6204	3571	2019	37179	10077
2006	6548	3126	2020	39638	3304
2007	6922	1499	2021	45856	740
2008	8582	1242	2022	52435	—
2009	9599	1654	—	—	—

李庄支行

2023年，香河农商银行李庄支行职工合影　综合办公室供图

香河农商银行李庄支行原名李庄信用社，始建于1956年，经营地址在香河县五百户镇李庄村，2018年改制后更名李庄支行，办公楼建筑面积约1500平方米，建筑高度25米，上下三层，一层为营业室，二层为办公区，三层为档案室。营业室内配备电脑4台，清分机4台，营业厅内设有自助柜员机2台，网银体验机1台。

该支行业务经营范围是吸收公众存款；发放短期、中期和长期贷款；办理国内结算；办理票据承兑与贴现；代理发行、代理兑付、承销政府债券；买卖政府债券、金融债券；从事同业拆借；代理收付款项及代理保险业务；从事银行卡（借记卡）业务；经国务院银行业监督管理机构批准的其他业务（依法须经批准的项目，经相关部门批准后方可开展经营活动）。

2023年，香河农商银行李庄支行外景　综合办公室供图

该支行有职工4名，行长1名，综合柜员3名。截至2022年12月31日，李庄支行存款余额43801万元。

1956—2023年李庄支行主要负责人任职情况一览表

表1-2-45

名称	姓名	性别	职务	任职时间	成立时间
李庄信用社	赵文英	女	主任	1956年1月至1977年10月	1956年
	石　起	男	主任	1977年10月至1984年3月	
	吴玉昆	男	主任	1984年3月至1986年5月	
	杜景宗	男	主任	1986年5月至1990年5月	
	李维猛	男	主任	1990年5月至1997年1月	
	吴金栋	男	主任	1997年1月至2000年3月	
	张金平	男	主任	2000年3月至2006年4月	
	崔树军	男	主任	2006年4月至2012年1月	
	任伟超	男	主任	2012年1月至2016年1月	
	刘宏杰	男	主任	2016年1月至2018年5月	

续表1-2-45

名称	姓名	性别	职务	任职时间	成立时间
李庄支行	刘宏杰	男	行长	2018 年 5 月至 2019 年 4 月	1956 年
	任伟超	男	行长	2019 年 4 月至 2022 年 11 月	
	刘　宇	男	负责全面工作	2022 年 11 月起	

1996—2022年李庄支行存贷款余额一览表

表1-2-46　　单位：万元

年份	存款余额	贷款余额	年份	存款余额	贷款余额
1996	2081	640	2010	11282	384
1997	2451	944	2011	13796	193
1998	2863	1229	2012	16118	188
1999	3641	1712	2013	17625	160
2000	4007	2047	2014	18742	92
2001	4268	2061	2015	21679	34
2002	3973	2250	2016	23628	132
2003	4257	2416	2017	25619	376
2004	4713	3293	2018	27507	468
2005	4750	3851	2019	29645	430
2006	5268	3266	2020	33771	100
2007	6007	1047	2021	37422	—
2008	7700	626	2022	43801	—
2009	9267	446	—	—	—

梁家务支行

2023年，香河农商银行梁家务支行职工合影　　综合办公室供图

香河农商银行梁家务支行原名梁家务信用社，始建于1951年，2018年改制后更名梁家务支行，位于蒋辛屯镇梁家务村西南，紧邻首都环线香河西出口。

该支行设置支行行长1名，负责本网点的全面工作；前台柜员3名，负责柜面业务；大堂经理1名，负责客户的引导与宣传工作；保安1名，负责安全保卫工作。配备自助存取款设备2台、网银体验机1台、清分机1台及A类点钞机4台。

截至2022年12月31日，存款余额41410万元。

2023年，香河农商银行梁家务支行外景　　综合办公室供图

1951—2023年梁家务支行主要负责人任职情况一览表

表1-2-47

名称	姓名	性别	职务	任职时间	成立时间
梁家务信用社	程德兴	男	主任	1951年至1958年	1951年
	安瑞祥	男	主任	1958年至1961年	
	程德纯	男	主任	1961年至1967年	
	王　钦	男	主任	1967年至1990年4月	
	段德全	男	主任	1990年4月至1994年1月	
	于德凤	男	主任	1994年1月至1996年4月	
	张金友	男	副主任（主持全面工作）	1996年4月至1997年1月	
	张金友	男	主任	1997年1月至2002年7月	
	王双清	男	主任	2002年7月至2007年7月	
	肖求真	男	主任	2007年7月至2008年5月	
	孙立新	男	主任	2008年5月至2012年1月	
	勾建武	男	主任	2012年1月至2013年1月	
	纪春生	男	主任	2013年1月至2016年1月	
	陈　伟	男	主任	2016年1月至2018年5月	

续表1-2-47

名称	姓名	性别	职务	任职时间	成立时间
梁家务支行	陈　伟	男	行长	2018 年 5 月至 2018 年 12 月	1951 年
	杜振涛	男	行长	2018 年 12 月至 2019 年 4 月	
	杨建海	男	行长	2019 年 4 月至 2021 年 1 月	
	辛学伟	男	行长	2021 年 1 月至 2021 年 7 月	
	程政寓	女	行长	2021 年 7 月至 2022 年 9 月	
	刘亦兵	男	行长	2022 年 9 月起	

1996—2022年梁家务支行存贷款余额一览表

表1-2-48　　单位：万元

年份	存款余额	贷款余额	年份	存款余额	贷款余额
1996	1850	1173	2010	7503	1695
1997	2204	1222	2011	10713	805
1998	2606	1368	2012	12687	1594
1999	3185	1619	2013	14711	781
2000	2951	1522	2014	18145	1222
2001	3260	1780	2015	19250	953
2002	3363	1954	2016	23065	530
2003	3616	2181	2017	26459	438
2004	4000	2426	2018	28508	1200
2005	4122	2840	2019	30086	252
2006	4570	2619	2020	34066	—
2007	4911	1694	2021	37830	—
2008	5286	1148	2022	41410	—
2009	5750	876	—	—	—

王家摆支行

2023 年，香河农商银行王家摆支行职工合影 综合办公室供图

香河农商银行王家摆支行原名王家摆信用社，2018 年改制更名王家摆支行，始建于 1958 年，位于王家摆村。该支行有职工 4 名，其中，支行行长 1 名，柜员 3 名。

2021 年 3 月王家摆支行完成装修改造，网点配备大堂咨询引导台、填单台、排队叫号机、自助柜员机、智能现金柜台、自助终端、客户等候椅、多媒体播放系统、公告栏、饮水机、医药箱、点钞机等设施。

2023 年，香河农商银行王家摆支行外景 综合办公室供图

截至 2022 年 12 月 31 日，存款余额 53346 万元。

1961—2023年王家摆支行主要负责人任职情况一览表

表1-2-49

名称	姓名	性别	职务	任职时间	成立时间
王家摆信用社	李殿全	男	主任	1961 年至 1968 年	1958 年
	张光华	男	主任	1968 年至 1982 年 6 月	
	高泽丰	男	主任	1982 年 6 月至 1999 年 7 月	
	王凤昆	男	副主任（主持全面工作）	1999 年 7 月至 2000 年 3 月	
	王金明	男	主任	2000 年 3 月至 2007 年 7 月	
	李长甫	男	主任	2007 年 7 月至 2009 年 10 月	
	米　洋	男	副主任（主持全面工作）	2009 年 10 月至 2010 年 1 月	
	米　洋	男	主任	2010 年 1 月至 2012 年 1 月	
	陈　伟	男	主任	2012 年 1 月至 2013 年 1 月	
	任　超	男	主任	2013 年 1 月至 2016 年 1 月	
	王玉岐	男	主任	2016 年 1 月至 2017 年 11 月	
	马正仁	男	主任	2017 年 11 月至 2018 年 5 月	

续表1-2-49

名称	姓名	性别	职务	任职时间	成立时间
王家摆支行	马正仁	男	行长	2018 年 5 月至 2019 年 4 月	1958 年
	宋季青	男	行长	2019 年 4 月至 2021 年 1 月	
	白素华	女	行长	2021 年 1 月起	

1996—2022年王家摆支行存贷款余额一览表

表1-2-50　　单位：万元

年份	存款余额	贷款余额	年份	存款余额	贷款余额
1996	2670	1816	2010	16163	2403
1997	3292	1898	2011	23701	2636
1998	4087	2354	2012	26099	2461
1999	4417	2494	2013	26917	2553
2000	4300	2648	2014	29571	2442
2001	4699	2584	2015	32264	3193
2002	4986	2683	2016	32744	1347
2003	5329	2738	2017	36364	1140
2004	5780	3453	2018	36790	698
2005	5529	3601	2019	37400	769
2006	5668	4461	2020	41378	0
2007	6662	510	2021	47502	0
2008	8699	424	2022	53346	0
2009	10515	596	—	—	—

金隆支行

香河农商银行金隆支行原为金隆城市信用社，前身为金隆钱庄，原属人行香河支行管理，2000 年进行改制工作，划归香河县农村信用合作社联合社管理，改称金隆农村信用社，2018 年改制更名金隆支行。2018 年沙发市场分理处合并入金隆支行，2019 年安抚路分理处并入金隆支行，2021 年家具城分理处并入金隆支行。

金隆支行营业地址设在香河县新开街东段 1–13 号，地处香河家具城中心位置，北邻春城家具城，南靠北广家具城以及顺隆家具城，东有汇美家具城，西有新时代家具城，周围辐射计庄村、矬口村、闫庄村以及段庄村。

2023年，香河农商银行金隆支行职工合影　　综合办公室供图

2022年，该支行有职工5名，包括支行行长1名，副行长1名，综合柜员3名。经营业务范围：个人存取款业务、转账结算业务、银行卡业务、电子银行业务、票据业务、代发业务、对公业务及其他经相关部门批准后方可开展的经营活动。

金隆支行全心全意服务“三农”、助力“脱贫攻坚”、贯彻“乡村振兴战略”，立足周边家具销售、五金销售、沙发材料销售等行业，对周边商户经常性开展金融知识咨询问答服务，为小微企业开通绿色服务通道，简便开户手续。“微笑在脸，服务在心”是该行的服务口号，行内为老弱病残孕客户设有爱心专座，绿色服务通道以及残障人士专用通道。截至2022年12月31日，各项存款余额50301万元。

2023年，香河农商银行金隆支行外景　　综合办公室供图

1993—2023年金隆支行主要负责人任职情况一览表

表1-2-51

名称	姓名	性别	职务	任职时间	成立时间
金隆信用社	陈德才	男	主任	1993年5月至2000年7月	1988年
	佟德发	男	主任	2000年7月至2004年7月	
	马连军	男	主任	2004年7月至2007年7月	
	马晓明	男	主任	2007年7月至2009年10月	
	刘洪权	男	主任	2009年10月至2012年1月	
	赵广斌	男	主任	2012年1月至2013年1月	
	勾建武	男	主任	2013年1月至2016年1月	
	杨建海	男	主任	2016年1月至2018年5月	
	杨建海	男	行长	2018年5月至2019年4月	
金隆支行	韩　鹏	男	行长	2019年4月至2022年11月	
	王　鹏	男	行长	2022年11月至2023年1月	
	韩　鹏	男	行长	2023年1月起	

1996—2022年金隆支行存贷款余额一览表

表1-2-52　　　　单位：万元

年份	存款余额	贷款余额	年份	存款余额	贷款余额
1996	—	—	2010	14689	7309
1997	—	—	2011	18306	7423
1998	—	—	2012	16808	7312
1999	—	—	2013	15036	7786
2000	6434	3788	2014	16633	7145
2001	7321	4200	2015	19660	8359
2002	7908	4529	2016	17661	8223
2003	8514	5325	2017	35220	8259
2004	9525	6066	2018	24838	8884
2005	10284	6464	2019	29273	6585
2006	12917	6601	2020	32944	3474
2007	13481	3611	2021	32708	435
2008	19624	3809	2022	50301	—
2009	10747	4007	—	—	—

府前街支行

2023 年，香河农商银行府前街支行职工合影　　综合办公室供图

香河农商银行府前街支行原名府前街信用社，2000 年 12 月 8 日府前街城市信用社（原属中国建设银行香河县支行管理）改制为府前街农村信用社，2018 年改制后更名府前街支行，地址位于河北省廊坊市香河县府前街 11 号。

2022 年，该支行有员工 5 名，其中，行长 1 名，副行长 1 名，综合柜员 3 名，办公楼建筑面积 850 余平方米，职工生活区建筑面积 300 余平方米，现代化办公设施配备齐全，配备电脑 9 台，ATM 机 2 台。对外办理存款、贷款、国内结算、中间业务、汇兑、代收代付等业务。

2023 年，香河农商银行府前街支行外景　　综合办公室供图

截至 2022 年 12 月 31 日，香河农商银行府前街

支行存款余额 61332 万元。

2016 年府前街信用社在县联社网点项目建设中被授予“晨会展示一等奖”“五步法展示一等奖”，2016 年被河北省农村信用社联合社授予“A 级机构网点”称号。

1996—2023年府前街支行主要负责人任职情况一览表

表1-2-53

名称	姓名	性别	职务	任职时间	成立时间
府前街信用社	赵万宏	男	主任	1996 年 5 月至 2001 年 3 月	1989 年
	张志刚	男	主任	2001 年 3 月至 2004 年 7 月	
	马晓明	男	主任	2004 年 7 月至 2007 年 7 月	
	马连军	男	主任	2007 年 7 月至 2009 年 10 月	
	王金明	男	主任	2009 年 10 月至 2013 年 1 月	
	吴艳茹	女	主任	2013 年 1 月至 2016 年 1 月	
	马晓明	男	主任	2016 年 1 月至 2018 年 5 月	
府前街支行	马晓明	男	行长	2018 年 5 月至 2018 年 6 月	
	白素华	女	行长	2018 年 6 月至 2021 年 1 月	
	宋季青	男	行长	2021 年 1 月起	

1996—2022年府前街支行存贷款余额一览表

表1-2-54 单位：万元

年份	存款余额	贷款余额	年份	存款余额	贷款余额
1996	—	—	2010	19767	4488
1997	—	—	2011	18903	3765
1998	—	—	2012	21401	5521
1999	—	—	2013	20157	5142
2000	4504	2732	2014	45467	19321
2001	5584	3530	2015	55217	23838
2002	6472	3960	2016	42944	23205
2003	7007	4743	2017	45501	19669
2004	7789	5304	2018	35700	19437
2005	10017	7121	2019	45025	14604
2006	11964	8356	2020	50547	4750
2007	12104	4534	2021	53937	2515
2008	16710	3885	2022	61332	—
2009	16203	3314	—	—	—

鑫鑫支行

2023 年，香河农商银行鑫鑫支行职工合影　综合办公室供图

香河农商银行鑫鑫支行原名鑫鑫信用社，原属城市信用社，2000 年划归县联社管理。原址位于香河县府前街东段，2014 年 10 月迁址至香河县亚太城 C1-01。2018 年改制更名为鑫鑫支行。紧邻亚太城商圈，商城内有布艺、皮革、五金、化工、木工机械、包装材料等店铺。

该支行设 1 名支行行长，1 名委派会计，3 名综合柜员，外聘 1 名保安、1 名大堂经理。布设 3 台自助存取款设备、1 台智能叫号机、1 台网银体验机，同时在客户等候区提供座椅休息，在网点门前铺设无障碍通道。

2023 年，香河农商银行鑫鑫支行外景　综合办公室供图

截至 2022 年 12 月 31 日，各项存款余额 29651 万元。

1988—2023年鑫鑫支行主要负责人任职情况一览表

表1-2-55

名称	姓名	性别	职务	任职时间	成立时间
鑫鑫信用社	张志刚	男	主任	1988 年 9 月至 2001 年 3 月	1988 年 9 月
	崔振歧	男	主任	2001 年 3 月至 2007 年 7 月	
	李卫东	男	主任	2007 年 7 月至 2012 年 1 月	
	高文杰	女	主任	2012 年 1 月至 2013 年 1 月	
	白素华	女	主任	2013 年 1 月至 2018 年 5 月	
鑫鑫支行	白素华	女	行长	2018 年 5 月至 2018 年 6 月	
	马晓明	男	行长	2018 年 6 月至 2022 年 11 月	
	刘海军	男	行长	2022 年 11 月至 2023 年 1 月	
	马晓明	男	行长	2023 年 1 月起	

1996—2022年鑫鑫支行存贷款余额一览表

表1-2-56　　单位：万元

年份	存款余额	贷款余额	年份	存款余额	贷款余额
1996	—	—	2010	16724	7617
1997	—	—	2011	19892	9501
1998	—	—	2012	22281	12695
1999	—	—	2013	24827	10470
2000	8147	5549	2014	2074	622
2001	8947	5538	2015	6620	1985
2002	9434	4664	2016	13398	4283
2003	9969	6563	2017	15201	6580
2004	10120	7092	2018	18536	8442
2005	9317	6241	2019	20948	5196
2006	11560	6500	2020	24791	2160
2007	13175	3006	2021	27376	730
2008	13979	2967	2022	29651	—
2009	18945	4046	—	—	—

前套村支行

2023年，香河农商银行前套村支行职工留影　综合办公室供图

前套村支行原为淑阳信用社第四分社，始建于1990年，位于香河县淑阳镇前套村，隶属于淑阳信用社。2007年，改称前套村分社。2018年，改制后更名为前套村分理处，隶属于香河农商银行淑阳支行。2023年5月，升格为前套村支行。

2023年，香河农商银行前套村支行外景　综合办公室供图

该支行办公场所建筑面积756平方米，2012年按照网点转型要求进行装修，符合公安消防安全

防护标准。营业厅设有在行式自助存取款设备 2 台，离行式自助存取款设备 4 台，其他办公设备齐全。

前套村支行以香河县淑阳工业园为依托，服务于周边村街，人员密集，外来人口众多，地理位置优越。周边企业及村街在前套村支行开立对公账户 39 户，其中，村街 5 户在该支行建立代发关系。

截至 2022 年 12 月 31 日，各项存款余额 24479 万元。

2007—2023年前套村支行主要负责人任职情况一览表

表1-2-57

名称	姓名	性别	职务	任职时间	成立时间
前套村分社	王文泽	男	负责人	2007 年 7 月至 2009 年 10 月	1990 年
	张卓识	男	负责人	2009 年 10 月至 2011 年 8 月	
	陈　伟	男	负责人	2011 年 8 月至 2012 年 1 月	
	张志军	男	负责人	2012 年 1 月至 2013 年 12 月	
	赵志伟	男	负责人	2013 年 12 月至 2018 年 5 月	
前套村分理处	赵志伟	男	负责人	2018 年 5 月至 2019 年 4 月	
	孙立国	男	负责人	2019 年 4 月至 2021 年 1 月	
	周宝宇	男	负责人	2021 年 1 月至 2023 年 1 月	
	赵　越	男	负责人	2023 年 1 月至 2023 年 4 月	
前套村支行	赵　越	男	行长	2023 年 5 月起	

运河大道支行

2023 年，香河农商银行运河大道支行职工合影

综合办公室供图

运河大道支行原名淑阳第五分社，始建于 1994 年，后更名为安抚路分社，改制后更名为安抚路分理处，2019 年 9 月迁址更名为运河大道分理处。2023 年 5 月升格为运河大道支行。原址位于香河县安抚路南段诚信沙发材料市场内，迁址后位于河北省廊坊市香河县通香公路东侧城环城汽配城 13-01 号楼 2 号、4 号、6 号。

2023 年，香河农商银行运河大道支行外景　综合办公室供图

2022 年该支行有职工 4 名，其中，支行行长

1名，柜员3名。营业面积479平方米，办公环境优越，设备齐全，配备3台自助存取款设备，网银体验机等现代化金融服务设施。对外办理现金存取款、转账汇兑、电子银行等业务。

该支行地处汽配城北门口，地理位置优越，客户群主要为汽配城内商户，城内1000余户商户，均在该支行开立个人结算账户或对公账户，同时开通手机银行或网上银行业务。截至2022年12月31日，各项存款余额11668万元。

2007—2023年运河大道支行主要负责人任职情况一览表

表1-2-58

名称	姓名	性别	职务	任职时间	成立时间
安抚路分社	任　超	男	负责人	2007年7月至2009年10月	1994年
	孙立国	男	负责人	2009年10月至2012年1月	
	杨宝振	男	负责人	2012年1月至2016年1月	
	宋成君	女	负责人	2016年1月至2018年5月	
安抚路分理处	宋成君	女	负责人	2018年5月至2019年9月	
运河大道分理处	张　伟	男	负责人	2020年4月至2023年4月	
运河大道支行	张　伟	男	行长	2023年5月起	

永明路分理处

2023年，香河农商银行永明路分理处职工合影

综合办公室供图

永明路分理处，原名淑阳信用社第一分社，始建于1988年4月，属淑阳支行，统一法人行社后称永明路分社，2018年改制后更名为香河农商银行永明路分理处。

该分理处位于河北省廊坊市香河县城内，周边社区、各种门店商户众多，主要以经营牛羊肉、生活用品类为主，人员密集，地理位置优越。营业面积90平方米，设有营业厅、自助服务区、客户等候区，办公设备齐全，分理处设负责人1名，综合柜员3名，外聘保安及大堂经理各1名。

2023年，香河农商银行永明路分理处外景

综合办公室供图

截至2022年12月31日，各项存款余额为49749万元。

2007—2023年永明路分理处主要负责人任职情况一览表

表1-2-59

名称	姓名	性别	职务	任职时间	成立时间
永明路分社	白素华	女	负责人	2007 年 7 月至 2009 年 10 月	1988 年
	王文泽	男	负责人	2009 年 10 月至 2012 年 1 月	
	孙立国	男	负责人	2012 年 1 月至 2013 年 1 月	
	王　鹏	男	负责人	2013 年 1 月至 2016 年 1 月	
	孔德强	男	负责人	2016 年 1 月至 2018 年 5 月	
永明路分理处	孔德强	男	负责人	2018 年 5 月至 2023 年 1 月	
	王晨光	男	负责人	2023 年 1 月起	

华联分理处

2023 年，香河农商银行华联分理处职工合影　综合办公室供图

华联分理处原名淑阳信用社第三分社，统一法人社后改称为华联分社，2018 年改制后称华联分理处，隶属于淑阳信用社，始建于 1988 年 8 月。该分理处位于香河县淑阳镇新开街华联超市东侧，有在职员工 4 名，其中，分理处负责人 1 名，综合柜员 3 名，另有外聘大堂经理 1 名，保安 1 名。

华联分理处实行低柜台服务，客户等候区设有座椅、饮水机、纸杯、雨伞、报刊、宣传手册、服务监督牌等多项便民服务设施；营业厅配备 24 小时自助服务设备，为客户营造高效、优质、温馨的服务环境。对外开展存款、国内结算、汇兑等业务，实现办公自动化、业务网络化。

2023 年，香河农商银行华联分理处外景　综合办公室供图

截至 2022 年 12 月 31 日，存款总额 29665 万元。

2007—2023年华联分理处主要负责人任职情况一览表

表1-2-60

名称	姓名	性别	职务	任职时间	成立时间
华联分社	陈和宁	男	负责人	2007 年 7 月至 2012 年 1 月	1988 年
	韩　鹏	男	负责人	2012 年 1 月至 2016 年 1 月	
	杨宝振	男	负责人	2016 年 1 月至 2018 年 5 月	
华联分理处	杨宝振	男	负责人	2018 年 5 月至 2023 年 1 月	
	韩　颖	女	负责人	2023 年 1 月起	

安平一街分理处

安平一街分理处原名安平一街分社，成立于1990 年，2018 年改制后称安平一街分理处，隶属于安平支行，位于香河县安平镇政府门口西侧。

2022 年，该分理处有员工 4 名，其中，负责人 1 名，综合柜员 3 名。配备电脑 5 台，自助设备 2 台，对外办理：吸收公众存款；办理国内结算；办理票据承兑与贴现；代理发行、代理兑付、承销政府债券；买卖政府债券、金融债券；从事同业拆借；代理收付款项及代理保险业务；从事银行卡（借记卡）业务；经国务院银行业监督管理机构批准的其他业务。

2023 年，香河农商银行安平一街分理处职工合影
综合办公室供图

截至 2022 年 12 月 31 日，安平一街分理处各项存款余额 39838 万元。

2023 年，香河农商银行安平一街分理处外景
综合办公室供图

2007—2023年安平一街分理处主要负责人任职情况一览表

表1-2-61

名称	姓名	性别	职务	任职时间	成立时间
安平一街分社	米　洋	男	负责人	2007 年 7 月至 2009 年 10 月	1990 年
	韩　鹏	男	负责人	2009 年 10 月至 2012 年 1 月	
	陈和宁	男	负责人	2012 年 1 月至 2016 年 1 月	
	辛学伟	男	负责人	2016 年 1 月至 2018 年 5 月	
安平一街分理处	辛学伟	男	负责人	2018 年 5 月至 2019 年 4 月	
	王涛华	男	负责人	2019 年 4 月至 2021 年 1 月	
	孙立国	男	负责人	2021 年 1 月至 2023 年 1 月	
	魏　鸿	男	负责人	2023 年 1 月起	

秀水街分理处

2023 年，香河农商银行秀水街分理处职工合影

综合办公室供图

秀水街分理处前身为家具城储蓄所，成立于 2004 年，营业地址设在香河县汇美家具城东南角，2011 年，家具城储蓄所变更为分社，迁至香河县秀水街中意家具城底商，同时更名为秀水街分社，2018 年改制后更名秀水街分理处，隶属于金隆支行。该分理处有在职员工 4 名，其中，分理处负责人 1 名，综合柜员 3 名。另有外聘大堂经理 1 名，保安 1 名。

秀水街分理处位于中意家具城，停车方便，等候区座椅整齐排列，叫号机在门口处方便客户取号，各种自助设备齐全，两台存取款机满足客户自助存取现金的需求，减少客户等待时间，提升工作效率；网银自助体验机为对公客户办理转账业务提供便利的同时也节省各种手续费。

截至 2022 年 12 月 31 日，各项存款余额 23674 万元。

2023 年，香河农商银行秀水街分理处外景

综合办公室供图

2007—2023年秀水街分理处主要负责人任职情况一览表

表1-2-62

名称	姓名	性别	职务	任职时间	成立时间
秀水街分社	王庆英	女	负责人	2007 年 7 月至 2010 年 1 月	2004 年
	白素华	女	负责人	2011 年 10 月至 2013 年 1 月	
	王文静	女	负责人	2013 年 1 月至 2018 年 2 月	
	邵春珍	女	负责人	2018 年 2 月至 2018 年 5 月	
秀水街分理处	邵春珍	女	负责人	2018 年 5 月至 2019 年 4 月	
	王　川	男	负责人	2019 年 4 月至 2021 年 3 月	
	何东杰	男	负责人	2021 年 3 月至 2023 年 1 月	
	吴向红	女	负责人	2023 年 1 月起	

新华大街分理处

2023 年，香河农商银行新华大街分理处职工合影

综合办公室供图

新华大街分理处原名沙发市场分社，成立于 2001 年，营业地址位于淑阳大街东段，属金隆支行，2017 年 4 月 26 日，根据业务需要，沙发市场分社迁址更名为新华大街分社，2018 年，改制后更名新华大街分理处，位于新华大街兴业公寓底商 15—16 号（兴业家园对面）。

该分理处地处香河县城东部，周边门店、小区众多，人员密集，地理位置优越。营业厅内设有自助存取款、网银体验机等设备，2022 年，该支行有员工 4 名，其中，负责人 1 名，综合柜员 3 名，外聘保安、大堂经理各 1 名。

2023 年，香河农商银行新华大街分理处外景

综合办公室供图

新华大街分理处积极改善服务环境，不断创新服务方式，提升服务水平，赢得广大客户的信任。截至 2022 年 12 月 31 日，各项存款余额 23130 万元。

2007—2023年新华大街分理处主要负责人任职情况一览表

表1-2-63

名称	姓名	性别	职务	任职时间	成立时间
沙发市场分社	吴艳茹	女	负责人	2007 年 7 月至 2012 年 1 月	2001 年
	贾启龙	男	负责人	2012 年 1 月至 2016 年 1 月	
	宋季青	男	负责人	2016 年 1 月至 2017 年 4 月	
新华大街分社	宋季青	男	负责人	2017 年 4 月至 2018 年 5 月	
新华大街分理处	宋季青	男	负责人	2018 年 5 月至 2019 年 4 月	
	李雅静	女	负责人	2019 年 4 月至 2022 年 7 月	
	孙亚楠	女	负责人	2022 年 7 月起	

已撤并的分社、储蓄所

钱旺信用社后大街分社，1989 年 4 月 1 日建立，2003 年撤销。

钱旺信用社刘庄分社，1988 年建立，1995 年撤销。

金辛庄信用社家具城分社，2002 年建立，2022 年 5 月撤销。

大罗屯信用社新开西大街分社，1999 年建立，位于淑阳镇政府东侧，2009 年撤销。

淑阳信用社第二分社（新华街分社），1986 年建立，位于新华大街东段，2009 年撤销。

渠口信用社王刘圈分社，1988 年 10 月建立，1989 年 1 月撤销。

渠口信用社康庄分社，1997 年 12 月在渠口信用社旧址建分社，2001 年搬至康庄分社，2002 年 4 月撤销。

梁家务信用社大窑上分社，1997 年 10 月建立，2013 年撤销。

营业部淑阳大街储蓄所，1999 年建立，2001 年 11 月撤销。

营业部安平开发区储蓄所，1998 年建立，位于安平镇第一城对面，2000 年撤销。

第二篇　管理体制

香河县农村信用社在100年的发展历程中，管理体制几经变革。1923年“华洋义赈救灾总会”在香河县组建中国第一家农村信用社。1923—1949年，香河县农村信用社在北伐战争时期、土地革命时期、抗日战争时期、解放战争时期，几经曲折，发展艰难。中华人民共和国成立以来，香河县农村信用社经历从人民公社、生产大队管理，到贫下中农管理，又到中国农业银行香河县支行、中国人民银行香河县支行管理的多次改革。1996年12月，河北省香河县信用合作社联合社脱离中国农业银行香河县支行管理，2005年河北省农村信用社联合社成立后开始由省联社管理，同时接受地方人行及银监部门的监管。

第一章　发展初期管理

农村金融领域内的信用合作，在中国古代就已经存在，如战国时期的合会，可以认为是中国信用合作雏形。1919 年五四运动以后，薛仙舟将西方信用合作思想引入中国。1923 年 6 月，“中国华洋义赈救灾总会”在河北省香河县指导成立中国第一个农村信用合作社。1928 年，国民党中央设立专门研究宣传及指导合作运动的合作委员会，颁布《合作运动纲要》，并在国民党“三大”提出要举办信用合作社。1929 年，在福建地区创建了中国第一批红色信用合作社。香河县信用合作事业发展初期的管理主要经历了“华洋义赈会”“国民政府”“革命根据地”的管理。

第一节　华洋义赈会管理

华洋义赈会的全称是中国华洋义赈救灾总会，是民国时期最大的民间慈善组织。1920 年，中国北方大旱，灾民高达 2000 余万人，以“华洋义赈会”为名称的中外合办的慈善赈灾组织再次出现，一度达 9 个，彼此各自为政。至 1922 年 11 月，各界慈善人士以华北赈灾的余款，成立统一的“华洋义赈会”。义赈会最初是由上海华洋义赈会、天津华北华洋义赈会、山东华洋义赈会、河南灾区救济会、山西华洋义赈会、汉口救灾会华洋联合委办会、北京国际统一救灾总会 7 个中外合办赈团联合组成，各会派中外各 1 人为总会会员。在北京设总事务所，统筹全国救灾防灾事宜，并协调与政府专设机关的关系。总会统一支配赈款的使用。义赈会成立后，会员不断增加。到 1935 年，华洋义赈救灾总会下属会员达到 10 余个，即山东、河南、湖北、陕西、江西、四川、贵州、云南、甘肃、绥远华洋义赈会和扬子顾问委员会，成为当时国内最大的慈善赈灾团体。太平洋战争爆发后，华洋义赈会被日军视作敌对组织，活动被迫全部终止，人员及资料陆续内迁，服务于其他公益社团，至 1945 年复会。1949 年 9 月 1 日，章元善在上海登报宣布华洋义赈会解散。

1923 年初，华洋义赈会编印散发《农村信用合作社是什么？》和《农村信用合作社经营的方法》，在北京周边农村进行广泛宣传。4 月，由农利分委办会主席、燕京大学教授戴乐仁起草，副总干事章元善译正，仿效德国雷发巽式信用合作制度，厘定中国第一部《农村信用合作社空白章程》（章程全文，只需填入社名等，各社可以通用，故名“空白章程”）并印刷颁行，章程内容包括合作社宗旨、社员资格、入社程序、资本来源、组织机构、股份规定、盈余分配等。随后，香河县城内的农民代表首先给华洋义赈会致函，请求依据“空白章程”成立信用合作社。6 月，在华洋义赈会农利分委办会的辅导和华北公理会传教士、北京育英学校副校长邵作德的帮助下，中国历史上第一个雷发巽式无限责任农村信用合作社——香河县第一信用合作社，在香河县城内福音堂诞生。最初入社社员 31 人，集股 56

元（银元）；推选执行委员 5 人，王玉堂任执行主席；推选监查委员 6 人，阮玉恒任监查主席；宣传员曹文德（由燕京大学戴乐仁教授介绍）。11 月 18 日，华洋义赈会合作指导员于树德，柬约香河、涞水、定县、通县、唐县、深泽 6 个县代表到北京总会谈话，亲自指导合作社建设事宜。

1924 年 3 月 9 日，合作委办会委派杨嗣诚到香河县实地调查农村信用社社员的信用、社员入社是否自愿、村民对合作社有无恶感、当地社会经济状况、是否符合有关章程要求、办事是否客观等并形成调查报告。3 月 17 日，华洋义赈会正式承认香河县第一信用合作社，并颁发承认证书。3 月 30 日，香河县第一信用合作社在香河县署备案。随后，华洋义赈会向香河县第一信用合作社放款 500 元（银元），香河社向农民放款年利率为 1 分。

1925 年 6 月，香河县第一信用合作社进行改组，将经营范围从县城周边 5 千米调整为县城内，将社名更改为“香河城内社”。11 月 27 日至 12 月 3 日，华洋义赈会在位于北京宣武门外法源寺后的南方大学举办了第一次合作讲习会。香河、通县、三河、涞水、高阳、饶阳、蠡县、定县、束鹿、深县唐县、临城等 15 个县、52 个社，到会听讲者 104 名。香河县城内社的丁起宽、大王庄社的刘宝玉、孙家止务社的王章、叶家屯社的董继曾、北渠口社的张宝发、固辛庄社的郭义方、孙小营社的阮玉怀参加了本次讲习会。

1926 年 3 月 24 日，华洋义赈会合作委办会决定，自本年起各社一律执行公历为社务年度，停止用农历。4 月，华洋义赈会合作委办会相继制发《信用合作社联合会空白章程》《农村信用合作社储金章程》《合作社社务成绩分等考核办法》。11 月，华洋义赈会举办第二次合作讲习会，分为甲乙两组，甲组于 11 月 14 日至 20 日在定县举办，学员来自定县、安平、蠡县、深泽、唐县、深县等 13 个县、95 个社，到会听讲学员 196 名；乙组于 11 月 25 日至 12 月 2 日，在北京农业大学举办，学员来自香河、通县、三河、宝坻、武清、涿县、涞水、文安等 12 个县、64 个社，到会听讲学员 127 名。香河县的叶家屯、北六百户、北吴村、孙家止务、大王庄、北渠口、七里庄、邵庄、南吴村、孙小营、圣延寺、香河城内、固辛庄 13 个社的 26 名代表参加本次讲习会，具体参会名单为叶家屯社的董长富，北六百户社的马学文、马渭川、马锡智，北吴村社的李廷璋、李佑，孙家止务社的邱国弼、王章，大王庄社的刘宝玉、毕福来，北渠口社的张兰、张宝发，七里庄社的赵福恒、辛福田，邵庄社的樊德立、陈国良，南吴村社的凌占贞、凌仲三，孙小营社的阮士陛、王国维，圣延寺社的张庆椿、杨玉山，香河城内社的丁起宽、刘蕙；固辛庄社的尹俊卿、郭义方；宝坻县卸甲庄（今属香河）社的李永桐、窦庄（今属香河）社的吴太和与宗明和、韩庄（今属香河）社的芮宝琛与崔永富也参加了本次讲习会。

1927 年 10 月 17 日至 12 月 31 日，华洋义赈会在京西西柳村永安观举办第三次合作讲习会，历时 3 个月。本次讲习会改变了前两次办会方式，“以传授合作智识及方法、造就各地方合作领袖人才为宗旨”，先举办一个月的讲员训练班，然后再举办讲习会。讲员训练班名额最初限定 40 人，后增加到 65 人、旁听生 3 人（因战事影响，最终实到 39 人），报名人员必须先通过入学考试。香河县叶家屯社的任丽泉考取了本次讲员训练班。11 月，北洋政府农工部通令京兆、直隶地方长官，转饬各县查明各社有无纠葛，分别限制禁止。通令发出后，安平、定县、良乡、香河等县知事，纷纷奉令饬查境内信用合作社。定县大白尧及悟村信用合作社、安平北关信用合作社、香河北渠口信用合作社等，先后被警察取缔。到年底，华洋义赈会在河北省56个县共建立合作社561个，占全国各界办社数的96%，共有社员13190人。

1930年1月11—15日，华洋义赈会第五次合作讲习会之癸组讲习会在香河北六百户举办，由北六百户社执行主任马学文任癸组讲习会主任，北六百户社事务员马渭川任癸组讲习会司账，北六百户社监查主任王希孟、北六百户社司库马锡智、大王庄社监查主任毕福来、北六百户社社员马太和马增任癸组讲习会招待员。来自通县、香河、三河17个社的34名代表参加了本组讲习会，其中，香河11个社（北六百户社、孙家止务社、叶家屯社、冯乐庄社、三百户社、梁家务社、王店子社、头百户社、四百户社、大王庄社、辛屯社）、25名代表。华洋义赈会的杨嗣诚、包松青亲自到会授课。香河北六百户社的马宠卿、马寿祺亦各授课程数小时。至癸组香河讲习会结束，华洋义赈会第五次合作讲习会九组分会场讲习会全部举办完毕，听讲学员来自河北39个县、334个社，共计717人。

1931年1月5—10日，华洋义赈会第六次合作讲习会第三批在献县权寺（第七组）、大名县大罗庄（第八组）、安平县北关（第九组）举办。三批九组合作讲习会共有733名学员听讲，代表河北31个县、343个社。3月16日，华洋义赈会与上海商业储蓄银行订立合同，上海商业储蓄银行以2万元作为合作底款，由华洋义赈会搭放给各信用合作社。此为商业资本投入农业之开始。11月，自河北省政府开始办理合作社补行登记以来，各地合作社均感不便，很多已组合作社自动解散（包括香河），未组者畏缩不前，合作运动停滞不前。华洋义赈会农利股遂派员赴各社帮办登记。11月9日起，华洋义赈会举办第七次合作讲习会，再一次调整办会方式，先在北平举办4个星期的讲员训练班，以培养合作讲习会讲员，录取学员共计38人。香河县王家摆社的张绍诚、北六百户社的马宠卿考取讲员训练班并参加培训。12月1—7日，为备讲员训练班之实习，华洋义赈会在北平第一习艺工厂内先行举办了第七次合作讲习会之第一组讲习会，听讲员43人，代表11个县25个社。香河王家摆社的张绍诚任教务组职员并担任“农仓贩卖合作”课程讲员；北六百户社的马宠卿任事务组职员并担任宿舍第三组组长。

1933年1月17日，于树德正式任华洋义赈会合作委办会农利股主任兼利用组组长。9月25日，华洋义赈会派员前往因战事未到的通县、三河、香河、宝坻、顺义、武清等县调查社务状况。11月29日至1934年3月13日，华洋义赈会举办了第九次合作讲习会，共分32组，分别在赵县、肥乡、广平、曲周、元氏、临城、完县、南宫、献县、高邑、尧山、河间、平乡、大名、新河、深泽、易县、永年、成安、蠡县、盐山、威县、无极等地举办。听讲学员来自河北47个县、865个社，总人数达3032人，超过“八合讲”人数的一倍。

1934年7月，国民党政府将华北战区救灾委员会改组为华北农业合作事业委员会，作为筹办华北农业合作事业的永久性机构。11月19日至1935年3月29日，华洋义赈会举办第十次合作讲习会，共分62组，分别在香河、柏乡、曲周、束鹿、临城、肥乡、赞皇、赵县等62个县举行。听讲学员来自63个县、1959个社，总人数达5394人，超过“九合讲”人数近1倍。香河县叶家屯社于11月19—25日承办了第一组合作讲习会，听讲人数42人，代表香河、武清、通县13个社。本组讲习会首由周贾庄社的张绍诚（原属王家摆社）发起，叶家屯社、大王庄社、孙家止务社、周贾庄社、王家摆社、六百户社、庞营社等参与筹备，叶家屯社职员王玉堂、董长富、古道兴、张福全等具体负责会务工作。华洋义赈会讲员刘兆昌由北平到讲习会授课。香河县党部代表赵瑞元、公安局2名警员参加开幕典礼。香河县周贾庄社、叶家屯社荣获“十合讲”观摩成绩最佳社称号。

第二节　国民政府管理

国民党在取得政权后，为维护和巩固其统治，开始对农村合作金融进行扶持和管制，先后建立了许多的资金调剂组织，但是作用有限，大多流于形式。同时，制定了合作社的有关法律规则，但法律规则并没有规定农村信用社最高权力机构是社员代表大会，而规定政府有罢免理事会、监事会的权力，社员的民主权利无法得到保障，合作金融特征无法得以体现。

1928年，国民党中央提出议案，认为“应该提倡合作运动，应把合作运动切实研究起来，宣传起来，然后行动起来”，并提出建议，设立专门研究宣传及指导合作运动的合作委员会。2月，国民党中央颁布《合作运动纲要》，并在国民党第三次代表大会提出要举办信用合作社。

1934年，南京国民政府颁布《中华民国合作社法》。2月，国民政府在河北省深泽县成立了首个县级合作联社。7月，国民党政府将华北战区救灾委员会改组为华北农业合作事业委员会，作为筹办华北农业合作事业的永久性机构。

1935年，南京国民政府公布《合作社法实施细则》，逐步强化对信用社的管理，成立相关政府机构专办合作事务，并设立地方合作行政机构，把民间团体建立的信用社纳入国民党的管理体系之中，农村信用社也逐渐走向规范化。9月，《中华民国合作社法》在全国公布实施，河北省政府按照合作社法实施细则要求，督饬各县办理合作社重新登记，至12月底，全省登记合作社达5500余处。11月24日，汉奸殷汝耕勾结日本特务土肥原贤二，在河北通县成立“冀东防共自治委员会”。12月25日，殷汝耕发表所谓的“冀东防共自治委员会改组冀东防共自治政府宣言”和“冀东防共自治政府组织大纲”，正式宣布将“冀东防共自治委员会”改组为“冀东防共自治政府”，以通县为政府所在地，管辖冀东22县（含香河），殷汝耕自任为“冀东防共自治政府”政务长官（主席）。随后将华北农业合作事业委员会在冀东组织和核准成立的1320个合作社（含少数互助组），变成日本侵略者对华进行经济掠夺和奴化愚弄中国人民的工具。

1939年，国民党五届五中全会提出创立全国合作事业管理局，统筹全国合作事业的推动和改进。至年底，新民会在冀东控制的新旧合作社1371个，社员50849人，股金101698元。多数县成立了“官办”的合作社联合会，香河县自称“新民合作总社”，制定合作事业设施暂行办法15条，要全县奋力开展合作社工作。冀东成为日伪在河北省占领区推行合作社最早最多的地方。

1941年，国民政府颁布省合作事业管理处组织大纲，统一省市合作机构管理机关。

1947年，国民政府成立中央合作指导委员会，通过有关的合作组织、业务、教育及经费的决议。同时为统一调度资金，国民政府还组建了合作金库，并颁布了关于合作金库的章程，但是金库系统不够完整，各金库互不相联，各自独立，资金不能相互调剂，不能吸收更多的资金供给信用社。

第三节　革命根据地管理

自中国共产党建立起第一个革命根据地以来，为了巩固革命根据地政权和发展经济，共产党和根据地政府开始建立革命金融体系，中华苏维埃政府不仅建立人民的银行而且还积极支持农村信用合作组织的建立。根据地的农村信用社是农民群众的资金互助组织，有力地打击了高利贷对农民的剥削，缓解了农民的生产和生活资金紧张，促进了农村经济的发展，为新中国农村信用社的建立提供宝贵的经验。

1929年，古田会议召开前夕，在毛泽东的指导及中共闽西特委的倡导下，在福建地区创建了中国第一批红色信用合作社。1932年，中华苏维埃政府颁布《合作社暂行组织条例》，并制定《信用合作社章程》，规定信用社办社宗旨，对社员资格作了限制："以工农劳苦群众为限，富农、资本家、商人及其剥削者不得加入。"对社员的民主管理权利也做了规定："社员均有选举权、被选举权、表决权，每一社员不论入股多少，均以一票为限。"

1932年，中华苏维埃政府在《合作社工作纲要》中规定农村信用社贷款范围"一是农业生产，发放肥料、种子贷款；二是解决农民生活困难；三是医疗卫生方面的贷款"，并对社员贷款数额和贷款期限都有比较明确的规定。苏维埃政府还在资金上和政策上对农村信用社进行扶持。1934年10月，红军长征以后，苏区被国民党占领，新生的信用社也被扼杀。

1943年，边区建立延安沟门信用社；到1944年，陕甘宁边区共有86个信用社，资产达5亿元（边区货币）；到1945年，陕甘宁边区资产已经增加到15亿元。但是，随着战争的进行，物价飞涨，货币贬值，很多信用社都停止了业务。

第二章　信用社下放管理

1958年是中国第二个五年计划的第一年，贯彻“鼓足干劲，力争上游，多快好省地建设社会主义”总路线，全国各行各业掀起“大跃进”运动。经济工作中滋长出瞎指挥、浮夸风、“共产风”等“五风”问题，农村金融工作中也出现“大跃进”和体制大变革的情况。

第一节　人民公社管理

1958年10月，国务院在西安召开全国财贸工作会议，会上拟定《“两放、三统、一包”的财贸管理办法》，明确农村信用社下放管理方向。12月20日，《关于适应人民公社化的形势改进农村财政贸易管理体制的决定》，指出：农村财政贸易体制应当根据统一领导，分级管理的方针，实行机构下放、计划统一、财政包干的办法，也就是实行“两放、三统、一包”的办法。所谓两放，就是下放人员，下放资产。把国家在农村的粮食、商业、财政、银行等部门的基层机构，除了为几个公社或者更大范围服务的以外，全部下放给人民公社，业务管理权限也交给人民公社，由公社负责管理经营。所谓三统，就是统一政策、统一计划、统一流动资金的管理。所谓一包，就是包财政任务。同时，国务院发出《关于人民公社信用部工作中几个问题和国营企业流动资金问题的规定》，明确国家在农村的信用机构必须下放到人民公社。

1959年4月，中共中央发布《关于加强农村人民公社信贷管理工作的决定》，收回已经下放的银行营业所，不再下放。为便于工作，可以同时挂人民银行营业所和人民公社信用部两块牌子。规定人民公社党委和管理委员会，未经省以上党委批准，不准抽用信用部的资金，不得把信用部资金用于商品赊销和预付货款。信用部和银行资金往来，一律按银行内部往来关系处理，不再作为存贷关系和相互计息，其盈亏统归银行核算。同时决定，把信用社从人民公社信用部分出来，下放给生产大队，成立信用分部，受生产大队和信用部双重领导。分部同信用部的资金往来，要相互计息，归生产大队核算。

1959年5月，人行河北省分行根据中央《关于加强农村人民公社信贷管理工作的决定》，在全省范围内将下放给公社的营业所收归银行，原信用合作组织改建成信用部；下设信用分部10559个，由公社领导，实行独立核算，自负盈亏，香河县各信用社按要求执行。

是月，中国人民银行召开全国分行长会议，会议规定信用分部的任务：办理生产队的存款和个人储蓄（不办实物存款）；按照国家信贷政策，对生产队和社员个人发放生产生活贷款，帮助生产队健全财务制度，合理安排资金，办理国家银行的委托业务。

1962年7月6日，香河县人民委员会印发《关于夏季收回农业到期贷款和积极开展城乡储蓄的通知》，通知要求各公社党委、管理委员会要切实加强夏季信用回笼工作的领导，经常听取主管部门汇报，加强督促检查工作，发现问题，及时解决。

1963 年 11 月 1 日，中国人民银行发出通知，要求各地银行必须退还信用社资金：凡银行挪用信用社资金、财务，均应一律退还给信用社；凡是挪用现金的应如数退还现金，并付给挪用期间的利息；凡占用实物的，应退还原实物；凡挪用信用社资金搞计划外基建的，进行铺张浪费和违法乱纪的，均应进行检查处理。

1963 年 12 月 29 日，中国农业银行河北省分行恢复成立，负责管理全省农村信用社。1964 年 5 月，农行香河支行再一次成立，信用社结束了人民公社（生产大队）管理的阶段。

第二节　贫下中农管理

1969 年 1 月，中国人民银行在天津召开“斗、批、改”座谈会，提出信用社“要为无产阶级政治服务”的指导思想，并把“实行贫下中农管理”作为信用社改革的根本性目标。天津会议后，各地革委会大力支持贫下中农领导管理农村信用社。中国人民银行向国务院递交了一份调查报告，报告介绍了河南嵩县阎庄贫下中农管理信用社的经验：一是信用社的资金在全公社统一调剂使用，由公社贫下中农管理委员会分配放款指标。大队贫下中农小组在指标范围内，对生产队和社员有权决定贷款。二是选拔觉悟高的贫下中农来担任农村信用社的信贷员，边参加信用社的信贷工作，边从事农业生产。三是简化贷款手续。信用社改革后，社员贷款，既不需要申请，也不需要生产队介绍和信贷员审查等程序，经贫下中农管理小组的同意，再填个“借据单”就可以获得贷款，贷款手续简化为借款手续；社队需要的生产资金，不需经过银行审批程序，而是由社队革委会、贫下中农管理委员会和农村信用社共同决定后，就可以从信用社获得贷款，银行工作的一套程序被省略掉了，贷款手续也大大简化。

是月，中国人民银行召开全国银行工作会议。会议的中心议题是解决“管理偏松，监督不力”的问题，要求各地加强对信用社的领导，充分发挥信用的作用。不再要求信用社职工走亦工亦农的道路，强调信用社干部应保持相对稳定。但会议仍然要求信用社必须在党委的统一领导下，坚持贫下中农管理方向。

1970 年 5 月，香河县银行革命委员会成立工作组到钱旺村信用社开展“斗、批、改”试点工作。10 月，第一批铺开的 10 个大队建立信用站，生产队建立信用小组，实行了贫下中农管理，在公社设信用社，实行两级管理、一级核算，公社建立 7—9 人的贫下中农管理小组，设组长 1 人，会计 1 人。贫管会干部坚持“三不脱离”，即不脱离群众、不脱离劳动、不脱离实际。

1974 年 4 月，刘宋信用社程官屯贫管会小组召开会议，会议对全村农户经济逐户分析排队，对优质客户进行登门动员储蓄。

1975 年初，人行河北省分行在藁城县进行信用社管理体制改革试点。成立管理性“县联社”，信用社和营业所实行“所社合一”，资金采用分别管理、统一使用的办法。1977 年，全面推广实行。

1977 年 10 月，国务院颁发《关于整顿和加强银行工作的几项规定》，指出：“办好农村信用合作社。信用社是集体金融组织，又是国家银行在农村的基层机构，各地一定要把信用社办好，使信用社在农业学大寨、普及大寨县的群众运动中，更好地组织资金，支持生产，巩固集体经济，打击资本主义势力。信用社的资金应当纳入国家信贷计划，人员编制应纳入县集体劳动工资计划，职工待遇应当与人民银行基本一致。”11 月 28 日，中国人民银行发出《关于农村合作金融管理机构组建工作有关问题的补充通知》，决定信用社由人民银行管理，结束了贫下中农的管理时期。

第三章　中国人民银行管理

第一节　全国合作总社与中国人民银行共管

1948 年 12 月 1 日，华北人民政府宣布，以华北银行为基础，合并北海银行、西北农民银行，在河北省石家庄市组建中国人民银行，并同日发行拾圆、贰拾圆、伍拾圆三种人民币。中国人民银行的成立及第一套人民币发行，标志着中国共产党领导下的全国统一的金融体系基本形成。中国人民银行成立后，内设合作处。

1949 年 3 月 5—13 日，中国共产党第七届中央委员会第二次全体会议在河北省平山县西柏坡举行，毛泽东主席在会议报告中指出："必须组织生产的、消费的和信用的合作社和中央、省、市、县、区的合作社的领导机关。这种合作社是以私有制为基础的在无产阶级领导的国家政权管理之下的劳动人民群众的集体经济组织。" 4 月 5 日，冀东供销合作总社在唐山成立。8 月 1 日，河北省人民政府成立。香河属河北省通县专区。8 月，香河县供销合作社成立。8 月 24 日，原冀中、冀南、冀东 3 个区供销合作总社合并，在省会保定成立河北省供销合作总社，受河北省人民政府和华北供销合作总社双重领导。9 月 11 日，河北省人民政府正式成立合作事业委员会。经省第一次合作事业委员会会议决定，县以上均成立合作事业委员会，委员由有关部门负责人员组成，由供销社主任担任主任委员。各级供销社是执行合委会决议的业务机构。9 月 20 日，河北省人民政府公布《关于合作事业委员会和合作社组织领导问题的决定》，指出专区和市、县、镇均成立合作事业委员会，是同级政府的职能部门之一，为同级合作社的领导机关；合作社是群众的经济组织，必须建立上下级的垂直关系，在干部管理上也必须建立一定的垂直关系。9 月 29 日，中国人民政治协商会议第一届全体会议通过《中国人民政治协商会议共同纲领》，明确规定合作社经济是新民主主义社会 5 种经济成分之一，是整个人民经济的一个重要组成部分，"鼓励和扶助广大劳动人民根据自愿原则发展合作事业，在城镇和乡村中组织供销合作社、消费合作社、信用合作社、生产合作社和运输合作社" 。10 月 1 日，中华人民共和国宣告成立，开创了中国历史的新纪元。在中国共产党的领导下，新中国的农村金融事业也揭开了崭新的发展序幕。

11 月 1 日，中央人民政府政务院设立主管全国合作事业的行政机构——中央合作事业管理局，任命孟用潜为局长，梁耀、于树德为副局长。11 月，中国人民银行和华北供销合作总社联合发出《关于典型试办合作信用部的指示》，确定中华人民共和国成立初期的信用合作工作由人民银行和供销社共同领导。

11 月 25 日，中国人民银行颁布《合作社信用部今后推进办法》和《信用合作社组织试验工作大纲》。

人行河北省分行和省供销社选择定县为试办农村信用合作社（部）试点，在中国人民银行和华北供销合作总社领导下，从省、专区行、社机关调配主要干部，中国人民银行垫付资金3000万元（旧币）作基金，在县供销社社员基础上成立县信用社，采用与供销社兼营方式，先行开业。

1949年11月，国务院宣布成立中央合作事业管理局，主管全国合作事业。

1950年5月，由于供销合作社兼办的信用部有存少贷多或呆账，影响到供销合作社资金周转巩固，提出单独组织农村信用合作社，统一由银行领导。中国人民银行召开第一次全国农村金融工作会议，为促进农业生产的尽快恢复和发展，决定全面开展农村金融工作，普遍建立区级银行营业所，发放国家农业贷款，支持农业生产；在广大农民群众中重点试办农村信用合作组织与调剂农民群众间的资金余缺，帮助农民解决生产生活困难，避免遭受高利贷剥削。这一决定是中华人民共和国成立以来开展农村金融工作的第一个重要步骤和措施。

8月，中国人民银行、中华全国合作社联合总社发出《关于农村信用合作工作注意要点的联合指示》中规定：今后信用合作工作由银行负责领导及组织推动责任。

第二节　中国人民银行管理

第一阶段：1950年7月至1955年5月。

1950年7月，人行河北省分行根据定县民主办社的经验，在全省各地经济繁荣的集镇和副业发达、较大的村镇建立资金、财务独立的信用社88个，信用部62处，在偏僻的村镇组建信用合作小组，初步完成了“重点试办，稳步发展”。

1952年7月，人行河北省分行根据中共华北局《大力发展农村信用合作社》的指示精神，在有办社基础的地区组建信用社，基础差的地区试办信用社，并重点在高利贷严重区域组建信用社，跟踪追击高利贷。

1953年4月，人行河北省分行召开了第一次信用合作专业会议，提出“依靠群众、巩固旧社、提高业务，普遍试办、积极推广、建立新社”的要求。

1954年，人行河北省分行为加强信用社管理，对全省24680名信用社干部，采用会议方式进行政治业务、经营管理等方面的短期培训，推动信用合作事业在农村蓬勃发展。

1956年7月，中国农业银行香河县支行成立，香河县农村信用社由农行香河支行管理。

第二阶段：1957年4月至1958年10月。

1957年4月，国务院发出《关于撤销中国农业银行的通知》，农村信用社由人民银行管理。是月，经中共河北省委批准，农行河北省分行及县级分支机构全部被撤销。

1958年3月8日，人行香河支行对1957年度信用社农村金融工作进行总结，并安排部署1958年重点工作，总结指出：通过开展劳动竞赛和农村整风运动，吸收农村的存款和股金，聚集农村大量闲散资金，及时合理发放了社员生产生活贷款，在打击高利贷、巩固农村社会主义金融阵地、支持农业生产方面起到重大作用，尤其是通过合并信用社，精简了干部，节省了开支，有力地扭转了亏损局面。

1957年末，全县共有农村信用社24个，脱产干部63人，股金余额7.1万元，社员储蓄17万元，生产队存款18.7万元，其他存款3.5万元，发放社员贷款54.6万元。

1958年10月，按照人行河北省分行《关于对人民公社金融体制的意见》精神，香河县同全省各地一样，将信用社下放到人民公社管理。

第三阶段：1965年12月至1968年10月。

1965年12月，农行河北省分行再次并入人行河北省分行。1966年7月1日，农行香河支行并入人行香河支行，农村信用社业务再次由人民银行管理。

1966年2月23日，人行香河支行召开营业所、信用社主任会议，要求信用社利用联系面广的特点，平衡产、供、需关系，支持农业生产发展。

5月23日，人行香河支行在《关于结合“四清”运动整建信用社组织的意见报告》中指出，信用社社员代表大会、理、监事委员会由社员代表选举产生，每社要有5—7名监事，每个生产大队要有1名理事，生产大队要建立信用站，设不脱产的站长和会计各1名。

1968年10月，全省农村信用社机构撤并，人员下放。省、地（市）、县的信用社工作由省财政金融局管理，乡、村信用社由贫下中农管理。

第四阶段：1975年至1979年。

1977年11月28日，国务院印发《关于整顿和加强银行工作的几项规定》，指出：信用社是集体经济组织，又是国家银行在农村的基层机构，各地一定要把信用社办好，信用社的资金应当纳入国家信贷计划，人员编制应纳入县集体劳动工资计划，职工待遇应与人民银行基本一致，信用社由人民银行管理。

1978年5月12日，中国人民银行贯彻国务院《关于加强银行工作的几项规定》中有关信用社的规定，印发《关于农村金融机构的几点意见》的通知，对信用社的机构设置、领导关系、工作任务、业务经营和财务核算等方面的问题作具体规定。

1979年9月，农行河北省分行恢复建立，农村信用社由农行河北省分行管理。

1980年4月18日，农行香河支行恢复设立，农村信用社工作再次由农业银行管理。

第五阶段：1996年至2003年。

1997年8月29日，中国人民银行下发《关于全面开展规范农村信用社工作的意见》。强调规范农村信用社股权设置、规范民主管理组织、规范服务方向的工作在全县农村信用社开展。

9月15日，根据《中华人民共和国中国人民银行法》《中华人民共和国商业银行法》和有关规定，中国人民银行印发《农村信用合作社管理规定》和《农村信用合作社县级联合社管理规定》。两个规定所称县联社是指经中国人民银行批准设立，由所在县（市）农村信用社入股组成，实行民主管理，主要为农村信用社服务的联合经济组织，是企业法人。县联社依法自主经营、自担风险、自负盈亏、自我约束，以其全部资产对县联社债务承担责任，依法享有民事权利，承担民事责任；其财产、合法权益及依法开展业务经营受国家法律保护，任何单位和个人不得侵犯和非法干涉；县联社的社员，是指向县联社入股的辖内农村信用社。县联社职工可以集中资金向县联社入股，其他法人和自然人不得向县联社入股；县联社应遵守国家法律、法规和金融方针政策，主要任务是对本县（市）的农村信用社进行管理和服务。申请设立县联社条件：有符合两个规定的章程；本县（市）内农村信用社达到 8 家以上；注册资本一般不低于 100 万元；有具备任职资格的管理人员和业务操作人员；有符合要求的营业场所、安全防范措施和办理业务必需的设施。

11 月 11 日，人总行制定下发《农村信用合作社章程（范本）》和《农村信用合作社县联合社章程（范本）》，两个章程的颁布，使农村信用社、县联社管理更加规范化。

1998 年 7 月 23 日，中国人民银行廊坊分行转发人行河北省分行《关于做好农村金融体制改革前期工作的紧急通知》，通知要求：农村信用社及县联社的人员、资金、财产关系要维持现状，不经当地人民银行和上一级信用合作管理部门审查同意，任何人、任何单位都不得调用农村信用社的资金和财产，不得向农村信用社安排和抽调人员。特殊情况要经当地人民银行审查同意，报上一级人民银行和信用合作管理部门研究批准；农村信用社与农业银行等金融机构在同一企业或同一项目有贷款交叉业务的，在行社没有“脱离行政隶属关系”之前要维持现状，待完成行社“脱离行政隶属关系”之后，可按《贷款通则》及其他有关规定处理；切实做好“一反、三防、一保”工作，即“反腐败、防抢劫、防诈骗、防盗窃、保护金融财产安全”；防止发生群众挤兑存款的现象。

11 月 10 日，中国人民银行廊坊分行印发《关于加强对县城城市信用社管理的通知》，要求城市信用社的资金、人事、财务等方面统一按照农村信用社规范管理。

1999 年 7 月 8 日，中国人民银行印发《关于做好当前农村信用社工作的意见》（银发〔1999〕226 号）。强调认真贯彻中央关于把农村信用社真正办成合作金融组织的指导方针，切实防范和化解金融风险，努力改进金融服务，进一步加强内部管理，积极稳妥地推进管理体制改革，正确处理改革、整顿、服务和稳定之间的关系，促进农村信用社和农村经济稳定健康发展。要求各地信用社争取地方政府加强对农村信用社改革工作的领导，重视、支持农村信用社工作；主动接受各级人民银行对农村信用社的监管；协调有关部门积极支持农村信用社的工作，为农村信用社的改革发展创造良好的外部环境。

2002 年 12 月，中共中央召开全国金融工作会议，印发《关于进一步加强金融监管，深化金融企业改革，促进金融业健康发展的若干意见》，提出农村信用社改革的重点是明确产权关系和管理责任，净化内部管理和自我约束机制，增强为“三农”服务的功能，充分发挥农村信用社支持农业和农村经济发展的金融主力军和联系农民的金融纽带作用。

2003 年 6 月 27 日，国务院印发《关于深化农村信用社改革试点实施方案的通知》，要求加快信用社管理体制和产权制度改革，启动全国农村信用社新一轮改革。

第三节　省财政金融局管理

1968 年 8 月，香河县成立革命委员会银行服务组，1969 年初，人行香河支行与县财税局领导班子为“两块牌子，一套领导班子”。全省农村信用社由省财政金融局管理，香河县农村信用社工作由县财税局管理。

1969 年 12 月 3 日，河北省天津地区革命委员会生产部印发《关于信用社决算问题的通知》，通知要求各县对 1968 年信用社亏损情况认真进行梳理，将信用社盈亏数、亏损原因、正常亏损和非正常亏损各多少以及今后改善亏损状况的措施等写成书面报告，向县革委会报告。

1969 年 12 月 4 日，河北省天津地区革命委员会生产部转发河北省《抓紧旺季信用回笼工作的通知》，通知要求：农业贷款收回工作，丰收地区，除收回到期农贷外，还要多收回一部分旧贷；平收地区，应收回到期农贷，对旧贷，可根据具体情况，尽可能收回一些；歉收地区，尽可能收回到期农贷；灾区，要分别情况，当收则收，不当收则缓收，并要积极支持灾区生产自救。要求各地区要加强领导，经常检查信用社回笼工作进展情况，针对当前工作中存在的问题，采取有效措施，做好农贷、定金、信用社贷款的收回和农村储蓄工作。

1971 年 9 月，撤销银行服务组，恢复中国人民银行香河县支行。信用社归人行香河支行管理。

第四章　中国农业银行管理

第一节　中国农业银行指导

1955 年 3 月 1 日，国务院批准建立中国农业银行。批复中指示：为适应全国农业生产发展的需要，根据国家实际情况，特提出建立管理农业信贷工作的专业银行，其名称拟定为“中国农业银行”。其任务为指导农村信用合作社，广泛动员农村闲余资金并合理运用国家农贷，以辅助农业生产的发展和促进小农经济的社会主义改造。主要工作之一是指导和辅助农村信用合作的发展。

1955 年 3 月，中国人民银行向国务院补报《中国农业银行暂行条例（草案）》。条例共 19 条，其中第二条规定中国农业银行是国家管理农业信贷工作的专业银行。其任务是指导农村合作广泛动员农村余资，并合理使用国家农贷，以扶助农业生产的发展和促进对小农经济的社会主义改造。第五条中国农业银行的主要业务之一：指导和扶助农村信用合作的发展。

1955 年 5 月 15 日，农行河北省分行经中共河北省委批准正式成立，指导农村信用社工作。

1956 年 7 月，农行香河支行成立，农村金融工作由农行香河支行负责。

1956 年 7 月 7 日，国务院发布《关于纠正若干地区银行、信用合作社在吸收存款、扩大股金工作中强迫命令现象的指示》，指示规定：“银行和信用合作社吸收存款，信用合作社扩大股金，都应当坚决地贯彻执行自愿原则，不许以任何方式强迫命令，更不许强行把农民的存款转为信用社的股金或者农业社的投资。”

1956 年 9 月 4 日，中国农业银行河北省分行印发《为积极采取具体措施，贯彻国务院〈关于纠正若干地区银行、信用合作社在吸收存款扩大股金工作中的强迫命令现象的指示〉的通知》，通知要求，为克服信用社在扩收股金工作中的强迫命令现象，除贯彻国务院四项指示外，还应采取如下措施：“1.今年下半年，非灾区可于秋收以后，结合中心工作，收集未交齐的股金；在灾区对未交齐的股金，应暂缓收集，可候明年麦收以后，再根据条件，动员社员交纳，今年如果群众自愿主动地交纳股金，不应拒绝。信用社社员不论已否交纳股金，在贷款上不能有丝毫歧视。2.股金额度，必须认真坚持每股最高不超过 5 元的规定，已经超过 5 元的，应坚持将超过部分退还给社员，或经社员同意转为社员的存款。3.社员交纳股金，应由社员自动到信用社交纳，严防采取任何种类的转账或扣交的方法。凡是未经社员同意，通过农业社的社员预支转为信用社股金的应予退还，今后不得再采取这种做法。”

1957 年 4 月 12 日，国务院发出《关于撤销中国农业银行的通知》；1957 年 4 月，经中共河北省委批准，农行河北省分行及分支机构全部被撤销；1958 年 8 月，农行香河支行完成并入人行香河支行工作，农村金融业务并入人行香河支行。

第二节　信用社恢复与整顿

信用社恢复

1958 年 12 月 20 日，中共中央、国务院印发《关于人民公社化的形势，改进农村财政贸易管理体制的决定》，国务院发出《关于人民公社信用部工作中几个问题和国营企业流动资金问题的规定》，根据以上两个文件精神，银行在农村的基层机构（营业所）和公社所辖范围内各信用社合并为人民公社信用部，并明确规定“人民公社的信用部，既是人民公社的组成部分，又是人民银行在当地的营业所”，“人员作为公社的人员，资产一律归公社管理使用”。

1959 年 5 月，在中国人民银行全国分行行长会议上，根据中共中央《关于加强农村人民公社信贷管理工作的决定》精神，强调把下放给人民公社的银行营业所收回，不再下放给人民公社。与此同时，把原来的信用社从人民公社信用部里分出来，下放给生产大队变为信用分部。信用分部的职工，由生产大队管理，盈亏归生产大队统一核算。业务经营由生产大队和公社信用部双重领导。

1962 年 11 月，中共中央、国务院批转中国人民银行《关于农村信用合作社若干问题的规定》，对农村信用社的任务、机构设置、与人民银行的关系、信用社管理体制和干部配备作出明确规定。

1963 年 10 月 8 日，中共中央、国务院作出《关于恢复建立中国农业银行，统一管理国家支援农业资金的决定》，要求自上而下恢复建立农业银行的各级机构。12 月 20 日，农行河北省分行正式成立，内部设信用合作处负责管理农村信用社。1964 年 5 月，农行香河支行成立，负责管理香河县农村信用社。

1964 年 2 月 2 日，国务院批转中国农业银行《关于全国分行行长会议情况的报告》中指出：“在不削弱农村信用合作社工作的条件下，选拔一部分比较有经验有能力的信用合作社主任和会计，补充农行人员编制。”

1964 年 6 月 5 日，中国农业银行、劳动部联合发出《关于信用合作社干部工资福利待遇的联合通知》中指出：“信用合作社干部的待遇，原则上应当同农村基层供销合作社干部的待遇一致起来。”农村信用社干部工资福利待遇逐步得到落实。

1965 年 11 月，中共中央批转中国农业银行同中国人民银行合并的请示报告。12 月 15 日，农行河北省分行与人行河北省分行行政和政治机构正式合并办公，合并后仍保留农行河北省分行及各分支机构的牌子。1966 年 7 月 1 日，农行香河支行并入人行香河支行。

信用社整顿

由于把信用社的管理权交给了公社或生产大队，使信用社失去了独立性，以致发生很多问题，也使国家银行失去对信用社的有效领导。公社信用部或信用分部的资金被占用，存款减少，贷款收不回来，信用关系遭到损害。

1962 年 2 月，中共中央发出《关于改变农村人民公社基本核算单位问题的指示》，指出农村人民公社基本核算单位下放，实行三级所有，以生产队为基本核算单位。根据中央指示精神，人民公社的社队规模进行调整。同年 7 月，财政部、中国人民银行发出《关于印发农村生产资金座谈会纪要的通知》，要求各地迅速解决信用社工作中存在的一些问题：一是信用社的管理体制问题，信用社应当恢复 1957 年以前的管理体制，即信用社应当是一个独立核算单位，资金独立、自负盈亏，公社不得挪用或者支配信用社的资金；二是加强信用社的领导。除人民银行加强业务领导，在一定范围内给予资金支持外，各级党委农村工作部也恢复到 1957 年以前的状态，加强对农村信用社工作的领导；三是信用社干部的口粮问题必须得到解决：四是整顿农村信用社账目，清理被社队占用的信用社资金，社队平调的信用社资金，应当由社队归还。

1962 年 11 月 9 日，中共中央、国务院批准中国人民银行《关于信用社若干问题的规定》的报告中提出整顿信用社的任务，要求对信用社进行分类排队，分批分期进行整顿，在 1963 年整顿完毕。

1963 年 10 月 24 日，中共中央、国务院批转中国人民银行《关于整顿信用合作社，打击高利贷的报告》。明确信用合作社的主要任务是解决农民特别是贫下中农临时性的资金困难，坚决打击高利贷活动。信用社的业务活动，统一归口农业银行领导。任何单位和个人都不准抽调或挪用信用社的资金，都不准长期抽调信用社的干部去搞其他工作。根据中央关于“四清”的政策，对信用合作社进行一次彻底的“三清”，即清账目、清财务、清贷款。社队和干部挪用的信用合作社贷款，应当收回来。暂时无力归还的，要定出还款计划，限期收回。在这次清理的基础上，要进一步建立和健全贷款制度和财务管理制度，加强民主管理。信用合作社的存款贷款计划、盈亏处理、财务预算和决算，要由社员代表大会决定。信用合作社的账目，要定期向全体社员公布。

1964 年 5 月，通过整顿，全县 17 个信用社为政治、为生产、为群众服务的观点更为明确，有 8 个社还清银行贷款。

1965 年 12 月，中国农业银行全国分行行长会议讨论信用社的整顿问题。会议提出《关于 1966 年农村金融工作意见》中，对信用社的整顿提出具体意见。会议要求抓紧整顿工作，加强信用社的组织建设，积极建立和整顿信用站，开展业务，支援贫下中农，支援集体生产。

1978 年，人行河北省分行根据中国人民银行要求，组织工作队对全省信用社分期、分批进行“清资金、清账务、清财务及整顿作风、整顿制度、整顿组织”的“三清、三整顿”，整顿工作到 1979 年 6 月底结束。

第三节　信用社作为银行基层机构管理

1976 年以前，虽然强调信用社起国家银行基层机构的作用，但没有明确规定信用社是国家银行的基层机构。1977 年，中国人民银行拟定《信用合作社工作条例》。11 月，国务院发出《关于整顿和加强银行工作的几项规定》的第七条指出：“信用社既是集体金融组织，又是国家银行的基层机构。各地一定要把信用社办好，为了更好地组织资金，支持生产，巩固集体经济，打击资本主义势力，信用社的资金应当纳入国家计划，人员编制应当纳入县集体劳动工资计划，职工待遇应该与银行基本一致。”信用社是银行基层机构的体制才得以确立。

1962 年 11 月，中共中央、国务院批转的中国人民银行《关于农村信用合作社若干问题的规定》中就明确提出：“中国的农村金融组织有两种所有制：一种是全民所有制的国家银行，一种是集体所有制的信用合作社。信用社是农村人民的资金互助组织，是国家银行的助手，是我国社会主义金融体系的重要组成部分。”1977 年，国务院颁发的《关于整顿和加强银行工作的几项规定》中，再次肯定信用社“是集体金融组织”。

1977 年 8 月 16 日至 9 月 17 日，中国人民银行召开全国银行工作会议。会议明确要加强信用社的领导，发挥信用社的作用，使信用社实际上成为国家银行在农村的基层机构。会议指出：“农村信用社肩负着组织农村资金，支持集体经济，帮助贫下中农解决生产、生活困难，和资本主义作斗争，办理国家银行业务等项任务。它虽然名义上是集体经济组织，实际上已成为国家银行在农村的基层机构。”“信用社的资金要纳入国家信贷计划，信用社的人员编制要纳入县集体劳动工资计划，信用社职工待遇，要与银行基本一致起来。”“农村机构的设置，一个公社既有银行机构，又有信用社的，合在一起办公，资金分别核算；只有信用社没有银行机构的，授权信用社执行银行任务。”“信用社的资金和财产，任何部门不得平调和挪用。”

1977 年 10 月，中国人民银行召开全国农金处长会议，将全国分行行长会后拟定的《信用合作社工作条例（草案）》提交会议讨论，与会经过充分研究，讨论通过这一条例。在银行内部确立“信用社是社会主义集体所有制组织，实际上是国家银行在农村的基层机构”的性质。

1978 年 5 月 12 日，为贯彻执行国务院《关于整顿和加强银行工作的几项规定》中有关信用社的规定，提出《关于农村金融机构的几点意见》，主要是：“在一个公社已有银行营业所又有信用社的，所、社合为一个机构，实行统一领导，挂两块牌子，使用两个印章，办理银行和信用社的业务。只有信用社没有营业所的，只挂信用社的牌子，使用信用社的印章，由信用社承办银行和信用社的各项业务。以上两种机构形式，同样都是国家银行在农村的基层机构。执行统一的金融政策、统一的计划管理、统一的管理制度。”在组织领导方面，“信用社和所社合一的机构，都实行人民银行县支行和公社党委双重领导，业务工作以人民银行领导为主，政治思想工作以公社党委领导为主。上级银行对信用社或所社合一机构的领导，按银行基层机构的领导关系进行处理”。

1978 年 12 月，中共十一届三中全会讨论通过的《农村人民公社工作条例（试行草案）》第三十一条规定：“农村信用合作社是人民公社集体经济的金融部门，同时在业务上受上级银行的领导。信用社要积极组织社员储蓄存款，有效地组织资金，支持生产发展，解决社员生活困难。”

1979 年 2 月 23 日，国务院发出《关于恢复中国农业银行的通知》中，第六条规定：“农村信用合作社是集体所有制的金融组织，又是农业银行的基层机构。”

1979 年 3 月 28 日，中国人民银行向中共中央作《关于建议修改〈农村人民公社工作条例（试行草案）〉中有关信用社问题的报告》，提出：“农村信用合作社是集体金融组织，又是农业银行的基层机构，办理农村金融各项业务，执行国家金融部门的职能任务。”信用社按人民公社设置。根据需要在生产大队建立信用站，业务受信用社的领导。信用社的业务经营，财务会计和职工管理由中国农业银行领导，执行国家统一的金融政策，资金活动纳入国家信贷计划，人员编制纳入集体劳动工资计划，职工的政治、生活待遇（包括口粮、工资、福利、退职、退休等）与农业银行职工一致。信用社实行独立的经济核算，其盈余转作积累，充实信贷资金，亏损由农业银行补贴。信用社要积极吸收存款，按政策发放贷款。任何单位和个人不准以任何理由抽调和挪用信用社资金。

1979年9月，中国人民银行召开的全国银行工作会议，正式确立“信用社是集体金融组织，又是国家银行的基层机构”。信用社性质的这种确定，有一个发展过程，而且有较复杂的历史背景。

1980年4月1日，农行香河支行恢复办公，设置人秘股、计会股、企业信贷股、社队信贷股、信用合作股、会计辅导股，信用合作股主管农村信用社工作，而信用社的人、财、物、计划各个方面都接受农业银行的领导管理，农业银行也把信用社视同基层机构。

1981年1月3日，中国农业银行全国分行行长会议召开，会议指出信用社是在农业银行领导下的集体金融组织，银行要在方针政策上进一步加强对信用社的领导，信用社的信贷计划要经县支行统一平衡；要在加强国家的计划指导的原则下，发挥信用社集体金融组织的优势和独立经营的积极性，它要比银行办得更灵活一些；信用社对具体单位发放贷款，贷给谁，贷多贷少，期限长短，由信用社自己决定，并承担经济责任。

1984年，中共中央一号文件《关于1984年农村工作的通知》进一步指出：“信用社要进行改革，真正办成群众性的合作金融组织，在遵守国家金融政策和接受农业银行的领导、监督下独立自主地开展存贷业务。农村储蓄要优先用于农村，多存可以多贷。在保证农业贷款需要的前提下，可以经营农村工商信贷业务。贷款利率可以浮动。”

第四节　信用社恢复“三性”

1977年，国家整顿金融秩序，恢复信用社的独立经营，加强银行对信用社的组织领导，对信用社的性质明确指出：“信用社是集体金融组织，又是国家银行的基层机构。”依据这个指导思想，把信用社与营业所合为一个机构，按照银行基层机构实行管理。同时信用社干部管理、工资福利待遇也与银行一致起来，业务经营、计划管理、利率，完全同银行一样，这就在实质上把信用社过渡到国家银行。

1978年，中共十一届三中全会以后，中国实行对外改革、对内搞活的经济政策，计划经济逐步向市场经济转化，社会经济的主要特征表现为，商品的生产和流通数量大、范围广、渠道多。在农村，各种联产承包责任制普遍推行，乡镇企业迅猛发展，农村商业体制改革逐步推开，这些变化对农村信用社提出了新的要求，为适应农村经济发展的新形势，必须对农村信用社进行改革，改革的目标就是要恢复农村信用社群众性的合作金融性质，充分发挥农村资金调剂的功能，因此信用社进入了体制改革时期。1980—1982年主要是理论研究，改革的实践是从1983年开始的。

1980年8月，中央财经领导小组召开会议，会议认为：“把信用社下放给公社办不对，搞成‘官办’的也不对。这都不是把信用社办成真正集体的金融组织。信用社应该在银行的领导下，实行独立核算，自负盈亏。它要办得灵活一些，不一定受银行规定的约束，要起民间借贷作用。如果把农村信用社搞活了，供销社搞活了，农业责任制搞活了，三者一配套，社员的家庭副业也就搞活了，这将大大有利于农村经济的发展。”

1980年9月，中国农业银行发出关于《改革信用社体制搞好信用社工作讨论提纲征求意见的通知》，传达了中央财经领导小组有关信用合作问题的精神。10月15—24日，中国农业银行召开全国信用合作处处长座谈会，讨论研究信用社管理上存在的弊端，会议认为，信用社现行管理体制都不符合经济规律，不利于发挥信用社集体金融组织的优势，不利于发挥信用社职工的主动性和创造精神，不利于支持农村商品生产、活跃农村经济。因此，信用社的管理体制要进行改革。会议还研究讨论了信用社管理体制改革的方向，一致认为：应该尊重信用社的自主权，不应该把信用社当成银行的附属物，把主要依靠行政办法管理信用社改为主要依靠经济办法；把行、社吃大锅饭的财务管理制度改为独立经营、自负盈亏、实行经济核算、讲求经济效益的管理制度；把存、贷款利率倒挂的不合理办法改为存、贷利率有合理利差的办法。另外，对信用社的组织机构、资金管理、贷款范围、筹集资金、放款利率、股金分红、经营管理、试办县联社、民主管理、队伍建设及加强对信用社的领导等，进行讨论并提出具体改革意见。

1982年1月1日，中央关于农村工作的一号文件明确指出：包产到户、包干到户都是社会主义集体经济的生产责任制。农村家庭联产承包责任制的推行，极大激发农民的生产积极性，粮食产量一年高过一年，这样的成功，使这些人进一步“迫切感到”，信用社身在农村，也应进行类似的改革，使其恢复到从前的模样，以适应农村包产到户，包干到户的新形势。但他们忽视一个事实，那就是此时的信用社已经面向整个社会（广大农村）办理贷款业务，实际成为国家银行在农村的分支机构，不再是根据地。中华人民共和国成立初期时仅限于极小范围内融通资金的群众性组织，但信用社的经营方式、管理模式绝不能回到过去。

1982年10月、12月，中国农业银行两次召开会议，决定恢复农村信用社的“三性”（组织上的群众性、管理上的民主性和经营上的灵活性），克服“官办”，真正把农村信用社建设成自主经营、自负盈亏以及为农户服务的合作金融组织。具体措施包括：一是调整农村信用社和银行在业务上的分工。信用社主要为农业生产提供流动资金，支持专业户、双包户，允许与银行有某些业务交叉。二是信用社贷款的用途、方式和手续等方面可以灵活掌握、不必完全照搬银行的做法，利率可以根据市场情况上下浮动。三是信用社原有干部待遇不变，新增人员不再拿固定工资、按照业务量付酬。四是农业银行要通过经济方法领导、依法管理农村信用社。不能再把农村信用社当成自己的基层机构，农村信用社是独立的经济实体。

在1982年底讨论通过的《当前农村经济政策的若干问题》文件中，提出农村经济改革要“适应商品生产的需要，发展多种多样的合作经济”，并专门对农村金融的改革提出了要求：“农业银行和信用合作社应改善服务态度，在聚集资金、办理信贷、监督资金使用方面发挥应有的作用。信用社应坚持合作金融组织的性质。”

经过两年多的研究讨论，1983年1月，中国农业银行召开的全国分行行长会议，行长韩雷在“努力开创农村金融工作新局面”的报告中，全面讲述信用社改革的必要性及改革方向。同年2月，中国农业银行印发《关于改革信用社管理体制的试点意见》，要求各地积极进行试点。

1983年11月，中国农业银行召开全国信用合作工作专题会议研究和部署农村信用社体制改革工作，落实中央一号文件关于“信用社要进行改革，真正办成群众性的合作金融组织”的要求。会议指出：农村信用社管理体制改革，经过一年试点，已取得初步成效，证明试点方案是正确的、可行的。1984年的方针是：在试点的基础上，结合各地实际情况，全面铺开，逐步提高，争取在1984年底，完成恢复信用社“三性”改革。

1984年1月，中共中央《关于1984年农村工作的通知》又一次明确指出：“信用社要进行改革，真正办成群众性的合作金融组织，在遵守国家金融政策和接受农业银行的领导、监督下独立自主地开展存贷业务。农村储蓄要优先用于农村，多存可以多贷。在保证农业贷款需要的前提下，可以经营农村工商信贷业务。贷款利率可以浮动。”

1984年6月，中国农业银行向国务院提交《关于改革信用合作社管理体制的报告》。指出，全国有信用社55900个，信用分社31900个，信用站281500个，脱产员工（吃商品粮员工）32万多人，不脱产代办员33.6万人，1983年底各项存款487亿元，全年累放贷款317亿元，为国民经济的发展作出重要贡献，改革除完成以前确定的各项内容外，还要新建县联社。县联社建立后要在农业银行县支行的领导下进行工作，日常具体工作由县支行信用合作股负责，各信用社仍是独立实体。

20世纪80年代，中国农业银行香河支行领导下的安头屯信用社外景

综合办公室供图

1984年8月6日，国务院批转中国农业银行《关于改革信用合作社管理体制的报告》，指出信用社要恢复和加强组织上的群众性、管理上的民主性、变“官办”为“民办”。信用社组织的资金，要优先用于农村。存款除按规定比例向农业银行交提存准备金外，其余资金信用社有权按照国家信贷政策充分运用，多存可以多贷。在信用社之间，可通过县联社调剂资金余缺，有余时可存入农业银行。信用社要实行浮动利率，实行独立经营、独立核算、自负盈亏，要建立信用合作社的县联社，农业银行要加强对信用社的领导。

1984年，全国信用社体制改革试点经验推向全面。

1984年8月22日，农行廊坊中心支行印发《关于〈信用社体制改革汇报座谈会〉纪要的通知》，会议认为，信用社管理体制改革的核心是恢复“三性”，改“官办”为“民办”。使信用社独立经营、独立核算、自负盈亏。对银行来说最重要的是解放思想，给信用社“松绑”，下放“三权”。1.下放人权。破除干部终身制，改银行任命制为群众选举制。在用人问题上，让社员真正当家做主，理事会主任由社员代表大会选举产生，如不选，可在原信用社做具体工作，不要异地为官，新招职工坚持“三不”原则，实行合同制，可进可出。信用社编制由理事会讨论，县联社批准。2.破除银行对信用社资金管理上的限制。信用社组织的资金，除按比例交存银行准备金外，其余资金信用社有权按照国家信贷政策充分运用，多存可以多贷。会议认为：信用社依赖银行过日子的做法应当结束了。议定：银行向信用社发放的贷款主要是解决其支付的困难，除此之外原则不贷款。信用社资金不足，可通过县联社调剂，也可以通过社与社之间调剂解决。3.下放贷款审批权。信用社在贷款掌握上，贷与不贷、贷多贷少、期限长短及利率高低，均由信用社同县联社商定。

1984 年 11 月 9 日，河北省香河县信用合作社联合社正式成立，召开第一届社员代表大会，农行香河支行行长兼县联社主任王振忠作工作报告，讨论并通过《县联社管理条例》，会上选举产生信用联社管理委员会委员，变香河县农行直接管理领导信用社为农行通过县联社实现对信用社的领导和管理。

第五节　信用社体制改革

1985 年 1 月，中国农业银行召开全国分行长会议，确定进一步加快信用社改革步伐，要求在年底前完成信用社改革任务。改革重点是进一步充实和健全民主管理制度，普遍实行并逐步完善责权利相结合的经营责任制和奖勤罚懒、奖优罚劣的岗位责任制，增强信用社经营活力。加强经营管理，健全规章制度，加强经济核算，提高经济效益，努力扭亏增盈。同月，农行香河支行召开农村金融系统经验交流会，会议指出：1984 年根据国务院和上级行的指示精神，农行县支行狠抓信用社体制改革，各社都先后召开了社员代表大会，民主选举了理、监事会，推选了信用社正副主任。县联社召开了社员代表大会，选举县联社管理委员会。在资金管理上，银行取消了对信用社转存银行款的控制，明确规定，除缴存准备金外，都可以由各社自己发放，各社可以互相拆借，也可以由县联社调剂，还可以跨社贷款。

1986 年 1 月，中国农业银行召开全国分行行长会议，确定信用社改革将贯彻“巩固、消化、补充、改善”的方针。金融体制的改革，要围绕着增加储蓄、改进服务，合理使用资金等 3 个问题去进行。

1986 年 2 月 26 日，中国农业银行印发《关于信用社改革情况和 1986 年工作意见》，指出：“信用社经过改革，恢复和加强了群众性和民主性，增强了民办因素，改革了内部管理制度，调动了职工办社的积极性，信用社的各项业务呈现出蓬勃发展的新局面。几年来，全国新增信用社 3055 个，增加服务网点 36327 个，目前共计有信用社机构和网点 42 万个，平均每 19 个行政村就有一个信用机构，基本适应了农村商品生产和多层次经济发展的需要。1986 年信用合作工作要点是：一是坚持改革，继续把信用社改革引向深入；二是大力组织资金，积极支持农村发展商品经济；三是加强管理，提高经营管理水平；四是培训职工，不断提高职工队伍素质；五是加强农业银行对信用合作工作的领导。”2 月 27 日，中国农业银行印发《关于办好县信用合作联社的意见》强调县联社的建立，一方面，加强信用社之间的相互合作，统筹兴办各项服务事业，使信用社凭借联合，形成优势和壮大力量；另一方面，通过县联社实现银行对信用社的领导和管理，沟通国家与集体企业之间的联系。3 月 29 日，中国农业银行对农行湖南省分行《关于全省 18 个县联社申请设立营业部的请示》进行批复，同意在县联社设立营业部，部分县联社开始试建联社营业部。

1987 年 1 月，中共中央发出《把农村改革引向深入》，指出：信用合作社必须改革官办的积弊，信用社在遵守国家金融法规的前提下，民主管理、独立经营、自负盈亏，国家银行及各级政府均不得干预其资金运营的自主权。县联社体制改革，应在保证基层信用社合作性质的前提下，进行多样化试点。农业银行和其他专业银行在平等互利的基础上，为信用社提供服务和相互代为委托业务。

1987年，为把信用社从实际上的国家银行基层机构改革成归社员集体所有，由社员民主管理，实行自主经营、独立核算、自负盈亏、自担风险的合作金融组织，省政府发布了《关于放开搞活农村信用社的十条规定》，明确信用社要增设储蓄网点；实行责、权、利相结合，由县联社根据上级信用合作管理部门下达的各项计划，确定信用社的具体经营目标，信用社对职工实行岗位责任制，把经营成果和集体、个人利益挂钩，定期进行考核，实行按劳分配，有奖有罚；信用社可不受行政区域的限制，在较大的村镇、贸易市场、专业市场，均可建立信用社或分社，资金多、业务量大的信用分社，可以改建为独立核算的信用社；信用站既要办理存款，也要办理小额贷款。强调县联社是信用社的联合经济组织，充分发挥其指导、协调和为基层信用社服务的作用。

1988年11月，县联社建立营业部，负责组织辖内农村信用社之间的资金调剂，负责各网点的指导和服务工作。

1992年8月4—8日，全国农村金融会议在广东召开。中国农业银行行长马永伟在会议上作题为《解放思想，抓住时机，加快企业化改革进程》的讲话。副行长王景师代表中国农业银行党组作总结讲话，指出：当前信用社改革要本着稳定体制，搞活机制，发挥行社经营整体优势的指导思想来执行。体制上，必须坚持农业银行领导关系不变，信用社独立法人地位不变，集体所有制金融组织性质不变。

1996年2月7日，中国农业银行廊坊市中心支行印发《关于县级农行党组及联社对信用社领导管理有关问题的通知》，通知要求在信用社与农行没有脱离行政隶属关系以前，农行要继续加强和改善对信用社领导和管理。

1996年7月，全国农村金融体制改革工作会议提出深化农村金融体制改革的目标："建立和完善以合作金融为基础，商业性金融、政策性金融等各种金融机构分工协作的服务体系。"会议对农村信用社管理体制改革的步骤和方式进行了部署："用两年左右的时间，由上而下地对信用社进行合作制规范的改造，然后将农村信用社的行政管理权交给人民银行。经批准，有条件的地方可以将农村信用社改造成农村合作银行。"

1996年8月22日，国务院印发《关于农村金融体制改革的决定》，指出："农村信用社管理体制改革，是农村金融体制改革的重点。改革的步骤是：首先使农村信用社与中国农业银行脱离行政隶属关系，在此基础上，改革的核心是把农村信用社逐步改为由农民入股，社员民主管理、主要为入股社员服务的合作性金融组织。"

1996年8月28日，河北省农村金融体制改革领导小组印发《关于河北省农村信用社与农业银行脱离行政隶属关系实施意见的通知》（冀农金改〔1996〕2号），要求要摸清联社及信用社人、财、物、资金等方面的底数，包括联社班子、内部职能机构及人员状况，信用社、联社的财产清单，行社财产相互占用状况，联社和信用社缴存农行准备金数额，转存款数额，农行支持信用社资金数额及行社之间资金拆借数额；原县联社建立健全职能部门，并具备领导管理信用社的能力。具体科室有办公室、存贷业务科、财务科、稽核保卫科。人员达到15—25人，联社增加人员，要从信用社选调业务骨干。

1996 年 9 月 3 日，河北省农村金融体制改革领导小组印发《关于尽快成立农村金融体制改革领导小组及其办公室的通知》，通知要求市、县均应成立农村金融体制改革领导小组及其办公室，市、县领导小组主要任务是：贯彻执行《国务院关于农村金融体制改革的决定》；组织落实省农村金融体制改革领导小组及办公室提出的各项任务和要求；调查研究农村金融团体制改革中出现的新情况、新问题；认真协调农村金融体制改革中各方面的关系；总结交流农村金融体制改革的经验；及时反映农村金融体制改革中的重大问题。市农村金融体制改革领导小组办公室的主要工作任务是：完成农村金融体制改革领导小组布置的具体工作；负责改革过渡时期对农村信用社和县联社的领导及管理、指导、协调、服务等工作；掌握农村金融体制改革动态；及时反映农村金融体制改革中的突出问题。县农村金融体制改革领导小组办公室基本上也承担上述工作任务，但不承担对农村信用社的日常管理。

1996 年 10 月 10 日，廊坊市农村金融体制改革办公室印发《关于转发河北省农村金融体制改革领导小组办公室两个文件的通知》，通知指出关于各联社编制问题，香河联社为 22 人，包括在册的干部、固定工和合同制职工。总数超编的应立即清退，安排到基层单位或其他营业单位工作。不在编制的临时人员，各联社要编制使用计划，于 10 月 20 日前报市领导小组办公室批准后执行，多余人员也要清退，联社不得超编和雇用临时工。

1996 年 12 月 25 日，河北省金融体制改革领导小组下发《关于宣布农村信用社与农业银行脱离行政隶属关系的通知》，全省农村信用社于 1996 年 12 月 25 日（保定市蠡县除外）开始，正式宣布与农业银行脱离行政隶属关系，同时各项工作接受当地人民银行的监管。自此，香河县农村信用社正式走上了独立发展的道路。

第五章　银监会管理

银行监管是金融监管的一个重要组成部分，其架构的安排既要与金融业的总体发展和监管安排相适应，又要与市场约束、银行内部管理相协调，事实上是一个权衡监管成本和效益安排的结果。2003年，根据第十届全国人民代表大会第一次会议批准的国务院机构改革方案和《国务院关于机构设置的通知》，设立中国银行业监督管理委员会。

2003 年 4 月 25 日，中国银行业监督管理委员会（以下简称银监会）成立，2003 年 4 月 28 日起正式履行职责。5 月 28 日，中国银行业监督管理委员会、中国人民银行印发《关于进一步加强农村信用社管理工作的通知》，要求农村信用社在改革期间：一是不得擅自出台与现行政策规定不符的各项措施。二是不得借改革之机，突击提干、进人和调整机构。除正常换届选举和个别违法违纪人员需要处理外，其余干部调整和招收员工的工作一律暂缓进行。三是严禁违反财经纪律私设“账外账”“小金库”，不得以各种名目乱发奖金和实物。员工工资、福利待遇原则上不得变动。四是加强对农村信用社高级管理人员履职行为的考核。农村信用社主要领导因公或因私离岗，应向上级行业管理部门请假。五是加大各类案件的防范和查处力度，切实落实和完善内控制度，强化岗位职责，加强督促检查，违法必究，违章必查。9 月 12 日，银监会印发《农村商业银行管理规定》和《农村合作银行管理暂行规定》，对农村商业银行和农村合作银行机构的组建作出具体规定。9 月 15 日，银监会印发《关于农村信用社以县（市）为单位统一法人工作的指导意见》，要求在人口相对稠密或粮棉商品基地县（市），可以县（市）为单位将信用社和县（市）联社各为法人改为统一法人，具体条件是：全辖农村信用社统算，账面资能抵债；基层农村信用社自愿；县（市）联社有较强的管理能力；统一法人后股本金达 1000 万元以上（经银行监管部门批准，可适当调整），并使核心资本充足率在任何时点不低于 2%。各地银监会派出机构要加强对此项工作的督促和指导。9 月 18 日，银监会印发《农村信用社省（自治区、直辖市）联合社管理暂行规定》的通知，规定省联社是所在省（自治区、直辖市）内的农村信用合作社市（地）联合社、县（市、区）联合社、县（市、区）农村信用合作联社、农村合作银行自愿入股组成，实行民主管理，主要履行行业自律管理和服务职能，具有独立企业法人资格的地方性金融机构。农村商业银行在自愿的前提下可向省联社入股，并取得有关服务。省联社享有由社员投资入股形成的法人财产权，依法享有民事权利，承担民事责任。社员以其所持股份为限对省联社承担责任。规定机构如何设立、变更和终止、股权如何设置、组织机构和基本职能。10 月 19 日，中国银行业监督管理委员会省级派出机构全部成立。12 月 27 日，第十届全国人大常委会第六次会议通过了《中华人民共和国银行业监督管理法》，确定了银监会将履行对全国银行业金融机构及其业务活动监督管理的职责，同时确立了“管法人、管风险、管内控、提高透明度”的监管理念，明确 4 个监管目标和 6 条监管标准，作为银行业监管的基本原则和纲领。

2004 年 6 月 5 日，国务院办公厅转发银监会、中国人民银行《关于明确对农村信用社监督管理职责分工指导意见》，意见指出银监会及其派出机构依法行使对信用社的金融监管职能，承担监管责任。2004 年廊坊市银监分局挂牌成立，依法对香河县农村信用社的监管指标、合规管理、商行改制、普惠金融等方面进行监管。

2004 年 7 月 22 日，银监会印发《关于农村信用社省（自治区）联合社设立办事处的指导意见》，意见指出省联社根据履行职责的需要可在辖内设立办事处。办事处是省联社的派出机构，不具有法人资格，在省联社授权范围内依法履行有关职责，民事责任由省联社承担，办事处接受当地银行业监管机构的日常监督，向当地银行业监管机构报送有关报表、资料。

2005 年 8 月 9 日，银监会印发《县（市）农村信用合作联社组建审批工作指引》，指引要求各级银行业监管机构要有计划、有步骤地开展统一法人行社组建工作，切实加强对统一法人行社组建工作的指导，按照统一法人行社组建标准、程序和申请材料目录，严把受理和审查关。

2006 年 11 月 9 日，河北银监分局转发《中国银行业监督管理委员会关于非现场监管信息系统 2007 年正式运行的通知》指出："非现场监管信息系统"自 2007 年起正式运行，各银行业金融机构应按照《银监会非现场监管报表及填报说明》要求报送基础报表及特色报表。

2007 年 1 月 18 日，香河县农村信用合作联社按照廊坊银监分局安排部署，完成统一法人行社工作，正式挂牌开业。9 月 5 日，省联社转发河北省银监局《关于加强县（市）农村信用合作联社监管的意见》的通知，意见对统一法人行社监管指标、股权结构等作出具体规定。

2017 年 2 月 21 日，廊坊银保监分局局长王东升一行到大罗屯信用社，就防范金融风险、支持实体经济等重要条线工作进行调研指导。

2018 年 4 月，根据国务院机构改革方案，中国银行业监督管理委员会与中国保险监督管理委员会的职责整合，不再保留中国银监会和保监会，合并之后称中国银行保险监督管理委员会，继续履行对农村信用社的监管职责。

2019 年 12 月 3 日，廊坊银保监分局局长白同顺一行到香河农商银行，就监管指标情况进行专题调研。

2021 年 3 月 21 日，廊坊银保监分局监管三科科长梁春林、武晓敏到香河农商银行，就防范金融风险等问题进行专题调研。

2021 年 7 月 9 日，廊坊银保监分局二级调研员赵维华深入香河农商银行重点支持企业香河县宏远机械有限公司企业，就企业融资问题进行调研。

2021 年 10 月 21 日，廊坊银保监分局副局长张体剑到香河农商银行支持贫困户家中，考察金融扶贫工作。

2022 年 6 月 24 日，河北银保监局农村银行处处长翟义刚一行到香河农商银行，就"百年农信"精神挖掘工作进行专题调研。

第六章　省联社管理

第一节　省联社成立

2003 年 6 月 27 日，国务院颁布《深化农村信用社改革试点方案》，并选择吉林、重庆、陕西、山东、浙江、江西、江苏、贵州八省市为试点地区，对农村信用社进行了新一轮的改革。2004 年，改革铺开到绝大部分省、自治区、直辖市，国务院出台了《关于明确对农村信用社监督管理职责分工指导意见的通知》《国务院办公厅关于进一步深化农村信用社改革试点的意见》《农村信用社省（自治区、直辖市）联合社管理暂行规定》等文件政策，对农村信用社改革进行指导。确定了改革农村信用社管理体制，将农村信用社的管理交由省级人民政府负责。

2004 年 9 月，按照国务院深化农村信用社改革试点工作会议要求，为做好河北省深化农村信用社改革工作，省委、省政府决定成立由省委常委、常务副省长郭庚茂任组长，副省长宋恩华任副组长，省金融办、河北银监局、人民银行石家庄中心支行、省财政厅等有关部门负责人为成员的河北省深化农村信用社改革试点领导小组，在省委、省政府的领导下，全面负责全省农村信用社改革的领导、组织和协调工作。

2005 年 2 月 18 日，河北省深化农村信用社改革试点领导小组《关于组建河北省农村信用社联合社的请示》获得省政府的同意批复。3 月，河北省人民政府印发《河北省深化农村信用社改革实施方案》。6 月 9 日，河北省农村信用社联合社创立大会暨第一届社员大会在石家庄召开。6 月 29 日，经中国银行业监督管理委员会批准，由河北省辖内 3 家市农村信用合作社联合社、154 家县（市、区）农村信用合作社联合社自愿入股组成的河北省农村信用社联合社（简称省联社）挂牌开业。省联社成立后，按照精简高效的原则，合理设置内部职能部门，内设办公室、人力资源部、业务发展部、风险资产管理部、财务会计部、稽核部、纪检监察室、安全保卫部、科技部（加挂计算机网络中心牌子，合署办公）、资金营运中心。自此，香河县农村信用社开始步入省联社管理时期。

第二节　省联社管理形式

办事处

2004 年 7 月 22 日，中国银监会印发《关于农村信用社省（自治区）联合社设立办事处的指导意见》，意见指出省联社根据履行职责的需要可在辖内设立办事处。办事处是省联社的派出机构，不具有法人资格，在省联社授权范围内依法履行有关职责，民事责任由省联社承担，办事处接受当地银行业监管机构的日常监督，向当地银行业监管机构报送有关报表、资料。

2005 年，省联社成立以后，根据《河北省农村信用社深化改革实施方案》精神，省联社继续保留石家庄、沧州、衡水市联社，在其他设区市设立办事处，办事处在授权范围内主要承担对农村信用社的业务指导、稽核审计、综合协调、安全保卫检查、信息统计等工作。办事处在省联社的授权范围内，主要负责督促辖内农村信用社落实省联社的各项决议和规章制度；负责辖内农村信用社的稽核审计工作；对辖内农村信用社的业务经营、财务活动进行指导、检查；负责统计、汇总辖内农村信用社的会计报表、统计报表及相关资料；完成省联社交办的其他事项。办事处配备主任 1 人、副主任 1—3 人，办事处主任、副主任任职资格管理适用于金融机构高级管理人员任职资格管理的有关规定，辖属县联社较少的市配备工作人员 6—9 人，辖属县联社较多的市可适当多配。2005 年 11 月，省联社廊坊办事处成立。

审计中心

2015 年，根据中国银监会《关于加强农村信用社省级联社行业审计工作的指导意见》《中国银监会办公厅关于加快推进省联社行业审计体系建设的通知》精神，省联社印发《河北省农村信用社市级机构改制组建审计中心实施方案》的通知，通知要求各设区市组建市级审计中心，为省联社派出机构，其市级机构规格不变，全省统一命名为“河北省农村信用社联合社（地市名称）审计中心”。2016 年 9 月，河北省农村信用社联合社廊坊审计中心挂牌成立。

审计中心人员编制为 15—20 人，依据辖内县级行社数量和工作需要匹配确定具体人员编制。市级机构在编人员按照“自愿选择、统筹考虑、就近安排、确保稳定”的原则妥善安置。审计中心主要履行对辖内县级行社的审计、监督、评价、指导职责，具体职责如下：1.负责省联社年度审计计划的组织实施；制定本级年度审计计划并报省联社审批后组织实施；负责对辖内县级行社的内部审计工作进行指导、考核和内部审计工作人员的业务培训教育等工作；协调外部审计机构开展审计工作。2.负责对辖内县级行社贯彻落实国家金融方针政策、法律法规、银行业监管政策及内部规章制度情况进行审计、监督、评价、指导。3.组织落实省联社部署的常规审计、专项审计、非现场审计等审计任务；根据需要开展对辖内县级行社各项业务经营活动、财务活动和管理活动的审计监督；对县级行社内部审计工作开展再审计；受理辖内县级行社内部审计结论争议的复审。4.负责辖内县级行社理（董）事会、高级经营管理层、监事会法人治理的合规有效性以及职工理（董）事、监事和高级管理人员履职情况的审计监督和综合评价；负责辖内县级行社高级管理人员任期经济责任审计和离任审计。5.负责对辖内县级行社案件防控、风险管理、内控制度政策措施贯彻落实的有效性进行审计、监督、评价、指导，对查处违规问题和责任追究情况开展检查监督。6.根据审计结果，出具行业审计报告，及时上报省联社；针对审计查出的问题，提出处理和整改意见，并跟踪督促整改，开展后续整改落实工作的审计检查监督。7.做好省联社授权和交办的其他工作。审计中心内设 4—5 个职能部门，即综合科、审计一科、审计二科、审计三科、审计四科（网络分中心），负责审计中心的日常工作。

第七章 法人治理

第一节 股东（社员代表）大会

社员代表大会

社员代表大会是农村信用社最高权力机构，主要对信用社的重大事项进行决定和选举罢免理事会和监事会成员。

1951年，中国人民银行颁发《农村信用合作社章程准则（草案）》，规定农村信用社的最高权力机关为社员代表大会，社员代表由社员直接选举，代表名额和选举办法结合当地实际情况及社员人数决定。

1953年，人行香河支行在打鶺户村建立农村信用社，于11月10日召开社员代表大会，选举出监事7人、理事9人。

1984年11月9日，农行香河支行根据中国农业银行《关于改革农村信用合作社管理体制的报告》精神，正式成立河北省香河县信用合作社联合社，并召开河北省香河县信用合作社联合社首届社员代表大会。

1986年1月，县联社召开第二届社员代表大会第一次会议。

1988年11月，县联社召开第三届社员代表大会第一次会议。

1998年6月25日，县联社召开第四届社员代表大会，讨论通过《香河县农村信用合作社县级联合社章程》、理事会、监事会及社员代表大会制度；选举产生新一届理事会、监事会成员。

2000年7月5日，县联社组织召开第五届社员代表大会，讨论通过修订后的《香河农村信用合作社章程》；选举产生新一届理事会、监事会成员。

2000年7月5日，县联社召开第五届社员代表大会

综合办公室供图

2006年12月3日，香河县农村信用合作联社创立大会暨第一届社员代表大会召开，审议通过《香河县农村信用合作联社章程（草案）》《香河县农村信用合作联社社员代表大会议事规则（草案）》《香河县农村信用合作联社经营方针

和发展计划》等议案，选举产生香河县农村信用合作联社理事会、监事会成员。

社员享有以下权利：1.参加或委派代理人参加社员代表大会，按有关规定行使表决权；2.选举理事、监事和被选举为理事和监事；3.对香河县农村信用合作联社的经营行为进行监督，提出建议和质询；4.获得香河县农村信用合作联社金融服务的优先权和优惠权；5.享有股金分红和参与其他形式的利益分配；6.依照国家有关法律、法规和行政规章、行业规章的规定转让股金和优先认购股金；7.香河县农村信用合作联社终止或清算后依法参加剩余财产分配；8.国家有关法律、法规和行政规章、行业规章以及香河县农村信用合作联社章程规定的其他权利。

社员承担以下义务：1.承认并遵守香河县农村信用合作联社章程；2.按其所认购的股金数额向香河县农村信用合作联社缴纳股金；3.以其所持股金数额为限对香河县农村信用合作联社承担风险和民事责任；4.维护香河县农村信用合作联社的利益和信誉，支持香河县农村信用合作联社合法开展各项业务；5.服从和履行社员代表大会的决议；6.国家有关法律、法规和行政规章、行业规章以及本章程规定的其他义务。

社员代表由社员选举产生，社员代表每届任期 3 年，可连选连任。社员代表大会由理事会召集，在每一会计年度结束后 3 个月内召开，召开社员代表大会必须有 50%以上社员代表出席，当理事会人数不足香河县农村信用合作联社章程规定人数的三分之二、未弥补的亏损达到股本总额的三分之一、经二分之一以上社员代表提议或者三分之二以上监事提议、理事会认为必要或法律法规、行政规章、行业管理规章和县联社章程的其他规定时，有以上情形之一的，应当在两个月内召开临时社员代表大会。

社员代表大会行使以下职权：1.制定或修改章程；2.审议通过社员代表大会议事规则；3.选举、更换理事和由社员代表出任的监事，审议、批准理事、监事的报酬方案；4.审议、批准理事会和监事会工作报告；5.审议、批准香河县农村信用合作联社发展规划，决定香河县农村信用合作联社的经营方针和投资计划；6.审议、批准香河县农村信用合作联社年度财务预、决算方案、利润分配方案和亏损弥补方案；7.对香河县农村信用合作联社增加或减少注册资本作出决议；8.对香河县农村信用合作联社的分立、合并、解散和清算等事项作出决议；9.决定其他重大事项。

股东大会

农村商业银行股东代表大会是农村商业银行的最高权力机构，主要对农村商业银行的重大事项进行决定，选举和更换董事、非职工代表监事。股东代表大会是农村商业银行的最高权力机构，主要对农村商业银行的重大事项进行决定，选举、更换董事、非职工代表监事。

2003 年 6 月 27 日，国务院印发《关于深化农村信用社改革试点方案》的通知，要求农村信用社以法人为单位改革信用社产权制度，构建新的产权关系，完善法人治理结构。按照股权结构多样化、投资主体多元化原则，根据不同地区情况，分别进行不同产权形式的试点。有条件的地区可以进行股份制改造；暂不具备条件的地区，可以比照股份制的原则和做法，实行股份合作制；股份制改造有困难而又适合搞合作制的，也可以进一步完善合作制。

2016 年 3 月 21 日，香河县农村信用合作联社结合自身业务状况，启动农村商业银行筹建工作，并分别上报河北省农村信用社联合社廊坊办事处筹建工作请示、河北省银监局筹建工作请示，获得批复后，开始组建农村商业银行。

2017 年 8 月 9 日，河北香河农村商业银行股份有限公司创立大会暨股东大会第一次会议在香河县联社十层会议室召开，会议通过香河农商银行筹建工作报告、章程、议事规则等 17 项议案，选举产生香河农商银行第一届董事会非执行董事和第一届监事会非职工监事。

2018 年 3 月 9 日，香河农商银行股东大会第二次会议审议并通过《河北香河农村商业银行股份有限公司聘请河北瑞立会计师事务所有限公司及河北王文成律师事务所两家中介机构》《河北香河农村商业银行股份有限公司薪酬与提名委员会关于 2018 年职工薪酬管理办法（修订）》《河北香河农村商业银行股份有限公司揭牌开业日期》《河北香河农村商业银行股份有限公司股权管理暂行办法（试行）》等 10 项议案的决议。

2018 年 12 月 30 日，香河农商银行召开股东大会第三次会议，审议并通过《河北香河农村商业银行股份有限公司股东大会第三次会议改选执行董事、非执行董事的议案》《河北香河农村商业银行股份有限公司股东大会第三次会议关于通过王宝生、王元伟、张莉同志辞去第一届董事会董事长、董事职务的决议》《河北香河农村商业银行股份有限公司修改后章程的议案（项目说明）》，修改章程“第十五章”其他事项修改第二百八十八条等 4 项议案。

2019 年 1 月 11 日，香河农商银行召开股东大会第四次会议，审议并通过《河北香河农村商业银行股份有限公司 2019 年职工工资薪酬考核分配管理办法（草案）的议案》等 5 项议案。

2020 年 1 月 10 日，香河农商银行召开股东大会第五次会议，审议并通过《河北香河农村商业银行股份有限公司 2019 年股金分红方案》等 5 项议案。

2020 年 8 月 28 日，香河农商银行召开股东大会第六次会议，审议并通过《河北香河农村商业银行股份有限公司关于选举第二届董事会董事长的议案》，选举张斌担任第二届董事会董事长；《河北香河农村商业银行股份有限公司关于选举第二届监事会监事长的议案》，选举王健担任第二届监事会监事长；《河北香河农村商业银行股份有限公司关于李玉春同志辞去董事会秘书职务的议案》《河北香河农村商业银行股份有限公司关于王亚山同志辞去独立董事职务的议案》《河北香河农村商业银行股份有限公司关于选举韩卫华同志为董事会秘书的议案》《河北香河农村商业银行股份有限公司关于选举李富强同志为独立董事的议案》《河北香河农村商业银行股份有限公司关于王尚新等董事连任的议案》《河北香河农村商业银行股份有限公司关于崔长林同志辞去监事职务的议案》《河北香河农村商业银行股份有限公司关于选举张凤丽同志为监事的议案》《河北香河农村商业银行股份有限公司关于魏江等监事连任的议案》等 11 项议案。

2021 年 1 月 15 日，香河农商银行召开线上股东大会第七次会议
综合办公室供图

2021 年 1 月 15 日，香河农商银行

召开股东大会第七次会议，审议并通过《河北香河农村商业银行股份有限公司2020年股金分红方案》《河北香河农村商业银行股份有限公司2021年职工工资薪酬考核分配管理办法（草案）》《河北香河农村商业银行股份有限公司2020年利润分享分配方案》等5项议案。

2022年1月14日，香河农商银行召开股东大会第八次会议，审议并通过《河北香河农村商业银行股份有限公司2022年职工工资薪酬考核分配管理办法（草案）》《河北香河农村商业银行股份有限公司2021年度反洗钱报告》等6项议案。

2022年6月10日，香河农商银行召开股东大会第九次会议，审议并通过《河北香河农村商业银行股份有限公司2021年股金分红方案》《河北香河农村商业银行股份有限公司2021年利润分享分配方案》等6项议案。

2023年3月11日，香河农商银行召开股东大会第十次会议，审议通过《河北香河农村商业银行股份有限公司修改公司章程的议案》《河北香河农村商业银行股份有限公司2022年度董事会工作报告》等17项议案。

香河农商银行股东为依法持有香河农商银行股份的法人和自然人。

享有权利：

1.依照其所持有的股份份额获得股利和其他形式的利益分配；2.依法请求召集、主持、参加或委派代理人参加股东大会，并依照其所持有的股份份额行使表决权；3.享有选举权和被选举权；4.对本行的经营行为进行监督，提出建议或者质询；5.依照法律法规和本章程的规定，可以对所持有的股份转让、继承、赠予；6.本行应当将章程、股东名册、公司债券存根、股东大会会议记录、董事会会议记录、监事会会议记录、财务会计报告置备于本公司；7.股东有权查阅公司章程、股东名册、公司债券存根、股东大会会议记录、董事会会议决议、监事会会议决议、财务会计报告，对公司的经营提出建议或者质询；8.本行终止或清算时，按其所持有的股份份额依法参加本行剩余财产的分配；9.股东大会、董事会的会议召集程序、表决方式违反法律、行政法规或本章程，或决议内容违反本章程的，股东可以自决议作出之日起60日内，请求人民法院撤销；10.股东合法权益受到侵害时，有权依照法律法规及本行章程的规定，要求停止侵害，赔偿损失；11.适用法律法规、行政规章和本章程所赋予的其他权利。

承担义务：

1.遵守法律法规和监管规定，承认并遵守本章程。2.主要股东应当在必要时向本行补充资本。3.按其所认购的股份和入股方式缴纳股金。4.以其所持本行股份为限对本行承担责任。5.保守本行商业秘密，维护本行的利益和荣誉，支持本行合法开展各项业务。6.服从和履行股东大会决议。7.依法对本行履行诚信义务，如实提供股东身份资料、财务报告、报表、信用报告、关联情况报告、入股其他金融机构情况报告等其他资料，并确保提交的资料真实、完整、有效。8.本行法人股东如发生法定代表人、公司名称、注册地址、注册资金、经营范围、自身股东变更等重大事项变更，以及公司解散、被撤销、分立或与其他公司合并、被其他公司兼并、持有其他金融机构股份等情形时，法人股东应在事件发生后30天内书面通知本行；涉及股东名册登记事项变更的，应携带合法有效的证明文件，到本行股权管理部门办理变更登记手续，需要换发股权证的、由本行股权管理部门换发股权证。9.不得滥用股东权利损害本行或者其他股东的利益；不得滥用公司法人独立地位和股东有限责任损害本行债权人的利益；股东滥用股东权利给本行或者其他股东造成损害的，应当依法承担赔偿责任。本行股东滥用公司法人独立地位和股东有限责任，逃避债务，严重损害本行债权人利益的，应当对本行债务承担责任。10.应经但未经监管部门批准或未向监管部门报告的股东，不得行使股东大会召开请求权、表决权、提名权、提案权、处分权等权利。11.对于存在虚假陈述、滥用股东权利或其他损害本行利益行为的股东，银监会或其派出机构可以限制或禁止本行与其开展关联交易，限制其持有本行股权的限额、股权质押比例等，并可限制其股东大会召开请求权、表决权、提名权、提案权、处分权等权利。12.法律法规和本章程规定应承担的其他义务。

股东大会分为年度股东大会和临时股东大会。年度股东大会每年召开一次，于上一会计年度结束后的 6 个月内召开。因特殊情况需延期召开的，应当及时向银行业监督管理机构报告，说明延期召开的理由并公告。有下列情形之一的，本行应在事实发生之日起 2 个月以内召开临时股东大会：1.董事人数不足公司法规定人数或者本行章程所定人数的三分之二时；2.本行未弥补的亏损达到本行股本总额的三分之一时；3.单独或者合并持有本行有表决权股份总数 10%（不含投票代理权）以上的股东书面提议时（持股数按股东提出书面提议日计算）；4.董事会认为必要时；5.监事会提议召开时；6.三分之一以上董事提议召开时；7.全部独立董事提议召开时；8.法律法规、部门规章及本章程规定的其他情形。

股东大会是香河农商银行的最高权力机构，主要职权包括：1.制定或修改章程；2.选举和更换董事和非职工监事，决定有关董事、监事的报酬事项；3.审议批准董事会和监事会工作报告；4.审议批准本行的发展战略、规划，决定本行的经营方针和投资计划；5.审议批准本行年度财务预、决算方案，利润分配方案和亏损弥补方案；6.对本行增加或减少注册资本作出决议；7.决定发行债券，审议股权激励计划；8.对本行的合并、分立、解散、清算或变更公司形式作决议；9.审议批准本行特别重大捐赠、特别重大投资、特别重大资产购置和特别重大资产处置；10.审议单独或合并持有本行股份总数 3%以上股东提出的应当由股东大会做出决定的议案；11.审议通过或修改股东大会议事规则、董事会议事规则、监事会议事规则；12.审议批准需本行回购股份方案；13.听取中国银行业监督管理机构对本行的监管意见、行业管理部门及外部审计部门的主要审计、检查情况及本行执行整改情况的通报；14.听取监事会对董事会、高级管理层及其成员、监事的履职评价报告；15.授权董事会聘请或更换会计师事务所、律师事务所等中介机构；16.审议法律、行政法规和本章程规定的应当由股东大会决定的其他事项。

第二节　董（理）事会

理事会

1953 年，香河县打鹬户村建立农村信用社，按照中国人民银行 1953 年颁布的《农村信用合作社章程（草案）》规定召开理事会，选举产生理事。

1984 年 11 月 9 日，香河县农村信用社组建河北省香河县信用合作社联合社，召开第一届社员代表大会、理事会、监事会，选举产生信用联社管理委员会成员、理事、监事，成立县联社管理委员会，下设监事会、理事会。

1986年1月，县联社召开第二届理事会，选举刘永春任县联社主任，张泽、贾天相为县联社副主任。

1988年11月，县联社召开第三届理事会，选举宋昆任县联社理事长，张泽任副理事长（副行长级待遇）。

1998年6月25日，县联社召开第四届理事会第一次会议，表决通过刘永春任理事会理事长，兼任县联社主任，聘任张玉华、贾天相为县联社副主任。

2000年7月3日，县联社召开第五届理事会第一次会议，表决通过樊德祥任理事会理事长，根据章程规定由樊德祥兼任县联社主任，决定聘任张玉华、贾天相为县联社副主任。

2006年12月13日，县联社在香河县贵宾楼召开第一届理事会第一次会议。选举樊德祥为香河县农村信用合作联社第一届理事会理事长，审议并通过《香河县农村信用合作联社理事会议事规则》《香河县农村信用合作联社理事会工作制度》《香河县农村信用合作联社主任、副主任选聘办法》。

2009年7月13日，县联社在香河县顺隆宾馆召开第二届理事会第一次会议，选举王宝生为第二届理事会理事长。

2012年8月20日，县联社在三层会议室召开第三届理事会第一次会议，选举王宝生为香河县农村信用合作联社第三届理事会理事长。

2015年10月12日，县联社在机关六层会议室召开第四届理事会第一次会议，选举通过王宝生为香河县农村信用合作联社理事长。

理事会的产生与组成：理事会是社员代表大会的常设执行机构。理事会成员人数根据不同时期的情况而设。理事会理事由社员代表大会选举和更换，每届任期同社员代表大会，行使职权到下届社员代表大会选出新的理事为止。

理事会会议召开由理事长召集，理事长因故不能履行其职责时，委托其他理事履行。理事会每半年召开1次，召开临时理事会须经理事会三分之一理事提议方可召开。本社理事会会议应有二分之一以上理事出席方可举行。

理事会设理事长1人，主持理事会工作；理事若干名，理事会工作在未实行以县为单位统一法人前的二级法人时期，信用社、联社理事长为该社主任（法人代表），副理事长为副主任。以县为单位统一法人后，信用社为县联社的分支机构，不用设理事会。县联社的理事会设理事长（法人代表），实行理事会领导下的主任负责，理事长和主任，不得相互兼任。

理事会行使职权：1.负责召集社员代表大会，并向社员代表大会报告工作；2.执行社员代表大会的决议；选举和更换理事长、副理事长；3.决定联社的发展方向、业务发展中长期规划、年度计划、信贷资金清收处置计划、入股及投资方案；4.制定联社的年度财务预、决算方案、利润分配方案和弥补亏损方案；5.制订联社增加或者减少注册资本的方案；6.决定联社的内部职能部门设置、分支机构发展和撤销方案；7.制定联社的基本管理制度；8.审议、批准联社的大额贷款、大额投资、大额资产处置方案及重大关联交易；9.聘任和解聘联社主任，根据主任提名，聘任或解聘副主任、财务、信贷部门负责人；

根据监事长提名、聘任或解聘稽核部门负责人；10.拟定联社的合并、分立和解散方案；11.决定联社“三定”方案和员工工资薪酬分配方案；12.联社章程规定和社员代表大会授予的其他权力。

理事长行使职权：1.主持社员代表大会，召集和主持理事会会议；2.对全辖各项业务经营活动有知晓权、发言权、决策权和质询权；3.参加主任办公会等工作会议，在会议召开两天前，召集人应将会议内容以书面形式报送理事长，理事长可根据实际决定是否参加会议，参加会议时可提出指导性的工作意见；4.检查理事会决议的实施情况，并向理事会报告；5.对联社业务活动的合法、合规性进行监督；6.协调各方关系，为经营班子的经营创造良好的外部环境；7.签署联社股权证书，签发理事会决议；8.在理事会闭会期间，行使由理事会授权其行使的权利。

董事会

2022 年 6 月 10 日，河北香河农村商业银行股份有限公司召开第二届董事会第十二次会议　综合办公室供图

2017 年 8 月 9 日，香河农商银行召开第一届董事会会议，选举香河农商银行第一届董事长、行长、董事会秘书、副行长、行长助理等高管人员，讨论并通过各委员会议事规则。

2020 年 8 月 28 日，香河农商银行召开第二届董事会第一次会议，选举张斌担任香河农商银行第二届董事会董事长，通过第二届董事会各专门委员会主任委员、委员等 4 项议案。

2022 年 6 月 10 日，香河农商银行召开第二届董事会第十二次会议，审议并通过《河北香河农村商业银行股份有限公司关于选举第二届董事会董事长》，选举华国旺为第二届董事会董事长。通过《河北香河农村商业银行股份有限公司关于聘任行长》董事长华国旺提名李雅卓为行长等 4 项议案。

2023 年 3 月 11 日，香河农商银行召开第三届董事会第一次会议，选举华国旺为香河农商银行第三届董事会董事长，选举董事会下设各专门委员会主任委员，委员。

董事会是股东大会的执行机构，对股东大会负责。香河农商银行董事会由 11 名董事组成，设董事长 1 名。董事会中设执行董事 3 名，非执行董事 8 名（含独立董事 2 名）。

董事会会议召开程序：董事会会议分为定期会议和临时会议。董事会定期会议每季度应当至少召开 1 次会议。有下列情形之一的，董事长应当在 10 日内召集临时董事会会议：董事长认为必要时；三分之一以上董事联名提议时；全部独立董事提议时；监事会提议时；行长提议时；单独或合计持有本行 10%以上表决权的股东提议时。董事会会议由董事长召集并主持。如果董事长不能履行职务或者不履行职务的，由半数以上董事共同推举 1 名董事召集并主持。董事会应当通知监事会派员列席董事会会议。如有必要，也可以通知行长列席董事会会议。

董事会行使职权：1.召集股东大会，并向股东大会报告工作；2.执行股东大会的决议；3.决定本行的经营计划和投资方案；4.制订本行的年度财务预算方案和决算方案；5.制订本行的利润分配方案和弥补亏损方案；6.制订本行增加或者减少注册资本、其他改变或重组注册资本的方案；7.制订收购本行股份方案；8.制订本行发行债券方案；9.制订公开发行股份的方案；10.制订本行合并、分立、解散和变更公司形式的方案；11.决定本行内部管理机构、分支机构的设置；12.决定聘任或解聘本行行长、董事会秘书，并根据行长的提名决定聘任或解聘副行长及其他高级管理层成员，根据需要决定聘任或解聘财务总监、合规总监、风险总监，并决定其报酬事项；13.制订本章程草案和修改草案；14.制订股东大会议事规则、董事会议事规则草案和修改草案；15.制订或修改本行的基本管理制度；16.审议批准本行重大或一般捐赠、重大或一般投资、重大资产购置、重大资产处置和重大关联交易；17.管理本行信息披露事项；18.对聘请或更换会计师事务所等中介机构做出决议；19.监督高级管理层的履职情况，确保高级管理层有效履行职责；20.定期听取高级管理层对本行经营计划的执行情况、经营业绩、重要合同、财务状况、风险状况、合规状况、经营前景和对监管意见的整改情况等报告；21.审议单独或合并持有本行股份总数 3%以上股东提出的应当由董事会做出决定的议案；22.法律法规、行政规章或本章程规定的以及股东大会授予的其他职权；23.董事会决定重大问题，应事先听取党委的意见。

董事长行使职权：1.主持股东大会和召集、主持董事会会议；2.督促、检查董事会决议的执行；3.签署本行股权证书、债券及其他有价证券；4.签署董事会重要文件和其他应由本行法定代表人签署的文件；5.行使法定代表人的职权；6.在发生特大自然灾害等不可抗力的紧急情况下，对本行事务行使符合法律规定和本行利益的特别处置权，并在事后向本行董事会和股东大会报告；7.有关法律法规、行政规章和本章程规定的以及董事会授予的其他职权。

第三节　监事会

监事会

1953 年，中国人民银行颁布的《农村信用合作社章程（草案）》提出设置监事会。明确监事会是农村信用合作社的监督机构，代表全体社员监督检查理事会的工作，由 3—9 名监事组成，设监事主任 1 人，监事由社员代表大会选举产生，监事主任由监事会选举产生；监事会会议由监事主任召集，每月召开 1 次。

1953 年，人行香河支行在打鹔户村建立信用社，召开社员代表大会，选举产生监事会监事成员。

1984 年 11 月 9 日，河北省香河县信用合作社联合社成立，召开第一届监事会第一次会议。

1986 年 1 月，县联社召开第二届监事会第一次会议。

1988 年 11 月，县联社召开第三届监事会第一次会议。

1998 年 6 月 25 日，县联社召开第四届监事会第一次会议，通过监事会制度。

2004 年 7 月 21 日，县联社召开第五届监事会第二次会议，选举张玉华为第五届监事会监事长。

2006 年 12 月 13 日，县联社在香河县贵宾楼召开第一届监事会第一次会议，会议选举贾天相为第一届监事会监事长；审议并通过《香河县农村信用合作联社监事会议事规则》《香河县农村信用合作联社监事会工作制度》。

2009 年 7 月 13 日，县联社在香河县顺隆宾馆召开第二届监事会第一次会议，选举赵万宏为第二届监事会监事长。

2012 年 8 月 20 日，县联社在机关六层会议室召开第三届监事会第一次会议，选举赵万宏为第三届监事会监事长。

2015 年 10 月 12 日，县联社在机关六层会议室召开第四届监事会第一次会议，选举冯宝祥为第四届监事会监事长。

2009 年 7 月 13 日，香河联社召开第二届监事会第一次会议　综合办公室供图

2017 年 8 月 9 日，香河农商银行召开第一届监事会会议，选举冯宝祥为香河农商银行第一届监事会监事长，讨论并通过监事会各有关委员会的议事规则。

2020 年 8 月 28 日，香河农商银行第二届监事会第一次会议在机关六层会议室召开，选举王健为香河农商银行第二届监事会监事长。

2023 年 3 月 11 日，香河农商银行第三届监事会第一次会议在机关六层会议室召开，选举王健为香河农商银行第三届监事会监事长。

监事会是香河农商银行的监督机构，代表全体股东监督董事会和高级管理人员，对股东代表大会负责。

监事会会议召开程序与议事规则：监事会会议由监事长召集，分为例会和临时会议，例会每年至少召开 4 次；监事长或三分之一以上监事提议时可召开临时会议，召开临时会议，应提前 5—10 个工作日将会议通知及会议材料以书面形式送达全体监事；监事会会议应有二分之一以上监事出席方可召开。监事会会议应由监事本人出席，监事因故不能出席的，可书面委托其他监事代为出席，未委托代表出席视为放弃会议投票权；会议实行一人一票表决制，做出的决议须经全体监事二分之一以上通过，重大决议须经全体监事三分之二以上通过。

监事会由 3—7 人组成，分职工监事和非职工监事（又称内部监事和外部监事）；职工监事由职工代表大会选举产生，非职工监事由股东代表大会选举产生；监事每届任期 5 年，可连选连任，行使职权至股东大会和职工代表大会选出新的监事为止，农村商业银行董事、行长、副行长和财务负责人不得兼任监事。监事会设监事长 1 人，由审计中心提名、监事会选举产生，每届任期同监事一致，可连选连任，列席董事会会议。

监事会行使职权：1.监督董事会、高级管理人员以及董事、监事、高级管理人员履行职责的情况；2.检查、监督本行的财务状况；3.要求董事和高级管理层成员纠正其损害本行利益的行为；4.对董事和高级管理层成员进行专项审计和离任审计；5.对本行的经营决策、风险管理和内部控制等进行审计，指导本行内部稽核工作；6.对董事、高级管理层成员进行质询；7.提请股东大会罢免不能履行职责或违反法律、行政法规、公司章程或者股东会决议的董事、监事及高级管理人员；8.提议召开临时股东大会，或在董事会不履行召集和主持股东大会职责时召集和主持股东大会；9.向董事会会议提出提案；10.列席董事会会议，并对董事会决议事项提出质询或建议，但不具有表决权；11.监事会认为必要时，可以指派监事列席高级管理层会议；12.制定、修改监事会各专门委员会工作规则；13.依据《中华人民共和国公司法》的规定，对董事、高级管理人员提起诉讼；14.法律法规、行政规章和本章程规定的、股东大会授权的其他职权。

监事长由监事会选举或更换，监事长每届任期 3 年，任期届满，可连选连任。

监事长行使下列职权：1.召集和主持监事会会议；2.组织履行监事会的职责；3.签署监事会报告和其他重要文件；4.代表监事会向股东大会做报告；5.督促检查本行对监事会决议的实施情况；6.依照法律法规、行政规章和本章程规定、监事会授权的其他职权。

第四节　高级（经营）管理层

经营管理层

1984 年，信用社恢复“三性”改革，实行“民主管理、独立经营、独立核算、自负盈亏”，经营管理班子逐渐恢复。同年，县联社成立，实行“两级法人”管理体制，产生管理层的概念。管理层由理事会聘任，由主任和副主任组成，履行对基层农村信用合作社的管理和服务的职责。但在实际工作中，县联社主任一般由县农业银行支行行长或主管信用社的副主任担任，此模式至 1996 年农村信用社与农业银行脱离行政隶属关系后结束。

1996 年，农村信用社与农业银行脱离隶属关系后，实现自主经营、自负盈亏，县联社管理层由主任、副主任组成，主任由理事会聘任，实行任期目标责任制。此管理模式是信用社在体制改革探索期，法人治理结构尚未完善所致，直至县联社完成统一法人体制改革。

2006 年，县联社统一法人后，“三会一层”的管理制度趋于完善，理事会与经营管理层分设，实行理事会领导下的主任负责制；理事会聘请高级管理人员组成经营管理层对联社业务进行经营管理，实行理事会领导下的经营负责制；理事会聘任主任 1 人，副主任 1—3 人组成经营班子，全面负责联社的经营管理工作，每届任期 3 年，可连聘连任。

农村商业银行高级管理层

2018 年 5 月 18 日，河北香河农村商业银行股份有限公司正式揭牌开业，按照《公司法》的规定建立完善“三会一层”法人治理结构。其中，高级管理层由行长 1 人，副行长 3—5 人和其他高级管理人员组成，负责对农商银行日常业务进行经营管理。行长、副行长和其他高级管理人员由董事长提名，报银行业监督管理机构资格审查合格后，由董事会聘任，每届任期 5 年，可连聘连任，连聘连任须报银行业监督管理机构进行任职资格审查。

2017 年 8 月 9 日，香河农商银行召开第一届董事会会议，通过了聘任香河农商银行行长、副行长等高级管理层人员的各项决议。

行长对董事会负责，行使以下职权：1.主持本行的经营管理工作，组织实施董事会决议；2.拟订经营计划和投资方案，经董事会批准后组织实施；3.授权其他高级管理层成员或内部管理机构及分支机构负责人从事经营管理活动；4.拟订本行内部管理机构设置方案；5.拟订本行分支机构设置和撤并方案；6.拟订本行基本管理制度；7.制定本行的具体规章；8.提请董事会聘任或解聘副行长和其他高级管理层成员；9.聘任或解聘应由董事会聘任或解聘以外的本行内部管理机构或分支机构的负责人；10.拟定本行职工的工资、福利、奖惩、聘用和解聘方案；11.提议召开董事会临时会议；12.定期、及时、准确、完整地向董事会报告有关本行经营计划的执行情况、经营业绩、重要合同、财务状况、风险状况、合规状况、经营前景和对监管意见的整改等情况，并对报告真实性负责；13.在本行发生挤兑等重大突发事件时，采取紧急措施，并立即向董事会、监事会和中国银行业监督管理机构报告；14.法律法规、行政规章和本章程规定的以及董事会授予的其他职权。

第八章　产权制度

现代产权制度是市场经济存在和发展的基础，是完善基本经济制度的内在要求。建立健全现代产权制度，是实现国民经济持续快速发展和社会有序运行的重要制度保障。农村信用社的产权形式可采取股份制、股份合作制和合作制三种形式，组织形式可采取农村股份制商业银行、农村合作银行、以县（市、区）为单位统一法人和两级法人等模式。香河县农村信用社的产权制度经历了“合作制、股份制”两次产权制度改革。

第一节　股权设置

信用社是由社员入股组成、实行民主管理、主要为社员提供金融服务的农村合作金融机构。动员社员入股、筹集股金，是建立信用社的前提条件，是信用社的立社之本。

1928 年 3 月 1 日，《合作讯》登载的《农村信用合作社勤俭储金规约》中，第三条：本规约主旨，系协助社员克勤克俭，并将勤俭所得余款，充个人致富储金；第五条：各社员依本规约所储之款，除出会或被除名外，非特殊情形，不得提取；第六条：本储金年度决算，另外会计报告兑会，总会得依其成绩而奖励。

1951 年，中国人民银行制定《农村信用合作社章程（草案）》中规定：凡居住本社区区域的年满 16 岁之男女，除被剥夺公民权者外，均得申请加入信用社为社员（不满 18 岁者无被选举权）。入社时，必须入股，经过群众评议，缴纳入社费和股金，才能成为信用合作社的社员。以人或以户入股均可，入社费规定为 100 元（旧币，下同）。社员每人至少 1 股，也可多股，每股金额 10—15 千克小米，不论股金多少，每人均只有一表决权，因为贫困无力不能一次缴清社股者，经理事会同意，可以分期缴纳，但是期限不得超过 6 个月，在缴纳入社费和第一次股金后，即取得信用合作社的社员资格，发给社员证。如果要增加社股金额，须由社员大会或社员代表讨论通过。社员入股自愿、退股自由，如果社员退社，必须于年终决算 1 个月前提出，信用社应于年终决算后 1 个月以内退还其股金，如有亏损，按股扣除，如有分红，按股发给。社员迁徙时，经过理事会许可，应该在 1 个月内退还其股金。社员退社，入社费一律不退。社员死亡，股权归其合法继承人，并负盈亏责任。每个社员都有缴纳入社费和股金的义务，信用社实行独立核算，自负盈亏，不以营利为目的。社员股金以不分红为原则，如果必须分红时，要经过社员大会或社员代表大会讨论通过，并不得超过盈利的 20%，或不超过 1 年期存款利息。年终决算遇有亏损时，应以公积金、股金以及不返还之收入依次补偿，仍不敷时，社员再不负担赔偿责任。当时在实际工作中，多数情况下信用社并没有实行盈余分配，也没有实行亏损分摊，亏损部分是由国家银行补贴的。

1952年，人行河北省分行在《关于有关合作社的重要问题的指示》中明确：凡居住在信用合作社业务区域内的年满16岁的劳动群众（地主、富农、商人除外）都可以作为信用社社员，以人为单位纳股入社；入社股金由社员讨论确定，每股5000元（旧币），1万元或2万元不等，但一个社的股金额一致；贫苦社员无力一次缴清的可分期缴纳，延长期限不能超过两个农业收获季节，入社第一次缴纳股金不少于应缴纳股金的三分之一；以第一次缴纳时间为准，承认其为信用合作社社员，享有社员待遇；社员退股可在年终结算前一个月提出，决算一个月后根据盈、亏多少按股份比例分配应得应扣数额，结清后返还；鉴于信用合作社低利率并且享受国家税收优待，服务于社员群众，社员从贷款中得好处超过其原来入股价值，同时信用社盈余存、贷利差收入与股金相关不大，故信用合作社不采用股金分红办法，盈余用于信用合作社积累。

1952年，河北省有95个县新建285个信用社，共有社员128596人。

1953年，人行香河支行在打鶄户村建立信用社时，社员入股每股股金2万元（旧币），一个月内发展到420股。

1955年1月14日，中国人民银行制定《农村信用合作社章程（草案）》规定：本社年终决算有盈余时，股金不分红，按下列标准分配：公积金占60%以上，作为本社资金积累，以备扩充业务和弥补经营亏损；公益金占25%以下，用于办理社员文化教育、医药卫生等福利设施；奖励金占15%以下，作为奖励对本社有功绩的社员及工作人员。

1956年6月8日，中国人民银行制定《农村信用合作社示范章程（草案）》规定：如果信用社有盈余，社员可以享受股金分红；为促进社员对信用社的公共利益的关心，提高社员对信用社监督的积极性，使社内贫农和中农更加团结，信用社股金应该分红，股金分红的数额应该以纯益的30%—40%为宜。盈余少的社经过社员讨论同意也可以少分或不分。过去没有分红过的信用社，如果实行股金分红，应该从当年开始，已转入公共积累的盈余，不再补行分配。

1958年，人行河北省分行按照“两放、三统、一包”办法，将信用合作社下放给人民公社。信用合作社的社员股金、公积金、公益金由公社信用部统一掌握后，作为资金无息供给信用分部使用。但股金仍记个人名下，不再分红，一直到1961年。

1961年6月14日，中国人民银行印发《农村信用合作社工作条例（草案）》中规定：凡是农村人民公社的社员都可以参加信用社，社员以户入社，交纳股金，一户一股，也可以一户多股，不加限制。每股金额多少，以大多数社员能够交得起为原则，由社员代表大会讨论决定还没有交过股金或交纳不足的，应当补交。信用社每年年终决算后，如有盈余则股金分红比例不超过实际盈余的50%。

1961年9月26日，中国人民银行制定《关于农村信用社若干问题的规定（试行草案）》规定：信用社的股金、积累及其财产，属于信用社社员集体所有。信用社吸收的存款，属于存户所有。信用社资金独立，自负盈亏。

1962年11月，中共中央、国务院批转中国人民银行《关于农村信用社若干问题的规定》，规定信用社的盈余，首先应当提出公积金，增加积累；其次以适当部分作为股金分红，分给社员，再次，以一部分作为奖励金和福利金，办理干部奖励和福利。当年，人行河北省分行根据中国人民银行《关于农村信用社若干问题的规定》精神，在河北省范围内恢复信用合作社的独立性，将股金、积累等财产转为信用合作社集体所有，恢复股金分红。

1974年，财政部发出《关于信用社盈亏处理问题意见的通知》指出：信用社有盈余的年度，可以提取股金分红。分红多少，可以参照定期存款的利率，由各省、市、区确定。分红的方法，可以一年分一次，分红过少的，也可以将提出的股金分红几年合并分一次，没有盈余的年度不分红。

1978年5月12日，中国人民银行印发《关于农村金融机构的几点意见》的通知指出：信用社无论盈余、亏损、社员的股金，一律从1978年起按定期存款利率付给股息。1977年以前，盈余社没有分红的原则上不再补分。

1981年3月9日，中国农业银行《关于改革农村信用合作社体制搞活信用合作社工作的意见》指出：信用社股金仍执行过去的规定，银行定期一年储蓄利率付息。

1983年，农行河北省分行根据中国农业银行《关于信用社管理体制的试点意见》精神，进行恢复和加强信用社“三性”试点工作。对社员的股金逐户逐人清理核对，落实股权，换发新证，补偿股金红利。并在自愿的原则下扩充新股，规定每人可持1—5股，每股股金最多不超过5元，信用合作社社员在同等条件下享受优先贷款权。

1984年8月，国务院批转中国农业银行《关于改革信用合作社管理体制的报告的通知》明确指出：要积极吸收农民入股，增强群众基础，壮大资金力量，把信用社和农民的经济利益紧密联系起来。农村个人和集体经济单位均可入股，但要贯彻自愿原则，有入股和退股自由。信用社实行保息分红制度，无论盈亏，都按一年定期存款利率付息；如有盈余，还可以照章分红。

1997年9月15日，中国人民银行印发《农村信用合作社管理规定》指出：“农村信用社的社员是指向农村信用社入股的农户以及农村各类具有法人资格的经济组织。农村信用社的职工应当是农村信用社社员，社员以其出资额为限承担风险和民事责任。”同时规定，农村信用社的注册资本金必须是农村信用社社员缴纳的股本金和农村信用社公积金转增形成的资本总额；农村信用社所有社员必须用货币资金入股，每个社员的最高持股比例不得超过该农村信用社股本金总额的2%；农村信用社不得印制股票，只发记名式股金证书，作为入股者所有权凭证和分红依据；股金证书应载明认缴股金数额及所享有的所有者权益份额；农村信用社社员持有的股本金，经向本社登记手续后可以转让；农村信用社社员，经本社理事会同意后，可以退股。年底财务决算之前退股的，不支付当年股息红利。

1999年11月23日，廊坊市农金体改办转发人行天津分行《转发中国人民银行〈关于适当提高社员入股额度，搞好农村信用社增资扩股有关问题的通知〉的通知》的通知，要求：一是全面清理老股金，重新登记社员股金证，落实股权，对原有股金红利要进行分配并如数兑现。对并入农村信用社的原农村合作基金会的基础股金，农村信用社要积极做工作，促使农户或者农村集体经济组织自愿入股，成为农村信用社社员。二是根据地区经济发展差别确定社员入股金额，个体社员入股起点：老、少、边、穷地区农村信用社入股起点为100元，城郊和经济发达地区的农村信用社入股起点1000元，其他农村信用社入股起点500元。职工个人社员入股起点：老、少、边、穷地区农村信用社的职工为2000

元，负责人为 1 万元；城郊和经济发达地区的农村信用社职工为 5000 元，负责人为 2 万元；其他地区的农村信用社职工为 3000 元，负责人为 1.5 万元，县（市）联社职工向县（市）联社入股起点比照城郊地区和发达地区的农村信用社职工入股起点执行。三是通过改革整顿规范农村信用社工作，增资扩股，股金要达到以下要求：老、少、边、穷地区农村信用社，股本金 1999 年年底达 30 万元以上，未来两年内逐步达 50 万元以上；城郊地区和镇政府所在地的农村信用社。股本金 1999 年年底达 70 万元，2000 年达 100 万元以上；其他地区的农村信用社，股本金 1999 年年底达 50 万元以上，2000 年要达 70 万元以上。四是经过改革整顿规范的农村信用社农民入股要达到 80%。五是尚未向联社入股的信用社，1999 年年底前必须按规定入股，使县联社资本金达到规定要求。

2000 年 4 月 18 日，人行廊坊中心支行印发《廊坊市农村信用社增资扩股实施方案》，要求符合条件的联社要制定增资扩股方案，扩股总额不少于 50 万元。2000 年 6 月，香河县联社按照人行要求开展增资扩股及清理老股金工作。

2003 年 9 月 12 日，银监会印发《农村商业银行管理暂行规定》规定：农村商业银行根据股本金来源和归属设置自然人股、法人股；农村商业银行的股本划分为等额股份，每股金额为 1 元；农村商业银行单个自然人股东持股比例不得超过总股本的 5‰，单个法人及其关联企业持股总和不得超过总股本的 10%，本行职工持股总额不得超过总股本的 25%；除原农村信用社社员可将其清产核资、评估量化后的股金按照自愿原则和农村商业银行股本结构的规定转为农村商业银行股本金外，农村商业银行发起人必须以货币资金认缴股本，并一次募足；农村商业银行应向认缴股份的股东签发记名股权证，作为股东入股所持股份的凭证；农村商业银行股东不得虚假出资或抽逃出资，也不得抽回股本，不得接受本行股份作为质押权标的，发起人持有的股份自农村商业银行成立之日起 3 年内不得转让。

2003 年 9 月 18 日，银监会印发《农村信用社省（自治区、直辖市）联合社管理暂行规定》，规定农村信用合作社市（地）联合社、县（市区）联合社、县（市区）农村信用合作联社、农村合作银行和农村商业银行向省联社入股，省联社不吸收其他法人和自然人股。省联社每股股金 10 万元，单个社员社出资比例不得超过省联社股本总额的 10%，社员社入股金额不超过其实收资本的 30%。社员必须以货币资金入股，股金必须一次募足。

2004 年 4 月 21 日，银监会印发《关于规范向农村合作金融机构入股的若干意见》，明确入股条件为：自然人、企业法人和其他经济组织符合向金融机构入股条件的，均可申请向其户口所在地或注册地的农村合作金融机构入股，成为农村合作金融机构社员（股东）；农村合作金融机构的社员（股东）应以货币资金入股，不得以实物资产、债权、有价证券等形式作价入股；农村合作金融机构原有非货币形式的股金，应按照有关规定进行确认或清理；农村合作金融机构社员（股东）必须以自有资金入股，不得以金融机构贷款入股；农村合作金融机构不得与工商企业以换股形式相互入股；农村合作金融机构不得接受各级人民政府财政资金直接入股。同时规定，农村合作金融机构应按股金来源和归属设置自然人股和法人股两种股权。农村合作银行、县联社应对自然人股和法人股分别设定资格股和投资股。资格股是取得社员（股东）资格必须缴纳的基础股金，投资股是由社员（股东）在基础股金外投资形成的股金。信用社可以对自然人股和法人股分别设定资格股和投资股。设置资格股和投资股的信用社社员股金参照县联社股权设置的有关规定执行，未设置资格股和投资股的信用社社员股金视同资格股管理。农村合作金融机构应结合本地实际合理确定入股的最低数额，并报经当地银行业监督管理机构认可。农村合作金融机构社员（股东）股金每股人民币1元。信用社自然人入股一般不少于100股，法人入股一般不少于1000股；县联社及农村合作银行自然人（含职工）资格股一般不少于1000股，法人资格股一般不少于1万股。信用社股金中，单个自然人持股不得超过股本总额的2%，单个法人持股不得超过股本总额的5%。县联社股金中，单个自然人社员（含职工）持股（包括资格股和投资股）最高不得超过股本总额的5‰，单个法人持股（包括资格股和投资股）最多不得超过股本总额的5%；自然人持股总额不得少于总股本的50%，其中，职工持股总额不得超过股本总额的25%。农村合作银行股金中，单个自然人股东（含职工）持股（包括资格股和投资股）最高不得超过股本总额的5‰；本行职工的持股总额不得超过股本总额的25%；职工之外的自然人股东持股总额不得低于股本总额的30%。单个法人及其关联企业持股总和不得超过总股本的10%，持股比例超过5%的，应报当地银行业监督管理机构审批。

2005年4月4日，县联社决定入股省联社4股，每股10万元。

2006年末，县联社年末股本金余额15598.56万元。

2007年1月5日，县联社决定增加入股省联社10股，每股10万元。

2010年，香河县农村信用合作联社增资扩股1亿元，股本金余额25598.56万元。

2011年，香河县农村信用合作联社增资扩股4401.44万元，股本金余额3亿元。

第二节　合作制改革

改革开放以来，以家庭联产承包责任制为基础的农村经济体制改革，极大地促进农业和农村经济的发展，农村经济发展中，出现了农、工、商和交通等综合性、多层次的产业结构。农村经济发展的多层次，要求既要有以工商企业为主要服务对象的商业性金融机构，也要有主要为农户服务的合作金融机构，还要有支持整个农业开发和农业技术进步、保证国家农副产品收购的政策性金融机构，以形成一个能够为农业和农村经济发展提供及时、有效服务的金融体系。合作制是独立的商品生产者为解决经济活动中的困难，为获得某种服务，按照自愿、平等、互利的原则组织起来的一种经济形式。合作制主要表现为社员入股、实行社员民主管理、主要为社员服务。

1983年1月2日，中共中央印发《当期农村经济政策的若干问题》的通知，指出：信用社应坚持合作金融组织的性质。

1984年1月1日，中共中央印发《关于1984年农村工作的通知》，指出：信用社要进行改革，真正办成群众性的合作金融组织，在遵守国家金融政策和接受农业银行的领导、监督下，独立自主地开展存贷业务。

1996年8月22日，国务院印发《关于农村金融体制改革的决定》，国务院成立农村金融体制改革部际协调小组，省、地、县三级成立农村金融体制改革指导小组。确定改革的核心是把农村信用社逐步改为由农民入股、由社员民主管理、主要为入股社员服务的合作性金融组织。改革的步骤是：农村信用社与中国农业银行脱离行政隶属关系，对其业务管理和金融监管分别由农村信用社县联社和中国人民银行承担，然后按合作制原则加以规范。

1997 年 6 月，国务院办公厅转发《中国人民银行关于进一步做好农村信用社管理体制改革工作意见》，要求把农村信用社办成合作金融组织，按合作制原则改革农村信用社管理体制，完善和加强县联社建设，进一步加强中国人民银行对农村信用社的监督。

1997 年 9 月 15 日，中国人民银行印发《农村信用社县级联合社管理规定》，规定县联社是指经中国人民银行批准设立、由所在县（市）农村信用合作社入股组成、实行民主管理、主要为农村信用社服务的联合经济组织，是企业法人。同时，县联社依法自主经营、自担风险、自负盈亏、自我约束，以其全部资产对县联社的债务承担责任，依法享有民事权利，承担民事责任。

2006 年 12 月 3 日，县联社召开香河县农村信用合作联社创立暨首届社员代表大会，标志着以县为单位统一法人组建工作完成。统一法人后，香河县农村信用合作联社股权分为资格股和投资股两类。资格股是获得社员资格必须缴纳的基础股金，是社员获得农村信用社优先、优惠服务的前提；资格股不分红，可转让、继承，3 年后可退股。投资股是社员中有实力的各类经济组织、个人投资形成的股份。投资股享有分配红利权，可转让、继承、不退股。社员退股或转让、继承股份的，须经信用社同意，并办理相关登记手续。

2006 年底，香河县农村信用合作联社股金余额 15598.56 万元。

2007 年底，县联社进行股权结构调整，调整后资格股余额 9358 万元，投资股余额 6240 万元。

2010 年，香河县农村信用合作联社资格股全部转为投资股。

第三节 股份制改革

农村商业银行是由县内农民、农村工商户、企业法人和其他经济组织共同发起成立的股份制地方性金融机构。深化农村信用社改革，不但关系到信用社的健康稳定发展，而且事关农业发展、农民增收和农村稳定的大局，通过改革可以充分发挥农村信用社农村金融主力军和联系农民的纽带作用，增强农村信用社支农服务功能。

2003 年 6 月 27 日，国务院印发《深化农村信用社改革试点方案的通知》，要深化信用社改革，必须以法人为单位，改革信用社产权制度，明晰产权关系，完善法人治理结构，区别各类情况，确定不同的产权关系。根据不同地区情况，分别进行不同产权形式的试点。在经济比较发达、城乡一体化程度较高、信用社资产规模较大且已商业化经营的少数地区、可以组建股份制银行机构。具体条件是：有较强的管理能力；全辖信用社资产总规模 10 亿元以上；不良贷款比例 15%以下；组建后资本金不低于 5000 万元，资本充足率达到 8%。9 月 12 日，银监会印发《农村商业银行管理暂行办法》，规定农村商业银行是由辖内农民、农村工商、企业法人和其他经济组织共同发起成立的股份制地方性金融机构。主要任务是为当地农民、农业和农村经济发展提供金融服务，促进城乡经济协调发展。农村商业银行是独立的企业法人，享有由股东投资形成的全部法人财产权，依法享有民事权利，并以全部法人资产独立承担民事责任。农村商业银行的股东以其所持股份享有所有者的资产收益、参与重大决策和选择管理者等权利，并以所持股份为限对农村商业银行的债务承担责任。

2010 年 11 月 28 日，银监会印发《关于加快推进农村合作金融机构股权改造的指导意见》指出：农村信用社要全面取消资格股，加快推进股份制改革，稳步提升法人股比例，优化股权结构；有效规范股权管理，健全流转机制，用三到五年时间将农村信用社总体改造为产权关系明晰，股权结构合理、公司治理完善的股份制金融企业。

2015 年 9 月 21 日，省联社印发《关于加快推进组建农商银行产权制度改革工作的通知》，要求县级行社做好增资扩股工作，适当提高企业法人股、职工股占比，调整优化股权结构，合理设置股本金总额，香河联社列入省联社 2015 年下半年改制组建农商银行工作规划表。

2016 年 3 月 21 日，香河县农村信用合作联社结合自身业务状况，启动农村商业银行筹建工作。

2018 年 5 月 18 日，河北香河农村商业银行股份有限公司正式揭牌开业。

第三篇　业务经营

香河县农村信用社业务经营的目标、宗旨和范围，在不同时期历经不同的发展变化。

1923 年 6 月，香河县第一信用合作社在香河县城内福音堂正式成立。香河县第一信用社成立后，主要营业科目是对入股社员发放贷款，主要经营宗旨是满足农民对资金的需求，协助农民促进农业建设，发展农业生产，改善民生，摆脱高利贷剥削。

1951 年 12 月，中国人民银行香河县支行召开农村金融工作第一届金融委员会议指出："储蓄工作是有条件开展的，农民已经有力量储蓄了，'积小钱、办大事、搞大生产'。"因此，20 世纪 50 年代初期，香河县农村信用社主要的经营业务是收受社员存款和储蓄，贷放社员生产和生活上的必需资金，接受国家银行委托代理业务等，以帮助农民解决困难、发展生产为经营宗旨。

1956 年，根据毛泽东同志《关于农业合作化问题》的指示和中共中央七届六中全会《关于农业合作化问题的决议》指出，农村金融工作的基本任务是"扶植贫农、扶助合作化、发展农业生产、消灭农村高利贷剥削"。

1961 年 6 月，中国人民银行印发《农村信用合作社工作条例（草案）》指出，农村信用社实行独立经营，自负盈亏，业务经营方针是为社员服务，为生产服务，为促进人民公社的巩固和提高服务。

1963 年，中共中央、国务院提出信用社资金必须与国家贷款统筹安排，银行主要任务是支持集体经济，信用社主要任务是吸收农村中的闲散资金，帮助社员解决生产、生活临时困难，解决社员个人副业生产和生活困难，特别是要优先解决贫农、下中农困难。资金有余力时，在保证支付的前提下，可以向生产队发放临时性生产费用贷款，短期内收回。同年，中国人民银行香河县支行召开全县信用合作社工作会议指出，信用社是建设社会主义不可缺少的组成部分，是支持生产、服务社员，同农村资本主义势力作斗争的最好的组织形式。

1974 年 6 月，中国人民银行召开全国农村金融工作座谈会指出，农村信用合作社是集体所有制的经济组织，担负着组织农村闲散资金，帮助贫下中农解决生产、生活困难，支持集体农业生产，打击高利贷活动，巩固农村社会主义金融阵地的重要任务。同年，香河县农村信用社根据会议要求，认真执行"发展经济，保障供给"财经工作总方针，认真落实"勤俭办社"和"民主办社"方针，加强经济核算，积极自主开展业务，加强财务管理。

1984 年 8 月 6 日，国务院批转中国农业银行印发《关于改革信用合作社管理体制的报告》（国发

〔1984〕105 号）指出，要加强信用社经营上的灵活性，信用社组织的资金要优先用于农村；信用社发放贷款，要贯彻以承包户、专业户（重点户）为主，以农业生产为主和以流动资金为主的方针，在保证农业贷款需要的前提下，可以经营农业工商信贷业务。凡是国家法令、政策允许生产和经营的项目，能实现预期经济效益，保证按期归还贷款的，信用社都可以贷款支持。

1985 年 1 月，县联社根据中共中央、国务院《关于进一步活跃农村经济的十项政策》以及中国人民银行、中国农业银行关于《农村信用社信贷资金管理的暂行规定》提出，在遵守国家金融法规和政策的前提下，实行自主经营、独立核算、自负盈亏、自担风险的经营方针，坚持信贷资金以存定贷、多存多贷、自求平衡和比例管理的原则。

1997 年 11 月，县联社根据中国人民银行印发《农村信用合作社章程（范本）》和《农村信用合作社县级联合社章程（范本）》的通知，提出香河县农村信用社的经营宗旨是：为本社社员服务、为本社区农业和农村经济发展服务。

2003 年 6 月 27 日，国务院印发《关于深化农村信用社改革试点方案的通知》（国发〔2003〕15 号）指出，加快信用社管理体制和产权制度改革，把信用社逐步办成由农民、农村工商户和各类经济组织入股，为农民、农业和农村经济发展服务的社区性地方金融机构。同年，中国银监会印发《农村商业银行管理暂行规定》和《农村合作银行管理暂行规定》指出，农村商业银行和农村合作银行，经银监会批准，可经营《中华人民共和国商业银行法》规定的部分或全部业务，要将一定比例的贷款用于支持农民、农业和农村经济发展。

2004 年，中央一号文件和国务院印发《深化农村信用社改革试点工作会议》指出，加快改革和创新农村金融体制，建立农村金融机构为农村社区服务的机制，明确县域内各金融机构为‘三农’服务的义务。同年，香河县农村信用社提出“立足三农，服务三农”的经营宗旨，以成为县域农村金融主力军为经营目标。

2018 年 5 月 18 日，河北香河农村商业银行股份有限公司正式揭牌开业，实行一级法人、统一核算、分级管理、授权经营的管理体制。经营范围是：吸收公众存款；发放短期、中期和长期贷款；办理国内结算；办理票据承兑与贴现；代理发行、代理兑付、承销政府债券；买卖政府债券、金融债券；从事同业拆借；代理收付款项及代理保险业务；从事银行卡（借记卡）业务；经国务院银行业监督管理机构批准的其他业务。经营宗旨：依照国家有关法律法规和行政规章，自主开展各项业务；响应国家政策号召，积极配合政府和监管部门支持“三农”发展，为“三农”和当地经济发展提供金融服务，并以此促进城乡经济协调发展。

2019 年，香河农商银行坚持稳中求进工作总基调，围绕“四个聚焦”（聚焦主业、聚焦改革、聚焦风控、聚焦党建）、“两个提升”（提升业务竞争能力、提升经营管理水平），提出扎实推进、依法合规、稳健的经营宗旨。

2020 年，香河农商银行印发《2020 普惠金融年工作方案》指出，聚焦主责主业，各项业务全面推进，网格化全面深入调研市场特点和需求，实现农村和中小企业市场的精细化管理。以助力乡村振兴，推进金融扶贫，助力打赢脱贫攻坚战，打造科技金融为经营目标，发展电子银行业务，打造“普惠银行”“智慧银行”“远程银行”。同时，以“双基”（农村基层党组织与基层农村信用社“双基”共建农村信用工程）共建、整村授信为路径，全面完成“双基”共建各项任务。

2022年，河北省农村信用社联合社年中会议指出，全省农信系统要认真贯彻落实中央“疫情要防住、经济要稳住、发展要安全”和省委“解放思想、奋发进取”的部署要求，按照省委十届二次全会精神和省领导指示批示意见，抓住承上启下的发展窗口期，坚持稳中求进、转型求变工作主线，聚焦主责不动摇，狠抓落实不畏难，锚定目标不松劲，增强使命感、紧迫感、危机感、荣誉感、责任感、认同感，推动改革发展稳定各项工作。香河农商银行以加压提劲、加力提质、加速提效为目标，全程写优河北农信“六张新答卷”、加快建设“六小”（小而精、小而活、小而稳、小而强、小而红、小而美）现代金融企业。同年，香河农商银行开展“百日会战”，成立领导小组，围绕省联社廊坊审计中心年度工作目标，掀起争先创优高潮，完成香河农商银行全年各项任务目标。截至2022年11月6日，百日会战存款营销流动红旗前三名分别为前套村分理处、华联分理处、香城支行。贷款营销前三名分别为安头屯支行、钳屯支行、蒋辛屯支行。中间业务前三名分别为运河大道分理处、营业部、王家摆支行。

第一章　存款业务

存款是指存款人在保留所有权的条件下把资金或货币暂时转让或存储于银行或其他金融机构，或者把使用权暂时转让给银行或其他金融机构的资金或货币，是最基本也是最重要的金融行为或活动。存款业务是香河县农村信用社业务经营中最重要的业务之一，是运营资金的主要来源。

20 世纪 50 年代，香河县农村信用社存款业务品种单一，只办理活期储蓄存款和定期储蓄存款两种存款业务。截至 1957 年底，香河县农村信用社各项存款余额 39.2 万元。经过几十年不断发展、创新产品、优化结构、拓展渠道，实现存款业务可持续、跨越式发展，截至 2022 年底，香河农商银行各项存款余额 1895091.89 万元。

1957—2022年香河县农村信用社各项存款余额情况一览表

表3-1-1　　单位：万元

年份	各项存款余额	年份	各项存款余额
1957	39.2	1973	363
1958	454.8	1974	461.6
1959	141.6	1975	549.8
1960	121.9	1976	601.2
1961	115.6	1977	868.1
1962	56.3	1978	864.6
1963	77.7	1979	897.13
1964	86.8	1980	1172.32
1965	105.5	1981	1649.54
1966	115.2	1982	1975.39
1967	133.7	1983	2640.12
1968	297.7	1984	3525.08
1969	243.6	1985	4405.61
1970	357.3	1986	5879.51
1971	384.7	1987	7565.82
1972	276.1	1988	8562.93

续表3-1-1

年份	各项存款余额	年份	各项存款余额
1989	10934.38	2006	192930.65
1990	14696.95	2007	222831
1991	18894.98	2008	295402
1992	24987.64	2009	371690
1993	31428.32	2010	521348.57
1994	39580.15	2011	643453.68
1995	50063.16	2012	720256.65
1996	60358	2013	832420.56
1997	72664	2014	945700.44
1998	87989	2015	1074172.49
1999	107783.35	2016	1230059.1
2000	129979.39	2017	1395446.57
2001	142338.39	2018	1337769.41
2002	147549.99	2019	1437777.9
2003	155742	2020	1546394.97
2004	169662.15	2021	1707653.57
2005	173190.18	2022	1895091.89

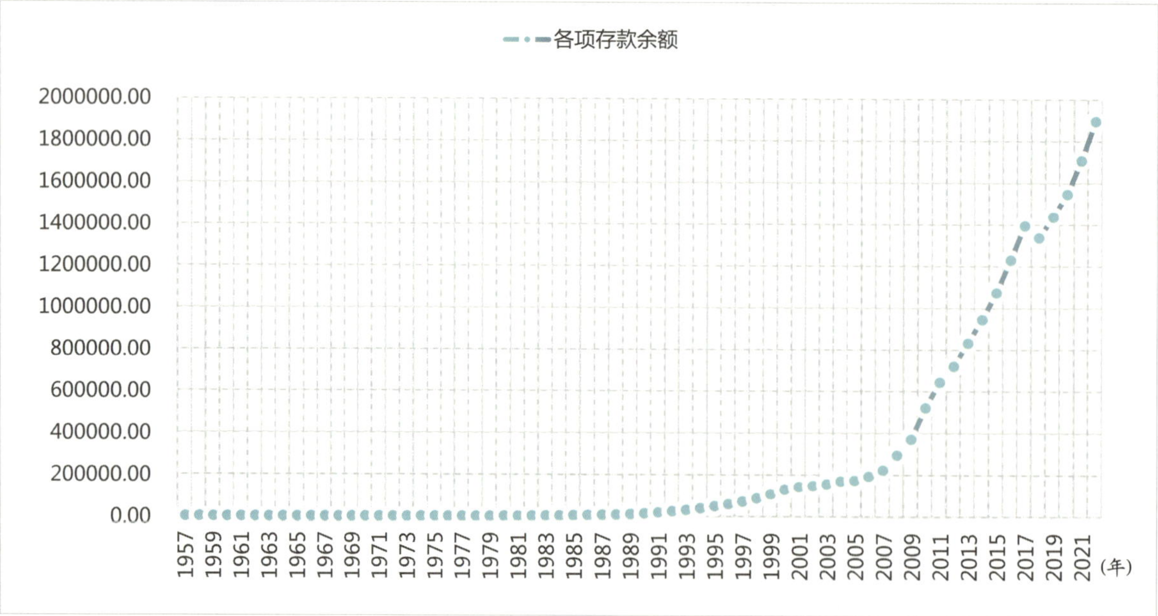

图 3-1-1 1957—2021 年香河县农村信用社各项存款余额统计图（单位：万元）

第一节　存款政策

1949 年 9 月 29 日，《中国人民政治协商会议共同纲领》指出，人民政府应采取必要的办法，鼓励人民储蓄。

1954 年 9 月 20 日，全国人大首届一次会议通过《中华人民共和国宪法》，明确规定，国家保护公民的合法收入、储蓄、房屋和各种生活资料的所有权。

1955 年 3 月 16 日，中国人民银行印发《关于全国农村金融会议总结报告》指出，树立存款为资金主要来源的思想，克服只重股金轻视存款的偏向；坚持自愿原则，反对强迫命令，加强服务，简化手续，便利存取；存款必须有充分的群众性，应密切联系群众，深入摸底，分析资金来源，扩大存款面。存款面的广狭与存款数的多少是衡量信用社群众性强弱的主要标志之一。

1956 年 7 月 24 日，全国农村金融先进工作者代表会议召开，会议指出：做好存款工作，必须坚持存款自愿，不强迫，不克扣；取款自由，不留难，不追问用途；为存户保守秘密，任何人不得到信用合作社查看存款账簿。7 月 28 日，中国人民银行根据《中华人民共和国宪法》规定，首次制定“存款自愿、取款自由、存款有息、为储户保密”的储蓄工作原则。

1957 年 1 月 26 日，中国人民银行印发《农村信用合作社示范章程草案》指出，信用社办理社员、非社员和各种生产合作组织的储蓄存款，经过银行同意，也可办理其他机关、学校、团体的存款。信用社办理储蓄存款时，要做好宣传教育工作，贯彻自愿原则，取款自由，加强服务，便利群众并负责为存户保守秘密。

1958 年 2 月 22 日，中国人民银行印发《关于积极开展农村存款为农业生产高涨准备充裕资金的指示》指出，“关于存款自愿，取款自由，代储户保守秘密的存款政策”，在群众中留下良好影响，应继续不断地把这个政策进行反复宣传，以期进一步巩固信用社在群众中的信誉。要求信用社必须经常了解农民副业收入情况，随时分析农村储源、加强服务，把吸收存款列为信用社的常年的经常性工作。

1959 年 9 月 24 日，中国人民银行印发《关于信用分部建部情况的通报》，要求信用分部注意贯彻执行国家的金融政策，在存款工作上应切实做到存款自愿，取款自由和为存户保守秘密。

1961 年 9 月 26 日，中国人民银行印发《关于讨论和试行农村信用合作社若干问题的规定（草案）的通知》指出，信用社办理存款业务应遵守规定：办理社员储蓄，必须贯彻“存款自愿，取款自由”的原则，切实做到存取方便，保证提取。不得对社员有任何强迫命令或借故留难的行为；必须贯彻国家关于社员存款永远归个人所有的政策。

1962 年 11 月 19 日，中共中央、国务院批转中国人民银行印发《关于农村信用合作社若干问题的规定》（简称“十五条”）指出，信用社办理农村储蓄和公社、生产大队、生产队存款。信用社办理农村储蓄、存款业务，必须贯彻“存款自愿，取款自由”的原则，切实做到存、取方便，为存户保密，不许强迫命令或借故留难；必须留足支付存款的准备金，保证存款人能按期取到存款；必须贯彻执行储蓄永远归个人所有的政策，保证储蓄不受任何人或任何单位的平调；不许办理实物储蓄；不许利用存款、贷款的方式，为社队动员农民投资；不许把信用社的储蓄存单借给社队拿去发工资，或者用于收益分配，形成强迫储蓄。

1965年9月9日，中国农业银行印发《关于当前农村存款工作中应注意的几个问题的通知》指出，“存款自愿，取款自由，为储户保密”的原则，必须遵循人行和信用社吸收储蓄的分工规定，人行收储对象是城镇机关、部队、企事业单位和国家职工，信用社以社队集体和农村社员个人为主要对象，必须坚决执行。超越规定范围去收储是错误的，强行动员制订存款计划是违反自愿原则的，必须停止这种做法。

1972年11月11日，中国人民银行印发《储蓄存款试行章程》指出，国家保护人民的储蓄所有权。银行实行存款自愿，取款自由，存款有息和为储户保密的原则。

1980年5月28日，中国人民银行印发《中国人民银行储蓄存款章程》（〔1980〕银储字第10号）指出，国家宪法规定保护公民储蓄的所有权，个人在银行的储蓄存款永远归个人所有，不得侵犯。银行实行存款自愿，取款自由，存款有息和为储户保密的原则。

1992年12月11日，国务院印发《储蓄管理条例》（国务院第107号令）指出，国家保护个人合法储蓄存款的所有权及其他合法权益，鼓励个人参加储蓄。储蓄机构办理储蓄业务，必须遵循“存款自愿，取款自由，存款有息，为储户保密”的原则。

1996年9月8日，中国人民银行印发《关于切实做好农村信用合作社存款支付工作的紧急通知》（农银改办〔1996〕2号）指出，为防止挤提存款问题的继续发生，保证农村信用社体制改革的平稳过渡，要求各级人行，农行和县联社、信用社，要紧紧依靠各级政府，做好协调配合，切实加强领导，采取各种有效措施，防止挤提存款事件的发生。各地县联社、信用社的主任要认真负起责任，把保支付工作摆上重要位置，在头寸匡算、资金运用、现金调度以及柜面服务各方面做出妥善安排并抓好落实。要按照资产负债比例管理的要求，合理摆布资金运用。县联社要很好地发挥调剂辖内资金的作用，做好现金的供应、调度工作。

2000年3月20日，国务院印发《个人存款账户实名制规定》（国务院令第285号）指出，自2000年4月1日起，国家实行储蓄存款实名制，个人在银行储蓄机构新开户存款，必须凭居民身份证、军官证、华侨证等有效证件办理，储蓄机构必须填写记载存款人的真实姓名、证件号码。

2005年11月，省联社印发《河北省农村信用社人民币存款业务管理暂行规定》指出，信用社的存款是存款人基于储蓄和结算目的存入信用社账户上的货币，是信用社的主要资金来源。信用社存款业务管理坚持“统一规范、分级管理、分工协作”的原则。办理储蓄业务必须遵循“存款自愿、取款自由、存款有息、为储户保密”。

2008年7月17日，省联社廊坊办事处转发《中国人民银行关于进一步落实个人人民币银行存款账户实名制的通知》，要求各类个人人民币存款账户（含个人银行结算账户、个人活期储蓄账户、个人定期存款账户、个人通知存款账户等）必须以实名开立，即存款人开立各类个人银行账户时，必须提供真实、合法和完整的有效证明文件，账户名称与提供的证明文件中存款人名称一致，香河县各信用社按照通知要求执行。

2016年2月24日，县联社印发《香河县农村信用合作联社关于存款客户回访工作实施细则（试行）》，要求对本网点的重点存款客户至少每月回访一次，了解客户需求，做好产品宣传。

2023年，面对经济环境下行和金融业竞争加剧的严峻形势，香河农商银行及时调整工作思路，加速转型改革，推进各项业务高质量发展，截至12月31日，各项存款余额达203亿元。

第二节　储蓄存款

储蓄存款，是指居民个人将属于其所有的人民币存入储蓄机构，储蓄机构开具存折或者存单作为凭证，个人凭存折或存单可以支取存款的本金和利息，储蓄机构依照规定支付存款本金和利息的活动。储蓄存款是香河县农村信用社存款业务的重要组成部分，发展储蓄业务，在一定程度上可以促进国民经济比例和结构的调整，可以聚集经济建设资金，稳定市场物价，调节货币流通，引导消费，帮助群众安排生活。香河县农村信用社遵循的储蓄原则是“存款自愿、取款自由、存款有息、为储户保密”。

香河县农村信用社储蓄存款产品，主要包括活期储蓄存款、定期储蓄存款、特色储蓄存款三大类。

储蓄存款业务发展变化

1928年3月1日，华洋义赈会创刊《合作讯》登载《农村信用合作社勤俭储金规约》指出：“第三条：本规约的主旨，系协助社员克勤克俭，并将勤俭所得余款，充个人致富储金。”“第四条：（三）正业以外，须再选择一种副业，即以副业所得收益金充作储金。（四）戒吸洋烟、纸烟（以旱烟代纸烟）即以每日烟价，充作储金。（六）共同租种田地，即以收益充作储金。（十二）每逢麦秋收货后，社员应将所收作物，各出五升或2.5千克，棉花则出0.5千克，交社汇集，定期比赛，以资观感，赛后作为个人储金。”

1949年，中国人民政治协商会议确定“鼓励人民储蓄”的方针。中华人民共和国成立后初期农村没有专门办理储蓄业务的机构，开展农村储蓄只是指派工作人员在集日营业或以流动小组形式收储。储蓄种类有实物储蓄、折实储蓄。

1951年12月，中国人民银行香河县支行召开农村金融工作第一届金融委员会议指出，储蓄工作是有条件开展的，农民已经有力量储蓄了，“积小钱、办大事、搞大生产”，为此开展定额保本保值储蓄、爱国有奖储蓄以及定额储蓄存款、定期储蓄存款。同时，中国人民银行香河县支行印发全县储蓄计划，开展“功在国家，利在自己”的储蓄宣传活动，强调“大规模开展爱国储蓄运动十分必要，为筹集资金扶植生产提供工农业建设资金，也提供打击高利贷的武器，充分发挥基层力量，加强爱国储蓄教育”。截至1952年2月，全县有奖储蓄存款余额18850万元（旧币）。

1952年，农民可以凭供销社开具的收据向银行办理存款。当时称作个体农民存款，只办理定期和活期两种储蓄存款业务。7月，中国人民银行香河县支行印发委托全县信用社、金融小组办理储蓄手续，确定委托全县农村信用社办理有奖、定额及货币定期（整存整付）等储蓄存款业务。

1953年，提出社会主义过渡时期的总路线和总任务，开始实施第一个五年计划。大规模的经济建设开始以后，社会购买力迅速提高，市场上出现供不应求的局面，粮食等重要农产品的供应更为紧张。

为解决粮食供需之间的矛盾问题，党和人民政府除狠抓农业生产外，重点从粮食的分配和流通上采取措施，对粮食、棉花等实行计划收购和计划供应（“统购统销”）。当时国家财政困难，可动用的资金有限，在大秋旺季短时间内动用大量资金用于购买粮食，财政无力拨付。中国人民银行为保证国家粮食统购统销政策的顺利实施，最大限度保障农民利益，决定开展优待售粮储蓄。是年，中国人民银行开办两期优待售粮储蓄业务。第一期是1953年11月，2个月后，中国人民银行印发《结束优待售粮储蓄的指示》指出，“根据中央财委和中国人民银行决定，购粮（任务）结束后，优待售粮储蓄工作亦随之停办，统一规定于2月28日宣布停办”。第二期在1954年秋季办理，1955年春停办。截至1954年2月底，全县优待售粮储蓄为181743万元（旧币），全县各项存款总余额为261161万元（旧币）。（1955年发行第二套人民币，按1：10000比例回收旧币。）

1953—1954年，香河县连续两年发生水灾，农村经济受到影响，香河县农村信用社储蓄存款余额随之下降。全县银行干部结合开展生产救灾工作，深入宣传储蓄的重大意义，强调积累的重要性，加强业务服务。

1955年，香河县农村信用社开始正式办理农业合作社的存、贷款业务。同时在建社热潮的高涨下，全县农村信用社储蓄存款余额有所回升。

1956年，毛泽东同志《关于农业合作化问题的指示》和中共中央七届六中全会《关于农业合作化问题的决议》指出，农村金融工作的基本任务是“扶植贫农、扶助合作化、发展农业生产、消灭农村高利贷剥削”。截至1956年10月31日，全县农村信用社各项存款余额24.5万元。通过发放社员贷款，解决广大社员生活和一般临时困难，农村基本上以新的社会主义信用制度代替资本主义信贷，打击高利贷。

1957年，中国人民银行召开信用合作工作汇报会议指出：“在第二个五年计划期间对信用社的任务应比第一个五年计划期间有较高的要求。这些要求应该是：积极开展农民节约储蓄和农业社的存款工作，大力组织农村资金。”年末，香河县农村信用社各项存款余额39.2万元，其中，社员存款余额17万元。

1958—1962年，公社、生产大队、生产队征用社员的农具、木料、家具房屋等，折成现款，开给存款单，算作社员在信用分部的存款，同时给使用单位开贷款借据，作为使用单位在信用分部的贷款。这种做法叫作“实物转存款”。这导致信用社的存、贷款余额大幅度虚增，截至1958年12月31日，香河县农村信用社社员存款余额449.5万元，比上一年度增加432.5万元。

1959年，中国人民银行提出开始清理“实物转存款”的指示，由于这一工作情况复杂，涉及面广，清理工作难以彻底，以后延续多年仍有个别社员手持“实物转存款”存单向信用社索要存款，国家三年困难时期，1959—1962年，香河县农村信用社各项存款余额大幅下滑，截至1962年12月31日，香河县农村信用社各项存款余额降至56.3万元，其中，社员存款余额降至26.8万元。

1963年，香河县农村信用社整顿存款业务，储蓄存款业务开始回升，余额不断增长，截至1963年底，社员存款30.8万元。

1966年2月，中国人民银行香河县支行印发《关于当前农村金融工作中若干具体问题意见》指出，银行和信用社吸收储蓄存款的范围：县城以下的集镇一般不设专门储蓄所，以后这些地区的储蓄问题，可以由信用社办理，但群众自愿到营业所存款的，营业所也要办理。

1967 年 1 月，中国人民银行香河县支行印发《1966 年农村金融工作初步总结》指出，香河县农村信用社通过抓革命、促生产，各项业务出现新局面，在筹集资金，支持生产，解决贫下中农生活困难等方面起到很大作用。截至 1966 年 12 月 31 日，香河县农村信用社社员储蓄存款余额 39 万元。

1967 年开始，有些基层所（站）实行停止支付存款利息和支取大额存款要证明信的做法，因此减少储蓄种类，定期存款没有档次，储蓄利率只有 2.7%和 1.8%两种，此后银行的农村储蓄任务主要是直接分配给信用社，银行不直接吸收农村个人存款。

1972 年 11 月，中国人民银行印发《储蓄存款试行章程》指出，规定的储蓄种类为活期储蓄和定期储蓄。定期储蓄分整存整取和零存整取两种。强调储蓄存款种类，非经中国人民银行批准，各地不得任意增加。

1973 年 1 月 18 日，《香河县金融情况简报》报道，城关信用社落实全县银行工作会议精神，积极开展储蓄存款，广泛宣传动员，利用 5 天时间吸收社员储蓄 2.6 万余元。

1974年香河县农村信用社社员储蓄存款余额情况一览表

表 3-1-2　　单位：万元

信用社	1974 年社员储蓄存款余额	信用社	1974 年社员储蓄存款余额
城关（淑阳）	7.4	安头屯	8.12
金辛庄	1.57	五百户	7.41
孙止务	2.44	香城	2.35
钳屯	6.69	李庄	3.27
渠口	14.23	蒋辛屯	4.08
七里（东鲁家口）	1.54	梁家务	2.98
石虎	2.47	安平	7.23
钱旺	5.27	王家摆	3.23
刘宋	15.8	—	—

1978 年，中共十一届三中全会以后，重新确立“解放思想、实事求是”的思想路线。党的工作重心开始向经济建设转移，推广家庭联产承包责任制，对农村经济管理体制进行改革。香河县农村信用社积极适应改革需要，根据农村资金流动的特点，开展储蓄业务，及时组织货币回笼，调整农民手中的现金流量。12 月 5 日，《香河县金融系统储蓄工作经验交流会议结论报告》指出，全县农村信用社大力开展社员储蓄，业务员肩背服务箱，存款、取款上门服务。为支援农业筹措资金，积极组织货币

的投放，满足农户生产生活的资金需求，发展农村经济，增加农民收入，真正做到“取之于民，用之于民”。

1980 年 5 月，中国人民银行印发《储蓄存款章程》指出，储蓄存款种类仍分为活期储蓄和定期储蓄两大类，定期储蓄种类增加为 4 种，即整存整取、零存整取、存本取息和整存零取。从 1980 年第三季度开始执行。

1986 年 6 月，中国农业银行副行长王景师在《全国农行、信用社资金组织工作会议上的讲话》（农银发〔1986〕300 号）指出：“举办有奖储蓄，一等奖要适当，不宜过高，要注意扩大中奖面；年内招收的职工主要分配做储蓄工作，充实存款队伍。对这批人员（包括信用社新招合同制职工）在上岗工作之前，一定要做好业务培训，提高政策水平和业务水平；从年内起实行储蓄单项奖，即按储蓄增加额的万分之一点五对储蓄人员给予奖励，属于信用社的，由信用社在业务费中列支，试行储蓄所承包。”

1987 年 3 月 7 日，中国农业银行印发《关于信用合作工作贯彻落实分行行长会议精神的几点意见》（农银发字〔1987〕27 号）指出，储蓄存款是信用社的主要资金来源，在新形势下，除办好已有的定期、活期、定活两便、有奖储蓄等存款种类外，要因地制宜开办和推广农村储蓄存款的新种类、新形式。为农户开办生产基金存款，为牧区、林区和经济作物地区开办口粮存款，为结婚、建房、购买大型农机具开办存贷结合的存款等。积极组织集体存款，信用社应在开户、结算上给予方便，在本地应提倡简易的支票结算方式，在城乡之间，县联社应积极创造条件，开办辖内社社通汇业务。

1988 年，香河县农村信用社积极开办保值储蓄和有奖储蓄、存贷结合储蓄等新储种，实行存一贷一或存二贷一，扩大支农资金来源。

1992 年 2 月，中国农业银行印发《关于 1992 年农村信用社合作工作的意见》（农银发〔1992〕29 号）指出，各地信用社要继续做好资金组织工作，坚持增加总量与优化结构相结合，采取有效措施抓好活期储蓄存款。通过加强服务来稳定企业存款户和个体经济户，支持农业社会化服务体系发展，争取新的存款户。进一步加强开户企业的现金管理，开办企业职工工资转存业务，办好存贷挂钩的农业生产基金存款业务。要积极开展先进储蓄所、先进储蓄员“双十佳”评比活动，提高服务质量。对低息存款工作抓得好的地方，要给予表彰、奖励。

1993 年，国务院印发《储蓄管理条例》指出，储蓄机构可以办理活期储蓄存款、整存整取定期储蓄存款、零存整取定期储蓄存款、存本取息定期储蓄存款、整存零取定期储蓄存款、定活两便储蓄存款、华侨（人民币）整存整取定期储蓄存款，及经中国人民银行批准开办的其他种类的储蓄存款。2 月，淑阳信用社春节期间不停业，为储户办理业务提供便利，吸收储蓄存款 97 万元，截至 2 月底，淑阳信用社储蓄存款余额 2149.78 万元；安平信用社在集市通过广播宣传储蓄存款的意义、原则、种类等，并采取开展咨询问答服务和延长信用社营业时间等措施吸收储蓄存款。截至 10 月 31 日，安平信用社储蓄存款余额 1431 万元，完成全年任务的 177%。

1994 年 2 月，中国农业银行印发《关于 1994 年农村信用合作工作的意见》（农银发〔1994〕22 号）指出，各地信用社必须继续把组织资金工作摆在首位，采取过硬的措施，保持资金来源良好的增长势头。要调整储蓄网点，挖掘吸储潜力，重点抓好城区、城郊、工矿区、农村集市的网点建设，集中力量搞好一批重点网点的升级提高，通过微机联网、通存通兑等现代化手段，改进服务，提高吸储的竞争能力。对乡镇企业、个体经济户推行以贷引存、存贷挂钩。要继续推行组织资金的责任制，严格兑现奖励政策，调动有关人员吸储特别是组织对公存款的积极性。8月，中国农业银行印发《关于进一步加强农村信用合作社信贷管理的意见》指出，各级信用社要牢固树立“存款立社”和竞争的思想意识，把资金组织工作摆在首位，采取各种行之有效的措施，保持各项存款良好的增长势头，提高信用社存款占金融机构存款总额的比重。要适时开辟储蓄种类和增加档次，开办电脑储蓄、电话储蓄、建房储蓄等新储种；积极开展代发工资、代发信用卡、代收税款、代收水电费和代收电话费等多种形式的代收代付业务，以吸纳更多的存款；改善服务态度，延长营业时间，对一些特殊储户应提供上门服务。要抓住储源丰富的部门和环节，深挖吸储潜力。

1996年1月，中国农业银行印发《1996年农村信用合作工作要点》（农银发〔1996〕22号）指出，组织和盘活资金以增强支农资金实力。进一步增设、调整网点，特别是对一些吸储潜力大的网点，改善装备，提高档次，增强竞争能力；发挥信用社网点普及、接近群众的优势，改善服务态度，增加服务品种，稳固储蓄阵地，积极创造条件，增设电脑网点，开办通存通兑业务；采取措施，大力组织低成本资金，改善存款结构；进一步加大信用社组织资金工作的考核力度，调动广大职工组织存款的积极性。12月，香河县农村信用社与中国农业银行香河支行脱离隶属关系，成为独立的金融机构。截至1996年12月31日，香河县农村信用社各项存款余额60358万元。

1997年，香河县农村信用社召开“存款百日竞赛”季度性促增活动，号召每名职工全身心地投入吸储工作中，其中，淑阳、安平、王家摆、李庄、东鲁家口等10家信用社提前超额完成全年任务。截至12月31日，香河县农村信用社各项存款余额72664万元。

1998年，香河县农村信用社开展“大干50天”活动，在全辖组织开展存款宣传活动。截至年底，全县农村信用社各项存款余额87989万元，纯增6300万元，受到廊坊市农金处通报表扬。

1999年3月，中国人民银行香河县支行转发中国人民银行关于印发《通知存款管理办法》指出，通知存款是指存款人在存入款项时不约定存期，支取时须提前通知金融机构，约定支取存款日期和金额方能支取的存款。是年，香河县农村信用社开始办理通知存款业务。

1999年，香河县农村信用社开展“农村合作金融宣传月”活动，通过《廊坊日报》专题报道香河县农村信用社支持农村种植、养殖业发展与香河县农村信用社服务方向；在香河县电视台作“农村合作金融宣传月”专题宣传。淑阳信用社在5个分社悬挂宣传横幅；安平信用社在第一城附近悬挂横幅；大罗屯信用社、安头屯信用社走进辖区50%的村庄进行宣传；王家摆信用社召开信用站会议，通过与信用站会计走家串户进行业务宣传，吸收存款20万元，走访150余户。截至6月30日，香河县农村信用社存款净增2009万元。

2000年，香河县农村信用社开展存款形势教育、竞争意识教育，提出“存款立社、存款兴社”的经营理念，树立“存款是强社之本”的观点。转变宣传方法，印制便民手提袋、悬挂宣传标语、由坐等顾客上门转向走出柜面登门揽储。是年，香河县农村信用社以服务“三农”为宗旨，提高服务质量，建立员工奖励机制，促进储蓄存款业务不断发展。截至2000年12月31日，香河县农村信用社各项存款余额 129979.39 万元，存款总量居全县各家金融机构之首。

2004 年，中国银监会廊坊监管分局（信合办）印发《在全市范围内开通储蓄通存通兑业务的通知》指出，根据廊坊市农村信用社业务发展的需要，结合《廊坊市农村信用社综合业务网络系统》的特点，决定于 2004 年 6 月 16 日，在全市范围内开通储蓄通存通兑业务。随文附发《廊坊市农村信用社储蓄通存通兑业务管理办法》指出，凡是在各通存通兑网点开立储蓄存折、存单账户的客户，均可申请办理通存通兑业务。办理通存通兑业务的范围为整存整取定期储蓄存款的销户、活期储蓄的存款、取款、定活两便储蓄存款销户、活期储蓄存折登折、零存整取储蓄存款的续存、定活期储蓄存单（折）的口头挂失。办理储蓄通存通兑业务的储蓄存单、存折，必须是河北省农村信用社统一印制的凭证。是年，香河县农村信用社开始办理通存通兑业务。截至 12 月 31 日，香河县农村信用社个人活期储蓄存款余额 35981.59 万元，个人定期储蓄存款余额 97037.68 万元。

2005 年，香河县农村信用社开展增资扩股和撤并信用代办站工作，抓住信用社改革和新业务开通的契机，采取各种措施广辟储源。截至 2005 年 12 月 31 日，香河县农村信用社各项存款余额 173190.18 万元，其中，个人活期储蓄存款余额 40811.35 万元，个人定期储蓄存款余额 99753.65 万元。

2009 年 6 月，大罗屯信用社采取走街串户方式营销存款，到香河县钢材市场和附近街道，逐户发放宣传单、手提袋、雨伞等宣传用品，向商户和百姓介绍信用社的业务经营范围、金融产品、回答百姓咨询的问题。通过开展宣传活动，大罗屯信用社吸收存款 56 笔，金额 230 万元。

2010 年 8 月，香河县农村信用社根据省联社工作安排开展“农信进万家”活动，以“二次创业”为主旋律，以“创新理念、创新载体、创新产品、创新管理、创新服务、创新机制”作为基本要求。结合实际情况，逐一落实“四进三送”（进农户、进基地、进企业、进社区，送信用、送产品、送服务）的每一项具体内容，建立“农信进万家”活动的长效工作机制，贯穿支农工作始终。

2015 年，香河县农村信用社建立“存款定绩效薪酬”的正向激励机制，促使存款工作人人想办法、个个有压力。开展亲情营销，充分发挥全员营销的合力作用，在全县农村信用社中开展“我为农信添砖瓦”活动。截至 2015 年 12 月 31 日，各项存款余额 1074172.49 万元，其中，个人活期储蓄存款余额 99778.8 万元，个人定期储蓄存款余额 675407.24 万元。

2016 年，是“十三五”规划开局之年，在京津冀协同发展战略全面实施、河北省主动融入国家“一带一路”倡议的大环境中，香河县农村信用社抢抓机遇，顺势而为，充分利用地处京津两市重要交界地带，拥有独特的地理位置和发展空间的优势，重点支持美丽乡村建设，大力营销存款。截至 2016 年 12 月 31 日，各项存款余额 1230059.1 万元，其中，个人活期储蓄存款余额 73074.89 万元，个人定期储蓄存款余额 743656.43 万元。

2018 年 5 月 18 日，香河农商银行正式揭牌开业，改制工作圆满完成。这是香河县农村信用社发展史上的一次历史性跨越，也是全省农信社深化改革的重要阶段性成果。改制后，香河农商银行开展小指标竞赛、“存款积分送好礼”、“三八”节刷卡有礼、教师存款营销等活动，结合本地实际情况继续做好扫街入户精准营销，利用香河农商银行网点多、分布范围广、覆盖广大农村的优势，争取更多的农作物种植、牲畜养殖等农村产业上下游的流动资金和定期存款。截至 2018 年 12 月 31 日，各项存款余额1337769.41万元，其中，个人活期储蓄存款余额187340.57万元，个人定期储蓄存款余额898085.04万元。

2022年，香河农商银行开展“2022启航新征程”首季开门红存款营销活动，一季度各项存款余额增加50000万元。6月，组织开展“管理人员带头营销”活动，充分发挥管理队伍的带头作用，活动期间香河农商银行各级管理人员营销一年以上（含）定期存款4300余万元，完成活动核定营销任务的130%。7月，香河农商银行组织开展“全员存款营销”活动，充分发挥全员营销的主观能动性，实现存款营销新突破。9月，香河农商银行开展“百日会战”活动，统筹业务经营发展工作，制订活动方案，采取日监测、周排名、月通报等一系列措施。截至12月31日，香河农商银行营销存款8789万元，各项存款余额1895091.89万元，个人活期储蓄存款余额197963.8万元，个人定期储蓄存款余额1369800.53万元。

活期储蓄存款

活期储蓄存款是个人存放在储蓄机构不约定期限，可随时用于转账、存取，不受时间和金额限制的储蓄种类。活期储蓄存款简便易行，对于帮助储户合理安排生产生活有着重要作用。

个人储蓄账户是指自然人凭个人有效身份证以自然人名称在农村信用社开立的办理资金存取业务的人民币储蓄存款账户。个人储蓄存款账户仅限于办理现金存取业务，不得办理转账结算账户。

个人结算账户是个人活期存款账户的一种，是指自然人因投资、消费、结算等需要，凭个人有效身份证件以自然人名称在农村信用社开立的办理资金收付结算业务的人民币活期存款账户。个人结算账户用于办理个人转账收付和现金存取。

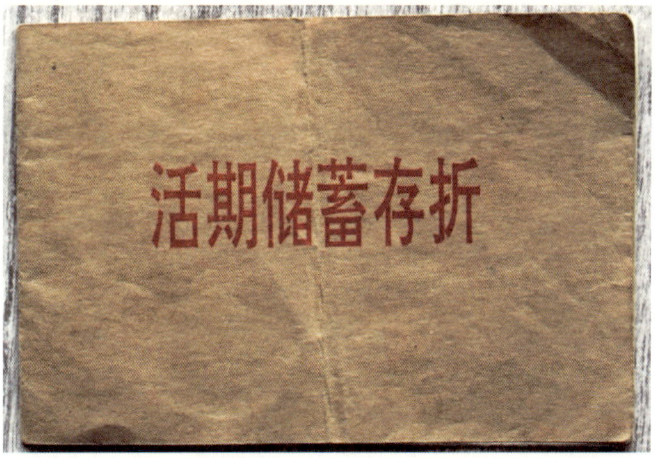

20世纪50年代，香河县农村信用社活期储蓄存折 综合办公室供图

1949年，香河县农村信用社便开始办理活期储蓄存款业务。以人民币10万元（旧币）起存（1955年改用新币后，以人民币1元起存），多存不限，由农村信用社发给存折，凭折随时办理存取款。开办初期，此项存款定为1个月、2个月、3个月3个档次，在约定期限内可随时存入，次数不限，但每半月可支取一次，金额不得超过余额的一半，到期支付本息。每月结息一次，并入本金生息。凡不满1个月清户者概不计息。

1950年9月，中国人民银行制定全国统一的储蓄章程，活期存折储蓄可随时存取，不受限制。

1952年，中国人民银行规定活期储蓄每半年结息一次。

1954年，活期储蓄存款改为每6月20日和12月20日各结息一次，未到结算期而须清户者，开户后或结息后存满1个月以上照计利息。

1962年，活期储蓄存款改为每年12月20日结息一次，未到结息期清户者，按实存天数计息。

20 世纪 80 年代，香河县农村信用社的活期储蓄存款业务不断发展。截至 1997 年末，香河县农村信用社个人活期存款余额突破 10000 万元。

2004 年，香河县农村信用社积极办理储蓄存款通存通兑业务，适应储户存取款的需求。

2008 年，香河县农村信用社按照省联社工作部署，发行信通卡，通过银联跨行交易清算系统，实现银行卡跨行、跨地区、跨境使用，使储户存取款及购物消费更加方便快捷。年末，个人活期存款余额 63375.67 万元。

1996—2022年香河县农村信用社个人活期存款余额情况一览表

表3-1-3　　单位：万元

年份	余额	年份	余额
1996	9399.05	2010	107491.24
1997	10668.94	2011	91013.12
1998	13831.89	2012	86146.34
1999	17693.34	2013	79634.1
2000	22196.18	2014	77995.94
2001	23719.59	2015	99778.8
2002	28660.12	2016	73074.89
2003	30132.15	2017	93635.46
2004	35981.59	2018	187340.57
2005	40811.35	2019	176054.93
2006	48802.8	2020	194523.11
2007	53795.96	2021	208225.67
2008	63375.67	2022	197963.8
2009	91507.07	—	—

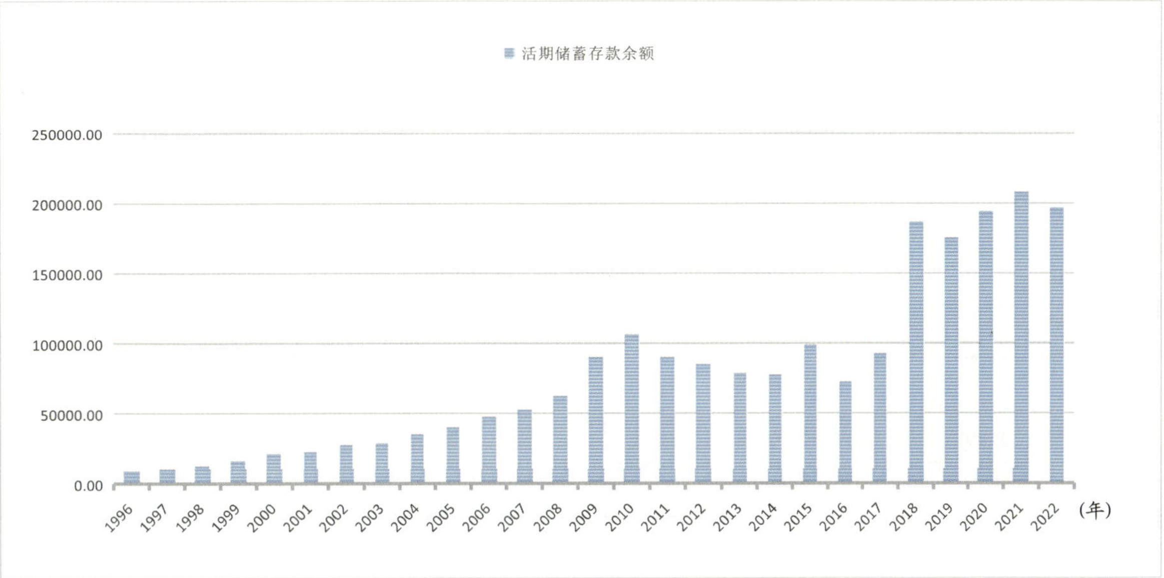

图 3-1-2 1996—2022 年香河县农村信用社个人活期储蓄存款余额统计（单位：万元）

定期储蓄存款

香河县农村信用社定期储蓄存款业务包含整存整取定期储蓄存款、个人通知存款、零存整取定期储蓄存款、教育储蓄存款、定活两便储蓄存款、存本取息储蓄存款。

1972 年 11 月，中国人民银行印发《储蓄存款试行章程》指出，规定的储蓄种类为活期储蓄和定期储蓄。定期储蓄存款业务是香河县农村信用社收储金额最大的储蓄种类。

1996 年末，香河县农村信用社定期储蓄存款余额 28836.59 万元。

2001 年末，香河县农村信用社定期储蓄存款余额突破 100000 万元，余额 100961.52 万元，占各项存款余额的 71%。

2020 年末，香河农商银行定期储蓄存款余额突破 1000000 万元，余额 1062703.81 万元，占各项存款余额的 69%。

2022 年末，香河农商银行定期储蓄存款余额 1369800.53 万元，占各项存款余额的 72%。

1996—2022年香河县农村信用社个人定期存款余额情况一览表

表3-1-4　　单位：万元

年份	余额	年份	余额
1996	28836.59	2002	92363.56
1997	44661.7	2003	92120.27
1998	71703.7	2004	97037.68
1999	86206.02	2005	99250.89
2000	99987	2006	111378.25
2001	100961.52	2007	123320.41

续表3-1-4

年份	余额	年份	余额
2008	178810.15	2016	743656.43
2009	210827.01	2017	860853.95
2010	276066.71	2018	898085.04
2011	424139.64	2019	982422.96
2012	484125.75	2020	1062703.81
2013	553577.86	2021	1197275.41
2014	639893.46	2022	1369800.53
2015	675407.24	—	—

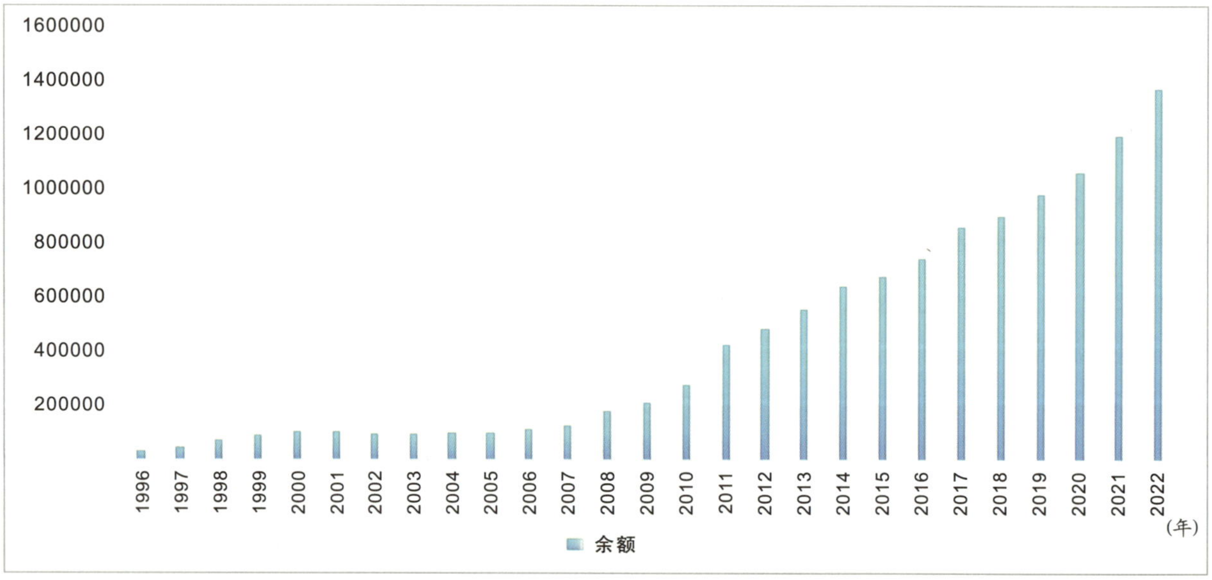

图 3-1-3 1996—2022 年香河县农村信用社个人定期存款余额统计（单位：万元）

整存整取定期储蓄存款 是指在存款时与客户约定存期，一次存入，到期后一次支取本息的产品。整存整取定期储蓄存款一般 50 元起存，多存不限，由储蓄机构发给存单，到期凭存单支取本息。账户到期前可维护转存类型，包括本息转存、本金转存、不转存三种类型，自动转存次数不限。整存整取定期储蓄存款在到期日支取，按存入时约定的利率计息，提前支取和逾期支取的部分按支取日活期储蓄挂牌利率计付利息。该存款不实施分段计息，不受存单开户日之后利率下调的影响。

1951 年，办理整存整取定期储蓄存款分为 3 个月、4 个月、5 个月、6 个月、1 年 5 个档次。农村营业所存款期限为 7 天、15 天、1 个月至 1 年多种档次。1952 年改为 1 个月、2 个月、6 个月和 1 年 4 个档次。1979 年，改为 6 个月、1 年、3 年、5 年 4 个档次。1982 年增加 8 年期。1988 年 10 月，改为 3 个月、6 个月、1 年、2 年、3 年、5 年、8 年 7 个档次。1993 年 3 月 1 日起取消 8 年存期档。1999

年 6 月 1 日，为储户办理此项业务时，可根据储户意愿，为其办理约定转存业务。

个人通知存款　是指客户在存入款项时不约定存期，支取时须提前通知农村信用社(农商银行)，约定支取存款日期和金额方能支取的一种存款业务种类。个人通知存款业务分为个人传统通知存款和个人新型通知存款。

个人传统通知存款产品分为1天、7天两个档次，最低起存金额和最低支取金额都为5万元，低于留存金额需做销户处理。个人传统通知存款无需提前通知支取，支取时系统默认已通知，可以部分支取，部分支取次数不限。个人新型通知存款是在传统通知存款的基础上具备跨周期自动计息，转存功能的通知存款。新型通知存款周期为 7 天。

1997 年 10 月，中国人民银行农金局印发《关于同意农村信用社开办通知存款的通知》指出，通知存款是指起点金额为个人 1000 元，单位 1 万元，个人以整百位数存储、单位以整千元数存储，存期不定，凭折分次支取，存期分不满 3 个月、3 个月至 11 个月、1 年、2 年、3 年多档次，利率高于活期存款利率，低于定期存款利率。

1998 年 12 月 7 日起，通知存款统一按提前通知的期限长短分为 1 天和 7 天两个存期。

1999 年 1 月，中国人民银行印发《通知存款管理办法》（银发〔1999〕3 号）指出，通知存款不论实际存期多长，按存款人提前通知的期限长短划分为 1 天通知存款和 7 天通知存款两个品种。1 天通知存款必须提前 1 天通知约定支取存款，7 天通知存款必须提前 7 天通知约定支取存款。个人通知存款最低起存金额为 5 万元，最低支取金额 5 万元，存款人需一次性存入款项，可以一次或分次支取。个人通知存款采用记名存单形式，存单须注明“通知存款”字样。存款人提前通知金融机构约定支取通知存款的方式，由金融机构与存款人自行约定。存单上不注明存期和利率，金融机构按支取日挂牌利率和实际存期计息，利随本清。

2011 年，香河县农村信用社按照省联社《关于做好新型通知存款业务全省上线推广工作的通知》办理个人新型通知存款业务，满足资金流动性大、有短期存款需求的客户合理安排存款业务。

零存整取定期储蓄存款　是定期储蓄的一种基本类型，是指储户每月存入固定金额，起存金额 5 元，存期分为 1 年、3 年、5 年三个档次。零存整取周期内的任何一天都可以存入，支持现金存入转账存入，存入金额只能以开户时存入金额为固定存储金额，不能更改。中途如有遗漏，应在次月补齐，只能补足差额部分，连续两个月末余额均未达到约定余额，则视同违约，不能续存。零存整取可全额提前支取，不可部提。

1951 年，开办零存整取定期储蓄存款业务初期有 3 个月、6 个月、9 个月、1 年 4 个档次。1959 年 7 月增加 2 年、3 年存期，取消 9 个月存期。1961 年 11 月，举办零整小额储蓄，采取在存折上逐月粘贴存款凭证的方法，面额分 1 元、2 元、3 元 3 种。“文化大革命”期间停办。1980 年 4 月复办，存入期限分 3 年、5 年两个档次，3 年期存入总额有 300 元和 500 元，5 年期存入总额有 500 元和 1000 元。1985 年 8 月，停办此业务，1988 年恢复办理，存入期限分为 1 年、3 年、5 年 3 个档次。随着城乡居民收入水平不断提升，选择这种方式的储户随之逐渐减少。

教育储蓄存款　是指个人按国家有关规定在香河县农村信用社开户、存入规定数额资金、用于教育目的的专项储蓄，是一种专门为学生支付非义务教育所需教育金的专项储蓄，采取实名制，储户必须是学生（在校小学四年级起）本人，开户时储户持有效证件以学生本人名字开户，以零存整取方式逐月存入。该项业务存期分为 1 年、3 年、6 年 3 个档次。教育储蓄起存金额 50 元，不足最低起存金额需全额支取，根据首次存款金额和存期计算到期本金合计不超过 2 万元。教育储蓄可全额提前支取，但不可部分支取。教育储蓄免征利息税，实行利率优惠，可为储户增加 20%左右的利息收入，存期灵活。

2000 年 3 月 28 日，中国人民银行印发《教育储蓄管理办法》（银发〔2000〕102 号）指出，为鼓励城乡居民以储蓄存款方式，为其子女接受非义务教育（指九年义务教育之外的全日制高中、大中专、大学本科、硕士和博士研究生）积蓄资金，促进教育事业发展，特开办教育储蓄。

2005 年 9 月 14 日，国家税务总局、中国人民银行、教育部联合印发《教育储蓄存款利息所得免征个人所得税实施办法》指出，重在遏制利用虚假教育储蓄骗取免税优惠，规范正在接受非义务教育的学生身份证明的印制、领取、开具和使用，重申和明确相关法律责任等，对教育储蓄利息的税收政策未作调整。自 2005 年 10 月 1 日起施行。

2020 年 6 月 2 日，中国人民银行印发《关于修改教育储蓄管理办法等规章的决定》指出，删除《教育储蓄管理办法》第十四条凡因户口迁移办理教育储蓄异地托收的，必须在存款到期后方可办理。存款人须向委托行提供户口迁移证明及正在接受非义务教育的身份证明。不能提供“证明”的，不享受利率优惠，并应按有关规定征收个人存款利息所得税。

教育储蓄因适用范围比较有限，办理手续过于烦琐，最高存款限额较低，自开办以来客户参与度较低。

定活两便储蓄存款 是指客户一次性存入本金，不约定存期，随时可以支取，支取时利率随存期长短而变动的一种介于活期和定期之间的储蓄方式。该种储蓄具有活期储蓄存款可随时支取的灵活性，能享受到接近定期存款利率的优惠。定活两便储蓄存款一般 50 元起存，多存不限，存期不限，一次存入，一次性支取，存入时由香河县农村信用社开具存单，存单分记名和不记名两种。记名可挂失，不记名不可挂失。

1950 年，开始办理定活两便储蓄存款业务。1959 年 7 月，停办。1985 年，恢复办理。1986 年 1 月 20 日，中国农业银行转发中国人民银行印发《关于统一定活两便储蓄利率的通知》（农银发字〔1986〕7 号）指出，对定活两便储蓄利率做出统一规定：从 1986 年 3 月 1 日起执行定活两便储蓄利率，存期不满 1 个月不计息，存期 1 个月以上不满半年的按活期计息；存期半年（含半年）以上不满 1 年的按储蓄存款半年利率打 9 折计息；存期在 1 年（含 1 年）以上的按储蓄存款定期一年利率打 9 折计息。定活两便储蓄仍由各行试办，暂不定为新的储蓄种类，统计在活期储蓄科目内。

1988 年 9 月 12 日，中国农业银行转发中国人民银行印发《关于调整银行存、贷款利率的具体规定的通知》（农银发〔1988〕122 号）指出，定活两便储蓄存款存期不满 1 个月的零头天数按活期月利率 2.4‰折成日息后，按日计息；存期 1 个月以上不满半年的按活期月利率 2.4‰计息；存期半年（含半年）以上不满年的按调整后储蓄存款半年期利率打九折计息；存期在 1 年（含 1 年）以上的按调整后整存整取储蓄存款相应档次利率打 9 折计息。

1993年3月1日，中国人民银行印发《储蓄管理条例》指出，定活两便储蓄存款计息一律按统一规定执行：存期不限，存期不满3个月的，按天数计付活期利息；存期3个月以上（含3个月），不满半年的，整个存期按支取日定期整存整取3个月存款利率打6折计息；存期半年以上（含半年）不满1年的，整个存期按支取日定期整存整取半年期存款利率打6折计息；存期在1年以上（含1年），无论存期多长，整个存期一律按支取日定期整存整取1年期存款利率打6折计息。《条例》实施前存入的该项存款，按原规定执行。此项业务一直延续至今。

存本取息储蓄存款　是指存款人一次性存入本金，分次支取利息，到期支取本金的一种定期储蓄存款。存本取息定期储蓄存款，本金一次存入，起存金额一般为5000元，存期分为1年、3年、5年。信用社开具存单，存款人凭存单分期支取利息和到期一次支取本金。支取利息的次数和日期，可以是一个月或几个月取息一次，由存款人和信用社协商确定。如到取息日未取息，以后可随时取息。如存款人要提前支取利息，按取款当日挂牌公告的活期存款利率计息，存期内已支取的定期储蓄存款利息，一次性从本息中扣除。

1950年，开始办理存本取息储蓄存款业务，1965年停办，1980年恢复办理。

特色储蓄存款

特色储蓄存款是香河县农村信用社根据储户需求开展的储蓄存款业务，具有高利率、灵活方便等特点。特色储蓄存款包括：个人智能定期存款、个人高级智能定期存款、智存通、个人大额存单、定活通、大额灵活通、零整通、增利通、薪利通。

个人智能定期存款　是指客户将一段时期内闲置的资金按存入日约定的存期和高于个人普通整存整取的利率存入，到期后支取本息的一种存款产品。存期分为3个月、6个月、1年、2年、3年、5年6个档次。个人智能定期存款的最低起存金额和利率可根据经营情况自行设定，利率调整方式为绝对值。产品发售时间、停售时间和发售总额度即可控制自身成本，也可提升自身揽储竞争力。

截至2020年12月31日，香河农商银行1年期智能存款余额19411.23万元，3年期智能存款余额74010.6万元。

个人高级智能定期存款　是指客户将一段时期内闲置的资金按存入日约定的存期和高于个人普通整存整取的利率存入，到期后支取本息的一种存款产品。存期分为3个月、6个月、1年、2年、3年5个档次。个人高级智能存款（3个月、6个月、2年、3年4个产品）最低起存金额为1万元，个人1年期高级智能存款有3个产品，最低起存金额分别为1万元、5万元、10万元。该业务可全额提前支取，但不可部分支取。相较于个人整存整取产品利率最高上浮0.75个百分点，个人高级智能存款利率上浮不受限制，可根据自身经营情况设置各期限存款利率。

智存通定期存款　是与整存整取定期存款业务类似，系统约定不同金额段和对应率值，到期按约定利率计付利息的一种智能存款定期产品。智存通定期业务存期分为3个月、6个月、1年、2年、3年和5年期6个档次，最低起存金额为1000元。智存通定期业务提前支取计息方式分为：一是支取日挂牌公告的活期存款利率和实际天数计算利息；二是靠档计息，以客户提前支取时实际存款天数，按照最高普通整整期限所对应的利率计息；三是套档计息，以客户提前支取时实际存款天数按对应期限分段后分别按每段期限对应的利率计息。

截至2020年12月31日，香河农商银行智存通存款余额27959.17万元。

个人大额存单 是指由香河县农村信用社向人行申请备案后，面向非金融机构投资人发行的以人民币计价的记账式大额存款凭证。存期分为1个月、3个月、6个月、9个月、1年、18个月、2年、3年、5年和1个月（普通）、3个月（普通）、6个月（普通）、9个月（普通）、1年（普通）、18个月（普通）、2年（普通）、3年（普通）、5年（普通）18个档次。个人大额存单存款业务最低起存金额20万元，不足起存金额须全额支取，追加金额须为1万元的整倍数。该业务只允许一次部提，部提金额须为1万元的整数倍，留存金额须大于等于起存金额。相较于传统个人整存整取产品只有一种付息方式，个人大额存单付息方式有到期一次还本付息和定期付息、到期还本两种付息方式选择，付息方式更加灵活。个人大额存单可提前支取也可转让，流动性更好。

定活通 是指账户余额不得低于1万元并约定5年存期，但支取时按实际存期对应的利率实行靠档计息的储蓄存款。最低起存金额1万元，可部提，部提后剩余金额须大于最低起存金额，否则需全额提前支取。定活通支取时存期不满3个月的，按法人行社执行活期利率计息；存期3个月以上（含3个月）不满半年、存期半年以上（含半年）不满1年、存期1年以上（含1年）不满2年、存期2年以上（含2年）不满3年、存期3年以上（含3年）不满5年、存期5年以上（含5年）分别按支取日法人行社3个月，半年期、1年期整存整取、2年期整存整取、3年期整存整取、5年期整存整取存款执行利率计息。

定活通既有定期之利，又有活期之便，开户时默认5年存期，可部提和全额提前支取，且部提和提前支取时根据实际存期按照靠档计息方式计算利息，相较于整存整取提前支取按照活期利率计息，利息损失小。相较于传统定活两便产品支取时按整存整取执行利率打6折计息，定活通利率更高。

大额灵活通 是指账户总余额不得低于5万元且无固定存期，支取时按实际存期对应的利率实行靠档计息的储蓄存款，支持多次存入，多次支取，不足最低总余额要求须全额支取。大额灵活通支取时按实际存期不满3个月的，按法人行社执行活期利率计息；存期3个月以上（含3个月）不满半年、存期半年以上（含半年）不满1年、存期1年以上（含1年）不满2年、存期2年以上（含2年）不满3年、存期3年以上（含3年）不满5年、存期5年以上（含5年）分别按支取日法人行社3个月、半年期、1年期整存整取、2年期整存整取、3年期整存整取、5年期整存整取存款执行利率计息。追加金额支取时，按追加日起算实际存期靠档计息。

相较于定活通只可一次性存入，大额灵活通可多次存入，除第一次存入数须满足最低存款总金额要求，以后存入金额无要求，只需存入后总金额满足最低存款总金额即可，并且后存入金额也可按靠档计息方式计算利息。大额灵活通既有定期之利，又有活期之便，无固定存期，可部提和全额提前支取，且部提和提前支取时根据实际存期按照靠档计息方式计算利息，相较于整存整取提前支取按照活期利率计息，利息损失小。

零整通 是在传统零存整取上进行修改的，该新产品须客户开立一个新账户且在预先定义的存期每月至少存入一次，客户每月可无限次存入，且不限制其存期内的总存入金额。零整通存款产品存期分为1年、3年、5年3个档次，起存金额为500元，首次存入金额须大于等于起存金额。开户介质只能为卡，后续存入资金须大于等于起存金额，存款总余额无上限。整个存款周期分为两个阶段：敞开周期和锁定周期，同一笔存款可以在敞开周期进行后续存入，客户存入次数无上限，锁定周期不可续存。锁定周期：1年期为最后1个月，3年期、5年期为最后3个月。

相较于普通零存整取，每个月存入金额固定，零整通存入金额不固定，且存入次数无限制，可以根据自身经济情况存入资金。普通零存整取漏存只能下月补齐，零整通可连续两月漏存不算违约，存入规则更灵活。

增利通　是指以河北省农村信用社卡为业务载体，遵循通知存款规则，具有自动预约转存、自由存取并允许在同一笔增利存款上进行追加存入的个人存款。增利通存款产品分为1天、7天两个档次存期，最低起存金额5万元，可在任一日期内在同一笔存款上进行多次追加存入，追加存入金额为1000元的整数倍。最低支取金额为5万元，但支取后的余额不低于起存金额。追加存款跟已入存款享受相同利率，满7天自动本息转存，追加存款利息按照通知存款利率和实际到转存日天数计算。

薪利通　是一种通过约定转存功能实现的特殊存款产品，该产品的账户由一个活期账户和一个与之捆绑的隐形定期账户组成。当活期账户余额大于某一阈值时，多出的金额将会存入活期账户捆绑的隐形定期账户；当活期账户余额不足时，将按后进先出原则从活期账户捆绑的隐形定期账户拉取资金；当对活期账户进行账户余额查询时，需返回活期账户与隐形定期账户的总余额；当对活期账户进行冻结/止付时，需将活期子账户的净余额+关联定期存款的净余额视为该工资理财账户的净余额。薪利通的最低起存金额为1元，活期账户中的资金，使用普通活期存款利率，隐形定期账户中的资金，使用相应定期产品的利率。

其他种类储蓄存款

单一折实储蓄　1950年3月15日，中国人民银行在北京召开第一届全国金融会议，会议结束后，以通令形式向所属颁发《第一届全国金融会议综合记录》，记录指出：根据去年试办折实储蓄的经验，折实储蓄应予扩大，并根据年内新的需要，拟定统一的折实存款办法。私营行庄原则上可以办理折实存款。是年，国家银行开办折实储蓄。这是在市场物价不稳的条件下，对储蓄实行保本保值。折实单位河北省统一以小米计算，一个折实单位代表500克小米。折实牌价是银行在储蓄存款的前一日，根据市场小米价格而确定的挂牌价格。

1951年4月，人行河北省分行开办单一折实储蓄。单一折实储蓄有两种方式：一是存货币折实，即按存款前一日小米折实牌价将储蓄户所存货币折算成小米，支取时小米价格下跌或持平，则按货币计付本息，遇小米价格上涨，则用存款日货币折实数量乘以支取日小米牌价后再折成货币，然后计息。其二是存实折实，即将储户存入的玉米、小麦等农副产品按当日银行牌价折成小米，支取时可直接支取实物本息，也可按支取日银行牌价折成货币。

单一折实储蓄利率，在1951年以前为月息15‰左右，期限在1个月以上。1951年，物价趋于稳定，加之农副产品季节性损失大，且由国家负担，如粮食季节性损失在16.5%—17%，故在公私两利的原则上，利率降到2‰，期限延长到最少3个月。到1952年，市场物价进一步稳定，根据中国人民银行指示精神，对折实储蓄开始收缩，到6月正式停办。

实物储蓄 1950年开办，以实物为对象的储蓄种类。实物价格根据市场价格粗略估计，收取价格低于市场价格，利率以折实储蓄利率为准。由于实物价格的不确定性，加之实物管理、运销困难，银行吸收实物储蓄不能及时运用，因此于1951年停办。

保本保值储蓄 1950年5月，根据中国人民银行“为适应与便利物价波动时期吸收存款，决定举办保本保值定期储蓄存款，并准许旧折实储户转存保本保值或提前支取”的通知精神，开始推行保本保值储蓄（又称双保储蓄）。储户存款时在存单上注明当日的折实牌价，到期支取时，如果折实牌价上升，就以存入时折实单位换算成货币支取本息，使存款随物价上升而增加，以保原值；如果折实牌价不升或下跌，则按原存入款额支取本息，可以保本。保本保值储蓄有整存整取、零存整取、存本取息4种。1952年6月，停办。1953年1月，原双保储蓄一律转为货币定期储蓄。

爱国有奖储蓄 1951年，在爱国运动中开办爱国有奖储蓄，该业务具有保本保值性质，采取固定存期和存额，将应付本息的一部分以奖金形式付给中奖储户的储蓄种类。有奖储蓄存单有1元、5元、10元3种面额，每组根据奖金额度多少在1万至5万张之间。1952年10月，停办。1957年，爱国有奖储蓄在农村恢复开办并逐步成为农村的主要储蓄种类。1961年1月1日正式停办。

优待储蓄 1953年11月，为配合国家粮、棉收购，减少货币投放，回笼货币，帮助农民安排扩大再生产的一种定额定期储蓄。开办初期只办理售粮优待储蓄，1954年，增加售棉优待储蓄。只限于售粮（棉）农民在自愿原则下办理，开办限于收购粮棉期间，存期满6个月后转为一般储蓄。1955年12月，停办。

优待储蓄采取定额存单形式，不记名不挂失，一次性存入到期付息。存单面额分为1元、5元、10元3种，存款期限最短1个月，最长不超过6个月。优待储蓄利率比一般储蓄平均高出62%，存期不满1个月按活期利率4.5‰计付，存期满1个月不满3个月，按月息10‰计付，3个月以上至6个月，按月息15‰计付。

定额储蓄 1953年，开办定额储蓄，定额储蓄以定额存单为存款凭证，存单面额有5元、10元、20元3种，不记名，不挂失，定活两便。存款不满10天不计息，存满10天不足1个月按活期储蓄利率计息，1个月以上按同档次定期储蓄利率计息。

1953年4月，停办。1957年2月，重新开办，存单面额有10元、20元、50元3种，50元定额储蓄记名与否由储户自行决定，10元和20元不记名、不挂失。1959年8月，改为定期定额储蓄。1962年5月初，停办。

有奖储蓄 是把储蓄存款的利息提前或定期以实物或奖金的形式集中支付给中奖储户的储蓄。

整存整取有奖储蓄 1951年11月开办由省行举办的第十三期整存整取有奖储蓄，定期3个月，金额1元，利息每张固定100元。天津专区与通县、唐山合办第二组，每组十万张为一个开奖单位，每期开奖一次，在《河北日报》公布。一等奖1个，奖金500元；二等奖6个各得奖金50元；三等奖30个各得奖金20元；四等奖400个各得奖金5元；五等奖1000个各得奖金1元。

1957年2月，开办定期3个月的整存整取有奖储蓄，利息以奖金形式支付。每组十万张，每号人民币 5 元，期满还本 5 元。收储完一期开奖一次，由人民银行保定支行用摇奖方式当众开奖，中奖号码刊登在《河北日报》。一等奖 1 个，奖金 200 元；二等奖 2 个，各得奖金 50 元；三等奖 50 个，各得奖金 20 元；四等奖 100 个，各得奖金 10 元；五等奖 2000 个，各得奖金 2 元。

零存整取有奖储蓄　1954 年 11 月开办，每月存入 2 元，期限 1 年，存入时在存折上贴兑奖号码，10 万号为一开奖单位，每个单位设一等奖至四等奖，存折不记名，不挂失。

20 世纪 80 年代，定期有奖储蓄存单　　综合办公室供图

保值储蓄　又称长期保值储蓄，是指储蓄机构根据物价上涨情况对城乡居民存入的定期储蓄在规定的期限内给予一定保值补贴，使之实际利息收入不低于或略高于同期物价上涨幅度的一种储蓄方式。

1988 年，中国经济出现通货膨胀，物价上涨幅度超过储蓄存款利率，形成储蓄存款负利率。为保障储户利益，抑制储蓄滑坡而开办保值储蓄种类。9 月，根据国务院的决定，中国人民银行（银传〔1988〕36 号文）决定，从 9 月 10 日起开办人民币长期保值储蓄存款业务。保值储蓄的使用范围仅限于 3 年以上整存整取定期储蓄、存本取息定期储蓄，在储蓄期满时除按规定利率支付利息外，还需按中国人民银行公布的保值补贴率向储户计付保值贴补息，提前支取不享受保值补贴。

1989 年 1 月 28 日，中国农业银行全国分行行长会议指出：开办保值储蓄是国家为稳定金融、稳定经济所采取的一项重要措施，应当积极办理。为解决信用社由此而产生的亏损问题，对 1988 年底以前信用社 3 年以上定期储蓄，拟采取高来高去自己消化一部分，通过行社利率调整解决一部分，由人行补贴一部分等措施。9 月 4 日，中国农业银行报送国务院《关于解决农村信用合作社经营中发生严重亏损问题的紧急报告》（农银发〔1999〕93 号）指出，开办保值储蓄是稳定金融，稳定经济的一项重大措施，信用社作为合作金融组织，理应积极开办，但对开办保值储蓄后，信用社经营中发生的严重亏损问题，国家应予以妥善解决。为此，建议对信用社开办保值储蓄多支付的利息，在各地信用社通过贷款利率上浮自行消化一部分的基础上，人行按照全国信用社每年实际支付保值补贴息的 50%给予补贴。

1991 年 11 月 27 日，中国人民银行银传〔1991〕60 号文指出，从 12 月 1 日起停办保值储蓄存款业务，在此之前存入的 3 年以上人民币定期储蓄存款，仍给予保值。

1993 年 6 月 29 日，中国人民银行印发《关于调整存、贷款利率并实行储蓄存款保值的通知》（银发〔1993〕185 号）指出，决定从 7 月 11 日起重新开办保值储蓄存款业务，并对 1991 年以前存入的 3 年以上的定期储蓄存款计算保值贴利息等问题重新作出规定。

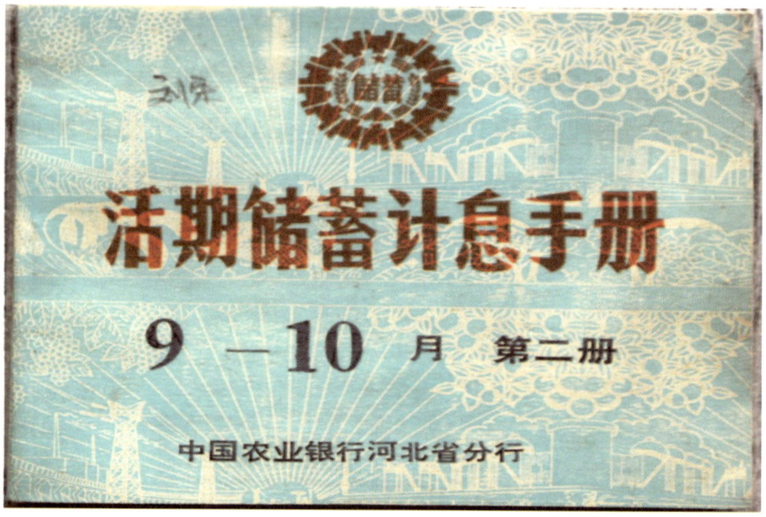

20世纪80年代，活期储蓄计息手册　　综合办公室供图

1996年3月31日，中国人民银行印发《关于停办新的保值储蓄业务的决定》（银传〔1996〕23号）指出，即日起对3年期以上的人民币定期储蓄存款，不再实行保值，但是对4月1日之前存入的3年期以上的定期储蓄存款仍按原定办法继续给予保值。4月18日，中国农业银行印发《关于调整农村信用合作社保值定期储蓄存款和催收贷款科日核算内容的通知》（农银发〔1996〕83号）指出，对农村信用社保值定期储蓄存款科目核算内容进行调整，对4月1日（含4月1日）以后新发生的不再给予保值的3年期以上人民币定期储蓄存款，应纳入“2151定期储蓄存款”科目核算，“2152保值定期储蓄存款”科目余额，只能减少不能增加。

2003年6月，国务院印发《深化农村信用社改革试点方案》指出，对亏损信用社因执行国家宏观政策开办保值储蓄而多支付的保值贴补息要给予补贴。

储蓄存款计息规定

储蓄存款的计息起点为元，元以下角、分不计利息。利息金额算至分位，分以下尾数四舍五入。

活期储蓄存款计息规定　1973年之前，每年6月、12月，各结息一次；自1973年起，改为每年12月结息一次；1983年起，改为每年6月30日为结息日。

2005年5月27日，中国人民银行印发《关于人民币存贷款计结息问题的通知》（银发〔2005〕129号）指出，活期存款由按年计结息改为按季结息。调整后，活期存款每季末的20日为结息日，次日付息。活期储蓄存款在存入期间如遇利率调整，均以当天挂牌的活期存款利率结息，利息并入本金起息。清户者按清户挂牌公告的活期存款利率计息，利息计算至清户日前一日止。凡活期储蓄1年以上的长期不动户，不论金额大小可转入零户处理，不再结息，如储户来时一次计息，不再计复息。凡在5元以下10元以上的不动户可以转入收益处理，储户前来支取时核对后支付。除活期储蓄在结息时并入本金外，各种储蓄存款不论存期多长，一律不计复息。

定期储蓄存款计息规定　1972年11月，中国人民银行印发《中国人民银行储蓄存款章程试行》指出，整存整取定期储蓄存款逾期支取时，其过期部分仍按存单原定利率算至支取日前一天止。提前支取按照实际存期活期储蓄利率计息，部分提前支取以一次为限，未提取部分仍按照原存入日期和原利率计息。

1980年5月，中国人民银行印发《中国人民银行储蓄存款章程》指出，整存整取定期储蓄逾期支取，其过期部分仍按原章程规定，照原存单所定利率计算利息。各种定期储蓄在原定存期内如遇调整利率，调高时其利息分段计算，调整日前照存单原定利率计算，调整日起按新利率计算。利率调低时，在原定期限内仍照原利率计算。

1985 年，中国人民银行印发《关于修改定期储蓄存款计息办法》指出，定期储蓄原则上不得提前支取，储户确有急需提前支取时，不论部分或全部提前支取存款，其提前支取的金额，一律按实际存期利率九折计息。定期储蓄逾期支取，不论逾期时间多长，其逾期部分时间内利率一律按活期存款利率计息。在此期限以前的储蓄存款仍按原规定办理。

1993 年 3 月 1 日，中国人民银行印发《储蓄管理条例》指出，定期储蓄存款到期支取按开户日挂牌公告的存款利率计付利息；提前支取按支取日挂牌公告的活期储蓄存款利率计付利息；部分提前支取的，提前支取的部分按支取日挂牌公告的活期储蓄存款利率计付利息，其余部分到期时按开户日挂牌公告的整存整取定期储蓄存款利率计付利息，部分提前支取以一次为限。逾期支取的自到期日起按存单的原定存期自动转期，自动转期后存单再存满一个存期（按存单的原定存期），到期时按原存单到期日挂牌公告的整存整取定期储蓄存款利率计付利息，如果未再存满一个存期支取存款，此时将按支取日挂牌公告的活期储蓄存款利率计付利息。定期储蓄存款在存期内如遇到利率调整，仍按存单开户日挂牌公告相应的定期储蓄存款利率计算利息。零存整取储蓄利息到期时，以实存金额按开户日挂牌公告的零存整取定期储蓄存款利率计付利息。逾期支取时，其逾期部分按支取日挂牌公告的活期储蓄存款利率计付利息。存本取息储蓄利息的支取，储户于开户的次月起每月凭存折取息一次，以开户日为每月取息日。储户如有急需可向开户银行办理提前支取本金（不办理部分提前支取），按支取日挂牌公告的活期储蓄存款利率计付利息，并扣回每月支取的利息。逾期支取时其逾期部分按支取日挂牌公告的活期储蓄存款利率计付利息。该储种利息计算方法与整存整取定期储蓄相同，在算出利息总额后，再按约定的支取利息次数平均分配。

存款利息所得税

存款利息所得税是指国家财政以存款、有价证券等利息所得为征税对象征收的一种税。

1950 年 1 月，政务院印发《全国税收实施则要》指出，列有“存款利息所得税”，主要是国家针对当时私营经济占主导地位，社会上存在大量地向银行、钱庄和工商户存款、垫款生息的现象而实行的。12 月，政务院印发《利息所得税暂行条例》指出，课征对象包括存款利息所得、公债、公司债券以及其他有价证券的利息所得和股东、职工对其所在企业垫款的利息所得等。按 5%的比例税计征，并以利息的所得者为纳税人，以利息所得的支付者或经付者为税款扣缴人。

1959 年 1 月 6 日，财政部、中国人民银行联合印发通知指出，自 1959 年 1 月 1 日起，随着储蓄存款利率的降低，取消利息所得税。规定 1958 年底前存入 1959 年提取的定额储蓄，其 1958 年的存期部分仍扣税，1959 年的部分不再扣税；1958 年底前存入 1959 年到期的定期储蓄，仍应按过去的规定扣收利息所得税。

1993 年，修订后的《中华人民共和国个人所得税法》（主席令第 12 号）指出，再次把利息所得列为税征项目。但由于当时全国居民个人储蓄存款较少，物资供应比较紧张，居民生活还比较困难，随后对存款利息所得做出免税规定。

1999 年 8 月，根据九届全国人大常委会十一会议《关于修订〈中华人民共和国个人所得税法〉的决定》（主席令第 22 号）指出，于 11 月 1 日起恢复对城乡居民本、外币储蓄存款征收利息收入个人所得税，税率为收入的 20%。城乡居民取得的教育储蓄存款利息所得以及财政部确定的其他专项储蓄存款或储蓄性专项基金存款利息所得，免征个人所得税。同年，按照国家税务总局印发《对储蓄存款利息所得征收个人所得税的实施办法》，中国人民银行印发《农村信用合作社代扣代缴储蓄存款利息所得个人所得税会计核算办法的通知》指出，独立核算的信用社为扣缴义务人，在代扣税款时给储户的利息清单上注明已扣税款的数额，利息清单视同完税凭证。11 月，县联社转发中国人民银行廊坊市中心支行关于转发总行《国家税务总局有关开征储蓄存款利息税办法的通知》指出，按照国家规定，1999 年 11 月 1 日及以前储蓄存款产生的利息不缴纳利息所得税，11 月 1 日及以后储蓄存款产生的利息由储蓄机构代扣代缴储蓄利息所得税。农村信用社即日起在向储户支付储蓄存款利息时，代征 20%的利息所得税。

2005 年 11 月，廊坊市国家税务局、中国人民银行廊坊市中心支行、廊坊市教育局联合印发《教育储蓄存款利息所得免征个人所得税实施办法》的通知，指出个人为其子女（或被监护人）接受非义务教育（指九年义务教育之外的全日制高中、大中专、大学本科、硕士和博士研究生）在储蓄机构开立教育储蓄专户，并享受利率优惠的存款，每个学习阶段可分别享受一次 2 万元教育储蓄的免收优惠。

2007 年 8 月 15 日起，国家税务总局决定个人存款利息所得税率调整为 5%。

2008 年 10 月 9 日，国家税务总局经国务院批准，决定自即日起对储蓄存款利息所得暂免征收个人所得税。

第三节　单位存款

单位存款是指企业、事业、机关、部队和社会团体等单位在金融机构办理的人民币存款。单位存款作为香河县农村信用社资金来源的重要组成部分，具有金额大、成本低、效益好的特点，拓展单位客户始终是香河县农村信用社的重点工作，围绕财政、社保、公积金、教育、住建、国土、农业、林业、水利等重点领域，不断提升单位存款市场占有率。积极把握中央促进民营企业金融服务的有利时机，切实提升服务中小民营企业水平，通过对产业链、供应链、资金链的整体营销与服务来拓展客户，树立客户服务“大综合”理念，强化整体营销与服务，积极营销企业存款。2012—2022 年，香河县农村信用社单位存款余额由 7 亿元增长至 32 亿元，增长额 25 亿元，年均增幅 2.5%。

香河县农村信用社单位存款产品，主要包括单位活期存款、单位定期存款、单位特色存款三大类。

单位存款业务发展变化

1950 年 4 月，国务院印发《关于实行国家机关现金管理的决定》指出：“一切公管企业、机关、部队及合作社等所有现金及票据，除规定限额外，其余必须按照中国人民银行存款办法存入当地人民银行或其委托机构。”

1954 年，中国人民银行在全国范围内实行“统收统支”的信贷计划管理办法，即存款归人民银行总行统一运用，贷款统一由总行按照计划指标逐级下达，存贷不挂钩，且集体存款归人民银行统一管理，因此在基层形成“重贷轻存”的思想。是年，中国人民银行河北省分行天津专区中心支行通过农村信用社吸收的存款转存到营业所，成为农村存款的主要来源。

1955 年，农村全面实行“统销统购”，农业社交售农产品后大量现金需要存入银行或信用社，是年，中国人民银行规定将单位存款列入其他存款科目内核算。

1956 年起，农村存款主要依靠农村信用社办理。分设集体存款和其他存款。集体存款包括农业生产合作社、人民公社、生产大队、生产队及社队企业存款；其他存款包括国家机关、团体、学校、企事业单位的存款。截至 1957 年 12 月 31 日，香河县农村信用社集体存款余额 18.7 万元，占各项存款余额的 47%。

1958 年，集体单位存款主要是农业合作社及少数副业摊点。截至 1958 年 12 月 31 日，香河县农村信用社集体存款余额 4.9 万元，较上一年度下降 13.8 万元。

1961 年以后，社、队发展多种经营，农业产量连年增长，集体存款和其他存款也随之增加。是年，香河县农村信用社开展麦、秋两季集中吸收集体存款的工作方法，落实农村经济政策，加之人民公社发展多种经营，副业生产收入增加，农村集体存款也随之增加。截至 1961 年 12 月 31 日，香河县农村信用社集体存款余额 38 万元，较上一年度增长 26.1%。

1962 年 11 月，中国人民银行印发《农村信用合作社工作条例》指出，将公社、生产大队、生产队存款列入业务范围，列为单位活期存款业务。截至 1963 年 12 月 31 日，香河县农村信用社集体存款余额突破 20 万元。

1973 年，香河农村信用社开始办理社队企业存款，香河县人行营业所不再办理农村集体存款，全部移交香河县农村信用社办理，国家设在农村的机关、团体、学校和企事业单位的存款归农业银行办理。截至 1973 年 12 月 31 日，香河县农村信用社集体存款余额 239.8 万元，社队企业存款余额 22.1 万元。

1977 年，香河县农村信用社增设队办企业存款，是年，社队企业存款年末余额 158.3 万元，集体存款余额 386 万元。

1978 年，中共十一届三中全会以后，农村逐步实行家庭联产承包责任制，农业生产得到发展，乡镇企业也随之兴起，香河县农村信用社农村集体存款总体上升，但结构发生变化，生产大队、生产队存款按照中国人民银行规定存入各地人民银行，香河县农村信用社企业存款由社队存款为主转向以乡镇、村企业存款为主，生产大队、生产队存款减少，社队企业存款增加。是年，香河县农村信用社社队企业存款余额 131.1 万元，集体存款余额 266.4 万元。

1980 年，中国农业银行香河县支行印发《关于信用社、站办理集体业务手续的通知》指出，大队办的和联办的较大企业一律转到信用社办理。账户种类分为支票账户、凭折支取的存款账户、凭印支取的存款账户。生产队在信用社开户者，不许使用支票账户，可以开立凭印支取的存折账户。

1982 年 6 月，中国人民银行印发《单位定期存款暂行办法》（银发〔1982〕165 号）指出，农村信用社完成转存银行款的任务后，也可以向银行办理单位定期存款。单位定期存款只限于国营企业、事业单位短期内不使用的企业基金、利润留成、更新改造资金和社队集体单位多余的资金。在利率调整中扩大存款的计息范围，设立集体定期存款业务，暂定存款档次有 2 年、3 年两种，利率分别为 3.6‰

和 4.2‰，人民币 1 万元起存，多存不限，存款坚持自愿原则，存款后不能提前支取。

1985 年，中国人民银行规定农村集体存款全部改为乡镇事业存款，其他存款改为国家单位存款，并根据国务院关于紧缩银根、回笼货币的指示，信用社的单位定期存款不再办理，已经存入的利率不再调整，按一般转存款利率计算。

1988 年，根据国务院关于"稳定物价、控制信贷"的指示，香河县农村信用社采取组织单位存款，以存定贷，管存管贷，存贷结合，结合清理信贷资产和信用等级评估，以督促企业搞活企业，增加存款。

1991 年，香河县农村信用社增设承包户个体结算业务，分设集体农业存款、乡镇企事业存款。

1994 年 1 月 1 日起，根据中国人民银行的规定，香河县农村信用社将集体农业存款、乡镇企事业存款、国家单位存款、个体工商户存款等四项存款合并，统一称为单位存款，单位存款分为活期存款和定期存款两种。

1997 年 11 月 15 日，中国人民银行印发《人民币单位存款管理办法》（银发〔1997〕485 号）指出，规定单位存款的种类，并对各类存款的管理和计息、变更、挂失及查询等作出具体规定。

截至 2010 年 12 月 31 日，香河县农村信用社单位存款余额 115597.12 万元，占各项存款余额的 22%，其中，单位活期存款余额 110335.26 万元，单位定期存款 5261.86 万元。

截至 2018 年 12 月 31 日，香河农商银行单位存款余额 242812.77 万元。

截至 2022 年 12 月 31 日，香河农商银行单位存款余额 316874.69 万元。

单位活期存款

单位活期存款是指不规定存款期限，可以随时存取，并依照活期存款利率按季计取利息的存款。单位活期存款按结息日挂牌公告的活期存款利率计息，如遇利率调整不分段计息。活期存款账户，可使用支票、本票、汇票等人行规定的各类支付工具办理结算。单位活期存款包括企事业单位活期存款、单位协定存款、财政性存款。

企事业活期存款 是指企事业客户在香河县农村信用社开立结算账户时，不确定存款期限，可随时办理现金存取款及转账业务的一种存款产品。香河县农村信用社对企事业活期存款实行账户管理，按用途分为基本存款账户、一般存款账户、临时存款账户和专用存款账户。

2011 年 12 月 31 日，香河县农村信用社单位活期存款余额 73873.31 万元。

2013 年 12 月 31 日，香河县农村信用社单位活期存款余额 102632.44 万元。

2016 年 12 月 31 日，香河县农村信用社单位活期存款余额 247416.29 万元。

2022 年 12 月 31 日，香河农商银行单位活期存款余额 169415.97 万元。

单位协定存款 是指客户与香河县农村信用社签订《协定存款合同》，约定期限、商定结算账户需要保留的基本存款额度，对基本存款额度内的存款按结息日或支取日活期存款利率计息，超过基本存款额度的部分按结息日或支取日人行公布的高于活期存款利率的协定存款利率计付利息的一种存款。

香河县农村信用社单位协定存款的签约对象为开立基本存款账户、一般存款账户或财政性存款专户的单位，若活期结算账户销户，协定存款账户也须同时销户。协定存款的基本存款额度应不低于 10 万元，《协定存款合同》有效期限为 1 年，期满后需重新签约，协定存款账户月均余额 2 年或 2 年以上低于约定额度的，将利息结清后，不再享受协定存款利率。香河县农村信用社单位协定存款利率浮动上限为 0.7。

财政性存款　是指国家财政部门存放在香河县农村信用社的货币资金。财政性存款账户类型包括：财政性存款、乡镇级地方财政库款、县级地方财政库款、乡镇级财政预算外存款、县级财政预算外存款、财政预算专项存款。财政存款按资金性质分为财政预算内存款、财政预算外存款、财政预算专项存款。财政拨款和财政预算资金不能办理单位定期。

1998 年 5 月，中国人民银行印发《关于农村信用社办理乡镇国库和国库经收处业务的管理规定》（银发〔1998〕232 号）指出，撤销国家银行分支机构的乡镇，其国库和国库经收处业务可由所在地的人行县（市）支行国库部门委托该乡镇的农村信用社办理。6 月，部分农村信用社开办以下四种财政性存款业务：办理乡（镇）的行政机关、团体和事业单位的财政性存款；办理乡（镇）国库和国库经收处业务的收纳，划解的预算收入，即待结算财政款项；办理乡（镇）预算收入和预算支出，即地方财政库款；办理乡（镇）财政预算外资金及自筹资金的收支，即财政预算外存款。

单位定期存款

单位定期存款是指企事业、机关团体等单位将短期闲置的资金存入银行，并事先与银行约定存期、利率，到期支取本息的一种存款方式。香河县农村信用社对单位定期存款实行账户管理（大额可转让定期存款除外）。存款单位支取定期存款只能以转账方式将存款转入其基本存款账户，不得将定期存款用于结算或从定期存款账户中提取现金。

1994 年 1 月 1 日起，根据中国人民银行的规定单位存款分为活期存款和定期存款两种。香河县农村信用社单位定期存款分为单位整存整取存款、单位通知存款、单位协议存款。

2015 年 12 月 31 日，香河县农村信用社单位定期存款余额 10617.43 万元。

2018 年 12 月 31 日，香河农商银行单位定期存款余额 43326.37 万元。

2021 年 12 月 31 日，香河农商银行单位定期存款余额 123285.54 万元。

2022 年 12 月 31 日，香河农商银行单位定期存款余额 147458.73 万元。

单位整存整取定期存款　是指企业、事业、机关、部队和社会团体等将一段时间内闲置的资金按存入日约定的存款和利率存入，到期后支取本息的一种存款产品。存款期限分为 3 个月、6 个月、1 年、2 年、3 年、5 年 6 个档次。

单位通知存款　是指存款人需一次性存入，可以一次或分次支取，存入款项时不约定存期，支取时需要提前通知金融机构，约定支取存款日期和金额方能支取的存款。通知存款不论实际存期多长，划分为 1 天通知存款和 7 天通知存款两个品种，单位通知存款的最低起存金额为人民币 50 万元，可一次或分次支取，留存余额不得低于起存金额，否则做一次性清户处理。支取时无须提前通知，具有收益较高、存取灵活等特点，适用大额存取频繁的单位客户。

香河县农村信用社单位通知存款分为单位传统通知存款和单位新型通知存款。相较于传统通知存款，新型通知存款具有跨周期自动转存、自动计息的特点。

单位协议存款　根据中国人民银行、国家银监会规定，针对部分特殊性质的中资资金（如保险资金、社保资金、养老保险基金等），开办的存款期限较长、起存金额较大、利率、期限、结息付息方式、违约处罚标准等由双方商定的人民币存款品种。

协议存款只针对部分特殊性质的资金办理。主要包括邮政储蓄资金、保险资金、社保资金、养老保险基金等。保险公司协议存款仅限于中资保险公司。协议存款不得提前支取，其协议存款凭证可用作融资质押物。协议存款合同期限为 1 年以上 5 年以下，最低起存金额为 3000 万元，利率水平、存款期限、结息和付息方式等均由双方协商确定。合同期满，如双方均未书面提出终止或修改合同，即视为自动延期。

单位特色存款

香河县农村信用社单位特色存款包含单位活利通存款、单位智能定期存款、单位高级智能定期存款、单位大额存单。

单位活利通存款 是指基于一定周期内的账户余额，按账户内金额分档来计算活期账户的利息，是一种特殊的活期存款产品。该产品无最低起存金额，相较于传统活期产品只能上浮基准利率，不能根据金额段的不同设置不同的利率，活利通存款可以根据金额段和期限不同设置不同的利率，金额越高期限越长享受的利率越高。

单位智能定期存款 是指企业、事业、机关、部队和社会团体等将一段时期内闲置的资金按存入日约定的存期和高于单位普通整存整取的利率存入，到期后支取本息的一种存款产品。单位智能定期存款产品存期分为 3 个月、6 个月、1 年、2 年、3 年、5 年 6 个档次，最低起存金额 5 万元，只能以转账的方式办理。

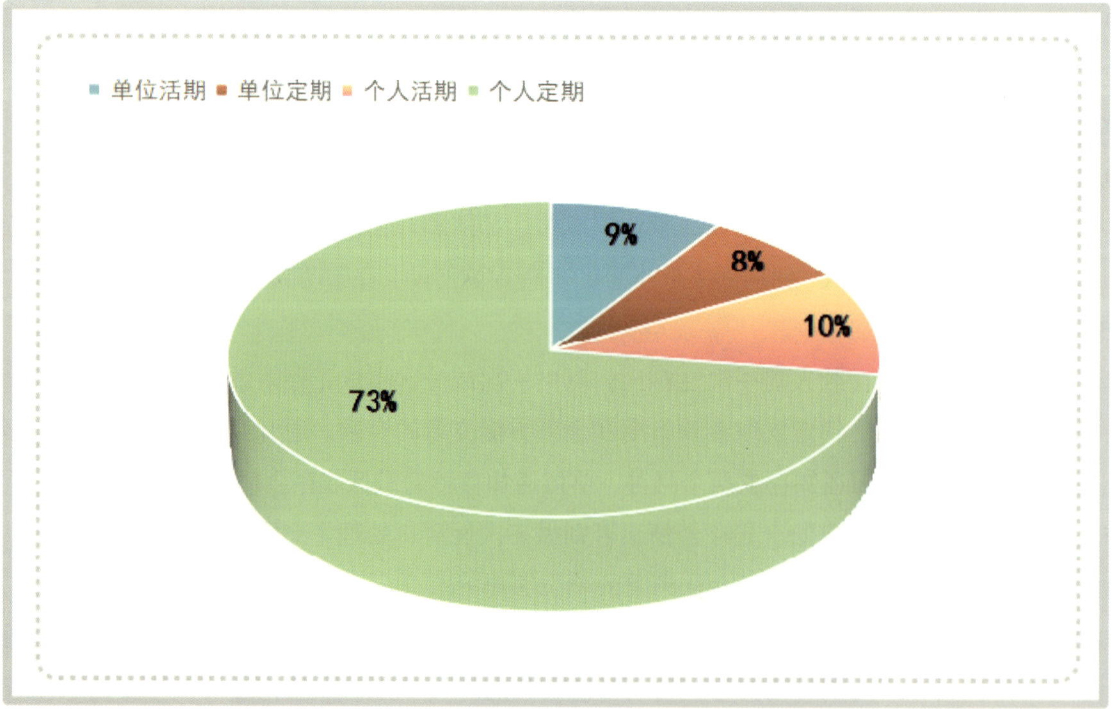

图 3-1-4 香河农商银行 2022 年末存款业务结构示意图

单位高级智能定期存款　是企业、事业、机关、部队和社会团体等将一段时期内闲置的资金按存入日约定的存期和高于单位整存整取的利率存入，到期后支取本息的一种存款产品。存期分为 3 个月、6 个月、1 年 3 个档次。单位高级智能定期存款无最低起存金额，可全额提前支取，不可部提。

单位大额存单　是指由香河县农村信用社向人行申请备案后面向非金融机构投资人发行的以人民币计价的记账式大额存款凭证，属一般性存款。单位大额存单存期分为 1 个月、3 个月、6 个月、9 个月、1 年、18 个月、2 年、3 年、5 年、1 个月（普通）、3 个月（普通）、6 个月（普通）、9 个月（普通）、1 年（普通）、18 个月（普通）、2 年（普通）、3 年（普通）、5 年（普通）18 个档次。单位大额存单最低起存金额 1000 万元，追加金额需为 100 万元整数倍。只允许进行一次部提，部提金额须为 100 万元的整数倍，留存金额需大于等于起存金额。

第四节　存款人权益制度保障

国家对企事业单位和城乡居民存款采取鼓励和保护政策，对存款人的保护做出明确的法律规定，并制定和实施各项制度来保障存款人的合法权益。

存款准备金制度

存款准备金制度是指按照人行规定，金融机构按各项存款总额一定比例缴存人行，也被称为法定存款准备金率。存款准备金同时也是中央银行货币政策工具之一。

存款准备金是法定准备金。建立存款准备金的最初目的，是为保障存款客户的存款支取，同时存款准备金保证中央银行掌握一定数量的信贷资金，以适应国家重点建设的需要和宏观金融调节的需要。农村信用社是缴存存款准备金的对象之一，在行社脱离行政隶属关系前向农行交纳存款准备金、备付金和一般转存款，行社脱离行政隶属关系后向人行交纳。

1961 年 9 月 26 日，中国人民银行印发《关于讨论和试行农村信用合作社若干问题的规定（草案）的通知》指出，信用社办理存款业务，必须按照国家银行的规定，留足支付存款的准备金，保证存款人能随时提取存款。

1962 年 6 月 19 日，中国人民银行香河县支行印发《关于 1962 年夏季农村金融工作安排意见》指出，信用社必须留足提存准备金，保证存款的提取。吸收的集体存款，原则上不动（全部转存银行），吸收的社员储蓄在一般情况下，要留 30%—40%的准备金，至少要留 30%。

1983 年 8 月 28 日，中国农业银行印发《中国农业银行分行长座谈会纪要》指出，农村信用社吸收的存款其中 30%要作为“提存准备金”存入农行，每季初按上季末各种存款的平均余额调整一次，农行使用“信用社提存准备金”科目核算，按行、社往来利率计付利息。

1984 年，中国人民银行确立中央银行体制，随即建立存款准备金制度。存款准备金，指商业银行为应付客户提取存款而保留的现金准备，包括商业银行的库存现金和按规定存入中央银行的存款。按法定准备率计算的准备金叫法定准备金，这是商业银行或存款机构在一定存款规模基础上必须保留的基本准备金。超过法定准备金的部分叫超额准备金。7 月 27 日，中国农业银行印发《中国农业银行全国分行行长座谈会纪要》指出，信用社存款要按国务院规定向农行交存提存准备金，这是信用社应承担的法律义务。交提存准备金的必要性和作用之一是国家要保证存款人的合法权益。1984 年 7 月至 1985 年 12 月，提存准备金的比例改定为 15%—30%，由各省、自治区、直辖市分行根据辖区各地的不同经济情况和市场情况分别做出具体规定。这是法定义务，也是国家为保护存款人利益的必要措施，所有信用社都必须遵照执行。该项准备金存款，一般按月调整，执行有困难的也可按季度调整。是年，香河县农村信用社建立存款准备金制度，按存款种类核定存款准备金比率，即企业存款为 20% ，储蓄存款为 40% ，农村存款为 25% 。

1985 年 3 月 16 日，中国农业银行印发《关于信用合作社缴存款准备金的有关规定和会计核算手续的通知》（农银发〔1985〕41 号）指出，根据全国分行行长会议关于“信用社提存准备金的比例，按省考核，不得低于 30%”的精神，对有关做法和会计核算手续进行调整，信用社应于每月底按照现行统一会计科目中的 8 个存款科目，按规定的比例计算办理缴存或调整存款准备金，缴存或调整数均计千元，千元以下的尾数不缴存（补缴和退回均同）。信用社应以各存款科目的月末金额为准，于月末后 5 日内办完缴存存款手续。信用社缴存存款准备金，银行应按规定利率付给存款息，按季结息。5 月 18 日，中国农业银行印发《关于银行严格控制对信用合作社支持款和限期缴足存款准备金的通知》（农银发〔1985〕105 号）指出，必须认真执行信用社向银行缴存存款准备金制度，重申以省为单位缴存比例不得低于 30% ，要求 6 月底以前必须缴足。12 月，中央农村工作会议指出，适当降低国家划定的贫困地区信用社交存准备金的比例。国家规定信用社必须按一定比例向银行交纳提存准备金，是为保证存款人的利益，维护社会信用，促进集体金融企业正当经营。信用社准备金有 15%—30%的幅度，由各分行具体规定。国家为严格控制信贷规模，规定以省为单位考核，提存准备金的比例不能低于 30%。1985 年，中央 1 号文件规定，信用社组织的资金，除按规定向农行交付提存准备金外，全部归自己使用。是年，针对当时存款准备金偏高的情况，人行改变按存款种类核定存款准备金率的做法，一律调整为 10%。

1986 年，中国农业银行对信用社交存准备金的比例进行调整，总水平降到 25%。为理顺行、社关系，在保本微利的原则下对行、社往来利率再次调整，信用社缴存准备金和其他存款利率，仍按照各信用社的不同成本逐社计算核定。

1987 年 1 月 10 日，中国农业银行召开全国分行行长会议，会议指出：要在两年内逐步把信用社的存款准备金比例降至相当于专业银行交存中央银行存款准备金的水平。信用社在交足存款准备金、留足存款备付金并基本满足当地生产和流通正常资金需要的情况下，资金有余，可参与资金市场，灵活融通。是年，中国农业银行印发《关于今明两年农村金融体制改革的意见》（农银函〔1987〕382 号）指出，在两年内把信用社的存款准备金比例降至相当于农行交存中央银行准备金的比例。在过渡阶段，信用社交存的准备金中相当于农行交存中央银行准备金比例的部分，按中央银行对农行的准备金利率付息，超过这个比例的部分，要使信用社保本微利。信用社在交足准备金、留足存款备付金以后，其余资金由信用社自主运用。

1996 年 8 月 30 日，国务院农金体改办印发《关于印发农村信用社与中国农业银行脱离行政隶属关系实施方案的通知》（农金改〔1996〕2 号）指出，农村信用社原缴存农行的存款准备金全部划转到人行。

1998 年 3 月，中国人民银行印发《关于改革存款准备金制度的通知》（银发〔1998〕118 号）指出，对存款准备金制度进行重大改革，将法定存款准备金存款和备付金存款两个账户合并为“存款准备金账户”，账户资金可用于营业日中的支付清算，法定存款准备金率由 13%下调至 8% ，法定存款准备金的利率由 7.56%下调至 5.22% ，各金融机构法定存款准备金按法人统一考核交存，人行河北省分行各分支机构不再对各金融机构驻河北省分支机构实施存款准备金考核，仅对河北省地方法人金融机构存款准备金按政策规定实行考核。

1999 年 7 月 8 日，中国人民银行印发《关于做好当前农村信用社工作的意见》（银发〔1999〕226 号）指出，农村信用社发生支付困难时，县联社及市（地）联社要及时对全辖信用社头寸实行统一调剂，及时救助，尽快在县市或地市范围内解决支付风险，对县联社和市（地）联社调剂资金仍解决不了的，经人行分行批准，可动用存款准备金，以保证支付。11 月 21 日，农村信用社存款准备金率调整为 7%，下调 1 个百分点。同年，县联社转发中国人民银行廊坊市中心支行《农村信用社动用法定存款准备金的管理办法》指出，农村信用社发生严重支付困难，应采取多种渠道，多种办法，首先自身大力组织存款，清收贷款和其他资金占用筹措资金来源，其次农村信用社联社要加强资金调度和头寸余缺调剂，在采取上述措施后，仍存在严重的支付困难，不能保证兑付个人储蓄，并可能产生严重影响的，方可申请动用法定存款准备金。

2003 年 9 月 21 日，县联社存款准备金率上调 1 个百分点，调整为 8%。

2004 年，中国人民银行印发《关于实行差别存款准备金率制度的通知》（银发〔2004〕73 号）指出，决定将资本充足率低于 4%的金融机构存款准备金率执行比同类金融机构高 0.5 个百分点。12 月，中国人民银行印发《关于加强存款准备金管理的通知》（银发〔2004〕302 号）指出，进一步规范动用存款准备金的条件、程序以及最高限额、期限和用途，对金融机构违反存款准备金规定的处罚标准和依据作出具体规定。

2007 年 3 月，中国人民银行货币政策司印发《关于对农村合作银行执行有区别的存款准备金率的通知》指出，明确为鼓励农村合作银行加大对“三农”的信贷投入力度，按年对农村合作银行支农贷款比例进行考核并确定执行有区别的存款准备金率的范围。主要是对农贷高峰期间，即第一、第二、第三季度末支农再贷款比例有高于规定要求的农村合作银行，执行比一般商业银行低 1 个百分点的存款准备金率。9 月，中国人民银行货币政策司印发《关于加强对地方中小金融机构贷款指导的意见》指出，明确对资产规模小，支农贷款比例高的农村信用社执行比同类型金融机构低 1 个百分点的存款准备金率。

2008 年 9 月 25 日，存款准备金率标准分为中小金融机构与大型金融机构，香河县农村信用社执行中小金融机构标准。2004 年 4 月 25 日至 2008 年 6 月 7 日，存款准备金率连续上调 19 次，调增 10.5 个百分点，其中，2 次各调高 1 个百分点、17 次各调高 0.5 个百分点，存款准备金率调整为 17.5%。

2010 年 1 月、2 月、5 月，大型金融机构存款准备金率 3 次调高，中小金融机构存款准备金率维持不变。2010 年 11 月 16 日至 2011 年 6 月 14 日， 存款准备金率连续上调 9 次，每次调增 0.5 个百分点，调增 4.5 个百分点，存款准备金率调整为 18%。

2015 年 1 月，县联社印发《香河县农村信用合作联社存款准备金管理办法（暂行）》指出，香河县农村信用社的存款准备金，存入在中国人民银行香河县支行开立的“准备金存款”账户，并按照中国人民银行缴存存款准备金实行差别存款准备金率制度规定，县联社执行农村信用社资产规模小、支农贷款比例高的准备金率标准。

存款保险制度

存款保险是指吸收存款的银行业金融机构（统称投保机构）向存款保险基金管理机构交纳保费，形成存款保险基金，当投保机构经营出现问题时，存款保险基金管理机构依照规定使用存款保险基金对存款人进行及时偿付，并采取必要措施维护存款以及存款保险基金安全的制度。存款保险制度是市场经济条件下保护存款人利益的重要措施，是金融安全网的重要组成部分。至 2022 年，世界上已有 110 多个国家和地区建立存款保险制度。

1999 年 4 月 9 日，全国农村信用社工作会议召开，会议强调要：建立全国农村信用社存款保险和再保险制度，切实保障农村信用社的利益。建立信用社存款保险基金是中发〔1997〕19 号文件早已明确的，是维护储户利益、促进信用社健康发展的重要措施；结合国外经验和国内实际，决定农村信用社全部参加存款保险，存款保险基金按省、区、市筹集使用；同时，设立全国信用社合作保险基金；保险基金对农村信用社实行补偿功能；保险基金主要用于关闭破产信用社在资金清偿中，对存款支付的保证。5 月，中国人民银行廊坊市中心支行转发总行印发《关于贯彻国办发〔1999〕145 号文件精神对农村信用社实施改革整顿规范管理的具体方案》指出，把中国人民银行暂时承担的对信用社的行业管理职能逐步划分出去，建立起以信用社自主经营、自我约束为基础，县、市（地）联社行业管理、全国和省级行业协会自律管理，存款保险制度为保障和中国人民银行依法监督管理的合作金融管理体制。

2015 年 2 月 17 日，国务院印发《存款保险条例》指出，规定自 2015 年 5 月 1 日起施行，在中华人民共和国境内设立的商业银行、农村合作银行、农村信用合作社等吸收存款的银行业金融机构（以下统称投保机构），应当依照条例的规定投保存款保险。存款保险制度是国家为保护存款人的利益和维护金融秩序的稳定，通过法律形式建立的一种在银行因意外事故破产时进行债务清偿的制度。存款保险制度在中国正式实施，各家银行向保险机构统一缴纳保险费，一旦银行出现危机，保险机构将对存款人提供最高 50 万元的赔付额。2015 年，香河县农村信用社缴纳保费 81.71 万元。

2020 年 11 月 28 日，香河农商银行按照统一部署启用“存款保险”标识
计划财务部供图

2017 年 6 月，中国人民银行印发《关于存款保险标识使用有关事项》指出，自 2017 年 11 月 20 日，参加存款

保险的金融机构统一使用存款保险标识。要求参加存款保险的金融机构应当按照中国人民银行及其分支机构要求，于每年 3 月 31 日前报告上年度存款保险标识使用情况，并更新投保手续材料。2017 年，香河县农村信用社缴纳保费 219.29 万元。

2020 年，按照中国人民银行统一要求，河北省廊坊市参加存款保险的金融机构应在所有营业网点统一启用存款保险标识，任何机构不得提前或延后。香河县农商银行严格按照中国人民银行《存款保险标识使用办法》和《存款保险标识制作使用手册》制作标识，并于规定时间 2020 年 11 月 28 日早 8 时在所有营业网点统一启用存款保险标识。是年，香河农商银行采取因地制宜，组织人员走访周边店面、走进市集进行存款保险知识宣传，进一步提高城乡居民和广大农民的防范意识。营业网点在营业大厅摆放存款保险宣传折页、展架，张贴宣传海报，播放存款保险宣传视频，电子显示屏滚动播放存款保险宣传标语、张贴宣传条幅。

2015—2022年香河县农村信用社存款保险保费缴存一览表

表3-1-5　　单位：万元

年度	缴费	年度	缴费
2015	81.71	2019	356.27
2016	198.66	2020	379.47
2017	219.29	2021	334.55
2018	278.81	2022	558.54

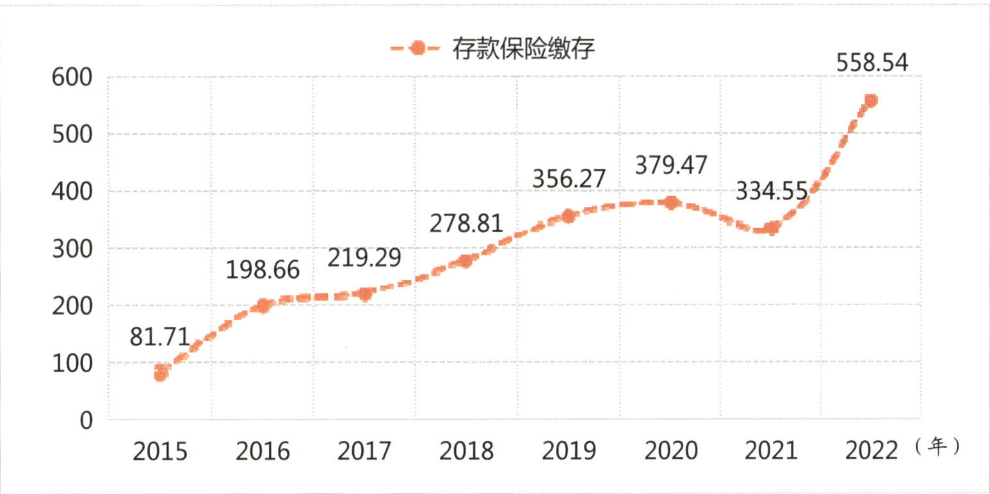

图 3-1-5 2015—2022 年香河县农村信用社缴存存款保险保费情况图（单位：万元）

第五节　存款利率

存款利率是指由中国人民银行拟定，报国务院批准后公布，或由国务院授权中国人民银行制订、公布。利率政策是货币政策的一个重要组成部分，利息是银行和信用社调节经济的主要杠杆之一。利息的调剂作用，主要取决于利息率。

1949 年中华人民共和国成立以后，中国人民银行印发《合作社信用部推进办法》指出："合作社信用部是在政府的领导与国营经济的扶植下劳动人民的金融组织。其任务是组织社会闲散资金，调剂供销社生产资金，扶助发展生产，繁荣社会经济，积累公共财富。"

1951 年 5 月，第一届全国农村金融会议上指出："信用合作是群众自己的，它的会计是独立的，利息可以比银行存款稍高一些。"

1952 年 12 月 19 日，中国人民银行印发《关于现行利率的补充和修订的通知》指出，农村信用合作社的存款利率由各社决定，逐步与国家银行存放利率接近，但不勉强。国家银行收存信用社的转存款和对信用社的放款均按 1.2%计息，以鼓励自由借贷的开展与农村信用合作社工作的推行。

1955 年，香河县信用合作社向县委的报告中提到，随着国家银行利率的降低，结合实际情况本着利息逐步下调的原则，对信用社的利率进行调整，存款由原来最高 1.2%降为最高 0.9%，最低由原来 0.6%降到 0.45%。到 1957 年储蓄月利率调为活期 2.4‰，定期半年 5.1‰，一年 6.6‰

1962 年 11 月，中国人民银行香河县支行印发《关于信用社对生产队、社员存、放款利率的通知》指出，信用社对生产队、社员在存、放款利率的执行上，非高则低，不够一致，影响利率政策。据此，对信用社存、放款的利率作如下调整：活期存款月利率 1.8‰，定期 3 个月月利率 2.4‰，定期 6 个月月利率 3.9‰，定期 1 年月利率 5.1‰，定期 2 年月利率 5.25‰，定期 3 年月利率 5.42‰。

1963—1965 年，储蓄利率持续下调，活期储蓄降至月利率 1.8‰，定期 1 年月利率 3.3‰。由于忽视储蓄利率的杠杆作用，使储蓄事业发展缓慢。

1966 年，储蓄利率降到低点。定期 1 年的储蓄月利率由 3.3‰，降到 2.7‰。

1978 年，中共十一届三中全会以后，党的政策逐步落实，全党工作重点转移到经济建设上来，为聚集资金支持国家经济建设和生产发展，发挥利率的杠杆作用，1979—1988 年 6 次调高储蓄利率。

1985 年 1 月，中共中央、国务院印发《关于进一步活跃农村经济的十项改革》指出，信用社实行独立经营、自负盈亏，存款利率允许参照银行限定基准利率上下浮动，有的可以接近市场利率。

1987 年，中国人民银行印发《关于储蓄存款利率规定的通知》（银发〔1987〕116 号）指出，信用社的储蓄存款利率浮动幅度在 20%以内的，报当地农行县支行批准。

1988—1993 年，中国人民银行根据经济形势、市场物价水平、银根松紧等因素进行 7 次利率调整。

1993 年 5 月 15 日、7 月 11 日，中国人民银行 2 次提高储蓄存款利率。其中，活期储蓄利率 2 次提高 1.35%，3 个月、6 个月、1 年、2 年、3 年、5 年期定期储蓄利率，2 次分别提高 3.42%、3.6%、3.42%、3.78%、3.96%、4.86%，5 年期定期储蓄利率 13.86%。同时规定，对城乡居民的三类定期储蓄存款进行保值贴补。

1996 年 5 月 1 日至 2002 年 2 月 21 日，中国人民银行连续 8 次降低储蓄存款利率。其中，活期储蓄利率由 1996 年 5 月 1 日前的 3.15%降为 0.72%，1 年期定期储蓄利率由 1996 年 5 月 1 日前的 10.98%降为 1.99%，5 年期定期储蓄利率由 1996 年 5 月 1 日前的 13.86%降为 2.79%。

1997 年 12 月，中国人民银行廊坊分行转发中国人民银行印发《关于降低金融机构存、贷款利率的通知》指出，规定单位协定存款的协定存款利率调整为年利率 2.85%，个人和单位通知存款利率随此次利率调整相应下调。

1999 年 3 月，中国人民银行印发《人民币利率管理规定》（银发〔1999〕77 号）指出，明确中国人民银行制定的各种利率是法定利率，其他任何单位和个人均无权变动。对中国人民银行、分行以及金融机构各自履行的利率管理职责、存款的结息、贷款的结息、罚则等做出具体规定。从 6 月 10 日起，各项存款年利率下调 1%。

2002 年，中国人民银行香河县支行印发《关于降低存、贷款利率的通知》指出，各项存款年利率在现行基础上平均下调 0.25%。

2004 年 10 月，中国人民银行印发《关于调整金融机构存贷款利率的通知》指出，上调存款利率，1 年期存款利率由现行的 1.98%提高到 2.25%，上调 0.27%，其他各档次存款利率也相应调整。

2004—2007 年，中国人民银行连续 7 次提高储蓄存款利率，但 7 次调整幅度都不大，其中，活期储蓄利率提高 0.09%，3 个月、6 个月、1 年、2 年、3 年、5 年期定期储蓄利率，分别提高 1.26%、1.53%、1.89%、2.25%、2.7%、2.97%。2007 年 12 月 21 日，按照中国人民银行的要求各项存款年利率上调 0.27%。

2012 年 6 月，中国人民银行将金融机构存款利率浮动区间的上限调整为基准利率的 1.1 倍。是年，县联社调整存款利率，在基准利率基础上上浮 1.1 倍。

2013 年，中国人民银行正式成立市场利率定价自律机制。

2014 年 11 月，中国人民银行下调基准利率，人民币浮动区间改为基准利率的 1.2 倍。是年，11 月 25 日起，香河县农村信用社结合推进利率市场化改革，将存款利率浮动区间的上限由存款基准利率的 1.1 倍调整为 1.2 倍。

2015 年 5 月，人民币存款浮动区间扩大到基准利率的 1.5 倍。10 月，中国人民银行将金融机构存款利率浮动区间的上限完全放开，对商业银行和农村合作金融机构等不再设置存款利率浮动上限，存款利率市场化宣告完成。12 月 2 日，香河县农村信用社存款利率调整实行上浮 1.5 倍。

2017 年 8 月 10 日，香河县农村信用社进行存款利率调整，在基准利率基础上上浮 1.4 倍，相较于香河县农村信用社 2015 年 12 月 2 日利率调整实行下浮 0.1 倍。

2018 年，香河农商银行严格按照监管部门存款利率相关要求开展存款业务，不断通过创新产品、强化管理提升自主定价和风险防控能力，积极应对利率市场化带来的挑战。6 月 1 日，香河县农商银行调整存款利率，在基准利率基础上上浮 1.45 倍。

2022 年，香河农商银行存款执行利率在全县金融机构中处于中间水平，略高于国有商业银行和部分股份制商业银行，各档次定期存款利率与省内股份制商业银行和邮储银行基本相同。截至年底，香河县农村信用社存款利率调整实行基准利率基础上上浮 1.2—1.6 倍。

1952—2015年人民银行存款基准利率情况一览表

表3-1-6　　单位：%

调整日期			活期存折	定期整存整取									零存整取		
年	月	日		1个月	3个月	6个月	9个月	1年	2年	3年	5年	8年	1年	3年	5年
1952	5	21	5.4	9	10.8	12.6	—	14.4	—	—	—	—	12.6	—	—
1952	9	15	5.4	9	10.8	12.6	13.32	14.4	—	—	—	—	12.6	—	—
1953	1	1	5.4	9	9.6	10.8	12.6	14.4	—	—	—	—	12.6	—	—
1954	9	1	5.4	9	9.72	10.8	12.6	14.4	—	—	—	—	12.6	—	—
1958	10	1	2.88	—	5.04	6.12	—	7.92	—	—	—	—	6.12	—	—
1959	1	1	2.16	—	3.6	—	—	4.8	—	—	—	—	3.6	—	—
1959	6	5	2.16	—	2.88	3.6	—	4.8	—	—	—	—	3.6	—	—
1959	7	1	2.16	—	2.88	4.68	—	6.12	6.3	6.5	—	—	4.68	6.12	—
1965	6	1	2.16	—	—	3.24	—	3.96	—	—	—	—	3.96	—	—
1971	10	1	2.16	—	—	—	—	3.24	—	—	—	—	3.24	—	—
1979	4	1	2.16	—	—	3.6	—	3.96	—	4.5	5.04	—	3.6	3.96	4.5
1980	4	1	2.88	—	—	4.32	—	5.4	—	6.12	6.84	—	4.32	5.4	6.12
1982	4	1	2.88	—	—	4.32	—	5.76	—	6.84	7.92	9	4.68	6.12	7.2
1985	4	1	2.88	—	—	5.4	—	6.84	—	7.92	8.28	9	5.4	6.84	7.56
1985	8	1	2.88	—	—	6.12	—	7.2	—	8.28	9.36	10.44	6.12	7.2	7.92
1986	3	1	2.88	—	—	6.12	—	7.2	—	8.28	9.36	10.44	6.12	7.2	7.92
1987	6	21	2.88	—	—	6.12	—	7.2	—	8.28	9.36	10.44	6.12	7.2	7.92
1988	9	1	2.88	—	—	6.48	—	8.64	9.18	9.72	10.8	12.42	7.2	8.64	9.72
1989	2	1	2.88	—	—	9	—	11.34	12.24	13.14	14.94	17.64	9.54	11.34	13.14
1989	6	1	2.88	—	7.56	9	10.08	11.34	12.24	13.14	14.94	17.64	9.54	11.34	13.14
1990	4	15	2.88	—	6.3	7.74	8.82	10.08	10.98	11.88	13.68	16.2	8.28	10.08	11.88
1990	8	21	2.16	—	4.32	6.48	7.56	8.64	9.36	10.08	11.52	13.68	7.2	8.64	10.08
1991	4	21	2.16	—	3.24	5.4	—	7.56	7.92	8.28	9	10.08	6.12	6.84	7.56
1991	7	1	1.8	—	3.24	5.4	—	7.56	7.92	8.28	9	10.08	—	—	—
1993	5	15	1.8	—	4.86	7.2	—	9.18	9.9	10.8	12.06	14.58	7.2	9.18	10.8
1993	7	1	2.16	—	—	—	—	—	—	—	—	—	—	—	—
1993	7	11	3.15	—	6.66	9	—	10.98	11.7	12.24	13.86	17.1	9	10.98	12.24
1996	5	1	2.97	—	4.86	7.2	—	9.18	9.9	10.8	12.06	—	7.2	9.18	10.8

续表3-1-6

调整日期			活期存折	定期整存整取									零存整取		
年	月	日		1个月	3个月	6个月	9个月	1年	2年	3年	5年	8年	1年	3年	5年
1996	8	23	1.98	—	3.33	5.4	—	7.47	7.92	8.28	9	—	5.4	7.47	8.28
1997	10	23	1.71	—	2.88	4.14	—	5.67	5.94	6.21	6.66	—	4.14	5.67	6.21
1998	3	25	1.44	—	2.88	4.14	—	5.22	5.58	6.21	6.66	—	4.14	5.67	6.21
1998	7	1	1.44	—	2.79	3.96	—	4.77	4.86	4.95	5.22	—	3.96	4.77	4.95
1998	12	7	1.44	—	2.79	3.33	—	3.78	3.96	4.14	4.5	—	3.33	3.78	4.14
1999	6	10	0.99	—	1.98	2.16	—	2.25	2.43	2.7	2.88	—	1.98	2.16	2.25
2001	2	21	0.72	—	1.71	1.89	—	1.98	2.25	2.52	2.79	—	1.71	1.89	1.98
2004	10	29	0.72	—	1.71	2.07	—	2.25	2.7	3.24	3.6	—	1.71	2.07	2.25
2006	8	19	0.72	—	1.8	2.25	—	2.52	3.06	3.69	4.14	—	1.8	2.25	2.52
2007	3	18	0.72	—	1.98	2.43	—	2.79	3.33	3.96	4.41	—	1.98	2.43	2.79
2007	5	19	0.72	—	2.07	2.61	—	3.06	3.69	4.41	4.95	—	2.07	2.61	3.06
2007	7	21	0.81	—	2.34	2.88	—	3.33	3.96	4.68	5.22	—	2.34	2.88	3.33
2007	8	22	0.81	—	2.61	3.15	—	3.6	4.23	4.95	5.49	—	2.61	3.15	3.6
2007	9	15	0.81	—	2.88	3.42	—	3.87	4.5	5.22	5.76	—	2.88	3.42	3.87
2007	12	21	0.72	—	3.33	3.78	—	4.14	4.68	5.4	5.85	—	3.33	3.78	4.14
2008	10	9	0.72	—	3.15	3.51	—	3.87	4.41	5.13	5.58	—	3.15	3.51	3.87
2008	10	30	0.72	—	2.88	3.24	—	3.6	4.14	4.77	5.13	—	2.88	3.24	3.6
2008	11	27	0.36	—	1.98	2.25	—	2.52	3.06	3.69	3.87	—	1.98	2.25	2.52
2008	12	23	0.36	—	1.71	1.98	—	2.25	2.79	3.33	3.6	—	1.71	1.98	2.25
2010	10	20	0.36	—	1.91	2.2	—	2.5	3.25	3.85	4.2	—	1.91	2.2	2.5
2010	12	26	0.36	—	2.25	2.5	—	2.75	3.55	4.15	4.55	—	2.25	2.5	2.75
2011	2	9	0.4	—	2.6	2.8	—	3	3.9	4.5	5	—	2.6	2.8	3
2011	4	6	0.5	—	2.85	3.05	—	3.25	4.15	4.75	5.25	—	2.85	3.05	3.25
2011	7	7	0.5	—	3.1	3.3	—	3.5	4.4	5	5.5	—	3.1	3.3	3.5
2012	6	8	0.4	—	2.85	3.05	—	3.25	4.1	4.65	5.1	—	2.85	3.05	3.25
2012	7	6	0.35	—	2.6	2.8	—	3	3.75	4.25	4.75	—	2.6	2.8	3
2014	11	22	0.35	—	2.35	2.55	—	2.75	3.35	4	4.75	—	2.35	2.55	2.75
2015	3	1	0.35	—	2.1	2.3	—	2.5	3.1	3.75	—	—	2.1	2.3	—
2015	5	11	0.35	—	1.85	2.05	—	2.25	2.85	3.5	—	—	1.85	2.05	—

2015—2023年香河县农村信用社储蓄存款利率情况一览表

表3-1-7 单位：%

调整日期			活期	整存整取						零存整取、整存1零取、存本取息		通知存款	
年	月	日		3个月	6个月	1年	2年	3年	5年	1年	3年	1天	7天
2015	6	28	0.455	2.08	2.34	2.60	3.38	4.225	4.95	2.08	2.34	1.04	1.755
2015	8	26	0.455	1.755	2.015	2.275	3.055	3.90	4.95	1.755	2.015	1.04	1.755
2015	10	24	0.455	1.43	1.69	1.95	2.73	3.57	4.95	1.43	1.69	1.04	1.755
2015	11	1	0.455	1.65	1.95	2.25	3.045	3.877	4.95	1.65	1.95	1.04	1.755
2015	12	2	0.455	1.65	1.95	2.25	3.045	3.877	1.05	1.65	1.95	1.045	1.755
2017	8	10	0.42	1.54	1.82	2.1	2.94	3.85	4.05	1.54	1.82	1.12	1.89
2018	6	1	0.42	1.595	1.885	2.175	3.045	3.9875	4.5	1.54	1.82	1.12	1.89
2022	6	20	0.55	1.8	2	2.25	2.85	3.45	3.95	1.8	2	1.5	2.05
2023	1	19	0.35	1.8	2	2.25	2.85	3.45	3.95	1.8	2	1.5	2.05

第二章　贷款业务

贷款是指银行根据国家政策以一定的利率将资金贷放给资金需要者，并约定期限归还的一种经济行为。借款人在约定的期限内归还本息的信用活动。贷款业务是香河县农村信用社的一项主营业务，它既可以满足社会扩大再生产对补充资金的需要，促进经济的发展，同时也可以为银行带来利息收入，增加银行自身积累。

20 世纪 50 年代，香河县农村信用社信贷工作的主要任务是发放低利率贷款，帮助农民解决生产生活中的资金困难，支持农业合作化运动。

20 世纪 60 年代至 80 年代，香河县农村信用社根据“三级所有，队为基础”的农村经济体制，信贷工作的重点转向支持农村集体经济发展，在确保粮食生产的同时，支持社队开展多种经营。中共十一届三中全会后，农村经济体制改革迅速发展，生产经营模式转向承包户、专业户、重点户为主的联产承包责任制，香河县农村信用社的信贷工作重点转向支持农村各类专业户发展商品经济，加快农村产业结构调整。至 80 年代中期，乡镇（村）企业的迅速崛起和发展，对信贷的需求相应增加，乡镇企业一度成为香河县农村信用社信贷支持的重点对象。

20 世纪 90 年代，香河县农村信用社进一步落实向农业倾斜的政策，积极调整乡镇企业贷款结构，不断加大对农户、社员和个体工商户贷款。1996 年，与农业银行脱离行政隶属关系后，香河县农村信用社在人行香河支行的领导和管理下，坚持“以农为本，为农服务”的宗旨。贷款的重点是支持农户和农村集体经济组织搞好粮棉油等主要农产品生产，支持辖区内种养殖业和其他多种经营。对农户生产费用贷款适当简化审批手续，实行一次审批、分次发放的贷款政策。相继推出“农户小额信用贷款”“农户小额保证贷款”“信用村”“信用户”等贷款业务，全面提升香河县农村信用社支农水平。

自 2005 年省联社成立以来，香河县农村信用社坚守“立足三农、服务三农、支农支小”的市场定位，按照省联社工作部署，发展普惠金融，形成“整村授信”“阳光信贷”“农信进万家”“信贷千百万”等特色服务，创新“农贷宝”“商贷宝”“消贷宝”“幸福宝”等特色金融产品，成为县域金融服务主力军。

1957—2022年香河县农村信用社各项贷款余额情况一览表

表3-2-1　　　　单位：万元

年份	贷款余额	年份	贷款余额
1957	54.6	1990	10273.25
1958	634.2	1991	12186.86
1959	212.4	1992	16736.17
1960	231.1	1993	20628.53
1961	118.4	1994	26278.25
1962	86.1	1995	30773.5
1963	59.9	1996	37823
1964	54.9	1997	42552
1965	66	1998	56216.21
1966	75.7	1999	68197.72
1967	78.3	2000	76382.67
1968	80.2	2001	83778
1969	87	2002	88778
1970	90.2	2003	102245.16
1971	71.6	2004	116915
1972	87.2	2005	122749
1973	90.6	2006	130551
1974	96.5	2007	166462
1975	111.5	2008	193018
1976	158.6	2009	210663
1977	196.1	2010	297359
1978	223.9	2011	379003
1979	227.16	2012	446929
1980	381.34	2013	527630
1981	560.77	2014	622608
1982	801.18	2015	712128
1983	928.77	2016	799361
1984	2556.18	2017	918628
1985	2736.52	2018	1031551
1986	4104.12	2019	1066248
1987	5334.66	2020	1146413
1988	6120.79	2021	1256754
1989	7873.33	2022	1389349

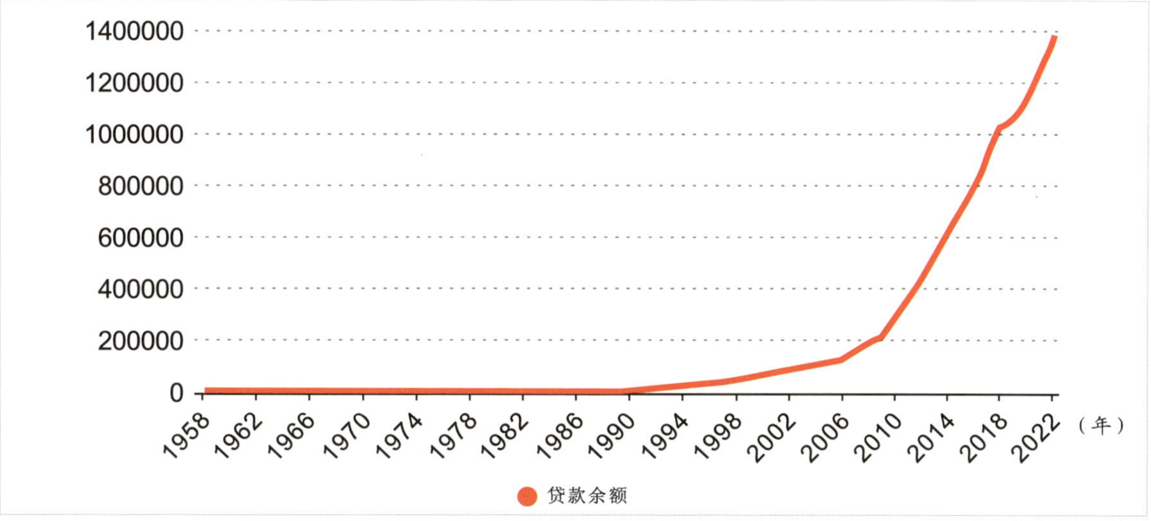

图 3-2-1 1957—2022 年香河县农村信用社各项贷款余额统计（单位：万元）

第一节　信贷政策

信贷政策是国家制定的在一个时期内指导银行信贷工作的总要求。制定信贷政策的主要依据是各个历史时期经济发展的总任务和总政策。在中国特色社会主义经济发展的不同历史时期，随着经济形势的发展变化和经济政策的调整，信贷政策也有多次变化。香河县农村信用社依据国家发展战略，按照人行、银保监会等监管部门出台的政策要求，结合国家赋予农村信用社支农支小职能，制定信贷业务工作制度、原则，贯彻落实国家信贷方针政策，支持经济社会发展。

1923 年，香河县第一信用合作社成立时，香河县正处于大旱之后，农村经济凋敝，农民贫苦不堪，兼受地主压迫及高利贷剥削，农业日趋败坏，香河县第一信用合作社的主要营业科目便是放款给农民在生产上所必需的资金，借以发展农村经济与改善农民生活。

1925年香河县农村信用合作社业务经营一览表

表3-2-2

社名	设立年月	资本（银圆）	社员数（人）	贷款		负债（银圆）（借入）	损失（银圆）（杂费）	获得利息（银圆）
				总数（银圆）	月息平均（%）			
孙家止务	1925 年 6 月	95.00	20	800.00	0.6	705.00	1.00	40.00
孙小营	1925 年 6 月	70.00	20	800.00	0.6	730.00	1.00	48.00
北渠口	1925 年 6 月	60.00	20	800.00	0.6	740.00	1.00	50.00
大王庄	1925 年 6 月	90.00	20	800.00	0.6	710.00	1.00	60.00
牛济河	1925 年 6 月	80.00	20	800.00	0.6	720.00	1.00	50.00
邵庄	1925 年 6 月	80.00	20	800.00	0.6	720.00	1.00	50.00
北六百户	1925 年 6 月	70.00	20	800.00	0.6	730.00	1.00	50.00
叶家屯	1925 年 7 月	80.00	20	800.00	0.6	720.00	1.00	48.00

（资料来源：《1929 年河北省实业统计》）

1949 年中华人民共和国成立以后，中国人民银行印发《合作社信用部推进办法》指出，合作社信用部是在政府的领导与国营经济的扶植下、劳动人民的金融组织。其任务是组织社会闲散资金，调剂供销生产资金，扶助发展生产，繁荣社会经济，积累公共财富。并对社员、股金、服务对象、具体业务、存贷利率、办理委托代理业务等八项内容做具体规定。

1950 年 2 月，中国人民银行在北京召开全国第一届金融会议。会议提出五项基本任务，其中，第三项为："大力组织与开展私人借贷，帮助合作社开展信用业务。"以此活跃农村经济。

1951 年 12 月，中国人民银行香河县支行召开农村金融工作第一届金融委员会议指出，金融工作十六字方针"深入农村、帮助农民、解决困难、发展生产"，提出今后农贷主要是解决农民生产中的较大问题，特别是农业经济作物，重点解决提高生产、改进技术与改良生产条件，农民已经不需要救济性贷款，因此农贷必须贯彻"专款专用，重点分配，集中使用"的原则。

1952 年，土地改革基本结束，彻底摧毁封建土地所有制，极大地激发广大农民的生产积极性。由于农民经济底子薄弱，在生产和生活上仍有不同程度的经济困难。是年，信用社积极执行中共中央提出"深入农村，帮助农民，解决困难，发展生产"的方针，组织资金，对农民缺乏口粮、种子、肥料、小农具和治病的费用，以户立据发放个人贷款。贷款利率最高月息二分四厘，最低月息一分五厘。信用社对农户发放贷款，帮助贫困农民恢复和发展生产，打击农村高利贷活动。

1953 年 12 月 1 日，中国人民银行印发《关于信用合作工作的意见》指出，贷款以扶植农业、手工业等有利于国计民生的副业生产以及生活急需为主。反对贷款扶植商业滋长投机或转放高利贷等发展资本主义的错误做法。高利贷蠢动地区，特别要通过贷款有效地进行斗争，逐步接替其阵地，直到将高利贷完全排挤出去。

1954 年，国务院开始改进经济管理体制，下放管理权限，调整中央和地方、国家同企业之间的关系，在金融领域做出的调整：一是下放农业贷款管理权限，农业贷款指标由地方统筹安排"包干"使用；二是下放地方工业贷款管理权限，按照"两放、三统、一包"的方式。中国人民银行 2 月至 3 月召开第一次全国农村信用合作座谈会。会议强调八个问题："一是农村信贷工作的基本任务是发放农业生产贷款，开展信用合作；二是完成两个任务靠两个办法：切实办好银行农贷，发展群众性的信用合作运动；三是信用合作的组织形式是信用社、信用部、信用组；四是信用合作社范围与发展计划；五是办好信用社坚持的三个原则是完全自愿、民办，利息合理，手续简便；六是信用合作社的领导问题；七是利息政策和对私人借贷政策；八是信用合作社的性质及前途。"

1956 年 7 月 24 日，国务院领导在全国农村金融先进工作者代表会议讲话中指出，信用合作社做好贷款工作，必须掌握三点：要贷得对路，要雪中送炭，不要锦上添花；要贷得及时，要在农民最需要的时候贷给他；要手续简单，便利群众。是年，全省实行行、社分工，除灾区口粮无息等专项贷款外，对个体农户生产，生活等资金困难，均由信用社贷款解决。

1957 年 1 月 26 日，中国农业银行印发《农村信用合作社示范章程（草案）》指出，信用社办理社员生产、生活贷款，对未入社的贫困劳动人民也应该贷款帮助。信用社如资金充裕要积极支持农业生产社，帮助生产社解决短期生产费用资金的困难。信用社办理贷款时必须做到合理、及时、手续简便。

信用社应贯彻有借有还原则，积极收回到期贷款。截至 1957 年 12 月 31 日，香河县农村信用社各项贷款余额 54.6 万元。

1958 年 8 月 10 日，中国农业银行印发《关于人民公社信用部办理国家信贷暂行办法》，办法对贷款用途、对象、期限、核定原则等作出规定。同年，中国人民银行印发《关于自 1958 年起明确划分国家银行和信用社的业务工作问题的指示》指出，划分银行和信用社业务范围，银行只发放农业社集体贷款，社员个人贷款由信用社发放，信用社自有资金有余，才能对集体贷款，并将银行 1957 年底以前除贫农合作基金贷款以外的全部社员个人贷款余额移交有关信用社。年末，香河县农村信用社各项贷款余额 634.2 万元。

1959 年 9 月 24 日，中国人民银行印发《关于信用分部建部情况的通报》，要求信用分部贯彻执行国家的金融政策，在贷款工作上保证资金的运用，主要用以发展生产同时也能适当照顾群众生活的需要。贷款的使用应做到公平合理。贷款的手续应力求简便易行。

1962 年 11 月 20 日，中国人民银行印发《关于农村信用合作社若干问题的规定》指出，信用社对农民发放贷款只能用于帮助农民解决副业生产和生活方面某些临时性的困难，不许用于经营商业或其他投机活动；只能用于生产费用，不许用于基本建设，不许用于发放工资，不许用于其他非生产性开支；贷款的期限最长不得超过一年；必须按照政策和有关规定认真审查，不许徇私舞弊。信用社发放各项贷款，应当切实坚持“谁借谁还，到期归还”的原则。同年，中国人民银行发出《关于银行委托信用社代办农贷应按规定付给手续费的通知》指出，信用社是集体所有制经济，不能无偿地为国家银行办理业务。规定：信用社代办农贷的手续费按 5‰—10‰计算。各行可以在这个幅度内，根据各地信用社业务的繁简、盈亏情况，自行确定。年末，香河县农村信用社各项贷款余额 86.1 万元。

1963 年 10 月 24 日，中国人民银行印发《关于整顿信用社、打击高利贷的报告》（人银发字〔1963〕701 号）指出，必须明确信用合作社的主要任务，是解决农民特别是贫、下中农临时性的资金困难，坚决打击高利贷活动。打击高利贷最有效的办法，是在生产发展的基础上，依靠信用社组织农村资金的余缺调剂，吸收闲散资金，帮助农民解决副业生产和生活上某些临时性的资金困难。年末，香河县农村信用社各项贷款余额 59.9 万元。

1965 年 2 月 25 日，中国农业银行香河县支行印发《支援农业生产情况简报》指出，梁家务信用社 3 月下旬对生产队和社员发放养猪建圈贷款，五百户信用社帮助生产队筹措资金，支持种薯工作，钱旺村信用社利用中午休息给社员送款上门，保证春耕播种的资金需要。全县银行和信用社到 2 月中旬发放 3.86 万元农业贷款，其中，信用社发放 2 万元，帮助 91 个生产队购买耕畜 27 头、大车 14 辆，化肥 1.5 万余千克、种子、农具等。同时还解决 913 户社员治病、穿衣、口粮、养猪和烧煤等临时困难的资金需要。由于积极主动支持，促使生产队加强麦田管理备耕和早熟作物播种等方面起到一定作用。

1965 年 10 月 23 日，中国农业银行香河县支行印发《关于抓紧做好秋季收贷工作的紧急通知》指出，各级党政对收回贷款工作非常重视，请各所、社全体干部，在当地党政和分团党委的领导下，认真贯彻党的收贷政策，把应该收回的贷款一定要收回来，力争完成收贷任务，为今冬明春农业生产备足资金。11 月 18 日，中国农业银行香河县支行印发《关于金辛庄社提前完成秋季收贷任务的通知》指出，金辛庄信用社积极组织支农资金，截至 1965 年 11 月 15 日，收回到期贷款 2.02 万元，完成全县分配 2 万元秋季收贷任务的 101%。

1973 年 3 月 1 日，《香河县金融情况简报》报道，城关信用社 2 月对全辖 45 个生产队分别进行资金安排，对 21 个需要贷款支持的生产队主动给予贷款支持，保证小麦适时施肥；蒋辛屯信用社安排生产资金和物资，对需要贷款支持的社队和社员立即办理贷款手续，帮助全社分配小麦返青肥 10 万千克；安平信用社全社 38 个生产队，安排 27 个队生产资金，适时给予贷款支持购买化肥 11 万千克。

1978 年 3 月 7 日，中国人民银行香河县支行印发《关于 1978 年农金工作的几点意见》指出，加强支农资金的管理，继续实行农贷包干的办法，1977 年，全县有 3 家信用社实现自力更生，1978 年，增加石虎辛庄、王家摆两家信用社。这几家信用社采取不用国家贷款，运用吸收的存款可以完全解决本社农副业生产的需要。同时采取计划放款，根据本社资金力量确定贷款项目，发放时信用社逐笔审核，适时发放。并增设农业生产费用贷款、农业生产设备贷款、社队企业购买设备贷款。由于 1977 年香河县受灾比较严重，各社安排好社员生产、生活，对确实有困难的社员户，应结合社救款，分别情况给予贷款支持。年末，全县农村信用社各项贷款余额 223.9 万元。

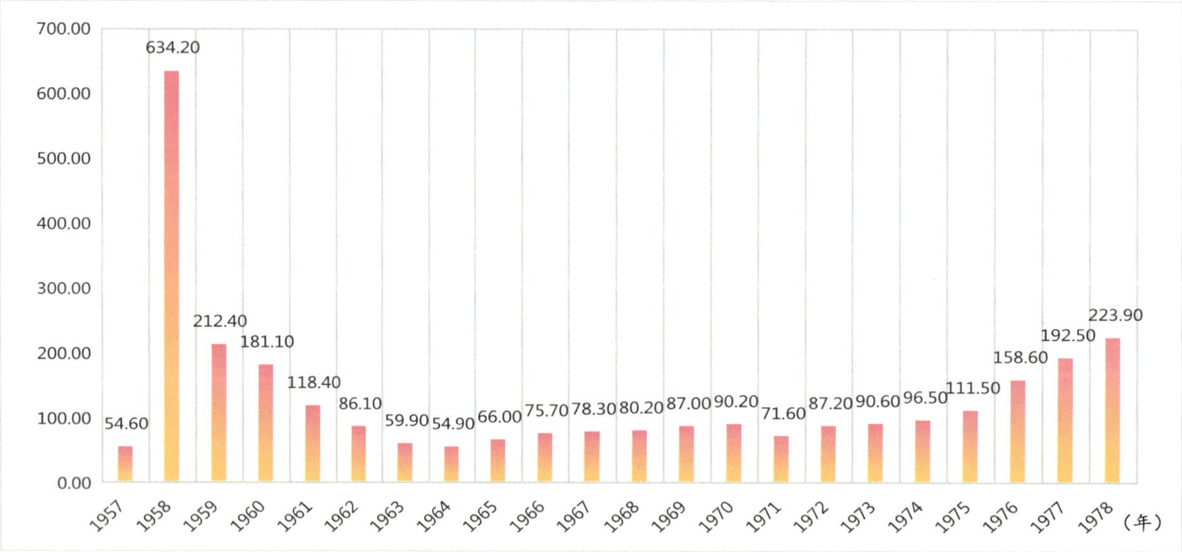

图 3-2-2　1957—1978 年香河县农村信用社各项贷款余额统计（单位：万元）

1980 年 11 月 28 日，中国农业银行廊坊地区中心支行转发省分行印发《农村个人贷款试行办法的通知》指出，个人贷款的重点是支持商品性生产，帮助社员发展种、养及家庭副业，增加收入，确保“有借有还”的原则，无论大宗小额的贷款，都要有担保人。对于个体经营性质的贷款，必须坚持有当地工商行政管理部门批准的营业执照。年末，香河县农村信用社各项贷款余额 381.34 万元。

1984 年 8 月 6 日，中国农业银行印发《关于改革信用合作社管理体制的报告》（农银发〔1984〕105 号）指出，要通过改革加强信用合作社经营上的灵活性。信用社发放贷款，要贯彻以承包户、专业户（重点户）为主，以农业生产为主和以流动资金为主的方针，在保证农业贷款需要的前提下，可以经营农业工商信贷业务。凡是国家法令、政策允许生产和经营的项目，能实现预期经济效益，保证按期归还贷款的，信用社都可以贷款支持。信用社要积极推行信贷合同制度，通过信贷活动，把国家计划与农户、经营单位的生产经营活动联系起来。年末，香河县农村信用社各项贷款余额 2556.18 万元。

1985 年 1 月，中共中央、国务院印发《关于进一步活跃农村经济的十项改革》指出，明确规定信用社实行独立经营、自负盈亏，所组织的资金除按规定向农行提存准备金外，全部归自己使用，在保证满足社员农业贷款之后，可以将余款经营农村工商贷款，可以跨地区开展存贷业务。2 月 8 日，中国农业银行印发《关于信用合作社管理体制改革的情况和今后意见》（农银发〔1985〕20 号）指出，对各项贷款要在贯彻政策和执行信贷原则的前提下，做到放得出、收得回、效益好。必须坚持贷款的“三查”制度，特别是大额贷款，要向有关部门咨询，做好可行性分析，确有把握才能发放。必须坚持按期限管理贷款的制度，发放贷款要定明期限，按期催收，按期限考核贷款收回率。2 月 28 日，国务院印发《中华人民共和国借款合同条例》指出，规定借贷当事人双方必须遵守国家法律、按照国家政策，依据国家计划和有关规定，在平等协商的基础上，签订合同。6 月 17 日，中国农业银行印发《关于加强信用合作社经营管理工作的通知》（农银发〔1985〕136 号）指出，要适当控制专业大户贷款和乡镇企业贷款，提出一系列加强贷款管理的措施：贷款投放仍要坚持“三为主”的原则，贷款必须坚持自有资金的比例，贷款的审批权限要适当集中。大额贷款必须建立合同制、担保制、公证制，有的要参加保险，能转账的要坚持转账。建立健全贷款管理制度，包括“三查”制度，按期限管理制度，加罚息制度，资金匡算分析制度，资料档案制度和县联社、监事会的定期检查制度等。要建立和落实贷款经济责任制度，把贷款经济效益的好坏与职工经济利益结合起来，真正做到谁批、谁放、谁负责，包放、包收、包效益。年末，香河县农村信用社各项贷款余额 2736.52 万元。

1986 年 2 月 28 日，中国农业银行印发《农村信用合作社贷款管理暂行办法》（农银发〔1986〕12 号）指出，信用社发放贷款，必须服从宏观经济的要求，在国家计划指导下，认真贯彻执行金融方针、政策；同时，要坚持业务经营的灵活性，积极从微观方面搞活，充分发挥合作金融组织的民间借贷作用。必须贯彻“自力更生为主、贷款支持为辅”的方针；坚持量力而行、讲求实效，区别对待、择优扶持，确有适用适销的物资保证，有借有还到期归还的基本原则。对贷款对象和条件、贷款期限和利率、贷款审批权限和经济责任、贷款程序和管理、信贷纪律和制裁等作出具体规定。年末，香河县农村信用社各项贷款余额 4104.12 万元。

1990 年 1 月 23 日，中国农业银行印发《贷款管理通则（试行）》（农银发〔1990〕12 号）指出，办理贷款必须坚持自力更生为主、贷款扶持为辅，区别对待择优扶持，有借有还、到期归还的基本原则，对贷款范围、对象、条件，贷款种类、期限方式和利息，贷款基本程序和管理的基本方式、贷款监督、管理责任制、管理机构、人员等方面作出具体规定。同年，中国人民银行印发《关于解决农村信用合作社政策性亏损问题的通知》指出，对信用社信贷资金的管理改为按比例与规模控制相结合的管理办法，在贯彻“双紧”方针的前提下对信用社贷款增长幅度适当加以放宽，信用社年末贷款余额可占到自有及视同自有资金加各项存款余额的 65%，年中可控制在 75%以内。年末，香河县农村信用社各项贷款余额 10273.25 万元。

1991 年 2 月 4 日，中国农业银行印发《关于 1991 年农村信用合作工作的意见》（农银发〔1991〕

27号）指出，按照比例管理和规模控制相结合的原则，加强信用社信贷资金管理基本原则是以存定贷、自主运用、比例管理。继续贯彻向农业倾斜的信贷政策，突出支农重点，对农业的信贷投向上要尽可能满足农户和集体经济组织的农业生产需要，在投向上要突出支持粮、棉、油生产。按照“资金使用序列”，各地在优先支持农业生产的前提下，依据本地产业、政策要求，确定自己贷款投向，不搞“一刀切”。总的要求是，在行业上，优先支持主体农业的同时，依次增加支持多种经营投入，支持为农业生产服务的产前、产中、产后服务业，乡镇企业，个体工商业等；在对象上，在支持承包户、贫困户为主的同时，增加农村双层经营投入，支持规模经营，发展集体农业；在项目上，增加支持增强农业发展后劲的农业开发、科技兴农投入，重点支持推广农业实用科技成果，村（组）能承受的规模小、投资少、周期短、效益高的农业开发项目，支持为农业生产服务的乡村办、户办、联户办企业，既支持其必要流动资金，又可按规定比例支持增加固定资产贷款。

1992年9月29日，中国农业银行印发《关于进一步做好农村信用合作社信贷工作的意见》（农银发〔1992〕211号）指出，信用社将逐步实行资产负债比例管理，要把现有规模和资金搞活，年度中间交足准备金、留足备付金后，自主运用，提高全年资金平均利用率；年末实行规模控制，规模不足的，及时申请追加；全面推行贷款操作规程，加强贷款风险管理，强化依法管理贷款；加强对个体工商户贷款的管理。

1993年2月10日，中国农业银行印发《关于1993年农村信用合作工作的意见》（农银发〔1993〕45号）指出，认真贯彻控制信贷、控制货币的“双控”方针，加强对农村信用社的宏观调控。继续增加对农业的信贷投入，促进农业生产持续稳定发展。支持乡镇企业发展，促进农村第三产业的兴起。是年，刘宋信用社支持刘宋镇家庭养殖业，1993年上半年发放贷款30万元，支持养鸡户建立鸡舍160余间。截至1993年12月31日，香河县农村信用社各项贷款余额20628.53万元。

1994年8月21日，中国农业银行印发《关于进一步加强农村信用合作社信贷管理的意见》（农银发〔1994〕178号）指出，要求认真搞好贷款风险管理，提高信贷资产安全性；提出推行贷款风险度管理，逐步推行贷款审贷分离落实岗位责任，广泛推行抵押、担保贷款方式，建立贷款风险补偿机制；加强信用社固定资产贷款管理，进一步做好对个体工商户贷款的管理和服务，正确执行利率政策，提高信用社竞争能力，切实加强信贷队伍建设。

1995年2月5日，中国农业银行印发《1995年农村信用合作工作要点》指出，要求切实增加对农业的信贷投入，要在资金、规模和利率上体现向农业倾斜，优先安排农户，集体经济组织的农业生产贷款和为农业产前、产中、产后服务的多种经营贷款，突出支持“米袋子”和“菜篮子”工程。4月22日，中国人民银行印发《关于加强农村信用合作社贷款管理的紧急通知》（人银发〔1995〕121号）指出，切实加强对农村信用合作社贷款的管理，使农村信用社贷款增长过猛的势头得到控制，对农村信用合作社贷款规模实行按季下达、按季考核的管理办法。5月10日，全国人大常委会通过《中华人民共和国商业银行法》，自1995年7月1日起施行。《中华人民共和国商业银行法》规定，商业银行以效益性、安全性、流动性为经营原则，实行自主经营，自担风险，自负盈亏，自我约束；商业银行根据国民经济和社会发展的需要，在国家产业政策指导下开展贷款业务。7月5日，中国农业银行印发

《关于农村信用合作社盘活信贷资产存量工作的意见》（农银发〔1995〕175号）指出，明确盘活贷款存量的工作目标，信用社的贷款存量要逐步实现“852”的目标，即逾期贷款比例控制在各项贷款余额的8%以内，催收贷款控制在5%以内，呆账贷款控制在2%以内；抓住重点开展清收，进一步发挥激励机制的作用，强化信贷资产监测考核。年末，香河县农村信用社各项贷款余额30773.5万元。

1996年1月31日，中国农业银行印发《1996年农村信用合作工作要点》（农银发〔1996〕22号）指出，突出贷款重点，加大信贷支农投入总量，信用社的信贷资金要优先保证农业特别是种养业的需要，在此前提下，资金有余，再支持农村其他产业的发展；信用社支农工作要实现支持千家万户与支持规模经营相结合，发放一般生产费用贷款与支持农业科技推广应用相结合，支持农业生产与支持种养业、产供销一体化经营相结合，支持传统农业与商品农业，创汇农业相结合；在农村信用社全面实行资产负债比例管理。2月5日，中国人民银行印发《关于做好1996年农村信用社信贷资金管理的通知》（银传〔1996〕7号）指出，农村信用社信贷资金管理实行多存多贷、少存少贷、瞻前顾后、合理调剂的原则；合理调整信贷结构，1996年农村信用社农业贷款增加额不得低于各项贷款增加额的40%。6月28日，中国人民银行印发《贷款通则》指出，自1996年8月1日起施行。《贷款通则》规定，贷款的发放和使用应当符合国家的法律、行政法规和人行发布的行政规章，应当遵循效益性、安全性和流动性的原则；借款人与贷款人的借贷活动应当遵循平等、自愿、公平和诚实信用的原则；贷款人开展贷款业务，应当遵循公平竞争、密切协作的原则，不得从事不正当竞争。8月22日，国务院印发《关于农村金融体制改革的决定》（国发〔1996〕33号）指出，农村信用社必须坚持主要为社员服务的方针，优先安排对农村种养业的贷款，对本社社员的贷款要占全部贷款金额的50%以上。农村信用社按规定交纳准备金，留足备付金，资金运用实行资产负债比例管理，多存多贷、少存少贷、瞻前顾后、合理调剂。年末，香河县农村信用社各项贷款余额37823万元。

1997年3月，廊坊市农村金融体制改革领导小组转发中国人民银行印发《关于中国人民银行对农村信用合作社贷款管理暂行规定》指出，中国人民银行对农村信用社贷款管理实行总量控制、限额管理、划分权限、余额监控的办法。6月5日，国务院办公厅转发中国人民银行印发《关于进一步做好农村信用社管理体制改革工作意见》（国办发〔1997〕20号）指出，农村信用社要坚持面向农民、为社员服务的办社宗旨，坚持为农业、农民和农村经济服务的方向，其资金要取之于农，用之于农。要切实增加对农业的信贷投入，帮助农民发展生产，增加收入，促进农业和农村经济稳定健康发展。要扩大农民和农业贷款的比例，新增农业贷款不低于全部新增贷款的40%，以后每年新增农业贷款还要扩大到50%以上，对社员贷款占新增贷款的比例要高于50%。要提高服务质量，发放贷款要不误农时，同时要扩大有关生产、技术、市场信息服务。此外，农村信用社要视自身的资金实力，支持农工商综合经营、农村运用现代化技术、跨地区经济合作和城乡一体化发展。是年，中国人民银行河北省分行订立《贷款审批权限的通知》《河北省贷款管理实施细则》《改进和加强支农服务十条意见》。强化对新增贷款的管理。为确保新投贷款的质量，降低风险系数，提高支农力度。年末，香河县农村信用社各项贷款余额42552万元。

1998年，中国人民银行印发《关于加大信贷投入，强化信贷管理、促进农业与农村经济发展的通知》（银发〔1998〕40 号）指出，农村信用社应坚持多存多贷、少存少贷、瞻前顾后、合理调剂的原则，主要支持“三农”的发展，农村信用社用于种植业的贷款不低于全部新增贷款的 40% ，对农村信用社社员的贷款不低于贷款总额的 50%。11 月 13 日，中国人民银行合作司印发《1999 年合作金融工作要点》（银合函〔1998〕7 号）指出，做好农村信用社信贷支农工作，选择部分联社进行贷款五级分类试点，推广小额信贷，进一步扩大社员农户的贷款面。

1999 年 4 月 9 日，中国人民银行行长戴相龙在全国农村信用社工作会议的讲话指出，牢固树立农村信用社以农为本、为农服务的办社宗旨，切实树立支农出效益的观念，把主要服务对象转向入股社员和广大农民；从实际出发，改进贷款方式，主动上门服务，提高农村信用社对农民的贷款面；发展小额信贷，积极推广“农户联保”贷款方式，简化农户贷款手续，把解决“信用社门难进、农民贷款难”的问题落到实处。副行长史纪良在会议总结讲话中指出，农村信用社要切实改进工作作风，改进农户贷款管理方式，对农户发放的小额贷款，要放宽政策，简化手续，加快办理，要广泛推行农户贷款证制度，采取“一次核定、随用随贷、余额控制、周转使用”的办法。7 月 8 日，中国人民银行印发《关于做好当前农村信用社工作的意见》（银发〔1999〕226 号）指出，农村信用社要坚持以农为本、为农服务的办社宗旨，把入股社员和广大农民作为主要服务对象，根据广大农民从事生产经营的现实需要，调整服务方向，增加服务品种。要在保证和优先满足社员生产和生活需要的前提下，扩大服务领域，支持农副产品加工和养殖业的发展，积极发展农村消费信贷，包括农民住房贷、购置高档消费品贷款、子女上学贷款等，促进农村消费市场的启动。要牢固树立大农业和现代农业的观念，因地制宜支持农业规模化、产业化经营，支持农业和农村产业结构的合理调整，促进农村支柱产业及农业整体发展水平的提高。要改进贷款方式，简化贷款手续，对农户发放小额贷款，要放宽政策、简化手续，对信用好的农户，可直接发放信用贷款。截至 1999 年 12 月 31 日，香河县农村信用社各项贷款余额 68197.72 万元。

2001 年 5 月 28 日，中国人民银行行长戴相龙在农村信用社支农服务座谈会上作题为《端正方向，改善服务，努力发挥农村信用社联系农民的金融纽带作用》的讲话，农村信用社要进一步改进服务，简化贷款方式，积极支持农业产业结构调整，支持农民增加收入。要不断总结小额信用贷款和农户联保贷款的经验，适当放宽信用放款额度和支农服务范围，及时满足农民多方面的合理资金需求。12 月 10 日，戴相龙在总结推广农村信用社发放农户小额信用贷款、建立信用村（镇）座谈会上，作题为《实践“三个代表”，改善金融服务，发展农村经济，增加农民收入》的讲话，对农村信用社发放农户小额信用贷款和建立信用村（镇）的重大意义、开办农户小额信用贷款和建立信用村（镇）的基本原则等进行全面阐述，对扎实扩大农户小额信用贷款和信用村（镇）试点工作做出全面部署。

2003 年，香河县农村信用社各项贷款余额 102245.16 万元。

2009 年 7 月 23 日，银监会分别印发《固定资产贷款管理暂行办法》《流动资金贷款管理暂行办法》《个人贷款管理暂行办法》《项目融资业务指引》（简称“三办法一指引”），规定开展贷款业务应当遵循依法合规、审慎经营、平等自愿、公平诚信的原则。是年，香河县农村信用社各项贷款余额 210663 万元。

2010 年，省联社廊坊办事处转发廊坊银监分局办公室关于印发《廊坊市银行业 2010—2012 年城乡统筹工作意见》《廊坊市银行 2010—2012 年城乡统筹工作方案》指出，全面贯彻落实科学发展观，统筹城乡发展，是中国经济社会发展新阶段提出的必然要求。金融支农，主要是支持县域经济发展，要把握两个抓手一个是小企业，一个是“三农”。要完成年度金融支农目标“两个不低于”“三个高于”。“两个不低于”就是“三农”信贷投放、小企业信贷投放的增速不低于本行全部贷款增速，增量不低于上年目标。“三个高于”是指农村中小金融机构涉农贷款要实现贷款增量高于上年，贷款增速高于各项贷款增速，涉农贷款占比高于上年的目标。年末，香河县农村信用社各项贷款余额 297359 万元。

2011 年，省联社印发《河北省农村信用社农户小额保证贷款管理办法（试行）等 11 个个人信贷产品管理办法的通知》《河北省农村信用社农户+公司担保贷款管理办法（试行）等 8 个特色类信贷产品管理办法的通知》等信贷产品管理办法，分期分批公布 50 多种贷款产品管理办法，主动适应不断变化的农业农村经济形势，切实把自身业务经营与国家宏观调控政策、地方经济发展战略、农业农村经济结构调整结合起来，积极扶持县域中小企业、产业园区以及设施农业、生态农业、观光农业、标准化农业发展。加大对农业产业化龙头企业、规模经营企业的信贷扶持力度，加快农村地区服务手段电子化、网络化步伐，改革服务方式，积极尝试以林权、土地经营权等为抵押品，及时出台支持全民创业的信贷举措，把信贷服务渗透到多行业、多领域。信贷结构进一步调整，涉农贷款和小企业贷款实现“双达标”。年末，香河县农村信用社各项贷款余额 379003 万元。

2013 年 3 月，县联社制定《信贷业务受理暂行办法（试行）》指出，受理业务按照“阳光信贷”的基本要求，试行“首问负责制”和“限期办结制”，受理过程时限最长不超过 5 个工作日以及各类贷款的受理对象、流程、风险管理与监督检查等内容，提升香河县农村信用合作联社信贷业务服务整体水平，树立行业文明规范服务形象。4 月，省联社转发中国人民银行石家庄中心支行印发《关于 2013 年河北省金融支持农业农村发展的意见》指出，解决好农业农村农民问题是全党工作重中之重，要举全党全国之力持之以恒强化农业、惠及农村、富裕农民。金融部门要充分认识强化现代农业基础支撑、深入推进社会主义新农村建设的重要性和紧迫性，积极把金融资源投放到县域及贫困地区，优先支持当地特色产业发展及重点基础设施建设，切实将优化信贷结构与推动“三农”发展有机结合。年末，香河县农村信用社各项贷款余额 527630 万元。

2014 年，省联社印发《河北省农村信用社农村土地承包经营权抵押贷款管理办法（试行）》《河北省农村信用社农村乡镇房屋及宅基地抵押贷款管理办法（试行）》《河北省农村信用社集体建设用地使用权抵押贷款管理办法（试行）》等 3 个贷款管理办法，香河县农村信用社结合实际推进的农村各类产权的明晰和确权工作，探索融资模式，创新融资产品，完善业务流程。积极宣传，主动拓展，为县域广大农户、种植养殖大户、个体工商户提供更为方便快捷的信贷服务。

2018 年 8 月，香河农商银行印发《河北香河农村商业银行股份有限公司金融扶贫工作实施方案》指出，以“双基”共建农村信用工程为载体，扶贫脱贫为最终结果，狠抓落实，切实做好金融扶贫工作，打赢脱贫攻坚战。年末，香河农商银行各项贷款余额 1031551 万元。

2019 年，中国银保监会办公厅印发《关于农村商业银行坚守定位 强化治理 提升金融服务能力的意见》（银保监办发〔2019〕5号）指出，对农合机构坚守定位，提升金融服务能力提出具体要求。省联社予以转发并提出工作部署：一是提高思想认识，贯彻落实党的十九大精神，也是落实第五次全国金融工作会议关于“推动金融机构回归本源，专注主业”的细化落地，推动农信机构专注支农支小信贷主业，支持农业农村优先发展，促进解决小微企业融资难、融资贵问题，全面提升金融服务能力。二是河北省农村信用社作为全省金融支农支小的“主力军”，积极履行责任，不断加大金融服务创新，巩固好支农支小主力军的优势地位，聚焦主业、回归本源，服务县域、服务实体，坚定不移地支持“三农”、民营小微企业和县城实体经济发展。是年，香河农商银行转发省联社关于印发《河北省农村信用社（农商银行）家庭农场贷款管理办法（试行）》和《河北省农村信用社（农商银行）农业产业化龙头企业贷款管理办法（试行）》两个新型农业经营主体制度管理办法以及《河北省农村信用社（农商银行）农民专业合作社贷款管理办法（2019修订版）》。

截至2022年12月31日，香河农商银行各项贷款余额1389349万元。

第二节　涉农贷款

涉农贷款，是指按照《涉农贷款专项统计制度》（银发〔2007〕246号）统计的贷款。香河县农村信用社以“三农”服务为宗旨，以农民、农业和农村经济为主要贷款服务对象。省联社成立以来，引领全省农村信用社围绕农村经济发展为中心，明确支农方向、找准支农对象、创新支农方式，充分利用乡村银行体系的网络优势，促进信贷供给与农业经营金融需求相匹配，发挥支持农村经济主力军的作用。香河县农村信用社涉农贷款包含农户贷款、新型农业经济主体系列（法人类）贷款两大类。

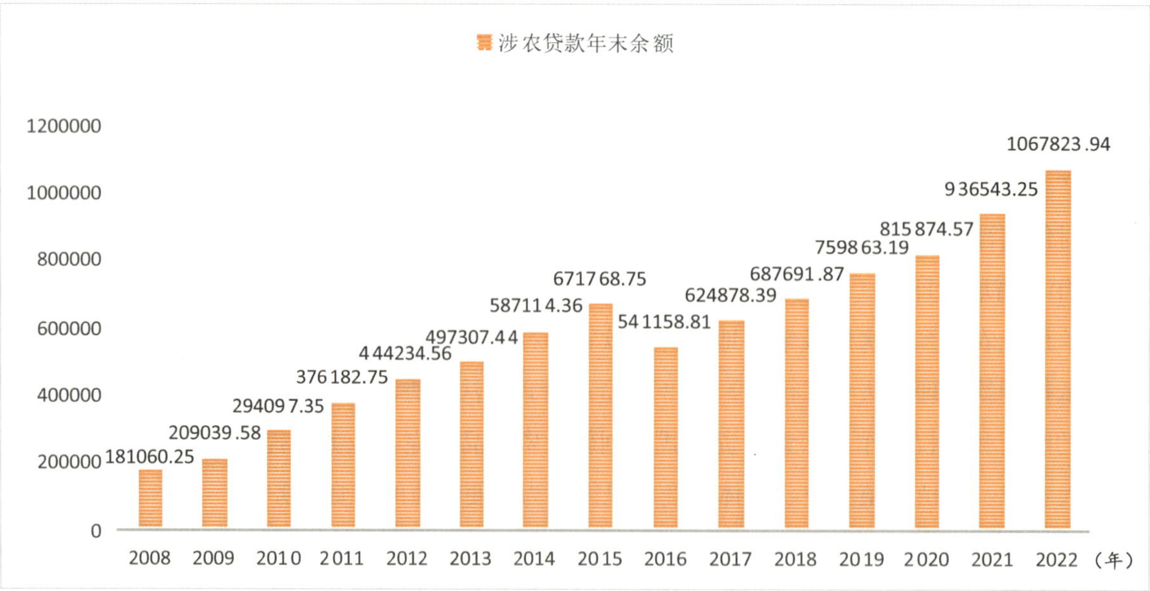

图3-2-3　2008—2022年香河县农村信用社涉农贷款年末余额统计（单位：万元）

农户贷款

农户贷款，是指金融企业发放给农户的所有贷款。按照《涉农贷款专项统计制度》的规定，农户是指长期（一年以上）居住在乡镇（不包括城关镇）行政管理区域内的住户，还包括长期居住在城关镇所辖行政村范围内的住户和户口不在本地而在本地居住一年以上的住户，国有农场的职工和农村个体工商户。位于乡镇（不包括城关镇）行政管理区域内和在城关镇所辖行政村范围内的国有经济的机关、团体、学校、企事业单位的集体户；有本地户口，但举家外出谋生 1 年以上的住户，无论是否保留承包耕地均不属于农户。农户以户为统计单位，既可以从事农业生产经营，也可以从事非农业生产经营。香河县农村信用社农户贷款包含农户小额信用贷款、农户小额保证贷款、农户+公司担保贷款、农村乡镇房屋及宅基地抵押贷款。

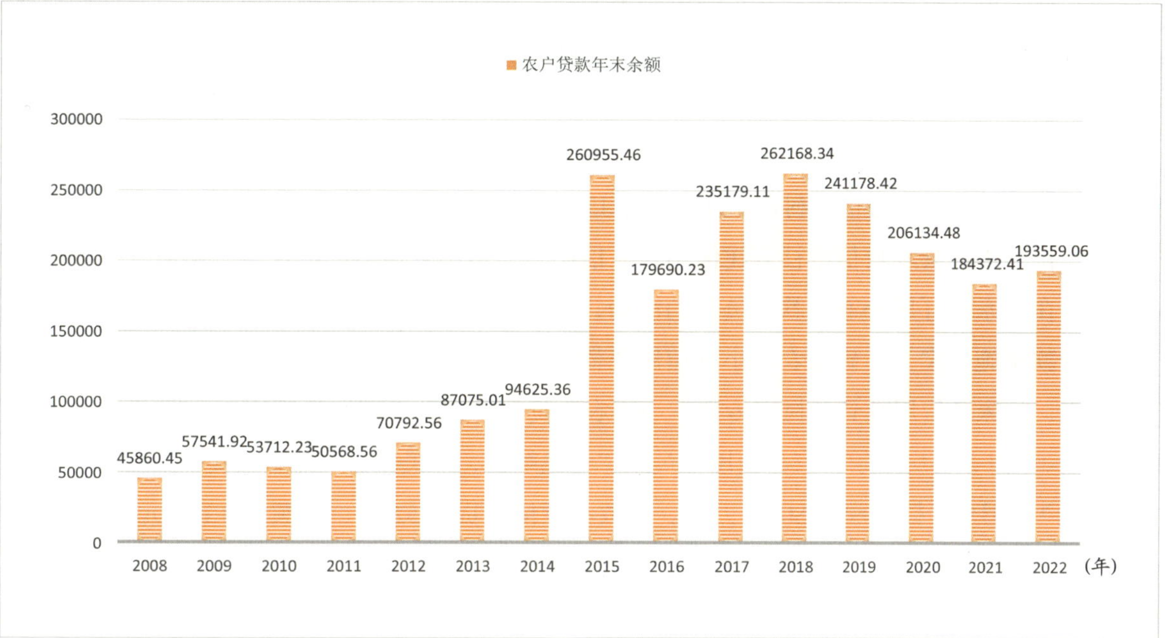

图 3-2-4　2008—2022 年香河县农村信用社农户贷款余额统计（单位：万元）

农户小额信用贷款

农户小额信用贷款是指香河县农村信用社基于农户的信誉和资产情况，在核定额度内向本辖区内农户发放的不需抵押担保的小额生产和生活贷款。农户小额信用贷款采取一次核定、随用随贷、余额控制、周转使用，原则上贷款额度不超过 2 万元。

1999 年 4 月 11 日，中国人民银行副行长史纪良在全国农村信用社工作会议总结讲话中指出，要广泛推行农户贷款证制度，采取“一次核定，随用随贷，余额控制，周转使用”的办法，对一部分信用好的农户可以直接发放信用贷款。7 月 27 日，中国人民银行印发《农村信用社农户小额信用贷款管理暂行办法》（银发〔1999〕245 号），指出发放农户小额信用贷款时信用社以农户的信誉为保证，在核定的额度和期限内发放的小额信用贷款。农户小额信用贷款使用农户贷款证，贷款证以农户为单位，一户一证，不得出租、出借或转让。贷款期限根据生产经营活动的周期确定，原则上不超过一年。贷款利率按中国人民银行公布的贷款基准利率和浮动幅度适当优惠。

2000年10月，中国人民银行石家庄中心支行印发《河北省农村信用社进一步做好支农工作的意见》指出，把支农服务与改善经营有机结合起来，走村串户去推销自己的金融产品，牢固占领农村市场，农村信用社当年农业贷款增加额占各项贷款增加额的比例要达60%以上。香河县农村信用社员工发扬背包下乡的优良传统，深入村、户进行宣传营销。通过简化手续，落实《农村信用社农户小额信用贷款管理暂行办法》，积极推广农户贷款证制度，香河县农村信用社推广小额农贷的做法，先后被县委、县政府、市委、省委和市人行转发，被《河北日报》报道。

2001年3月，中国人民银行印发《关于做好当前农村信用社支农工作的指导意见》指出，“十五”期间中国把全面贯彻党在农村的基本政策，加强农业基础地位和增加农民收入，作为经济工作的首要任务，提出积极推行信用户、信用村活动完善金融服务，改善工作作风。是年，香河县农村信用社在全县开展农户信用等级评定和建立农户经济档案活动，全面推广农户小额信用贷款，对信用户评级授信，核发贷款证，并按照“一户一证、一次核定，随用随贷、周转使用”的原则，实行贷款优先，手续从简，利率优惠等信贷优惠政策。

2002年3月，县联社印发《香河县农村信用社小额信用贷款管理试行办法》指出，在全县积极推广农户小额信用贷款，创建信用村镇工作。4月17日，香河县第一个信用村揭牌仪式在蒋辛屯镇挠子庄村举行，拉开香河县农村信用社创建信用户、信用村、信用乡镇活动的序幕。随后，以钱旺村信用社为试点，在全系统开展小额贷款全员营销活动，成立小额贷款营销工作领导小组，制订《全员营销农户小额贷款实施方案》，确保农户小额信用贷款“贷得出、用得好、还得上”，保证信用社的资金安全。是年，梁家务信用社到各村宣传推广小额农业贷款，帮助大棚农户解决资金需求2万元，使农户适时种植。7月，农户赠予梁家务信用社员工“为民解忧，帮民致富”锦旗；安平信用社评定一个信用村，430户信用户，授信额度807.2万元，投放小额信用贷款52户，金额108.1万元。截至2002年12月31日，香河县农村信用社共建立信用户档案8460户，全县有8个村被授予信用村，评定信用户7842户，向1022户农民颁发信用证，农户小额信用贷款年末余额244.2万元。

2003年，安头屯信用社采取《农户小额贷款初审报告》和《代理发放收回小额贷款本息协议》制度，与信用站签订协议，委托信用站对本村申请贷款的农户进行调查，信用站会计以承诺书方式将借款人、保证人及信用站意见填写在初审报告内并签字。截至2003年5月底，安头屯信用社累计发放农户小额贷款1128笔，金额1693万元。

2004年，县联社提出“两个有利于”的原则推广小额农户贷款。截至12月31日，香河县农村信用社评定信用村17个，评定信用户8227户，颁发信用证2529户，农户小额信用贷款年末余额479.17万元。

2005年，省联社印发《河北省农村信用社贷款操作规程》指出，农户小额贷款由信贷人员深入农户，认真准确地填制《农户经济档案》，根据其综合偿还能力，按照农户小额信用贷款评定标准，核定等级限额，签发农户小额信用贷款证，并按照“一次核定、随用随贷、余额控制、周转使用”的原则发放贷款。年末，香河县农村信用社农户小额信用贷款余额239.56万元。

2007年12月，省联社印发《河北省农村信用社联合社关于创新农村小额贷款品牌推动信用工程建设的指导意见》指出，要充分认识创新农村小额贷款品牌、推动信用工程建设的重要意义，充分发挥农村支农主力军作用，积极开展推广农户小额信用贷款，河北省是农业大省，60%以上的人口在农村，解决好“三农”问题是建设沿海经济社会发展强省的必然要求和关键。坚持“多予、少取、放活”原则，为“三农”提供优质高效的金融服务，为建设社会主义新农村做出新贡献。年末，香河县农村信用社农户小额信用贷款余额 89.43 万元。

2008 年，县联社开展“文明信用农户”创评工作，对 2006 年度、2007 年度评选的“文明信用农户”进行重新认定，对不符合条件的建议取消其称号。符合条件的兑现贷款优先、利率优惠、服务优质的承诺，年末，香河县农村信用社农户小额信用贷款余额 21.43 万元。

2011 年，县联社根据省联社工作部署，为加强农村青年诚信意识教育，提高信贷效率，防范信贷风险，结合“送金融知识下乡”活动，开展农村青年信用示范户工作，在开展金融知识普及和诚信意识教育活动的同时，建立农村青年信用示范户信息库，对有创业就业融资需求的农村青年信用示范户，根据其信用评价等级提供以小额信用贷款为主要形式的资金支持，并根据实际情况在贷款期限结构、利率定价、风险补偿等方面提供优惠性政策。年末，香河县农村信用社评定信用户 2754 户。

2013 年 3 月，县联社印发《信贷业务受理暂行办法（试行）》指出，受理业务按照“阳光信贷”的基本要求，试行“首问负责制”和“限期办结制”，受理过程时限最长不超过 5 个工作日以及各类贷款的受理对象、流程、风险管理与监督检查等内容，提升信贷业务服务整体水平，树立行业文明规范服务形象。

2014 年，香河县农村信用社全面开展支农服务“四个一”和“信贷千百万”活动。“四个一”支农服务活动，即一村一块支农服务公示牌，明示支持的重点、贷款的条件、程序等内容；一户一张支农联系卡，明示联系人、联系电话等内容；一月一张检测表，了解客户需求，跟踪服务；一月一次新放小额信用贷款公示榜，公开新放小额信用贷款情况、包村客户经理、网点负责人联系电话和县级行社监督电话。8 月，省联社调度会上再次指出，充分发挥基层信用社的地缘优势，深入广大农村，继续加强对农户种养殖业贷款和农村小个体、小加工、小作坊生产经营性贷款及农民创业贷款、农民建房、购农用车、购农机具等消费性贷款的营销，搞好信用户、信用村、信用乡镇的建设，通过营销“三农”信贷业务，保持农信社在农村的信贷业务优势，在竞争中巩固农村市场，把信贷资金更多向“三农”倾斜，保持涉农贷款总量持续增长。

2015 年 10 月，中国人民银行宣布取消对商业银行和农村合作金融机构等存款利率浮动上限，利率市场化进入新阶段。12 月，县联社印发《贷款利率定价管理办法》指出，从信用等级、贡献度等方面确定其利率浮动系数，对不同信贷产品采取不同的浮动利率，支农支小服务更加细微化，对农户小额信用贷款实行优惠利率政策。

农户小额保证贷款 是指香河县农村信用社向农户发放，由具有代偿能力的自然人提供连带责任的担保贷款。贷款对象是从事农业生产经营的农户。贷款额度原则上不超过 5 万元，贷款期限最长不超过 3 年（含 3 年）。香河县农村信用社农户小额保证贷款要求保证人为香河县辖区内的居民。

1999 年 8 月，中国人民银行印发《农户小额贷款担保管理办法》指出，按照核定的农户信用等级，农户小额信用贷款最高额度分别为："优秀"等级农户不超过 2 万元；"较好"等级农户不超过 1 万元；"一般"等级农户不超过 5000 元。11 月，县联社印发《香河县农村信用社小额农业贷款管理办法（试行）》指出，农村信用社的宗旨是为"三农"服务，在贷款投放上体现社员贷款优先、农户贷款优先，农业贷款优先，主要解决农户粮、棉、油等生产费用的需要，解决农户发展家庭经济，开展多种经营的需要，农户小额贷款实行保证担保方式。

2000 年，县联社坚持资金投放农业优先原则，组织信贷员深入村、组和农户家庭，及时了解并掌握全县农业生产情况和农业生产资料供求信息，配合全县农村产业结构调整，提出"以贷引存，以存定贷"的方针，积极推行"农户小额保证贷款"，即凡是信誉好的客户，均可在有经济实力担保人担保的情况下，向辖内信用社申请 3 万元以下小额贷款，"农户小额保证贷款"的推行，支持了香河县域内种植业、养殖业、钣金、家具、大笤帚加工等特色农业和特色区域经济的发展。3 月，县联社转发中国人民银行廊坊市中心支行转发中国人民银行印发《农村信用合作社农户联保贷款管理指导意见》指出，借款人在得到贷款前，应在信用社存入不低于借款额 5%的活期存款，联保小组由居住在信用社服务辖区内有借款需求的 5—10 户借款人自愿组成，并对贷款的发放、管理及利率作出规定。

2000 年，县联社以李庄信用社为小额农贷发放试点，印发《香河县信用联社关于对农村信用社推行农户小额贷款试点工作的实施方案》，印制告农民朋友明白书，广泛宣传，多级发动。是年，香河县农村信用社重点支持李庄韭菜、苦瓜、西红柿等蔬菜种植特色农业区，支持农户 310 户，采取小额保证担保的方式，投入信贷资金 260 万元。采取简化贷款手续，随来随办，不拖不压的方式，优先办理农业贷款。

2004 年 12 月，为满足农户较大额度的资金需求，信用社开展农户联保贷款。由 5—10 户没有直接亲属关系的农户在自愿的基础上组成联保小组，信用社对联保小组成员提供的贷款称为联保贷款，小组成员是信用社社员的贷款优先。农户联保贷款皆在解决农户贷款担保难和手续烦琐问题，农户联保贷款投量经联社审批后，联保小组《联保承诺书》一经确认，农户联保贷款限额一年内有效，限额贷款作为信用社的柜台业务，只要资金头寸允许，管户责任人可随时办理小组成员的贷款业务。农户联保贷款实行利率优惠政策，在执行利率的基础上优惠 5%，按期收回，不得随意展期。截至 2004 年 12 月 31 日，全县农村信用社累计发放农户联保贷款 260 万元。

2011 年 1 月，省联社印发《河北省农村信用社农户小额保证贷款管理办法（试行）》和《河北省农村信用社农户联保贷款管理办法（试行）》指出，农户小额保证贷款主要用于农户日常生产经营的资金需求，包括种植业、养殖业、加工业、农机具购置、建筑等用途。贷款额度根据借款人资金需求、还款能力及担保代偿能力，由借贷双方协商确定，原则上不超过 5 万元，贷款期限根据借款人的生产经营周期及还款能力合理确定，最长不超过 3 年。农户联保贷款主要用于农户生产、生活等方面的资金需求。联保贷款额度根据借款人资金需求、还款能力及担保代偿能力，由借贷双方协商确定，单户贷款余额原则上不超过 10 万元。贷款期限根据借款人的生产周期及还款能力合理确定，农户联保贷款的期限不得超过联保协议的有效期限。截至 12 月 31 日，香河县农村信用社发放农户联保贷款 179 户，期末余额 4625 万元，累放 13996.68 万元。

农户+公司担保贷款　是指河北省农村信用社向农户发放，由与农户签订产品收购协议的农业产业化龙头企业提供连带责任保证的担保贷款，贷款遵循“对象特定、封闭运行、风险共担”的原则。贷款对象是从事农业生产经营并与农业产业化龙头企业签订农产品购销合同的农户。

2007年12月，省联社印发《河北省农村信用社联合社关于创新农村小额贷款品牌推动信用工程建设的指导意见》指出，放宽贷款对象，在支持家庭传统耕作农户和养殖户的基础上，将服务对象扩大到农村多种经营户、个体工商户和农村各类微小企业，并根据当地农村经济发展情况，拓宽农村小额贷款用途，从支持传统农业拓宽到支持现代农业，从满足农业融资需求拓宽到满足农产品生产、加工、运输、流通等各环节融资需求，从满足农民简单日常消费需求拓宽到满足农民各种合理消费需求，从满足农民在本土的生产贷款需求拓宽到满足农民外出贷款需求。因地制宜，把农村小额贷款品牌融入支农服务新模式。立足提高农业生产力，全面开展基础型支农服务，支持农业生产结构调整和农民增收，同时支持农业产业化经营，在“公司+专业合作社+农户”“公司+协会+农户”“公司+基地+农户”“公司+农户”等多种经营模式中，推行联保贷款方式，为龙头企业进行产前服务。以此为契机，积极改善农村信用环境，培育农村信用文化。截至2008年12月31日，香河县农村信用社农业产业化龙头企业贷款余额1500万元。

2011年5月，省联社印发《河北省农村信用社农户+公司担保贷款管理办法（试行）》指出，该项贷款用途应符合国家的农业产业政策，用于农户生产经营的资金需求。有合法、稳定的收入，家庭财产（扣除家庭必要的第一套住房）不低于5万元，上年经营纯收入在1万元以上，自筹资金不低于资金需求的30%，为当地农业产业化龙头企业，且信用等级在AA（含）以上，担保总额度不能超过其净资产的2倍。年末，香河县农村信用社农业产业化龙头企业贷款余额2500万元。

农村乡镇房屋及宅基地抵押贷款　是指农村乡镇房屋及宅基地所有权人，将农村乡镇房屋及宅基地作为河北省农村信用社债权担保的行为。农村乡镇房屋及宅基地可以单独设立抵押，也可作为其他担保方式的有效补充。

新型农业经济主体系列（法人类）贷款

农民专业合作社贷款　是指河北省农村信用社向依法经工商行政管理部门登记设立，且具备法人资格的农民专业合作社发放的贷款。农民专业合作社是在农村家庭承包经营基础上，同类农产品的生产经营者或同类农业生产经营服务的提供者、利用者，自愿联合、民主管理的互助性经济组织。农民专业合作社以其成员为主要服务对象，提供农业生产资料的购买，农产品的销售、加工、运输、贮藏以及与农业生产经营有关的技术、信息等服务。合作社贷款应坚持“择优扶持、落实担保、资金优先、利率优惠”的原则。

农业产业化龙头企业贷款　是指市县级行社依据国家政策规定，对农业产业化龙头企业发放的，用于企业生产经营所需的贷款。农业产业化龙头企业是指以农产品加工或流通为主，通过各种利益联结机制与农户联系，带动农户进入市场，使农产品生产、加工、销售有机结合、相互促进，在规模和经营指标上达到规定标准并经政府有关部门认定的企业。

2005年第一季度，香河县农村信用社信贷投放的重点主要涉及三大类：一是支持生产企业，特别是对本县经济发展起到支撑作用的特色、龙头产业，如家具、钣金、纸制品包装、机械生产加工等，投放信贷资金 5100 万元，占纯投放总数的 41.3%；二是农产品深加工及种养业的发展，如牛羊屠宰及肥牛加工、饲料加工、香菇基地、蔬菜基地、花卉基地，以及农民个体种植、养殖，等等，此类贷款投入 4040 万元，占纯投总数的 32.8%；三是流通领域的资金需求，如沙发材料、建筑材料、农用物资购销等，贷款投放量为 3200 万元，占纯投总数的 25.9%。

2010 年，香河县农村信用社支持全县特色产业发展，把发展特色高效农业作为农业结构调整的关键，大力推进农业产业化经营，重点扶持李庄韭菜基地、香椿营牛羊肉、家具城产业基地、香河县经济开发区等优势产业，最大限度发挥支农主力军作用，促进农业整体水平和农民收入的提高。

2012 年 12 月 31 日，香河县农村信用社农业产业化龙头企业贷款余额 11480 万元。

2014 年，县联社根据省联社工作部署，开展“信贷百千万”活动，重点支持本县农业产业化龙头企业、农民专业合作社、家庭农场、家庭手工业和种养大户，发挥对农户的辐射带动作用，推动“一村一品”发展。截至 2014 年 12 月 31 日，香河县农村信用社农业产业化龙头企业贷款余额 16480 万元。

2017 年，中共十九大报告以及 2018 年中央一号文件均提出，加快实施乡村振兴战略。香河县农村信用社突出支农重点，积极支持农业供给侧结构性改革。重点发展新产业、新业态、新主体，推动信贷资源继续向“三农”倾斜，着重支持家庭农场、各类种粮大户、养殖大户和蔬菜、水果生产大户等生产经营性贷款需求，重点带动作用强的农业产业化龙头企业、农产品加工企业和项目，主动为新型农业经营主体和农村电商、休闲农业、乡村旅游等项目提供金融服务。

截至 2022 年 12 月 31 日，香河农商银行农业产业化龙头企业贷款余额 18100 万元。

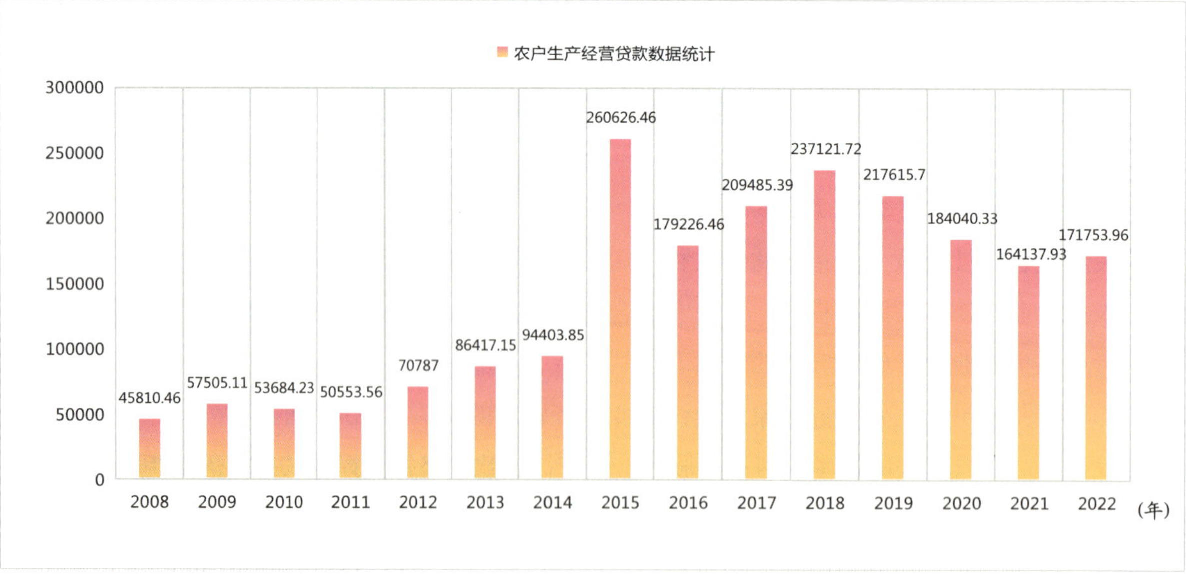

图 3-2-5　2008—2022 年香河县农村信用社农户生产经营贷款余额统计（单位：万元）

第三节 小微企业贷款

小微企业贷款是指企业因生产经营的需要，向银行或其他金融机构按照固定利率和期限的一种借款方式。小微企业的信贷需求特点：小额、短期、分散。香河县农村信用社始终坚持“立足本土，服务三农，支农支小”的市场定位，持续加大对小微企业等实体经济的支持力度，创新推出个体工商户小额信用贷款、个体工商户小额保证贷款、个体工商户联保贷款、个体工商户房地产抵押贷款、小微企业“信易贷”、易贷通小额贷款等产品和服务，切实解决小微企业融资难问题，助力实体经济发展转型升级。

2011 年 10 月，省联社印发《关于加大对小微企业信贷支持的通知》指出：一是信贷规模向小微企业倾斜，各县级联社要积极支持符合国家产业结构调整要求，有效益、有市场、有信誉的小微企业，优先对其安排信贷规模；二是各县级联社加大营销力度，深入小微企业了解客户需求和市场情况，争取营销一批优质小微企业客户，对符合产业政策、符合贷款条件的要积极支持，特别是大中型企业产业链上下游的小微企业要优先给予信贷支持；三是积极开办小微企业票据业务，对小微企业票据贴现业务优先办理，对符合开具银行承兑汇票的小微企业可以开立银行承兑汇票；四是对小微企业给予利率优惠，对小微企业贷款利率充分考虑企业的承受能力，以覆盖风险、差别定价、适时调整为基本原则，根据所处区域的经济发展水平、市场利率水平、资金营运成本、贷款目标收益、资本回报要求以及小微企业的盈利水平、风险程度、税负成本等因素，合理确定小微企业贷款利率，尽量减少上浮幅度；五是县级联社结合当地实际，积极和充分运用省联社开发的信贷产品，在实践中不断完善和探索，满足小微企业的融资需求；六是县级联社要进一步调高受理审批效率和质量，按照“一次授信、随用随贷、余额控制、周转使用”的授信原则；七是各县级联社要把对小微企业贷款考核纳入总体信贷业务考核与约束体系之中，按照业务收益水平和人员的贡献度进行奖励，充分体现贡献与报酬对等的原则。在适度提高小微企业不良贷款容忍度的同时，积极推行信贷工作尽责制、不良贷款问责制和免责制，在有效控制风险的前提下积极推动业务发展。11 月，省联社转发中国银监会印发《关于支持商业银行进一步改进小型微型企业金融服务的补充通知》指出，进一步明确改进小型微型企业金融服务的工作目标，商业银行加大对小型微型企业的贷款投放力度，继续深化六项机制建设，加强内部管理，形成对小型微型企业金融服务前中后台的横贯型管理和支持机制。支持商业银行发行专项用于小型微型企业贷款的金融债，对小型微型企业贷款利率给予优惠，提高对小型微型企业不良贷款容忍度。年末，香河县农村信用社小型企业贷款余额 220341.43 万元，微型企业贷款余额 73601.51 万元，小型微型企业余额 103251 万元，个人经营性贷款余额 51175.25 万元，累计发放小微企业贷款 940 户。

2012 年 4 月，县联社按照省联社和省联社廊坊办事处工作部署，结合香河县农村信用社实际情况，制订《香河县农村信用合作联社小额信贷工作实施方案》，积极探索和完善小额信贷服务产品和手段，全面建立为广大农户、个体工商户、小微企业提供更加方便、灵活、实用的小额信贷服务体系。

2013 年 4 月，县联社印发《小企业和涉农贷款工作实施方案》指出，一是成立小企业及涉农贷款的“两个不低于”工作领导小组；二是确定小企业及涉农贷款“两个不低于”工作实施方案。同时确定2013年的工作方向及目标。9月，省联社廊坊办事处转发《廊坊银监分局关于转发<中国银监会关于进一步做好小微企业金融服务工作的指导意见>的通知》指出，要求各银行业金融机构做好小微企业信贷计划，根据中共十八大提出“着力推进绿色发展、循环发展和低碳发展”总要求，加强对科技型小微企业支持，对节能减排、战略性新兴产业、创业型小微企业等实行绿色信贷工作。12月，县联社制订《小额信贷工作实施方案》，建立小额信贷管理体制和完善的科技信息支撑体系，创新小额信贷经营机制，积极争取县级财政对小额贷款贴息、放宽小额贷款免征营业税期限、额度和降低呆账贷款的核销条件等扶持政策，以积极探索和完善小额信贷服务产品和手段为指导思想，全面建立为广大农户、个体工商户、小微企业提供更加方便、灵活、实用的小额信贷服务体系和需求，切实履行农村信用社服务“三农”、支持县域经济发展的社会职责。年末，香河县农村信用社小型企业贷款余额298288万元，微型企业贷款余额109363.66万元，小微型企业余额132354.46万元，个人经营性贷款余额87056.18万元。

2014年4月，省联社印发《关于全面开展支农服务工作“四个一”活动的通知》指出，“全省信用社采取一月一次新放小额信用贷款公示榜，公开新放小额信用贷款情况、包村客户经理、网点负责人联系电话和县级行社监督电话”，让客户了解农信社办理贷款的全过程，打造一条公开透明、规范高效、互惠互利的支农绿色通道，提升贷款公平性和可得性。8月，省联社在经营调度会上指出，各县级行社充分调研域内小微企业的数量、地理分布、行业构成、成长能力和经营水平，要通过帮助小微企业提高管理水平和竞争能力来拉近距离，通过信贷支持促进小微企业发展壮大，同时响应政策对小微企业加强全方位的金融服务，提高工作效率，实行全面优惠，确保小微企业贷款营销质、量双增。上下联动持续推进金融产品和服务创新工作，进一步加强“农贷宝”“学贷宝”“商贷宝”的推广工作，以及“车贷宝、房贷宝、企贷宝、创业宝”等系列产品的研发。9月，省联社印发《关于进一步完善和创新小微企业贷款服务的指导意见》指出，一是充分认识完善和创新小微企业贷款服务的重要性，有效化解小微企业融资难、融资贵问题，农村信用社作为支持小微企业发展的“主力军”，要贯彻落实国务院、省委省政府和人行、银监部门的要求，从服务河北经济金融战略的高度，积极履行社会责任，提高对小微企业的金融服务水平；二是加强信贷管理，提高小微企业贷款质量，合理确定小微企业流动资金贷款期限、还款方式、贷款利率；三是创新贷款模式，切实解决小微企业倒贷问题；四是创新金融产品，优化小微企业流动资金贷款服务，在省联社产品创新框架下，积极推广应用；五是提高服务质量，切实降低小微企业融资成本。

2020年6月，廊坊银保监分局转发中国银保监会办公厅印发《关于2020年推动小微企业金融服务“增量扩面、提质降本”有关工作的通知》《关于对中小微企业贷款实施临时性延期还本付息的通知》《关于进一步做好“百行进万企”融资对接工作的补充通知》。是年，香河农商银行开展关于落实支持疫情监管政策及“百行进万企”自查工作：一是合理有序安排好疫情防控信贷工作复工复业，对辖区内各客户经理部安排好信贷复业工作，并保证24小时待岗，切实保证信贷工作服务到位，同时做好自身防护、确保员工生命安全和身体健康，严格执行属地疫情工作安排；二是科学、全面地摸排企业复工复产情况，主动提前开展信贷服务工作，建立快速审批通道，简化信贷手续，优化信贷审批流程有效解决客户资金困难；三是强化信贷服务，全力支持实体经济发展，大力创新信贷服务方式，提升信贷服务水平，做好辖区内客户信贷服务，加大小微企业、民营企业信贷支持力度，全面服务企业复工复产，截至 2020 年 5 月，为 80 名存量客户解决资金困难，涉及贷款金额 8162 万元，对符合支小再贷款条件的企业发放支小再贷款 8 笔，金额 8000 万元；四是香河农商银行根据省联社《关于落实对中小微企业贷款实施临时性延期还本付息有关政策的通知》文件指示要求，对符合条件的客户实行延期还本付息、减免罚息、不计征信逾期等信贷支持措施，根据受困客户的申请，结合受疫情影响情况和经营实际，针对其本金到期情况，可临时延期还本至 2020 年 6 月 30 日，对暂时无力付息情况，可临时延期付息至 2020 年 6 月 30 日，其间免收罚息并对疫情期间受困客户征信记录不受影响；五是深入开展“百行进万企”融资对接活动，通过实地走访或短信电话及时予以融资对接，对符合基本授信条件的意向小微企业及时帮助提交申贷材料，截至 2020 年 5 月，走访 382 户。

截至 2022 年 12 月 31 日，香河农商银行发放小型企业贷款余额 816380.53 万元，微型企业贷款余额 120133.61 万元，个人经营性贷款余额 269712.69 万元。

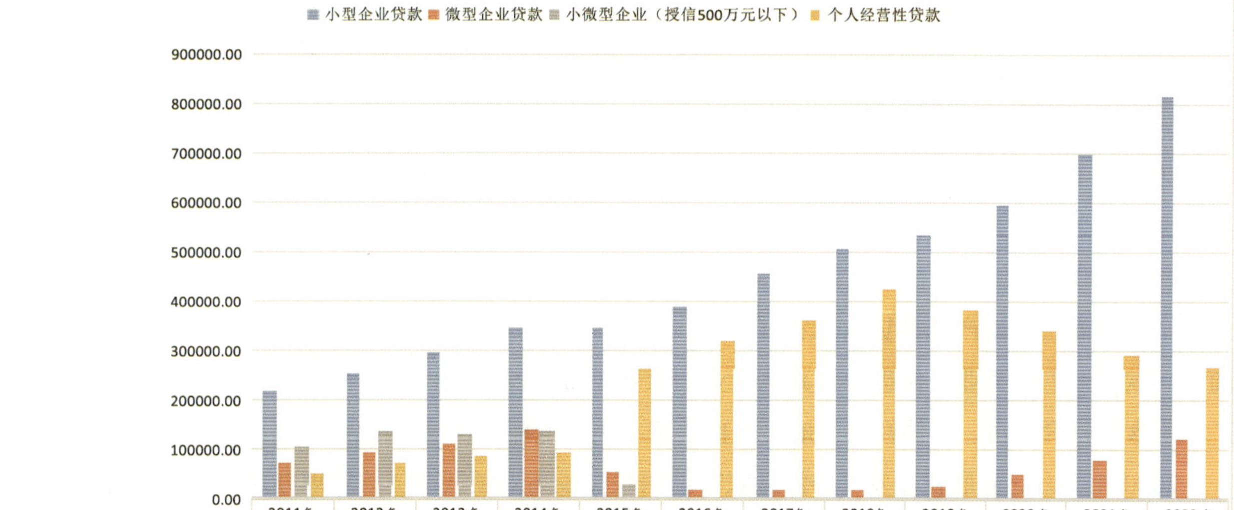

	2011年	2012年	2013年	2014年	2015年	2016年	2017年	2018年	2019年	2020年	2021年	2022年
小型企业贷款	220341.43	254676.00	298288.00	349023.34	346982.41	390840.94	456172.14	506366.82	537282.16	598656.70	700334.01	816380.53
微型企业贷款	73601.51	93765.78	109363.66	141547.06	55953.29	18006.38	18062.95	19884.36	26436.76	49017.60	78795.64	120133.61
小微型企业（授信500万元以下）	103251.00	137419.67	132354.46	138067.00	29380.00	0.00	0.00	0.00	0.00	0.00	0.00	0.00
个人经营性贷款	51175.25	70392.25	87056.18	94403.65	265276.45	320035.08	363313.81	423870.87	382995.55	340697.70	289252.21	269712.69

图 3-2-6 2011—2022 年香河县农村信用社小微企业贷款余额统计（单位：万元）

自然人生产经营系列信贷产品

个体工商户小额信用贷款 农村信用社向个体工商户发放用于生产经营的信用贷款，贷款对象是农村信用社辖区内合法经营、信用良好的个体工商户经营者。贷款用途必须是用于生产经营的资金需求。

2011 年 1 月，省联社印发《河北省农村信用社个体工商户小额信用贷款管理办法（试行）》指出，该项贷款额度根据借款人资金需求、还款能力、信用状况等情况由借贷双方合理确定，单户贷款余额原则上不超过 10 万元，贷款期限最长 1 年。

个体工商户小额保证贷款 农村信用社向辖区内个体工商户发放的，由具有担保能力的个体工商户提供连带责任保证的担保贷款。

2001 年 2 月 26 日，县联社印发《城内小额贷款管理试行办法》指出，办理城内小额贷款的贷款范围是指在县城内的流通企业贷款和生产企业贷款及个体工商业贷款。贷款对象为县城内个体私营贷款，持有经营许可证的个体工商户、私营企业户和个体经济户等。对县城内的贷户可分为流通企业贷款和生产企业贷款，以期限长短和额度高低划分，流通企业贷款可掌握在 10 万—20 万元，由信用社筛选、定户报联社一次性审批，贷款期限不能超过半年。生产业务贷款 3 万—10 万元，由信用社审批发放，期限不能超过 1 年。

2011 年 1 月，省联社印发《河北省农村信用社个体工商户小额保证贷款管理办法（试行）》指出，该项贷款额度单户贷款余额原则上不超过 20 万元，贷款期限最长不超过 2 年。

个体工商户联保贷款 农村信用社向个体工商户联保小组成员发放，并由联保小组全体成员相互承担连带责任保证的担保贷款。个体工商户联保贷款遵循“自愿联保、风险共担、额度控制、分户发放”的原则。

2003 年 8 月，廊坊市人民政府办公室印发《廊坊市中小企业联保贷款暂行办法》指出，对参加联保组的条件、权利、义务以及操作程序作详细规定。

2011 年 1 月，省联社印发《河北省农村信用社个体工商户联保贷款管理办法（试行）》指出，成立联保小组必须是无直系亲属关系的个体工商户在自愿的基础上组成联保小组。联保小组成员不少于 3 户（含）。联保小组自联保协议签署之日设立，协议期限一般不超过 3 年。

个体工商户房地产抵押贷款 农村信用社向辖区内经营加工业、手工业、建筑业、交通运输业、商业、饮食业、服务业、修理业及其他行业的个体工商户发放的，由借款人或第三人合法拥有的房地产（不含第一套住房、集体性质土地上的自建房）作为抵押物发放的担保贷款。

2000 年 1 月，县联社印发《香河县农村信用联社最高限额抵押贷款管理办法》指出，符合一定条件的个体、私营企业，在县联社核准的最高抵押贷款余额和有效期限内，实行财产一次抵押，可以多次申请与发放的一种贷款形式，贷款对象为在信用社开户，经营状况好、资产质量高、负债率低，信用度较高的个体工商户和私营企业。到 2000 年底，香河县各信用社最高额抵押贷款累放金额 7096 万元，被县政府、市政府、人行廊坊支行和省委转发，被《金融时报》报道。

2011 年 1 月，省联社印发《河北省农村信用社个体工商户房地产抵押贷款管理办法（试行）》指出，个体工商户房地产抵押贷款期限原则上不超过 3 年（含），抵押率最高不得超过抵押物评估价值的 70%。

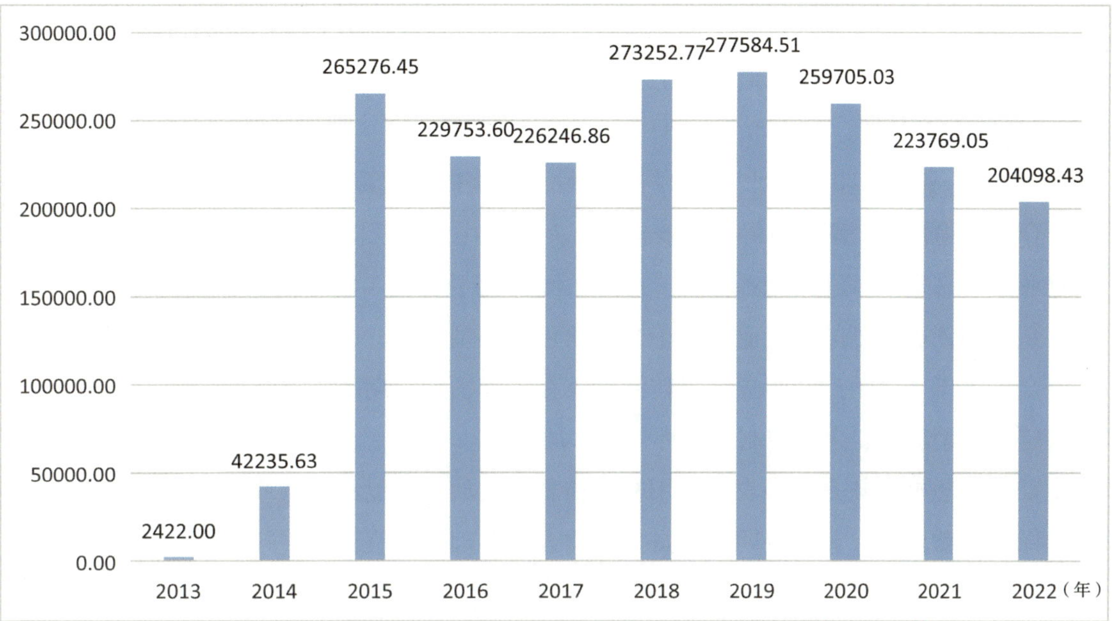

图 3-2-7 2013—2022 年香河县农村信用社个体工商户贷款余额统计（单位：万元）

2016 年 9 月 19 日，县联社印发《住宅房抵押贷款管理办法（试行）》指出，住宅房抵押贷款对象为香河县农村信用合作联社服务辖区内的自然人、个体工商户、企业法人及其他从事生产经营活动的市场主体。住宅房抵押贷款按抵押人出具抵押物认可的房产评估价值确定，贷款本息合计不超过抵押物评估价值的 70%。

中小企业融资系列

流动资金贷款 是指河北省农村信用社向企事业法人或国家规定可以作为借款人的其他组织机构发放的，用于借款人正常生产经营过程中为耗用或销售而储存的各类存货、季节性物资储备等生产经营周转性、经常占用性或临时资金需求的人民币贷款业务。

固定资产贷款 是指河北省农村信用社向企事业法人或国家规定可以作为借款人的其他组织机构发放的，用于借款人固定资产投资的人民币贷款业务。

经营性物业贷款 是指贷款行社向经营性物业所有权人发放的以其所拥有的物业作为抵押物，以该物业产生的持续、稳定的经营收入作为主要还款来源的贷款。经营性物业是指以已竣工验收并投入商业运营，日常运营管理规范、经营性现金流量较为充裕、综合收益较好、还款来源稳定、权属清晰的商业和工业运营用房或生产用房。经营性物业贷款管理应遵循“从优选择经营资产、注重第一还款来源、审慎评估现金流量、合理确定金额期限、严格实施账户监管、定期评价资产价值”的原则。

2015 年 12 月，省联社印发《河北省农村信用社经营性物业贷款管理办法（试行）》指出，为促进信贷结构优化调整、适应经营性物业贷款业务发展需求、规范经营性物业抵押贷款操作制定本办法。经营性物业贷款适用于已有稳定租赁收益、经营成熟、现金流量充裕的经营性物业，其中，由特殊承租人主要租用或整体租用并签有长期租赁合同的物业，经营年限须 1 年（含）以上；零散租赁的物业须经营年限 3 年（含）以上。不适用于采取售后回租方式经营的物业。

法人按揭贷款 是指贷款行社向符合条件的企事业法人发放的用于购置办公、生产、经营、仓储、物流所需的办公楼、厂房、仓库、商铺等工业房产和商业房产，并以所购房产设定抵押，按月还本付息的贷款。

2015 年 12 月，省联社印发《河北省农村信用社法人按揭贷款管理办法（试行）》指出，法人按揭贷款必须符合“用途恰当、部分自筹、有效担保、专款专用、分期偿还”的原则。

小微企业“信易贷” 是指以小微企业的基本信息、经营信息、财务信息、企业人力资本、税务信息等多维度数据为依据办理的信贷业务。小微企业包括小型企业、微型企业、个体工商户、小微企业主。信贷资金仅用于企业生产经营资金周转活动。在授信额度、期限内循环使用和归还信贷资金，遵循“一次核定、随用随贷、余额控制、循环使用”原则。

单位定期存单质押贷款是指 农村信用社向借款人发放的，以其自有或第三人提供的单位定期存单为质押担保的贷款业务。单位定期存单是指借款人为办理质押贷款而委托贷款人依据开户证实书向接受存款的金融单位申请开具的人民币定期存款权利凭证。单位定期存单只能以质押贷款为目的开立和使用，单位定期存款开户证实书不得作为质押的权利凭证。

股权质押贷款 是指借款人以合法持有的股权作为债权担保，向农村信用社申请的一种贷款业务。其中，股权包括上市股份有限公司、非上市股份有限公司和有限责任公司股权，贷款对象为经工商行政管理机关依法登记成立并从事经营活动的企业法人或其他经济组织，但不包括经营证券的证券公司。股权质押贷款不得用于国家明令禁止的行业，以及证券投资、期货交易和股本权益性投资。

会员企业联保贷款 农村信用社对联保体成员提供的贷款称为会员企业联保贷款。会员企业联保，是指以园区管委会、工商联合会或行业协会为载体，成立中小企业联保服务中心，由服务中心组织联保体，并以联保形式取得信贷资金的做法。服务中心，是指由园区管委会或工商联合会或行业协会发起专门设立的为园区或会员企业提供信息、融资、咨询、协调关系等服务的非营利部门。会员企业联保贷款的基本原则是“多户联保、严格准入、综合授信、循环使用”。

担保商会担保贷款 是由工商联合会推荐的担保商会会员企业向河北省农村信用社提出申请，在该企业存入担保商会保证金的 5 倍以内，由担保商会担保基地和其他 3 家（含）以上会员企业提供保证担保而发放的贷款。担保商会是指由工商联合会牵头，当地 5 家以上中小企业或个体工商户发起，政府和会员企业共同出资建立担保基金，依法在民政部门注册成立，并与农村信用社建立合作关系、签订合作协议的互助性、非营利性、中介性的会员制经济担保社团组织。担保商会一般作为工商联的下属机构。

专利权质押贷款 是指河北省农村信用社向借款人发放的以依法享有并可以转让的专利权向农村信用社出质的贷款业务。此项业务借款人是指经工商行政管理机关依法登记成立并从事经营活动的企业法人。专利是指已被国家知识产权局依法授予、目前仍为有效的发明专利、实用新型专利和外观设计专利。借款人以专利权出质取得的信贷资金，只能用于创新中的技术研发、产品开发、技术改造、流动资金等生产经营性支出费用，不得从事股本权益、有价证券、股票和期货等高风险投资活动。

大型设备购置贷款 是指河北省农村信用社向借款人发放的用于大型机械设备购进，可分期还款的贷款。大型设备购置贷款采用“先担保，后抵押”的方式，即借款人购置设备先由生产商或经销商提供担保，设备购进后转为设备抵押。大型设备购置贷款对象必须是既有法人企业，因项目建设而新组建的新设法人和政府机构及其他组织不列入大型设备购置贷款支持范围。大型设备购置贷款仅用于支持借款人因扩大再生产或技术改造而购置的大型全新通用设备，单位（台、套或生产线）购置价格不低于 300 万元，所购置设备必须符合国家产业政策和行业标准。

采矿权抵押贷款　是指借款人以自己或第三人依法拥有的采矿权作为抵押物，向河北省农村信用社申请办理的贷款，在抵押权存续期间，抵押人不得转移对采矿权的占有，借款人到期不能偿还贷款本息的，农村信用社有权依法处理其抵押物。贷款对象是经工商行政管理机关核准登记的企（事）业法人。贷款用途应根据借款人实际借款用途和采矿权的使用年限确定，可以用于短期生产经营性流动资金或固定资产设备购置。

2011 年 8 月，省联社根据实际操作中对采矿权抵押办法的反馈意见对《河北省农村信用社采矿权抵押贷款管理办法（试行）》（冀信联字〔2011〕55 号）进行修订，增加评估价值按评估日采矿许可证可开采期限内以企业可开采能力预测的开采量与市场价格确定。修改采矿权抵押贷款期限根据借款人的生产经营活动周期、信用状况和贷款用途等因素合理确定。贷款到期（含展期后到期）日不得晚于采矿许可证的有效期限前一年半。

出口退税账户托管贷款　是指河北省农村信用社为解决出口企业因出口退税款未能及时到账而出现短期资金困难，在对企业出口退税账户进行托管的前提下，向出口企业提供的以出口退税应收款作为还款保证的短期流动资金贷款。出口退税账户托管贷款遵循“以税定贷、退税还贷、设置专户、加强监督”的原则，并实行“专人负责、专户管理”的管理模式。

社团贷款　由省或设区市辖内多家县（市、区）联社、农村合作银行、农村商业银行（简称成员社）组成团体，采用同一贷款合同，按统一商定的期限、利率等条件，向同一借款人发放的贷款。整合资金优势，拓宽农村信用社信贷资金投放渠道，防范和控制信贷风险，充分发挥信贷资金的经济杠杆作用，更好地支持农业产业化项目和农村基础设施建设。实行“谁营销、谁牵头、谁评审”的运行模式

2001 年 10 月，中国人民银行廊坊市中心支行印发《廊坊市农村信用社社团贷款管理暂行办法》指出，农村信用社社团贷款的范围是由多家信用社机构组成使用同一个贷款合同，分别立据，按双方商定的期限和利率向同一借款人提供资金的贷款方式。自 2001 年 10 月 1 日起执行。

2006 年 4 月 26 日，省联社印发《河北省农村信用社社团贷款管理办法（试行）》指出，社团贷款是由省或设区市辖内多家县（市、区）联社、农村合作银行、农村商业银行、组建统一法人社前的乡镇级农村信用社组成团体，采用同一贷款协议，按统一商定的期限、利率等条件，向同一借款人提供信贷资金的方式。社团贷款的组织协调，由成员社的上一级管理机构负责。社团贷款的发放采取委托代理方式，牵头社为代理社，一般成员社为委托社。社团贷款采取“总额认定、成员分担”的办法，各成员社对社团贷款的分担金额，按照“自愿认贷、协商确定”的原则确定。一般单个成员社的认贷额比例不得高于 50%。社团贷款本息收回后，一般成员社按实收利息的一定比例支付牵头社（代理社）贷款管理手续费。具体比例由代理社和成员社协商确定，原则上不超过 5%。

特色系列信贷产品

农贷宝贷款 是河北省农村信用社以农贷宝卡为载体，依托现有信贷管理系统，以电话银行、网上银行、POS（刷卡机简称 POS 终端）、EPOS 机等自助机具为科技支撑。面向辖内农户、自然人、个体工商业主等个人客户群体在授信额度、期限内循环使用和归还信贷资金的一种个人贷款业务。贷款遵循“一次授信，循环使用，渠道多样，随用随贷”的原则，最高承载额度不超过 30 万元（含）。

2013 年 4 月，省联社印发《河北省农村信用社农贷宝业务管理暂行办法》《河北省农村信用社农贷宝贷款业务操作流程（试行）》指出，4 月 23 日省联社顺利完成农贷宝小额贷款产品系统开发工作，实现产品申请、授信、审批及还款等各项功能，农贷宝小额贷款产品正式上线。是年，农贷宝小额贷款获“2013 年首届河北省金融产品创新奖”。

商贷宝贷款 是河北省农村信用社以商贷宝卡为载体，依托现有信贷管理系统，面向辖内市场商户、个体工商户、小微企业主及其他从事生产经营活动的个人客户发放，在授信额度、期限内循环使用和归还信贷资金的一种个人贷款业务。商贷宝贷款实行“一次核定、随用随贷、周转使用、余额控制”的原则。商贷宝的贷款资金用于生产经营且金额不超过 50 万元（含）。

2014 年 7 月，省联社印发《河北省农村信用社商贷宝业务管理暂行办法》《河北省农村信用社商贷宝贷款业务操作流程（试行）》指出，商贷宝贷款是河北省农村信用社以商贷宝卡为载体，依托现有信贷管理系统，以电话银行、网上银行、POS、EPOS 机等自助机具为科技支撑，面向辖内市场商户、个体工商户、小微企业主及其他从事生产经营活动的个人客户发放，在授信额度、期限内循环使用和归还信贷资金的一种个人贷款业务。商贷宝贷款实行“一次核定、随用随贷、周转使用、余额控制”的原则。

创业系列信贷产品

2015 年 12 月，省联社印发《河北省农村信用社巾帼创业贷款管理暂行办法》等创业宝系列贷款管理暂行办法的通知，满足省内妇女创业、下岗失业人员创业、大学生创业、残疾人员创业的资金需求。

巾帼创业贷款 是指贷款行社向本辖区内符合条件的妇女发放的，用于其创业就业的贷款。

下岗失业人员创业贷款 是指贷款行社向本辖区内符合条件的下岗失业人员发放的，用于其创业就业的贷款。

2003 年 7 月，中国人民银行廊坊市中心支行印发《廊坊市下岗失业人员小额担保贷款管理操作规程》指出，下岗失业人员小额担保贷款是指在市担保机构承诺担保的前提下，辖区内各国有商业银行、城市商业银行、农村信用社指定的分支机构为解决下岗失业人员因自谋职业、自主创业或合伙经营和组织起来就业的开办经费和流动资金不足而发放的贷款。

学子创业贷款 是指贷款行社向本辖区内符合条件的大学毕业生发放的，用于其创业就业的贷款。

助残创业贷款 是指贷款行社向本辖区内符合条件的残疾人发放的，用于其创业就业的贷款。创业宝系列产品采取“一次授信，随用随贷，循环使用”的原则，其中，采取小额信用方式最高授信额度为 5 万元；超过部分采取保证方式发放的，最高额度为 10 万元。

第四节　其他贷款

香河县农村信用社在贷款投向上，始终坚持服务“三农”的方向，在优先保证农业生产资金需要的基础上，通过创新进取拓展其他贷款，积极扶持助学、个人消费等民生领域，也在支持企业个体经济发展方面做出贡献。

社员贷款

1923 年中国北方大旱，农村经济凋敝，农民贫苦不堪，兼受地主压迫及高利贷剥削，农业日趋衰落，香河县第一信用社成立后的主要营业科目便是给入股社员放款，供给农民在生产上所必需的资金，借以发展农村经济与改善农民生活。

1956 年，全县实现农业合作化以后，生产关系发生重大变化。全县农村信用社仍然按照以社员为主的工作方针，对社员生产生活贷款，全部由信用社发放，信用社资金有困难，由国家银行贷款支持，1955—1956 年，全县农村信用社累计发放社员贷款 91.44 万元。

1957 年，中国人民银行召开信用合作工作汇报会议。会议指出：“在第二个五年计划期间对信用社的任务应比第一个五年计划期间有较高的要求。这些要求应该是：帮助农业社和社员群众发展农副业生产，继续帮助贫困社员解决生活困难，彻底消灭高利贷剥削，巩固农村中的社会主义信贷阵地，帮助农业社精打细算，合理使用资金，促进农业社的经济核算制度，配合国家银行，稳定农村金融。”是年，香河县农村信用社对农户贷款实行计划发放，并根据中国人民银行香河支行批准，调低农户贷款利率，最高月息一分，最低月息九厘，以控制信用社“盲目逐利”发放贷款。截至 1957 年底，香河县农村信用社社员贷款余额 54.6 万元。

1962 年 6 月 19 日，中国人民银行香河县支行《关于 1932 年夏季农村金融工作安排意见》指出，信用社是农村劳动人民的资金互助组织，其主要任务是组织农村闲散资金，解决社员个人在副业生产和生活中临时性资金困难，信用社必须按季编制存放款计划，经营业所批准。信用社发放贷款应该首先用于解决社员个人在副业生产和生活中的临时困难，如果资金有余，应该归还银行的贷款，信用社只有在不欠银行贷款的条件下，资金有余力时，才能对生产队发放少量农业生产费用贷款。贷款不准用于基本建设，不准用于救济性开发，和任何财政性开支，不准当作社、队收入进行分配。9 月，刘宋信用社积极发放农业贷款支援抗旱种麦和副业生产，解决生产队资金不足困难，发放长期和短期贷款 5.22 万元；蒋辛屯社积极支持棉、粮、油农产品收购的资金供应，发放农产品采购贷款 7.34 万元。是年，香河县农村信用社发放社员贷款 30.9 万元，生产费用贷款 55.2 万元。

1963 年，全县农村信用社累计放款 12.2 万元，较上年增长 50%。通过发放贷款，支持全县 401 个生产队和 1890 户贫困社员购买化肥 950 千克，农药 650 千克，饲草 5500 千克，购买口粮 7.5 万千克，同时解决 1281 名社员治病以及购置小农具搞副业生产等资金的需要。

1966 年 2 月，中国人民银行香河县支行印发《关于当前农村金融工作中若干具体问题意见》指出，为充分发挥信用社的支农作用，有条件的信用社可以根据自己的资金力量，适当发放一部分设备性贷款，信用社发放贷款的顺序是：1.社员生产生活贷款；2.资金有余对生产队发放短期贷款；3.资金还有余，也可以对生产队发放一部分长期贷款，但每个信用社发放长期贷款数量，一般不要超过现有股金、公积金和公共积累的 80%。2 月，中国人民银行香河县支行印发《关于五百户、刘宋营业所和信用社干部积极支援抗旱斗争情况简报》指出："刘宋营业所和信用社围绕党的中心，深入抗旱第一线，主动帮助生产队解决具体问题，他们说：'贷款早发放一分钟，就等于让生产队早浇一分钟地，早种一分钟粮。'他们在调查了解的基础上，携据下乡，就地办理贷款手续，从而方便群众。""五百户所、社干部通过曹庄、西张庄两个队的试点，从中找到方法和经验教训，他们体会到安排资金必须政治突出，反对单纯业务观点，必须从当前生产出发，深入社员中去，深入到贫下中农中去，从抓生产措施入手，从水、肥和开展副业等方面逐项帮助落实。"

1967 年 1 月，中国人民银行香河县支行印发《1966 年农村金融工作初步总结》指出，信用社通过抓革命、促生产，各项业务出现新局面，在筹集资金，支持生产，解决贫下中农生活困难等方面起到很大作用。截至 1966 年 12 月 31 日，全县农村信用社社员贷款 54.6 万元。

1976 年，唐山发生大地震，香河县农村信用社深入大队、生产队帮助安排生产和生活，安平、五百户、刘宋、渠口、孙止务、城关等多家信用社对抗震救灾做出突出贡献，为灾民搭棚修房，购买抗震物资、草席、塑料布等生产生活必需品，发放贷款，并在全县金融系统抗震救灾誓师大会上做发言，截至 1976 年 12 月 31 日，全县农村信用社发放社员贷款 56 万元。

社队贷款

1979 年 11 月 26 日，中国农业银行印发《农村社队信贷"存贷挂钩，差额包干"试行办法》指出，从 1980 年起，对农村社队信贷管理，试行"存贷挂钩，差额包干"的办法。包干范围是指银行和信用社办理的农村人民公社各级经济组织和社员个人的存款和贷款。按年度中间存款可用数同现行社队农贷包干指标比较，存款小于社队农贷包干指标的，核定农贷周转金，在不突破农贷周转金的条件下，多存可以多贷。

1981 年 3 月 22 日，中国农业银行香河县支行转发中国农业银行印发《关于社队贷款的若干规定》指出，办理社队贷款，要贯彻农林牧副渔同时并举、农工商综合经营的方针，坚持社队自力更生为主，国家支援为辅，发挥信贷的经济杠杆作用。办理社队贷款要坚持借款自愿，放收自如。切实维护生产经营单位使用资金的自主权和银行（信用社）管理贷款的自主权。贷款对象包含从事农林牧副渔等各业生产经营的社队基本核算单位及其所属实行联产计酬责任制、自筹费用的专业队、专业组。从事种养业、工业、商业、运输业、建筑业、服务业、旅游业等各项经营的社队企业和各种形式的联合企业；有经营收入和还款来源的文教、卫生、科研等事业单位；生产、生活上缺少资金的包产户、包干户和社员个人；农村、集镇从事小手工业、小商贩、小服务等个体经济户。5 月 6 日，中国农业银行香河县支行印发《认真做好社队企业的贷款管理工作》指出，对符合调整方针的经营项目，符合贷款条件的要积极地给予支持。凡设备贷款在 1 万元以内，一两年内可归还的，由所、社自己审批，1 万元以上的所社要签注意见后，报上级行审批。

乡镇企业贷款

1988 年 4 月 6 日，中国农业银行印发《农村信用合作社乡镇企业贷款管理暂行办法》（农银发〔1988〕38 号）指出，信用社发放乡镇企业贷款要根据国家一定时期的产业政策和区域政策，因地制宜地支持乡镇企业持续、稳定、协调发展，不断优化农村产业结构，增加农民收入。乡镇企业贷款对象按经营形式划分包括乡镇办集体企业；村或组办集体企业；联户办企业；户办企业；多种经营形式之间的联办企业；其他企业。按照行业划分包括工业企业（包括食品、饲料、纺织、轻工、服装、皮革、造纸、建材、冶金、机构、化工、采矿、能源、电子等工业）；建筑企业；交通运输企业；商业饮食服务企业；其他企业。信用社乡镇企业贷款按用途分为流动资金贷款和固定资产贷款，贷款额度和期限根据贷款用途逐笔审查确定。

个人消费系列贷款

个人消费贷款　农村信用社向个人发放的，用于住房装修、耐用消费品购置、旅游、子女婚嫁等方面消费资金需求的贷款。个人消费贷款遵循“严格管理、规范操作、注重效益、防范风险”的原则。

消贷宝贷款　是指河北省农村信用社以信用卡为载体，依托现有信贷管理系统，以电话银行、网上银行、POS 等自助机具为科技支撑，面向辖内商户、个体工商户、小微企业主及其他从事生产经营活动的个人客户发放，在授信额度、期限内循环使用和归还信贷资金的一种个人贷款业务。遵循“一次授信，循环使用，渠道多样，随用随贷”的原则，单户最高贷款额度 50 万元。

2015 年 8 月，省联社印发《河北省农村信用社消贷宝业务管理暂行办法》《河北省农村信用社消贷宝贷款业务操作流程（试行）》指出，为提升河北省农村信用社综合服务水平，打造特色信贷业务品牌，制定消贷宝业务管理办法，消贷宝业务是河北省农村信用社为辖内具有消费信贷需求的个人客户量身制定的提供存款、结算、贷款用信及还款服务等功能的综合类金融服务业务。

个人汽车按揭贷款　农村信用社向借款人一次发放、分期还款，用于购置新车的贷款业务（包括个人自用车和商用车）。

公职人员担保贷款　农村信用社向辖区内自然人发放由公职人员提供连带责任保证的生产、生活资金需求担保贷款。公职人员是指依法履行公共职务的国家立法机关、司法机关、行政机关、中国共产党和各个民主党派的党务机关、各人民团体以及国有企事业的、有固定收入的在编人员。

2022 年，香河农商银行印发《河北香河农村商业银行股份有限公司公职人员消费贷款管理办法（2022 年修订版）》指出，本办法所称公职人员是指香河县辖内依法履行公共职务的国家立法机关、司法机关、行政机关、中国共产党和各个民主党派的党务机关、各人民团体以及国有企事业单位纳入国家行政编制、由国家财政负担工资福利的正式工作人员和国家全额拨款的行政事业单位正式编制工作人员，包括但不限于公立卫生医疗机构、公立教育机构在岗正式职工、中国人民银行和金融监管部门（银保监会、证监会）各分支机构的正式在岗工作人员。夫妻双方同为公职人员的，在本行以家庭为单位确定，即只能由一方申请贷款，只能由一方作为消费贷款保证人。公职人员消费贷款原则上最高限额不超过 100 万元（含），其中，信用方式最高 30 万元（含），保证担保方式最高 50 万元（含），抵（质）押担保方式最高 100 万元。贷款期限，公职人员贷款期限最长不超过 10 年，借款人年龄与贷款期限之和不超过 60 周岁，按照孰低原则。

员工消费贷款 是指向香河县农村信用社在岗正式员工发放的个人消费贷款，包括个人住房消费贷款、 汽车消费贷款、其他消费贷款。满足员工个人合法、合规和正常的消费资金需求。

2019 年 9 月，香河农商银行对员工消费贷款管理办法进行修订，并出台“天使贷”和“园丁贷”“工薪贷”等消费贷款。贷款遵循一次核对、随用随贷、周转使用、余额控制的原则。

天使贷 是指“天使”客户用于个人及家庭需求支出贷款业务，可通过“消贷宝”卡发放。“天使贷”客户主要为：在香河县辖内工作的财政拨款的公立医院（含社区卫生服务站、防疫站）的在岗在编医生、护士以及管理人员。

园丁贷 是指“园丁”客户用于个人及家庭需求支出贷款业务，可通过“消贷宝”卡发放。“园丁贷”客户主要为：香河县辖内在编在职国家教师人员。

工薪贷 是指“工薪”客户用于个人及家庭需求支出贷款业务，可通过“消贷宝”卡发放。“工薪贷”客户主要为：县辖内在编在职国家公务人员。

家庭贷 是指“家庭”客户用于个人及家庭需求支出贷款业务，可通过“消贷宝”卡发放。“家庭贷”主要客户为：香河县辖内已婚家庭成员。

2019 年 11 月，香河农商银行根据市场需求，扩大公职人员消费贷款和工薪贷的客户范围，包括：一是各级各部门公务员序列人员；二是金融从业人员；三是电信从业人员；四是基础设施从业人员；五是新闻出版从业人员。

生源地信用助学贷款 是本行办理的一种向符合条件家庭经济困难的全日制普通高校本地籍新生和在校生发放的助学贷款业务。最高限额为每生每学年 6000 元，主要用于学生在校期间的学费和住宿费，它是一种具有国家一定支持的商业性贷款，与国家助学贷款享有同等优惠政策，是由农村信用社按照金融政策和规定办理的需要按时归还贷款本息的业务，其不属于国家救济和扶贫。

2003 年 1 月，中国人民银行廊坊市中心支行印发《廊坊市生源地财政贴息助学贷款管理办法》指出，开展助学贷款是党中央、国务院实施科教兴国战略的一项重要决策，是社会主义市场经济体制下，加速人才培养，保证经济困难的优秀青年得以继续深造的重要措施。生源地助学贷款利息的 50%由财政部门按季度贴息，贴息资金由市、县两级财政部门负担解决，市、县两级财政各负担应贴息的 50% 生源地助学贷款按就近原则由户口所在地的农村信用社负责。财政贴息期限随贷款期限，不超过 8 年，贷款期间发生的罚息或贷款展期发生的利息，财政部门不予补贴，由借款人承担。

2003 年 7 月，香河县淑阳信用社第四分社了解到，香河县淑阳镇孟庄村 1 名学生以全县理科第二名的成绩考取上海同济大学，由于家庭贫困导致无法支付学费，随即帮助这位学生办理助学贷款 1.3 万元，解决该学生上学所需学费及生活费。截至 2003 年 12 月 31 日，香河县农村信用社生源地国家助学贷款余额 50.92 万元。

2004 年 9 月，河北省教育厅、财政厅、中国人民银行石家庄中心支行以及银监会河北监管局联合印发《关于进一步做好我省生源地助学贷款工作的补充通知》指出，从 2004 年 9 月 1 日起，生源地助学贷款的利息贴付由原按在校期间财政贴息 50%、学生自付 50%，改为按学校隶属关系，学生在校期间财政贴息100%，学生毕业后自付利息。年末，香河县农村信用社生源地国家助学贷款余额72.24万元。

2007年8月，安头屯信用社帮助一位大学生办理助学贷款，按规定可贷5500元，但该学生学杂费要6800元，安头屯信用社主任按照助学贷款政策规定给该学生贷款5500元，并与几位信贷员共同资助500元现金和一身新衣服，帮助该学生上学。

2008年12月31日，香河县农村信用社生源地国家助学贷款余额49.53万元。

2013年7月，省联社印发《河北省农村信用社学贷宝业务管理暂行办法》《河北省农村信用社学贷宝贷款业务操作流程（试行）》指出，省联社研发学贷宝产品，作为专门为生源地信用助学贷款研发的信贷产品，学贷宝产品具有使用方便、时效性强、风险控制严密等特点。9月，县联社转发河北省教育厅、河北省农村信用社联合社印发《关于做好2013年生源地信用助学贷款工作的通知》指出，各县级行社对符合条件的申贷学生要“应贷尽贷”，同时要杜绝贷款过程中出现担保、抵押、配售等各种形式的违规行为。2013年，香河县农村信用社发放助学贷款3万元。

2015年11月，县联社转发省联社廊坊办事处关于转发教育部、财政部、中国人民银行、银监会印发《关于进一步完善国家助学贷款政策的实施意见》指出：一是严把贷前调查关。信贷人员必须对借款学生入户实地调查，对符合条件的借款人做到应贷尽贷；二是建立专门的经办机构，加强人员队伍建设，切实加强助学贷款管理工作，确保各项政策落到实处；三是加大国家资助政策和征信宣传力度，增强借款学生诚信意识，从源头上控制助学贷款违约风险。2015年，香河县农村信用社发放助学贷款2万元。

2022年9月，香河农商银行开展“梦想启航 金秋助学”活动，成立以行长为组长，主管副行长为副组长，成员包括信贷管理部、风险合规部、营业部、各支行的领导小组。办公室设在信贷管理部，办公室主任由信贷管理部经理兼任，并设立专人管理。客户经理负责辖内助学贷款走访工作。截至2022年9月30日，香河农商银行授信助学贷款4户，金额3.3万元，发放贷款3笔，金额2.52万元。

购房贷款

个人一手房屋按揭贷款 是指向借款人发放的用于向房地产开发企业（以下简称开发商）购买房屋的贷款。分为住房按揭贷款和商业用房按揭贷款。住房，包括住宅、公寓、别墅；商业用房包括商铺、写字楼、商住两用房、商务公寓等。重点支持借款人购买首套中小户型自住房的贷款需求。严禁从事首付贷、过桥贷等场外配资金融业务。贷款对象为年满 18 周岁且具有完全民事行为能力的自然人。

2016年9月，县联社印发《个人一手房屋按揭贷款管理暂行办法（修订）》指出，个人一手房按揭贷款是指香河县农村信用合作联社向借款人发放的用于向房地产开发企业购买房屋的贷款。个人一手房按揭贷款由联社客户经理部办理。担保方式为开发商阶段性担保+所购房屋抵押。经办机构结合借款人的年龄、收入状况、还款能力及房产使用年限等因素，合理确定贷款期限，贷款期限与借款人年龄之和不得超过65年。其中，住房贷款期限最长不超过30年（含），商业用房贷款期限最长不得超过10年（含）。年末，香河县农村信用社一手房按揭贷款发放1201笔，贷款余额4.07亿元。

截至2022年12月31日，香河农商银行一手房按揭贷款余额2.19亿元。

个人二手房屋按揭贷款 是指向借款人发放的用于购买二手房屋的贷款。本办法所称二手房屋是指已经取得房地产行政管理部门颁发的房屋所有权属证明或不动产登记局颁发的不动产权证书，可在房屋二级市场上进行交易且未设定抵押权的房屋。分为二手住房按揭贷款和二手商业用房按揭贷款。本办法所指的住房，包括住宅、公寓、别墅；商业用房包括商铺、写字楼、商住两用房、商务公寓等。该项业务重点支持借款人购买首套中小户型自住住房的贷款需求。严禁从事首付贷、过桥贷等场外配资金融业务。申请对象为年满 18 周岁且具有完全民事行为能力的自然人。

截至 2016 年末，香河县农村信用社发放二手房按揭贷款 170 笔，贷款余额 1.56 亿元。

截至 2022 年 12 月 31 日，香河农商银行二手房按揭贷款余额 1.03 亿元。

个人住房公积金贷款 是指廊坊市住房公积金管理中心委托，由住房公积金管理委员会指定的银行向购买、建造、翻建、大修自用普通住房的住房公积金缴存人，发放的住房贷款。

2004 年 11 月，中国人民银行香河县支行转发《廊坊市个人住房公积金贷款暂行办法》指出，为提高住房公积金缴存人解决住房的能力，维护借贷双方的合法权益制定此办法。住房贷款遵循存贷结合、先存后贷、担保加保险、整借均还的原则。

个人住房组合贷款 是指借款人申请住房公积金贷款不足以支付购买、建造、翻建、大修住房所需费用时，可同时向商业银行申请个人住房贷款，由承办住房公积金贷款业务的商业银行以个人住房公积金贷款和银行自营性个人住房贷款组合向借款人发放的贷款。

2004 年 11 月，中国人民银行香河县支行转发《廊坊市个人住房组合贷款暂行规定》指出，组合贷款中住房公积金贷款部分的资金来源是住房公积金缴存人缴存的住房公积金，银行自营性个人住房贷款部分的资金来源是贷款银行的信贷资金，住房公积金管理中心和贷款银行分别对个人住房组合贷款中个人住房公积金贷款和银行自营性个人住房贷款进行管理和监督。组合贷款最高额度不得超过借款人购买、建造、翻建、大修住房所需费用的 70%，贷款期限最长不超过 20 年。

2011 年 4 月，省联社转发中国银行业协会印发《关于印发中国银行业个人住房贷款业务自律公约的通知》指出，为进一步规范个人住房贷款业务，加强金融消费者合法权益的保护，营造公平竞争的市场环境，促进中国银行业个人住房贷款业务健康持续发展，要严格按照《国务院办公厅关于进一步做好房地产市场调控工作有关问题的通知》（国办发〔2011〕1 号）等政策法规的要求，审慎地开展个人住房贷款业务的经营，严格履行放贷合同，坚决杜绝捆绑销售，乱收费、虚假承诺等违规行为。个人住房贷款业务的自律宗旨是：共同遵守，互相监督，合规经营，公平竞争，防范风险，健康发展。8 月，省联社在全省农村信用社开展“河北省房地产金融政策与实务宣传月”活动，采取在河北农信门户网站宣传、组织知识竞赛、银企对接会议等形式，开展形式多样的宣传普及活动，广泛深入宣传房地产金融政策与产品服务，依法合规开展房地产金融业务，促进全省房地产市场健康平稳发展。

2015 年 3 月，县联社印发《个人住房贷款管理办法》指出，首套房利率执行中国人民银行公布的同期同档次基准利率不上浮，第二套房贷款利率执行中国人民银行公布的同期同档次基准利率最低上浮 10%。

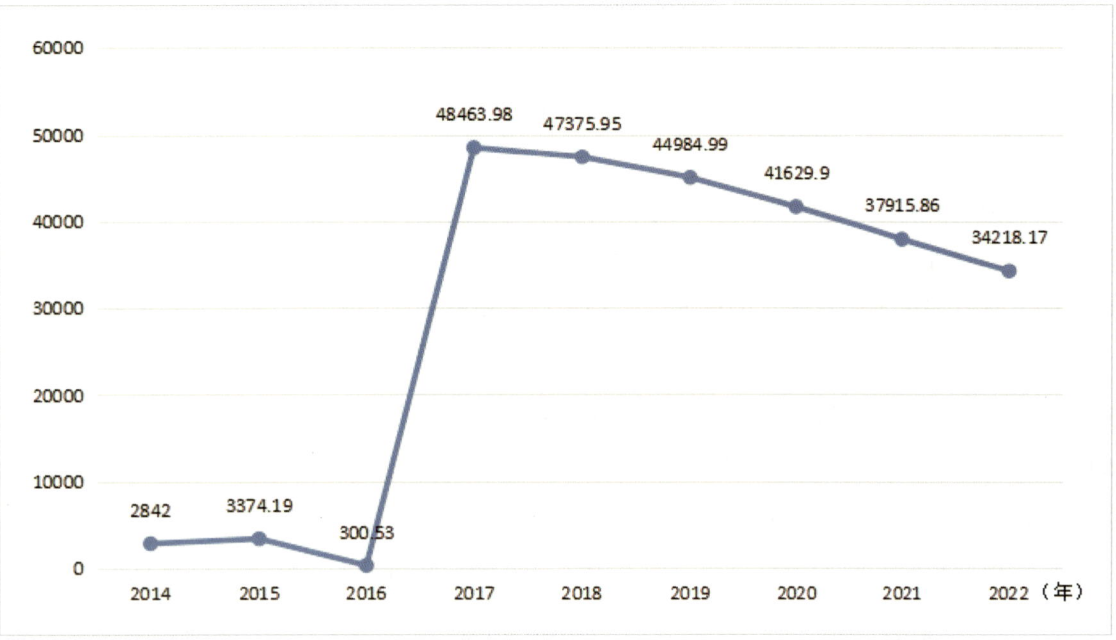

图 3-2-8 2014—2022 年香河县农村信用社房地产贷款余额统计(单位: 万元)

有价单证质押贷款

个人定期存单质押贷款 由县级农信联社及其授权的基层营业机构办理。作为质押品的定期存单包括未到期的整存整取、存本取息具有定期存款性质的权利凭证。所有权有争议、已作担保、挂失、失效或被依法止付的存单不得作为质押品。个人定期存单质押贷款金额原则上不超过存单本金的 90%。

1999 年 11 月，县联社印发《香河县信用社质押担保贷款管理办法（试行）》指出，质押贷款额度最高不得超过有价证券面值的 90%，以避免贷款造成的损失。质押有两种：权利质押和动产质押。本办法只限于权利质押，权利质押的范围按规定有；汇票、支票、本票、债券、存款单、仓单、提单。质押担保贷款的质押存单（折），只限于存单在本县各家法定金融机构的存单（折）。

个人分红型保险单质押贷款 是指农村信用社向自然人发放的，以个人分红型保险单为质物的质押贷款。个人分红型保险是指个人在商业性保险公司一次性存入约定金额，在约定期限内保险公司按盈余水平，以一定比例向被保险人分配红利，期满后可以一次性提取保险金及所得分红的一种储蓄性质的保险品种。

第五节 票据业务

票据业务是指信用机构，按照一定的方式和要求为票据的设立、转移和偿付而进行的日常营业性的业务活动。票据业务是银行一项传统的资产业务。银行的票据业务是建立在商业信用基础之上的。是银行信用和商业信用的结合。开办票据业务，可以促进商业信用的票据化，加强对商业信用的管理，为促进商品生产和商品流通、搞活经济创造条件。

银行承兑汇票

银行承兑汇票是指香河县农村信用社作为付款人，接受承兑申请人的付款委托，承诺在汇票到期日对收款人或持票人无条件支付汇票金额的票据行为。银行承兑汇票按介质分为纸质银行承兑汇票和电子银行承兑汇票。

1997年8月，县联社转发廊坊市农村金融体制改革领导小组办公室关于印发《农村信用社银行承兑汇票贴现业务管理办法》指出，银行承兑汇票是由收款人或承兑申请人签发，并由承兑申请人向开户银行申请，经银行审查同意承兑的票据。银行承兑汇票贴现是指汇票的持票人在汇票到期日前，为取得资金而将票据转让给银行（信用社）的票据行为。银行承兑汇票贴现是一种票据的转让行为，是信用社的一种授信方式。贴现利率目前暂按农村信用社同档次流动资金贷款执行利率下浮3%执行。

2001年12月，中国人民银行廊坊市中心支行转发中国人民银行印发《加强开办银行承兑汇票业务管理》指出，符合条件且需要开办银行承兑汇票业务的城市商业银行、农村信用社县联社，应按总行文件规定写出申请报告并附相关资料报当地人民银行审查，并对准入条件、银行承兑汇票的审批、刻制、订购以及风险管理作出详细规定。

2015年3月，县联社印发《商业汇票承兑业务管理办法》指出，联社营业部作为付款人，接受承兑申请人的付款委托，承诺在汇票到期日对收款人或持票人无条件支付汇票金额的票据行为。商业汇票承兑应遵循诚实守信的原则，并具有真实的交易关系或债权债务关系。

2016年，中国人民银行印发《关于规范和促进电子商业汇票业务发展的通知》（银发〔2016〕224号）指出，自2017年1月1日起，单张出票金额在300万元以上的商业汇票应全部通过电票办理；自2018年1月1日起，原则上单张出票金额在100万元以上的商业汇票应全部通过电票办理。5月，县联社转发省联社关于《河北省农村信用社电子商业汇票业务管理办法（试行）的通知》指出，规范河北省农村信用社电子商业化汇票业务管理，有效防范风险，促进电子商业汇票业务健康发展制定本办法。办法所称“电子商业汇票”是指出票人依托电子商业汇票系统，以数据电文形式制作的，委托付款人在指定日期无条件支付确定金额给收款人或者持票人的票据。“电子商业汇票系统”是指由中国人民银行建设并管理的，依托网络和计算机技术，接受、存储、发送电子商业汇票数据电文，提供与电子商业汇票货币给付、资金清算行为相关服务，并提供纸质商业汇票查询服务、商业汇票转贴现公开报价服务的业务处理平台。

截至2022年12月31日，香河农商银行承兑汇票业务余额6000万元。

第六节　保函业务

银行保函，是指银行作为保证人应申请人的申请，向受益人开出的保证文件，申请人（被保证人）未向受益人尽到某项义务时，则由银行承担保函中所规定的付款责任。银行保函业务可分为融资性保函和非融资性保函，国内保函和国际保函。

2016年8月，县联社印发《保函业务操作管理办法（试行）》指出，为满足客户对金融产品的多样性需求，提高香河县农村信用社的竞争能力和经营效益，结合本地实际制定本办法。保函业务是县联社根据申请人的请求，以出具书面信函的形式向申请人的债权人（保函受益人）承诺，当申请人不履行其债务时，由县联社按照约定履行债务或承担责任的中间业务。承办保函业务的机构为县联社各营业网点，保函受益人为中国境内的法人或其他组织。香河县农村信用社开展的保函业务为非融资性国内保函业务，主要有非融资类人民币保函种类包括：贸易、工程项下的投标保函、履约保函、预付款保函、质量及维修保函、留置金保函、一年期以内的付款保函及其他非融资类保函。

2021 年，香河农商银行印发《香河农商银行非融资类人民币保函管理办法（试行）》，弥补香河农商银行信贷业务的空缺，防范业务风险，充分发挥香河农商银行信用中介的作用。

投标保函　是指香河农商银行应招投标合同投标人的申请，为投标人向招标人担保，保证投标人履行标书中所规定的义务，并约定在一定期限内如投标人不履行标书中规定的义务，则由香河农商银行向招标人承担一定额度的支付责任或经济赔偿责任的书面保证。

履约保函　是指香河农商银行应买卖合同的卖方或工程承包合同承包方的申请，向合约关系的另一方担保，保证卖方或承包方履行基础交易合同所规定的义务，并约定在一定期限内如卖方或承包方不履行义务，则由香河农商银行在一定的额度内向买方或发包方承担一定的支付责任或经济赔偿责任的书面保证。该类保函的金额不应超过申请人收到的预付款总额。

预付款保函　是指香河农商银行应申请人要求，向预付款人保证，如预收款人没有履行合同或不按合同约定使用预付款，香河农商行银行将受理预付款人的索赔，向预付款人退还预付款项的书面保证。该类保函的金额不应超过申请人收到的预付款总额。

质量或维修保函　是指香河农商银行应买卖合同卖方或工程承包合同承包方的申请，向合约关系的另一方担保，保证卖方所供货物或承包方所交付的工程符合相关合同规定的质量标准，如在规定期限内货物或工程质量与合同规定不符，而卖方和承包方不能更换、维修或补偿损失，则由香河农商银行按一定的金额赔付给受益人的书面保证。

留置金保函　又称保留金保函是指香河农商银行应买卖合同卖方或工程承包合同承包方的请求，向买方或工程业主担保，在买方发现卖方所提供的货物品质不符、短量，或工程业主确认承包工程存在缺陷，达不到合同规定的质量标准，将由卖方或承包方退还留置金，否则，由香河农商银行代为支付的书面保证。

付款保函　是指香河农商银行应买卖合同买方或工程业主的请求，向卖方或工程承包人担保，保证买方或工程业主能按期支付货款或工程进度款，如买方或业主违反合同义务，则由香河农商银行承担付款责任的书面保证。

第七节　呆账准备金与贷款核销

呆账准备金是指银行对债权和股权资产预计可收回金额低于账面价值的部分提取的，用于弥补特定损失的准备，包括贷款损失准备、坏账准备等。其中，贷款损失准备是指对各项贷款预计可能产生的贷款损失计提的准备，坏账准备是指对各项应收款项预计可能产生的坏账损失计提的准备。承担风险和损失的金融资产具体包括：发放贷款和垫款、可供出售金融资产、持有至到期投资、长期股权投资、存放同业、拆出资金、抵债资产、其他应收款项等。呆账准备金计提从贷款余额提取过渡到按不良贷款类别提取、从全额提取过渡到差额提取、从仅贷款提取扩大到承担风险和损失的金融资产都要提取，并逐步提出贷款损失准备充足率、拨备覆盖率、贷款拨备率等风险指标要求。

贷款核销是指银行将认定的呆账，冲销已计提的资产减值准备或直接调整损益，并将资产冲减至资产负债表外的账务处理方法。贷款置换是指银行用中国人民银行票据、政府捐赠资产或股东超出其注册资本中所占份额的投资将资产置换到资产负债表外的方式。为降低经营风险，增强金融企业抵御风险能力，及时处置资产损失，提高资产质量，有效保全资产，促进金融企业稳健经营和健康发展，银行经采取必要措施和实施必要的程序之后，对符合条件的呆账贷款进行核销。省联社成立后，随着业务规模逐步扩大和“放管服”政策的实施，逐步下放呆账核销报备咨询权限，放宽呆账贷款的认定范围，香河县农村信用社核销金额持续增长，呆账核销成为香河县农村信用社不良贷款化解的主要手段。

呆账准备金

呆账准备金是指商业银行在贷款余额中按照一定比例提取的用于冲抵呆账的准备金。

1984 年，中国农业银行印发《关于加强信用社经济核算改进财务会计制度的若干规定》（农银发〔1984〕278 号）指出，农村信用合作社从 1984 年起实行呆账准备金制度。

1986 年 8 月 1 日，中国农业银行印发《农村信用合作社财务会计基本制度》（农银发〔1986〕49 号）指出，不论盈亏信用社在决算前都要提取呆账准备金，提取的比例由分行规定，但最高不得超过年底各项贷款余额的 5‰。

1989 年 1 月 1 日，国家税务总局印发《关于集体信用合作社建立贷款呆账准备金的暂行规定》（国税所〔1989〕009 号）指出，贷款呆账准备金是根据独立核算的集体信用合作社（含独立核算的信用合作联社，统称信用社）贷款余额，按规定比例建立的专项补偿基金，用于弥补信用社按规定所列原因造成的贷款坏账损失。该文件对呆账准备金的计提比例、不得提取呆账准备金的贷款、呆账准备金的管理、列为呆账贷款的条件、办理呆账损失的核销审批权限和程序等作出具体规定。

1992 年 11 月 25 日，中国农业银行印发《关于组织好 1992 年度农村信用合作社会计决算工作的意见》（农银发〔1992〕261 号）指出，要按国税发〔1992〕260 号《关于集体信用社建立呆账准备金的规定》，认真做好信用社呆账准备金的提取、管理和使用工作，可一律按照年末贷款余额的 5‰计提呆账准备金，累计提取账面限额为贷款余额的 1.5%。

1993 年 9 月 17 日，中国农业银行、国家税务总局联合印发《农村信用合作社财务管理实施办法》指出，信用社的放款呆账准备金自 1993 年起按信用社年末放款余额 6‰全额提取，从 1994 年起每年增加 1‰，直至历年结转的呆账准备金余额达到年末放款余额的 1.5%为止。从达到的年度起，呆账准备金改按年末放款余额的 1.5%为止差额提取。

1994 年，中国农业银行印发《1994 年度农村信用合作社会计决算工作意见》（农银发〔1994〕239

号）指出，信用社的呆账准备金按年末放款余额的7‰提取，而对呆账的处理，在新的办法印发前，仍按原规定的办法采取“内销外挂”进行处理。

1996年8月21日，中国农业银行转发国家税务总局《关于加强城乡信用社财务管理若干问题的通知》（农银发〔1996〕31号）指出，信用社的呆账准备金自1996年起按年初放款余额的9‰提取，从1997年起每年增加1%，直至历年结转的呆账准备金余额达到年初放款余额的1%为止。从达到年度起，呆账准备金改按年初放款余额的1%实行差额提取。呆账准备金的核销，必须严格执行国家税务总局的有关规定，按规定报批程序经批准后核销。

1996年12月10日，县联社转发廊坊市农村金融体制改革领导小组办公室关于印发《1996年度廊坊市农村信用社决算工作意见的通知》指出，按照冀农银信〔1996〕52号文件精神，信用社的呆账准备金按年初放款余额的0.9%提取，对提取后历年结转的呆账准备金余额达到年初放款余额1%的，实行差额提取。

1997年，县联社印发《1997年度会计决算工作意见》指出，信用社的呆账准备金按年初放款余额1%提取，为加大对信用社信贷风险的防范与化解，对年底盘余且不良贷款达到贷款总额25%的信用社，则恢复按1.5%的比例提取，凡是历年结转的呆账准备金余额达到年初放款余额1.5%的，则不再提取呆账准备金。

2002年6月17日，县联社印发《香河县信用联社财务管理暂行规定的通知》指出，提取的呆账准备金的资产包括各项贷款、银行卡透支、贴现、银行承兑汇票垫款、信用证贷款、担保垫款、进出口押汇、股权投资和债权投资、拆借拆出、应收利息、应收股利、应收租赁款等债权和股权。提取比例按不低于以上各科目的1%，也不高于1.5%提取。

2002年，中国人民银行、国家税务总局联合印发《关于农村信用社2002年度决算工作的通知》指出，农村信用社的呆账准备最低提取比例不得低于提取呆账准备资产年末余额的1%，凡是呆账准备未达到最低提取比例1%的信用社，只有在补提达到规定标准的前提下才能进行利润分配。年度经营发生亏损的信用社，其呆账准备也必须按1%的比例足额提取。从2004年度开始，信用社应当根据自身贷款风险的大小，有计划地逐步提高计提比例。凡是当年盈余的信用社，都要根据盈利状况，适当提高其呆账准备的提取比例，其中，正常贷款可按1%、逾期贷款可按2%、呆滞贷款可按25%、呆账贷款可按100%的比例提取贷款呆账准备金。

2005年5月17日，财政部印发《金融企业呆账准备金提取管理办法》（财金〔2005〕49号）指出，金融企业根据《贷款风险分类指导原则》对贷款资产进行风险分类后，按贷款损失的程度计提的用于弥补专项损失的准备，专项准备的计提比例由金融企业根据贷款资产的风险程度和回收的可能性合理确定。金融企业可参照以下比例计提专项准备：关注类计提比例为2% ；次级类计提比例为25%；可疑类计提比例为50%；损失类计提比例为100%。其中，次级和可疑类资产的损失准备，计提比例可以上下浮动20%。

2006年，财政部印发《金融企业呆账准备提取管理办法》（财金〔2005〕49号）、银监会印发《农村合作金融机构信贷资产风险分类指引》（银监发〔2006〕23号）等文件规定，贷款损失准备比例达不到监管要求的成员行社，根据自身经营情况增加拨备提取力度，并根据拨备缺口制定拨备达标计划，报当地监管机构备案。

2011年7月27日，银监会印发《商业银行贷款损失准备管理办法》（银监令〔2011〕4号）指出，明确从2012年起银行业监管机构设置贷款拨备率和拨备覆盖率指标，衡量商业银行贷款损失准备的充足性，贷款拨备率为贷款损失准备与各项贷款余额之比，贷款拨备率基本标准为2.5%；拨备覆盖率为贷款损失准备与不良贷款余额之比，拨备覆盖率基本标准为150%，两项标准中的较高者为商业银行贷款损失准备的监管标准。12月，省联社印发《关于全省农村信用社2011年度会计决算工作的指导意见》指出，各县级联社要根据信贷资产五级分类结果，按照关注类贷款2%、次级类贷款25%、可疑类贷款50%、损失类贷款100%的比例提取贷款损失专项准备。贷款损失准备已提足且资本充足率达到8%以上的县级联社，可以根据其他风险资产损失情况和风险程度，计提坏账准备、抵债资产减值准备、持有至到期投资减值准备等各类应收款项。

2012年3月30日，财政部修订完善《金融企业准备金计提管理办法》（财金〔2012〕20号）指出，金融企业应当根据自身实际情况，选择内部模型法或标准法对风险资产所面临的风险状况定量分析，确定潜在的风险估计值，对于潜在风险估计值高于资产减值准备的差额，计提一般准备。

2018年2月28日，银监会印发《关于调整商业银行贷款损失准备监管要求的通知》（银监发〔2018〕7号）指出，决定调整商业银行贷款损失准备监管要求，拨备覆盖率由150%调整为120%—150%，贷款拨备率由2.5%调整为1.5%—2.5%。

2020年4月21日，为促进金融机构更好地服务小微企业，国务院常务会议决定将中小银行拨备覆盖率监管要求阶段性下调20个百分点（110%—130%），释放更多信贷资源，提高服务小微企业能力。

贷款核销

贷款核销是“呆账贷款核销”的简称，银行按规定将呆账贷款或贷款损失予以核销的一种制度。核销呆账贷款有助于提高农村信用社的资产质量和核心资本充足率，有助于用足税收政策处理呆账贷款损失，有助于消化历史包袱，是增强抵御风险能力、提高经营管理水平、促进信贷业务健康快速发展的有效手段。呆账贷款核销必须坚持有借有还的原则，任何单位和个人无权免除借款人的还款责任；坚持政策原则，维护信用社的合法权益，最大限度地减少呆账贷款损失；坚持实事求是的原则，按核销权限、核销程序办理。对经批准核销的呆账贷款，不对外宣传，不公布、不退还原始借据。

1989年3月15日，中国农业银行转发国家税务总局印发《关于集体信用合作社建立贷款呆账准备金的暂行规定》（国税所〔1989〕009号）指出，核销呆账贷款时，必须做到“内销外挂”，即将核销的呆账贷款由表内科目转做表外科目进行控制和管理，并应视同其他逾期贷款，组织力量，积极回收。

1990年12月22日，中国农业银行印发《农村信用合作社贷款呆账处理试行办法》（农银发〔1990〕257号）指出，贷款呆账处理采取“内销外挂”和“实销形不销”两种方法：“内销外挂”，即对1978年底以前发放的贷款形成的呆账和确认死亡绝户的呆账，经审查批准后可直接用呆账准备金进行抵补，并冲销原贷款科目，同时将冲销的金额在“已核销贷款呆账”表外科目内进行反映。“实销形不销”，即1979年初以后发放的贷款形成的呆账，经审查批准后从原贷款科目转入“贷款呆账”科目，同时相应从“专用基金”科目中将同量的呆账准备金转入“贷款呆账资金”科目。该办法对处理贷款呆账的原则、贷款呆账的条件、贷款呆账准备金的提取和管理、贷款呆账处理的权限、程序、核算手续等作出明确规定。

1992 年 11 月 24 日，国家税务总局印发《集体信用合作社贷款呆账处理试行办法》指出，该办法从 1992 年起执行，国税所〔1989〕009 号文件同时废止。该办法对呆账准备金的提取、不得提取呆账准备金的贷款、呆账准备金的管理、可列为呆账贷款条件、呆账损失的处理权限、程序等重新作出规定。12 月 10 日，中国农业银行印发《农村信用合作社贷款呆账处理实施办法》（农银发〔1992〕277 号）指出 ，对呆账贷款原则、贷款呆账条件、不得列为呆账贷款、采取“内销外挂”和“形销实不销”两种方法、贷款呆账处理审批权限、贷款呆账处理程序、处理贷款呆账的核算手续等作出重新规定，原农银发〔1990〕257 号文件同时废止。

1993 年，中国农业银行印发《1993 年度农村信用合作社会计决算工作意见》（农银发〔1993〕312 号）指出，按年末放款余额的 6‰全额提取呆账准备金，呆账的处理办法仍按农银发〔1992〕277 号文件规定的“内销外挂”及“形销实不销”的原则和有关规定进行清理，要清理呆滞贷款账户，对其中确属呆账的要在年底之前尽可能地处理。已处理的呆账要严格保密，并做到应收尽收最大限度地减少负效应。

1994 年 1 月 1 日起，取消“内销外挂”和“实销形不销"处理方法，改为只要符合呆账认定条件，经有权部门批准后，直接用呆账准备金进行核销。核销后的呆账贷款，单独立账管理，农村信用社继续依法保留追索权。

1995 年 7 月 5 日，中国农业银行印发《关于农村信用合作社盘活信贷资产存量工作的意见》（农银发〔1995〕175 号）指出，农村信用社要依据《农村信用合作社贷款呆账处理实施办法》（农银发〔1992〕277 号），认真做好呆账核销工作，坚持该核销的及时核销，对已核销的呆账贷款要严格保密积极清收，严格按规定程序报批，加强对呆账核销工作的稽核监督。

1996 年 12 月 9 日，农村金融体制改革领导小组办公室、国家税务总局联合印发《农村信用合作社贷款呆账核销暂行规定》指出，自 1996 年 1 月 1 日起执行新规定，对贷款呆账核销的原则、贷款呆账的认定条件、不得列为呆账的贷款、贷款呆账核销程序、核销贷款呆账的核算手续、核销后的贷款呆账管理和账务处理等进行重新规定。

1997 年 10 月，县联社转发河北省国家税务总局印发《关于河北省信用合作社贷款呆账处理办法》指出，呆账准备金的提取额度、贷款不得提取呆账准备金的情况、核销贷款呆账的原则、贷款呆账的认定条件以及贷款呆账的核销程序和账务处理。

2007 年 4 月 27 日，县联社印发《香河县农村信用合作联社呆账贷款核销管理办法的通知》指出，信用社发生的呆账贷款损失每笔不足 100 万元的，由省联社廊坊办事处核准；每笔在 100 万元（含）以上的，由省联社核准。县联社的风险资产管理部门为呆账贷款申报核销工作的管理部门，负责辖内呆账贷款申报核销的组织、指导工作。

2009 年 5 月 11 日，省联社印发《河北省农村信用社呆账核销管理办法的通知》指出，农村信用社呆账核销实行“自主核销、大额备案、权责统一、程序完备、及时处理”的原则。呆账核销的备案标准是单笔呆账核销金额 500 万元（含）以上的，事后须报省联社各办事处（市联社）备案；800 万元（含）以上的，事后还需报省联社风险资产管理部备案。

2011 年 12 月 23 日，省联社印发《关于全省农村信用社 2011 年度会计决算工作的指导意见》指出，各县级联社要认真做好呆账核销相关工作，加大核销力度，做到“账销、案存、权在”，要健全核销台账，落实呆账核销后的资产保全，加大对已核销不良贷款的清收处置力度，最大限度地减少损失。

2014 年 7 月 22 日，省联社印发《河北省农村信用社呆账核销管理办法》指出，农村信用社单笔呆账核销金额 1000 万元（含）以上的，事后须报省联社各办事处、市联社等实际管理机构备案；单笔呆账核销金额 1500 万元（含）以上的，事后还须报省联社备案。

第八节　贷款利率

香河县农村信用社的贷款利率，是在国家相关法律法规约束、人行的利率政策要求及省联社的指导下，结合贷款的借款主体、期限、担保方式、产品类型等实际情况，按照风险收益匹配和市场化的原则自主定价。在利率市场化改革目标提出之前，全国一直处于人为低利率的利率管制时代。1993 年 11 月，中共十四届三中全会审议通过《关于建立社会主义市场经济体制若干问题的决定》，提出利率市场化改革的基本设想，即“中央银行按照资金供求状况及时调整基准利率，并允许商业银行存贷款利率在规定幅度内自由浮动”，利率市场化改革顺势拉开序幕。

1951 年，中国人民银行行长南汉宸在第一届全国农村金融会议上对农村金融工作提出要求：“这次会议肯定了农村金融工作，国家银行要加以领导，但信用合作是群众自己负责的，它的会计是独立的，国家银行支持贷款是可以的，放款利息比一般低 20%。”

1952 年 12 月 19 日，中国人民银行印发《关于现行利率的补充和修订的通知》指出，农村信用合作社的存入利率由各社决定，逐步与国家银行存放利率接近，但不勉强。国家银行收存信用社的转存款和对信用社的放款均按 12%计息，以鼓励自由借贷的开展与农村信用合作社工作的推行。

1953 年 10 月，中国人民银行做出调整人行利率的决定，除实行统一利率外，还降低各项贷款利率水平和简化各部门的利率档次差别。12 月 1 日，中国人民银行印发《关于信用合作工作的意见》指出，信用合作社的放款利息过高，不利扶植生产和排挤高利贷，一般放款息在 15%—22%。提出国家长期低利贷款支持下，应以放款息不超过 15%，考虑存款业务和开支等情况有步骤地降低。

1954 年，中国人民银行印发《关于发展农村信用合作的指示（草案）》指出，信用合作组织规定存款放款利息标准时，应该是以有利于扶助生产和鼓励群众存款，便于带动私人信贷利息下降并使之逐步接近国家银行利率，能维持信用组织的必要开支和逐渐增加公共积累为原则，根据当地具体情况，因地制宜，因社制宜，经过社员民主讨论决定，而不必强求一致。为便于农村信用合作社的发展，国家银行在资金周转和存放往来的利息规定上，应给信用合作组织以必要的优待和扶持。是年，中国人民银行香河县支行印发《关于农业生产合作社、畜牧业生产合作社放款利率》指出，自文到之日起，一律改为 9%，尚未到期及尚未收回者，于收回时亦自贷出之日起改按 9%计算。

1955 年，中国人民银行香河县支行印发的《信用合作社会议向县委及中支的报告》指出，随着国家银行利率的降低，结合香河县实际情况，本着利息逐步下调的原则，对信用社的利率进行调整，取消新老社和灾乡非灾乡的不一致现象，全县利率取得一致。12 月，中国人民银行香河县支行印发特批通知，对农业生产合作社的放款利率（包括基本建设放款和生产费用放款），由原来的月息 7.2%改为月息 5.76%。

1956 年，中国人民银行香河县支行印发《关于调整现行农村利率的通知》指出，决定对农业生产互助组、个体农民和农业生产社社员个人的各种贷款，一律改为 8.64%计算。

1962 年 11 月，中国人民银行香河县支行印发《关于信用社对生产队、社员存、放款利率的通知》指出，信用社对生产队、社员在存、放款利率的执行上，非高则低，不够一致，影响利率政策。据此，对信用社存、放款的利率作如下调整：对生产队放款 1955 年 10 月 1 日以前的按借据利息，1955 年 10 月 1 日以后按月息 7.2‰，1959 年 7 月 1 日起月息 6‰。对社员放款 1955 年 10 月 1 日以前按借据利率，1955 年 10 月 1 日以后按月息 9‰，1959 年 7 月 1 日起按月息 6.6‰。

1966 年 2 月，中国人民银行香河县支行印发《关于调整信用社放款利率的通知》指出，对贫下中农社员和集体放款利率改为月息 5.7‰，对一般社员放款利率改为月息 6‰。6 月，中国人民银行香河县支行印发《关于消减信用社对社员放款利率分段过多的请示》指出，由于信用社对社员的放款利率不断降低，虽体现了党对群众的关怀和集体经济的优越性，但造成分段过多，影响工作效率且经常发生差错，不利于生产。1961 年底以前广大贫下中农和经济困难中农欠款豁免后，旧贷所剩无几，本着方便生产、不亏集体的精神，把现行五段计算改为：一般社员放款利率一律按 6‰，贫下中农社员放款一律按 5.1‰，取消 5.7‰、6.6‰、9‰和按借据所记载利息四段。

1980 年 5 月 2 日，中国农业银行召开支持商品生产、活跃农村经济经验交流会，提出对信用社发放的各项贷款，低于工商贷款利率的部分，按当年实际收回数计算，由总行补贴到 4.2‰。12 月 24 日，中国农业银行印发《关于调整农村信用社存贷款利率的报告》指出，对农村信用社贷款从 1981 年开始执行：社队农贸利率，对现行社队的生产设备贷款利率月息 1.8‰，生产费用贷款利率月息 3.6‰，一律提为月息 4.2‰；社队企业贷款利率，对社队企业中的种植业、养殖业、和直接为农业生产服务的排灌站拖拉机站等贷款利率，与社队农贷利率一致，调为月息 4.2‰；社队企业中的工商等贷款，一律定位月息 6‰；社队企业贷款过期实行加息，违约实行罚息，按人行国营工商过期加息和违约罚息办法办理。社员和个体经济户贷款利率，要区别用于生产、生活等不同用途，定位月息 4.8‰—7.2‰。信用社在上述贷款利率的基础上，经农行批准，可在上下不超过 30%的幅度内机动调整。

1981 年 2 月 2 日，中国农业银行印发《关于调整信用社社员个人贷款利率的通知》（农银计字〔1981〕50 号）指出，自 1981 年 3 月 1 日起执行贷款利率：对社员个人购买口粮和医治疾病以及修建沼气设备的贷款利率按月息 3.6‰计收；对社员个人（包括专业承包户）发展家庭副业所经营的养殖业、种植业的贷款利率调为月息 4.2‰—4.8‰；对社员个人经营工、商业和服务业的贷款利率调为月息 4.8‰—6‰；对社员个人其他用途的贷款利率（如购买耐用消费品和建房等）调为月息 6‰—7.2‰。

1982年3月24日，国务院批转中国人民银行印发《关于调整银行存款、贷款利率的报告》指出，信用社的存款贷款利率可以高于银行存款，贷款利率，信用社利率和银行可以不一样，农贷利率不一定那么低，金融事业不能亏损。

1983年8月28日，中国农业银行印发《中国农业银行分行长座谈会纪要》（〔1983〕农银办字第331号）指出，为改正现行农村信贷利率存在的不合理状况，使信用社能够真正实现独立核算，自负盈亏，更好地发挥民间借贷作用，使行、社能够适应农村的新情况，支持农村经济的全面发展，国务院规定农业贷款利率调整为月息6‰，可在上下各20%的幅度内实行差别利率。11月3日，中国农业银行印发《关于信用社发放“三户”贷款实行浮动利率试点的通知》指出，“三户”贷款实行浮动利率试点各省、自治区、直辖市分行，应根据信用社发放“三户”贷款利率月息4.8‰—9‰幅度，结合本地实际情况，首先确定“三户”贷款分项目的利率档次，作为基准利率，然后按照分项目的基准利率，区别不同情况上下浮动。在浮动利率的试点阶段，利率上下浮动的幅度定为20%。利率上下浮动的执行权，一般放至信用社。具体执行时，凡上下浮动在5%幅度以内的，须经信用社集体讨论，主任批准，凡上下浮动在6%—10%幅度内须由县支行审批，上下浮动在20%的必须经省分行审批。

1984年8月6日，国务院批转中国农业银行印发《关于改革信用合作社管理体制的报告》（国发〔1984〕105号）指出，统一按农行利率贷款的办法已不适应农村商品经济发展的新形势，必须允许信用社实行浮动利率。放款利率可在银行规定的基准利率基础上，本着接近市场利率的原则，根据贷款项目的社会效益、利润大小、偿还能力、信用好坏等，上下进行浮动。

1987年8月20日，中国人民银行、中国农业银行印发《关于农村信用合作社信贷资金管理的暂行办法》（银发〔1987〕267号）指出，信用社贷款利率浮动，由县联社根据农行省、自治区、直辖市分行确定的差别利率（6.6‰—9.6‰）和浮动范围，结合当地资金供求情况，上下浮动20%，超过这个比例的，要报人行省、自治区、直辖市分行批准。

1988年8月23日，中国农业银行贯彻中国人民银行印发《关于调整银行存贷款利率的通知》（银发〔1988〕243号）指出，信用社贷款基准利率由现行的月息6.6‰—9.6‰调整为月息7.5‰—10.5‰在此幅度内，各行可根据信用社贷款的种类、项目、期限，区别不同区域、产业、行业及用途情况制定差别利率。在差别利率基础上，可上浮30%，超过此幅度报人行省、自治区、直辖市分行批准。8月30日，中国人民银行印发《关于调整银行存、贷款利率的具体规定的通知》（银发〔1988〕260号）指出，对逾期贷款加收利息20%，对超储积压和有问题商品占用的贷款加收利息30%，对挤占挪用贷款加收利息50%。10月8日，中国农业银行印发《关于做好农村信用合作社旺季信贷工作的紧急通知》（农银发〔1988〕111号）指出，各地信用社要认真执行农银发〔1988〕93号和99号文件规定，严格存贷款利率管理。在组织资金难度较大，成本不断提高的情况下，要加强成本核算，按规定浮动贷款利率。在人行对信用社贷款利率浮动报批界限未做出新的调整前，各级信用合作管理部门（包括县联社）要主动与当地人行协商，制定一个简单而易行的审批程序，尽快解决贷款利率浮动问题。

1989年1月28日，中国农业银行印发《王景师在农业银行全国分行行长会议结束时的讲话》（农银发〔1989〕13号）指出，信用社对农业的贷款利率，除粮、棉、油生产费用贷款利率掌握在30%以内浮动外，其他农业贷款利率可视其承受能力在 50%以内浮动。对其他各业的贷款利率，可高进高出，甚至接近市场利率，但贷款利率上浮超过 50%的须报人行批准。3 月 4 日，中国农业银行提出贯彻中国人民银行印发《关于调整银行存贷款利率的通知》（农银函〔1989〕94 号）指出，从 1989 年 2 月 1 日起信用社贷款利率执行：信用社贷款基准利率幅度由现行年利率 9%—12.6%调整为年利率 1.34%—14.40%，在此幅度内，各分行制定差别利率；根据人行规定，信用社利率可在人行规定基准利率的基础上实行上浮。对农业贷款利率，除粮、棉、油生产费用贷款利率掌握在 30%以内浮动外，其他农业贷款利率可视其承受能力在 50%以内浮动，对其他各业的贷款利率，可实行高进高出，甚至接近市场利率，但贷款利率上浮超过 50%的须报省人行批准后才能执行。对逾期贷款的加息由现行的 20%提高到 30%，对超储积压的有问题商品占用的贷款加息由现行的 30%提高到 50%，对挤占挪用的贷款加息由 50%提高到 100%。5 月 9 日，中国人民银行印发《关于农村信用社存、贷款利率浮动问题的通知》（银发〔1989〕139 号）指出，从 1989 年 6 月 1 日起农村信用社的各项贷款的利率，在人行规定的基准利率基础上，上浮幅度最高不得超过 100%。农业中的粮、棉、油生产贷款利率原则上实行在保本水平上确定；其他农业贷款利率可高于粮、棉、油贷款利率；乡镇企业和其他工商业贷款利率应更高一些。农村信用社以地、市为单位执行统一的利率上浮幅度，贷款利率上浮幅度在 80%以内的，由当地人行的二级分行和计划单列城市分行与有关部门协商后确定；贷款利率上浮幅度超过 80%的，须经省、自治区直辖市人行分行批准。农银函字〔1989〕24 号文件所规定的五个档次的利率调整浮动幅度，即灾区口粮和治病贷款执行基准利率，种粮棉油生产费用贷款可上浮 50%；其他种养业贷款上浮 60%；乡镇企业贷款上浮 70%；个体、工商运输服务以及建房等非生产性贷款上浮可高于 80% ，最高不超过 100%。

1990 年 2 月 12 日，中国人民银行印发《关于强化利率管理的通知》（银发〔1990〕33 号）指出，从 1990 年 2 月 1 日起，城乡信用社贷款利率的上浮幅度，以人行规定的贷款利率为基准，最高不能超过 50%，需上浮利率的贷款项目必须经县（包括县）以上人行批准执行。逾期贷款加息幅度从 30%下调为 20%；超储积压和有问题的商品贷款加息幅度从 50%下调为 30%；挤占挪用贷款加息幅度由 100%下调为 50%。8 月 7 日，中国人民银行印发《关于调整存贷款利率的通知》（银发〔1990〕197 号）指出，从 8 月 21 日开始，农村信用社贷款利率向上浮动的幅度，由现在的 50%调整为 60%，超过 60%的报县以上人行批准。

1996 年 4 月 30 日，中国人民银行发布公告，经国务院批准决定从 1996 年 5 月 1 日起，贷款利率平均降低 0.75%，缩小金融机构流动资金贷款利率最高上浮幅度，农村信用社为 40%。降低贷款罚息水平，对逾期贷款按日利率 0.4‰计收利息，对挤占挪用贷款按日利率 0.6‰计收利息。8 月 23 日，中国人民银行印发《关于降低金融机构存、贷款利率的通知》指出，6 个月一般流动资金贷款年利率由 9.72%调整为 9.18%；1 年期流动资金贷款年利率由 10.98%调整为 10.08%；个体工商业、运输业、服务业等流动资金贷款年利率由 10.98%调整为 10.08%。农村信用社存贷款利率比照银行执行，各项贷款利率上浮幅度仍为 40%不变。

1997 年 12 月，中国人民银行廊坊分行转发中国人民银行《关于降低金融机构存、贷款利率的通知》

指出，各项贷款年利率在现行基础上平均下调 1.5 个百分点。6 个月以下短期贷款由 9.18‰调整为 7.65‰，6 个月至 1 年 10.08‰调整为 8.64‰，中长期贷款 1 年至 3 年由 10.98‰调整为 9.36‰，3 年至 5 年由 11.7‰调整为 10.53‰，5 年以上由 12.42‰调整为 10.53‰。

1999 年 3 月，中国人民银行印发《人民币利率管理规定》（银发〔1999〕77 号）指出，明确中国人民银行制定的各种利率是法定利率，其他任何单位和个人均无权变动。对中国人民银行、分行以及金融机构各自履行的利率管理职责、存款的结息、贷款的结息、罚则等作出具体规定。7 月，中国人民银行香河县支行印发《关于转发降低存、贷利率的通知》指出，各项贷款年利率在现行基础上平均下调 0.75%。

2002 年，中国人民银行香河县支行印发《关于降低存、贷款利率的通知》指出，从 2002 年 2 月 21 日起，各项贷款年利率在现行基础上平均下调 0.5%，个人住房贷款利率相应下调，5 年期以内由现行的 5.31%降为 4.77%，5 年以内由现行的 5.58%降为 5.04%。

2004 年 1 月 1 日，经国务院批准，中国人民银行决定扩大金融机构贷款利率浮动区间，农村信用社贷款利率的浮动区间上限扩大到贷款基准利率的 2 倍，金融机构贷款利率的浮动区间下限保持为贷款基准利率的 0.9 倍不变。

2004 年 1 月，县联社转发《关于贷款利率浮动管理暂行办法的通知》指出，自 2004 年 2 月 1 日起，调整贷款利率浮动幅度，有价单证质押贷款利率执行基准利率，不上浮；其他方式贷款均执行在基准利率的基础上上浮 100%，农村信用社社员、信用户贷款在上浮 100%基础上，再优惠 5%。生源地助学贷款及国务院另有规定的贷款利率不上浮。经联社审批的优质客户在授信额度内发放的贷款，执行在基准利率的基础上上浮 80%。

2004 年 10 月，中国人民银行印发《关于调整金融机构存贷款利率的通知》指出，要求上调贷款利率。其中，1 年期贷款利率由现行的 5.31%提高到 5.58%，上调 0.27%。其他各档次贷款利率也相应调整。

2006 年 4 月，中国人民银行印发《关于调整金融机构人民币贷款利率》指出，从 2006 年 4 月 28 日起上调金融机构贷款基准利率。其中，1 年期贷款利率由现行的 5.58%提高到 5.85%，上调 0.27%。其他各档次贷款利率也相应调整。适当上调个人住房公积金贷款利率。

2011 年 1 月 7 日，县联社印发《香河县农村信用合作联社人民币贷款利率定价管理办法》指出，贷款利率定价对象是指信用社对经工商行政管理机关核准登记的企事业法人、其他经济组织、个体工商户和具有完全民事行为能力的自然人发放的贷款。人民币贷款利率按执行利率在贷款期限内是否调整分为浮动利率和固定利率两种方式。1 年以下贷款原则上采取固定利率方式，1 年以上贷款原则上采取浮动利率方式。浮动利率暂采取一年一浮动的方式。联社贷款利率管理体系由联社信贷业务审批委员会、客户经理分部信贷业务审批小组、客户经理三级机构组成。贷款利率定价采取法定贷款利率上浮相应幅度后再逐项扣减优惠幅度的贷款利率定价方法。

2012 年 6 月 7 日，中国人民银行宣布贷款利率浮动区间的下限调整为基准利率的 0.8 倍。7 月 15 日，金融机构贷款利率浮动区间的下限调整为基准利率的 0.7 倍。

2013 年 7 月 20 日，中国人民银行全面放开金融机构贷款利率管制，取消金融机构贷款利率 0.7 倍的下限，由金融机构根据商业原则自主确定贷款利率水平；取消票据贴现利率管制，改变贴现利率在再贴现利率基础上加点确定的方式，由金融机构自主确定；对农村信用社贷款利率不再设立上限。至此，政策层面已经完全放开贷款利率定价。10 月 25 日，为进一步推进利率市场化，完善金融市场基准利率体系，指导信贷市场产品定价，贷款基础利率（LPR）集中报价和发布机制正式运行。贷款基础利率是商业银行对其最优质客户执行的贷款利率，其他贷款利率可在此基础上加减点生成。贷款基础利率机制是市场基准利率报价，从货币市场向信贷市场的进一步拓展，为金融机构信贷产品定价提供重要参考。

2015 年，中国人民银行在 3—10 月 5 次调整贷款基准利率，以引导金融机构合理确定贷款利率，为贷款基础利率的培育和完善提供过渡期。10 月 24 日，中国人民银行宣布取消对商业银行和农村合作金融机构等存款利率浮动上限，长达 20 年的利率市场化改革基本完成，利率市场化进入新阶段。

2019 年 8 月 16 日，为进一步深化利率市场化改革，提高利率传导效率，推动降低实体经济融资成本，中国人民银行发布第 15 号公告，宣布改革完善贷款市场报价利率（LPR）形成机制。自公告发布日起，新发放贷款应主要参考贷款市场报价利率（LPR）定价，并在浮动利率贷款合同中采用贷款市场报价利率（LPR）作为定价基准。与原有的 LPR 形成机制相比，新的 LPR 报价方式改为按照公开市场操作利率加点形成，自 2019 年 8 月 20 日起，中国人民银行授权全国银行间同业拆借中心于每月 20 日（遇节假日顺延）9 时 30 分公布；在原有的 1 年期一个期限品种基础上，增加 5 年期以上的期限品种；报价频率由原来的每日报价改为每月报价一次；新的 LPR 报价行增至 18 家，代表性增强。公告同时要求各银行不得通过协同行为以任何形式设定贷款利率定价的隐性下限，并将贷款市场报价利率应用情况及贷款利率竞争行为纳入宏观审慎评估（MPA）。

2019 年 8 月 25 日，为坚决贯彻落实“房子是用来住的，不是用来炒的”定位和房地产市场长效管理机制，保持个人住房贷款利率水平基本稳定，中国人民银行发布第 16 号公告，要求自 2019 年 10 月 8 日起，新发放商业性个人住房贷款利率以最近 1 个月相应期限的贷款市场报价利率为定价基准加点形成；重定价周期最短为 1 年；首套商业性个人住房贷款利率不得低于相应期限贷款市场报价利率，二套商业性个人住房贷款利率不得低于相应期限贷款市场报价利率加 60 个基点，商业用房购房贷款利率不得低于相应期限贷款市场报价利率加 60 个基点，公积金个人住房贷款利率政策暂不调整；各省级市场利率定价自律机制，在国家统一的信贷政策基础上，根据当地房地产市场形势变化，确定辖区内首套和二套商业性个人住房贷款利率加点下限。

2019 年 12 月 28 日，中国人民银行发布第 30 号公告，宣布从 2020 年 1 月 1 日起，不得发放使用基准利率定价的浮动利率贷款，并从 2020 年 3 月 1 日起，存量浮动利率贷款的定价基准全部转换为 LPR。至此，全国除新发放贷款主要参考 LPR 定价外，存量浮动利率贷款将实施定价基准转换为 LPR。

2020 年 8 月，香河农商银行将全部存量浮动利率贷款 1212 户，金额 4.67 亿元，完成 100%转换。

1989—2019年贷款利率变动情况一览表

表3-2-3　　单位：%

时间	短期		中长期			个人住房公积金贷款	
	6个月内	6个月至1年	1—3年	3—5年	5年以上	5年以下	5年以上
1989年2月1日	11.34	11.34	12.78	14.4	19.26	—	—
1990年8月21日	8.64	9.36	10.08	10.8	11.16	—	—
1991年3月21日	9	10.08	10.8	11.52	11.88	—	—
1991年4月21日	8.1	8.64	9	9.54	9.72	—	—
1993年5月15日	8.82	9.36	10.8	12.06	12.24	—	—
1993年7月11日	9	10.98	12.24	13.86	14.04	—	—
1995年1月1日	9	10.98	12.96	14.58	14.76	—	—
1995年7月1日	10.08	12.06	13.5	15.12	15.3	—	—
1996年5月1日	9.72	10.98	13.14	14.94	15.12	—	—
1996年8月23日	9.18	10.08	10.98	11.7	12.42	—	—
1997年10月23日	7.65	8.64	9.36	9.9	10.53	—	—
1998年3月25日	7.02	7.92	9	9.72	10.35	—	—
1998年7月1日	6.57	6.93	7.11	7.65	8.01	—	—
1998年12月7日	6.12	6.39	6.66	7.2	7.56	—	—
1999年6月10日	5.58	5.85	5.94	6.03	6.21	4.14	4.59
2002年2月21日	5.04	5.31	5.49	5.58	5.76	3.6	4.05
2004年10月29日	5.22	5.58	5.76	5.85	6.12	3.78	4.23
2005年3月17日	5.22	5.58	5.76	5.85	6.12	3.96	4.41
2006年4月28日	5.4	5.85	6.03	6.12	6.39	4.14	4.59
2006年8月19日	5.58	6.12	6.3	6.48	6.84	4.14	4.59
2007年3月18日	5.67	6.39	6.57	6.75	7.11	4.32	4.77
2007年5月19日	5.85	6.57	6.75	6.93	7.2	4.41	4.86
2007年7月21日	6.03	6.84	7.02	7.2	7.38	4.5	4.95
2007年8月22日	6.21	7.02	7.2	7.38	7.56	4.59	5.04
2007年9月15日	6.48	7.29	7.47	7.65	7.83	4.77	5.22
2007年12月21日	6.57	7.47	7.56	7.74	7.83	4.77	5.22
2008年9月16日	6.21	7.2	7.29	7.56	7.74	4.59	5.13
2008年10月9日	6.12	6.93	7.02	7.29	7.47	4.32	4.86

续表3-2-3

时间	短期		中长期			个人住房公积金贷款	
	6个月内	6个月至1年	1—3年	3—5年	5年以上	5年以下	5年以上
2008年10月27日	6.12	6.93	7.02	7.29	7.47	4.05	4.59
2008年10月30日	6.03	6.66	6.75	7.02	7.2	4.05	4.59
2008年11月27日	5.04	5.58	5.67	5.94	6.12	3.51	4.05
2008年12月23日	4.86	5.31	5.4	5.76	5.94	3.33	3.87
2010年10月20日	5.1	5.56	5.6	5.96	6.14	3.5	4.05
2010年12月26日	5.35	5.81	5.85	6.22	6.4	3.75	4.3
2011年2月9日	5.6	6.06	6.1	6.45	6.6	4	4.5
2011年4月6日	5.85	6.31	6.4	6.65	6.8	4.2	4.7
2011年7月7日	6.1	6.56	6.65	6.9	7.05	4.45	4.9
2012年6月8日	5.85	6.31	6.4	6.65	6.8	4.2	4.7
2012年7月6日	5.6	6	6.15	6.4	6.55	4	4.5
2014年11月22日	5.6	5.6	6	6	6.15	3.75	4.25
2015年3月1日	5.35	5.35	5.75	5.75	5.9	3.5	4
2015年5月10日	5.1	5.1	5.5	5.5	5.65	3.25	3.75
2015年6月28日	4.85	4.85	5.25	5.25	5.4	3	3.5
2015年8月26日	4.6	4.6	5	5	5.15	2.75	3.25
2015年10月24日	4.35	4.35	4.75	4.75	4.9	2.75	3.25
2016年1月1日	4.35	4.35	4.75	4.75	4.9	2.75	3.25
2017年1月1日	4.35	4.35	4.75	4.75	4.9	2.75	3.25
2018年10月1日	4.35	4.35	4.75	4.75	4.9	2.75	3.25
2019年6月1日	4.35	4.35	4.75	4.75	4.9	2.75	3.25

2019—2022年贷款市场报价利率（LPR）一览表

表3-2-4　　单位：%

发布日期	1 年	5 年期以上
2019 年 8 月 20 日	4.25	4.85
2019 年 9 月 20 日	4.2	4.85
2019 年 11 月 20 日	4.15	4.8
2020 年 2 月 20 日	4.05	4.75
2020 年 4 月 20 日	3.85	4.65
2021 年 12 月 20 日	3.8	4.65
2022 年 1 月 20 日	3.7	4.6
2022 年 5 月 20 日	3.7	4.45
2022 年 8 月 22 日	3.65	4.3
2022 年 11 月 21 日	3.65	4.3

第三章　支付结算

支付结算是指单位、个人在社会经济活动中使用票据（支票、本票、汇票），信用卡和汇兑、托收承付、委托收款等结算方式，进行货币给付及资金清算的行为，其主要功能是完成资金从一方当事人向另一方当事人的转移。

20 世纪 50 年代，香河县农村信用社未开办支付结算业务。直至 20 世纪 80 年代中期，开始办理县辖往来业务。至 1986 年，刘宋信用社与天津中北城市信用社建立结算关系，开办直接通汇业务。1997 年 12 月 1 日，中国人民银行《支付结算办法》（银发〔1997〕393 号）正式实施，提出结算原则，对票据、信用卡、结算方式等进行具体规定，明确结算纪律与责任等。

2005 年省联社成立后，将农村支付结算工作作为金融服务的重要组成部分，香河县农村信用社按照省联社工作部署，完成异地跨行支付清算从手工联行到电子联行，到现代支付系统的跨越式发展。实现省内跨行以实时同城清算系统为主要清算手段，跨省跨行以现代支付系统为主要清算手段的技术先进、覆盖面广、渠道丰富、业务全面的清算网络。

第一节　结算体系

1951—1985 年，农村信用社未独立开办结算业务，所、社合一的机构，以银行名义办理联行汇兑结算业务，没有银行营业所的机构，由信用社根据需要报经批准，代办汇兑业务。

1985 年 2 月 8 日，中国农业银行印发《关于信用合作社管理体制改革的情况和今后意见》指出，“改进结算工作、疏通结算渠道”，要求农村信用社在县城农行开立辅助账户，由县联社组织社社之间的联社往来或参加县农行的县辖往来。自 1986 年始，在省农行领导下，各县（区）联社组织基层信用社，逐步开办县辖联行往来。

1986 年 6 月，刘宋信用社与天津中北城市信用社建立结算关系，开办直接通汇业务。9 月 12 日，香河县农村信用社购置两部三轮摩托车，制定县内票据交换程序、规则准备工作完成，即日正式开始票据交换业务。

1988 年 12 月 19 日，中国人民银行印发《银行结算办法》指出，自 1989 年 8 月 1 日，废止托收承付结算方式。不定额银行本票开始在有需要的城市试办。转账支票的背书转让，先在上海、广州、武汉、沈阳四个城市试行，取得经验后逐步推广。为简化同城结算种类和手续，尽量推行支票结算。

1994 年 10 月，中国农业银行印发《农村信用合作社县辖往来核算示范办法》（农银发〔1994〕213 号）指出，对农村信用社县辖往来核算中的资金清算和科目账户设置，凭证种类和使用方法，印、押、证管理，错误报单和不完整报单的处理，县辖往来纪律等做出规定。农村信用社各地按照文件规定制定实施细则，配备专（兼）职人员，刻制专用章，编制密押，建立岗位责任制，实行印、押、证三人分管。

1996年2月5日，中国农业银行香河县支行转发农行河北省分行印发《关于办理跨系统储蓄存款异地托收业务的通知》指出，为充分发挥各行现有储蓄网点的作用，方便储户异地存取款，经协商决定开办跨系统储蓄存款异地托收业务。

1997年8月5日，中国人民银行香河县支行印发《关于香河县城乡信用社现金管理补充规定》指出，为减少现金使用量，农村信用社要积极疏通各种结算渠道，特别要疏通农行的结算渠道，尤其要利用好电子汇兑这一结算工具。

1997年8月21日，中国人民银行印发《票据管理实施办法》指出，票据管理应当遵循票据法和本办法以及有关法律、行政法规的规定，不得损害票据当事人的合法权益。票据当事人应当依法从事票据活动，行使票据权利，履行票据义务。并对银行汇票、本票、商业汇票的操作流程做详细规定。

1997年9月19日，中国人民银行依据《中华人民共和国票据法》和《票据管理实施办法》制定《支付结算办法》。指出：支付结算的工作任务是根据经济往来组织支付结算，准确、及时、安全办理支付结算，按照有关法律、行政法规和本办法的规定管理支付结算，保障支付结算活动的正常进行。自1997年12月1日起施行，同时废止1988年12月9日印发的《银行结算办法》。自1997年12月1日起取消国有商业银行签发50万元大额银行汇票通过人民银行清算资金的规定；各商业银行跨系统汇划款项和系统内50万元（含）以上大额汇划款项仍通过人民银行清算资金和转汇。本办法所称支付结算是指单位、个人在社会经济活动中使用票据、信用卡和汇兑、托收承付、委托收款等结算方式进行货币给付及其资金清算的行为。银行是支付结算和资金清算的中介机构。票据和结算凭证是办理支付结算的工具。单位、个人和银行办理支付结算，必须使用按中国人民银行统一规定印制的票据凭证和统一规定的结算凭证。

2007年9月26日，省联社印发《河北省农村信用社资金清算业务管理暂行办法》指出，办理资金清算业务应遵循“快捷、准确、安全、规范”的原则。河北省农村信用社资金清算体系为“三级管理、两级清算”即省、市、县三级管理架构，省、县两级清算运行模式。县联社应设置清算中心，也可挂靠财务会计部门，明确专人负责。县中心负责对辖内资金清算业务的管理、检查、监督和指导培训；负责辖内统一对外的资金清算业务往来和差错处理等日常运行业务，确保资金清算信息的准确性、合法性和真实性；对信用社大额汇款和内部账户汇款业务的授权、大额汇款业务的头寸预报、清算资金的管理负责。

第二节　电子汇兑

电子汇兑系统是指银行利用电子报文的手段传递客户的跨机构资金支付、银行同业间各种资金往来的业务系统，主要包括汇兑、委托收款（划回）、托收承付（划回）、银行汇票等业务种类。该系统采用“数据纵向传输、业务批量处理、资金即时清算、账务自动核对”运行方式，具有安全、高效、快捷、方便的特点。

1990 年 10 月，中国人民银行合作司在全国农村信用社系统推广特约电子汇兑系统。

2008 年 6 月 23 日，全省农村信用社完成现代支付系统直连切换工作，解决基层网点办理跨行资金划转业务手段差、程序环节多、资金周转慢的问题，实现全省县级、乡级和村级营业网点之间的业务畅通，并将全国支付系统的大动脉直接延伸到所有网点，从而在“村村通”基础上，实现跨行业务的实时到账。

2016 年 5 月 25 日，省联社印发《河北省农村信用社电子商业汇票业务管理办法（试行）》指出，本办法所称“电子商业汇票”是指出票人依托电子商业汇票系统，以数据电文形式制作的，委托付款人在指定日期无条件支付确定金额给收款人或者持票人的票据。“电子商业汇票系统”是指由中国人民银行建设并管理的，依托网络和计算机技术，接受、存储、发送电子商业汇票数据电文，提供与电子商业汇票货币给付、资金清算行为相关服务，并提供纸质商业汇票查询服务、商业汇票转贴现公开报价服务的业务处理平台。客户通过河北省农村信用社网上银行办理电子商业汇票业务时应在经办行开立人民币银行结算账户，并开通河北省农村信用社企业网上银行服务。电子商业汇票项下办理银行承兑、贴现等业务时，需符合河北省农村信用社信贷业务相关管理规定。

2016 年 11 月，香河县农村信用社在全辖网点开展“支付系统宣传周”活动。统一印发宣传单和宣传海报，为营业网点统一印制宣传条幅及宣传海报，在活动期间悬挂条幅、张贴海报。利用 LED 屏滚动播放宣传口号或悬挂宣传条幅，要求各信用社选择在恰当时间在镇区繁华地段进行宣传活动，发放支付系统宣传单并向公众进行现场讲解，同时利用引导优势在客户等待办理业务过程中适时向群众宣传、推介人民银行现代支付方式和途径。

第三节　农信银支付

农信银支付清算系统，是根据全国农村金融机构支付结算业务需求，应用现代计算机网络和信息技术开发的，集资金清算和信息服务于一体的支付清算平台，为所有成员机构提供支付清算和信息服务。支付处理普通贷记业务、实时贷记业务、普通借记业务、实时借记业务、信息服务业务及中国人民银行批准的其他支付业务或信息业务。农信银支付清算系统每周 7×24 小时不间断运行，支持通过营业网点柜面渠道以及自动柜员机、自动存取款机、自助终端、网上银行、手机银行、电话银行等电子银行渠道发起支付业务。

2006 年 12 月 20 日，中国人民银行石家庄中心支行办公室转发中国人民银行办公厅印发《关于农信银资金清算中心开办全国农村信用社银行汇票资金清算业务的通知》指出，农信银实时汇兑系统上线，客户可通过该系统将款项汇划至全国任意的农村信用社机构网点以及其他入网成员单位对应收款人账户，系统支持批量清算及实时清算两种模式，有效解决全国农村信用社机构间汇路不畅问题。

2007 年 1 月 4 日，省联社印发《关于对石家庄市区联社营业部等机构开办全国农信银系统银行汇票业务的批复》指出，批准香河县农村信用合作联社营业部自2007年1月8日起，开办全国农信银系统银行汇票业务。

2007年3月26日，农信银资金清算中心印发《农信银业务系统相关管理办法》，包含《农信银业务系统入网机构管理暂行办法》《农信银业务系统入网机构电子汇兑资金清算业务管理暂行办法》《农信银业务系统入网机构银行汇票资金清算业务管理暂行办法》《农信银业务系统入网机构个人账户通存通兑资金清算业务管理暂行办法》《农信银业务系统银行汇票印、押、证管理暂行办法》。

2008年5月30日，农信银个人账户通存通兑业务全面开通，结束全国农村信用社机构网点间不能办理异地个人账户通存通兑业务的历史，只要在农村信用社开立存款账户的客户，便可以凭卡折在全国农村信用社系统内任何一个联网网点办理异地存款、取款、转账、余额查询、委托收款等业务，使得全国农信银机构间在办理跨省、自治区、直辖市异地支付结算业务方面，具有与其他全国性商业银行相同的手段和条件，增强全国农信银机构整体市场竞争力，同时也改善全省农村信用社地区支付服务环境。

2009年10月28日，香河县农村信用社全辖30家网点全部开通农信银支付清算系统成员机构间个人账户通存通兑业务。截至2009年11月15日，辖内30家网点共办理农信银个人通存通兑业务34笔，金额25.95万元。

2011年9月19日，省联社印发《关于农信银资金清算中心开通"农信银—银联电子支付"批量电子汇款业务的通知》指出，"农信银—银联电子支付"批量电子汇款业务，适用于企业或个人客户，通过银联电子支付公司电子支付平台、经农信银支付清算系统，向在全国农村合作金融机构开户的单位或个人支付各种款项，该类支付业务，通过农信银支付清算系统电子汇兑交易或个人账户通存交易办理。

第四节　同城清算

中华人民共和国成立初期，中国人民银行天津专区办事处开展同城结算，以支票为主，支票既可支现也可转账。

1950年，国家实行现金管理后，推行转账结算，控制现金交易。国营企业、机关、部队及合作社单位之间经济往来，除按规定使用现金外，必须通过银行转账。

1953年，中国人民银行印发新的结算制度，推行"一般结算方式—8种结算方式"。同年4月中国人民银行天津专区办事处推行8种结算方式中的5种结算方式，其中，属于同城的有支票结算、计划结算、托收无承付结算、托收承付结算。支票是银行存款人签发给收款人办理结算或委托开户银行将款项支付给收款人的票据。支票适应面广，在同城结算中占主要地位。

1955年，中国人民银行印发《国营企业、供销合作社、国家机关、部队、团体间非现金结算办法及结算放款暂行办法》指出，改进8种结算制度。同城结算分为支票结算、限额支票结算、付款委托书结算、计划结算、同城托收5种结算。中国人民银行天津专区中心支行为适应当时工作需要，将支票种类简化为现金支票与转账支票两种，公、私通用，并规定转账支票只能转账不能取现，签发支票的金额起点为 30 元。同时尽量减少支票使用，防止商业信用的发生。

1957 年 7 月 1 日起，中国人民银行天津专区中心支行执行中国人民银行印发《同城结算办法及会计核算手续》指出，新的同城结算办法规定取消同城托收承付、限额支票和保付支票，将计划结算并入付款委托书结算方式内，仅保留支票、托收无承付及付款委托书 3 种结算方式。3 种结算金额起点为 30 元。

1972 年，同城结算改为支票、委托银行收款和委托银行付款 3 种结算方式，委托银行收款，收、付双方签订协议，银行不负责审查协议及附件，只负责收款。

1974 年，中国人民银行河北省分行印发《同城结算办法》指出，同城结算方式为支票、付款及委托书、托收无承付和同城托收承付四种结算方式。四种结算方式的金额起点均为 30 元。

1978 年，中国人民银行河北省分行为加强结算管理，对签发空头支票的单位按票面金额处以百分之一的罚金。

1989 年，中国人民银行印发《银行结算办法》指出，废止付款委托书、托收无承付、同城托收承付和保付支票等同城结算方式。新的同城结算方式有支票、银行本票、商业汇票和委托收款四种。其中，商业汇票、委托收款在同城、异地均可使用。

1993 年，中国人民银行廊坊分行开通廊坊市同城票据电子化清算系统，同城票据资金清算系统的开通，使票据交换由原来的 2 小时缩短到 30 分钟。

1997 年 8 月 5 日，中国人民银行香河县支行印发《关于香河县城乡信用社现金管理补充规定》指出，各信用社要积极推广同城支票的使用，扩大京津支票使用面。为避免同城支票购物所剩余额支票返回的麻烦，影响同城支票使用率，各信用社在为客户开具支票时要根据客户需要，采取开具差额支票小额现金补齐的办法。

1998 年 7 月 20 日，中国人民银行廊坊分行印发《关于开通廊坊市辖支票交换业务的通知》指出，为解决廊坊市、县之间结算渠道不畅问题，在开通北京、天津票据交换的基础上，经人行廊坊分行研究，决定于 1998 年 8 月 1 日起正式开通廊坊市辖范围内的票据交换业务。廊坊市范围内支票可以跨县使用，廊坊市各家金融机构均可受理市辖范围内的异地支票代收代付业务。人民银行廊坊分行票据清算中心负责廊坊市县与县之间、市与县之间的票据交换业务。各市县提出提入的异地支票，由市县人民银行统一组织落实参加廊坊交换。各市县金融机构在北京、天津、廊坊金融机构开立的账户于 1998 年 8 月 1 日前全部撤销，统一在人民银行廊坊分行票据清算中心开户，办理票据交换业务。

2005 年 5 月 25 日，廊坊银监分局印发《廊坊市农村信用社同城票据清算管理办法》指出，各交换行分别在中国人民银行廊坊中心支行清算中心和营业部开立的京津清算户和同城清算户的清算资金在新旧版支票并行期间，旧支票仍记原账户。并行期结束后，6 月 7 日起京津清算和同城清算账户一律撤并到城郊联社营业部。

2006 年 11 月，省联社印发《关于全省农村信用社借入支票影像交换系统的指导意见》指出，根据中国人民银行《支票影像交换系统业务处理办法（试行）》第十一条规定“提入行可以采用印鉴核验方式或支付密码方式对支票影像信息进行付款确认”“采用支付密码核验方式的，应与出票人约定使用支付密码作为审核支付支票金额的依据，付款确认以支付密码为主，支票影像其他要素为辅”。河北省农村信用社统一采取支付密码方式对支票影像信息进行付款确认。

2006年12月12日，中国人民银行廊坊市中心支行转发中国人民银行办公厅《关于全国支票影像交换系统试点运行的通知》指出，中国人民银行自2006年12月18日起，将在北京、上海、天津、河北、广东、深圳试点运行全国支票影像交换系统。人行廊坊市中心支行会计财务科负责廊坊市支票影像交换系统试点，系统上线后，跨区域支票影像交换业务，单笔支票金额低于业务金额上线的全国业务和区域业务通过全国支票影像交换系统处理；超过金额上限的支票，由银行业金融机构开户单位通过其他途径处理。

2017年3月31日，中国人民银行办公厅印发《关于将全国支票影像交换系统业务纳入小额支付系统处理的通知》指出，自2017年9月4日起，各银行业金融机构统一通过小额支付系统处理全国支票影像交换系统业务，通过小额支付系统办理支票影像业务，统一使用“普通借记业务报文”和“普通借记业务回执报文”。小额支付系统支票影像业务单笔金额上限暂定为50万元，超过金额上限的支票，小额支付系统不予受理，由收款人或其开户银行通过其他渠道向出票人开户银行提示付款。小额支付系统支票影像业务回执返回最长期限为2天（遇法定节假日和小额支付系统停运日顺延），各银行业金融机构应在业务回执期限内办理业务。

第四章 代理业务

20 世纪 50 年代，香河县农村信用社已经开办代理类中间业务。1951 年 7 月 6 日，中国人民银行印发《农村信用合作社章程准则》指出，将“接受国家银行委托，代理业务”作为农村信用社经营的各项业务之一。从此，接受国家银行委托代理业务，成为农村信用社最早开办的代理业务。

1953 年 4 月 14 日，中国人民银行印发《银行与信用合作社订立业务联系合同范本》指出，行方得优先指定社方代理其账务、保险及农贷等事务，其办法及利率应根据行方规定办法办理。行方与社方办理转存款，放款、代理业务时，依据本合同原则及行方规定另立存折，按借据或代理合同办理。

1957 年 1 月 26 日，中国人民银行印发《农村信用合作社示范章程》指出，信用社可以接受国家银行的委托代理农贷、公债等业务，代理时应和银行订立合同并收取手续费。信用社可以接受社员委托办理代收、代付款项等业务。

1961 年 9 月 26 日，中国人民银行印发《关于讨论和试行农村信用合作社若干问题的规定（草案）的通知》指出，将“办理国家银行委托的其他业务”，作为信用社除存、放款外的三项主要任务之一。要求信用社办理国家银行的委托业务，必须遵守国家银行的有关政策规定，代办现金管理业务，要照顾集体所有制的特点和农村分散的情况，适当规定库存现金的限额和采购人员携带现金的限额，不要管得过严过死；代办非现金结算业务，一定要保证谁的钱进谁的账，由谁支取，不得以任何方式强迫扣款，社员个人一律收付现金，不得办理非现金结算；代办农贷要严格按照国家农贷计划规定的指标和用途发放；办理国家银行的委托业务要按照规定收取手续费。

1962 年 11 月 29 日，中共中央、国务院批转中国人民银行印发《关于农村信用合作社若干问题的规定》指出，在信用合作社的业务经营中，将“办理中国人民银行委托的业务”作为信用社办理的业务之一。

1987 年 3 月 7 日，中国农业银行印发《中国农业银行关于信用合作工作贯彻落实分行行长会议精神的几点意见》（农银发字〔1987〕27 号）指出，要发挥信用社点多面广的优势，积极开展中间业务，为商品生产者提供各种服务。根据农户和乡镇企事业的需要，发展代收代付业务，代理保险业务及咨询服务。在乡镇企业发达的地方，可以为乡镇企业代发工资。7 月 30 日，中国农业银行印发《中国农业银行关于农村信用合作社开展“增产节约、增收节支”工作意见》（农银函〔1987〕251 号）指出，要积极试办和开展信托业务、中间业务，发展代收代付业务等。

直至 1996 年行社“脱钩”前，农行的部分业务仍由信用社代办。特别是没有农行网点的农村信用社单设的乡镇，农村信用社同时是农行业务的代办所，实行“一套人马两块牌子、两套账表”，农行的存、贷、结算等业务全部由信用社代办，农行根据信用社代办的业务量每年给付代办手续费。行社

"脱钩"后，代办所撤销，信用社不再代办农行业务。

2001 年，中国人民银行印发《商业银行中间业务暂行规定》指出，将保险业务列入其他类中间业务。

2005 年，省联社成立以后大力拓展代理业务范围，使代理业务逐步成为新的盈利增长点。

第一节　代理银行业务

代理银行业务主要包括代理人行业务、代理政策性银行业务、代理商业银行业务。代理人行业务是指根据政策、法规应由中央银行承担，但由于机构设置、专业优势等方面的原因，由中央银行指定或委托商业银行承担的业务，主要包括财政性代理业务、国库代理业务、发行库代理业务、金银代理业务等；代理政策性银行是指商业银行接受政策性银行的委托，代为办理政策性银行因服务功能和网点设置等方面的限制而无法办理的业务，包括代理结算、代理专项资金管理、代理现金支付、代理贷款项目管理等；代理商业银行业务是指商业银行之间相互代理的业务，主要是指代理资金清算业务，如代理银行汇票业务、为委托行办理支票托收业务等。

代理国家农业贷款

代理国家农业贷款是香河县农村信用社的一项重要代理业务。

1954 年，第一次全国信用合作会议确定一般农业贷款由农村信用社发放，长期设备性贷款及救灾贷款由银行委托信用社办理。银行与信用社签订《代理国家银行放款业务合同》，发放和收回贷款时使用银行借据和银行收贷凭证，并建立代理银行贷款会计科目以及贷款副本分户账，贷款的对象、用途、金额、利率、期限等都由银行确定，农村信用社代为发放，监督使用并协助收回，银行补给农村信用社一定手续费。5 月，经中国人民银行通县中心支行（1954 年香河县属河北省通县专区）同意，香河县渠口合作社作为试点进行信贷业务，渠口营业所对其信贷重点业务下放并监督其使用。

1956 年 2 月，第二届全国农村金融会议决定，已建立信用合作组织地区，应分配的各种农业贷款，除水利工程贷款外，应全部通过合同关系委托信用合作社按银行规定办法代办。印发《委托信用合作办理农业贷款办法要点》指出，共放共收和代放代收两种方式，规定共放共收方式按放款利息 20%给予手续费，代放代收方式按放款利息 30%给予手续费。

1963 年 8 月，中国人民银行香河县支行印发《关于委托信用社清理国家农贷可以付给清理手续费的通知》指出，凡是信用社接受银行的委托单独负责清理本社范围内的国家农贷，可以付给手续费，但是银行和信用社共同组织清理小组，统一分工，分片包干。凡是银行自己发放的贷款，委托给信用社清理的可以付给清理手续费。清理手续费标准：贷款经过清理，属于短期内可以收回，转为长期和豁免的部分，可以按委托放款手续费 3‰付给。属于当时收回贷款，可以按委托收贷手续费 5‰付给。

代理贫农合作基金贷款

贫农合作基金贷款是指农村信用社为帮助贫农解决参加农业生产合作时缴纳生产费用股份基金和公有化股份基金的困难，包括向农村信用社入股、供销合作社入股、提高贫农在生产合作社内的政治、经济地位。

1955 年 5 月，中国人民银行根据党中央的决定，委托农村信用社发放贫农合作社基金贷款。是年，香河县农村信用社代理发放贫农合作基金贷款，帮助贫困农民解决入社股金困难以及春耕生产自救。香河县农村信用社以贷款额度不超过农户总收入 5%—10%为限，信用社会计按群众评议数及付款日期发放。同时，执行中国人民银行统一规定的农村信用社贷款利率，2 个月以内月息 18‰，4 个月以内月息 19.5‰，6 个月以内月息 21‰。

1961 年，中国人民银行规定贫农合作基金贷款暂不收回，如果个别社员主动归还，收回的款项仍用贫农合作基金放款科目核算，但应另设贷款账户。

1962 年，香河县农村信用社根据中国人民银行和人行河北省分行关于免收贫农合作基金放款的精神，开始清理免收工作。

1963 年 2 月，中国人民银行香河县支行印发《关于转发城关营业所免收贫农合作基金贷款试点情况的报告》指出，以城关营业所为试点，对城关营业所贫下中农贷款 1766 元按照政策全部免收。

灾区口粮无息贷款

1962 年，中共中央、国务院印发《关于农业生产资金问题的通知》指出："个别灾区返销粮多，群众购买口粮确有困难的，除使用社会救济外，由财政方面拿出一定专款，通过人民银行委托信用社有条件地对社员个人发放一部分生活贷款，不计利息。"11 月 6 日，中国人民银行香河县支行印发《呈请社员口粮无息贷款指标由》指出，香河县自 1962 年以来部分社队遭受旱涝虫等自然灾害，社队减产社员收入降低，全县 30%人口因灾害发生经济生活困难需请示人行天津专区中心支行拨给社员口粮长期无息贷款指标 15 万元。

1963 年，中国人民银行香河县支行印发《关于分配口粮贷款指标的通知》指出，根据上级精神，结合全县实际情况，开展口粮贷款要充分发挥信用社帮助贫农、下中农社员解决生活困难的积极作用，积极开展业务，解决社员个人生产、生活方面的资金困难。口粮贷款期限一般为 1 年，对于受灾较严重一年以内确实无力偿还的，可以延至下 1 年归还，但必须经营业所审查，公社党委批准。委托香河县农村信用社发放口粮贷款应该按代理银行业务的规定标准给予手续费，即发放口粮贷款按 4‰，收回贷款按 6‰。截至 1963 年 12 月 31 日，香河县农村信用社累计放款 12.2 万元，通过贷款的发放支持全县 401 个生产队和 1890 户贫困社员购买化肥 950 千克、农药 650 千克、饲草 5500 千克，购买口粮 7.5 万千克，同时解决 1281 名社员治病以及购置小农具搞副业生产等资金的需要。

贫下中农无息贷款

1963 年 8 月，中国人民银行印发《关于积极支持信用社发放贫农、下中农生产生活贷款的指示》指出：目前农村部分贫、下中农生产、生活上有困难，高利贷趁机猖狂活动，对有困难的贫、下中农进行高利贷盘剥，农村信用合作社工作，必须在当前这种阶级斗争中发挥战斗作用。发放贷款、支持贫、下中农，打击高利贷的活动。9 月，中国人民银行香河县支行印发《关于积极支持信用社发放贫农下中农生产生活贷款的通知》指出，根据上级指示，积极支持信用社发放贫农、下中农生产生活贷款的精神，先增拨各所支持资金有困难的信用社发放贫农、下中农生产生活贷款控制数 1 万元。此项贷款专款专用，专立账户，银行发放信用社不要利息，信用社贷社员可收利息。为体现信用社对贫农、中下农的关怀，信用社发放此项贷款的利息，应低于现行的利率，按月息4.2‰计收。此项贷款重点用于发放贫农、下中农贷款，资金有困难的信用社，对那些吸收社员存款多，资金富裕的信用社，要帮助他们合理安排好支持贫农、下中农的工作，发挥信用社资金的更大效能，打击高利贷活动。

1964年8月，中国人民银行香河县支行行长李正芝在全县营业所、信用社干部电话会议上的讲话指出："当前情况下，信用社怎样帮助贫下中农解决生产、生活困难的问题的。李庄信用社为有效打击高利贷活动，帮助贫下中农改变贫困面貌，对全公社贫下中农进行分类排队，对信用社应支持的，采取建立经济档案，分期分批支持。全公社应支持的贫下中农有182户，上半年支持102户，发放生活、副业等贷款3510元，其中，帮助人多、劳少、底薄，正常年景生活依然有困难的51户发展养猪。刘宋信用社为充实支持社员生产生活困难资金力量，采取积极筹措资金，大力开展社员储蓄等措施，该社社员储蓄上半年计划纯增余额5000元，实际完成12000元，超额计划140%，跃居全县首位。"

1966年，中国人民银行规定该项贷款收回后各地继续周转使用，农村信用社不向国家收取手续费，要求农村信用社在发放此项贷款时，将贫下中农困难户的档案普遍建立起来，专项贷款指标分配到各营业所。

农机专项无息贷款

1978年，为支持到1980年全国基本实现农业机械化，中国人民银行决定开办农机无息贷款，于1978年、1979年分两年委托农村信用社发放，并规定但凡农村人民公社基本核算单位和独立核算单位在资金不足时，首先使用财政无偿投资，如有困难再用农机无息贷款支持。贷款用途仅限于购买计划供应的各种农用机械和半机械化农具，一律实行转账结算，专款专用，期限为5年。

第二节　代理保险业务

代理保险业务是指商业银行接受保险公司委托其办理保险业务。商业银行代理保险业务，可以受托代理个人或法人投保各险种的保险事宜，也可以作为保险公司的代表，与保险公司签订代理协议，代保险公司承接有关保险业务。代理保险业务一般分为两类：一是代理保险产品，主要包括财产保险和人身保险。财产保险包括企业财产保险、责任保险、保证保险及家庭财产保险等产品，人身保险包括个人或团体的人寿保险、意外伤害保险及其他保险公司委托代理的其他人身保险。二是代理收取保费及支付保险金。代理保险公司收取其他业务员交纳的保费和投保人交纳的续期保费，向被保险人或受益人支付保险金、向投保人支付退保金或保单红利等业务。

1982年2月11日，国务院批转中国人民银行印发《关于国内保险业务恢复情况和今后发展意见的报告》，此后，代理保险业务成为农村信用社的一项主要中间业务。

2004年3月，银监会廊坊监管分局信用合作管理办公室与中国人寿保险股份有限公司廊坊分公司印发《代理保险业务推动方案》、银监会廊坊监管分局信用合作管理办公室与中国平安财产保险股份有限公司廊坊中心支公司印发关于《信用合作社和保险公司开展业务合作的实施意见》、中国银监会廊坊监管分局信用合作管理办公室与中国太平洋人寿保险股份有限公司廊坊中心支公司印发关于《建立业务合作的通知》指出，廊坊市信用合作系统与各保险业公司的合作，皆在提高适应市场竞争的能力，实现银保双赢战略，发挥整体优势，互惠互利，增加中间业务收入，拓宽业务渠道，提高经营稳定性的需要。

2005 年 1 月，银监会廊坊监管分局信用合作管理办公室与中国平安人寿保险股份有限公司廊坊中心支公司印发《农村信用社与平安人寿保险公司建立业务合作》指出，双方单位建立长期稳定的业务合作关系，是金融改革的需要，是增强农村信用社、保险公司在市场经济竞争中的实力，发挥整体优势，增加中间业务收入，运营稳定性的需要。

2005 年 5 月，银监会廊坊监管分局信用合作管理办公室与中国人寿保险股份有限公司廊坊分公司印发《农村信用社与中国人寿保险公司廊坊分公司开展借款人意外伤害保险业务》指出，为借款人提供更加优质、全面的金融服务，经双方充分协商，本着真诚合作，互利互惠的原则建立合作关系，在辖区内开展借款人意外伤害保险业务。

2009 年 9 月 14 日，香河县农村信用社第一批保险代理从业人员资格考试在廊坊保险代理考试中心参考。80 名职工参加本次考试，64 人顺利通过，通过率 80%。

2010 年 3 月 7 日，香河县农村信用社与太平洋人寿香河分公司、中国人寿两家保险公司业务合作，并举行 2 期代理保险业务培训班，120 名员工参加培训。

2012 年 9 月，为进一步规范成员行社保险代理业务管理，促进保险代理业务持续健康发展，根据银监会印发《关于进一步加强商业银行代理保险业务回归销售与风险管理的通知》（银监发〔2010〕90 号）、保监会和银监会《商业银行代理业务监督指引》（保监发〔2011〕10 号）等法律规定，省联社印发《关于进一步规范保险代理业务的通知》指出，要加强资格管理，依法代理业务，加强业务管理，合规开展业务，加强综合评估，审慎选择合作对象，加大培训力度，努力提高营销能力。

2014 年 6 月，为贯彻落实保监会、银监会印发《关于进一步规范商业银行代理保险业务销售行为的通知》（保监发〔2014〕3 号）指出，要求规范销售行为，切实保护消费者利益，加强风险排查，防范化解风险，加强内控建设，夯实可持续发展基础，推动产品创新，优化业务结构。

2017 年 6 月，根据《中华人民共和国商业银行法》《中华人民共和国保险法》《商业银行代理保险业务监督指引》，省联社制定《河北省农村信用社代理保险业务管理办法》，进一步规范全省农村信用代理保险业务行为，促进代理保险业务健康、快速发展。

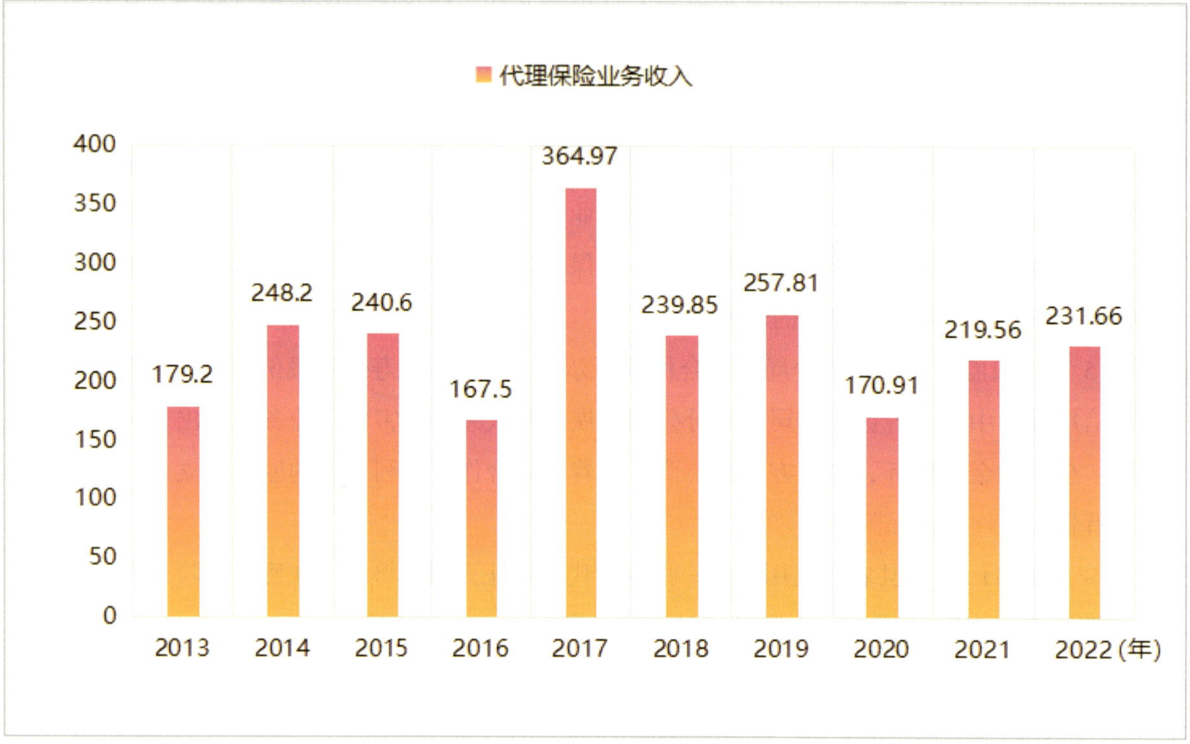

图 3-4-1　2013—2022 年香河县农村信用社代理保险业务收入情况统计（单位：万元）

第三节　代收代付业务

代收代付业务是指商业银行利用自身的结算便利，接受委托代为办理指定款项收付的业务，随着社会发展和电子化工具的广泛应用，代收代付业务广泛涉及行政、工商、农业等，业务范围包括代理各项公用事业收费、代理行政事业性收费和财政性收费、代发工资、代扣住房按揭消费贷款还款等。

1962 年 9 月 23 日，中国人民银行香河县支行印发《关于委托信用社代理收回农业贷款应按规定付给手续费的通知》指出，为做好秋季收贷工作，在银行人员不足情况下，可以委托信用社收回一部分到期贷款，由银行付给信用社手续费。代收社员个人贷款 8‰，代收生产队集体贷款 5‰。

1965 年 7 月 27 日，中国农业银行香河县支行转发中国农业银行、财务部、内务部印发《关于国家用于农村的烈军属补助费、复员军人补助费、残疾抚恤费和退休金由中国农业银行监督支付的通知》指出，农业银行接办这四项抚恤费的监督支付工作，是一项新的业务缺乏经验，必须由营业所亲自办理，为发放及时，便利群众，需要委托信用社一部分。委托信用社代理监督支付部分，按支付额付给信用社 1.5‰的手续费。

1998 年 5 月，中国人民银行、财政部联合印发《关于农村信用社办理乡镇国库经收处业务的管理规定》指出，在已撤销国家银行分支机构的乡镇，其国库和国库经收处业务可由所在地的人行县（市）支行国库部门委托当地农村信用社办理。

1999 年 11 月，根据中国人民银行《关于农村信用社代扣代缴储蓄存款利息所得个人所得税实施办法》《关于农村信用社代扣代缴存款储蓄利息所得税个人所得税实施办法的补充通知》等规定，从1999年11月1日起，储户在信用社的存款按个人所得利息收入的20%计征储蓄存款利息个人所得税；对扣缴义务人，按照所扣缴税款付给2%的手续费。

自2009年2月1日起，“家电下乡”工作从试点推广到全国，同时从财政部门申领到“家电下乡”产品销售价格13%的补贴款。截至2009年5月31日，香河县农村信用社代发“家电下乡”补贴款13.68万元，惠及农户553户。

2010年，省联社印发《关于切实做好2010年代发财政涉农补贴一折（卡）通工作的通知》，县联社转发省联社廊坊办事处《关于做好“惠农一卡通”相关工作的通知》，惠农补贴资金实行“一卡通”发放，使国家惠农政策的贯彻落实，惠及广大农民群众的切身利益。

2016年，省联社印发《河北省农村信用社代理政府非税收入业务管理办法》指出，代理政府非税收入业务系统是指河北省农村信用社综合业务网络系统与河北省财政厅非税收入管理系统相连接的代收系统平台，实现政府非税收入实时划缴财政部门或各地国库，并向财政部门、非税收入执收单位提供资金划拨和信息反馈服务的操作系统。是年，香河县农村信用社代收代付业务交易金额 179393.14万元，交易笔数66920笔。

2020年12月，省联社印发《河北省农村信用社代理政府非税收入业务管理办法》指出，代理政府非税收入业务是指各级农信机构接受当地非税收入管理机构委托，通过对接非税收入管理系统，实现在柜面、手机银行、网上银行、微信银行等渠道，代收缴款人缴纳的政府非税收入资金，实时划缴财政部门或各地国库，并向财政部门、非税收入执收单位提供资金划拨和信息反馈服务的业务。目前开办的业务种类包括：代理一般缴款书缴费、代理电子票据缴费、代理小学缴费（学杂费）和代理交通罚没款缴费。

截至2022年12月31日，香河农商银行代收代付业务3038.12万元，交易笔数102265笔。

第四节 代理贵金属业务

贵金属业务是指全省农村信用社向客户销售贵金属实物产品，并提供回购等服务的一项业务，包括自营贵金属业务与代销贵金属业务。自营贵金属业务是指银行注册自身品牌，与贵金属生产厂商合作，代为加工贵金属产品，银行负责贵金属产销并获得销售净收入，自主承担市场价格变化风险；代理贵金属业务是指代理贵金属公司贵金属产品销售业务，银行不承担价格变化引起的风险，按约定比例收取贵金属产品销售手续费。

2005年1月，银监会批复，允许商业银行开办个人实物黄金买卖业务，和个人记账式黄金买卖业务。

2020年1月17日，香河农商银行印发《关于开办代销实物黄金业务的备案报告》指出，为进一步适应市场发展需要，拓宽香河农商银行资金运用渠道，增加业务品种，满足广大客户收藏、投资实物黄金的需求，结合业务发展的实际，开办代销实物黄金销售业务。是年，香河农商银行发行《金牛赐福》贺岁金，由深圳市周六福金业文化有限公司供货，代理贵金属收入6.1万元。

2021 年，香河农商银行发行《2021 年普制熊猫银币》（单枚装）、《2021 版福禄传承》（单套）、《团圆国宝》、《祝福新时代》（单套），由永银文化发展集团有限公司供货；《世纪财富》（单套）、《世纪财富》（两连号，两套装）、《世纪财富》（五连号，5 套装）、《世纪财富》（十连号，10 套装），由深圳市周六福金业文化有限公司，代理贵金属业务收入 7.31 万元。

2022 年，香河农商银行发行《敦煌金茶礼》（套装）、《福虎献瑞》、《福虎招财》、《富贵传家宝》（20 克）、《激情奥运》（100 克）、《金彩人生》、《金喜》、《中国熊猫 40 周年纪念金银条》，由苏州苏投贵金属文化发展有限公司；《辉煌时刻珍藏套装》《九龙银杯》，由江苏鸿樾文化有限公司供货，代理贵金属业务收入 385.25 万元。

第五章　银行卡业务

信通卡（借记卡）是由省联社统一发行的银行借记卡。

信通卡

2008 年 7 月，省联社印发《河北省农村信用社信通卡（借记卡）章程》，信通卡是河北省农村信用社为个人客户签发的一种实时记账的金融支付结算工具，具有存取现金、转账结算、消费、理财、查询、一卡多户、通存通兑、代理缴费、约定转存以及圈存、圈提、脱机消费等功能，信通卡在使用过程中不允许透支。

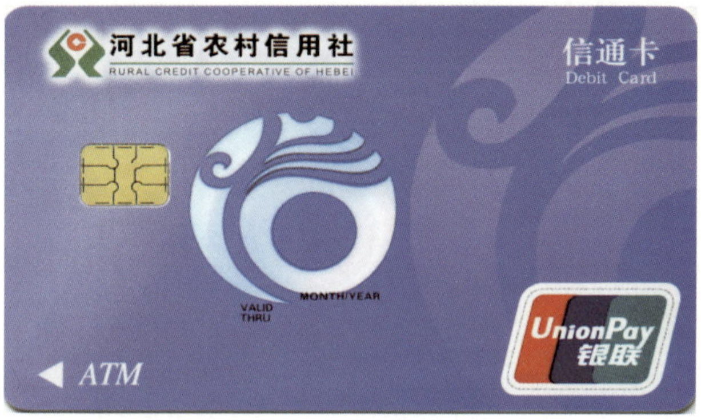

河北省农村信用社信通卡卡面　　王爱民 摄

2009 年 6 月 23 日，香河县农村信用社开展“信通卡走进农村”宣传活动，宣传人员通过把信通卡宣传资料发放到企业、商户及农民手中，耐心回答各种问题，使广大农民朋友对信通卡有更进一步了解，极大提高了客户使用信通卡的积极性。

截至 2022 年 12 月 31 日，香河农商银行信通普通卡发卡量 32.62 万张。

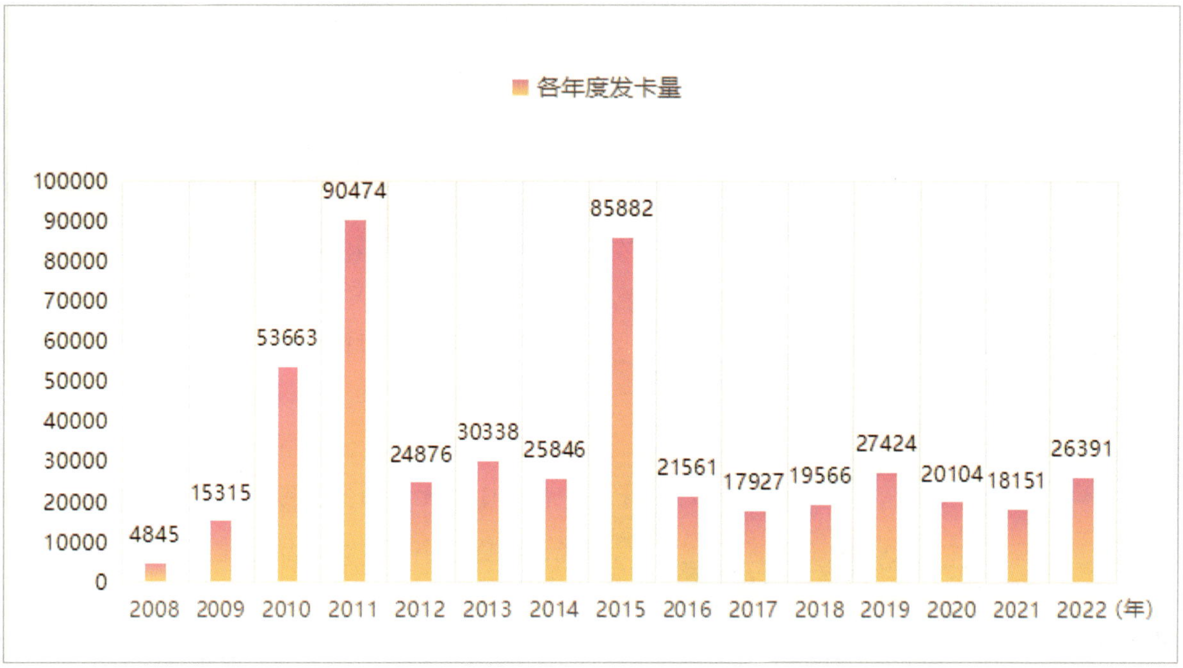

图3-5-1　2008—2022年香河县农村信用社借记卡发卡量统计（单位：张）

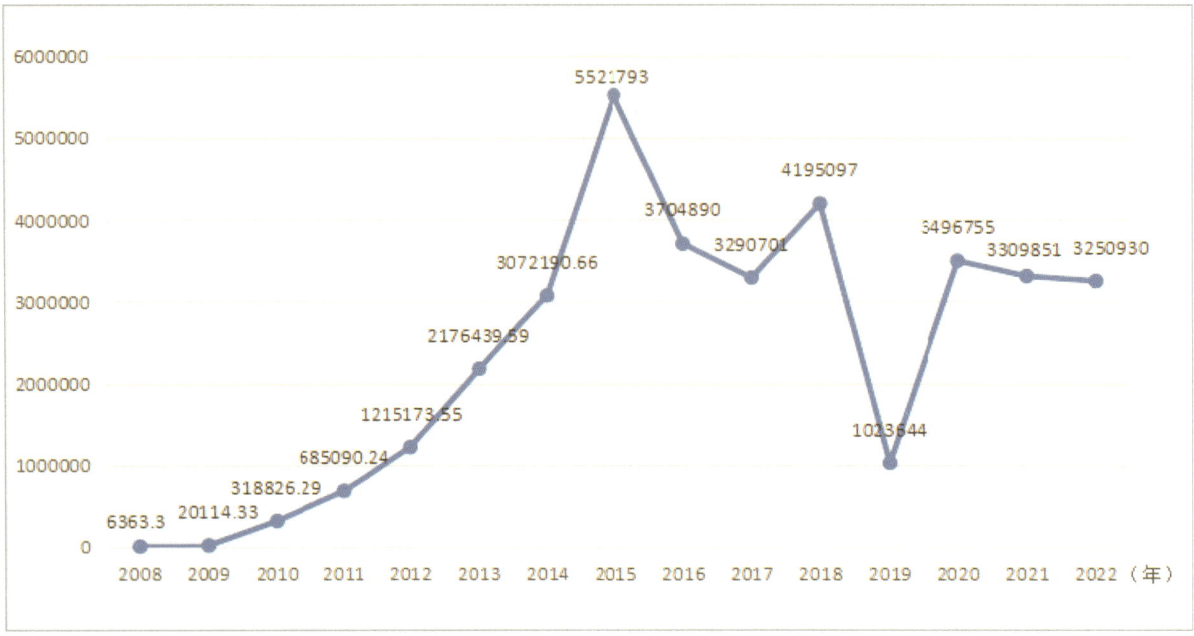

图3-5-2 2008—2022年香河县农村信用社借记卡交易额统计（单位：万元）

第一节　卡种类

惠农一卡通

2010年，河北省农村信用社推出惠农一卡通卡种，为广大农户生产经营和生活消费提供金融服务，除具有信通普通卡的所有功能外，还是各种惠农资金的补贴发放专用卡。截至2022年12月31日，香河农商银行信通惠农一卡通发卡量6.44万张。

河北省农村信用社惠农一卡通卡面　　王爱民 摄

农贷宝卡

2013年4月，省联社印发《河北省农村信用社农贷宝业务管理暂行办法》《河北省农村信用社农贷宝贷款业务操作流程（试行）》指出，4月23日，省联社顺利完成农贷宝小额贷款产品系统开发工作，实现产品申请、授信、审批及还款等各项功能，农贷宝小额贷款产品正式上线。是年，农贷宝小额贷款获“2013年首届河北省金融产品创新奖”。

河北省农村信用社农贷宝卡面　　王爱民 摄

截至2022年12月31日，香河农商银行农贷

宝卡发卡量 0.14 万张

学子卡

2013 年 7 月，省联社印发《河北省农村信用社学贷宝业务管理暂行办法》《河北省农村信用社学贷宝贷款业务操作流程（试行）》指出，省联社研发学贷宝产品，作为专门为生源地信用助学贷款研发的信贷产品，学贷宝产品具有使用方便、时效性强、风险控制严密等特点。

商贷宝卡

2014 年 7 月，省联社印发《河北省农村信用社商贷宝业务管理暂行办法》《河北省农村信用社商贷宝贷款业务操作流程（试行）》指出，商贷宝业务是指河北省农村信用社为辖内市场商户、个体工商户、小微企业主及其他生产经营活动的个人客户量身定制的提供存款、结算、贷款用信及还款服务等功能的综合类金融服务业务。商贷宝卡是河北省农村信用社面向社会发行的银联标准信通卡系列产品之一，卡内关联存款、贷款两类账户，存款账户具有普通信通卡的全部功能，贷款账户是在客户取得贷款授信后用信和还款的专用账户。持卡人可以选择在全省农信社任意网点或通过电话银行、网上银行、POS、EPOS 机等多种渠道在授信额度和期限内使用和归还商贷宝贷款。截至 2022 年 12 月 31 日，香河农商银行商贷宝卡发卡量 0.17 万张。

河北省农村信用社商贷宝卡面　　王爱民 摄

消贷宝卡

2015 年 8 月，省联社印发《河北省农村信用社消贷宝业务管理暂行办法》《河北省农村信用社消贷宝贷款业务操作流程（试行）》指出，为提升河北省农村信用社综合服务水平，打造特色信贷业务品牌，制定消贷宝业务管理办法，消贷宝业务是河北省农村信用社为辖内具有消费信贷需求的个人客户量身制定的提供存款、结算、贷款用信及还款服务等功能的综合类金融服务业务。

河北省农村信用社消贷宝卡面　　王爱民 摄

社会保障卡

2012 年，河北省农村信用社联合社办公室转发《关于对河北省农村信用社 154 家农信社在河北省发行具有金融功能的社会保障卡的批复》的通知。2022 年 8 月 11 日，香河农商银行开始发行第三代社会保障卡。社会保障卡集社保与金融应用于一体，有利于参保人员更方便、快捷地享受社会保障待遇和金融服务。

截至 2022 年 12 月 31 日，香河农商银行社保卡发卡量 0.49 万张，激活率 100%。

京津冀农银通卡

河北省农村信用社京津冀农银通卡卡面　　王爱民 摄

2016 年，河北省农村信用社发行京津冀农银通卡，京津冀农银通卡是河北省农村信用社、北京农商银行、天津农商银行为助推京津冀协同发展战略实施，联合推出的统一卡面借记卡品种，除基础金融功能外，还免除持卡人在京津冀 3 家金融机构 ATM 自助机具上交易时的跨行手续费，为京津冀三地居民提供同城化、标准化、一体化金融服务。

2019 年 12 月 5 日，香河农商银行承办全省京津冀农银通卡业务主题营销现场会，香河农商银行党委书记、董事长张斌作典型发言　　综合办公室供图

2019 年 12 月 5 日，全省农信社京津冀农银通卡业务主题营销现场会暨信用卡业务营销交流会在香河召开，大会由省联社主办，省联社廊坊审计中心、香河农商银行承办。

截至 2022 年 12 月 31 日，香河农商银行农银通卡发卡量 6.6 万张。

乡村振兴卡

河北省农村信用社乡村振兴卡卡面　　王爱民 摄

2021 年，河北省农村信用社发行乡村振兴卡。乡村振兴卡是河北省农村信用社为响应国家乡村振兴战略，为“三农”客户量身定制的一款专门用于农业生产、生活消费等涉农场景的专属借记卡产品。具有现金存取、转账结算、理财消费、一卡多户、在线支付、代收代发等线上线下标准银联借记卡金融支付结算功能。持卡人享免开卡工本费、年费、短信服务费、每月前 10 笔异地取款和跨行取款手续费 5 项费用。

截至 2022 年 12 月 31 日，香河农商银行乡村振兴卡发卡量 2.06 万张。

附属卡

附属卡是与主卡绑定统一账户、享受相同业务服务与优惠标准、可在主卡持卡人设置的限额之内独立使用并可由主卡持卡人控制的银行卡。

截至 2022 年 12 月 31 日，香河农商银行信通普通附属卡发卡量 0.0021 万张。

第二节　便民服务

农信村村通服务

“农信村村通”工程是省联社党委贯彻中央一号文件，深化农村金融体制改革，执行支农、惠农政策的具体体现。农信村村通服务依托科学技术和产品创新，通过布放 EPOS 机具、ATM、助农服务终端、智能 POS 等机具为设备支撑，为农民客户提供基本金融服务。农信村村通服务对改善农村金融支付结算环境，活跃农村经济具有重要的促进作用。

2011 年 9 月 5 日，省联社印发《“农信村村通”工程实施方案》《“农信村村通”业务指导办法（试行）》指出，在农村地区选择具有经营场所的特约商户布放 EPOS 机具，为农村持卡人提供小额取现、现金汇款、转账汇款等业务，满足农民客户的基本金融业务需求。9 月 16 日，县联社印发《关于“农信村村通”工程的实施方案》指出，成立“农信村村通”工程实施小组，确定渠口、刘宋、蒋辛屯、大罗屯、安平 5 个信用社各选 1 户特约农户作为“农信村村通”工程试点，其他网点进行推广宣传工作。

自 2016 年开始，省联社开展“农信村村通”提升工程，在原有服务点的基础上开设金融便民店，通过布放 ATM、助农服务终端、智能 POS 等机具为设备支撑，为客户提供查询、助农取款、现金汇款、转账汇款、存折补登、活期转定期、代理缴费、贷款用信还款等服务。是年，香河县农村信用社制定《“农信村村通”特约农户奖励标准》，按照不同交易类型和金额，特约商户提取不同档次业务手续费。截至 2018 年 12 月 31 日，香河农商银行农信村村通商户数 112 户。

2019 年 12 月 31 日，香河农商银行农信村村通商户数 104 户。

2022 年 12 月 31 日，香河农商银行农信村村通商户数 66 户。

E 缴费、ETC 业务

农信 E 缴费　是河北省农村信用社为加快移动金融业务发展，满足中小企事业单位在线收费需求，打造的一款“支付+场景化”的便民缴费产品。

2018 年 10 月 25 日，省联社印发《河北省农村信用社 E 缴费业务操作规程（试行）》，规定主要服务内容包括：交纳党费（工会费、社团费），交纳学费（学校、幼儿园、教育培训机构），交纳社保费（城乡居民养老保险、医疗保险），交纳物业费（水费、取暖费、卫生费）和代理农信银增值服务交费项目。

2020 年 8 月 17 日，香河农商银行为辖内企业开通 E 缴费业务。

2021 年 2 月，省联社印发《新版农信 E 缴费（缴费易）业务操作手册》，新版 E 缴费业务缴费项目在手机银行、微信银行端图标显示快速缴费编号可方便个人客户缴费时快速输入。

截至 2022 年 12 月 31 日，香河农商银行 23 家企业开通农信 E 缴费业务。

河北高速 ETC 业务　是河北省农村信用社与河北省高速公路管理局低碳畅行卡、车载电子标签进行绑定，使绑定车辆在联网区域高速公路上实现电子缴费通行费的业务。签约客户可享受专属车道直接通过高速收费站，省内高速公路通行费 9.5 折优惠。

2016 年 10 月，县联社转发省联社印发《河北高速 ETC 平台操作手册》，开始受理 ETC 业务。

2017 年，省联社拓展部对全省 ETC 业务开展视频培训会，培训内容从 ETC 业务平台到安装使用做详细讲解。

截至 2018 年 12 月 31 日，香河农商银行发展 ETC 客户 71 户。

2019 年，香河农商银行对 ETC 业务进行大力推广。截至 2019 年 12 月 31 日，ETC 客户数增至 1498 户。

截至 2022 年 12 月 31 日，香河农商银行发展 ETC 客户 1695 户。

第六章　电子银行业务

电子银行业务包括网上银行业务、手机银行业务、电话银行业务、自助银行业务以及第三方支付清算提供的支付系统等，是在核心业务系统及信贷管理系统之外，用于连接客户业务需求与业务操作的渠道和媒介。

香河县农村信用社的电子银行业务随省联社业务系统建设更新，网上银行、手机银行等可由用户自行操作，办理业务更加趋向便民化和普惠化。

第一节　电话银行

“96369”电话银行是河北省农村信用社面向客户提供的一种现代化的金融服务方式，“96369”是集自助业务和人工服务于一体的客户服务号码。采取每周 7×24 小时服务，客户拨打“96369”便可享受到方便、快捷、高效的金融服务。

2017 年 11 月，省联社新一代客户中心切换运营，并印发《96369 客服中心客户常见问题汇编》，涵盖客服中心日常受理客户咨询各类常见问题，包括存款、贷款、汇兑、银行卡、电子银行、中间业务、自助机具、个人征信、投诉工单、常用话术、固话流程及基本服务用语等。

第二节　短信业务

短信服务是河北省农村信用社以手机短信的方式，通过专用服务号码向签约客户提供账户余额变动通知、贷款通知、自助余额查询、自助明细查询、自助解约、自助签约、一键锁卡、一键解卡等短信服务，也可以向客户发送宣传、节日祝福等重要信息。

2009 年 9 月 24 日，省联社印发《河北省农村信用社联合社办公室关于做好 96369 短信服务宣传营销工作的通知》指出，“96369”短信服务业务于 2009 年 8 月 1 日在全省上线，要求各营业网点提高认识，从自身做起，做好基层员工业务培训工作，提高一线员工主动营销和宣传的意识，组织辖内营业网点统一悬挂“热烈庆祝河北省农村信用社‘96369’短信服务全省开通”横幅和“‘96369’短信服务，账户变动尽在手中”标语，张贴宣传海报。

2011 年，省联社印发《河北省农村信用社联合社短信平台系统运行管理暂行办法》指出，短信平台是省联社与河北移动、河北联通、河北电信合作的双向交互式短信平台，可为河北省农村信用社短信签约用户，通过“106350096369”专用客服号码提供账户余额变动通知、贷款通知、账户余额查询、账户明细查询等服务，也可以向用户发送业务宣传、节日祝福等信息。短信平台服务对象为河北省农村信用社短信签约用户。

2012 年，香河县农村信用社积极推广短信业务服务，截至 2012 年 12 月 31 日，24136 名客户签约短信服务。

2017 年，省联社拓展微信公众号业务后，手机短信业务签约数量有所下降，截至 2022 年 12 月 31 日，短信签约数量 34850 户。

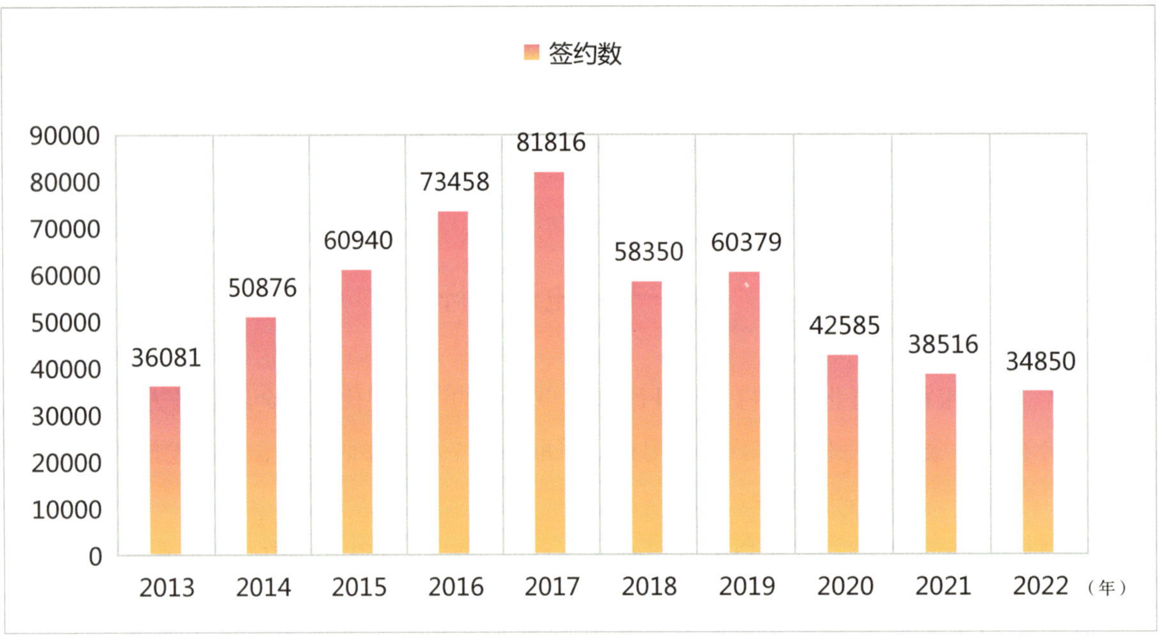

图 3-6-1　2013—2022年香河县农村信用社短信息业务签约统计（单位：户）

第三节　手机银行

手机银行是河北省农村信用社利用无线网络和移动电话，为客户提供账户管理、转账汇款、缴费支付、投资理财、账务查询等金融服务及生活助手服务，已推出手机银行 iPhone（苹果）版客户端和 Android（安卓）版客户端。同时开通“随 E 盾”服务，为手机银行客户提供安全大额服务，使客户的手机成为一个掌上的银行柜台，随时随地体验便捷高效的金融服务，全面满足客户的金融服务需求。

2014 年 11 月，河北银监局印发《关于同意河北省农村信用社开办手机银行业务的批复》指出，同意省联社接受全省 150 家行社委托，开办手机银行业务。是年，省联社印发《关于做好手机银行业务推广工作的通知》《河北省农村信用社手机银行业务章程》。

2015 年 12 月，县联社转发河北省农村信用社联合社办公室印发《关于继续实施网上银行、手机银行优惠政策的通知》指出，网上银行、手机银行客户免服务年费、免收安全产品工本费。

2018 年 4 月 3 日，省联社印发《河北省农村信用社手机银行业务管理办法》指出，河北省农村信用社手机银行业务是指利用无线网络和移动电话，为客户提供的账户管理、信息查询、转账汇款、缴费支付、投资理财等金融服务以及金融助手等公共类服务，包括但不限于手机银行客户端及手机银行“随 E 盾”贴片两种方式。7 月，省联社印发《关于做好新版手机银行推广工作的通知》，香河农商银行积极推广手机银行业务，截至 2018 年 12 月 31 日，香河农商银行手机银行随 E 盾用户数 587 户，交易金额 311691 万元，动态码用户 57296 户，交易金额 837916 万元。

图3-6-2　2016—2022年香河县农村信用社手机银行用户数量统计（单位：户）

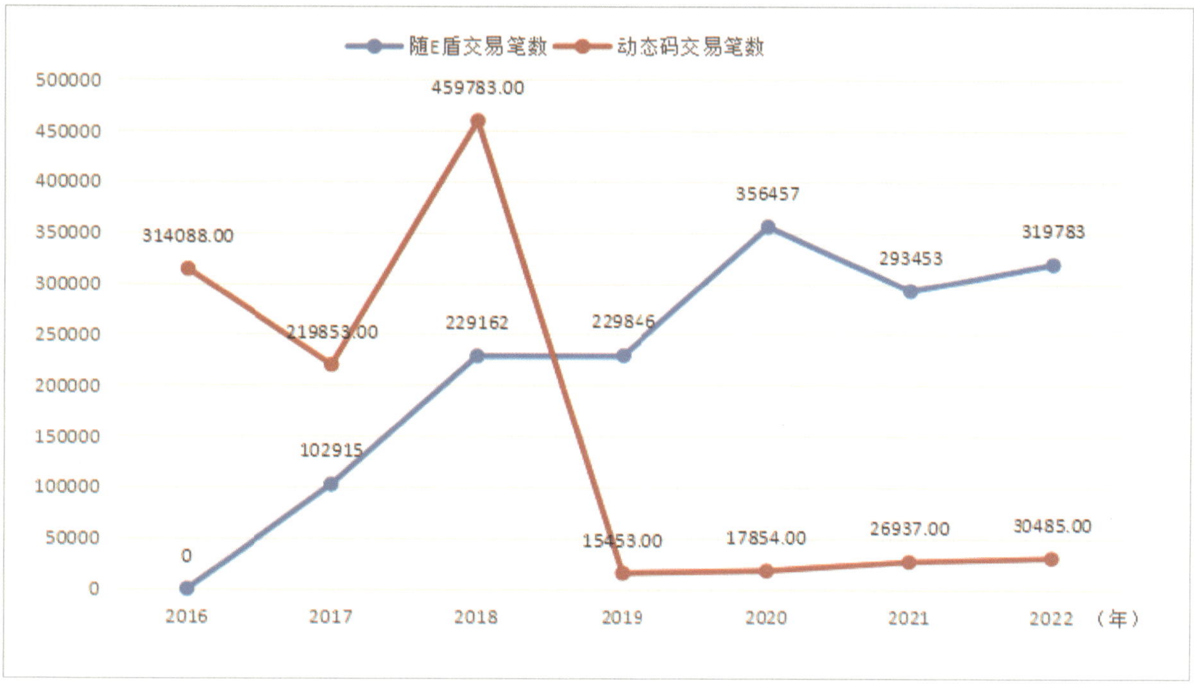

图3-6-3　2016—2022年香河县农村信用社手机银行交易笔数统计（单位：笔）

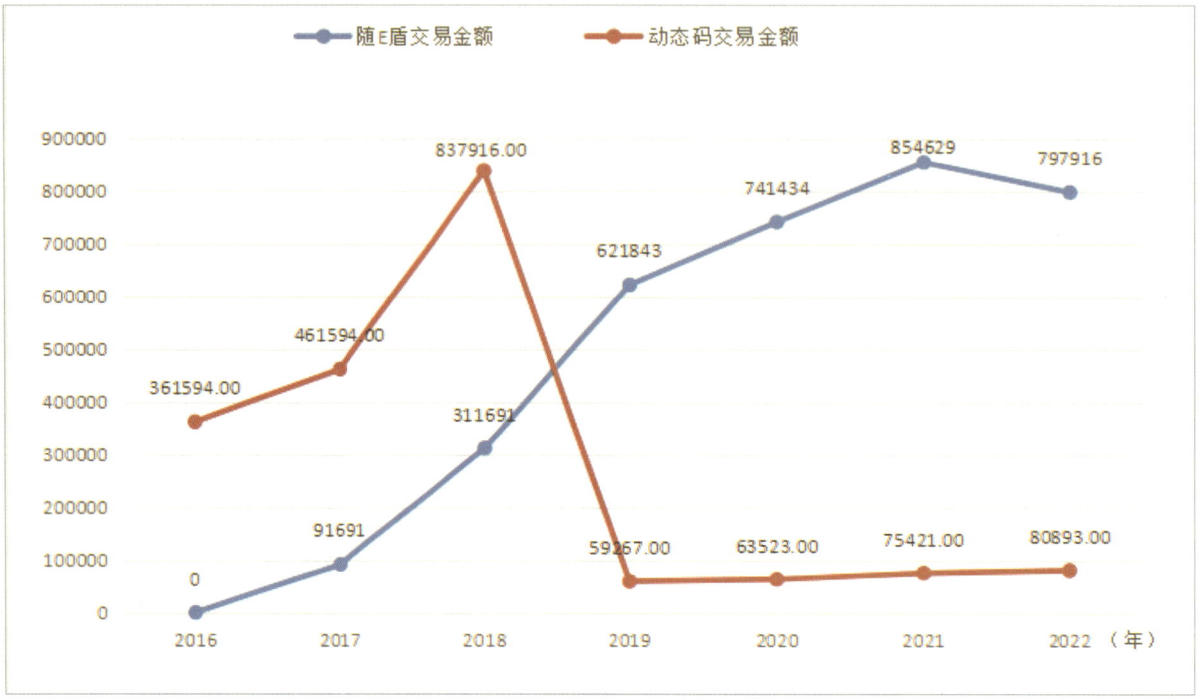

图3-6-4　2016—2022年香河县农村信用社手机银行交易金额统计（单位：万元）

第四节　网上银行

网上银行是河北省农村信用社向客户提供互联网交易和服务的 WEB 端渠道，包括个人版和企业版。

个人网上银行是指利用互联网渠道，为个人客户提供账户查询、转账汇款、支付缴费、投资理财、个人贷款等金融服务平台。个人网上银行采取 UKEY 或“随 E 盾”模式的数字证书安全认证方式，安全性高，转账额度大，可实现 24 小时网上服务。

企业网上银行业务是指通过互联网向企业客户提供的自助式银行服务，具有账户查询、转账汇款、资金管理等功能，突破时间、地域、网点的限制，向客户提供个性化、全方位、高效率的金融服务。

2010 年 12 月 1 日，省联社印发《河北省农村信用社网上银行业务章程（暂行）》指出，客户可在河北省农村信用社任一营业网点注册网上银行，客户在注册网上银行时，应保证所提供的资料真实、准确、完整、有效，并遵守河北省农村信用社网上银行服务协议。客户认证方式有客户证书和动态密码令牌两种。并随文印发《网上银行业务收费项目及标准》。

2011 年 7 月，省联社印发《河北省农村信用社网上银行业务推广指导意见》指出，网上银行作为网络与经济时代的经济平台和电子商务活动的重要载体，以其自助服务的特点，不但可以大大减轻前台网点工作压力，还可向客户提供个性化、全方位、高效率的服务，提高客户对农村信用社的满意度。县级农信联社负责贯彻落实省联社制定的网银各项规章制度，细化网银操作流程，按照“自助申请、自我管理、自担风险”的原则开展网银业务。7 月 25 日，省联社廊坊办事处同意香河联社开办网上银行业务。是年，县联社成立网上银行系统领导小组及网上银行系统应急处置领导小组，并制定《香河县农村信用社网上银行业务岗位职责》以及明确网上银行管理部门和专职管理人员，加强网上银行业务管理，保证内部试运行工作有序开展。

2014 年 10 月 17 日，省联社印发《关于网上银行、ATM、POS 等电子渠道新增业务功能的通知》指出：一是进一步增强网上银行客户业务体验度，简化用户证书下载流程，更新网银 USBKEY（网上银行安全证书介质）使用联动销号和预制证书 USBKEY 等业务；二是新增网银“乐享生活”服务功能，向全国范围的移动、联通和电信手机充值，购买 Q 币（腾讯推出的虚拟货币）、QQ 会员（腾讯推出的年费会员）等 19 种网络游戏点卡充值，为广大客户特别是年轻群体提供更加丰富便捷的服务。

2016 年 10 月 19 日，省联社印发《河北省农村信用社网上银行业务章程》《河北省农村信用社网上银行业务管理办法》《河北省农村信用社网上银行业务操作规程》《河北省农村信用社网上银行重要客户业务管理办法》《河北省农村信用社网上银行安全证书及其介质管理办法》《河北省农村信用社网上银行业务运行应急方案和业务连续性方案》等制度。

2017 年 5 月，县联社印发《网上银行重要客户业务管理办法（试行）》指出，香河县农村信用社重要客户业务是指通过网上银行向重要客户提供的可设置较高交易限额的服务。

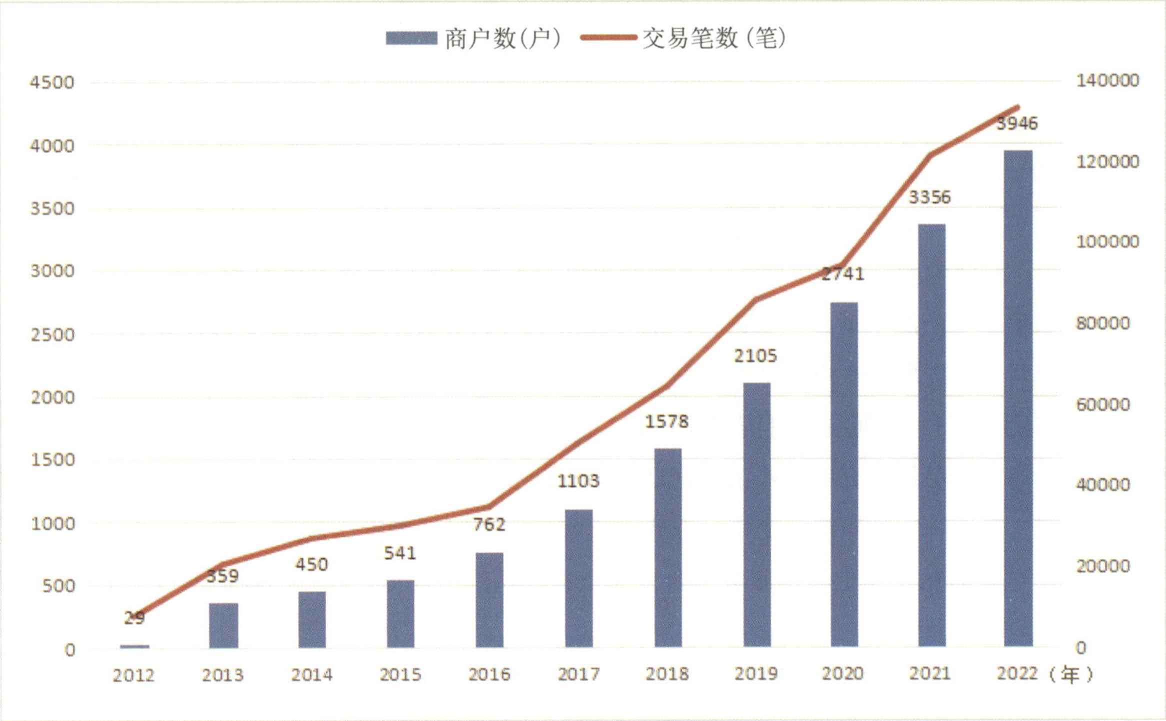

图3-6-5　2012—2022年香河县农村信用社企业网银用户和交易笔数统计

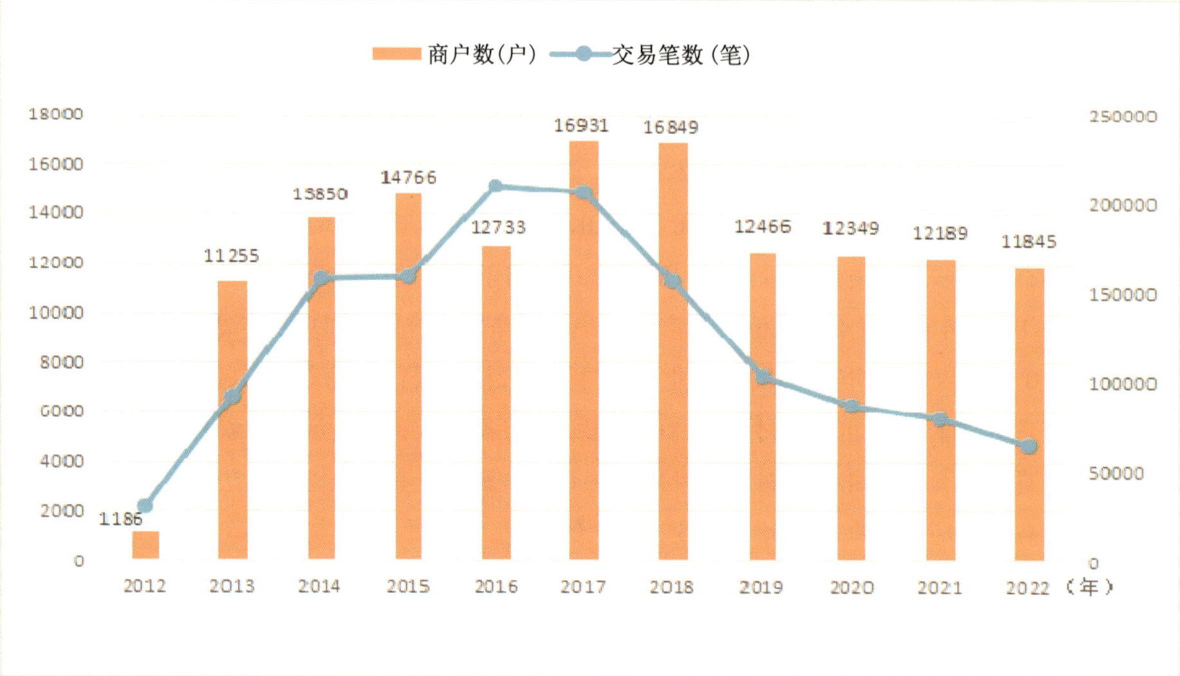

图3-6-6　2012—2022年香河县农村信用社个人网银用户和交易笔数统计

第五节　微信公众号

微信公众号是指河北省农村信用社依托腾讯微信公众服务平台“河北农信”，为广大客户提供品牌与业务的营销宣传、支付结算的金融交易、直接交互的客户关怀等多样化服务平台。微信公众号内包括“微账户”“微金融”“微生活”三大功能菜单，主要为客户提供手机银行下载、附近网点导航、特色信贷及农信小贷产品申请、电子银行产品介绍等服务，并提供在线客服随时答疑，同时为绑定认证客户提供免费余额提醒、账户信息查询、紧急挂失服务。

2016 年 5 月 16 日，香河县农村信用社开通“香河县农村信用合作联社”微信订阅号，为客户提供县联社工作动态、产品服务介绍和经济金融政策等资讯信息和线上服务。微信订阅号服务菜单包括微服务、微资讯、微矩阵。按照政策变化、企业文化宣传、实时活动推送信息。

2017 年，省联社推出微信营销服务平台，为全省农村信用社提供统一的宣传推送、金融服务及营销互动渠道。

2018 年，香河农商银行体制改革后微信公众号更名为“香河农商银行”官方订阅号。

图 3-6-7　2017—2022 年香河县农村信用社“河北农信”关注数量统计（单位：户）

第六节　自助设备

香河县农村信用社自助设备包括自动取款机（ATM）和自动存取款一体机（CDM），主要提供取款、存款、转账、改密、余额查询、电子现金等金融服务。

自动取款机（ATM）是一种高度精密的机电一体化装置，利用磁性代码卡或智能卡实现金融交易的自助服务，代替银行柜面人员的工作。可提取现金、查询余额、进行账户之间资金划拨等工作。

自动存取款一体机（CDM）是 CDM 兼具 ATM 功能，既可取款，可存款，还可以转账，查询交易明细等修改化服务。

2009 年，省联社印发《河北省农村信用社自动柜员机管理办法（试行）》指出，河北省农村信用社自动柜员机总体原则是：统一开发、集中审批、分级管理、合理布局、安全高效。

2010 年，县联社在府前街信用社布放第一台自助设备，当年完成布放 1 台。

2015 年，县联社在前套村分理处布放第一家离行自助设备。

截至 2022 年 12 月 31 日，香河农商银行布放自助设备 86 台，其中 ATM 36 台、CDM 50 台。

第七节　POS 机

POS 是“销售点终端机具”的英文简称，是河北省农村信用社安装在特约商户内，为持卡人提供预授权、消费、结算等服务的专用电子支付设备。河北省农村信用社 POS 机分为银联直连 POS 和农信银 POS、间联 POS、MIS-POS、智能 POS。

2009 年，省联社印发《河北省农村信用社特约商户发展及管理办法（试行）》指出，河北省农村信用社特约商户是指凡已办理工商注册并领取营业执照、独立核算、经营状况良好、信誉度高、客流量大、销售额较多、有较好通信条件的饮食娱乐、旅游交通、商品销售等服务贸易型企业与河北省农村信用社签订协议，为持卡人提供银行卡刷卡结算服务的单位。

2014 年 1 月，省联社印发《关于继续实施县乡地区刷卡手续费激励措施的函》《关于清理银联商户注册系统长期无交易商户信息的函》指出，要充分利用激励措施营销商户，加强商户管理严把商户准入，定期清理无效商户。

2014 年 9 月 24 日，县联社印发《香河县农村信用合作联社关于加强 POS 客户回访、巡检工作的通知》指出，通联 POS 回访工作每半年必须对全部客户至少上门回访一次，回访率不得低于 95%；重要客户每季上门回访一次，回访率要达到 100%。对原有农信银、银联 POS 的商户，各网点要保证按月巡检，巡检要各网点外勤管理员亲自上门进行，巡检登记簿要由商户盖章、签字。EPOS 商户的回访要与信息档案建立结合进行，由各网点外勤确定的两名电子银行管理员负责。每季度必须对所有商户至少回访一次，每月回访比例不得低于 50%。对特约农户的业务培训每半年一次，留存培训记录。

2016 年 9 月，根据《国家发展改革委 中国人民银行关于完善银行卡刷卡手续费定价机制的通知》文件精神，省联社制订银行卡刷卡手续费实施方案，开展多期业务培训，完成系统改造和切换，保证银行卡刷卡手续费调整有序、平稳实施。

2017 年 5 月，根据中国人民银行《关于进一步做好金融 IC 卡和移动金融应用工作的通知》的要求，省联社全面完成 POS 终端非接改造，为广大持卡人营造安全的支付环境。

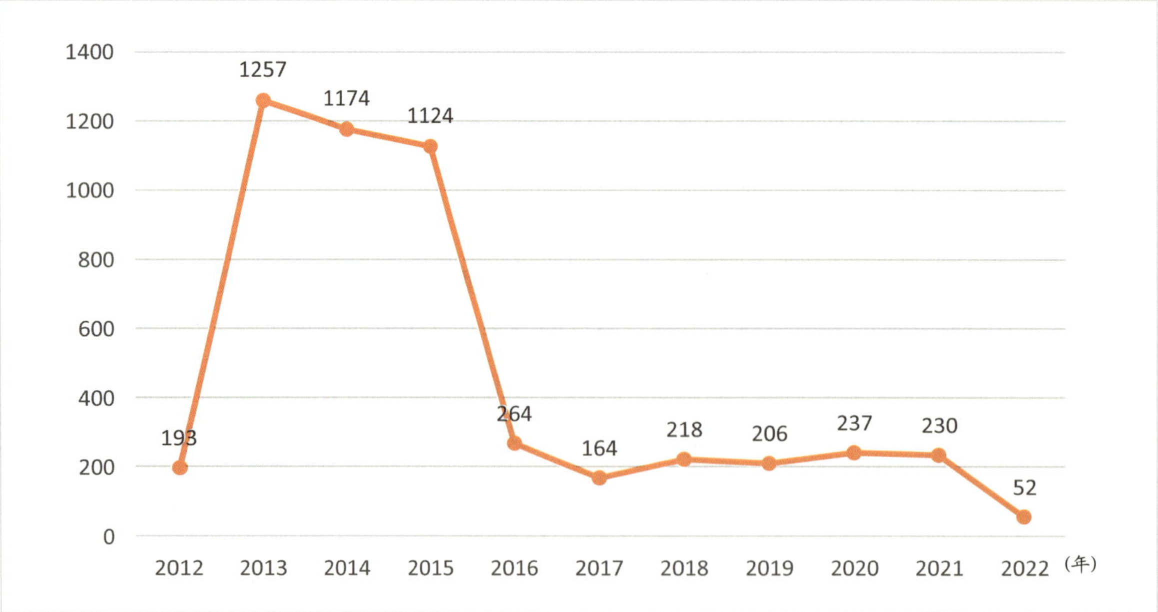

图 3-6-8　2012—2022 年香河县农村信用社 POS 商户数统计（单位：户）

第八节　聚合支付

“农信 e 购”聚合支付是河北省农村信用社在应用扫码支付技术的基础上，以商户新型支付结算需求为出发点，融合多种类型设备，为商户提供场景化收单服务的一种产品。聚合支付业务可提供云闪付、微信、支付宝等渠道的条码主扫（静态码、动态码）、被扫收款；提供商户 App 及在线查询平台，微商户提供交易通知、交易查询、会员管理、优惠券营销等功能，提供多种行业应用场景收单方案及功能。

2018 年 1 月，省联社印发《河北省农村信用社二维码收单业务管理暂行办法》《河北省农村信用社互联网支付收单业务管理暂行办法》，指出二维码收单业务，是各行社与特约商户签订二维码受理协议，在特约商户按约定受理基于条码技术的支付方式与付款人达成交易后为特约商户提供交易资金结算服务，从而向其收取约定比例或金额手续费的业务。是年，香河农商银行聚合支付商户数 8547 户，交易笔数 220920 笔，交易金额 1321.4 万元。

2019 年 3 月，省联社拓展部对新聚合支付业务进行视频培训，详细讲解聚合支付业务发展状况和下一步工作计划。是年，香河农商银行聚合支付商户数 10314 户，交易笔数 1209804 笔，交易金额 831.65 万元。

2022 年，香河农商银行聚合支付商户数 10120 户，交易笔数 2341836 笔，交易金额 23661.88 万元。

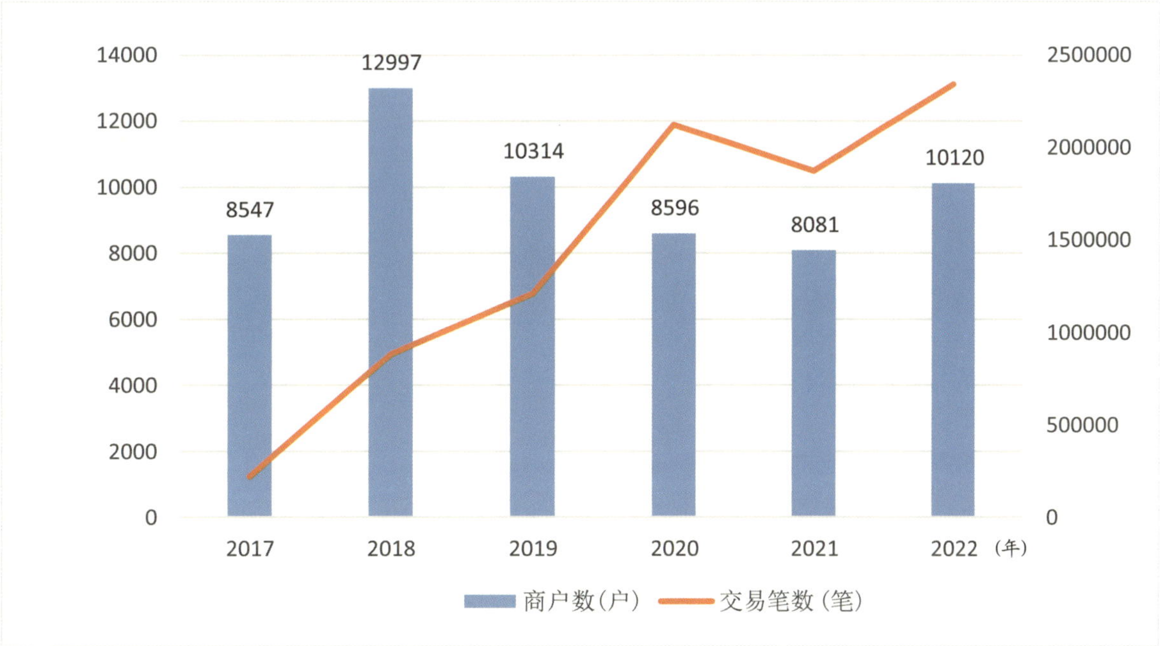

图 3-6-9　2017—2022 年香河县农村信用社聚合支付商户数和交易笔数统计

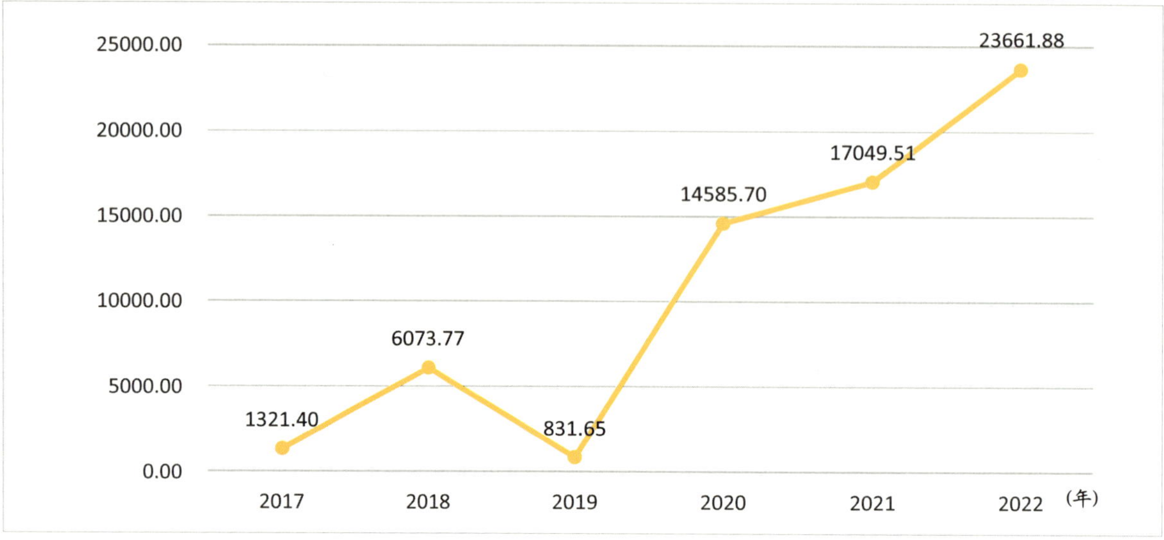

图 3-6-10　2017—2022 年香河县农村信用社聚合支付交易金额统计（单位：万元）

第七章　金融市场业务

金融市场业务是指金融机构综合运用利率、汇率、信用等构成的基础及衍生金融工具，通过在各类金融市场开展投融资交易、承销发售融资工具等，满足避险、投资、融资等需求。

香河县农村信用社金融市场业务主要包括资金调剂、同业产品和债券业务产品，是存贷款业务的重要补充，主要发挥流动性管理、提高资金使用效率、增加经营效益、增强负债能力等重要功能。

第一节　资金调剂

省联社成立以前，各联社辖内的二级法人信用社、各法人单位联社之间的资金余缺，只能通过之间的资金调剂来解决，各个不同时期对资金调剂有不同的限制和规定。省联社成立之后，在全省农村信用社中开办约期存放与系统内调剂，省联社通过系统内借款业务将汇集的资金调剂到有自己需求的成员行，从而实现资金余缺的系统内调剂，提高辖内县联社（农商银行）的资金融通效率。香河县农村信用社通过资金调剂，搭建资金融通公共平台，增强资金调控能力，提升基层网点的服务意识，利用市场便利的融资条件帮助网点解决支农及临时性头寸不足的问题。

系统内调剂

1957 年，中国人民银行印发《关于信用社资金调剂问题的指示》指出，信用社资金余缺，以县为范围，通过银行进行调剂。

1987 年 9 月，中国人民银行、中国农业银行印发《关于农村信用社信贷资金管理的暂行规定》指出，信用社的资金拆借，主要是在县内各社之间进行，跨县、跨系统拆借资金，由县联社统一组织，并报县农行备案，以便和农村信贷计划相衔接。信用社凡是未缴足存款准备金、未留足业务周转金或欠银行支持款的，不得向外拆出资金。

1994 年 9 月 8 日，中国农业银行印发《关于进一步加强县（市）联社建设的意见》（农银发〔1994〕194 号）指出，要加强信用社资金调剂，县联社要利用信用社资金的时间差、地区差，帮助基层社搞好资金头寸匡算，灵活地进行资金余缺调剂；县联社要在资金上和调剂资金的利率上给贫困社以优惠，并组织开展富社帮穷社活动，扶持贫困社发展，促进辖内信用社共同发展。县联社在辖内信用社之间调剂资金余缺，要采用经济的办法，坚持自愿、互利的原则，防止用行政的办法无偿、随意抽调基层社的信贷资金。

2014 年，省联社印发《河北省农村信用社资金营运管理办法》指出，县级行社职责依法按时足额上缴存款准备金，做好头寸管理，保证对外支付，依据经营需要及资金状况，合理安排资金，核定投资比例，最大限度压缩低息及非生息资金占用。

2015 年，省联社印发《河北省农村信用社资金调剂业务管理暂行办法》指出，河北省农村信用资金调剂业务是指河北省农村信用社联合社根据辖内农村信用社申请，为解决辖内农村信用社因临时性资金头寸不足而向其提供资金的业务行为。

约期存放

2005 年，省联社印发《河北省农村信用社资金营运管理暂行办法》指出，资金营运业务包括辖内农村信用社资金往来和系统外资金往来。系统内资金往来包括资金上存、资金调剂等业务，系统外资金往来包括债券市场、同业存款等业务。上存资金分为活期和定期两种，上存和调剂资金基准利率由省联社资金营运中心根据同期银行间同业拆借市场利率和全辖资金状况调整核定，不定期公布。

2012 年，省联社印发《河北省农村信用社约期存款管理暂行办法》指出，约期存款是指辖内农村信用社与河北省农村信用社联合社签订约期存款主协议，约定存款利率和期限，将资金存入省联社而形成的存款。活期约期存款金额为 500 万元及其整倍数，定期约期存款金额为 1000 万元及其整数倍。对于临时性富余资金由县级联社本着自愿原则进行约期存款，除按超额准备金利率按季结息外，每季度按照日均余额在原利息基础上上浮 0.1%计息。截至 2012 年 12 月 31 日，香河县农村信用社约期存放 3 笔，累计金额 34000 万元。

2013 年，香河县农村信用社约期存放 9 笔，累计金额 59000 万元。

2014 年，香河县农村信用社约期存放 2 笔，累计金额 40000 万元。

2016 年，香河县农村信用社约期存放 2 笔，累计金额 60000 万元。

2017 年，香河县农村信用社约期存放 11 笔，累计金额 147000 万元。

2018 年，香河农商银行约期存放 1 笔，累计金额 260000 万元。

2019 年，香河农商银行约期存放 11 笔，累计金额 316000 万元。

2020 年，香河农商银行约期存放 33 笔，累计金额 1061000 万元。

2021 年，香河农商银行约期存放 47 笔，累计金额 1764000 万元。

第二节　债券与同业业务

债券业务

债券投资是指债券购买人（投资人、债权人）以购买债券的形式投放资本，到期向债券发行人（借款人、债务人）收取固定的利息以及收回本金的一种投资方式。

2005 年，省联社印发《河北省农村信用社资金营运管理暂行办法》指出，省联社资金营运中心受托代表全省农村信用社加入全国银行间债券交易市场，统一运用股本金、委托金、货币市场融入资金及其他可投入债券市场的资金，开展现券买卖、债券回购、债券承分销等业务。

2012 年，香河县农村信用社开始购买省联社居间代理政府债券。2012 年累计购买 6 笔，累计金额 94000 万元。2013 年香河县农村信用社累计购买 1 笔，累计金额 10000 万元。

2014 年，省联社印发《河北省农村信用社资金营运管理办法》指出，各级开展债券市场业务的机构要设立资金营运管理委员会，对债券投资品种、方式和规模等进行审慎决策。2014 年底，香河县农村信用社金融债券累计购买 6 笔，累计金额 78650 万元。

截至 2016 年底，香河县农村信用社投资省联社居间代理的河北省地方政府债券 12 笔，余额 46984.65 万元。

截至 2017 年底，香河县农村信用社投资省联社居间代理的河北省地方政府债券 12 笔，余额 46984.65 万元。

截至 2018 年底，香河农商银行投资省联社居间代理的河北省地方政府债券 11 笔，余额 37032 万元。

截至 2019 年底，香河农商银行投资省联社居间代理的河北省地方政府债券 9 笔，余额 35123 万元。

截至 2020 年底，香河农商银行投资省联社居间代理的河北省地方政府债券 8 笔，余额 27123 万元。

截至 2021 年底，香河农商银行投资省联社居间代理的河北省地方政府债券 6 笔，余额 23432 万元。

2022 年 6 月，香河农商银行加入全国银行间债券市场，完善各项业务流程和业务操作，审慎开展债券投资、债券回购等银行间市场业务。6 月 8 日，完成了第一笔政策性金融债的购买交易，拓宽了资金利用渠道，促进资金业务向多元化、效益化的发展方向迈进，提高资金的流动性。截至年底，香河农商银行债券投资 107 笔，余额 428232 万元。其中，省联社居间代理的河北省地方政府债券 5 笔，余额 13232 万元；政策性银行债券 80 笔，余额 268000 万元；同业存单 22 笔，余额 147000 万元。

同业业务

同业业务是指金融机构间开展的以投融资为核心的同业融资、同业投资等业务。

2002 年 11 月，中国人民银行石家庄中心支行印发《河北省农村信用合作社同业借款管理实施办法》指出，信用社通过同业借款借入的资金，应当用于发放农户小额信用贷款、联保贷款和其他农户贷款，不得用于债权投资、保支付或发放农户贷款以外的其他贷款。信用社同业借款要坚持“自愿、平等、诚实、信用”的原则，“先辖内、后辖外”。

2005 年，省联社印发《河北省农村信用社资金营运管理暂行办法》指出，办理同业存款要与其他金融机构签订同业存款协议，协议上列明资金总额、利率、期限、违约责任等条款。

2012 年，香河县农村信用社拆放同业 4 笔，累计金额 27000 万元；

2014 年，省联社印发《河北省农村信用社资金营运管理暂行办法》指出，各级行社应严格按照人民银行相关要求审慎开立同业银行结算账户，办理同业存款业务，其利率水平不得低于省联社同期约期存款指导利率。

2016 年，香河县农村信用社存放同业累计 53 笔，累计金额 741902 万元。

2017 年，香河县农村信用社存放同业累计 36 笔，累计金额 780000 万元。

2018 年，香河农商银行存放同业累计 24 笔，累计金额 370000 万元。

2019 年，香河农商银行存放同业累计 34 笔，累计金额 755000 万元。

2020 年，香河农商银行存放同业累计 47 笔，累计金额 974000 万元。

2021 年，香河农商银行存放同业累计 41 笔，累计金额 813000 万元。

2022 年，香河农商银行存放同业资产余额 702409.02 万元，其中，存放同业款项 154241.06 万元，存放系统内款项 63391.17 万元，存放同业定期 5 笔，余额为 90000 万元。

第八章 所有者权益

所有者权益是指企业资产扣除负债后，由所有者享有的剩余权益，体现企业资本实力情况，反映投入资本增值保值情况，切实保护债权人权益的理念。

香河县农村信用社所有者权益的来源包括所有者投入的资本、其他综合收益、留存收益等，通常由实收资本（股本）、资本公积、盈余公积、一般风险准备和未分配利润等构成。所有者投入的资本，是指所有者投入企业的资本部分，它既包括股本金额，也包括投入资本超过股本部分的金额，即资本（股本）溢价，这部分投入资本作为资本公积（资本溢价）反映。其他综合收益，是指根据会计准则规定未在当期损益中确认的各项利得和损失。留存收益，是指从历年实现的利润中提取或形成的留存的内部积累，包括盈余公积、一般风险准备和未分配利润。

第一节 股金管理

股金，一般是指股份制企业的股东对其所认股份缴付的款项。股金，又称股本、股本金，即企业的注册资本，是公司制企业章程规定的全体股东或发起人认缴的出资额或认购的股本总额，并在公司登记机关依法登记。

在各个不同的发展时期里，香河县农村信用社股金的性质经历过多次变化。对于农村信用社来说，起初将股金作为主要的资金来源，之后的一个时期作为其内部资金或视同自有资金，随着股权的规范和公司治理的完善，农村信用社创立初期的入股农户，将股金设为社员资格取得的途径，之后出现的大股东拥有相应的权益和服务，随着农村信用社体制改革的深入，获得投资收益成为入股者的主要目的。入股的对象和股权的构成，历经由单一的辖区农民个人股到加入集体大股，再到干部职工、企业法人股等多轮更迭。

股金构成与性质

1951 年，中国人民银行规定农村信用社按章程规定社员入社需缴纳股金，每人（户）至少一股，股金一般不分红。入股的主要是辖内农民，为取得社员资格，而自愿向信用社交纳入股款项，其投票权为“一人一票”。股金对于入股主体农民来说，实质上就是社员资格，对于农村信用社则将股金作为吸收农村闲散资金的手段之一，股金为农村信用社的主要资金来源。

1953 年，中国人民银行提出股金原则上不分红，但为吸引农民入股，可给予一定的股息。

1954 年，中国人民银行香河县支行印发简报，群众走互助合作道路的劲头很足，对建立以乡为单位的信用社信心很高，当时建成的 4 家信用社均达到 300—600 股，群众向干部反映“一乡 300 股就能开业，太不成问题了”，干部以身作则，带动群众入股。

1955 年，随着农业合作的不断发展，在乡乡建社的情况下，香河全县建社 62 个，入社农户 34007 户，社员 55249 名，收取股金 67800 元。中国人民银行香河县支行提出为鼓励社员入股的积极性和发挥群众对社内工作的监督工作，要切实执行股金分红制度。

1962 年 11 月，中国人民银行香河县支行印发《关于整顿信用合作社的意见向县委的请示报告》指出，每年年终决算，如有盈余，应给社员分红，分红比例：首先，应当抽出一部分（50%—60%）作为公积金；其次，以适当部分（25%—40%）作为股金分红，分给社员；再次，一部分（10%—20%）留作奖励金和福利金，办理干部奖励和福利。

1978 年 12 月，中国人民银行香河县支行转发中心支行《关于信用社股金分红问题的通知》指出，根据〔1978〕银农字第 25 号、62 号通知精神，为落实党在农村的经济政策，对应分而未分的社员股金红利，作如下通知：社员股金分红，从 1978 年起无论盈余、亏损，社员的股金统按定期存款利率付给利息。盈余的社，将盈余部分转为公积金，充实信用社的自有资金，不再提取公益金和股金红利。信用社的各项费用开支（包括员工福利），按银行的费用标准执行，列入信用社当年各项费用支出。1973—1977 年，盈余年提取的应分未分的股金红利，可以在年底前选择适当时机补分。但要按照〔1972〕冀革财农字 28 号文件社员股金分红最高不超过定期存款利率的规定。1973 年以前各年份提取的应分未分的股金红利，一律不再补分，全部转入公积金，充实信用社资金力量。股金红利付给实物还是付给现金，由各地自定。补分时要以大队为单位，开好社员大会，讲清入社股金，从 1978 年起不再分红，改为按定期存款利率付给股息。社员股金分红方案，经县支行审核批准后执行。

1986 年 8 月 1 日，中国农业银行印发《农村信用合作社财务会计基本制度》（农银发〔1986〕49 号）规定，信用社的内部资金，包括股金、应付股金红利、公积金、业务周转金、应收未收利息、应付未付利息、库存现金、待处理历年亏损及经营业务中的暂收、暂付款项。

1992 年 9 月，全国农村信用合作工作会议提出，积极做好扩股工作，扩股的范围包括个人股和企业法人股。重点增扩法人股。扩股的对象：个人股包括农民群众和干部职工，法人股主要是当地的企业单位。股金实行“利益共享、风险共担”原则，入股的社员可享受贷款优先和参加信用社管理的权利。首次提出企业法人股和“利益共享、风险共担”原则，农村信用社通过增扩股金，进一步密切与农民及农村企事业单位的经济联系，进一步增强股本和增强信用社防御风险的能力；而入股个人和企业，通过投资农村信用社股金，优先享受金融服务、获取投资收益和参与管理行使权益。

1993 年 9 月，国家税务总局、中国农业银行印发《农村信用合作社财务管理实施办法》指出，信用社筹集的资本金，按投资主体可分为信用社资本金、其他法人资本金、个人资本金，在经营期间投资者除依法转让外一般不得抽回，投资者按照出资比例或者合同章程的规定，分享企业利润和分担风险及亏损。

1996 年 8 月 22 日，国务院印发《关于农村金融体制改革的决定》（国发〔1996〕33 号）指出，农村信用社主要由农户、农村集体经济组织和农村信用社职工入股组成。农村信用社要适当充实股本。11 月，国务院农村金融体制改革部际协调小组印发《1996 年度农村信用社会计决算工作意见》指出，信用社实现的净利润在弥补以前年度待处理历年亏损后的余额，按 50%—70%的比例向投资者分配利润，具体按资本比例进行分配，其中，1993 年底以前实现保息分红的股本金，其保息分红合计不得超过股本金总额的 20%。

1997 年 2 月，全国农村信用社管理体制改革工作会议指出，联社也要按照合作制原则逐步办成由辖内信用社入股组成、实行民主管理、主要为基层社服务的联合经济组织。联社股本金由基层社入股组成，除联社和信用社职工外，联社不吸收个人入股和企业法人入股，按照“一社一票，风险共担”的原则，联社对股金实行分红不保息。6 月 5 日，国务院办公厅转发中国人民银行印发《关于进一步做好农村信用社管理体制改革工作意见》（国办发〔1997〕20 号）指出，中国人民银行将在近期颁布执行《农村信用合作社管理规定》和《农村信用合作社示范章程》，各地农村信用社要按照新的管理规定和示范章程，逐步规范农村信用社的股权设置，要根据当地经济发展水平，适当提高股金起点，在扩大吸收农民（尤其是专业户）个人股的同时，适当吸收农村集体经济组织的集体股。9 月，中国人民银行印发《农村信用合作社县级联合社管理规定》指出，县联社的注册资本总额由社员的入股资金和县联社的公共积累转增资本金构成，每个社员入股金额不得低于 5 万元，不得高于县联社股金总额的 20%。首次出现管理机构成员单位社员股金。是年，县联社印发《1997 年度会计决算工作意见》指出，建立股金登记制度，完善股金账户管理。在按合作制原则规范信用社工作中，清理的增扩股金是一项主要工作内容，凡是已经完成规范工作的信用社，对清理后的股金都按入股时间（分为 1993 年底前、1994—1996 年、1997 年至今）分类进行等级管理和分户核算，以便适应规范不同类别的股金核算要求，还没有开展规范工作的信用社在决算前也要做好股金清理的前期工作，为全面扩股做好准备。为配合按合作社原则规范信用社工作的开展，并保持政策执行的连续性，对信用社股金保息分红采取新老划段的政策，对 1993 年底以前的股金仍实行保息分红的政策，对 1994 年含以后的股金不再实行保息分红的政策。按 50%—70%的比例向投资者分配利润，具体按资产构成比例进行分配。1993 年底以前实行保息分红的股本金，其保息分红不超过股本金总额的 20%；1994 年以后的股金最高分配也不得超过股本金的 20%。

1999 年 11 月，廊坊市农村金融体制改革领导小组办公室转发中国人民银行天津分行转发《关于适当提高社员入股额度，搞好农村信用社增资扩股有关问题的通知》指出：一是全面清理老股金，重新登记社员股金证，落实股权，对原有股金红利要进行分配并如数兑现，对并入农村信用社的原农村合作基金会的基础股金，农村信用社要积极做工作，促使农户或者农村集体经济组织自愿入股，成为农村信用社社员；二是根据地区经济发展差别确定社员入股金额；三是通过改革整顿规范农村信用社工作，增资扩股，农民入股面要达到 80%。

2000 年 4 月，县联社转发中国人民银行廊坊中心支行印发《廊坊市农村信用社增资扩股实施方案》指出，经过改革整顿规范的农村信用社农民入股面要力争达到 80%，股金总额不少于 50 万元，城郊及地处经济发达区域的社，股金总额不低于 100 万元，职工社员入股面必须达到 100%。还对老股金清理工作以及社员的权利义务作出规定。

2004 年 6 月，银监会廊坊监管分局（信合办）转发中国银行业监督管理委员会印发《关于规范向农村合作金融机构入股的若干意见》指出，农村合作金融机构的社员（股东）应以货币资金入股，不得以实物资产、债权、有价证券等形式作价入股，不得以金融机构贷款入股。农村合作金融机构原有非货币形式的股金，应按照有关规定进行确认或清理。社员（股东）以其所持股金数额为限承担风险和民事责任，社员（股东）享有按规定获取优惠服务和参与收益分配的权利。按股金来源和归属设置自然人股和法人股两种股权，对自然人股和法人股分别设定资格股和投资股。资格股是取得社员（股东）资格必须缴纳的基础股金。投资股是由社员（股东）在基础股金外投资形成的股金。投资股只分红、不付息、可转让、继承、不退股。投资股以起点数额为单位，每增加一个单位，增加一个投票权。农村合作金融机构社员（股东）股金每股人民币 1 元。

2007 年 12 月，银监会廊坊监管分局印发《关于核准香河县农村信用合作联社关于变更股权结构的批复》指出，经廊坊银监分局审核，核准香河县农村信用合作联社 2007 年末在股金总额 15598 万元不变的情况下，资格股由 10256 万元调整到 9358 万元，占比由 66%调整到 60%，由资格股调整到投资股 898 万元，投资股达到 6240 万元，占比由 34%调整到 40%。

2008 年，香河县农村信用社社员股金证　　　综合办公室供图

2008 年 6 月 27 日，中国银监会印发《农村中小金融机构行政许可事项实施办法》指出，明确农村商业银行注册资本最低限额，规定农村商业银行股本结构。

2010 年 11 月，中国银监会印发《关于加快推进农村合作金融机构股权改造的指导意见》指出，在 2015 年底前全面取消资格股，积极引导股权向法人股东集中，对法人股的比例的最低限额、职工股的最高限额做出规定。

截至 2022 年 12 月 31 日，香河农商银行股金 30000 万元，其中，自然人股金 19400 万元，法人股金 10600 万元。

法人营业机构股金

1951 年 7 月 6 日，中国人民银行印发《农村信用合作社章程准则草案》指出，社员入社须缴纳股金，每人至少一股，农村信用社资金来源为社员入社费、社员股金、公积金、其他不返还的收入、存款和借入款。

1954 年，中共中央印发《关于发展农村信用合作的指示（草案）》指出，通过入股和存款业务，吸收农村闲散资金，以适应农业发展过程中日益增长的资金需要。这是除国家的财政援助以外聚集农业生产资金的重要来源。

1957 年 1 月 26 日，中国人民银行印发《农村信用合作社示范章程（草案）》指出，信用社发展组织和开展业务必须坚持自愿和互利的原则，社员入社自愿，退社自由。社员退社时须向理事会提出申请，并在决算后退还其股金。社员因迁出社区要求退社，随时还其股金。

1984年8月6日，国务院批转中国农业银行印发《关于改革信用合作社管理体制的报告》（国发〔1984〕105号）指出，要积极吸收农民入股，增强群众基础，壮大资金力量，把信用社和农民的经济利益紧密联系起来。农村个人和集体经济单位均可入股，但要贯彻自愿原则，有入股和退股自由。11月，中国农业银行印发《关于改革信用社管理体制的实施意见》指出，信用社对社员过去的股金要逐户清理核对，落实股权，换发新的股金证，根据信用社盈余多少酌情补发拖欠的股息。要积极扩股，吸收新社员，壮大资金力量，增强群众基础。个人和集体单位均可入股，适当提高每股金额，入股数量不限，对社员的股金实行保息分红制度，按1年定期存款利率付息（个人按1年定期储蓄利率计息，集体按1年期集体定期存款利率计息），盈余照章分红。

1987年3月7日，中国农业银行印发《关于信用合作工作贯彻落实分行行长会议精神的几点意见》（农银发字〔1987〕27号）指出，要广泛吸收农户和农村合作经济组织入股，扩大股金额度。

1992年1月6日，国家税务总局、中国农业银行联合印发《农村信用合作社财务管理试行办法》（国税发〔1992〕009号）指出，股金是信用社信贷资金的主要来源之一，信用社应单独设账，造册登记，加强管理，不得将储蓄存款转为股金，也不得将股金转为储蓄存款。9月1日，全国农村信用合作工作会议《加快改革步伐，转换经营机制，为农村信用合作社注入新的生机和活力》（农银发〔1992〕193号）指出，要大力开展扩股工作，进一步密切信用社与农民及农村企事业单位的经济联系和增强信用社防御风险的能力。按股份合作制的要求，积极做好扩股工作。扩股的范围包括个人股和企业法人股。重点增扩法人股，法人股主要是当地的企业单位。股金实行“利益共享、风险共担”原则，入股的社员可享受贷款优先和参加信用社管理的权利，但不允许大股控权。每股金额大小、扩股的数额以及股证式样由各分行确定，但要妥善处理好原有公共积累和新、老股金的关系，通过上述办法使信用社的经营与社员切身利益密切相关，共同关心信用社的经营成果。

1993年9月17日，中国农业银行、国家税务总局联合印发《农村信用合作社财务管理实施办法》（农银发〔1993〕251号）指出，信用社应按规定筹集资本金，并逐步实行规范化管理。信用社筹集的资本金，按投资主体可分为信用社资本金、其他法人资本金、个人资本金。1994年以后，信用社充实资本金、吸纳股金工作必须实行规范化管理和操作，不再吸收保息分红的股金。

1996年8月22日，国务院印发《关于农村金融体制改革的决定》（国发〔1996〕33号）指出，农村信用社与农行脱离行政隶属关系，其业务管理由农村信用社县联社承担。强调农村信用社主要由农户、农村集体经济组织和农村信用社职工入股组成，农村信用社要适当充实股本。

1999年4月9日，中国人民银行行长戴相龙在全国农村信用社工作会议上作题为《深化改革、规范管理，促进农村合作金融事业健康稳定发展的讲话》指出，要加大扩股，加大宣传，加大改革力度，要把辖区内的所有愿意入社和承认信用社章程的农户、承包户、个体工商户、加工业和运输业专业户、中小企业、乡镇企业尽可能吸收到信用社来，并可根据当地经济发展水平和当地居民经济承受能力确定每股股金的大小，同时也可以吸收大额股金，但最高持股额不得超过信用社股本金总额的2%。

2004年4月21日，中国银监会印发《关于规范向农村合作金融机构入股的若干意见》（银监发

〔2004〕23号）指出，农村信用社股金按股金来源和归属设置自然人股和法人股两种股权，对自然人股和法人股分别设定资格股和投资股。资格股是取得社员（股东）资格必须缴纳的基础股金。投资股是由社员（股东）在基础股金外投资形成的股金。投资股只分红、不付息、可转让、继承、不退股。投资股以起点数额为单位，每增加一个单位，增加一个投票权。信用社自然人入股一般不少于100股，法人入股一般不少于1000股；县联社及农村合作银行自然人（含职工）资格股一般不少于1000股，法人资格股一般不少于1万股。信用社股金中，单个自然人持股不得超过股本总额的2%，单个法人持股不得超过股本总额的5%。

2010年11月9日，中国银监会印发《关于加快推进农村合作金融机构股权改造的指导意见》（银监发〔2010〕92号）指出，实施股权改造工作的总体目标是：全面取消资格股，加快推进股份制改造；稳步提升法人股比例，优化股权结构；有效规范股权管理，健全流转机制，用三至五年时间将农村合作金融机构总体改制为产权关系明晰、股权结构合理、公司治理完善的股份制金融企业，为建立现代农村金融制度奠定良好基础。积极引导股权向法人股东集中，逐步形成以法人股东为主体，具有一定数量、主业突出、治理良好、利益独立的主要股东结构。2015年底前，地（市）及城区机构法人股平均比例应高于50%，县域机构平均比例应高于35%，单家机构一般应有3—5家持股比例5%以上的股东。要以法人股东为主，积极引进境内外战略投资者，重点向农业产业化龙头企业和农民专业合作社等涉农企业倾斜。除经济欠发达地区的机构外，不得再增扩新的自然人股东。新增单一自然人股东持股比例不得低于增资扩股后股本总额的5‰（不高于2%），新增单一法人股东不得低于1%。逐步将职工合计持股比例降至股本总额的20%以下。农村商业银行在公开发行新股后，单个职工持股比例不得超过1‰或50万股（两者按照孰低原则确定），职工合计持股比例应降至股本总额的10%以下。2010年，香河县农村信用社按照省联社和银监会的要求，全面推进组建农村商业银行的产权制度改革，开展清理不规范股金和增资扩股工作，全面取消资格股。

增资扩股

1999年11月，廊坊市农村金融体制改革领导小组转发中国人民银行《关于适当提高社员入股额度，搞好农村信用社增资扩股有关问题的通知》指出，全面清理老股金，适当提高社员入股金额，开展增资扩股。

2000年4月，中国人民银行廊坊市中心支行印发《廊坊市农村信用社增资扩股实施方案》指出，扩股工作时按合作制规范信用社的基础上与支持“三农”，搞活小额贷款相结合，与发放农户贷款证相结合。5月，县联社下达增资扩股任务后，截至5月29日，全县17个农村信用社扩股2929户，金额918.33万元。

2004年9月，县联社制定《香河县农村信用社增资扩股实施方案》，明确募股对象，规范股权设置，在城乡开展大规模增资扩股宣传工作。12月，河北省深化农村信用社改革试点领导小组印发《河北省农村信用社增资扩股工作指导意见》指出，增资扩股是壮大农村信用社实力、提高资本充足率的重要途径，也是获得国家资金支持的关键所在。增资扩股工作自2004年12月开始，到2005年6月底之前完成，实行县（市）、乡（镇）两级法人的农村信用社资本充足率要达到零，实行以县（市）为单位统一法人的农村信用社资本充足率要达到 2%。

2011 年 5 月，廊坊银监分局批复《关于香河县农村信用合作联社增资扩股的请示》指出，同意香河县农村信用合作联社募集投资股 1 亿元，每股 1 元。

2005—2022年香河县农村信用社股本金情况一览表

表3-8-1　　单位：万元

年份	股本金	年份	股本金
2005	15718.16	2014	30000
2006	15598.56	2015	30000
2007	15598.56	2016	30000
2008	15598.56	2017	30000
2009	15598.56	2018	30000
2010	25598.56	2019	30000
2011	30000	2020	30000
2012	30000	2021	30000
2013	30000	2022	30000

股金分红

股金红利直接涉及广大投资者的利益，是股金管理的重点内容。

1951 年 7 月，中国人民银行印发《农村信用合作社章程准则草案》指出，社员股金以不分红为原则，如必须分红时，不得超过 20%。

1961 年 9 月 26 日，中国人民银行印发《关于讨论和试行农村信用合作社若干问题的规定（草案）的通知》（〔1961〕银农丁字第 99 号）指出，信用社年终结算如有盈余，应以适当部分作为股金分红。

1978 年 5 月 12 日，中国人民银行印发《关于农村金融机构的几点意见》的通知（〔1978〕银字 25 号）指出，信用社无论盈余、亏损，社员的股金，一律从 1978 年起按定期存款利率付给股息。1977 年以前，盈余社没有分红的原则上不再补分。

1986 年 8 月 1 日，中国农业银行印发《农村信用合作社财务会计基本制度》（农银发〔1986〕49 号）指出，应付股金红利的资金来源，是在年终决算时按规定的利率提取的股金利息和在纯益中按规定的比例提取的股金分红。股金付息和分红时应造具名册由领款人签名或盖章，凭股金证领取。应付股金红利在查明确实无人领取后，经信用社主任批准，转入公积金中，不得长期挂账，更不准私占挪用。每年股金利息加股金分红的金额，原则上不得超过股金额的 15%。

1987 年 3 月 7 日，中国农业银行印发《关于信用合作工作贯彻落实分行行长会议精神的几点意见》（农银发字〔1987〕27 号）指出，从 1987 年起不论新老股金，一律实行只分红不保息；发生亏损，先由公积金解决，不足的再由股金弥补。股金分红或补亏的数额，原则上都不超过股金的 15%。股金不保息后，信用社年终不再提取应付未付股息。

1992 年 7 月 10 日，中国农业银行印发《关于实施农村信用合作社财务管理试行办法若干规定》（农银发〔1992〕150 号）指出，信用社的分红基金包括职工劳动分红、股金分红和公益金。股金分红比例不得超过分配利润的 10% ，盈余高的信用社、股息加分红之和原则上不得超过股金额的 15%。

1993 年，国家税务总局、中国人民银行印发《农村信用合作社会计决算工作意见》（农银发〔1993〕312 号）指出，1994 年以后，信用社充实资本金、吸纳股金工作必须实行规范化管理和操作，不再吸收保息分红的股金。9 月 17 日，中国农业银行、国家税务总局联合印发《农村信用合作社财务管理实施办法》（农银发〔1993〕251 号）指出，对 1993 年以前的股金，仍可执行入股自愿，退股自由和保息分红规定，并实行专户管理。信用社缴纳所得税后的利润，向投资者分配利润，按照章程或董事会（股东代表大会）的决议进行分配，对 1993 年以前仍实行"保息分红"的股金，其保息分红的合计数，不得超过股金额的 20%。信用社以前年度未分配的利润，经上级管理部门批准可以并入本年度向投资者分配。

1994 年，中国人民银行印发《农村信用合作社会计决算工作意见》指出，信用社当年实现的净利润，在弥补前五年的亏损后，提取法定盈余公积金 10% 、提取公益金 5%、计提必要的任意公积金（三项资金分配原则上不得低于本年净利润的 50%），余下利润按股金红利、劳动分红递次分配。其中，股金红利与保息合计不得超过股金额的 20%。实行股份合作制改造的信用社，按章程和规定进行分配。

1996 年 12 月 10 日，县联社转发廊坊市农村金融体制改革领导小组办公室印发《关于印发 1996 年度廊坊市农村信用社决算工作意见的通知》指出，1993 年底以前实行保息分红的股本金，其保息分红合计不得超过股本金总额的 20%。

1997 年 6 月 5 日，国务院办公厅转发中国人民银行印发《关于进一步做好农村信用社管理体制改革工作意见》（国办发〔1997〕20 号）指出，取消股金保息分红政策，实行按股分红。12 月 21 日，县联社印发《1997 年度会计决算工作意见》指出，为配合按合作制原则规范信用社工作的开展，并保持政策执行的连续性，对信用社股金保息分红采取新老划段的政策，对 1993 年底以前的股金仍实行保息分红的政策，对 1994 年含以后的股金不再实行保息分红的政策。保息分红不得超过股本金总额的 20%，1994 年以后的股金最高分配也不超过股本金的 20%。

2004 年 4 月 21 日，中国银监会印发《关于规范向农村合作金融机构入股的若干意见》（银监发〔2004〕23 号）指出，投资股只分红、不付息、可转让、继承、不退股。在将净利润按不低于 30% 用于弥补历年亏损、按规定比例提足法定盈余公积金和公益金后，由社员代表大会确定比例分红。是年，根据盈亏情况，全省农村信用社股金分红分 3 类实施：一是当年盈余，但有历年挂账亏损的信用社，从 2004 年度开始，在连续 3 个年度内，允许其在弥补历年挂账亏损前，按不超过年利润总额（剔除减免税等政策性因素后）的 50% ，同时最高不超过 2 年期定期储蓄存款利率的标准，向社员（股东）分配股金红利，其红利分配原则上应采用转增股金方式，分红后的账面利润经纳税调整后，再按规定弥补以前年度的挂账亏损；二是没有历年挂账亏损的盈余社，按照正常利润分配的程序进行分配，股金红利分配可用现金方式进行，也可用转增股金方式进行，但每股股金红利分配额最高不得超过 5 年期定期储蓄存款利率的标准；三是当年亏损的信用社，不得向社员（股东）分配股金红利，但允许第三方在自愿的前提下向信用社社员（股东）支付股金红利。

2018年，香河农商银行股金分红比例20%，扣缴个人所得税20%，实际分红比例16%。

2019年，香河农商银行股金分红比例19%，扣缴个人所得税20%，实际分红比例15.2%。

2020年，香河农商银行股金分红比例15%，扣缴个人所得税20%，实际分红比例12%。

2021年，香河农商银行股金分红比例13%，扣缴个人所得税20%，实际分红比例10.4%。

2022年，香河农商银行股金分红比例13%，扣缴个人所得税20%，实际分红比例10.4%。

2005—2022年香河县农村信用社股金分红比例情况一览表

表3-8-2　　单位：%

年份	分红比例		
	未区分资格股与投资股	资格股	投资股
2005	2.70	—	—
2006	3.06	—	—
2007	5	—	—
2008	—	3	10
2009	—	3	8
2010	—	3	10
2011	—	—	12
2012	—	—	12
2013	—	—	15
2014	—	—	15
2015	—	—	15
2016	—	—	15
2017	—	—	15
2018	—	—	20
2019	—	—	19
2020	—	—	15
2021	—	—	13
2022	—	—	13

第二节　公积金及风险准备

公积金是企业根据法律和企业章程的规定提留备用，不作为股利分配的部分所得或收益。根据来源不同，公积金主要包括资本公积和盈余公积两类。资本公积指直接由资本、资产或其受益所形成的公积金。盈余公积指企业依法或企业章程从企业利润中提取的公积金，包含法定盈余公积、任意盈余公积、特种专项准备、营业税等额补助、保值补贴等。

资本公积

农村信用社的资本公积包括：在筹集资本过程中，投资者实际缴纳的出资额超出其认缴出资额的差额；接受捐赠的资产；按国家规定增加的资本公积。资本公积可按法定程序转增实收资本。信用社筹建期间发生的汇兑损失与汇兑收益相抵后，如为净收益，可计入资本公积，也可留待弥补以后年度发生的亏损，或者留待并入信用社的清算损益。

1951 年 7 月，中国人民银行印发《农村信用合作社章程准则草案》指出，信用社年终结算有盈余时，应做成盈余分配案提交社员大会或社员代表大会通过，并报告国家银行批准后实行分配，分配标准为：公积金在 50%以上，作为本社基金积累，以备扩充业务与弥补亏损之用；公益金不得超过 10%，作为办理社员文化、娱乐、医药、卫生等福利设施及奖励对本社有功绩的社员；本社工作人员奖励金占 10%；教育基金占 10%，作为办理社员和干部教育训练工作之用；社员股金以不分红为原则，如必须分红时，不得超过 20%。年终结算遇有亏损时，应以公积金、股金及不返还的收入依次补偿。上述分配的资金积累形成资本公积的初始资金。

1957 年 1 月 26 日，中国人民银行印发《农村信用合作社示范章程草案》指出，信用社的资金来源有股金、公积金、储蓄存款、银行借入款和其他。信用社年终结算后，如有纯益，分配比例为：股金分红不超过 40%，作为对社员入股的报酬；公积金不少于 40% ，作为信用社的公共积累，以备扩充业务和弥补亏损；公益金为 10%，用于办理社员文化、教育、医药卫生等福利设施；奖励金为 10%，作为对本社有功绩的社员及社干的奖励。如有亏损时，应该用公积金、公益金及股金依次抵补。

1961 年 9 月 26 日，中国人民银行印发《关于讨论和试行农村信用合作社若干问题的规定（草案）的通知》指出，信用社年终结算如有盈余，首先应当以大部分提作公积金，增加积累；其次以适当部分作为股金分红。

1973 年 7 月，中国人民银行河北省分行印发《河北省农村信用合作社财务管理制度（试行稿）》指出，按规定提取的公积金，主要用于扩大业务基金和弥补亏损、报损呆账，其余可用于固定财产购置以及大修理开支。

1983 年 12 月 30 日，中国农业银行印发《关于信用合作社财务管理工作的规定》指出，信用社的内部资金，包括暂收款项、暂付款项、业务周转金、库存现金，社员股金、公积金（盈亏调整）和应付股金红利等。公积金的来源是：按规定在年终决算的纯益中应转入的公积金；固定财产的变价收入；经批准入账的出纳长款和错账收入；暂收款项科目中待付基建款的结余资金；经查明确实无人领取的股金红利和死亡绝户的股金；经批准列入公积金中的其他款项。信用社公积金是历年的经营积累，主要应参加信贷资金周转。在弥补经营性亏损、购建固定财产、核销出纳短款、错账和其他各项损失款项时，都应提请民主管理组织讨论通过并报主管行批准。“盈亏调整”是年终正确计算信用社当年纯益纯亏的调整科目，事实上是公积金的一部分，一般只准在年终决算日与损益科目转账，不得私占挪用。应付未付的股金红利，在查明确实无人领取后应转入公积金中，不得长期挂账，更不准私占挪用。是年，香河县农村信用社资本公积 35.56 万元。

1986 年 8 月 1 日，中国人民银行印发《农村信用合作社财务管理制度》指出，信用社的内部资金，包括股金、应付股金红利、公积金、业务周转金，应收未收利息、应付未付利息、库存现金，待处理历年亏损以及经营业务中的暂收、暂付款项。公积金是信用社经营的历年积累，主要应作为信贷资金参加周转。用公积金购建固定财产，弥补经营性亏损、核销出纳每笔错账和各项损失款项时，都必须经过职工和民主管理组织讨论通过，按审批权限报批后列支。公积金的来源有：在年终决算的纯益中按规定比例提取的公积金；亏损信用社实行亏损包干，减亏分成的将集体分成部分冲销待处理历年亏损后，如有结余，应转入公积金；批准入账的出纳长款和错账收入；暂收款项科目中待付基建竣工后的结余资金；经查明确实无人领取的股金红利和死亡绝户的股金；经批准列入公积金中的其他款项。是年，香河县农村信用社资本公积 70.23 万元。

1992 年 7 月 10 日，中国农业银行印发《关于实施农村信用合作社财务管理试行办法若干规定》指出，信用社的专用基金是指具有专门来源和特定用途、按规定支配使用的各种资金。主要包括：信贷、分红基金、业务发展基金、更新改造基金、呆账准备金、奖励基金和福利基金。信用社的利润分配，在保证信贷基金和业务发展基金的部分不低于 50%。奖励基金和劳动分红之和不超过 25%的前提下，其他各项基金的具体分配比例由各分行结合当地实际情况确定，报同级税务机关备案。

1993 年 9 月 17 日，中国农业银行、国家税务总局联合印发《农村信用合作社财务管理实施办法》指出，信用社在筹集资本金活动中，投资者缴付的出资额超出资本金的差额，资产重估确认价值或合同协议约定的价值与账面价值溢价差额以及接受捐赠的财产等，记入资本公积金。资本公积金可以按法定程序转增资本金。信用社缴纳所得税后的利润，除国家另有规定外，应按以下顺序分配：被没收的财物损失，支付各项税收的滞纳金和罚款等；弥补以前年度亏损；提取法定盈余公积金。按照税后利润扣除前两项后的 10%提取法定盈余公积金。法定盈余公积金累计达到注册资本的 50%时，可不再提取；提取公益金，原则上信用社按税后利润的 5%提取公益金；向投资者分配利润。信用社法定盈余公积金，可用于弥补亏损和转增资本金，但转增资本金时，以转增后留存信用社的法定盈余公积金不少于注册资本的 25%为限。

1994 年，中国农业银行印发《农村信用合作社会计决算工作意见》指出，信用社当年实现的净利润，在弥补前五年的亏损后，其分配顺序为：提取法定盈余公积金 10%；提取公益金 5%；计提必要的任意公积金（作为信用社集体资本金应分得的利润，在盈余公积科目下设专户管理）。以上三项资金分配合计，原则上不得低于本年净利润的 50% 。

1994—2004 年，香河县农村信用社资本公积 135.77 万元。

2006 年，香河县农村信用社资本公积 3000 万元。

2010—2022 年，香河县农村信用社资本公积 4000 万元。

盈余公积

农村信用社盈余公积，包括从税后利润中提取的法定盈余公积和公益金。

1973 年 7 月，中国人民银行河北省分行印发《河北省农村信用合作社财务管理制度（试行稿）》指出，按规定提取的公益金，主要用于社干退职、退休费（及其医药费）和干部死亡埋葬费、救济费和抚恤费开支，其次用于社干特殊生活困难补助和医药费超支部分。有余时还可用于集体福利事业，但不准用于请客、送礼、照相、看电影等开支。开支时，要经贫管会讨论同意，营业所签注意见，报县（市）银行批准。

1993 年 9 月 17 日，中国农业银行、国家税务总局联合印发《农村信用合作社财务管理实施办法》（农银发〔1993〕251 号）指出，按照税后利润扣除（被没收的财务损失、支付各项税收的滞纳金和罚款等；弥补以前年度亏损）两项后的 10%，提取法定盈余公积金。法定盈余公积金累计达到注册资本的 50%时，可不再提取。法定盈余公积可用于弥补亏损和转增资本金。法定盈余公积按规定转增资本金后，留存的法定盈余公积不得少于实收资本的 25%。原则上信用社按税后利润的 5%提取公益金，公益金主要用于职工宿舍、食堂、浴室、幼儿园等福利设施的建设支出。

1994 年，香河县农村信用社盈余公积余额 83.52 万元。

1996 年 11 月，国务院农村金融体制改革部际协调小组印发《1996 年度农村信用社会计决算工作意见》指出，信用社实现的净利润在弥补以前年度待处理历年亏损后的余额提取法定盈余公积金 10%，提取公益金 5%。是年，香河县农村信用社盈余公积余额 85.80 万元。

1997—1999 年，香河县农村信用社盈余公积余额 83.60 万元。

2000—2001 年，香河县农村信用社盈余公积余额 137.54 万元。

2002—2004 年，香河县农村信用社盈余公积余额 133.78 万元。

2005 年，根据银监会、国家税务总局年度会计决算指导意见的精神，省联社年终决算文件规定，全省农村信用社年终决算将“盈余公积”科目余额（不包括公益金、特种专项准备、营业税等额补助、保值储蓄补贴等资金）按不超过风险资产余额 1%的比例，全部结转到“一般准备”科目，超过部分用于弥补历年亏损挂账或补提呆账准备金。是年，香河县农村信用社盈余公积余额 227.69 万元。

2005—2022年香河县农村信用社盈余公积余额一览表

表3-8-3　　单位：万元

年份	盈余公积	年份	盈余公积
2005	227.69	2014	6343.65
2006	227.69	2015	8162.04
2007	393.08	2016	10188.77
2008	673.34	2017	31524.35
2009	824.22	2018	42277.25
2010	1112.87	2019	44010.48
2011	2008.57	2020	45216.53
2012	3219.85	2021	46456.13
2013	4240.99	2022	47827.84

一般风险准备

一般风险准备是金融企业按照一定比例从净利润中提取的、用于弥补尚未识别的可能性损失的准备，农村信用社于每年年度终了根据承担风险和损失资产余额的一定比例提取一般风险准备。

2007 年，财政部印发《金融企业财务规划》（财政部令第 42 号）指出，金融企业本年实现净利润，应当按照提取法定盈余公积金、提取一般（风险）准备金、向投资者分配利润的顺序进行分配。是年，香河县农村信用社一般风险准备 3048.17 万元。

2007—2022年香河县农村信用社一般风险准备金一览表

表3-8-4

单位：万元

年份	一般风险准备	年份	一般风险准备
2007	3048.17	2015	49836.13
2008	4438.17	2016	63276.02
2009	4499.94	2017	66255.31
2010	5728.75	2018	68087.87
2011	11344.15	2019	69821.1
2012	18875.96	2020	69821.1
2013	23600.91	2021	69821.1
2014	38097.9	2022	69821.1

第九章　政策扶持

香河县农村信用社的改革发展离不开国家政策扶持。国家对农村信用社的政策扶持，最早可以追溯到1951年出台的《国家税务总局准免存入供销合作社信用部及农村信用合作社存款利息所得税及印花税的通知》，这是国家同意准予免扣农村信用社存款利息所得税及放款业务书立凭证印花税的最早书面文书。国家先后出台中国人民银行专项票据、税收优惠政策、财政贴补息、贷款减免、中国人民银行再贷款等对农村信用社进行扶持的相关政策，部分地方政府为帮助农村信用社改制出台相关税收优惠等政策，这些政策的扶持为农村信用社的发展起到重要的助推作用。

第一节　中国人民银行专项票据

中国人民银行专项票据是国务院为深化农村信用社改革而出台的一项资金支持政策，是中国人民银行向农村信用社定向发行，用以置换其不良贷款和历年挂账亏损的债券。此项政策从2003年出台，到2008年全面完成结束。

2003年6月，国务院印发《深化农村信用社改革试点方案》指出，按照“明晰产权关系，强化约束机制，增强服务功能，国家适当支持，地方政府负责”的总体要求，在充分肯定农村信用社长期以来立足于农，促农增收，助农发展取得成效的同时，也指出农村信用社历史包袱沉重，资产质量差，经营困难，潜在风险大。深化农村信用社改革，改进农村信用社金融服务，关系到农村信用社的持续稳定健康发展。为帮助农村信用社消化历史包袱，促进改革试点顺利进行，在防范道德风险的前提下，对试点地区的信用社，国家给予多项扶持政策：一是由人民银行按照2002年末实际资不抵债数额的50%，安排专项贷款；二是人民银行按2002年末实际资不抵债数额的50%，发行专项中央银行票据，用于置换信用社的不良贷款，票据期限两年。中央银行票据支付必须与信用社改革效果挂钩。两种方式由试点地区自主选择。

2005年，县联社被河北省深化农村信用社改革领导小组办公室列为以县为单位统一法人改革试点单位，即全省农村信用社第一批申请专项中央银行票据的县级联社，依靠国务院深化农村信用社改革试点的扶持政策，香河县农村信用社于2005年6月2日获准认购专项中央银行票据（简称专项票据）19483.5万元，用于置换历年亏损挂账1098万元；置换不良贷款18385.5万元（全部为呆账贷款），专项票据2006年到期。

2006年12月6日，县联社成立专项票据兑付领导小组，下设票据兑付工作办公室，全权负责票据兑付的各项工作，明确分工，落实责任，加大不良贷款清收工作力度，依法尽职处置置换资产。

截至2004年12月31日，香河县农村信用社资产总额234514万元，存款余额169662万元，贷款余额116916万元，所有者权益-6161万元，不良贷款余额37257万元，占贷款总额的31.9%，待处理抵债资产8914万元，投资1423万元，历年亏损挂账13639万元，增资扩股5631万元。

2007年7月，县联社印发《票据兑付申请报告基本情况》指出，截至6月底，香河县农村信用社各项存款余额210048万元，各项贷款余额151392万元，不良贷款余额18210万元，资本充足率20.51%，账面利润4838万元，实际利润5335万元，资产利润率2.03%，资产费用率0.5 %，应付利息备付率3.3%，呆账准备比例1.82%，股本金15598万元。

2007年7月，香河县农村信用社对兑付考核要点经过自评，已经达到专项票据兑付条件：一是增资扩股真实、合规，股权设置、股权结构、股金分红符合银监会相关规定；二是资本充足率真实准确，各项拨备提取充足；三是贷款形态反映真实，新增不良贷款得到有效控制；四是内控制度进一步健全，经营状况得到显著改善；五是产权制度改革顺利完成，完善法人治理结构取得明显进展；六是信息披露真实客观，外部约束机制得到明显强化；七是置换资产处置依法尽职；八是地方政府扶持政策落实到位。是年，县联社向中国人民银行香河县支行正式上报专项中央银行票据兑付申请。

2007年7月19日，中国人民银行香河县支行转发中国人民银行廊坊中心支行《关于对香河县农村信用合作联社专项中央银行票据兑付申请审查意见的复函》（廊银函〔2007〕8号）指出，同意香河县联社关于票据兑付申请，符合票据兑付有关政策规定，上报材料完整，数据真实，文字材料清晰，叙述内容完备，予以批复并转报中国人民银行石家庄中心支行、河北监管局。

第二节　税收政策

1951—1985年，国家对农村信用社实行免税政策。自1986年1月起，国家开始对农村信用社征收营业税，对国家级贫困县的农村信用社暂免征收，有亏损或微盈的信用社可向当地税务部门申请免税或减税。自1987年1月起，国家开始对农村信用社征收企业所得税。自2016年5月1日起，由缴纳营业税改为缴纳增值税。在税收优惠政策方面，营改增前，既有农户小额（10万元及以下）贷款利息收入免征营业税，也有农户小额（10万元及以下）贷款利息收入减按90%计入收入计算应纳所得额、贷款损失准备金税前扣除等所得税政策，还有对小微企业签订的借款合同免征印花税政策。营改增后，国家新出台一些税收优惠政策，先后出台100万元及以下农户及个体工商户小额贷款利息收入免征增值税、1000万元及以下符合条件的小微企业贷款利息收入免征增值税等税收优惠政策。

所得税

1951年10月24日，国家税务总局《为转知税务总局准免存入供销合作社信用部及农村信用合作社存贷款利息所得税及印花税由》指出：“为协助供销合作社信用部与农村信用合作社吸收农村游资，以之扶助农业及副业生产，上述存放款业务经报请中央人民政府财政部同意准予免扣存款利息所得税及放款业务书立凭证印花税，但合作社所用账簿，仍应照章贴花。”此为国家同意准予免扣农村信用社存款利息所得税及放款业务书立凭证印花税的最早书面文件。

1953 年 6 月，中国人民银行转发中央人民政府财政部税务总局《关于农村信用合作社免贴印花税规定的通知》指出，中央财政部决定自 1953 年 11 月 1 日起，对农村信用合作社、农村信用小组及供销合作社信用部，向银行贷款所立借据均免贴印花。

1954 年 4 月 12 日，中国人民银行印发《中国人民银行免征信用合作社（部）及其社员存款利息所得税的通知》（中国人民银行〔1954〕65 号）指出，接中央人民政府财政部税务总局 3 月 13 日〔1954〕政三字第 132 号对华东区税务管理局的批复抄件：按照利息所得税暂行条例第四条第二款规定，信贷合作社及供销社信贷部投入银行之存款利息所得，应免征利息所得税。至社员存款利息所得，可比照总局〔1951〕直二字第 1968 号通知规定，免征利息所得税。

1959 年 1 月，财政部、中国人民银行报经国务院同意，决定自 1959 年 1 月 1 日取消利息所得税。

1987 年 9 月 8 日，财政部印发《关于对农村信用社征收集体企业所得税的通知》（〔1987〕财税字第 049 号）指出，农村信用社从 1987 年 1 月 1 日起，按照税法规定恢复征收集体企业所得税。对 271 个专项贴息贷款扶植县（国务院贫困地区经济开发领导小组〔1987〕国开发第 1 号文所列的农村信用社），从 1987 年 1 月 1 日起至 1988 年 12 月底免征所得税 2 年。免税期满后，纳税确有困难的，可按税收管理体制报批减免。农村信用社按照规定征收集体企业所得税确有困难的，可依照税收管理体制的规定，报经税务机关批准，酌情在一定时期内给予减征或免征所得税的照顾。国务院印发《中华人民共和国集体企业所得税暂行条例》统一规定的减免税措施，农村信用社同样适用。10 月 7 日，中国农业银行转发该通知（农银发〔1987〕86 号），提出对省（区、市）地（市）人民政府确定的贫困县、贫困乡的信用社纳税问题，分行和中心支行可参照财税字第 049 号文件精神，积极主动和当地财税部门联系，反映实际情况，商得减免税的照顾。国家对一般集体企业统一规定的减免税政策，对农村信用社同样适用。因此，对纳税确有困难的社（如微利社）及经营发生困难的社（如历年亏损、当年盈余较少及公积金红字社）和新建社，要主动向地方政府和当地财税部门汇报协商，以便切实做好减免税工作。经与财政部税务总局协商，明确 1987 年盈余的信用社，可先弥补 1986 年尚未解决的亏损，弥补后的余额，再征收所得税。抵补不足的 1988 年不再继续抵补。

1988 年 10 月 12 日，中国农业银行印发《关于做好 1988 年度农村信用合作社年终决算工作的意见》（农银发〔1988〕115 号）指出，经与国家税务总局协商并原则同意：当年盈余，上年亏损的信用社，可在所得税前，用盈余先弥补上年亏损，如有余额，再交所得税。11 月 18 日，中国农业银行转发国家税务总局《关于对 1988 年扭亏为盈的农村信用社所得税前弥补上年亏损的通知》（农银函〔1988〕394 号）指出，为支持农村信用社的发展，大力扭亏为盈，特批准对 1987 年亏损、1988 年盈利的农村信用社，可先弥补 1987 年当年的亏损，就弥补后的利润余额征收所得税。

1989 年 11 月 7 日，中国农业银行转发国家税务总局印发《关于对农村信用社几个税收问题的暂行规定》（农银函〔1989〕481 号）指出，自 1989 年 1 月 1 日起，对于经营性亏损和个别纳税有困难的农村信用社，可以按税收管理体制的规定，由省自治区、直辖市税务局审批，给予定期减税或免税照顾；对国务院贫困地区经济开发领导小组确定的 273 个专项贴息贷款扶植县的农村信用社，1989 年继续免征所得税一年，免税期满后，纳税仍有困难的，可按税收管理体制的规定报批减免；对 1987 年和

1988 年发生亏损，1989 年盈利的农村信用社，可先弥补亏损，就弥补后的利润余额征收所得税。1989 年 1 月 1 日以后，农村信用社的弥补亏损问题，一律按上述原则办理，但连续弥补期限不得超过 3 年。

1992 年 2 月 20 日，中国农业银行转发财政部、国家税务总局印发《关于集体企业财务问题两个文件的通知》（农银发〔1992〕23 号）指出，根据国务院国办通〔1991〕24 号批复通知，为扶持集体企业搞好经营管理，并与其他所有制企业的办法相一致，决定从 1992 年度起，集体企业发生年度亏损，当年解决不了的，可以用下一纳税年度的所得弥补；下一纳税年度的所得不足弥补的，可以逐年延续弥补，但最长不得超过 3 年。11 月 25 日，中国农业银行印发《关于组织好 1992 年度农村信用合作社会计决算工作的意见》（农银发〔1992〕261 号）指出，年内国家税务总局对信用社的减免政策除原规定的，按税收管理体制的规定，对亏损社和个别纳税有困难的信用社减免营业税继续执行以外，对国务院统一确定的专项贴息贷款扶持贫困县的农村信用社，1992—1993 年，准予继续免征所得税 2 年。信用社发生亏损，可按有关规定用下年度税前利润进行抵补，一年抵补不完的下年继续抵补，连续抵补期限一般不超过 3 年。

1994 年 5 月 11 日，中国农业银行转发财政部、国家税务总局印发《关于企业所得税若干优惠政策的通知》（农银发〔1994〕111 号）指出，国家确定为贫困县的农村信用社在 1995 年底前可继续免征所得税；企业遇有风、火、水、震严重自然灾害，经主管税务机关批准，可减征或者免征所得税一年。11 月 25 日，中国农业银行转发国家税务总局《关于加强城乡信用社所得税征管和财务管理工作的通知》（农银函〔1994〕47 号）指出，城乡信用社的所得税为中央固定收入，各级税务机关应按照财政部、国家税务总局、中国人民银行印发《关于实行“分税制”财政体制后有关预算管理问题的暂行规定》，把城乡信用社的所得税全部缴入中央金库；对城乡信用社的所得税，必须按照《中华人民共和国企业所得税暂行条例》的规定，实行按月或按季预缴、年终汇算清缴的办法，不得实行按年一次征收的办法，以保证收入及时、均衡入库；对城乡信用社的减免税，必须严格按照国务院、财政部和国家税务总局的统一规定执行，各地不得以任何借口自行制定减免税政策，扩大税收优惠范围。12 月 15 日，中国农业银行转发国家税务总局印发《关于集体金融企业财务管理问题的通知》（农银函〔1994〕438 号）指出，集体金融企业缴纳企业所得税，明确由国税局征收和管理。为有利于统一政策，强化税基管理，其财务管理工作也应由各级国税局负责。是年，中国农业银行印发《1994 年度农村信用合作社会计决算工作意见》指出，对国务院确定贫困县的信用社，依财政部和国家税务总局联合印发的财税字〔1994〕001 号文件规定，在 1995 年底前继续免征所得税。免征的所得税，应计增信用社资本公积。

1998 年 6 月 22 日，中国人民银行农金局转发财政部、国家税务总局《关于农村信用社有关企业所得税问题的通知》和《关于贫困县农村信用社继续免征企业所得税的通知》（银农发〔1998〕46 号）指出，财政部和国家税务总局对农村信用社所得税继续给予两档低税率照顾和对国家确定的贫困县农村信用社继续免征所得税，是国家给予农村信用社的重要扶持政策，各地要尽快传达到信用社，以便信用社认真做好各项税收的缴纳工作。文件规定，为减轻农村信用社的经营困难，更好地支持农业生产，经国务院批准，在 2000 年 12 月 31 日之前，农村信用社年应纳税所得额在 2 万元（含 3 万元）以下的，减按 18%的税率征收所得税；年应纳税所得额在 10 万元（含 10 万元）以下至 3 万元的，减按 27%的税率征收所得税。为支持贫困地区农村信用社的发展，经国务院批准，对国家确定为贫困县的农村信用社在 2000 年 12 月 31 日前继续免征企业所得税。

1999 年 9 月 30 日，国务院印发《对储蓄存款利息所得征收个人所得税的实施办法》（国务院令〔1999〕272 号）指出，自 1999 年 11 月 1 日起，对储蓄存款利息所得按 20%比例征收个人所得税。农村信用社作为结付利息的储蓄机构，为广大储蓄存款客户代扣代缴。

2006 年 5 月 10 日，财政部、国家税务总局印发《关于延长试点地区农村信用社有关税收政策期限的通知》（财税〔2006〕46 号）指出，给予试点省农村信用社企业所得税优惠政策，在执行到期后再延长 3 年优惠期限，即优惠政策延长至 2008 年 12 月 31 日。

2007 年 8 月，根据第十届全国人大常委会第二十八次会议修改后的个人所得税法第十二条的规定，国务院决定自 2007 年 8 月 15 日起，将储蓄存款利息所得个人所得税的适用税率由现行的 20%调减为 5%。2008 年 10 月 8 日，国家宣布次日开始取消储蓄存款利息个人所得税。储蓄存款利息所得个人所得税，自 1999 年 11 月 1 日开征至 2008 年 10 月 9 日取消，全省农村信用社代扣代缴利息税 17.99 亿元。

2019 年 4 月 16 日，财政部、国家税务总局印发《关于永续债企业所得税政策问题的公告》（财政部、税务总局公告〔2019〕64 号）指出，自 2019 年 1 月 1 日起，企业发行的永续债，可以适用股息、红利企业所得税政策，即投资方取得的永续债利息收入属于股息、红利性质，按照现行企业所得税政策相关规定进行处理。其中，发行方和投资方均为居民企业的，永续债利息收入可以适用企业所得税法规定的居民企业之间的股息、红利等权益性投资收益，免征企业所得税规定。部分农商银行作为投资方取得永续债，也享受相应的政策优惠。8 月 23 日，财政部、国家税务总局发出《关于金融企业涉农贷款和中小企业贷款损失准备金税前扣除的公告》（财政部、税务总局公告〔2019〕85 号）指出，自 2019 年 1 月 1 日起执行至 2023 年 12 月 31 日，金融企业根据《贷款风险分类指引》（银监发〔2007〕54 号），对其涉农贷款和中小企业贷款进行风险分类后，按照关注类至损失类相应比例计提的贷款损失准备金，准予在计算应纳税所得额时扣除。

2020 年 2 月 6 日，财政部、税务总局印发关于支持新冠疫情防控有关捐赠税收政策的公告（财政部、税务总局公告〔2020〕9 号）指出，企业和个人通过公益性社会组织或县级以上人民政府及其部门等国家机关，捐赠用于应对新冠疫情的现金和物品，允许在计算应纳税所得额时全额扣除：企业和个人直接向承接疫情防治任务的医院捐赠用于应对新冠疫情的物品，允许在计算应纳税所得额时全额扣除；同日，财政部、国家税务总局印发关于支持新冠疫情防控有关个人所得税政策的公告（财政部、税务总局公告〔2020〕10 号）指出，对参加疫情防治工作的医务人员和防疫工作者，按照政府规定标准取得的临时性工作补助和奖金，免征个人所得税；单位发给个人用于预防新冠的药品、医疗用品和防护用品等实物（不包括现金），不计入工资、薪金收入，免征个人所得税。公告自 2020 年 1 月 1 日起施行，执行至年末。

营业税及其他税

1954 年 1 月 12 日，中国人民银行印发《关于通知农村信用合作社 1954 年度仍继续免征工商营业税希查照由》（中国人民银行〔1954〕4号）指出，兹接中央人民政府财政部财税金字第3号通知税务局抄件：关于农村信用合作社纳税问题，本部曾于1953年5月18日以财税吴字第79号函复中国人民银行总行同意1953年内暂缓课征工商业税在案。现为巩固农村信用合作社的基础，促进对农业的社会主义改造，决定在1954年仍不征工商业税。

1984年，财政部税务总局〔1984〕财税一字第210文，批准对农村信用社在1985年底以前给予免征营业税的照顾。1951—1985年，国家对农村信用社一直实行免税政策。

1985年10月7日，财政部税务总局印发《关于对农村信用社恢复征收营业税的通知》（〔1985〕财税营字第026号）指出，对农村信用社在1985年底以前给予免征营业税的照顾，现免税即将期满。决定从1986年1月1日起，对农村信用社经营金融业务的收入恢复征收营业税。恢复征税后，个别纳税有困难的单位，可按税收管理体制的规定，给予定期减税或免税的照顾。10月26日，中国农业银行转发该通知（农银函〔1985〕271号）指出，凡独立核算的信用社均应按照规定向当地税务机关缴纳营业税，明确纳税范围和税率：凡对外自办金融业务的，按营业收入额按5%的税率缴纳营业税，代理业务的手续费收入按 10%的税率缴纳营业税。对信用社与农行往来的利息收入，贷款利差补贴收入及出纳长款，可以从营业收入额中扣除。纳税有困难的信用社，可以向当地税务机关申请减、免税。

1987年10月10日，中国农业银行转发财政部《关于建筑税征免问题的若干规定》（农银会〔1987〕29号）指出，对农村基层供销社农业银行所属的农村信用社安排的自筹建设投资，征免建筑税问题，可比照对乡镇企业的征免规定办理。同年，国务院印发《关于扩大征集国家能源交通重点建设基金的规定》指出，农村信用社在缴纳所得税后，年利润不足5000元（含5000元）的，免缴能源交通基金，超过 5000元的，按税后利润总额的7%计征能源交通基金。

1990年12月25日，国家税务总局印发《关于重申对农村信用社减免营业税的通知》（国税函发〔1990〕1749号）指出，根据国务院指示精神，为支持农村信用社的发展，对于经营性亏损和个别纳税确有困难的农村信用社，可以按税收管理体制的规定，由各省、自治区、直辖市税务局审批给予定期减税或免税照顾。

1998年3月25日，财政部、国家税务总局联合印发《关于农村信用社征收营业税等有关问题的通知》（财税字〔1998〕65号）指出，为扶持农村信用社的发展，经国务院批准，决定继续给农村信用社减免税照顾。规定对农村信用社自1998年1月1日起至12月31日止，减按6%的税率征收营业税；1999年1月1日起至12月31日止，减按7%的税率征收营业税；2000年1月1日起，恢复按8%的税率征收营业税。农村信用社在税率调整后，按5%的税率征收的部分继续向主管地方税务局缴纳，新增的部分向主管国家税务总局缴纳。农村信用社自1998年起逐步调高营业税税率后，对随同营业税附征的城市维护建设税和教育费附加，仍按营业税原税率5%的部分计征，并由原征收机关征收。

2004年11月12日，财政部、国家税务总局印发《关于试点地区农村信用社税收政策的通知》（财税〔2004〕35号）指出，实行试点改革的农村信用社，从2003年1月1日起，营业税按3%的税率征收。

2010年5月13日，财政部、国家税务总局印发《关于农村金融有关税收政策的通知》（财税〔2010〕4号）指出，2009年1月1日至2013年12月31日，对金融机构农户小额贷款的利息收入，免征营业税；2009 年 1 月 1 日至 2013 年 12 月 31 日，对金融机构农户小额贷款的利息收入在计算应纳税所得额时，按 90%计入收入总额；2009 年 1 月 1 日至 2011 年 12 月 31 日，对农村信用社、法人机构所在地在县及县以下地区的农村合作银行和农村商业银行的金融保险业收入减按 3%的税率征收营业税。依据财政部、国家税务总局印发《关于延长农村金融机构营业税政策执行期限的通知》（财税〔2011〕101 号）和《关于部分营业税和增值税政策到期延续问题的通知》（财税〔2011〕101 号）的规定，此政策延续至 2016 年 4 月 30 日。

自 2016 年 5 月 1 日起，经国务院批准，在全国范围内全面推开营业税改征增值税试点，建筑业、房地产业、金融业、生活服务业等全部营业税纳税人，纳入试点范围，由缴纳营业税改为缴纳增值税。

增值税

2016 年 3 月 24 日，财政部、国家税务总局印发《营业税改征增值税试点实施办法》（财税〔2016〕36 号）指出，经国务院批准，自 2016 年 5 月 1 日起，在全国范围内全面推开营改增试点，建筑业、房地产业、金融业、生活服务业等全部营业税纳税人，纳入试点范围，由缴纳营业税改为缴纳增值税。

2016 年 4 月 29 日，财政部、国家税务总局印发《关于进一步明确全面推开营改增试点金融业有关政策的通知》（财税〔2016〕46 号）指出，农村信用社、村镇银行、农村资金互助社、由银行业机构全资发起设立的贷款公司，法人机构在县及县以下地区的农村合作银行和农村商业银行提供金融服务收入，可以选择适用简易计税方法按照 3%的征收率计算缴纳增值税，从 5 月 1 日起执行。6 月 30 日，财政部、国家税务总局印发《关于金融机构同业往来签增值税政策的补充通知》（财税〔2016〕70 号），规定金融机构农户小额贷款利息收入（贷款金额在 10 万元以下）、国债地方政府债利息收入、国家助学贷款利息收入、金融机构与人行所发生的资金往来业务、同业存款、同业借款、同业代付、买断式买入返售金融商品、金融机构之间开展的转贴现业务等免征增值税。

2017 年 10 月 26 日，财政部印发《关于支持小微企业融资有关税收政策的通知》（财税〔2017〕177 号）指出，自 2017 年 12 月 1 日起对金融机构向农户、小型企业、微型企业及个体工商户发放小额贷款（单户授信 100 万元以下）取得的利息收入，免征增值税；自 2018 年 1 月 1 日至 2020 年 12 月 31 日，对金融机构与小型企业、微型企业签订的借款合同免征印花税。

2018 年 9 月 5 日，财政部、国家税务总局印发《关于金融机构小微企业贷款利息收入免征增值税政策的通知》（财税〔2018〕91 号）指出，对满足“两增两控”［“两增”即单户授信总额 1000 万元以下（含）的小微企业贷款同比增速不低于各项贷款同比增速，贷款户数不低于上年同期水平；“两控”即合理控制小微企业贷款资产质量水平和贷款综合成本］的农商银行，向小微企业、微型企业和个体工商户发放的，利率水平不高于人行同期贷款基准利率 150%（含本数）的单笔小额贷款（单户授信 1000 万元以下）取得的利息收入，免征增值税。

2019 年 3 月 20 日，财政部、国家税务总局、海关总署联合印发《关于深化增值税改革有关政策的公告》指出，自 2019 年 4 月 1 日起，试行增值税期末留抵税额退税制度。符合相关条件的纳税人，可以向主管税务机关申请退还增量留抵税额。

2020 年 4 月 20 日，财政部、税务总局印发《关于延续实施普惠金融有关税收优惠政策的公告》、

《关于支持小微企业融资有关税收政策的通知》（财税〔2017〕77号）、《关于延续支持农村金融发展有关税收政策的通知》（财税〔2017〕44号）和《关于租入固定资产进项税额抵扣等增值税政策的通知》（财税〔2017〕90号）指出，于2019年12月31日执行到期的税收优惠政策，实施期限延长至2023年12月31日。农户、小微企业及个体工商户小额贷款利息收入继续免征增值税，农户小额贷款利息收入继续减按90%计入收入计算应纳税所得额。

第三节　贷款减免与再贷款

贷款减免

贷款减免是指在借款人发生财务困难、无力及时足额偿还贷款本息的情况下，金融企业为盘活不良贷款，最大限度回收债权，减免借款人部分还款义务的行为。

1954年，中国人民银行香河县支行根据县灾情情况，印发农贷减免意见，提出："组织力量结合秋征、收购、收贷计划深入农村，广泛宣传减免政策，了解灾情，此项工作在购粮工作结束后进行，结合乡购粮评议委员会提出减免缓收名单及款额，由乡政府、银行干部、群众审查后造减免缓收花名册。""贷款的减免缓收除打井、钻井、步犁、新式农贷等，还包括生产贷款、一般贷款、副业贷款、农村手工业贷款等。"

清理豁免1961年旧欠贷款

1962年11月8日，中国人民银行向国务院财贸办、农林办分别报送《关于清理历年农业贷款办法（草案）》指出，清理历年农业贷款的目的是整顿农村信用社，总结经验，提高工作，并促进社、队加强经济核算，进一步巩固人民公社集体经济，发展农业生产。农业贷款一定要坚持"有借有还、按期归还"的原则。清理历年农业贷款，一定要实事求是，该收的收，该缓的缓，该免的免，绝不能笼统废债。清理范围为：凡1961年以前社、队（包括公社化以前的互助组、初级社、高级社和社办企业、社营拖拉机站，下同）、社员个人、其他部门所欠国家的农业贷款，均应清理。公社各级所欠的贷款，哪一级欠的应该由哪一级清还，公社和生产大队所欠的债务中不应当由生产队分担的，不许分摊给生产队。12月，根据中国人民银行和人行河北省分行《关于免收贫农合作基金放款的精神》，香河县农村信用社开始清理免收工作。

1963年2月，中国人民银行香河县支行印发《关于转发城关营业所免收贫农合作基金贷款试点情况的报告》指出，以城关营业所为试点，对城关营业所贫下中农贷款1766元按照政策全部免收。

1964年1月24日，国务院批转中国农业银行印发《关于清理1961年以前农业贷款的办法》指出，在清理工作中，既要实事求是，该豁免的给予豁免，要严肃认真，以维护国家的信用原则，必须防止在社、队干部和社员群众中产生贷款可以不还或者拖欠下去等待国家豁免的错误思想；必须向各级干部，特别是农村基层干部和社员群众讲清楚，这次进行清理，豁免一部分贷款，是国家采取的一种临时性的特殊措施，今后仍须坚持"有借有还、按期归还"的原则。中国农业银行印发《关于清理1961年以前的农业贷款办法》（国发〔1964〕国农行字43号）指出，凡是1961年底以前社、队（包括农村、牧区、渔区人民公社、生产大队、生产队和社办企业、社营拖拉机站以及公社化以前的互助组、初级农业生产合作社、高级农业生产合作社等组织，下同），社员个人和农业、林业、水利等部门所欠的农业贷款（以下简称贷款），都应当按照本办法进行清理。清理贷款应当本着彻底清理，工作做细，实事求是，区别对待的原则进行，不能笼统废债。对欠贷款予以豁免的情形和豁免审查、报批程序等做出具体规定。本办法经国务院批准后施行，1962 年 11 月 25 日国务院财贸办公室和农林办公室批转的《中国人民银行关于清理历年农业贷款的办法》同时作废。信用合作社发放给社队和社员个人的贷款，也应当参照本办法的规定进行清理。

1964 年 4 月 1 日，中国农业银行印发《关于清理 1961 年以前农业贷款的通知》指出，经国务院批准，各省、自治区、直辖市人民委员会和中国农业银行执行。在 1963 年只进行试点，没有全面铺开的地区，应认真按照这次国务院批转的清理办法进行；1963 年虽全面铺开，但只做初步清理，还没有进行处理的地区，应当按照这次清理办法，进行复查复议，做好处理工作；少数动手较早的地区，上一年度清理工作基本结束并进行处理的，是要根据这次清理办法重新处理，还是只对清理工作中的遗留问题加以处理、可由各省、自治区、直辖市分行请示当地人民委员会决定。各省豁免农业贷款的控制比例应当按照《中共中央、国务院关于清理农村社队欠国家的赊销款、预付款和预购定金的办法》批示的规定，农业贷款的豁免比例应当控制在 40%左右，加上用农业生产资料抵债的部分，不得超过 50%。上述豁免比例 40%应包括信用合作社划归银行处理的贷款、贴补和退还给信用社的利息以及贫农合作基金贷款的豁免数在内。清理 1961 年以前社、队和社员个人欠国家的贷款，是本年度农行工作上的一件大事各分行必须根据具体情况对清理工作妥善安排，制定全年清理工作方案，有计划、分期分批进行清理。

1965 年 3 月 26 日，国务院印发《关于处理 1961 年以前农村四项欠款问题的通知》指出，四项欠款，指赊销款、预付款、预购定金和农业贷款。为贯彻国务院通知、中国农业银行《关于清理 1961 年以前的农业贷款办法》文件精神，对 1961 年底以前社、队（包括公社化以前的互助组、初级社、高级社和社办企业、社营拖拉机站）社员个人贷款、其他部门所欠国家农业贷款均进行清理。清理时，在贯彻“有借有还，按期归还”的原则下，根据实际情况，该收的收、该缓的缓、该免的免，决不能笼统废债。为此，各地先后成立清理旧贷办公室，由当地党政部门牵头，组织银行与有关部门人员，深入社、队，上门串户，宣传发动群众，对 1961 年以前农贷旧欠，本着“彻底清理、工作做细、实事求是、区别对待”的原则，进行清理，然后召开社员群众大会宣传政策，征求意见，再由银行汇总造册，逐级上报审查批准。

1974 年 2 月 20 日，中国人民银行印发《关于结束对 1961 年以前农业贷款豁免工作的通知》（〔1974〕银农字第 4 号）指出，截至 1973 年底，结束对旧农贷的豁免工作。以后发现应豁免的旧农贷，不再上报总行核销，可作为银行损益处理。

支农再贷款

1999 年 7 月，中国人民银行香河县支行印发《关于转发降低存、贷利率的通知》指出，降低中国人民银行对农村信用社的再贷款利率，20 天以内由现行的 3.6%下调为 2.25%，3 个月以内由现行的

3.87%下调为2.52%，6个月以内现行的4.05%下调为2.7%，1年以内由现行的4.14%下调为2.79%。

2000年6月20日，县联社转发中国人民银行廊坊市中心支行印发《对农村信用合作社支农再贷款管理办法》指出，各农村信用社在信用联社设立“支农再贷款存款户”，凡经批准对农村信用联社发放的支农再贷款和信用社用支农再贷款发放农户贷款，都应在以上专户中单独反映，并对其发放、使用及到期归还情况实行全面监督管理。信用联社须以农村信用社为单位建立总台账；农村信用社须以借款的农户为单位建立明细台账。

2003年3月，中国人民银行廊坊市中心支行印发《对农村信用合作社贷款管理操作规程》指出，再贷款实行“限额控制、周转使用、规定用途、设立台账”的管理原则。

2004年4月，中国人民银行香河县支行转发中国人民银行《关于实行再贷款浮息制度的通知》指出，对农村信用社再贷款（不含紧急贷款）浮息采取逐步到位的政策。2004年保持现行农村信用社再贷款利率政策不变，即在再贷款基准利率基础上下浮0.99个百分点。

2005年1月1日起，中国人民银行规定农村信用社再贷款利率执行再贷款基准利率；2006年1月1日起，农村信用社再贷款利率在再贷款基准利率基础上加点，加点幅度按同期人民银行确定的流动性再贷款利率加点幅度减半执行。农村信用社再贷款按合同利率执行到期，合同期内不分段计息。“短期再贷款”“对农村信用社再贷款”项下各类再贷款归并为流动性再贷款。

2010年12月，省联社转发中国人民银行石家庄中心支行《河北省支农再贷款授信管理暂行办法》指出，支农再贷款授信实行“定期核定、额度控制、限额管理”的原则。采取每年核定一次支农再贷款的授信额度，在核定的限额内，按照规定的条件和程序，审批、发放支农再贷款。

2020年，香河农商银行按照中国人民银行《关于增加再贷款再贴现额度中小银行加大涉农、小微企业和民营企业信贷投放的通知》规定，每亿元支农再贷款（含扶贫再贷款）至少支持200户经营主体，进一步提高再贷款政策的普惠性。

第四篇　内部管理

本篇内容主要涵盖香河县农村信用社的管理与服务，包括信贷管理、财务管理、运营管理、信息科技管理、人力资源管理和综合管理。香河县农村信用社的管理和服务，历经不同时期的变化发展，信贷管理、财务管理、运营管理与信用社相伴相生并得到长期有序推进。

第一章　信贷管理

香河县农村信用社信贷管理是指按照相关法律规定、政策及规章制度，根据贷款的安全性、流动性和效益性等原则进行贷前检查、贷时审查、贷后检查的过程。科学合理的信贷业务管理过程是规避风险、获取效益，以确保信贷资金的安全性、流动性、营利性的过程。

第一节　信贷风险管理

信贷风险管理，是指通过科学的方法对各种可能导致贷款损失的主观因素进行有效的预测、分析、防范、控制和处理，以降低贷款风险，减少贷款损失、提高贷款质量，从而增强银行风险控制能力和损失补偿能力的一种贷款管理活动。

规制建设

1959 年 4 月 1 日，中共中央印发《关于加强农村人民公社信贷管理工作的决定》（中发〔1959〕339 号）指出，信用部在日常工作中服从公社党委和公社管理委员会的领导，明确工业贷款、商业贷款和农业贷款必须“专款专用”。

1961 年 9 月 26 日，中国人民银行印发《关于讨论和试行农村信用合作社若干问题的规定（草案）的通知》指出，各项放款坚持“谁借谁还，到期归还”的原则，对于有力归还的按期收回，确实无力归还的可以缓期收回，不得强迫扣款和逼债。

1974 年 6 月，中国人民银行明确把信用社的存款和贷款纳入人行信贷计划，作为国家计划的组成部分，并由人民银行编制。

1985 年，国务院印发《关于进一步活跃农村经济的十项政策》指出，信用社发放专业户、重点户的大额贷款要控制，一般不超过 1 万元，超过 1 万元的必须报经县支行审批后发放；贷款一定要坚持自有资金比例，尤其是对养鸡，养猪和风险性较大的养殖业贷款，自有资金比例要达到 30%—50%的规定；对套购国家紧缺物资，以及没有本钱进行买空卖空的，不能贷款支持。

1987 年 9 月 16 日，中国农业银行印发《关于农村信用社信贷资金管理的暂行规定》指出，县联社要加强对农村信用社信贷资金营运的指导和管理；定期或不定期地检查信用社执行信贷、利率政策的情况；辖内信用社信贷计划的编制和执行；资金融通；大额贷款的咨询、评估；业务人员的学习培训等。

1990 年 10 月，中国农业银行印发《关于农村信用合作社管理暂行规定》指出，信用社发放的贷款总额不得超过其存款总额加自有资金之和的 75%，股金加各项基金之和不得少于其各项贷款总额的 10%，发放的固定资产贷款余额不得超过其各项贷款之和的 20%，发放一笔贷款总额不得超过其自有资金 50%，固定资产总额不得超过其自有资本金加各项积累之和的 30%。

1994 年 5 月，中国农业银行、国家税务总局印发《关于农村信用合作社财务管理实施办法》指出，明确信用社放款按照国家金融政策和农村市场经济发展的需要并坚持经济效益的原则，建立健全放款的发放、项目管理和监督控制管理，并严格执行国家的利率政策，按期回收放款的本金和利息，接受金融管理机关及有关部门的监督。同月，中国农业银行印发《农村信用社利息收支管理办法的通知》（农银发〔1994〕118 号）指出，集体农业和农户贷款按年结息，乡镇企业、其他集体（对公）企业贷款按季或按年结息。明确各项贷款不论按季、按年结息，在结息日按户（笔）计算应收利息，列入本期损益。

1996 年 7 月 10 日，县联社印发《农村信用社贷款业务规范化处理》指出，信用社要建立健全贷款审批小组，明确贷款审批范围，规定审批权限，并要求坚持审批记录制度。信用社主任对本社办理放款人员要签发办理放款委托证书，明确其放款权限，没有信用社主任签发的办理放款委托证书的信用社、站人员不得办理放款。

1997 年 4 月，廊坊市农村金融体制改革领导小组印发《关于防范贷款风险加强贷款管理有关问题的通知》指出，要端正思想，统一认识，各联社、信用社必须建立贷款审批小组，明确规定贷款审批权限，并报上一级备案，对大额贷款和较大额度贷款的资金运用必须集体审批，不准任何个人擅自审批。必须保证当年发放的质押贷款不低于当年投放贷款总额的 70%，有价证券质押放款到期必须收回，不准逾期不收。严格控制存贷比例，凡资金运用比例超过 70%者，不给贷款投放指标，只能收回再贷。强化资金计划管理，全市资金统一调度，确保重点项目的资金需要。每月对当月发放的贷款手续进行一次全面审查，必须符合《廊坊市农村信用社新放贷款有关规定及操作规程》的要求，保证手续的合法性和有效性。

1997 年 9 月，河北省农村金融体制改革领导小组办公室印发《河北省农村信用社贷款管理实施细则》指出，用土地作抵押、用财产作抵押、用国有财产为本企业作抵押或第三人做贷款抵押等须注意事项。指出用土地作抵押时应注意两点：一是必须用国有土地使用权，而不能用集体所有的土地使用权作抵押；二是必须以出让方式取得土地使用权，而不能用划拨方式取得的土地使用权作抵押。用财产作抵押的，除办理抵押物登记以外，其财产必须参加财产保险，并将信用社列为第一受让人，且保期要长于贷款期限一个月以上。出质人是借款人以外的第三人的，出质人与贷款人和借款人当面签发质押授权书，出质人要出示身份证件并将身份证号码写在质押授权书上。

2004 年 4 月，中国银监会印发《农村信用社贷款风险五级分类实施方案（试行）》指出，农村信用社按照风险程度将贷款分为正常、关注、次级、可疑和损失 5 个档次，其中，后三类合称不良贷款。正常贷款是指借款人能够履行合同，没有足够理由怀疑贷款本息不能按时足额偿还；关注类贷款是指尽管借款人目前有能力偿还贷款本息，但存在一些可能对偿还产生不利影响的因素；次级贷款是指借款人的还款能力出现明显问题，完全依靠其正常经营收入无法足额偿还贷款本息，即使执行担保，也可能会造成一定损失；可疑贷款是指借款人无法足额偿还贷款本息，即使执行担保，也肯定要造成较大损失；损失贷款是指在采取所有可能的措施或一切必需的法律程序之后，本息仍然无法收回，或只能收回极少部分。7 月，县联社印发关于《发放贷款“五包责任制”管理办法》指出，每笔贷款的发放都要明确责任人，签订发放大额贷款责任书，实行包放、包收、包管理、包效益、包赔偿的“五包”责任制，各信用社在权限范围内也要与信贷员签订发放贷款责任书落实“五包”责任，增强对审批发放贷款的责任心。

2004 年 6 月，中国人民银行香河县支行转发中国人民银行《进一步加强产业政策和信贷政策协调配合控制信贷风险有关问题的通知》指出，各银行在自身经营中，认真贯彻执行国家宏观调控政策和产业政策，关注行业发展，在体现效益性的同时，注重贷款的产业、行业的合理分布，调整信贷投向；建立信息定期报告制度，于每个季度的最后 7 日内报送中国人民银行香河县支行综合业务股。

2005 年 6 月 23 日，县联社印发《香河县信用联社关于规范贷款业务管理的意见》指出，新放贷款必须按照《廊坊市农村信用社贷款管理规定及操作规程》办理，另外明确几点：一是发放贷款无论额度大小，都要有借款人的书面申请；二是落实贷款的“五包”责任制，发放每一笔贷款都要签订发放贷款责任书；三是继续实行风险抵押金制度，凡从事调查和审批发放贷款的信贷员，必须交足风险抵押金（3000 元）；四是不是信用社社员（股东）和未按要求入投资股的信贷人员，不得进行贷款的调查和审批发放。

2006 年 4 月 30 日，省联社印发《河北省农村信用社贷款操作规程（试行）》指出，贷款操作程序要简便、快速、科学、方便客户。坚持为“三农”和入股社员服务，支持农业产业结构调整和农业产业化进程。坚持安全性、流动性、效益性相统一的原则，依法放贷、合规操作、强化监督、规避风险，提高信贷资金的效益。同年，省联社印发《河北省农村信用社担保业务管理暂行办法》指出：担保是信用社信贷业务的第二还款来源，当债务人不按时清偿债务时，信用社可以要求担保人代为偿还或以处分担保物的方式清偿。

2007 年 1 月，中国银监会印发《关于进一步加强信贷管理严格担保资格审查的通知》指出，农村信用社加强对借款人与保证人之间关系的调查和审查，尤其是重视关联企业之间的保证担保，对上市公司为关联企业提供担保的，必须有无关联关系董事过半数通过的董事会决议，对非上市公司关联企业之间的保证担保，要密切关注相关法律的最新变化和保证人的保证能力，严格对抵押担保的审查。4月，县联社印发《香河县信用合作联社客户经理部大额贷款集中管理实施细则》指出，要充分发挥客户经理部在业务发展和风险防范中的职能和作用，进一步规范客户经理基础工作，实现客户经理部工作的规范化、程序化、制度化，确保信贷资产的安全性、流动性、营利性。

2008年3月3日，县联社印发《香河县农村信用合作联社信贷风险资产五级分类管理办法（试行）》指出，2008年县联社五级分类日常管理工作总体思路：及时认定、动态调整、按月监测、季度分析。一是及时认定。贷款发放单位在贷款发放后的10日内完成对该笔贷款的风险认定及系统的录入工作，如遇月末发放贷款应于月末结账日前完成风险认定和系统录入工作。凡新发放贷款必须保证认定准确、录入及时，信息完整、真实。二是动态调整。在日常信贷管理中，贷款发放单位按照有关规定对借款人进行贷后检查，随时监测、分析信贷业务的风险情况，认真收集相关信息，及时补充信贷档案。如果发现借款人财务状况或影响贷款偿还的因素发生重大变化，根据风险分类的核心定义、基本标准、主要特征，及时进行风险分类形态的调整。三是按月监测。贷款发放单位按月根据最新的财务和其他信息资料对借款人经营状况和偿债能力进行分析，按照相应分类程序及权限实行风险认定，县联社审查部门负责风险分类复审工作，确保分类结果真实准确，按月接收风险分类管理系统上报数据，并做好风险分类结果及结构的统计监测工作，加强预警，根据风险状况及时采取相应的管理措施。四是按季分析。信用社定期向联社报送分析报告。

2009年1月16日，县联社印发《香河县农村信用合作联社信贷工作尽职管理暂行办法（试行）》指出，信贷业务实行客户经理制、坚持双人调查，双人审查、双人贷后管理。调查工作职责包括第一调查人员、第二调查人员。审查工作职责包括信贷审查人员、部门负责人、分管领导。信贷业务以县联社为单位实行统一管理，坚持“严格准入、自主选贷、注重效益、控制风险”的原则。信用社在县联社的授权范围内按照“先评级、后授信、再用信”的原则开展信贷业务，实行大小客户及农户管理制度，其中，贷款额度在30万元（含）以下农户贷款，贷款额度在30万元以上至300万元（含）以下的或资产在1000万元以下的为小客户。贷款额度在300万元以上的或资产在1000万元以上的为大客户。

2011年4月1日，县联社印发《香河县农村信用合作联社信贷管理系统上线工作方案》指出，联社成立信贷管理系统上线工作领导小组，领导小组下设办公室，办公室设在联社风险监控部。进行设备购置及网络布线以及对布放终端进行测试，并进行核心系统打捆贷款拆分，实现信贷管理系统上线前的核心系统账务中的贷款与实际情况一致。

2011年8月，省联社廊坊办事处印发《关于信贷业务准入否决性条件的通知》指出，凡属于通知中所列否决性条件的信贷业务，各联社均不得受理：一是产能明显过剩行业或其他国家政策予以限制的行业；二是新建、改建、扩建项目未取得合法用地手续（或项目用地为租赁），或未取得环保、规划等有关部门批准；三是使用（生产）淘汰落后生产工艺（产品），或虽未使用（生产）淘汰落后生产工艺（产品），但产能属于限制类，且授信（拟授信）期间内产能无法高于限制类标准等20项不得受理条件，规范贷款操作规程，从根源上降低不良贷款发生率。

2012 年 6 月 6 日，省联社印发《河北省农村信用社信贷问责终身制管理暂行办法》指出，河北省农村信用社信贷业务实行问责终身制，即县级行社根据信贷管理规定和贷款经办、审核、决策等岗位信息，确定贷款第一责任人，只要责任人在河北省农信社系统内工作，不论其单位、岗位、职务等是否变动，均需承担终身责任，有协助原单位进行清收的责任和义务，直至贷款债权债务关系终结为止。7 月 31 日，县联社印发《香河县农村信用合作联社信贷问责终身制实施办法（试行）》指出，建立健全信贷问责机构。联社加强信贷问责的组织与领导，由不良贷款责任认定委员会作为信贷问责机构。明确信贷问责对象。联社对各网点累计新放非责任不良贷款率超过 3%的贷款第一责任人实行信贷问责，第一责任人累计新放非责任不良贷款率压回 3%以内或第一责任人退休的，可不再问责。对于符合问责标准的第一责任人，联社不良贷款责任认定委员会可视情节暂停其贷款发放权，并根据清收不良贷款进展情况明确和扣发相应的绩效工资，扣发标准为每超过 3%一个百分点，扣发当月绩效工资的 20%，直至达到可不再问责标准为止。

2013 年 3 月 13 日，县联社印发《香河县农村信用合作联社信贷业务受理管理暂行办法（试行）》指出，对信贷业务受理部门、受理流程、风险管理等作出详细规定。9 月 27 日，县联社转发省联社《河北省农村信用社贷款期限管理办法（试行）》指出，要加强信贷管理，防范资产的流动性风险，充分发挥分期还款的“早期预警”功能。

流程化管理

1963 年，中国人民银行香河县支行行长李正芝在全县信用合作社工作会议上的报告和总结发言中提出，信用社在发放贷款中坚决贯彻执行党在农村的阶级路线，要做好“三查”工作，即贷前调查、贷时审查、贷后检查。

1978 年 3 月 7 日，中国人民银行香河县支行印发《关于 1978 年农金工作的几点意见》指出，各信用社要坚持贷前调查，贷时审查，贷后检查，充分发挥支农资金的作用。

1996 年 7 月 10 日，县联社印发《农村信用社贷款业务规范化处理》指出，信用社要建立健全贷款审批小组，明确贷款审批范围，规定审批权限，并要求坚持审批记录制度。

1997 年 6 月，县联社印发《关于农村信用社贷款审批权限的通知》指出，进一步强化贷款管理，降低贷款风险，提高信贷资产质量。是年，香河县农村信用社建立贷款审批小组，落实管户责任人制度，信贷员为第一责任人，主任为最后签字人，每笔贷款都有明确的审批人，每个贷户都有明确责任人包管到底。建立贷款管理监测台账，充分利用台账分析问题，强化贷款管理，继续执行抵押物登记制度。

1998 年，县联社印发《关于农村信用社贷款审批权限》指出：一是信用社发放新建项目贷款、固定资产贷款、技术改造贷款、科技开发项目贷款，必须按程序逐级上报，由河北省农村金融体制改革领导小组办公室审批；二是乡镇办、村办集体企业新增流动资金贷款发放要由联社集体审批，凡单户企业贷款超过 500 万元的，必须报经廊坊市农村金融体制改革领导小组办公室审批；三是农户、个体私营、股份制、股份合作制企业年内新增流动资金贷款余额在 10 万元（含 10 万）以下的抵押贷款信用社有权审批，10 万元以上的须报联社审批。由业务科负责调查，审核的抵押贷款在符合贷款政策的前提下，10 万—20 万元，由主管主任审批；20 万—40 万元由联社主任审批；40 万元以上由联社审批委员会审批。质押放款余额 50 万元以下的信用社审批，50 万元以上的报联社备案。

2010 年 4 月 21 日，省联社印发《河北省农村信用社县级联社信贷业务审批办法》指出，对审批机构、审批权限、审批流程、责任和处罚等作出详细规定。7 月 13 日，县联社印发《香河县农村信用合作联社信贷业务审批办法》指出，客户经理分部设立信贷业务审批小组，负责审批分部权限的信贷业务。成员包括信用社主任及分部经理，设组长和副组长各 1 名。客户经理部设立信贷业务审查小组，负责审查客户经理部经办的信贷业务。组长由联社分管客户经理部的副主任担任，成员由客户经理部经理及客户经理组成。授信审批部设立信贷业务审批小组，负责审批授信审批部权限内的信贷业务。组长由联社分管授信审批部的副主任担任，成员由授信审批部经理、专职审批人员组成。客户经理分部审批权限为 30 万元（含）以下抵押贷款及 10 万元（含）以下保证贷款。30 万元（含）以下信用社系统存单质押贷款可由本信用社主任直接审批，签字后由客户经理直接发放；他行存单及 30 万元以上信用社系统存单质押贷款必须上报授信审批部审批。授信审批部审批权限为 10 万—50 万元（含）的保证贷款；30 万—50 万元（含）的抵押贷款；30 万—200 万元（含）的质押贷款；10 万元（含）以下信用贷款。信贷业务审批委员会审批权限为 50 万—500 万元（含）的保证贷款；50 万—500 万元（含）的抵押贷款；200 万—500 万元（含）的质押贷款；10 万—50 万元（含）的信用贷款。超过联社信贷业务审批委员会权限的各类信贷业务，最高权限以廊坊市办事处核定为准。

2011 年 3 月 24 日，县联社印发《香河县农村信用合作联社贷前现场核查工作管理办法》指出，贷前现场核查是指在客户经理对拟授信客户进行现场调查后，由联社指派专门现场核查人员对拟授信客户进行现场核查，并签署该客户是否符合准入条件意见的一项信贷流程。对授信额 100 万元（含）以下的客户，由所在分部经理负责现场核查；对授信额度 100 万元至 500 万元（含）的客户，由主管主任责成业务部门经理负责现场核查；对授信额 500 万元至 2000 万元（含）的客户，由联社主管业务副主任负责现场核查；对授信额 2000 万元以上的客户，由联社主任负责现场核查；对授信额 4000 万元以上的客户，由风险委员会成员进行现场核查，核查人员不少于 3 人。

2012 年 2 月 24 日，县联社印发《香河县农村信用合作联社客户经理营销与管户分工管理办法》指出，客户经理的分工要依照“合理配置、专业分工、明确职责、相互制约”的原则。

2020 年 4 月 29 日，香河农商银行印发《信贷业务审批办法》指出，香河农商银行所辖各级信贷业务审批机构包括独立审批人、信贷管理部、信贷业务审批小组、信贷业务审批委员会，董事长签批。各级业务审批机构须在总行董事会的书面授权范围内审批授信业务，不得越权或变相越权审批授信业务，信贷业务审批按规定程序进行，不得违反规定减少程序或逆程序审批。

不良贷款管理

1961 年，中国人民银行印发《关于当前清理旧农贷应该注意的几个问题的通知》要求，信用社发放的各种贷款，也应该同时清理，但是由于信用社是群众性的组织，盈亏自负，凡是有贷户的债务，都不要减免，找不到贷户的呆账，需要报销的，要经过理事会或者社员代表大会批准。

1974 年 2 月 20 日，中国人民银行印发《关于结束对 1961 年以前农业贷款豁免工作的通知》指出，结束对旧农贷的豁免工作，以后发现应豁免的旧农贷，不再上报总行核销，银行（信用社）作为损益处理。

1984 年 11 月，中国农业银行印发《关于改革信用社管理体制的实施意见》指出，信用社贷款要按期限管理，借据必须明确规定还款日期，建立贷款到期催收制度，按期限考核到逾期贷款收回率。

1985 年，国务院印发《关于进一步活跃农村经济的十项政策》指出，信用社要抓紧收回到逾期贷款，建立到逾期贷款催收工作制度，责任落实到人，使有限的信贷资金真正做到常放常收，周转使用，提高资金运用率。

1987 年 6 月 25 日，中国农业银行召开全国农村信用合作社县联社经验交流会，副行长王景师要求信用社结合开展"双增双节"运动，清理回收不合理占压的贷款；尤其对 1978 年前的沉淀贷款，积极落实责任人，加强催收。

1993 年 10 月，中国农业银行印发《关于农村信用合作社贷款呆账处理实施办法的通知》指出，"内销外挂"的贷款呆账处理，不论金额大小，一律报地（市）以上分行和税务机关审核批准。"形销实不销"的贷款呆账处理，个体工商户、农户贷款不满 1000 元，企业不满 1 万元的，经当地税务局审核后，由县（市）联社、县（市）农行审查批准，报地市分行和县（市）税务局备案；个体工商户、农户贷款在 1000 元（含）以上至 1 万元，企业 1 万元（含）至 10 万元的，由县（市）联社（支行）会同县（市）税务局逐级审核，报地（市）分行审查批准、并报省分行和地（市）税务局备案；个体工商户、农户贷款在 1 万元（含）以上，企业 10 万元（含）至 50 万元以下的，主管支行会同税务局逐笔审核，逐级报农行省分行批准，并分别报总行和省税务局备案；企业贷款在 50 万元（含）以上的，由主管支行会同税务局审核，并送国家税务总局备案。

1995 年 2 月 5 日，中国农业银行印发《1995 年农村信用合作工作要点》指出，信用社抓紧清收逾期、催收贷款。明确实行清收非正常贷款与确定贷款增量比例挂钩，对非正常贷款下降的地方，调高贷款增量比例；对非正常贷款上升的地方，调低贷款增量比例。

1997 年 5 月，廊坊市农村金融体制改革领导小组印发《关于进一步加强清收不良贷款工作的通知》指出：一是利用麦收前时间打一场清收不良贷款攻坚战；二是坚决纠正清收工作中的错误认识和做法；三是积极探索和开辟清收工作的有效方法；四是抓住企业政策改制时机，搞好债务落实；五是确保占用形态真实、准确，严格执行贷款监测考核制度。9 月 22 日，香河县农村信用社印发《关于对造成不良贷款的管户责任人的处罚规定》指出：一是管户责任人必须坚持贷款的操作程序，不得逆程序发放贷款，超越权限的贷款一经发现，限期收回，限期内收回的免予处罚，限期内不能收回的免发半年或全年奖金，并调离信贷岗位；二是超越权限放款，一经发现，在限期内必须收回，对超权放款形成逾期的收回期内免发奖金。造成双呆的收回期限内只发生活费，有职务的免去职务，信贷员调离信贷岗位，并对直接责任人进行通报；三是贷款手续中的要素必须齐全，如检查发现要素不全，处罚责任人 1—6 个月奖金。同年，香河县农村信用社采取"抵贷返租""实物抵贷""依法收贷"等一系列措施，落实清非责任制，实行工资与指标挂钩，使每笔贷款的清收，都有明确的人员、时间、方法。

1998年4月20日，中国人民银行召开全国分行行长一季度例会，副行长史纪良向各省分行提出农村信用社不良贷款占比下降20%的要求。明确各分行要加强信用社清理不良贷款特别是呆滞呆账贷款的任务考核，将任务指标落实到社、落实到人。6月8日，中国人民银行印发《农村信用社综合治理座谈会纪要》，明确农村信用社要把清收和盘活不良贷款放在重要位置，对新增贷款，严格制度，按规定办理，数额较大的贷款，尤其要注意跟踪监控，发现苗头，及时采取措施。6月，香河县农村信用社印发《关于对造成不良贷款的管户责任人的处罚规定》指出，对1996年1月1日以来新发放的贷款一律实行管户责任人制度，该规定对管户责任人的操作程序、手续、贷前检查、贷后跟踪都作出相应的处罚规定。

2000年8月，县联社转发中国人民银行办公厅《加强金融机构依法收贷，清收不良资产的法律指导意见》指出，可以采取适当法律措施对逾期贷款进行有效催收，有约定的直接从借款人或保证人的存款账户上扣收款项，向债务人、保证人主张债权、直接要求债务人、保证人履行债务。2000年香河县农村信用社收回不良贷款4567万元，其中，逾期贷款收回2464万元，呆滞呆账贷款2103万元。

2002年，蒋辛屯信用社作为全县清收小额呆账的试点社，1个月内清收呆账贷款30笔，金额6.86万元。香城信用社逐村核实贷款户，建立“村贷款情况统计表”，14天收贷56.11万元，其中逾期贷款52.34万元，呆滞贷款3.77万元。

2003年，县联社根据《贷款管理及责任追究实施细则》，印发2003年第一季度清收计划，逐笔逐户落实清收措施。截至第一季度末，香河县农村信用社收回不良贷款105笔，金额1260万元。

2005年5月27日，香河县人民政府办公室印发《关于县直部门包片清收农村信用社不良贷款的通知》指出，为加快农村信用社不良贷款的清收进度，确保信用社改革顺利进行，经县政府研究，决定对全县农村信用社清收不良贷款工作实行县直部门包片责任制，专门负责对清贷工作进行督促，检查和指导。责任分工：县银监办分包城区，县人行分包淑阳镇，县监察局分包渠口镇，县工商局分包钱旺乡，县财政局分包蒋辛屯镇，县国税局分包安平镇，县地税局分包五百户镇，县人劳局分包安头屯镇，县法院分包刘宋镇，县检察院分包钳屯乡。

2005年，河北省深化农村信用社改革试点领导小组印发《认真做好农村信用社清收不良贷款工作的通知》指出，建立清收奖励机制，对收回农村信用社呆账贷款可以以支付代办手续费的形式提取部分奖励金，对在清收不良贷款工作中作出突出成绩的单位和个人给予奖励。刘宋信用社积极落实通知精神，认真分析摸底，多种方式清非，截至7月31日，收回不良贷款214万元，其中，呆滞贷款184万元，呆账贷款30万元。截至10月10日，全县累计清收不良贷款2914.3万元，其中，清收逾期贷款214.2万元，呆滞贷款1776.6万元，呆账贷款923.5万元，完成占比前三名分别是刘宋信用社、东鲁口信用社、营业部。12月，县联社转发中国人民银行廊坊中心支行《农村信用社不良贷款清收及转化监测管理办法的通知》指出，本办法中所称不良贷款是指农村信用社认购专项中国人民银行票据后，未被专项中国人民银行票据置换的不良贷款。不良贷款清收是指以货币资金形式收回不良贷款和以物抵债形式抵还不良贷款的过程；不良贷款转化是指将符合一定条件的不良贷款通过完善手续而转化为正常贷款的过程。不良贷款清收原则上应做到以货币资金形式收回，以物抵贷及不良贷款形态转化必须做到防范风险、手续严密、合法合规。

2007 年 4 月 27 日，县联社印发《香河县农村信用合作社不良贷款清收管理办法》指出，不良贷款清收是指不良贷款本息以货币形式净收回。清收的标准：一是以现金、银行存款收回不良贷款本息；二是票据兑付或贴现后、有价证券变现后收回不良贷款本息；三是收回的抵债资产当即变现，全部或部分冲减不良贷款本息。7 月，县联社印发《香河县农村信用合作联社置换不良贷款管理办法》，对中国人民银行票据置换不良贷款处置管理、内控管理、账务管理及档案管理作出规定。

2009 年 5 月 8 日，县联社印发《香河县农村信用合作联社不良贷款清收管理办法》等六项规章制度指出，不良贷款清收管理的对象是五级分类的次级类贷款、可疑类贷款、损失类贷款及其表内外应收利息。不良贷款清收管理遵循因地制宜、分类指导、规范管理、有效运作、落实责任、严格考核、绩效挂钩的原则。不良贷款清收方式包括不良贷款的现金清收、盘活、保全和以资抵债。是年，香河县农村信用社收回不良贷款 6656.36 万元，核销不良贷款 3071 万元，抵债资产 540 万元，不良率 12.7%。

2011 年 10 月，省联社印发《关于组建清收大队实施集中清收不良贷款的指导意见》指出，为进一步推动不良贷款清收工作有效开展，一是县级联社不良贷款额度较大、不良贷款率较高、清收任务较重的，可根据清收工作需要在风险资产管理经营中心下设清收大队，专职负责不良贷款的集中清收工作；二是不断完善清收大队员工的收入分配方法，充分调动清收人员工作积极性，实行岗位固定工资+岗位绩效工资方式，收入分配办法按照“谁清收谁受益”原则，向清收员工倾斜；三是明确清收大队集中清收范围，严格规范需集中清收的不良贷款移交程序，不良贷款移交时必须坚持“分清责任、底数清楚”的原则，确保管理责任落实到位；四是采取多种清收方式全力清收不良贷款，实现清收效果的最大化。要因地制宜，逐户逐笔制订清收处置方案，做到有的放矢，取得实效；五是加强对清收大队的管理和监督检查，确保清收工作的真实性和规范性。

2012 年 2 月 26 日，县联社印发《香河县农村信用合作联社不良贷款清收奖励办法》指出，对清收 3 万元（含）以下的小额不良贷款，且不能足额偿还贷款利息的（涉诉案件收回除外）分部经理签署意见，报联社风险资产管理经营中心审核通过后，报联社主管主任审批，按流程提取奖励。11 月 19 日，为指导不良贷款责任认定工作的有序开展，县联社印发《香河县农村信用合作联社不良贷款责任认定实施方案》指出，对不良贷款的认定范围、认定程序及责任人的确定等作出详细规定。截至 2012 年 12 月 31 日，香河县农村信用社收回不良贷款 1595 万元，核销不良贷款 1444 万元，抵债资产 1800 万元，不良率 1.11%

截至 2016 年 12 月 31 日，香河县农村信用社收回不良贷款 4934 万元，核销不良贷款 2000 万元，不良率 2.52%。

截至 2017 年 12 月 31 日，香河县农村信用社收回不良贷款 3326 万元，核销不良贷款 1952 万元，不良率 2.34%。

2018 年 12 月 5 日，香河农商银行启动“清非风暴”活动，收回不良贷款 1869 万元，核销不良贷款 7222 万元，不良贷款占比 2.91%。

截至 2020 年 12 月 31 日，香河农商银行收回不良贷款 57726.93 万元，核销不良贷款 3207.61 万元，抵债资产 3500 万元，不良贷款占比 4.71%。

2022 年，香河农商银行开展“百日会战”活动，采取日监测、周排名、月通报等措施。截至 11 月 6 日，获得不良贷款清收流动红旗前三名，淑阳支行完成 711.53%、营业部完成 175.03%、大罗屯完成 170.61%。香河农商银行当年收回不良贷款 43513.55 万元，核销不良贷款 6741.63 万元，抵债资产 2999 万元，不良贷款率 3.73%。

2018 年 12 月 5 日，香河农商银行召开“雷霆清收 诚信香河”活动启动暨誓师大会
综合办公室供图

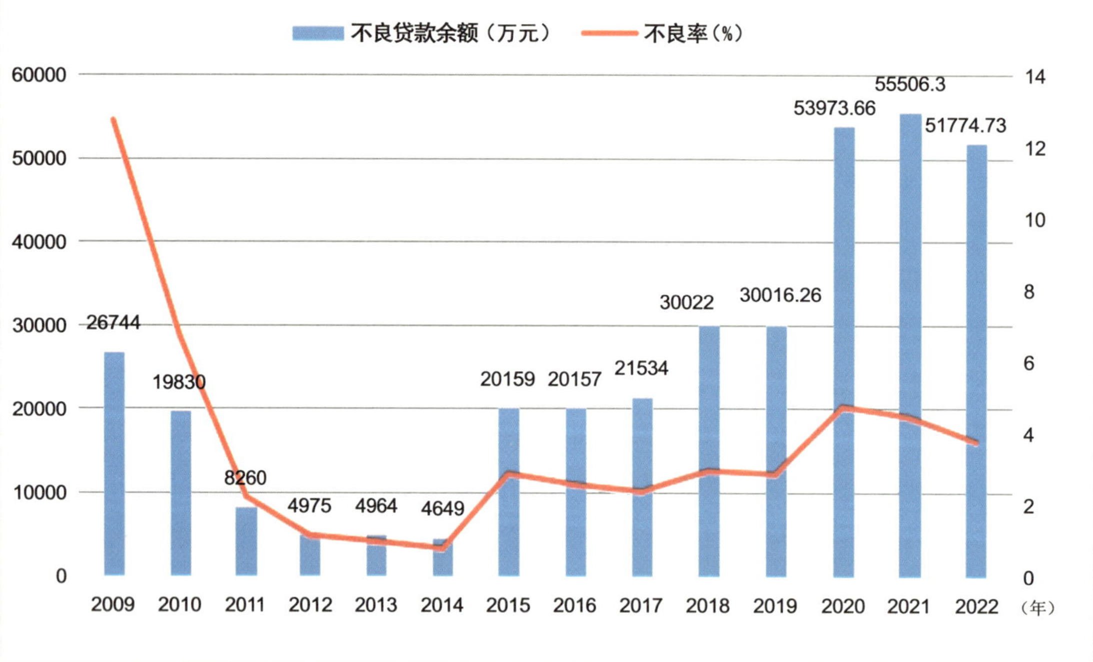

图 4-1-1 2009—2022 年香河县农村信用社不良贷款余额、不良贷款率情况

第二节 信贷投向管理

1952 年，农村信用社贷款管理实行“双按”（按政策、按计划）管理，坚持计划发放和“确有物资、物资适用、到期归还”的原则，保证资金及时到位及使用效益，促进农业生产的发展。

1954 年 5 月，中国人民银行印发《金融工作座谈会报告》指出，信用社贷款对象为贫苦农民，也可以贷给有困难的中农，但不能贷给投机商人。农村信贷工作的基本任务是发放农业生产贷款，开展信用合作。

1959 年 9 月 24 日，中国人民银行印发《关于信用分部建部情况的通报》指出，属于集体的贷款，由人行营业所直接发放；属于社员个人的贷款由信用分部负责解决。信用分部资金不足时，由人行加以支持；信用分部资金有余时，亦可发放集体贷款。

1961 年 9 月 26 日，中国人民银行印发《关于讨论和试行农村信用合作社若干问题的规定（草案）的通知》指出，信用社对社员的放款，用于支持社员发展农副业生产，帮助社员解决生活方面的临时困难，不得放款给社员经营商业；对生产队和生产大队的放款，只能用于生产费用，不能用作基本建设、发工资、进行分配以及其他非生产性开支。是年，香河县农村信用社发放社员贷款 34.7 万元，生产费用贷款 83.7 万元。

1963 年 11 月 22 日，国务院农林办公室、财贸办公室批转农业部、林业部、水电部、水产部、财政部制定的《关于农业资金的分配、使用和管理的暂行规定（草案）》指出，贫下中农贷款由信用社直接发放。是年，香河县农村信用社按照人行香河县支行工作部署代理银行发放口粮贷款和贫下中农生产生活贷款。

1965 年 10 月 16 日，中国农业银行印发《全国信用合作工作会议纪要》明确指出，支援贫下中农是信用社工作的长期重要任务，信用社必须贯彻中共中央、国务院《关于大力发展农业副业生产的指示》精神，贯彻“以农为主、以副养农、综合经营”的方针，把支援集体副业生产迅速提到重要日程上来。是年，香河县农村信用社配合供销社和手工业社等单位，帮助生产队筹集资金，广开生产门路，坚持从实际出发，实行“三个结合”，即长短结合、固定专业与临时突击相结合、大宗收入与小宗收入相结合，信贷资金的发放促进社队增收。

1977 年，香河县农村信用社开始办理队办企业贷款，并丰富生产费用贷款和设备贷款项目，增设化肥、农药、打井、排灌机械等贷款项目。

1978 年 3 月 7 日，中国人民银行香河县支行印发《关于 1978 年农金工作的几点意见》指出，银行、信用社贷款要按中国人民银行、人行河北省分行制定的农村人民公社贷款办法试行草案的精神办理。重点支持农田基本建设，支持农业机械化，支持生产急需的肥料、柴油机等，支持社队企业和穷队打翻身仗。做到为农业支持工副业，办好工副业，促进农业。

1980 年 4 月，为适应农村联产承包责任制的推行，国家农委转发中国农业银行印发《关于当前社队贷款管理几个问题的报告》指出，社员个人贷款原则上只用于生活和发展家庭副业，在政策允许范围内承包到户的，信用社可以酌情适当发放生产贷款。是年，香河县农村信用社贷款主要是帮助农民发展商品经济，以种植业、养殖业、运输业和建筑业等专业户和联合体为主要贷款对象。

1985 年 6 月，中国农业银行印发《关于加强信用社经营管理工作的通知》指出，信用社的贷款投向要坚持“三农为主”的原则，贷款重点是保证农业生产的需要，资金有余再支持农村产业结构调整中投资小、见效快、收益大的项目。是年，国务院印发《关于进一步活跃农村经济的十项政策》，明确信用社在保证满足社员农业贷款之后，可以以余款经营农村工商信贷，可以跨地区开展存贷业务。

1988 年 4 月 6 日，中国农业银行印发《农村信用合作社乡镇企业贷款管理暂行办法》（农银发〔1988〕38 号）指出，在优先保证农业生产资金合理需求的前提下，资金有余，才能发放乡镇企业贷款。

1993 年 3 月 23 日，中国农业银行印发《全国农村信用合作工作会议纪要》指出，信用社要牢固树立以农业为基础的思想，增加信用社对农业的信贷投入，同时要严格控制信用社乡镇企业固定资产贷款规模。

1995 年 9 月 25 日，中国农业银行印发《关于加强农村信用社固定资产贷款管理意见的通知》（农银函〔1995〕364 号）指出，各信用社的固定资产贷款年度增量和余额占各项贷款年度增量和余额的比例必须控制在 30%以内,单个企业(项目)固定资产贷款额不得超过信用社全部固定资产贷款额的 20%。

1996 年 8 月 22 日，国务院印发《关于农村金融体制改革的决定》指出，农村信用社必须坚持为农业、农村和农民服务的方向，信贷资金大部分要用于支持本地区农业和农民。是年，香河县农村信用社以《关于农村金融体制改革的决定》为指导，妥善安排粮食生产贷款计划，重点帮助农民解决购买化肥、农药、种子、农机具等所需资金，支持多种经营生产和特色农业发展。全年农业贷款纯投 4470 万元，乡镇企业贷款纯投 2580 万元。

1999 年，香河县农村信用社的信贷资金主要用于农村、农业、农民，突出支持农业生产、生活资金方面的需要，其宗旨是强化信贷资金管理，促进农业和农村经济的发展，面向农村、面向农民，支持农业产业化经济及农户庭院经济。是年，香河县农村信用社各项贷款余额 60212 万元。

2000 年 4 月，县联社按照香河县委、县政府工作部署，县联社在资金运用上严格坚持“三农”方向，确定“八个支持”，即支持以大棚为主的商品化“菜篮子”工程，支持多种养殖业发展、支持农业生产由分散向规模化区域化转移，支持县高新农业示范园区建设，支持农产品交易市场建设，支持种养殖结构和产品品位的改善，支持农产品的深加工项目。

2000 年，县联社印发《小额农业担保贷款》指出，凡是信誉好的客户，均可在有经济实力担保人担保的情况下，向当地信用社申请 3 万元以下小额贷款，是年，香河县农村信用社农业贷款累放 39913 万元，占贷款累放总量的 62.7%，投放小额农业贷款 3292 笔，累放 7432 万元。“小额农业担保贷款”的推行，支持香河县种植业、养殖业、钣金、家具、大箸帚加工等特色农业和特色区域经济的发展。2001 年 5 月 8 日，县联社印发《香河县信用联社关于对企业实行贷款优惠利率的暂行办法》指出，为不断提高农村信用社信贷资金的使用效益，支持农村经济稳步健康发展，减轻企业负担，扩大贷款面，制定本办法。办法规定享受贷款优惠利率的对象，必须是具有经济实力、合规合法经营、效益较好的个体私营及股份制企业，企业必须从事符合国家产业政策要求，具有经营许可证、营业执照、生产规模年收入 1000 万元以上，单户贷款余额在 300 万元以上。资产负债率不超过 50%，企业正常经营、连续 3 年收入增长。凡符合贷款优惠利率条件的企业，农村信用社可根据贷款额度高低、经营状况、一般掌握在国家贷款基准利率上浮 20%—30%。

2003 年 6 月 27 日，国务院印发《深化农村信用社改革试点方案的通知》指出，农村信用社必须坚持为农业、农村和农民的服务方向，信贷资金大部分要用于支持本地区农业和农民。是年，香河县农村信用社开展创建信用村活动，将贷款投放重点放在农业，而农业贷款投放的重点是小额农户贷款。截至 2003 年 12 月 31 日，香河县农村信用社评定 17 个信用村，投放小额农户贷款 7136 万元。

2004 年 6 月，中国人民银行香河县支行转发中国人民银行《进一步加强产业政策和信贷政策协调配合控制信贷风险有关问题的通知》指出，各商业银行在自身经营中，认真贯彻执行国家宏观调控政策和产业政策，关注行业发展，在体现效益性的同时，注重贷款的产业、行业的合理分部，调整信贷投向，停止对产业政策明确淘汰产品的信贷支持，控制对采用落后工艺、技术装备项目的贷款，特别是控制信贷资金流入低水平盲目扩张的行业，不仅是加强宏观经济调控和防范金融风险的需要，也是树立和落实科学发展观，实现经济、社会全面可持续和协调发展的需要。

2010 年，省联社廊坊办事处转发廊坊银监分局办公室印发《廊坊市银行业 2010—2012 年城乡统筹工作意见》《廊坊市银行 2010—2012 年城乡统筹工作方案的通知》指出，农业产业化龙头企业是增加农民就业致富，壮大县域经济的领头羊。在金融支农过程中，要重点对农业产业化龙头企业提供全方位的金融服务，支持企业做大、做强、做优。2010 年末，香河县农村信用社各项贷款余额 297359 万元。

2011 年，省联社印发《河北省农村信用社农户小额保证贷款管理办法（试行）等 11 个个人信贷产品管理办法的通知》《河北省农村信用社农户+公司担保贷款管理办法（试行）等 8 个特色类信贷产品管理办法的通知》等文件，香河县农村信用社结合实际，对家具、钣金、蔬菜基地等龙头企业进行信贷支持，推行最高额抵押贷款、大额担保贷款、门面楼抵押贷款、中小企业联保、优质企业及农户评级授信制度。11 月，省联社转发中国银监会《关于支持商业银行进一步改进小型微型企业金融服务的补充通知》指出，进一步明确改进小型微型企业金融服务的工作目标，商业银行加大对小型微型企业的贷款投放，继续深化 6 项机制建设，加强内部管理，形成对小型微型企业金融服务前中后台的横贯型管理和支持机制。鼓励和支持商业银行积极通过制度、产品和服务创新支持科技型小型微型企业成长，进一步探索建设符合中国国情的科技银行。支持商业银行发行专项用于小型微型企业贷款的金融债券，对小型微型企业贷款利率进行优惠，加大对小型微型企业不良贷款容忍度。2011 年末，香河县农村信用社各项贷款余额 379003 万元。

2012 年 2 月 24 日，县联社印发《香河县农村信用合作联社关于成立支持“三农”工作领导小组的通知》指出，为贯彻落实省委一号文件精神，紧紧围绕“一产抓特色”“腾飞计划”“幸福乡村计划”等总体要求，持续加大涉农信贷投放力度，做好支持“三农”工作，促进农村经济快速发展，农民较快增收。联社研究决定成立支持“三农”工作领导小组，领导小组下设办公室。

2012 年 4 月 15 日，县联社印发《香河县农村信用合作联社小额信贷工作实施方案》指出，县联社建立小额信贷管理体制，第一、第二、第三、第四客户经理部负责小额信贷的实施工作，并直属联社管理，4 个客户经理部经理作为“经营负责人”与理事长签订“经营责任书”，明确相关职责、权益和风险责任。各客户经理部客户经理依照《香河县农村信用合作联社客户经理营销与管户分工管理办法》的规定，分为专职营销与专职管户人员，从事小额信贷的营销与管理工作。采取信用评定及授信，按照“一次核定、随用随贷、余额控制、周转使用”的原则，可在信用社网点随时办理贷款。

2013 年 4 月，省联社转发中国人民银行石家庄中心支行《关于 2013 年河北省金融支持农业农村发展的意见》指出，金融部门要充分认识强化现代农业基础支撑、深入推进社会主义新农村建设的重要性和紧迫性，积极把金融资源投放到县域及贫困地区，优先支持当地特色产业发展及重点基础设施建设，切实将优化信贷结构与推动“三农”发展有机结合。

2014 年 4 月，县联社按照省联社《关于全面开展支农服务工作“四个一”活动的通知》要求，开展“农信进万家”“信贷千百万”“特色信贷产品”等活动，重点支持香河县农业产业化龙头企业、农民专业化合作社、家庭农场、家庭手工业和种养大户，加强对农户种养殖业贷款和农村小个体、小加工、小作坊生产经营性贷款及农民创业贷款、农民建房、购农用车、购农机具等消费性贷款的营销，搞好信用户、信用村、信用乡镇的建设。7月，省联社印发《河北省农村信用社商贷宝业务管理暂行办法》指出，商贷宝业务面向辖内市场商户、个体工商户、小微企业主及其他从事生产经营活动的个人客户发放，在授信额度、期限内循环使用和归还信贷资金的一种个人贷款业务。2014年末，香河县农村信用社各项贷款余额622608万元。

2020年6月，香河农商银行根据廊坊银保监分局印发《中国银保监会办公厅关于2020年推动小微企业金融服务“增量扩面、提质降本”有关工作的通知》《关于对中小微企业贷款实施临时性延期还本付息的通知》《关于进一步做好“百行进万企”融资对接工作的补充通知》等相关文件要求，加大小微企业、民营企业信贷支持力度，全面服务企业复工复产。2020年末，香河农商银行各项贷款余额1146413万元。

第三节　征信管理

征信管理是指在国家征信业监督管理部门监管下，运用征信管理系统依法向金融信用信息基础数据库报送客户信用信息、查询与应用客户信用信息、实施异议处理、内部检查、问责及考评等活动。

2011年3月，根据中国人民银行征信中心《关于个人征信系统银行专业版信用报告上线试运行的通知》（银征信中心〔2011〕70号）文件精神，省联社组织全省各级行社开展全省信贷数据的治理工作，完善客户信息、居住信息、贷款等数据信息，并完成个人征信系统的升级改造和投产上线。

2014年8月，省联社印发《河北省农村信用社企业征信业务管理办法（试行）》指出，企业征信业务实行统一领导、分级管理、分工负责、依法合规、真实全面的原则。

2015年11月30日，县联社印发《香河县农村信用合作联社个人征信系统应急预案》指出，做好个人征信系统上线及日常维护工作，县联社成立个人征信系统应急领导小组和工作小组。负责个人征信系统上线以后个人征信工作突发事件的应急指挥，组织协调和舆情控制。突发事件分为信息报送事件、个人征信系统网络事件、内部风险事件、涉媒体声誉风险事件。

2016年5月，县联社印发《个人征信业务操作规程》指出，规范个人征信报告查询操作行为，促进个人征信业务健康发展。规程指出，个人征信数据是农村信用社的商业秘密，接触个人征信数据的各部门和人员，应当为在工作中知悉的个人信用信息保密。个人征信系统采用多级用户体系，按照“岗位制约、逐级授权”的原则设置和管理，个人必须亲自查询个人信用报告。查询点负责安排专门的档案柜存放个人信用报告查询相关档案资料以及保密和安全管理等内容。

2017年8月30日，县联社印发《开展征信宣传活动实施方案》指出，充分利用征信业务社会影响力，做好香河县城内征信宣传工作，结合联合惩治机制、失信被执行人黑名单等方式，发挥征信的震慑作用。

2018 年 2 月 8 日，县联社印发《征信系统应急处置预案》指出，成立应急领导小组进行监测和预警，遵循以预防为主，常备不懈的方针，做好应对突发事件的思想准备。5 月 9 日，县联社印发《关于接入中国人民银行征信中心企业征信系统的请示》指出，根据《中国人民银行银行信贷登记咨询管理办法（试行）》，申请接入征信系统。

2020 年，香河农商银行完成二代征信系统上线工作，征信查询相关功能持续优化，并对征信查询员开展 3 次例会培训。是年，香河农商银行累计查询个人征信 4068 笔，企业征信 493 笔。

2022 年，香河农商银行根据《河北省农村信用社联合社廊坊审计中心 2022 年度征信宣传教育工作方案》工作部署开展征信宣传教育工作，宣传征信业务管理条例及相关制度，累计发放各类征信宣传资料 1800 余份。

第二章　财务管理

省联社成立前，香河县农村信用社财务管理主要基于核算管理，管理较为粗放。

省联社成立后，香河县农村信用社坚持“分级管理、监督制约、量入为出、勤俭节约”的指导思想，实行“统一标准，独立核算，自负盈亏，自担风险”的经营原则，建立健全内部财务管理制度，独立设置管理职能部门，配备专业财务管理人员，综合运用规划、预算、计划、控制、监督、考核、评价和分析等方法，加强收支计划管理，统筹资金筹集、资产营运、成本控制、收益分配、资源配置、使经营状况真实反映，具有防范和化解财务及经营风险作用。

第一节　财务管理机制

1951 年 7 月 21 日，中国人民银行统一管理全国信用社的会计记账工作，是年，香河县农村信用社会计核算采取收付记账法，以人民币为计量单位，使用单式凭证（传票），账簿分为总账、分户账、明细账。记账方式实行复试记账，以科目为主。设置现金科目，根据现金的实收实付和资金的虚收虚付（现转账业务）记账，实行单纯的现金交易（收现金只记收方，付现金只记付方）。

1952 年，信用社会计科目设置是由人民银行根据当时情况设置的，比较简单，科目不到 15 个，存款、放款分别设 1 个科目。

1954 年，中国人民银行香河县支行印发《农村信用合作社会计制度（草案）》，规定借贷方的记录以及科目的划分、传票、账簿和报表、决算等内容以及每月及年度决算的账务情况，会计应向理监事会报告并向社员公布账目，做到账务公开。

1955 年 7 月，香河县农村信用社采取借贷记账法，会计核算仍使用单式传票。

1977 年 2 月 5 日，中国人民银行香河支行转发人行河北省分行《关于增设信用社会计科目的通知》指出，社办和大队办企业迅速发展，为正确反映这部分业务，增设“17 大队社办企业存款”科目，排在“09 社办企业存款”科目后面。增设“32 大队办企业贷款”科目，排在“27 社办企业生产设备贷款”科目后面。

1986 年，中国人民银行印发《农村信用合作社会计制度》指出，信用社的记账方法采用资金收付记账法。这种方法以资金为对象，以“收”“付”为记账符号，规则为有收必有付、收付必相等。明确信用社会计科目增加至 60 个，要求按新科目规定内容进行清理。

1994 年 1 月 1 日，中国农业银行印发《关于农村信用社恢复借贷记账法有关问题文件的通知》指出，农村信用社一律启用中国农业银行印制的新账表、凭证格式。农村信用社以县级联社为独立会计核算单位，信用分社、储蓄所为附属会计核算单位，会计记账方法按复式记账原理，采用借贷记账法，以会计科目为主体，以“借”“贷”为记账符号。明确每年1月1日至12月31日为一个会计核算年度，12月31日为会计决算日，会计核算人民币业务以“元”为单位；会计科目的“六类”改为“五类”，即资产类、负债类、资产负债共同类、所有者权益类、损益类；科目由60个增至83个，并增加6个表外科目。

1996年7月，国家税务总局印发《关于加强城乡信用社财务管理若干问题的通知》指出，信用社必须严格执行《农村信用合作社财务管理实施办法》和国家有关的法律、法规，严格按照权责发生制的原则核算财务收支，认真做好财务管理的基础工作，在遵守国家财税金融政策和国家有关法律、法规的前提下，加强内部经济核算、强化内部经营管理，提高经济效益，认真做好财务收支的计划、控制、考核、分析工作。有效地筹集和使用资金，依法缴纳应上缴国家的各项税金。对各项开支的范围和标准也作出详细规定。12月10日，香河县农村信用社转发廊坊市农村金融体制改革领导小组办公室《关于1996年度廊坊市农村信用社决算工作意见的通知》指出，部分会计科目及账户的设置，增设资产类会计科目“1113存放中央银行特种存款”“1122存放农业银行约期存款”“1277呆账农业贷款”“1278呆账乡镇企业贷款”“1279呆账其他贷款”；增设负债类会计科目“2312借入中央银行款项”；更改会计科目“1274催收农业贷款”“1275催收乡镇企业贷款”和“1276催收其他贷款”三个科目更改为“1274呆滞农业贷款”“1275呆滞乡镇企业贷款”“1276呆滞其他贷款”。

1998年11月27日，中国人民银行、国家税务总局印发《河北省农村信用社1998年度会计决算工作意见》指出，为适应信用社业务发展的需要，对部分会计科目进行调整，新增会计科目：“1292待处理抵贷资产损益”“2013待结算财政款项”“2014地方财政库款”“2015财政预算外存款”“1255质押农户贷款”“1256质押农业经济组织贷款”“1257质押农村工商业贷款”“1258质押其他贷款”。取消会计科目：“1111存放中央银行款项”结转后余额划转“1112准备金存款”、“1122存放农业银行约期存款”余额全部划转“1121存放农业银行款”科目核算、“2152保值定期储蓄”余额全部划转“2151定期储蓄存款”科目核算。

1999年1月，中国人民银行印发《农村信用合作社会计基本制度》指出，信用社会计工作实行“统一制度、分级管理”的原则。会计记账方法仍按复式记账原理，表外科目则采用单式记账，会计科目划分表内科目和表外科目，表内科目仍分为五类不变，表外科目则用于业务已经发生而尚未涉及资金增减变化以及有价单证、重要空白凭证和实物管理等业务事项的核算。

2001年9月25日，中国人民银行、国家税务总局印发《关于调整农村信用社应收利息核算办法的通知》指出，更改有关会计科目名称，调整核算内容：将原“1291贷款呆账准备”科目更改为“1291呆账准备”、将原“108已核销贷款呆账”科目名称更改为“108已核销呆账”。取消“1293待处理抵债资产损失”科目，将该科目余额分别转入相关的呆账贷款类科目中、取消“110已核销坏账损失”科目，将该科目余额全额转入“108已核销呆账”科目中。

2003年，根据要求香河县农村信用社在年终决算增加表内“或有资产负债表”科目，至此，会计科目调整为六类，分别是资产类科目、负债类科目、共同类科目、所有者权益类科目、成本类科目和损益类科目。

2006年8月25日，省联社印发《河北省关于县级农村信用联社统一法人会计核算相关制度的通知》指出，实行统一法人后，县级联社为基本核算单位，对全辖统管业务实施核算和管理，信用社、分社、储蓄所为其附属会计核算单位，主要办理存贷款业务的核算，全辖上下核算方式有统有分，实行并表制。是年，香河县农村信用社统一法人后根据省联社工作部署，联社与信用社的资金往来均通过“4641社内往来”科目核算。与核算相关的其他各项管理工作实行“六统一”的模式，即机构统一设置，人员统一调配，财务统一管理，资金统一调度，利益统一分配，工作统一安排。

2013年3月29日，省联社印发《关于调整部分中间业务科目的通知》指出，核心业务系统“手续费及佣金收入”二级科目由3个增加至6个，新增“外汇业务手续费收入”“担保业务手续费收入”“其他手续费收入”科目，对“代理业务手续费收入”下的三级科目进行调整，由原来的6个调整为19个。

2017年12月22日，省联社印发《关于全省农村信用社2017年度会计决算工作指导意见的通知》指出，第二代核心业务系统项目建设投产上线后，省联社的会计科目体系有所调整，新增“发行大额存单”“其他综合收益”“其他权益工具”。

2020年12月22日，省联社印发《关于全省农村信用社2020年度会计决算工作的指导意见》指出，调整金融资产类相关科目，金融资产由原有的四分类转换为新准则下的三分类，新增“债权投资(1501)”科目、“债权投资减值准备（1502）”科目、“其他债权投资（1503）”科目，取消“持有至到期投资”“持有至到期投资减值准备”“可供出售金融资产”“应收款项类投资”4个科目。新增“其他权益投资（1505）”科目，新增“信用减值损失（6702）”科目，调整“资产减值损失（6701）”核算内容和相关二级科目。

第二节　收支及费用管理

收支管理

财务收支是金融机构按照国家财务会计制度的规定，办理会计事务，进行会计核算，实行会计监督的各种资金的收支。各项收入主要包含利息收入、金融机构往来收入、手续费及佣金收入、其他业务收入、汇兑损益、投资收益、营业外收入，其中，利息收入是信用社主要收入来源。各项支出主要包含利息支出、金融机构往来支出、手续费及佣金支出、营业税金及附加、业务及管理费、其他业务支出和资产减值损失。

1956年11月14日，中国农业银行印发《关于1956年度决算工作的指示》指出，信用社亏损补贴，统一由人民银行办理。

1961年9月26日，中国人民银行印发《关于讨论和试行农村信用合作社若干问题的规定（草案）的通知》指出，信用社年终结算如有盈余，首先以大部分提作公积金，增加积累；其次以适当部分作为股金分红；最后以一部分作为干部奖励金和福利金分配。

1962 年，香河县农村信用社年内盈利 3.1 万元。

1963 年，香河县农村信用社年内盈利 4.1 万元。

1964 年 6 月，中国农业银行香河支行印发《关于认真执行信用社开支制度试行（草案）》指出，信用社一切开支，认真贯彻执行勤俭办社方针，紧缩开支，并在理监事和营业所的监督下进行。信用社的各项开支，其中，包括各项费用、干部福利及奖励金的使用，公积金的开支，必须于年度开始前编报分季预算，经社员代表大会讨论通过，报公社和营业所批准后执行。是年，香河县农村信用社年内盈利 3.1 万元。

1965 年 7 月 30 日，中国农业银行香河县支行印发《关于信用站代理信用社业务手续费标准的规定》指出，信用站代理信用社吸收储蓄及收回贷款，可参照下列标准付给手续费：社员储蓄按月平均余额 1‰；代理收回社员贷款按收回本息额的 1‰—3‰，具体标准各社可召开社员代表大会结合实际情况确定，但最高不超过 3‰。

1973 年 7 月，中国人民银行河北省分行印发《河北省农村信用合作社财务管理制度（试行稿）》指出，信用社年度决算如有盈余，制定盈余分配方案，提交信用社贫下中农管理委员会或社员代表大会讨论通过，公社党委审查，报县支行批准。信用社发生亏损，按规定由人行给予补贴；1971 年以后的亏损，如属先盈后亏的，先以其盈余抵补亏损，不足部分由人行再给予补贴。是年，香河县农村信用社年内盈利 1.8 万元。

1978 年 5 月 12 日，中国人民银行印发《关于农村金融机构的几点意见的通知》指出，所社合一机构在办理银行业务和信用社业务时发生的业务收支，分别用银行和信用社“各项业务支出”“各项业务收入”科目列账。信用社经营有亏损的，仍按过去的规定，由人行给予补贴；有盈余的社，将盈余部分转为公积金，充实信用社自有资金，不再提取公益金。是年，香河县农村信用社年内盈利 8.4 万元。

1984 年 6 月 26 日，中国农业银行向国务院呈报《关于改革信用合作社管理体制的报告》指出，要逐步取消农业银行对信用社的亏损补贴办法，凡经营性亏损，由信用社负责，农业银行不补贴。8 月 6 日，国务院同意中国农业银行的报告并转批至全国执行。

1985 年 6 月 17 日，中国农业银行印发《关于加强信用社经营管理工作的通知》指出，信用社的改革方向是办成独立经营、独立核算、自负盈亏的合作金融组织，要求各级农行必须把信用社扭亏增盈工作列入议事日程。

1994 年，中国农业银行、国家税务总局印发《关于农村信用合作社财务管理实施办法》指出，明确信用社当年发生的亏损，可以用下一年度的利润在所得税前弥补；下一年度利润弥补不足的，可在 5 年内用所得税前利润延续弥补；5 年内不足弥补的，用税后利润弥补。要求信用社编制年度财务收支计划；县联社每年 3 月 10 日前汇总全辖信用社的财务计划上报地、市分行信用合作处；地、市分行于 3 月 20 日前汇总上报省分行信用合作处。

1995 年 2 月 5 日，中国农业银行印发《1995 年农村信用合作工作要点》指出，各级信用社抓好扭亏增盈工作，基层社要搞活经营、增加收益、管理行要给予支持和帮助。明确业务量小、长期亏损、资不抵债的特困社，按“保留牌子，归并核算，集中人员，流动服务”的基本要求，采取坚决手段，能并则并，该撤则撤。

1996年12月10日，县联社转发廊坊市农村金融体制改革领导小组办公室《关于印发1996年度廊坊市农村信用社决算工作意见的通知》指出，农村金融体制改革行社“脱钩”后，信用社系统已经独立面向社会，如何扭转经营亏损，重塑信用社的社会形象是当前的一项重要工作，因此在决算前各地要组织收入，严格按规定列支成本，减少不必要费用开支，在此基础上把亏损面和亏损额压缩到最低限度。对应收贷款利息要坚持定期收息，应收尽收，严禁采取“以贷收息”等方法虚收利息。香河县农村信用社1996年10月情况汇报显示：1995年，香河县农村信用社亏损932万元，累计应收未收利息3700万元，其中，当年应收未收利息1200万元。截至1996年9月末，全县信用社收回利息3064万元，利息收回率74%，账面亏损292万元。

1997年12月21日，县联社印发《1997年度会计决算工作意见》指出，对未到期跨年度的放款应收取而未收到的利息，逐笔计算应收利息，并计入当期损益，对超过原约定期限未收回的放款，计算应收利息，但不列入当期损益，实际收到利息时，计入当期损益。

1998年12月，中国人民银行河北省分行（农金处）印发《河北省农村信用社1998年度会计决算工作意见》指出，减少信用社发放贷款过程中的风险，农村信用社从下年初开始不得再委托信用代办站代理发放贷款业务，并停止支付代理发放贷款业务手续费。12月8日，中国人民银行河北省分行（农金处）印发《关于河北省农村信用合作社信用代办站手续费提取管理意见》指出，代办站储蓄存款手续费主要用于支付代办劳务费、对代办人员的表彰、奖励以及按规定支付的其他费用。应付代办手续费一律以代办单位吸收储蓄存款的上月平均余额为基础划分档次，分档计付。代办放款手续费按收回贷款形态的不同采取分别比例提取的办法。1998年，香河县农村信用社各项收入总额7558万元，收回贷款利息4090万元，收息率98%，实现利润151万元。

1999年，香河县农村信用社利息收回率在100%以上的单位如下：大罗屯社完成100.3%、李庄社完成101.6%、蒋辛屯社完成103.7%。

2000年8月31日，廊坊市农村金融体制改革领导小组办公室印发《廊坊市农村信用社财务管理八项规定的通知》指出，加强工资性支出的监督和管理，严禁通过其他科目和账外小金库等形式核算和列支，严禁信用社和联社为任何个人代交、代付应该个人缴纳的费用。各单位开办的中间业务收入、出租、出售信用社财产或抵贷资产的收入，一律不得截留或挪作他用，必须按规定纳入本期会计核算。

2002年6月17日，县联社印发《香河县信用联社财务管理暂行规定的通知》指出，活期存款利息支出按季结息、活期储蓄利息支出按年结息，每年6月30日结息。手续费支出是指信用社办理业务过程中发生的手续费支出，其中，信用社支付给代办储蓄和收贷业务的单位和个人的手续费按照文件规定执行，严禁超列，且列支时必须报经县联社审批。金融机构往来利息支出如有当年应支付而未支付的利息，应逐笔计算应付利息计入当年损益。2002年，香河县农村信用社全辖总收入5961.28万元。

2003年，香河县农村信用社收回利息5010万元，实现经营利润74.4万元，有13个社盈利，盈利面为61.9%。

2005年11月7日，省联社印发《河北省农村信用社财务管理暂行办法》指出，信用社在业务经营过程中发生的与经营有关的各项利息支出、金融机构往来利息支出、手续费支出、营业费用以及其他营业支出等，按规定计入成本。代办储蓄手续费按代办储蓄存款年平均余额6‰之内控制使用，主要用于支付代办储蓄劳务费、对代办人员的表彰、奖励以及按规定支付的其他费用。代办收贷手续费按实收利息10%以内计付，收回的呆账贷款，外单位协助收回可按收回本息的10%计付，本单位职工直接收回的可按收回本息的5%计付。是年，香河县农村信用社全辖经营利润1035万元。

2006年4月30日，县联社印发《香河农村信用联社费用开支管理办法》指出，实行“总量控制、效益优先、统一标准、指标考核、职责细分、勤俭节约”的原则。固定资产净值与在建工程之和占所有者权益比例最高不超过50%。联社购置固定资产一律上报审批，投资总额超过100万元的，报省联社管理部门审批；50万元以上100万元以下的上报省联社廊坊市办事处审批；50万元以内的由县联社自行审批，同时报送税务部门审批。

2006年7月12日，省联社纪委印发《关于严格农村信用社财务管理制度禁止违规大额财务开支的通知》指出，为严格财务管理制度，禁止违规大额开支行为，严防商业贿赂，确保依法合规经营，现就农村信用社大额财务开支的有关要求强调如下：要坚持勤俭办社的方针，严格执行省联社制定的各项财务管理制度，进一步规范财务行为，加强财务核算，减少费用开支特别是大额财务支出，降低经营成本，提高经济效益，创建节约型企业。对大额固定资产购置和大宗物品采购，必须经省联社同意批准后，以集中竞价和公开招标的方式进行。

2008年，香河县农村信用社收入20495万元，其中利息收入18046万元、中间业务收入232万元，各项支出19196万元，实现账面利润4299万元，拨备前利润7260万元。

2009年，香河县农村信用社收入21792万元，其中利息收入17405万元、中间业务收入370万元，各项支出17851万元，账面利润3941万元，拨备前利润8259万元。

2011年12月21日，省联社印发《关于全省农村信用社2011年度会计决算工作的指导意见》指出，关于财务收支，没有历年亏损挂账、当年盈余且拨备覆盖率达到100%（含）以上的县级联社，经理事会决议通过后，可以按照不高于净利润的5%（含）计提利润分享；没有历年亏损挂账、当年盈余且拨备覆盖率达到50%（含）以上的县级联社，经理事会决议通过后，可以按照不高于净利润3%（含）计提利润分享。各县级联社年底决算前，要加强财务检查，确保各项资产、负债在依法设置的账簿上按照国家规定统一登记，合理计价，真实反映；各项收入一律纳入账内核算，不得截留、私存私放、转移藏匿或坐支，严禁设立“小金库”；各项支出必须以依法合规的票据为依据，按照财务制度规定的核算科目和内容，真实、准确地进行会计核算，不得巧立名目，虚报冒领，套取费用，转移资金。是年，香河县农村信用社各项总收入46763万元，其中，利息收入32262万元、金融机构往来收入3277万元、投资收益9351万元、手续费收入813万元、其他业务收入26万元、营业外收入1034万元；各项支出34820万元，其中，利息支出12565万元、手续费支出528万元、营业费用10020万元、营业税及附加1133万元、营业外支出530万元、金融机构外来支出1044万元；实现利润总额11943万元，净利润8957万元。

2012年5月23日，省联社印发《河北省农村信用社财务管理系统管理办法》指出，财管系统是指利用创新的银行管理理念和先进的信息技术手段，实现费用管理、报表管理、固定资产管理等基础财务会计功能和预算分析、绩效分析、成本分摊等管理会计功能，具有先进性和良好延展性的管理系统。财管系统的总体目标是指基于新会计准则体系，实现全省财务会计数据大集中，建立全省统一的财务信息管理平台，构建全省完整的新会计准则财务核算体系，实现财务管理变粗放型为集约型，变分级式管理为集中式网络化管理，从而构建起一套规范、健全的财务核算体系。2012 年，香河县农村信用社各项收入 58258.54 万元，各项支出 42335.35 万元。

2013 年，香河县农村信用社各项收入 58561.79 万元，各项支出 40162.44 万元。

2014 年，香河县农村信用社各项收入 71352.92 万元，各项支 41929.2 万元，实现考核利润 29186.26 万元。

2015 年，香河县农村信用社各项收入 72037.31 万元，各项支出 47792.04 万元，实现考核利润 23434.26 万元。

2016 年，香河县农村信用社各项收入 70556.51 万元，各项支出 43533.5 万元，实现考核利润 28616.24 万元。

2017 年，香河县农村信用社各项收入 84392.82 万元，各项支出 50198.27 万元，实现考核利润 36189.95 万元。

2018 年 10 月 22 日，省联社印发《河北省农村信用社财务预决算管理暂行办法》指出，财务预决算管理是指各级农信机构围绕发展战略目标和策略，在预测和决策基础上，对预算期内财务状况和经营成果合理预计和测算，并做好财务控制和监督及财务决算的管理。财务预算的编制范围包括利息收支、金融机构往来收支、手续费及佣金收支、税金及附加、业务及管理费、其他收支、利润计划等。是年，香河农商银行累计各项收入 89972.63 万元，各项支出 65538.5 万元，实现考核利润 40230.9 万元。

2022 年，香河农商银行各项收入 91998.58 万元，各项支出 73900.81 万元，拨备前利润 32571.9 万元。

费用管理

费用是指银行在办理各项业务过程中所发生的管理费用。分为个人费用和公用费用两类，共同构成银行的费用成本。其中，个人费用包括：各种工资、职工福利费、综合奖、工会经费和其他福利费等；公用费用包括：公杂费、取暖费、会议费、旅差费、车船燃料及修理费、业务宣传费、劳保用品及装备费、低值易耗品购置费和其他费用等。

1952 年，中国人民银行香河县支行明确信用社开支必须严守“精简节约”原则，根据业务计划，事先作出开支预算。

1958 年 1 月，中国人民银行对信用社的财务开支标准作出统一规定，其中，办公费每人每月 1—1.5 元，公务费每人每月 5 元。

1961 年 9 月 26 日，中国人民银行印发《关于讨论和试行农村信用合作社若干问题的规定（草案）的通知》，要求信用社必须贯彻执行勤俭办社的方针，加强经济核算，建立与健全财务管理制度和会计制度，定期向社员公布账目，接受社员监督。

1962 年 11 月，中国人民银行香河县支行印发《关于整顿信用合作社的意见向县委的请示报告》指出，维护信用社的集体利益，任何部门不得乱抽信用社的资金，公社、社办企业或其他部门占用的信用社的资金，立即退还信用社，并付给占用期间的利息，同时在整顿中，要对信用社资金进行清理，落实债务关系，做到账据相符，对账认还。信用社的账务错乱，一定要查清并做到日清月结，清楚准确，不错不乱。社内开支，要按制度严格掌握，反对铺张浪费。

1964 年 6 月，中国农业银行香河县支行印发《香河县信用合作社开支制度（草案）》指出，信用社一切开支，认真贯彻执行勤俭办社方针，紧缩开支，并在理、监事和营业所的监督下进行。办公费用包括笔杆、笔尖、墨水、大头针、纸张、灯油及电费等日常办公所需的开支，按照专职干部每人每月 1.5 元开支，在金额范围内按需据实报销；差旅费因公出差到本县范围外的一切车船费用凭车船票证报销，伙食及途中补助按公社同级干部标准执行。

1973 年 7 月，中国人民银行河北省分行印发《河北省农村信用合作社财务管理制度（试行稿）》指出，福利费按社干（合作社干部）工资总额的 2.5%提取，存入其他存款科目使用。此项费用主要用于社干生活困难补助，也可适当用于集体福利事业。开支时，分别由个人或信用社提出申请，经贫下中农管理委员会讨论，公社审查同意，报县（市）银行批准。医药费按工资总额的 5%提取，转入其他存款科目使用。办公费包括文具、纸张、报刊、照明等开支，按社干实有人数分为：3 人以上者每人每月 2 元；2 人社每人每月 2.25 元，1 人社每月 2.5 元，在规定指标内，从严掌握，节约开支，全年可以调剂使用。

1978 年 5 月 12 日，中国人民银行印发《关于农村金融机构的几点意见的通知》指出，明确所社合一机构，人行不再付给信用社各项业务的代办费、手续费。各项费用开支，按人行和信用社各自实有人数比例分摊，信用社办理人行业务，根据业务数量所占比重情况给予定额补贴。

1979 年 2 月，中国人民银行香河县支行印发《关于信用社各项费用管理的通知》指出，一是认真贯彻“勤俭办社”的方针，节约开支，杜绝铺张浪费，促进业务开展，扩大资金积累。任何部门和个人不准抽调和挪用信用社资金，不准摊销与信用社无关的费用开支。费用账户的设置和开支范围仍按农行河北省分行关于印发《河北省农村信用合作社财务管理制度（试行稿）》的通知执行。以后增设奖金和双学费两个账户，各社不准自行增加或合并账户，不准扩大开支范围。各项费用分 3 个部分：个人费用部分、公共费用部分、专项费用部分（包括信用站干部补贴、房租费、邮电费、印刷费）。个人费用各社在支行批准的指标内实报实销，年终结余指标作废。公用费用按规定的标准，编报预算，在支行批准的总额内开支，项目之间可以留用。坚持“开支标准、范围服从指标”的原则。在指标不足的情况下，适当降低标准，缩小开支范围。此后实行“定额管理、包干使用、超支不补、结余留用”的办法。

1996 年 12 月 10 日，县联社转发廊坊市农村金融体制改革领导小组办公室《关于印发 1996 年度廊坊市农村信用社决算工作意见的通知》指出，当年及下年度农村信用社运钞车的购置费，经当地税务机关批准后，在安全设施费中列支，各地对此项资金的开支要加强管理，在不影响年度财务计划指标的前提下，严格控制开支。

1997 年 6 月 23 日，国务院农村金融体制改革部际协调小组办公室和国家税务总局联合印发《农村信用联社行政管理费管理办法》指出，各级信用合作管理部门提取管理费的目的是保障信用合作管理部门的经费开支；办理分散的信用社难以单独承办的事项，服务协调指导信用社开展经营管理；帮助困难的信用社改善基本经营条件，维持正常经营，促进信用合作事业健康发展。各级信用合作管理部门集中的管理费，统由各级信用合作管理部门和县（市）联社管理和使用，其他任何单位和个人不得平调、挤占或挪用。原则上不超过营业收入的 2.5%。

1997 年 12 月，县联社印发《1997 年度会计决算工作意见》指出，按计税工资额（每人每月 550 元）的 2%提取工会经费。按计税工资额的 14%提取职工福利费、按计税工资额的 1.5%提取职工教育经费；待业保险金按固定工计税工资总额的 1%提取，合同工养老金按合同计税工资额的 15%提取；年内业务招待费不得超过营业收入的 5‰；业务宣传费按营业收入扣除金融机构往来收入的 5‰内掌握使用。营业费用开支，除按比例规定和联社允许开支项目外，一次性开支超过 1000 元（含）必须写书面申请，经批准后方可列支。

2000 年 3 月，廊坊市农村金融体制改革领导小组办公室印发《费用管理暂行办法》指出，全市辖区信用社均实行收入总额和综合费用率控制的管理办法：由市办对联社下达收入总额和综合费用率指标，各联社对信用社下达相应的指标，多收入可以多开支，少收入少开支，节约费用开支可以奖励。6 月 13 日，中国人民银行石家庄中心支行办公室转发河北省国家税务总局《关于修改农村信用社管理机构管理费提取标准的通知》指出，农村信用合作社各基层社上交县以上管理机构的管理费不超过其总收入的 2.5%，有特殊情况需超过比例的，必须报所在市国家税务局批准。8 月 31 日，廊坊市农村金融体制改革领导小组办公室印发《廊坊市农村信用社财务管理八项规定的通知》指出，厉行节约，制止浪费，严格控制费用开支。实行工资与效益挂钩，凡亏损社必须少发工资，不保个人收入和人头费用，费用指标不够用的，要减少个人收入，压缩人头费用。对当年发生的费用开支，必须按权责发生制列入当年核算，不准跨年度列账，费用开支一定要真实。

2000 年 12 月，县联社转发中国人民银行石家庄中心支行印发《河北省农村信用合作社费用开支管理暂行办法》指出，信用社的固定资产净值与在建工程之和占所有者权益（不含未分配利润）比例最高不得超过 50%。信用社营业费用支出可采取与营业收入挂钩，全面实行综合费用率考核的办法，多收才能多支。为控制营业费用的支出，信用社对大额开支实行集体研究，逐级审批，增加开支的透明度。农村信用社不得委托信用代办站代理放款业务，停止支付代理放款业务手续费。同月，中国人民银行石家庄中心支行办公室转发《河北省国家税务局修改农村信用社管理机构管理费提取标准的通知》指出，农村信用合作社各基层社上交县以上管理机构的管理费不超过其总收入的 2.5%，有特殊情况需超过比例的，必须报所在市国家税务局批准。

2001 年 8 月 20 日，县联社印发《香河县农村信用社代办业务手续费提取管理暂行办法》指出，手续费的使用：代办站提取额的 80%发给代办员、提取 10%用于代办员养老金、提取 10%用于代办员奖励及误工补贴。代办员上站开会可领取 8 元补助，不开会的不能领取。

2002 年 6 月 17 日，县联社印发《香河县信用联社财务管理暂行规定的通知》指出，业务宣传费在营业收入 5‰的比例内掌握使用，严禁超支；广告费不超过营业收入的 1%比例内掌握使用，但必须报经联社批准后方可列支；印刷费是指信用社印制的各种业务凭证、账簿、报表、包装运送费、刻制图章等费用开支。各社不得自行印制任何凭证，由县联社统一印制；业务招待费在全年营业收入的5‰以内控制使用，据实列支，严禁超支；电子设备运转费指信用社为保证计算机正常运转而购买纸张、色带、软盘等开支的费用，钞币运送费每社每月列支不得超过1500元，年度内不得超过1.8万元；安全防卫费是指信用社处于安全防范需要所购置的安全保卫器材，安装营业网点的防护门窗及柜台栏杆，消防专用的设备，保安人员工资、补贴以及经批准的其他防卫费用，报经县联社批准后方可列支，守库费每天24元按实际天数计算；保险费由信用社给职工交付的各种保险费；邮电费每个社每月列支不得超过1000元（含移动电话和固定电话，且每社的一部移动电话每月不得超过200元）；诉讼费列支必须报经县联社批准，且已结案并取得正式发票为准；公证费需要向公证机关办理公证所支付的费用，须经联社同意；误餐费按在编人员实际出勤天数计算，每人每天10元（月不超过300元）；职工福利费按照在编职工的计税工资的14%提取，主要用于职工的医药费及职工集体福利方面的开支；职工教育经费按在编职工的计税工资额的1.5%计提；工会经费按2%计提；住房公积金由单位交纳5%，职工个人交纳5%；失业保险金按工资总额的2%提取由单位交纳，个人交纳1%是指非农业户口职工按个人工资总额的1%由职工自己交纳，按月提交。

2002年，香河县农村信用社全辖总收入5961.28万元，按总收入的2%提取2003年管理费119.23万元。

2004年9月16日，县联社印发《关于加强各类财产管理的通知》指出，信用社购置的各类不属于固定资产的工具、器具、机具、安全保卫用品及由固定资产转入的物品等，均作为低值易耗品管理。低值易耗品购置费用的摊销方式可一次或分期平均摊入成本，采用分期摊销的，摊销期限不超过2年。

2005年1月20日，县联社印发《香河县信用联社财务管理办法实施细则》指出，邮电费每部电话每月控制在300元以内；公杂费按职工人数计算，10人以下的社每人每月按120元掌握，10人以上社每人每月按100元掌握；每个信用站按每站每年100元掌握；水电费按原始凭证据实列支；取暖及降温费在编职工的补助费按规定标准列支，其他列支的费用不论金额多少一律按规定报联社审批后方可列支，冬季取暖用煤由联社统一采购；租赁费以租赁合同为准，报联社审批；临时工工资以签订合同为准，报联社审批；电子设备运转费由联社统一招标购置。业务招待费和业务宣传费按照规定控制在比例范围内使用，上划联社总额的20%，列支前需报联社备案。劳动保护费按在编职工人数计算，每人每年600元；住房公积金按在编职工工资前三项合计乘以10%计算。

2006年4月30日，县联社印发《香河农村信用联社费用开支管理办法》指出，对联社费用开支实行分级管理、权限管理的办法，实行报销单据审批制，即经办人员填列费用报销单签字后由科长签字确认，再由联社主任签字审批后报财务科报销。控制营业费用的支出。联社对大额开支实行集体研究，成立财务审批小组，逐级审批，增加开支的透明度。

2007年1月22日，省联社廊坊办事处印发《关于农村信用社费用开支由联社统一管理的指导意见》指出，经省联社廊坊办事处研究，以县为单位统一法人社挂牌后，由联社对辖内信用社的费用开支实行统一管理。费用指标由联社统一核定，账户由联社统一设置，批量和大额物品的购置由联社统一招标、统一采购。对 500 元以内的费用开支，由经办人、委派会计、信用社主任签字，报联社财务管理部门审核、报分管财务工作的副主任审批后实报实销；500—3000 元以内的费用开支，信用社先报申请和预算清单，由联社财务管理部门进行初审，报联社分管财务工作的副主任审批后，方可实施；3000 元以上的费用开支，信用社先报申请和预算清单，由联社财务管理部门进行初审，联社财务审批小组集体审批后，方可实施。6 月 1 日，省联社印发《河北省农村信用社费用开支预算管理暂行办法的通知》指出，农村信用社费用开支预算的编制要遵循“合理规划、统筹兼顾、精细管理、严格控制”的原则，最大限度利用现有财务及统计数据，在实事求是、科学预测的基础上，兼顾成本效益，建立费用开支控制和反馈系统，完善费用开支的激励和约束机制，调动各网点、各部门员工共同参与降低成本费用的积极性，进一步加强对农村信用社费用开支行为的科学管理。各县级联社成立费用开支预算管理委员会，作为联社内部费用预算的最终决策部门，由理事长任主任委员，相关领导和部门负责人为委员会成员。大额财务开支审批委员会可代行费用开支预算管理委员会职能。财务部门为费用预算的综合管理部门，主要负责落实费用预算管理制度的具体实施，下达年度预算总体要求等工作。

2008 年 7 月 21 日，廊坊办事处印发《河北省农村信用社联合社省联社廊坊办事处财务管理审批办法》指出，办事处根据财务管理需要设立财务审批小组，财务审批遵循实事求是和勤俭节约的原则、公开透明和市场运作的原则、集体审批和兼顾效率的原则。县级联社和信用社的营业办公用房投资总额在 100 万元（含）以上的，报办事处财务审批小组集体审查同意后报省联社审批；投资总额在 50 万元（含）以上 100 万元以下的，报办事处财务审批小组集体审查同意后再报省联社备案；投资总额在 50 万元以下的，由县级联社审批，报办事处备案。县级联社购置工作用车、专用运钞车无论金额大小一律报办事处财务审批小组集体审查同意后报省联社审批；信用社购置工作用车，由县级联社审查同意后报办事处审批，再报省联社备案。县联社及信用社一次性费用开支超过 20 万元（含）的，须报办事处财务审批小组集体审查同意后报省联社审批。

2011 年，县联社印发《香河县农村信用合作联社费用开支审批及操作流程》指出，低值易耗品摊销、电子设备运转费、取暖及降温费在联社核定全年指标内，一次性开支小于 500 元，在联社核定周转金内列支。信用社小额开支小额日常项目以外的费用开支或超出小额费用开支额度限度的都属于大额费用开支。信用社大额费用开支由信用社提交书面申请，并上报费用开支申请表，详细说明费用开支用途、原因、费用开支明细，由信用社财务审批小组签字后上报联社计划财务部。费用开支在 3000 元（含）以内，由联社主管部室经理和计划财务部经理在费用开支申请表给出是否同意开支意见并上报联社主管财务副主任签字后执行。信用社一次性费用开支在 3000 元至 1 万元（含）以下的，由计划财务部和主管部室负责人对信用社列支费用的真实性进行核实考察，经过核实考察，由联社计划财务部经理在费用开支申请表给出是否同意开支意见并上报联社主任签字后执行。

2014 年 9 月 29 日，省联社印发《河北省农村信用社费用开支管理办法的通知》指出，费用开支管理实行“预算管理、流程控制、效益优先、分类管理、职责细分”的原则，费用开支管理的第一责任人为各级行社法人代表。包括从相关费用制度的制定、开支控制、预算、考核等以行社法人代表为第一责任人。电子设备运转费单价在 200 元（含）以上的，可重复使用的电子耗材入低值易耗品账户。

2016 年 9 月 23 日，省联社印发《河北省农村信用社工作用车费用开支管理暂行办法》指出，各级行社工作用车费用开支管理坚持“预算控制、台账管理、单车核算、勤俭节约”的原则，工作用车费用包括车辆燃油费、修理费、保养费、保险费、车船税、过路过桥费、汽车装具费、停车费、检车费等。工作用车费用开支要严格执行事前审批制度，各项费用开支必须按照各级行社财务开支审批权限审批。各级行社要严格公车公用，加强车辆调度，提高使用效率，降低空驶率，落实节假日工作用车封存等规定，严禁公车私用。对公车费用开支定期进行公示。

2019 年 3 月 13 日，香河农商银行印发《河北香河农村商业银行股份有限公司费用开支管理办法》指出，营业费用包括人力费用和营运费用。计划财务部是营运费用及相关成本支出的主管部门，负责营运费用预算、标准制定、费用列支审核及所有费用列支账务处理等。人力资源部为人力费用的主管部门，负责制定人力费用计划，包括职工工资总额计划、内退人员生活费计划、离退休人员养老补贴计划、劳务派遣人员费用计划、“五险一金”（基本养老保险、基本医疗保险、失业保险、工伤保险、生育保险、住房公积金）计划等；负责社会保险、医疗保险、离退休人员福利等事项的政策及标准的制定和解释，并负责对外报送与上述业务有关的各类报表和外部协调。营业费用预算分为固定费用预算、定额费用预算、公用费用预算。固定费用主要包括：总行及各分支机构的水费（含污水处理费）、电费、取暖用天然气费、邮电费、抵押登记费、武装守护费、守库服务费、钞币运送费、保安服务费、营业用房租赁费、物业费、外部审计费、各类机具维保费、职工工资和各项补贴、职工教育经费、工会经费、各类保险金、公积金、勤杂人员劳务费及市办统一上划的费用等。定额费用包括职工福利费、公杂费、电子设备运转费、低值易耗品摊销、劳动保护费、小额修理费。公用费用主要包括业务招待费、业务宣传费、广告费、印刷费、修理费、电子设备运转费、公杂费等。

2022 年 6 月 9 日，香河农商银行印发《关于 2022 年费用核定限额的通知》指出，公用费用额度分为两部分：一是基础部分，按照网点人数进行核定，可以按照季度分配使用；二是浮动部分，按照各网点年初存款规模、日均存款任务和贷款营销任务进行核定，根据序时任务完成情况按季度进行列支，完成序时进度的按完成情况进行控制列支，没有达到序时进度的不能列支。每季度初根据上季度各网点业务开展情况和总体预算情况，确定本季度各网点公用费用限额。7 月 5 日，香河农商银行印发《业务招待费开支管理暂行办法（2022 年修订版）》指出，接待用餐原则上安排在机关职工食堂就餐。确因工作需要，可以安排工作餐，并严格控制陪餐人数和工作餐标准。接待对象在 10 人以内的，陪餐人数不得超过 3 人；超过 10 人的，陪餐人数不得超过招待对象人数的 1/3。业务招待费严格预算审批管理，负责接待部门要合理确定预算金额，确定招待对象后，负责招待部门要根据公函或其他证明文件认真填写《业务招待审批单》项目内容。香河农商银行招待活动，由综合办公室统一安排，经有权人审批，报销金额及流程按财务开支管理办法执行。

第三节　税收管理

税收管理亦称“税务管理”，是指税务机关对税收活动全过程进行决策、计划、组织、协调和监督等一系列工作的总称。

1951 年 10 月 24 日，财政部税务总局明确，准予免扣农村信用合作社存款利息所得税及放款业务书立凭证印花税。

1953 年 5 月，中国人民银行印发《关于农村信用合作社暂缓课征工商业税的通报》指出，同意 1953 年内暂缓课征工商业税。以后纳税与否，视其发展情况，另行商定。本文到达时，各地课征的税收，不再退还。

1954 年 4 月 12 日，中国人民银行印发《免征信用合作社（部）及其社员存款利息所得税的通知》指出，信用合作社及供销社信贷部投入银行之存款利息所得，免征利息所得税。社员存款利息所得，比照财政部规定，免征利息所得税。

1955 年 2 月，中国人民银行印发《关于信用合作社 1955 年仍免征工商业税的通报》指出，决定在 1955 年内仍免征工商业税。信用社所用账簿仍按照税务总局 1951 年 10 月 15 日〔1951〕直二字第 1968 号通知规定，照章贴花。

1985 年 10 月 10 日，财政部税务总局印发《关于对农村信用社恢复征收营业税的通知》指出，从下年度起，对农村信用社经营金融业务的收入恢复征收营业税。恢复征税后，个别纳税有困难的单位，可按税收管理体制的规定，给予定期减税或免税的照顾。10 月 26 日，中国农业银行转发财政部税务总局《关于对农村信用合作社恢复征收营业税的通知》指出，独立核算的信用社，按照规定向当地税务机关缴纳营业税。对外自办金融业务的，按营业收入额的 5%税率缴纳营业税，代理业务手续费收入按 10%的税率缴纳营业税。纳税有困难的信用社，可以向当地税务机关申请减、免税。

1987 年 9 月 8 日，财政部印发《关于对农村信用社征收集体企业所得税的通知》指出，农村信用社从年初起，按照税法规定恢复征收集体企业所得税。但对国务院贫困地区经济开发领导小组批准为贫困扶持县的农村信用社，1987—1988 年免征所得税；免税期满后，纳税确有困难的，可按税收管理体制报批减免。10 月 7 日，中国农业银行转发财政部《关于对农村信用社征收集体企业所得税的通知》指出，当年盈余的信用社，可先弥补上年尚未解决的亏损，弥补后的余额，再征收所得税。农村信用社在缴纳所得税后，年利润不足 5000 元（含）的，免缴能源交通基金，超过 5000 元的，按税后利润总额的 7%计征能源交通基金。

1988 年 6 月 22 日，国家税务总局印发《关于农村信用合作社所得税纳税期限问题的通知》指出，农村信用合作社一般按集体企业所得税暂行条例的规定，按年计征，按季或者按月预缴，年终汇算清缴，多退少补。明确按上述办理确有困难的信用社，可在征得当地税务机关同意后，在年底前缴一次，然后年终汇算清缴。10 月 12 日，中国农业银行印发《关于做好 1988 年度农村信用合作社年终决算工作的意见》指出，经与国家税务总局协商，同意当年盈余、上年亏损的信用社，可在所得税前，用盈余先弥补上年亏损，如有余额，再交所得税。

1989 年 11 月 7 日，根据中国农业银行反映农村信用社由于经营情况的改变，成本增加过大等原因，经营发生困难，要求在税收上继续给予照顾，国家税务总局印发《关于对农村信用社几个税收问题的暂行规定》指出，经营性亏损和对于个别纳税有困难的农村信用社可以按税收管理体制的规定，由省、自治区、直辖市税务局审批，给予定期减税或免税照顾，国务院贫困地区经济开发领导小组确定的273个专项贴息贷款扶持县的农村信用社，继续免征所得税1年；前年和上年发生亏损，当年盈利的农村信用社，可先弥补亏损，就弥补后的利润余额征收所得税。

1990年，国家税务总局明确，经国务院贫困地区经济小组确定的贫困县的信用社可以继续免征所得税两年；对亏损社和个别纳税有困难的信用社，可以按税收管理体制的规定，给予营业税的定期减免和照顾。

1991年11月22日，中国农业银行转发国家税务总局印发《关于农村信用社若干税收、财务问题暂行规定的通知》指出，明确农村信用社因受灾导致纳税确有困难的，可按税收管理体制的规定，报经批准，酌情给予定期减税或免税照顾。

1992年11月25日，中国农业银行印发《关于组织好1992年度农村信用合作社会计决算工作的意见》指出，国务院统一确定的专项贴息贷款扶持贫困县的农村信用社，1992—1993年，准予继续免征所得税；信用社发生亏损，可按有关规定用下年度税前利润进行抵补，1年抵补不完的下年继续抵补，连续抵补期限一般不超过3年，信用社发放的粮棉油贷款的利息收入免征营业税。

1994年，中国农业银行印发《1994年度农村信用合作社会计决算工作意见》指出，国务院确定贫困县的信用社，根据财政部和国家税务总局的规定，在1995年末前继续免征所得税，免征的所得税，计增信用社资本公积。信用社将逾期贷款误计应收利息进损益的，将虚收利息进行冲账调整，并以调整后的利息收入计缴营业税。

1996年11月，国务院农村金融体制改革部际协调小组印发《关于1996年度农村信用社会计决算工作意见》指出，根据《农村信用合作社财务管理实施办法》的规定，信用社对超过原约定期限未收回的放款的应收利息，列入表外科目核算，实际收到利息时再计入当期损益。为避免重复征税，对信用社表外科目核算的应收利息不计征营业税，待信用社实际收到利息计入当期损益时，再计征营业税。根据财政部、国家税务总局财税字〔1996〕13号文件和〔1996〕38号文件的规定，信用社1996—1997年缴纳所得税享受两档低税率的照顾。县联社及各级农村金融体制改革领导小组办公室所收取的管理费，不征收营业税。

1998年3月25日，财政部、国家税务总局印发《关于农村信用社征收营业税等有关问题的通知》指出，为扶持农村信用社的发展，经国务院批准，决定继续给予农村信用社减免税照顾。1998年1月1日至12月31日，减按6%的税率征收营业税；1999年1月1日至12月31日，减按7%的税率征收营业税；2000年1月1日起，恢复8%的税率征收营业税。农村信用社在税率调整后，按5%的税率征收的部分继续向主管地方税务局缴纳，新增的部分向国家税务总局缴纳。农村信用社自1998年起逐步调高营业税税率后，对营业税附征的城市维护建设税和教育费附加，仍按营业税原5%的部分计征，并由原征收机关征收。4月1日，财政部、国家税务总局联合印发《关于贫困县农村信用社继续免征企业所得税的通知》指出，明确为支持贫困地区农村信用社的发展，经国务院批准，对国家确定为贫困县的农村信用社在2000年12月31日前继续免征企业所得税。

2001年5月，财政部、国家税务总局印发《关于农村信用社有关企业所得税政策问题的通知》指出，农村信用社年应纳税所得额在 3 万元（含）以下的，暂减按 18%的税率征收企业所得税；年应纳税所得额在 3 万元以上、10 万元（含）以下的，暂减按 27%的税率征收企业所得税。10 月，财政部、国家税务总局印发《关于降低农村信用社营业税税率的通知》指出，自 2001 年 10 月 1 日起，对农村信用社减按 5%的税率计征营业税，由地方税务局负责征收，营业税收入全部归属地方。

2009 年 9 月 24 日，根据财政部、国家税务总局印发《关于金融企业涉农贷款和中小企业贷款损失准备金税前扣除政策的通知》，农村信用社计提的贷款损失专项准备金，在计算应纳税所得额时按比例扣除，其中，关注类贷款，计提比例为 2%；次级类贷款，计提比例为 25%；可疑类贷款，计提比例为 50%。

2010 年 5 月 13 日，国家税务总局印发《关于农村金融有关税收政策的通知》指出，2009 年 1 月 1 日至 2013 年 12 月 31 日金融机构农户小额贷款的利息收入免征营业税，金融机构农户小额贷款的利息收入在计算应纳税所得额时，按 90%计入收入总额；2009 年 1 月 1 日至 2011 年 12 月 31 日，农村信用社、法人机构所在地在县及县以下地区的农村合作银行和农村商业银行的金融保险业收入减按 3%的税率征收营业税。

2016 年 5 月 1 日，按照国务院安排部署，财政部、国家税务总局在全国范围内全面推开营业税改征增值税试点，规定金融服务由缴纳营业税改为缴纳增值税，金融服务的增值税税率为 6%，金融服务具体包括贷款服务、直接收费金融服务、保险服务和金融商品转让。

2018 年 9 月 5 日，财政部、国家税务总局印发《关于金融机构小微企业贷款利息收入免征增值税政策的通知》指出，为进一步加大对小微企业的支持力度，现将金融机构小微企业贷款利息收入免征增值税政策通知如下：自 2018 年 9 月 1 日至 2020 年 12 月 31 日，对金融机构向小型企业、微型企业、个体工商户发放小额贷款取得的利息收入，免征增值税。

2020 年 4 月 26 日，财政部、国家税务总局印发《关于延续实施普惠金融有关税收优惠政策的公告》指出，为进一步支持小微企业、个体工商户和农户的普惠金融服务，规定于 2019 年 12 月 31 日执行到期的税收优惠政策，实施期限延长至 2023 年 12 月 31 日。

第四节　固定资产及抵债资产管理

固定资产管理

固定资产是指为生产商品、提供劳务、出租或经营管理而持有，使用寿命超过一个会计年度的有形资产。包括房屋及建筑物、电子设备、运输设备、机器设备、工具器具等。

1973 年 7 月，中国人民银行河北省分行印发《河北省农村信用合作社财务管理制度（试行稿）》指出，信用社固定财产的购置和修建，必须发扬因陋就简、艰苦奋斗的精神。如确实需要，而公积金较多的社，制订计划，经贫管会讨论，公社审查同意，报经县（市）银行批准。

1992 年 6 月 23 日，中国农业银行印发《农村信用合作社财产管理暂行办法》指出，不论固定资产还是低值易耗品，建立和健全财产管理责任制，坚持谁用谁管、管用结合原则。公用财产要落实专人保管，保管者对财产的安全、完整负有保管责任。明确固定资产必须同时具备两项条件，即：使用年限在一年以上，单位价值 1000 元及以上的房屋、建筑物、各类设备及运输工具等资产。

1994 年 5 月 17 日，中国农业银行、国家税务总局印发《关于农村信用合作社财务管理实施办法的通知》指出，信用社购置固定资产控制在固定资产净值不超过信用社筹集的资本金的 50%以内，并实行报批制度。凡新建房屋（包括危房改造），购置汽车、电子设备均须逐级上报省分行信用合作处审批，其他固定资产购置的审批权限由地、市分行确定。

1995 年 11 月，中国农业银行印发《关于当前加强农村信用合作社财务管理的若干意见的通知》指出，联社、信用社购置汽车、微机和房（含危房改建）逐级上报，分级审批。

1996 年 9 月 20 日，中国农业银行廊坊市中心支行印发《关于香河联社营业部购置运钞车的批复》，同意香河联社营业部购置运钞车 1 辆，价格控制在 20 万元以内。

1997 年 11 月 20 日，廊坊市农金改办印发《关于钳屯信用社重建营业厅及办公用房请示的批复》指出，同意钳屯信用社征用耕地 2580 平方米，营业厅及办公用房建筑面积 1446.8 平方米，水暖部分按建筑面积 1446.8 平方米，购买 30 千伏安变压器 1 台及配电安装工程，总投资控制在 1721103.69 元。

2000 年 6 月 19 日，廊坊市农金处批准香河县府前街城市信用社购置办公楼。

2000 年 11 月，中国人民银行石家庄中心支行印发《河北省农村信用社固定资产管理暂行办法》指出，信用社固定资产管理的基本要求是建立健全资产管理责任制，坚持谁用谁管、管用结合的原则。信用社主任对固定资产的管理负有直接领导责任。对固定资产净值与在建工程之和占所有者权益（不含未分配利润）比例超过 50%的信用社，采取有效措施限期把比例降到 50%以内。亏损信用社原则上不准购置固定资产，不准搞基建盖办公楼与宿舍楼，运钞车实行按批采购。

2002 年 6 月 17 日，县联社印发《香河县信用联社财务管理暂行规定的通知》指出，固定资产折旧按其固定资产的折旧年限，采用平均年限法计提折旧，预计净残值 3%，不准多提或少提。

2003 年 3 月，中国人民银行石家庄中心支行关于印发《河北省农村信用合作社固定资产管理办法》指出，信用社固定资产管理的基本原则是：比例管理、物尽其用、按权限审批、严格控制投资。

2004 年 6 月 29 日，银监会廊坊监管分局（信合办）《关于香河联社辖内信用社网络建设投资请示的批复》指出，为保证全市通存通兑业务的顺利开展，同意香河县农村信用社购置计算机及外围设备投资 661710 元，其中包含计算机主机 6 台、打印机 67 台、终端 60 台、不间断电源 14 台、发电机 11 台、电池 33 块。同时印发《关于对香河联社营业部改造生活用房请示的批复》指出，同意香河联社营业部对现有餐厅等生活用房进行更新改造，改造面积 160 平方米，总投资控制在 15 万元以内。

2004 年 9 月，县联社印发《香河县农村信用合作社关于加强各类财产管理》指出，固定资产的账务核算、低值易耗品的管理以及切实加强对抵债资产的管理等内容，启动财产标牌方案，适用于各类动产性质的固定资产、抵债资产、低值易耗品。同月，县联社印发《香河县农村信用合作社固定资产管理办法》指出，固定资产管理的基本原则是：比例管理、物尽其用、按权限审批、严格控制投资；基本要求是建立健全固定资产管理责任制，坚持谁用谁管、管用结合，防止固定资产的流失和浪费，信用社主任是本社固定资产管理的第一责任人。

2004 年 11 月 4 日，中国银监会廊坊监管分局（信合办）《关于廊坊市部分县联社购置运钞车的批复》指出，同意香河联社购买“面包型”专用防弹运钞车 1 辆，车辆单价为 19.08 万元。

2004 年 12 月 6 日，中国银监会廊坊监管分局（信合办）《关于石虎信用社构建营业办公楼的请示的批复》指出，同意石虎信用社在原址筹建砖混结构 2 层办公用楼房，建筑面积 471.2 平方米。主体及附属总投资控制在 43 万元以内。

2005 年 11 月，省联社印发《河北省农村信用社固定资产管理暂行办法》指出，固定资产管理基本要求是建立健全固定资产管理责任制，坚持谁用谁管、管用结合，防止固定资产的流失和浪费。信用社负责人是固定资产管理的第一责任人。信用社购建办公用房和其他大型固定资产，要按照公平、公开、公正的原则和国家规定的固定资产投资的有关程序，由相关部门采用招投标办法确定设计单位、施工单位和供货单位，杜绝固定资产投资中的以权谋私和其他不正之风。

2006 年 7 月 17 日，省联社廊坊办事处印发对香河县东鲁家口信用社购建办公用房批复，同意东鲁家口信用社筹建 2 层砖混结构办公楼 1 栋，建筑面积 638.75 平方米，包括附属工程在内，总投资控制在 96.9 万元以内。11 月 28 日，省联社廊坊办事处批复刘宋信用社、蒋辛屯信用社、府前街信用社、安平信用社购置工作用车各 1 辆，总投资分别控制在 12 万元以内，新车购置后旧车变现处理，纳入营业外收入科目核算。

2007 年 6 月 7 日，省联社廊坊办事处对香河联社五百户、李庄等信用社购置工作用车批复，五百户、李庄、王家摆、香城、东鲁家口、梁家务、渠口、鑫鑫、钱旺、钳屯、金隆信用社购置工作用车各 1 辆，投资控制在每辆 12 万元以内，原有工作用车，必须以公开竞价的方式出售，其变现收入做营业外收入处理。7 月 31 日，省联社廊坊办事处对香河县联社为东鲁家口、石虎信用社购置防弹玻璃批复，同意石虎信用社购置防弹玻璃 16.29 平方米，总开支控制在 8875.6 元以内，为东鲁口信用社购置防弹玻璃 21 平方米，总开支控制在 11445 元以内。8 月 16 日，省联社廊坊办事处印发《关于香河五百户、蒋辛屯信用社建办公楼的批复》，同意五百户信用社筹建 2 层办公楼 1 栋，建筑面积在 634.88 平方米以内，总投资控制在 99.85 万元以内；同意蒋辛屯信用社筹建 2 层办公楼 1 栋，建筑面积 634.88 平方米以内，总投资控制在 99.85 万元以内。

2008 年 4 月 22 日，省联社廊坊办事处对淑阳信用社购置工作用车批复，经办事处财务审批小组研究，同意淑阳信用社购置工作用车 1 辆，投资控制在 12 万元以内。7 月 10 日，省联社廊坊办事印发《关于香河联社购置办公楼新址的批复》指出，同意香河联社购置县城新华大街中段路北东西 59.5 米、南北 78.7 米土地 1 块，投资总额控制在 1200 万元以内。

2009 年 4 月 8 日，省联社廊坊办事处印发对香河县联社筹建办公楼立项批复，同意香河县联社在购置的土地上筹建办公楼的立项申请，建筑面积控制在 6000 平方米以内，确保固定资本比例控制在 50% 以内。

2012 年 8 月 15 日，省联社廊坊办事处对鑫鑫信用社购置营业用房批复，同意鑫鑫信用社在香河县亚太建材城内购置鑫鑫信用社营业用房，建筑面积 474 平方米，投资总额控制在 795.37 万元以内。

2017 年 12 月 7 日，省联社印发《河北省农村信用社固定资产管理办法》（2017 年修订版）指出，各级行社以法人为单位拥有其固定资产的所有权，任何单位和个人不准以任何形式私分、侵占和平调其固定资产。固定资产的账面价值与在建工程账面价值之和占净资产的比例最高不得超过 40%。对固定资产账面价值与在建工程账面价值比例超过 40%的行社，要严格控制固定资产的增加，并采取有效措施、制订压降计划，限期把比例降到 40%以内。

2020 年 10 月 29 日，省联社印发《河北省农村信用社固定资产管理办法的通知》指出，固定资产购建的原则，固定资产购建要加强预算管理，本着不超比例，不超标准，不超过自身财务承受能力的原则，根据经营及业务发展的实际需要，按管理权限批准后，组织固定资产购建的实施。各市县级行社购建本部营业办公用房项目在完成内部审批程序 10 个工作日内同时向省联社和审计中心备案。辖内营业网点购建投资总额 500 万元以上营业办公用房的行社，在完成内部审批程序后 10 个工作日内向审计中心备案。

2021 年 1 月 20 日，香河农商银行印发《固定资产管理办法（2021 年修订版）》指出，要建立严格的固定资产清查盘点制度，实物保管部门和计划财务部共同负责，做到账账、账卡、账实三核对，保证账账、账卡、账实相符。清查工作每年至少进行一次。对盘盈、盘亏、报废、毁损的固定资产，应查明原因、明确责任、及时处理。编制固定资产增减变动和运用资金年度预算，纳入财务预算管理。对固定资产的购建、使用、处置应统筹规划，合理安排，在保障业务需求、降低业务成本的同时，最大限度为香河农商银行创造效益。

抵债资产管理

抵债资产是指银行等金融机构依法行使债权或担保物权而受偿于债务人，担保人或第三人的实物资产或财产权利。由于抵债资产形式多样，涉及环节繁多，处理以物抵债资产的涉税问题也较为复杂。从理论上讲，抵债资产的确认条件非常明确：与该抵债资产有关的经济利益很可能流入企业；该抵债资产的成本或者价值能够可靠地计量。

1999 年 12 月 29 日，中国人民银行转发财政部印发的《关于加强金融企业财务监管若干问题的通知》指出，金融企业按照法定程序取得的抵债资产，要按法院裁决确定的价值或借贷双方协商议定的价值或借贷双方共同认可的权威评估部门评估确认的价值入账。自用抵债资产列入固定资产，非自用抵债资产列入待处理抵债资产，同时等额冲减贷款本金和应收利息。

2003 年，县联社采取拍卖、出租、变现等多种形式进行抵贷资产管理，并制定《抵贷资产专项考核办法》。截至 2003 年第一季度末，香河县农村信用社处理抵贷资产 183.7 万元。

2005 年 11 月，省联社印发《河北省农村信用社抵债资产管理暂行办法》指出，农村信用社抵债资产是指信用社依法行使债权或担保物权时，因债务人、担保人或第三人无法用货币资金偿还债务，经信用社与债务人、担保人或第三人协商同意，或经人民法院判决、仲裁机构裁决，债务人、担保人或第三人以资产折价方式抵偿信用社债权的实物资产或财产权利。信用社抵债资产管理遵循“审慎接收、妥善保管、有效处置、明确责任、规范操作”的原则。

2007 年 3 月 8 日，香河县农村信用社通过廊坊正大拍卖有限公司进行公开拍卖，抵债资产原值 494 万元，变现金额 864 万元，实现收益 370 万元。

2009 年，香河县农村信用社处理抵债资产 540 万元。

2012 年，香河县农村信用社处理抵债资产 1800 万元。

2016 年 7 月 6 日，省联社印发《河北省农村信用社抵债资产管理办法》指出，各县级行社加强抵债资产管理，防范和化解信贷风险，避免或减少资产损失，强化责任约束。县级行社抵债资产的接收和处置实行自主审批和大额抵债资产事后备案制。县级行社要成立资产经营部门或不良贷款清收组织，负责抵债资产的具体经营与管理工作。县级行社资产经营管理部门或不良贷款清收组织实行抵贷资产岗位责任制，将抵债资产接收、管理、处置项目分别落实到岗，责任到人。7 月 21 日，县联社印发《抵债资产管理办法（试行）》指出，抵债资产的接收和处置实行自主审批和大额抵债资产事后备案制，风险资产管理经营中心负责以资抵债工作，建立香河联社抵债资产管理台账，定期进行检查、核对，汇总上报抵债资产各类统计报表及各种资料与数据。香河联社风险资产管理经营中心实行抵债资产岗位责任制，将抵债资产接收、管理、处置项目分别落实到岗，责任到人。香河联社的债权应首先考虑以货币形式受偿从严控制以资抵债。受偿方式以现金受偿为第一选择，对有货币偿还能力的债务人，不得以任何理由以资抵债。债务人无货币清偿能力时，应当以直接拍卖、变卖非货币资产的方式回收债权。接收主要有人民法院、仲裁机构裁决接收抵债和协议接收抵债两种方式。

2020 年 5 月 29 日，省联社廊坊审计中心印发《廊坊市农村信用社抵债资产清查治理活动方案》指出，通过抵债资产清查治理活动，加大存量抵债资产处置力度，有效降低非生息资产占用，提高农信社经营效益。香河农商银行成立抵债资产清查治理工作领导小组，采取“县级行社自查、审计中心督导抽查、省联社重点督导”的方式，当年处理抵债资产 3500 万元。

2022 年，香河农商银行处理抵债资产 2999 万元。

第三章　运营管理

运营管理是指受各成员行委托，将部分业务或业务处理的环节交县联社集中处理，并提供标准化服务的活动。

香河县农村信用社的运营管理主要承担全县业务问题咨询接受流转、集中作业处理、支付结算管理、风险监控、业务产品研发测试等职能工作。运营管理以客户为中心，以流程为核心，以科技为支撑，后台负责集中作业与服务保障，前台负责全力营销客户与对接市场。

第一节　柜面管理

综合柜员制

综合柜员制是指在业务经营范围内，营业机构按照规定的业务处理权限和操作流程，由单一员工或多个员工组合，通过临柜窗口为客户综合办理会计、出纳、储蓄、银行卡等多种金融业务，并独立承担相应责任的一种劳动组织形式。

2004 年 12 月 6 日，县联社印发《廊坊市香河信用联社综合柜员制管理办法的通知》指出，经联社审核、验收、批准营业机构后方可实行综合柜员制。实行综合柜员制营业机构应具备以下条件：一是在同一营业场所依托“中天”版综合业务网络系统办理对公会计、储蓄两种或两种以上业务，并稳定运行 6 个月以上的营业机构；二是营业机构内部装修及设施配备必须符合安全防范要求，柜员之间有适当隔断设置，并配有“一对一”探头的监控系统，能够清晰监测，录制各柜员业务操作及桌面情况；三是配备与业务量相适应的计算机、打印机、点钞机、验钞机、保险箱（柜）等设备；四是会计基础工作达到规范化，内部管理规范、严密，各项规章制度健全，人员配备能够满足岗位设置，岗位分工明确，符合相关内控制度要求。

2006 年，县联社印发《香河县农村信用社综合柜员制业务操作流程》指出，综合柜员制是指由单一员工或多个员工的组合，在严格授权管理下，实行单人临柜，自我复核，自我约束，自我控制，自担风险，重点监控的多功能柜员制形式。综合柜员制营业窗口有三类：综合业务、信贷业务、事后监督业务。综合业务窗口：办理或受理本机构经营范围内的会计储蓄和中间业务；信贷业务：办理或受理本机构经营范围内的信贷业务；事后监督业务：办理本单位辖内各网点的事后监督业务。

2008 年 7 月 22 日，县联社印发《香河县农村信用合作联社柜员卡管理办法》指出，凡在综合业务网络系统中拥有一定权限、并能进行各类业务操作的人员，统称为综合业务应用系统柜员。县联社管理部门应充分重视柜员管理工作，本着“科学分工、逐级授权、授权有限、相互制约”的原则严格执行本办法。规范柜员的申请、审批流程、有效控制风险。柜员号由 6 位数字组成，是系统中柜员身份的标识，柜员密码是由 6 位数字或大写字母组成。柜员号和柜员密码是系统验证柜员身份的唯一依据。柜员号是由县联社统一编制，柜员号在全省范围内保持唯一。

2018 年 1 月，根据省联社《河北省农村信用社联合社办公室关于做好第二代核心业务系统切换上线前相关准备工作的通知》要求，香河县农村信用社取消柜员卡制，采用柜员指纹登录操作系统。

2021 年 7 月，省联社印发《河北省农村信用社综合柜面业务操作规程》指出，第二代核心业务系统可灵活支持全省六级［省级、市级机构、县级行社、信用社（支行）、分社（分理处）、储蓄所/分理处等］机构配置，实现全省机构树状目录管理结构；多维度的机构属性设置，满足不同机构属性、清算、汇总、现金领用、凭证领用等多维度关联关系的配置需求，使得机构管理立体化。同时对机构、人员、营业流程等柜面操作业务作出全方位详细规定。

会计出纳管理

农村信用社会计是对信用社经营活动过程进行连续、系统、全面、综合地反映和监督，是农村信用社经营管理的重要组成部分。会计工作支撑和保障业务的正常进行，同时为管理工作提供基础、依据和监督保障。

20 世纪 50 年代，信用社经营规模小，内勤只设专职会计，出纳由会计或主任兼职，大部分信用社记账付款由 1 人办理。

1963 年，中国人民银行印发《关于会计出纳员管理意见的通知》指出，信用社实行钱账分管、双人管库、双人押运、交叉复核和查库制度。单设信用社的地方配备会计和专职出纳员；信用社与营业所合署办公的地方，信用社只配备 1 名会计，出纳由营业所兼办。

1964 年 10 月 9 日，中国人民银行香河县支行印发《出纳人员岗位责任制试行办法（草案）》指出，出纳人员的责任主要是：根据党和国家的方针、政策、制度和办法，通过办理现金收付，加速现金周转，调剂市场主辅币，满足市场的正常现金需要。为此，在收付和整点现金方面必须做到“准、快、好”，并与一切违反财经纪律贪污、盗窃、投机倒把和危害国家财产安全的行为作斗争，确保国家财产安全。同月，中国人民银行香河县支行印发《会计人员岗位责任制试行办法（草案）》指出，会计人员责任主要是：按照党和国家的方针、政策和制度规定，认真处理各项业务的核算手续，监督各单位的资金收付，真实、正确、全面，及时地记载账簿，编制报表，反映业务活动情况，同一切违法乱纪行为进行斗争，维护国家资金、财产安全。

1976 年，中国人民银行对出纳制度进行补充完善，信用社开始整顿和健全出纳管理制度。

1979 年 7 月 26 日，中国人民银行印发《中国人民银行出纳制度》指出，出纳工作的主要任务是：按照国家金融法令和制度，办理现金的收付、整点、调运以及损伤票币的兑换和销毁工作；根据市场需要，调剂市场各种票币的比例，做好现金回笼和供应工作。银行、信用社全年出纳差错控制在 2%以下，如发生短款，在未追回短款之前，采取“案存款清”的办法。

1986 年，香河县农村信用社的出纳制度逐步完善，严格规定钱账分管、双人临柜、双人押运、钥匙分管、同进同出，严禁出纳员一人进入库房和自制任何凭证提取款项等。

1991 年 7 月 2 日，中国农业银行印发《关于农村信用合作社会计工作达标升级实施办法的通知》指出，在全国农村信用社开展会计工作达标升级活动，并将会计工作分为达标、三级、二级、一级四个等级。明确各单位的会计工作，按规定考核确认达到上述等级的，即为会计工作相应的等级单位。

1997 年，廊坊市农村金融体制改革领导小组办公室印发《河北省农村信用合作社会计、出纳业务基本操作规程》指出，信用社会计核算必须遵循《企业会计准则》规定的 12 条一般原则，按照有关规定办理各项业务核算，准确、及时、真实、完整的记载、计算、反映业务、财务活动，为考核计划，研究农村经济发展情况提供正确的数据。按制度规定信用社标准营业柜（组）3 人组成，即复核员、记账员、出纳员。复核员负责会计复核岗、现金初收岗和现金付款复核岗及本柜（组）管理工作；记账员负责记账岗的账务记载和账务处理工作；出纳员负责库管管理岗、配款岗及现金收款复点和入库等工作。对业务量较小、人员少的信用社，也可按两人设岗，一人兼多职，但必须坚持交叉复核，达到相互牵制的作用，不得一人对外办理业务。

1998 年 11 月 9 日，中国人民银行重新修订《农村信用合作社会计基本制度》和制定《农村信用合作社出纳制度》指出，信用社、县联社为独立会计核算单位，联社营业部、信用分社、储蓄所为附属会计核算单位。附属会计核算单位的业务和财务收支，由管辖社采用并表或并账方式汇总反映。会计记账方法按复式记账原理，采用借贷记账法。以会计科目为主体，以“借”“贷”为记账符号，有借必有贷，借贷必相等。表外科目采用单式记账，发生记收入方，销减记付出方，余额在收入方，并要与有关实物、单证、账簿相符一致。会计年度自每年公历 1 月 1 日起至 12 月 31 日止。年度终了，办理决算，如遇 12 月 31 日为例假日，仍以该日为决算日。

1999 年，县联社落实完善会纳规章制度，制定实施“会纳三级考核办法”，提高会纳人员的工作质量，制定“主管会计”百分考核办法，内容包括各社经济指标完成情况、日常工作完成情况、遵守纪律情况，充分调动主管会计的工作积极性。

2000 年 5 月 27 日，县联社组织全系统账展评比活动，账展分为总账、活期存款账、损益账、传票、甲种账五个种类。检查评比内容和标准 5 类 35 项，采取分组交叉检查的方法，三个组分别给每种参评账目按项打分，并说明扣减原因，促使每个参加账展的人员都要认真检查，按标准公平打分。此次账展评比平均分数是 470 分，最高分为 482 分，最低分为 452 分。

2008 年 4 月 21 日，省联社印发《河北省农村信用社委派会计管理暂行办法》指出，县级联社向信用社委派会计主管，委派的会计主管在授权范围内依据国家财经纪律、法规、方针、政策及内部管理制度对派驻机构进行会计核算和监督的一种会计人员管理制度。

2015 年 4 月 1 日，县联社印发《委派会计基础工作考核实施细则（暂行）的通知》指出，委派会计考核由联社计划财务部负责组织实施，考核结果与绩效工资挂钩；按频率，将委派会计考核分为季度评比、半年考核、年度排名；委派会计考核实行 100 分制，分两部分：第一部分为会计工作考核，占比 80%，包括会计工作质量、财务及内勤管理、结算纪律、档案管理、工作纪律等方面。第二部分为派驻单位民主测评，占比 20%。根据各信用社业务量、对公账户数量、贷款笔数，分别按照 0.001、0.3、0.05 系数计算加权得分，按照得分高低作为信用社分类标准，将 20 个信用社、1 个营业部、8 个分社分为Ⅰ、Ⅱ、Ⅲ、Ⅳ四类。8家分社统一归为Ⅳ类，单独考核。Ⅰ类社包括营业部、淑阳信用社、大罗屯信用社、钱旺信用社、渠口信用社、安头屯信用社、五百户信用社；Ⅱ类社包括金辛庄信用社、钳屯信用社、刘宋信用社、蒋辛屯信用社、安平信用社、王家摆信用社、府前街信用社；Ⅲ类社包括东鲁家口信用社、石虎辛庄信用社、香城屯信用社、李庄信用社、梁家务信用社、金隆信用社、鑫鑫信用社；Ⅳ类社包括永明路分社、华联分社、前套村分社、安抚路分社、家具城分社、安平一街分社、沙发市场分社、秀水街分社。每月在各信用社委派会计（不含分社负责人）绩效工资总额中提取6300元，作为Ⅰ、Ⅱ、Ⅲ类信用社分类管理绩效奖励。其中，Ⅰ类社委派会计奖励绩效工资600元，Ⅱ类社委派会计奖励绩效工资300元。

2019年7月23日，香河农商银行印发《河北香河农村商业银行股份有限公司委派会计管理办法基础工作考核实施细则（暂行）》指出，委派会计考核由总行结算管理部负责组织实施，考核结果与绩效工资挂钩。各网点临柜人员的各项业务考核由委派会计配合支行行长组织实施，考核结果与绩效工资挂钩。委派会计考核实行百分扣分制，会计工作考核基础总分100分，包括会计工作质量（30分）、反洗钱工作（40分）、财务及内勤管理（5分）、结算纪律（10分）、档案管理（5分）、工作纪律（10分）等方面。各项考核内容设置分值上限，但扣分无上限，超出各项分值上限部分按照标准双倍扣分。根据2017—2018年各网点业务量、累计对公账户数量、贷款笔数，综合2019年实际情况，分别按照0.001、0.3、0.05系数计算加权得分，按照得分高低作为支行分类标准，将20个支行、1个营业部、8家分理处分为Ⅰ、Ⅱ、Ⅲ、Ⅳ四类。8家分理处统一归为Ⅳ类，单独考核。Ⅰ类支行包括：营业部、淑阳支行、大罗屯支行、钱旺支行、渠口支行、安头屯支行、安平支行；Ⅱ类支行包括：金辛庄支行、钳屯支行、刘宋支行、蒋辛屯支行、府前街支行、鑫鑫支行、五百户支行；Ⅲ类支行包括：东鲁家口支行、石虎辛庄支行、香城屯支行、王家摆支行、李庄支行、梁家务支行、金隆支行；Ⅳ类支行包括：永明路分理处、华联分理处、前套村分理处、安抚路分理处（已撤并，新开立分理处自开立日起下一季度开始纳入考核）、家具城分理处、安平一街分理处、新华大街分理处、秀水街分理处。每月在各支行委派会计（不含分社负责人）绩效工资总额中提取6300元，作为Ⅰ、Ⅱ、Ⅲ类支行分类管理绩效奖励。其中，Ⅰ类支行委派会计奖励绩效工资600元，Ⅱ类支行委派会计奖励绩效工资300元。

2021年1月31日，香河农商银行调整《委派会计管理办法及基础工作考核实施细则（暂行）》指出，根据2019—2020年各网点业务量（含需治理存量客户信息数量）、累计对公账户数量、贷款笔数，综合2021年实际情况，分别按照0.001、0.3、0.05系数计算加权得分，按照得分高低作为支行分类标准，将20个支行、1个营业部、8家分理处分为Ⅰ、Ⅱ、Ⅲ、Ⅳ四类。Ⅰ类支行包括：营业部、淑阳支行、大罗屯支行、钱旺支行、渠口支行、钳屯支行、安平支行；Ⅱ类支行包括：安头屯支行、金辛庄支行、刘宋支行、蒋辛屯支行、府前街支行、金隆支行、五百户支行；Ⅲ类支行包括：东鲁家口支行、石虎辛庄支行、香城屯支行、王家摆支行、李庄支行、梁家务支行、鑫鑫支行；Ⅳ类支行包括：永明路分理处、华联分理处、前套村分理处、运河大道分理处、家具城分理处、安平一街分理处、新华大街分理处、秀水街分理处。按照各支行单位结算账户情况，将各支行（分理处）分为A、B、C、

D 四类。考核涉及单位结算账户时，各类支行（分理处）按相应标准评分。A 类支行包括：安平支行、营业部；B 类支行包括：淑阳支行、府前街支行、大罗屯支行、渠口支行、钱旺支行、金隆支行；C 类支行、分理处包括：五百户支行、钳屯支行、金辛庄支行、刘宋支行、安头屯支行、蒋辛屯支行、王家摆支行、鑫鑫支行、香城屯支行、运河大道分理处；D 类支行、分理处包括：安平一街分理处、东鲁家口支行、石虎辛庄支行、李庄支行、梁家务支行、永明路分理处、华联分理处、前套分理处、家具城分理处、新华大街分理处、秀水街分理处。

第二节　授权中心管理

2014 年 7 月 7 日，省联社印发《河北省农村信用社远程集中授权管理暂行办法》指出，远程集中授权，是指运用数字影像、计算机网络等各项技术，将交易要素信息、凭证影像信息、环境影像信息异地传输至授权中心进行授权，实现业务操作与授权分离的一种非现场授权方式。远程集中授权包括现场操作界面回放审核、凭证环境影像审核、审核通过授权等环节。本办法所指需远程集中授权的业务，是指综合业务系统、企业客户统一视图（ECIF）及网银内管等系统控制的所有授权业务。远程集中授权的管理实行统一组织、分级管理、分工负责。财会部门是远程集中授权管理的主管部门，负责牵头组织远程集中授权的实施工作。稽核检查部门负责远程集中授权业务及授权中心授权履职情况的稽核检查工作。人力资源部门协助做好远程集中授权组织机构及人员配备工作。科技部门协助会计部门做好系统应用推广；负责系统的日常管理和维护，确保系统正常运行，及时解决系统运行过程出现问题；制定和组织实施技术应急方案，确保业务处理的连续性。8 月，香河县农村信用社开始筹备远程集中授权中心，9 月 4 日正式上线并制定《香河县农村信用合作联社远程集中授权操作手册》。2014 年，香河县农村信用社授权中心累计授权 133867 笔，日均授权 1134 笔业务。其中，审核拒绝 641 笔，占比 0.48%，授权取消 3882 笔，占比 2.9%，所有授权业务主要集中在存款和现金业务，占总业务的 80%。

2021 年，香河农商银行印发《河北香河农村商业银行股份有限公司远程集中授权管理暂行办法》指出，远程集中授权按照“先审后授”的原则，对需经审批后授权的业务，应经有权人审批同意后，提交远程集中授权。对涉及真实性授权的业务，应由现场审核人员现场审核后提交远程集中授权。2021 年香河农商银行授权中心完成授权业务 25.71 万笔，有效通过 24.32 万笔，发现错误退回 1.39 万笔。

2022 年，香河农商银行授权中心累计完成授权业务 22.32 万笔，有效通过 20.61 万笔，发现错误退回 1.71 万笔。

第三节　后督中心管理

2019 年 9 月 26 日，香河农商银行成立事后监督中心，印发《集中事后监督管理暂行办法》指出，事后监督中心主要职责：监督各营业网点贯彻执行国家有关财经法规、规章制度的情况，对各营业网点上交的会计凭证资料逐笔进行审查，督促各营业网点合规、合法处理各项业务，严把账务、凭证质量关，杜绝、堵塞一切差错和漏洞，防范各类经济案件发生。统计分析不同时期差错、事故、案件特点，及时调整重点监督内容；按时完成业务监督工作，不积压账务凭证；负责记录事后监督业务差错和差错处理情况，负责督促落实整改措施；及时报告事后监督中发现的重大问题，违规事件，定期向结算部报送事后监督工作报告，提供相关监督信息等。

2020 年，香河农商银行事后监督中心发现差错 252 笔，其中经办柜员差错 147 笔，委派会计或分理处负责人差错 105 笔。

2021 年，香河农商银行事后监督中心发现差错 84 笔，其中经办柜员差错 35 笔，委派会计或分理处负责人差错 49 笔。

2022 年，香河农商银行事后监督中心发现差错 293 笔，其中经办柜员差错 143 笔，委派会计或分理处负责人差错 150 笔。

第四节　账户管理

银行结算账户是集中反映整个社会经济活动资金往来的基础，银行结算账户管理经国务院行政许可授权，是人行支付结算管理工作中一项重要内容。银行结算账户管理可以为经济、金融秩序运行提供基础支撑，对促进香河县农村信用社健康平稳发展、维护经济金融秩序的稳定有着重要意义。

个人账户管理

2000 年 4 月前，储蓄存款一直实行记名制度，其记名可以是真名、化名、假名，亦可以是其他人的名字，农村信用社对个人存款在开户时，不要求出示有效证件。

2000 年 3 月 20 日，国务院发布第 285 号令，于 2000 年 4 月 1 日起施行《个人存款账户实名制规定》。规定个人在金融机构开立个人存款账户时，应当出示本人身份证件，使用实名。代理他人在金融机构开立个人存款账户的，代理人应当出示被代理人和代理人的身份证件。在金融机构开立个人存款账户的，金融机构应当要求其出示本人身份证件，进行核对，并登记其身份证件上的姓名和号码。代理他人在金融机构开立个人存款账户的，金融机构应当要求其出示被代理人和代理人的身份证件，进行核对，并登记被代理人和代理人的身份证件上的姓名和号码。不出示本人身份证件或者不使用本人身份证件上的姓名的，金融机构不得为其开立个人存款账户。个人存款账户，是指个人在金融机构开立的人民币、外币存款账户，包括活期存款账户、定期存款账户、通知存款账户以及其他形式的个人存款账户。实名，是指符合法律、行政法规和国家有关规定的身份证件上使用的姓名。实名证件包括：居住在境内的中国内地公民，为居民身份证或者临时居民身份证；居住在境内的 16 周岁以下的中国内地公民，为户口簿；中国人民解放军军人，为军人身份证件；中国人民武装警察，为武装警察身份证件；香港、澳门居民，为港澳居民来往内地通行证；台湾居民，为台湾居民来往大陆通行证或者其他有效旅行证件；外国公民，为护照。

2008 年 6 月 18 日，中国人民银行印发《关于进一步落实个人人民币银行存款账户实名制的通知》

（银发〔2008〕191号）指出，银行为存款人开立个人银行账户，存款人应出具以下有效证件：一是居住在中国境内16岁以上的中国内地公民，应出具居民身份证或临时身份证；军人、武装警察尚未申领居民身份证的，可出具军人、武装警察身份证件；居住在境内或境外的中国籍的华侨，可出具中国护照。二是居住在中国境内16岁以下的中国内地公民，应由监护人代理开立个人银行账户，出具监护人的有效身份证件以及账户使用人的居民身份证或户口簿。三是香港、澳门特别行政区居民，应出具港澳居民来往内地通行证；台湾居民，应出具台湾居民来往大陆通行证或其他有效旅行证件。四是外国公民，应出具护照或外国人永久居留证（外国边民，按照边贸结算的有关规定办理）。除以上法定有效证件外，银行还可根据需要，要求存款人出具户口簿、护照、工作证、机动车驾驶证、社会保障卡、公用事业账单、学生证、介绍信等其他能证明身份的有效证件或证明文件，以进一步确认存款人身份。

2015年12月25日，中国人民银行印发《关于改进个人银行账户服务，加强账户管理的通知》指出，银行业金融机构（以下简称银行）为开户申请人开立个人银行账户时，应核验其身份信息，对开户申请人提供身份证件的有效性、开户申请人与身份证件的一致性和开户申请人开户意愿进行核实，不得为身份不明的开户申请人开立银行账户并提供服务，不得开立匿名或假名银行账户。同时提出，在现有个人银行账户基础上，增加银行账户种类，将个人银行账户分为Ⅰ类银行账户、Ⅱ类银行账户和Ⅲ类银行账户（以下分别简称Ⅰ类户、Ⅱ类户和Ⅲ类户）。银行可通过Ⅰ类户为存款人提供存款、购买投资理财产品等金融产品、转账、消费和缴费支付、支取现金等服务。银行可通过Ⅱ类户为存款人提供存款、购买投资理财产品等金融产品、限定金额的消费和缴费支付等服务。银行可通过Ⅲ类户为存款人提供限定金额的消费和缴费支付服务。银行不得通过Ⅱ类户和Ⅲ类户为存款人提供存取现金服务，不得为Ⅱ类户和Ⅲ类户发放实体介质。

2016年，中国人民银行印发《关于落实个人银行账户分类管理制度的通知》指出，自2016年12月1日起，银行和支付机构向存款人提供实时到账、普通到账、次日到账等多种转账方式选择，存款人在选择后才能办理业务。除向本人同行账户转账外，个人通过自助柜员机转账的，发卡行在受理24小时后办理资金转账。在发卡行受理后24小时内，个人可以向发卡行申请撤销转账。银行通过自助柜员机为个人办理转账业务的，应当增加汉语语音提示，并通过文字、标识、弹窗等设置防诈骗提醒；非汉语提示界面应当对资金转出等核心关键字段提供汉语提示，无法提示的，不得提供转账。银行在为存款人开通非柜面转账业务时，应当与存款人签订协议，约定非柜面渠道向非同名银行账户和支付账户转账的日累计限额、笔数和年累计限额等，超出限额和笔数的，应当到银行柜面办理。同时，除向本人同行账户转账外，银行为个人办理非柜面转账业务，单日累计金额超过5万元的，应当采用U盾等数字证书或者电子签名等安全可靠的支付指令验证方式。单位、个人银行账户非柜面转账单日累计金额分别超过100万元、30万元的，银行应当进行大额交易提醒，单位、个人确认后方可转账。

2020年12月25日，为贯彻中国人民银行《关于印发涉赌涉诈可疑资金特征及账户线索核查要点的通知》（银支付〔2020〕49号）要求，香河农商银行严格结算账户管理，按照核实内容进行排查，完善客户和账户尽职调查。同年，香河农商银行响应人民银行号召积极开展“断卡”行动。要求网点在办理卡户开卡业务时，填写关于出售、出租、出借银行账户、手机卡、营业执照等行为涉嫌犯罪告知书。针对存量账户进行涉赌涉诈风险排查，要求对于有问题账户第一时间进行上报。对于未导入人行系统的个人结算账户，协调省联社进行后台明细导出，督导网点导入人行系统，并要求以后必须对开户销户进行录入。

2021 年，香河农商银行根据省联社工作安排部署，开展治理“一人多户”工作。对被治理账户进行销户处理 221 户，中止交易 30 户，降为二类卡 6 户，治理 257 户。

2022 年 9 月 9 日，香河农商银行组织工作人员到安头屯镇进行集中宣传，向农村居民、小商贩业主发放宣传折页，并现场讲解账户管理新政，同时宣传普及电信网络新型违法犯罪典型手法及应对措施，让群众知晓买卖银行卡的法律后果，避免受到网络刷单、网购退款、投资暴利等诈骗侵害，引导社会公众关注金融知识热点，不断提高群众的防诈意识和甄别诈骗的能力，守牢自己的“钱袋子”。

单位账户管理

2000 年 3 月 13 日，中国人民银行香河县支行印发《账户管理办法》指出，凡是在本县金融机构（包括乡镇营业所、社）开立的人民币存款账户（储蓄账户除外）的机关、企业、事业单位、个体经济户和个人均应办理开户许可证。开户许可证根据存款账户性质分基本存款账户许可证、一般存款账户许可证、临时存款账户许可证和专用存款账户许可证。人民银行核发开户许可证，开户许可证分正本和副本，正本由开户单位持有，副本由开户银行留存。

2003 年 4 月 10 日，中国人民银行印发《人民币银行结算账户管理办法》指出，基本存款账户是存款人因办理日常转账结算和现金收付需要开立的银行结算账户。下列存款人，可以申请开立基本存款账户：企业法人、非法人企业、机关、事业单位、团级（含）以上军队、武警部队及分散执勤的支（分）队、社会团体、民办非企业组织、异地常设机构、外国驻华机构、个体工商户、居民委员会、村民委员会、社区委员会、单位设立的独立核算的附属机构、其他组织。一般存款账户是存款人因借款或其他结算需要，在基本存款账户开户银行以外的银行营业机构开立的银行结算账户。专用存款账户是存款人按照法律、行政法规和规章，对其特定用途资金进行专项管理和使用而开立的银行结算账户。对下列资金的管理与使用，存款人可以申请开立专用存款账户：基本建设资金，更新改造资金，财政预算外资金，粮、棉、油收购资金，证券交易结算资金，期货交易保证金，信托基金，金融机构存放同业资金，政策性房地产开发资金，单位银行卡备用金，住房基金，社会保障基金，收入汇缴资金和业务支出资金，党、团、工会设在单位的组织机构经费，其他需要专项管理和使用的资金。收入汇缴资金和业务支出资金是指基本存款账户存款人附属的非独立核算单位或派出机构发生的收入和支出的资金。因收入汇缴资金和业务支出资金开立的专用存款账

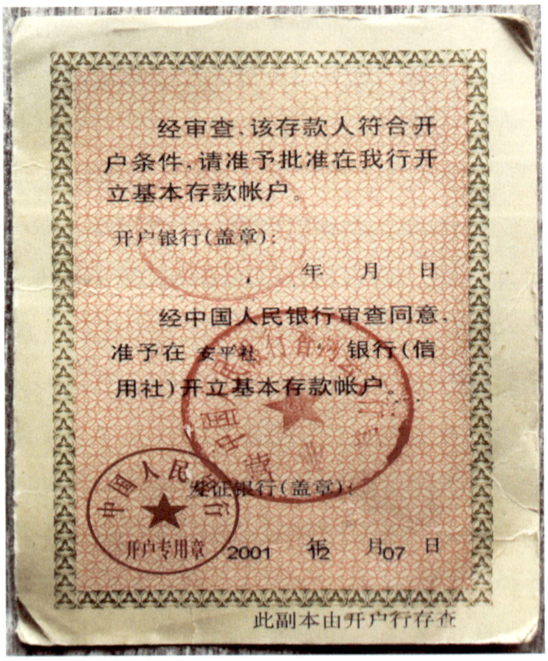
经审查，该存款人符合开户条件，请准予批准在我行开立基本存款帐户。
开户银行（盖章）：
年 月 日
经中国人民银行审查同意，准予在 安平社 银行（信用社）开立基本存款帐户。
发证银行（盖章）：
2001 年 12 月 07 日
此副本由开户行存查

2001 年，基本存款账户开户登记证　综合办公室供图

户，应使用隶属单位的名称。临时存款账户是存款人因临时需要并在规定期限内使用而开立的银行结算账户。有下列情况的，存款人可以申请开立临时存款账户：设立临时机构、异地临时经营活动、注册验资。

2005 年 1 月，中国人民银行印发《人民币银行结算账户管理办法实施细则》指出，人行是银行结算账户的监督管理部门，负责对银行结算账户的开立、使用、变更和撤销进行检查监督；将《人民币银行结算账户管理办法》中所称“开户登记证”改为“开户许可证”。

2006 年 8 月，为满足同时记载存款人名称和账户名称的需要，中国人民银行制定新版开户许可证。

2007 年 4 月，省联社印发《关于加强人民币银行结算账户管理的通知》指出，2005 年 6 月银行结算账户管理系统上线运行后，全省农村信用社组织实施对银行结算账户的清理核实工作，提高全省农村信用社银行结算账户的管理水平，各基层营业网点要严格执行《人民币银行结算账户管理办法》。银行结算账户系统（二期）在全国推广运行，全省农村信用社要充分认识到加强银行结算账户管理的重要性、必要性和迫切性，加强对银行结算账户的管理。

2009 年 11 月 1 日，省联社印发《关于进一步加强结算账户管理的通知》指出，要加强开户管理、规范开户程序、严格履行尽职调查义务，全面推行结算账户集中管理，提高账户管理质量，加强对大额资金进出情况的监控审查。

2013 年，根据省联社工作部署，香河县农村信用社开展久悬账户清理工作，并将未划转款项转入“久悬未取”专户管理。

2014 年 6 月 9 日，中国人民银行石家庄中心支行印发《河北省人民币单位银行结算账户年检办法（修订）》指出，本办法所称账户年检是指银行机构在履行“了解你的客户”义务过程中，掌握存款人相关信息，并按年度根据存款人提交的账户年检资料，对在本行开立的人民币单位银行结算账户的合规性和账户信息资料的合法性、真实性、有效性进行审核确认，同时与人民币银行结算账户管理系统（以下简称账户系统）中已存信息进行比对，确认是否相符，并在账户系统中标注年检标识的行为。账户年检的时间为每年度的 3 月 1 日起至当年的 10 月 31 日止，各机构应根据自身情况提前安排部署本行的账户年检工作。当年新开立的单位银行结算账户不进行年检，但各机构应对其账户资料信息的真实性、有效性、完整性履行审查责任。每年年检的账户是上一年度开立的正常状态的单位银行结算账户。

2015 年 9 月 22 日，国务院召开全面推进“三证合一、一照一码”登记制度改革工作全国电视电话会议，中共中央政治局常委、国务院总理李克强作出重要指示，指出：加快推进“三证合一、一照一码”登记制度改革，是深化商事制度改革之举，是顺应群众干事创业期望之举，也是创新政府行政管理之举，利民利企利国，对于激发市场内在活力、增添经济发展新动力具有重要意义。“三证合一”，是指将企业依次申请的工商营业执照、统一社会信用代码和税务登记证三证合为一证，提高市场准入效率；“一照一码”则是在此基础上更进一步，通过“一口受理、并联审批、信息共享、结果互认”，实现由一个部门核发加载统一社会信用代码的营业执照。12 月 28 日，省联社转发中国人民银行、国家工商行政管理总局印发《关于“三证合一”登记制度改革有关支付结算业务管理事项的通知》指出，银行业金融机构为单位客户办理银行账户业务时，应区分实行“三证合一”的企业、农民专业合作社，未纳入“三证合一”的个体工商户和机关、事业单位、社会团体等其他组织单位，分别要求其提供真实有效的营业执照等证明文件。是年，香河县农村信用社对持新版营业执照（含加载统一社会信用代码营业执照、改革过渡期内使用的“一照三号”“一照一号”营业执照）的企业，办理单位结算账户业务时，不再要求其提供税务登记证和组织机构代码证；个体工商户办理单位结算账户业务时，要求客户提供个体工商户营业执照和税务登记证，无须提供组织机构代码证。

2019 年 2 月 2 日，中国人民银行印发《关于取消企业银行账户许可的通知》指出，自 2019 年 2 月 25 日起在全国范围分批取消企业银行账户许可，2019 年底前实现完全取消。同时，强化企业银行账户管理，全面加强事中事后监管。是年，香河农商银行根据人民银行和省联社工作部署，有序开展取消企业银行账户许可工作。

2020 年，根据省联社廊坊审计中心工作安排，香河农商银行对存量对公账户进行排查，发现可疑账户及时进行核实，经过客户信息持续识别仍为可疑的上报反洗钱领导小组进行中止客户交易及调高风险等级处理。截至 2020 年 6 月 15 日，排查对公账户 4645 户。

2021 年，香河农商银行印发《小微企业简易开户服务操作指引（试行）》指出，根据中共中央、国务院“放管服”改革工作精神，优化小微企业银行账户服务。各营业网点可以凭小微企业提供的以下客户资料提供简易开户服务：营业执照；企业法定代表人或单位负责人有效身份证件；法定代表人或单位负责人授权他人办理的，还应出具法定代表人或单位负责人的授权书以及被授权人的有效身份证件；反洗钱等其他监管部门对客户资料有要求的，从其要求。各营业网点应当至少提供下列一种小微企业简易开户预约服务，并采取有效方式告知客户预约开户审核进度，增加企业开户办理过程的透明度。一是对于通过网上银行、手机银行、微信公众号等线上渠道预约简易开户服务的，省联社于预约当日至迟下一工作日将预约信息推送至开户网点，由开户网点告知客户可在 2 个工作日内携带第九条规定的客户资料临柜办理开户手续；二是对于电话咨询、法人或授权经办人到网点预约简易开户服务的，各营业网点应为其办理开户预约登记，并当场告知客户可在 2 个工作日内携带第九条规定的客户资料临柜办理开户手续；三是对于未经预约直接临柜办理简易账户业务的小微企业，各营业网点也应根据小微企业意愿提供简易开户服务。

2022 年，香河农商银行开展优化账户服务活动，对接政府采取“一网通办”，企业办理营业执照成功后通过“河北一窗通”平台预约开户，简化开户手续。同年，省联社印发《关于账户信息管理系统上线的通知》指出，省联社建设账户信息管理系统并于 3 月 24 日上线运行。该系统具备报备管理功能，实现个人和单位结算账户的开立、变更或撤销自动备案至人民币银行结算账户管理系统。

第五节　现金管理

现金管理主要包括人民币现金支付、反假货币管理、库存现金管理、现金处理设备管理、现金全额清分及冠字号码数据查询等内容。

1950年3月，政务院印发《关于统一国家财政经济工作的决定》指出，指定人民银行为现金管理执行机关，并负责办理及检查有关现金管理事宜。4月7日，政务院印发《关于实行国家机关现金管理的决定》指出，规定国营企业、事业、机关、团体、部队、学校等单位都应在银行开户，单位现金保留规定的库存限额外，必须全部送存当地人民银行统一管理，集中调拨；现金使用限于工资和对个人的其他支付以及小额零星费用支付等，其余支付必须通过银行办理转账结算。

1955年3月1日，国务院发布改革币制的命令，使用新版人民币，回收旧版人民币。新版人民币面额有1元、2元、3元、5元、10元，辅币有1角、2角、5角、1分、2分、5分。新币1元等于旧币1万元。

1958年12月20日，国务院印发《关于改进农村财政贸易管理体制的决定》指出，规定人民公社的信用社、人民银行在当地的营业所、人民公社信用部必须执行国家关于现金管理的决定，公社所属各单位多余的现金，必须按规定存入银行，以保证全国现金统一调剂和调度。

1960年7月，中共中央印发《关于加强农村人民公社财务工作的指示》指出，人民公社各基本核算单位和所属企业的现金，除按规定保留一小部分作临时开支外，其余一律存入银行或信用部。除对社员支付工资等支出发放现金外，人民公社内部各单位之间以及同国营企业的经济往来，均应通过人行和信用部实行非现金结算。

1962年，香河县农村信用社执行中国人民银行《现金出纳制度（草案）》规定，出纳工作人员负责办理现金收付、整点、保管，配合有关部门做好现金供应，宣传爱护人民币，与一切破坏人民币的行为作斗争。

1977年，国务院印发《关于实行现金管理的规定》指出，除重申原有的一些规定必须坚持执行外，进一步明确对人民公社、生产大队、生产队及其所办的企业实行现金管理。明确无银行机构的地方，由信用社办理。信用社对农村社队和社办企业核定库存限额，按社队财务管理制度开支现金。

1978年5月12日，中国人民银行印发《关于农村金融机构的几点意见的通知》指出，所社合一的机构，都只留银行一个现金业务库存，信用社不再另外保留现金库存。在办理现金收付业务时，所社合一机构发生的长短款，归银行处理；信用社无论办理银行或信用社业务发生的长短款，均归信用社处理。

1986年，香河县农村信用社按照中国农业银行《现金出纳制度》规定，凡收入现金时，必须当面点清，未经复点的现金，不得付出；发生长、短款时，经复核属实，应立即交存复点，长款退给客户，短款由存户补齐。

1988年10月25日，中国农业银行河北省分行印发《关于贯彻执行〈现金管理暂行条例实施细则〉的通知》指出，现金管理是国家一项重要的财经制度，是银行的一项基本任务，也是建立社会主义商品经济新秩序、稳定市场、治理经济环境的一项重要措施。各中心支行和县（市）支行要配备专职现金管理人员；营业所、信用社要确定一名兼职现金管理员、信贷、会计部门也要明确分工，密切配合，切实做好这项工作。

1994年5月，中国农业银行、国家税务总局印发《农村信用合作社财务管理实施办法的通知》指出，信用社必须认真执行现金出纳制度，做好现金的保管、押运、管理工作，并建立健全现金的内部控制制度，确保现金资产的安全。信用社发生的出纳长短款、结算业务的差错款等，要及时查明原因，分清责任，属责任事故的，按长款归公、短款自赔的原则处理。对处理后应由信用社收益或报损的款项按规定的权限审批后，分别计入营业外收入或营业外支出。

1997 年 8 月 5 日，中国人民银行香河县支行印发《关于香河县城乡信用社现金管理补充规定》指出，各信用社要指定专人或兼职人员负责现金管理工作，同时要建立大额现金支取登记簿、大额支现备案制度、开户单位库存限额登记簿、单位坐支现金审批登记簿、开户金融机构检查登记簿，对没有指定专人或兼职人员机构、没有建立五簿的机构，人民银行将对其处以 5 万元以下罚款。

1999 年 1 月，中国人民银行印发《农村信用合作社出纳制度》指出，信用社现金收付要靠出纳人员实施操作程序来完成，出纳人员不仅要数好钱，做到钱账清楚，还要做好柜面监督、交叉复核凭证票据、识别真伪钱票、管好业务印章，必须办理交接登记手续，及时核对库存，做到账款、账实相符。

2000 年 2 月 3 日，国务院印发《中华人民共和国人民币管理条例》，于 2000 年 5 月 1 日起实施。条例指出：要建立假币收缴登记簿，明确营业窗口发现假人民币一律给予没收。8 月 15 日，中国人民银行香河县支行印发《中国人民银行香河县支行人民币管理实施办法》指出，金融机构应无偿为公众办理人民币券别的调剂业务，发现损害人民币行为应及时向公安或工商部门举报；人民银行发现伪造、变造的人民币应当没收并及时加盖“假币”戳记，同时在假币登记簿中予以记载，并置于专用保险箱柜妥善保管。

2002 年，中国人民银行香河县支行转发石家庄中心支行《河北省大额现金管理实施细则》及《异常大额现金支付管理暂行办法》指出，确定大额提现标准为 5 万元，开户单位一次性从账户提取现金 5 万元（含），即为大额现金支取。对开户单位支现超过 50 万元（含）的，要填写大额现金支取申请表。对储户一日一次性从储蓄账户（含银行卡）提取现金 5 万元（含），或一日数次累计超过 5 万元现金支付，储蓄机构必须要求取款人提供有效身份证件，并填写“储蓄大额现金支取登记表”，于每月 8 日后以系统为单位统一向人民银行当地分支机构备案。对于居民个人一次性支取 50 万元（含）以上大额现金的，或一日数次支取累计超过 50 万元（含）以上大额现金的，开户银行应单独登记并于次日向当地人民银行备案。异常大额现金支取标准，根据目前辖区实际情况，确定支取 100 万元（含）为异常大额现金。

2004 年 4 月，县联社转发中国人民银行香河县支行《规范现金管理几项规定的通知》指出，居民储蓄大额现金的支取：对于 5 万元（含）以上 50 万元（不含）以下的居民储蓄大额现金支取，由信用社审批。信用社应填写“储蓄大额现金支取登记表”一式三份，一份留备查，一份报联社业务科，一份报人民银行备案。对于一次性支取金额或一日数次累计支取金额超过 50 万元（含）的居民储蓄大额现金支取，由信用社审批，并填写“超过 50 万元储蓄大额现金支取登记表”（一式三份）；单位存款大额现金的支取超过 50 万元（不含）的，应填写“客户支取大额现金申请表”（一式三份），信用社报联社审批后，再报人民银行审批，方可进行现金支取，所支取现金的使用范围严格限制在《现金管理暂行条例》所规定的八项用途以内。

2004 年 9 月，县联社印发《香河县信用联社突发性支付风险应急处置预案》指出，农村信用社突发性支付风险是指农村信用社突然发生的储户非正常大量提取储蓄存款，进而出现支付困难，形成挤兑的情况。处置突发性支付风险的原则：统一指挥，明确责任，依法处置。县联社按照行业原则，建立辖内农村信用社突发性支付风险处置预案、报告及责任追究制度，并督促农村信用社建立和完善处置方案和相关制度，并报银监分局备案。

2005 年 12 月，省联社印发《加强资金管理的指导意见（试行）》指出，建立完善的资金管理体系，全省农村信用社设立省、市、县三级资金管理体系，每级管理体系都要设立专职部门，安排专职人员负责辖内农村信用社的资金计划统计、成本核算、调剂运用、监督检查、信息反馈等工作。加强资金管理促进规范经营，把农村信用社备付金分为 3 个层次，充分发挥省联社的管理平台作用，提高资金使用效益。

2007 年，香河县农村信用社按照省联社《河北省农村信用社综合业务网络系统柜员制管理暂行办法》规定，综合柜员制机构核定柜员尾箱的库存现金限额，柜员将超限额的现金及时上缴库管员，库管员将超限额的现金及时上交县联社。

2007 年 7 月 9 日，中国人民银行石家庄中心支行印发《假币收缴、鉴定管理实施细则》指出，假币收缴、鉴定实行属地管理，人民银行河北省各市中心支行、各县（市）支行负责本辖区假币收缴、鉴定工作的监督管理。金融机构办理假币收缴及鉴定的人员，应取得中国人民银行颁发的反假币上岗资格证书，营业场所公示本系统主管部门和人民银行当地分支机构的举报电话，应具备人民银行统一格式的假币收缴凭证、“假币”印章、“假币收缴专用章”。

2007 年 9 月 24 日，中国人民银行印发《关于做好特殊残缺污损人民币兑换工作有关事项的通知》指出，金融机构营业网点临柜人员按照《中国人民银行残缺污损人民币兑换办法》有关规定确定兑换标准，经复核、业务主管确认无误后，分券别按全额、半额使用专用袋密封，填制《金融机构特殊残缺污损人民币兑换单》，加盖有关人员名章，并向持有人办理特殊残缺、污损人民币兑换业务。专用袋及封签应具有不可恢复性。

2016 年 9 月 20 日，县联社根据中国人民银行香河县支行印发的《2016 年反假货币宣传月活动实施方案》要求，在香河县委广场设立宣传台进行反假货币宣传。9 月 23 日，在位于华汇家具城的华联超市门前设立宣传台，对过往群众发放宣传资料，宣传人民币防伪知识，发放宣传资料 500 余份。同时利用“香河县农村信用合作联社”微信公众号制作反假币微信宣传片，提高公众识假技能。

2016 年，香河县农村信用社对全辖营业网点停用假币章 29 枚，启用新规格假币章 29 枚。同年，县联社结合反假币上岗资格证考试，为每名参考员工报名参加反假币培训公司的网络培训课程，学习《残缺污损人民币兑换管理办法》《不宜流通人民币挑剔标准》《假币收缴、鉴定管理办法》等法律法规和假币新型案例知识。2016 年，通过反假币上岗资格证考试 93 人，通过率 90%。

2017 年 7 月，香河县农村信用社在营业部布放 1 台纸硬币兑换一体机。纸硬币兑换机的推广使用大大缩短客户存兑硬币的时间，提高兑换货币业务的处理效率，加快厅堂自助化服务的建设步伐。

2017 年，香河县农村信用社按照中国人民银行和省联社廊坊审计中心工作要求，大额支现备案系统上线使用。

2018 年 9 月 27 日，香河农商银行围绕“反假货币，人人有责，从我做起，从现在做起”的主题到香河县第八中学进行宣传，为学生们讲解 2015 版人民币的防伪特征，帮助学生如何识别真假人民币。

2019 年 6 月，香河农商银行组织 4 次全辖临柜人员参加省联社及人民银行组织的关于新版人民币发行前培训及考试工作。8 月 30 日，新版人民币发行，香河农商银行围绕“2019 年新版人民币更安全、更亮丽、更易于识别”的主题。采取网点电视、 LED 显示屏、微信公众号、现场宣传讲解等方式，悬挂宣传条幅、设立宣传点现场宣传讲解、发放新版人民币宣传材料等方式开展反假宣传工作。同时结合“反假小超人”答题活动先后组织进校园、进村街、进社区、进企业等不同形式的宣传工作，提高人民群众的防假意识和识假技能。其间，发放宣传折页 10380 份、宣传品 1000 份，“反假小超人”答题总量 5858 户。

2020 年 4 月，按照中国人民银行香河县支行《关于开展违规使用人民币图样行为专项整治工作的通知》要求，香河农商银行开展违规使用人民币图样宣传工作。采取网点、微信公众号与实地走访相结合的宣传方式，发放宣传资料 1080 份。9 月，国务院反假货币工作联席会议办公室印发《关于做好 2020 年反假货币宣传工作的通知》，香河农商银行加大对广大农民识假、防假、法治意识的宣传力度，提高社会公众对假币危害性和反假工作重要性的认识。采取网点宣传与进集市、社区等宣传相结合，通过微信公众号、发放宣传折页等方式进行宣传，发放宣传资料 9380 份、宣传品 400 份；积极宣传“反假小超人”答题，答题 12544 人次。

第六节　反洗钱管理

反洗钱是指为预防通过各种方式掩饰、隐瞒毒品犯罪、黑社会性质的组织犯罪、恐怖活动犯罪、走私犯罪、贪污贿赂犯罪、破坏金融管理秩序犯罪等犯罪所得及其收益的来源和性质的洗钱活动。随着国内外反洗钱和反恐怖融资形势的不断变化，反洗钱工作提升至国家战略层面，成为国家经济建设和金融系统风险防控体系的重要组成部分，人民银行监管和标准趋严趋紧，逐年加强金融机构反洗钱工作的全方面要求。

2003 年 1 月 3 日，中国人民银行印发《人民币大额和可疑支付交易报告管理办法有关事宜的通知》指出，大额支付交易包括：一是法人、其他组织和个体工商户（以下统称单位）之间金额 100 万元以上的单笔转账支付；二是金额 20 万元以上的单笔现金收付，包括现金缴存、现金支取和现金汇款、现金汇票、现金本票解付；三是个人银行结算账户之间以及个人银行结算账户与单位银行结算账户之间金额 20 万元以上的款项划转。可疑支付交易包括：一是短期内资金分散转入、集中转出或集中转入、分散转出；二是资金收付频率及金额与企业经营规模明显不符；三是资金收付流向与企业经营范围明显不符；四是企业日常收付与企业经营特点明显不符；五是周期性发生大量资金收付与企业性质、业务特点明显不符；六是相同收付款人之间短期内频繁发生资金收付；七是长期闲置的账户原因不明地突然启用，且短期内出现大量资金收付；八是短期内频繁地收取来自与其经营业务明显无关的个人汇款；九是存取现金的数额、频率及用途与其正常现金收付明显不符；十是个人银行结算账户短期内累计 100 万元以上现金收付；十一是与贩毒、走私、恐怖活动严重地区的客户之间的商业往来活动明显增多，短期内频繁发生资金支付；十二是频繁开户、销户，且销户前发生大量资金收付；十三是有意化整为零，逃避大额支付交易监测；十四是中国人民银行规定的其他可疑支付交易行为；十五是金融机构经判断认为的其他可疑支付交易行为。存款人申请开立银行结算账户时，金融机构应审查其提交的开户资料的真实性、完整性、合法性。3 月 19 日，县联社开展反洗钱工作的业务知识培训，培训学习中国人民银行《金融机构反洗钱规定》《人民币大额和可疑支付交易报告管理办法》。

2006 年 9 月 20 日，县联社印发《反洗钱工作操作办法》指出，农村信用社各营业网点应严格按照本办法开展反洗钱工作，并及时向信用社反洗钱部门报告大额和可疑支付交易情况。开展反洗钱工作应遵循合法审慎原则、保密原则、与司法及行政执法机关全面合作原则。联社设立“反洗钱工作领导小组”，负责全辖反洗钱工作的领导和决策机构，下设反洗钱工作办公室，设在联社财务科，负责信用社日常反洗钱工作的监督、管理和技术支持；信用社设立本社的反洗钱工作小组，制定反洗钱岗位职责，具体工作由信用社内勤副主任负责，主要负责本社反洗钱工作的组织实施和协调，反洗钱登记报送工作，包括客户调查、交易确认、资料整理、信息上报等具体事宜。

2007 年 12 月 27 日，省联社印发《河北省农村信用社反洗钱业务操作规程（试行）的通知》指出，县级联社要规范信用社的反洗钱信息报送工作，建立快速畅通的信息传输渠道，确保相关信息的及时报送。

2007 年 12 月 30 日，省联社印发《河北省农村信用社反洗钱业务管理暂行办法》指出，信用社反洗钱工作是指按照《中华人民共和国反洗钱法》及人民银行相关反洗钱规定，认真履行反洗钱义务，不断完善和严格执行金融交易制度，堵塞可能被洗钱犯罪活动利用的漏洞，及时报告大额、可疑交易信息及其他反洗钱信息，配合人民银行的反洗钱现场检查、调查及其他相关工作，配合司法及行政执法机关打击洗钱违法犯罪活动。信用社开展反洗钱工作应遵循合法审慎原则、保密原则、合作原则。省联社成立反洗钱工作领导小组，负责全省信用社的反洗钱工作。市、县级成立相应的反洗钱工作组织机构，设立反洗钱工作岗位，细化反洗钱工作职责，配备必要的管理人员和技术人员，明确专人负责对大额交易、可疑交易及人民银行规定的反洗钱信息进行报送。

2008 年 5 月 9 日，省联社印发《河北省农村信用社反洗钱业务客户风险分类管理暂行办法的通知》指出，县级联社根据信用社提供的重点关注客户名单以及审核情况及时调整重点关注对象，跟踪交易记录，便于及时采取相关措施，并将辖内审核情况汇总后报办事处或市联社。对重点关注客户名单要严格做好保密工作，对违反保密原则的人员要追究相关责任。

2009 年 3 月 9 日，省联社转发中国人民银行《进一步加强金融机构反洗钱工作的通知》指出，对实际控制客户的自然人和交易的实际受益人，根据实际情况，选择合理手段，开展客户尽职调查工作。把握可以交易报告甄别的标准，切实做好甄别报告工作，对于具备可疑交易客观标准但判断为不上报的交易，要留存具有合理理由的《可疑交易甄别书》，保证可疑交易报告流程的有效性和合理性。做好反洗钱宣传、培训、检查工作，加强业务指导，完善内控制度，落实好反洗钱法律制度及监管部门规定的各项要求。

2010年，县联社印发《香河县农村信用合作联社反洗钱保密制度》指出，反洗钱密级信息的保管、移送、会议记录及其他反洗钱保密相关工作由反洗钱专职人员执行，档案资料由专人妥善保管，涉密档案资料授权调阅，对于接触涉密资料的人员及接触时间应有专门记录。

2016年5月，香河县农村信用社选拔优秀一线员工参加中国人民银行香河县支行组织的反洗钱业务考试，通过率100%。8月，县联社印发《香河县农村信用合作联社反洗钱工作报告制度》《反洗钱工作报告制度操作流程实施细则》，要求机关及辖内各网点应当依照本细则认真履行反洗钱报告义务，审慎识别和报告可疑支付交易，真实、全面、及时地分别向当地人民银行分支机构和其上级单位报告本单位开展反洗钱工作的情况。同月，印发《香河县农村信用合作联社反洗钱协助调查工作管理规定》指出，规范反洗钱协助调查程序，依法履行反洗钱协助调查职责，要求实施反洗钱协助调查工作应当遵循合法、保密和效率的原则及"统一管理、分工负责、专人保密、保证效率"的工作思想。详细规定工作程序、协查档案管理、责任追究等内容。9月20日，县联社为落实《中华人民共和国反洗钱法》颁布实施十周年主题宣传月活动，在县委广场开展反洗钱集中宣传。9月23日，在位于华汇家具城的华联超市门前开展反洗钱集中宣传活动，向社会公众开展反洗钱、打击洗钱犯罪活动的法律法规宣传，普及反洗钱知识。

2017年3月9日，省联社印发《河北省农村信用社2017年反洗钱工作要点》要求，开展反洗钱培训，持续提高大额和可疑交易报告的报送质量。8月，县联社印发《香河县农村信用合作联社客户身份资料和交易记录保存制度》指出，应当保存的客户身份资料包括记载客户身份信息、资料以及反映本机构开展客户身份识别工作情况的各种记录和资料。应当保存的交易记录包括关于每笔交易的数据信息、业务凭证、账簿以及有关规定要求的反映交易真实情况的合同、业务凭证、单据、业务函件和其他资料。应妥善保管客户身份资料和交易记录，防止缺失、损毁、泄露信息，便于反洗钱调查和监督管理。客户身份资料，自业务关系结束当年或一次性交易记账当年计起至少保存5年；交易记录，自交易记账当年计起至少保存5年。客户身份资料和交易记录有更长保存期限要求的，按照国家有关会计档案管理的规定执行。

2019年，香河农商银行印发《河北香河农村商业银行股份有限公司关于法人金融机构洗钱和恐怖融资风险管理指引工作方案》指出，将反洗钱工作考核落实到各业务条线部门，并制定联络机制，每个部室及网点设置联络员，建立联络群及时传达相关文件制度。严格开展反洗钱条线培训，提升董事会、高级管理层、各岗位部门人员对反洗钱工作重视度，定期召开反洗钱工作小组会议，推动全行反洗钱工作顺利开展。9月，香河农商银行组织反洗钱知识竞赛，各网点积极参与，经过激烈的角逐刘宋支行、府前街支行、营业部分别荣获一、二、三等奖。11月，香河农商银行参加廊坊审计中心组织的反洗钱知识竞赛，选派的参赛选手获得第二名。

2020年1月，香河农商银行围绕"喜迎新春、情系乡村、合法用卡、放心支付"主题，到商户、社区、集市、批发市场等地，通过发放宣传资料，讲解出租、出借账户、银行卡的危害，增强客户自我保护意识。本次活动发放宣传折页800余份。

2020 年 6 月，香河农商银行根据省联社廊坊审计中心工作安排，对存量异地个人账户进行排查，发现可疑账户及时进行核实，经过客户信息持续识别仍为可疑的上报反洗钱领导小组进行中止客户交易及调高风险等级处理。截至 2020 年 6 月 15 日，香河农商银行排查个人异地客户 699 户（2017 年 347 户、2018 年 235 户、2019 年 117 户），落实问题账户 30 户，并采取有效限制措施。

2021 年，中国人民银行廊坊市中心支行办公室印发《关于组织开展 2021 年反洗钱集中宣传活动的通知》指出，本次宣传活动以“贴近公众、形式多样、注重实效”为原则，聚焦洗钱及相关犯罪等各类违法行为，围绕“落实三反意见，维护金融安全”“增强法律意识，远离洗钱犯罪”等主题。是年，香河农商银行组织辖内各网点以制作反洗钱宣传短视频、分发宣传折页等形式，切实履行反洗钱的义务，维护国家经济金融安全。同时参加中国人民银行廊坊市中心支行组织开展的河北省金融机构反洗钱知识竞赛，取得廊坊市金融机构反洗钱知识竞赛第二名。

2022 年 4 月，香河农商银行印发《2022 年反洗钱工作计划》指出，洗钱和恐怖融资风险自评估工作是为洗钱风险管理工作提供必要基础和依据，充分运用风险自评估结果，确保洗钱资源配置、洗钱风险管理策略、政策和程序与评估所识别的风险相适应。结合《河北省农村信用社洗钱和恐怖融资风险自评估模型》以及本行实际情况，建立本机构自评估模型，依托省联社各系统，按照人民银行相关文件要求，完成本年度风险自评估工作。6 月 10 日，香河农商银行组织员工到钳屯镇、五百户镇进行集中反洗钱知识宣传活动，在宣传过程中重点对洗钱犯罪方式、特点以及如何防范等内容对广大群众进行宣讲，发放宣传材料 400 余份，为周围群众解答问题。

2023 年 3 月 9 日，中国人民银行香河县支行和香河农商银行相关负责人带领前台业务人员到渠口镇开展反假货币宣传活动。同时各营业网点通过在营业厅内滚动播放宣传片和宣传口号、在宣传架摆放宣传手册、柜台发放反假货币资料等方式进行宣传，并在业务间隙时间向客户讲解反假货币知识。将反假货币知识送到最需要、最薄弱的人群和地区中去，将“宣传、教育、管理、服务”反假货币工作融为一体，形成综合治理反假货币工作机制。

第七节 数据治理

2018 年 5 月 21 日，中国银保监会印发《银行业金融机构数据治理指引的通知》（银保监发〔2018〕22 号）指出，为指导银行业金融机构加强数据治理，提高数据质量，发挥数据价值，提升经营管理能力，根据《中华人民共和国银行业监督管理法》等法律法规，制定本指引。要求银行业金融机构应当将数据治理纳入公司治理范畴，建立自上而下、协调一致的数据治理体系。银行业金融机构董事会应当制定数据战略，审批或授权审批与数据治理相关的重大事项，督促高级管理层提升数据治理有效性，对数据治理承担最终责任。银行业金融机构监事会负责对董事会和高级管理层在数据治理方面的履职尽责情况进行监督评价。业务部门应当负责本业务领域的数据治理，管理业务条线数据源，确保准确记录和及时维护，落实数据质量控制机制、监管数据相关工作要求，加强数据应用，实现数据价值。

2019 年 5 月 22 日，省联社印发《关于对全省对公客户信息进行治理的通知》指出，按照客户信息治理工作规划，2019 年首先对存量对公客户信息进行治理。省联社制定《河北省农村信用社存量对公客户信息治理工作实施方案》指出，2019 年 6 月 1 日至 8 月 31 日为集中治理阶段，2019 年 9 月 1 日起，对未治理对公客户采取中止交易。截至 2019 年 9 月 18 日，香河农商银行治理存量对公客户信息 7221 户，占需治理对公客户信息总量的 71.51%。

2020 年 8 月 7 日，省联社印发《关于开展自然人客户信息治理工作的通知》指出，2020 年启动客户信息治理项目二期，本次治理截至 2020 年 12 月 31 日。是年，香河农商银行建立客户信息治理工作领导小组并召开动员培训会，在微信公众号、营业网点推送张贴治理公告，全辖所有网点积极开展客户信息治理工作。截至年底，全辖治理客户信息 107143 户、核实无账户可治理客户数 112227 户、中止交易客户数 2110 户、核实有账户的其他个人证件可中止交易客户数 37432 户，完成总进度的 56.54%；通过信息的治理向省联社提出建议反馈 26 条。

2021 年，香河农商银行完成治理客户信息 64208 户，中止客户信息 39135 户，完成治理进度的 94.97%。

2022 年 4 月 13 日，省联社印发《关于 EAST 数据治理的通知》指出，本次整改内容为机构信息维护和柜员信息维护，对 1 人多个柜员号进行自查、补录、修改。

第四章　信息科技管理

香河县农村信用社的信息科技管理包含科技人员管理、网络安全管理、硬件建设管理三大方面。县联社科技部对全县信用社信息科技管理工作实施负责，制定计算机管理相关规程，对计算机系统进行安装、维护和管理；负责科技软件安装、维护和日常管理；会同有关部门组织科技业务知识培训等。

第一节　科技人员

1996 年，中国农业银行印发《全国农村信用合作社电子建设工作意见》指出，各级行、社要多渠道广泛引进专业技术人才，总的要求是一般的县联社要配备有 2—3 名计算机专业人员。要加强人员培训，总行主要负责培训省市分行行长，计算机专职管理人员；省市分行主要负责培训地区行和县联社的计算机管理人员和财会、业务、稽核等各部门的干部，有条件的也要培训联社主任；地市行和县联社除培训临柜人员以外，要负责培训基层信用社的计算机系统管理员、主办会计、营业机构负责人和信用社主任。为推动系统网络建设，总行将尽快开展集中式微机网络试点单位的培训工作。2 月，廊坊市农村金融体制改革领导小组印发《农村信用联社微机管理人员岗位责任制》指出，为保证农村信用社微机安全运行，应配备微机管理人员 1—2 名，无特殊原因，微机管理人员应保持相对稳定。微机管理人员负责辖内机房设计、微机及外部设备的安装调试、管理、维修和维护，提供技术指导与服务，负责辖内微机操作员的培训和辅导，对不合格的微机操作员有权建议调换，对新开办的微机业务，微机管理人员应负责组织人员、调试微机、移植数据及账务审核，保证业务顺利进行。

2000 年 8 月 3 日，廊坊市农村金融体制改革领导小组办公室印发《廊坊市农村信用社信息电脑工作考核办法》指出，对微机工作实行 100 分制考核，其中，微机报表工作考核基础分 10 分、软件应用工作考核基础分 50 分、硬件工作考核基础分 20 分、其他工作考核基础分 20 分。

2004 年 10 月 15 日，香河县农村信用社对系统内微机操作员进行操作技能培训，培训内容包括急需掌握的 UNIX 常用命令、综合业务网络系统常识、日常业务流程、UPS 及电池、发电机的使用和保养等。

2005 年 11 月 3 日，省联社印发《河北省农村信用社科技工作管理暂行办法》指出，县级联社要建立集管理、生产、维护于一体的网络支中心、负责辖内网点设备、网络、前置机的维护和管理，设备的升级更新等工作。

2011 年 12 月 1 日，县联社印发《关于县级行社设置科技部、电子银行部有关问题的通知》指出，为有效防范科技风险，香河县农村信用社建立科技部，科技部设置 3 个基本岗位：网络与设备维护岗、应用系统维护岗、风险管理岗。主要负责制订科技工作计划与目标，并组织实施；制定计算机管理制度实施细则并负责监督执行工作；负责本单位计算机机房的正常运行及附属设备的安装；负责保障辖内营业网点网络畅通，及时处理各营业网点网络故障，负责辖内网络安全管理工作；负责综合业务网络系统、各类管理系统以及新系统上线的技术支持和维护工作，监控网点的运行状况，督促网点日终签退。

2014 年，县联社科技部组织派遣员工进行科技知识、技术操作和安全知识的培训。

2015 年 1 月，县联社印发《香河联社科技工作暂行管理办法》指出，每个营业网点必须配备专职或兼职计算机管理员 1 名。计算机管理员必须具有高度的事业心和责任心，并具有一定的计算机基础。科技部负责对计算机管理员进行计算机设备、网络运行方面等相关知识的培训。

2018 年，香河农商银行印发《信息科技突发应急预案》指出，科技管理人员定期对网点设备进行维护，对突发事件能够做到及时解决处理，以有效保障网点各项工作顺利开展。

第二节　网络安全

1997 年 3 月，廊坊市农村金融体制改革领导小组办公室印发《农村信用社微机管理暂行办法》指出，各类软件的引进和购买，要报联社批准，并经过检查和实验，确认符合金融法规、保密性和没有感染病毒才能使用。禁止向单位外用户提供各种软件、数据文件、密码等，以保证系统安全，严防泄密事件发生。

2003 年 12 月，中国银监会河北监管局（信用合作管理办公室）印发《河北省农村信用社计算机业务信息系统安全管理办法》指出，计算机业务信息系统的安全管理，应当保障计算机及其相关或配套的设备、设施（含网络）的安全，运行环境的安全，信息资料的安全，应当保障计算机功能的正常发挥，维护计算机业务信息系统的安全运行。各类计算机业务信息系统设计实行安全等级保护和安全等级制度，县级及县级以下应用实行二级保护并实施加密系统设计。

2004 年 7 月，中国银监会廊坊监管分局（信合办）印发《廊坊市农村信用社计算机网络系统管理暂行规定》指出，计算机网络系统管理工作包括市网络中心、联社分中心、信用社、信用分社、储蓄所等计算机应用网点。计算机网络系统管理实行“统一管理、分级负责、授权操作、相互制约、及时反馈、正确处理”的原则。联社分中心负责计算机应用网点的柜员设置、管理和考核等工作。9 月，县联社印发《香河县信用联社综合业务网络系统管理办法》指出：一是建立学习相关知识及法律、法规制度。各社每月应组织职工学习相关的业务知识及法律法规不少于 2 次。二是微机管理制度。各社制定微机管理责任制度，各负其责，各司其职，提高信用社微机管理人员及其操作人员整体素质，使其能够独立维护本信用社的网络设备，确保网络畅通，且能够进行设备等相关维护。三是微机及网络设备的检查制度。掌握微机设备的型号及硬件设备的维护、程序软件的安装；随时查看基带调制解调器、路由器、交换机三大网络设备的正确使用、维护及安全运行情况；掌握发电设备及 UPS 不间断电源的故障诊断维修、日常维护及相关知识等。四是设备六统一。信用社的微机及附属设备、网络设备等必须统一品牌，统一配置，统一申请，统一上报，统一购买，统一维护；五是建立柜员密码登记制度。严格执行柜员密码定期更换，并且及时登记柜员密码登记簿，以备查考。

2005 年 11 月 3 日，省联社印发《河北省农村信用社计算机系统病毒防治管理暂行办法》指出，接入互联网的计算机应与局域网进行物理隔离，业务用机、办公用机和接入互联网的计算机上都必须安装经公安部认可的防病毒软件。要切实做好业务用机的病毒防范工作，切断计算机病毒的各种传播途径，不准擅自使用外来软件，若确需安装外来软件，必须经过科技部门领导的批准，安装前首先要进行病毒检测。计算机使用部门应建立计算机运行记录制度，未经检测的任何程序、指令或数据，不得输入计算机系统运行。

2006 年 3 月 9 日，省联社印发《河北省农村信用社计算机系统病毒防治管理暂行办法的通知》指出，省联社、各办事处、市联社、县级联社要指定专人（计算机管理员）负责本单位的计算机病毒防治工作，计算机管理员应具有较强的计算机病毒防范意识和能力，要定期进行病毒检测，及时安装和升级杀毒软件，发现问题及时解决；负责日常操作系统、网管系统、邮件系统的安全补丁、漏洞检测及修补等工作；对数据实施严格的安全与保密管理，防止系统数据的非法生产、变更、泄露、丢失及破坏。接受当地公安机关对计算机病毒防治管理工作的监督、检查和指导。科技部门应加强对计算机操作人员的管理，并定期进行安全教育和培训。

2009 年 1 月 7 日，省联社印发《河北省农村信用社综合业务网络系统性能管理暂行办法》指出，性能管理是指在系统运行过程中对各项性能数据进行采集、分析和评价，掌握和预测性能状况及变化趋势，发现各类资源的性能问题，并采取有效措施加以调整和优化，性能管理工作的具体内容包括实时监控、性能分析和容量计划。性能管理的对象包括综合业务网络系统软硬件资源及网络资源。性能管理的职能部门包括省联社网络中心，办事处网络分中心和县级联社科技部。其中，县级联社科技部根据省联社网络中心统一的技术规范，配合办事处网络分中心做好辖内综合业务网络系统的性能管理工作，定期向办事处网络分中心提交性能报告。

2009 年 10 月 27 日，省联社印发《河北省农村信用社计算机信息系统风险评价管理办法》指出，信息系统风险，是指信息系统在规划、研发、建设、运行、维护、监控及退出过程中由于技术和管理缺陷产生的操作、法律和声誉等风险。通过建立有效的管理机制，实现对全省农村信用社信息系统风险的识别、计量、评价、预警和控制，提高信息化水平，推动业务创新，增强核心竞争力和可持续发展能力。省联社科技部和稽核部是计算机应用风险评价工作的主要职能部门。省联社科技部负责对计算机信息系统进行风险评价，稽核部对风险评价工作进行监督管理。全省农村信用社对计算机应用系统每年至少进行一次风险评价，在开展新业务时，对完成测试的计算机应用系统进行风险评价。

2012 年 8 月 9 日，县联社科技部在生产网的前置终端和办公用机上，安装统一的防病毒软件，实现网上在线和离线升级包升级。同时举办数据网络计算机病毒防治专题培训，联社机关部室、各基层信用社及分社 50 余名计算机管理人员参加培训。

2013 年 8 月 13 日，县联社印发《香河县农村信用合作联社关于成立信息科技安全和应急处置领导小组的通知》指出，根据银监部门、省联社和省联社廊坊办事处相关要求，为进一步防范农村信用社信息科技风险，确保全县农村信用社信息科技系统安全、持续、稳定运行，县联社经研究决定成立信息科技安全和应急处置领导小组。领导小组负责全县农村信用社信息科技安全管理及突发事件的应急处理工作，根据需要紧急调配人员、备份设备、交通工具及相关设备、设施，协调各部门解决突发事件；定期组织信息科技安全培训和应急演练；组织相关人员对突发性事件进行分析、总结，形成事件处理报告。领导小组下设办公室，设立在科技部，主要负责全县农村信用社信息科技系统安全、持续、稳定运行；做好日常值班和常规监测、维护工作，及时上报突发事件及可能存在的隐患，同时按照应急预案进行事故预防和应急处理工作。

2014 年，县联社与联通、移动、电信 3 家运营单位建立沟通机制，达成三方与联社的网络信息反馈、资源共享。

2016 年，县联社科技部对全辖网点进行网络改造升级光纤工作，实现全辖网点网络光纤全覆盖。截至 5 月底，完成全辖网点营业厅 WiFi（无线网络）覆盖。

2017 年，县联社科技部对全辖网点进行网络改造升级光纤工作，实现全辖网点网络光纤由 50 兆升级至 100 兆。

第三节　硬件建设

1997 年 3 月 15 日，廊坊市农村金融体制改革领导小组办公室印发《农村信用社微机管理暂行办法》指出，安装微机及外部设备，要在联社微机管理人员的监督指导下进行各项技术指标及参数达到规定要求后方准启用。应加装长时间不间断电源（UPS）或配备发电机。硬件管理范围包括微机和与微机有关的外部设备、通信设备、电源系统设备、空调器、吸尘器以及各种设备的零部件等。所有硬件设备均应造册登记，出现故障应及时填写微机及外设故障登记表，故障无法排除，要立即报告联社微机管理人员，不得影响业务办理。是年，县联社印发《香河县信用联社微机管理基本规定》指出，系统负责人（坐班主任）对业务系统全面负责的人员，是系统中重大调整、事故处理、系统与业务更改的批准人，一般由信用社负责人承担。电脑业务系统各岗位职责：本着人员固定、责任分明；密码填列、经常更换；操作定型、处理规范；准确录入、正常输出；日清日结、轧对平衡。

1998 年 6 月 23 日，县联社印发《香河县信用联社微机管理基本规定》指出，微机的安装要在联社微机管理人员的监督指导下进行，各项技术指标及参数达到规定要求后方准使用；要有良好的接地线，严禁使用电源零线代替地线；严禁微机与空调使用同一电源线，微机使用线路应尽量避开附近大功率用电设备，严防强电场干扰；应加装长时间不间断电源（UPS）或配备发电机，装有发电机的社，必须具有转换刀闸；开关机时，按照开关机先后顺序，UNIX 系统在关机时使用关机命令，以防止系统文件的丢失及损坏。营业终了要加盖防尘罩，软盘实行“出套入机，出机入套”管理，防止灰尘吸附，硬盘要及时装入盘盒，并进行写读保护，入橱分类保管。机房要求标准：整洁、无尘、保湿。有利于机器的保养使用，延长使用寿命，但绝不可铺地毯；各社由专人管理机房，做到人走电源断，以防火灾事故的发生。有条件的社可配备小型机房灭火器。

2000年9月22日，廊坊市农村金融体制改革领导小组办公室转发人行石家庄中心支行印发《河北省农村信用社计算机管理规定》指出，信用社电子化建设应符合自身的实际情况，以管理和应用为重点，分期分批、由低到高层次发展，业务部门和技术部门要通力合作，逐步开拓和建立具有自身特点的计算机联机网络。11月24日，廊坊市农村金融体制改革领导小组办公室印发《关于进一步加强农村信用社计算机管理工作的通知》指出，加强微机及外围设备的购置和管理、继续实行“四统一”的原则，由市农金处统一安排购置，加快县辖网络建设规划的实施，各联社可根据本辖区实际，提出具体业务需求，有条件的联社可加紧规划本辖区网络建设。

2006年2月8日，省联社印发《关于加强计算机相关设备及应用软件管理的通知》指出，计算机及相关设备、软件的购置必须遵循“统一规划、统一选型、统一开发、统一管理”的原则。

2007年9月12日，省联社印发《河北省农村信用社网络设备备品备件管理细则（试行）》指出，加强河北省农村信用社综合业务网络设备备品备件管理。设立市级备品备件仓库，所有备品备件仓库须在省联社科技部备案。备品备件包括用于河北省农村信用社综合业务系统的各种备用网络通信设备（调制解调器、交换机/集线器、路由器、网络综合布线设备和材料）等电子设备。损坏后，在短时间内可以修复、购买的零部件或器材不属于备品备件。

2014年，香河县农村信用社完善县级机房的硬件基础设施。对机房环境、电源、防雷、消防、照明等方面进行升级达标工程，达到计算机机房B级标准，保障网络设备安全、有效运行。10月，县联社与廊坊慧智公司共同研发网点签退监测系统，加强对网点签到签退情况的监测。

2015年，县联社对机房及全辖29家网点进行防雷检测等方面工作，保障中心机房、网点网络设备安全、有效运行。

2017年，县联社完成“中国票据交易系统”的设备安装及网络调试工作。同时开设与布放渠口和安平两家离行自动存取款机、备线连接及安全保卫监控、语音对讲线路对接工作。

2020年，香河农商银行科技部使用廊坊科普公司开发的“资产设备管理平台”软件，对全辖支行、分理处相关电子设备重新登记造册，录入管理系统，对网点设备使用情况进行统计。

第五章　人力资源管理

香河县农村信用社不断加强人力资源管理和员工队伍建设工作。员工的来源渠道，随着信用社的发展不断变化，建社初期，员工大部分来自农村，后逐渐增加由人民银行、农业银行调入，企事业单位调入，复员退伍军人安置，城市信用社员工并入以及统一法人后由社会统一招聘进入。为提升在职员工素质，采取推荐员工到专业技术学院进修学习、组织员工参加大专院校函授学习、参加上级举办的专业培训以及对员工进行岗位培训学习，提升学历层次和专业技能，以适应金融业发展的要求。

针对员工管理、干部管理、人才培养、职工福利等方面相继出台一系列政策制度。尤其是在省联社成立后，香河县农村信用社严格按照省联社工作部署，持续深入贯彻新时代党的组织路线和干部工作方针政策，严格落实党要管党、全面从严治党的要求，形成系统完备、科学规范的选人用人机制。2008 年，县联社成立人力资源部，保障人员有序运转，维护职工权益，通过持续开展员工招聘、不断完善培训体系、建立科学规范的选任制度、强化日常管理监督等方面工作，为全县农村信用社高质量发展提供组织保障。经过 100 年的建设和锤炼，香河县农村信用社的员工队伍成为服务县域经济卓有成效的金融主力军。

第一节　员工管理

员工管理也称人力资源管理，是指根据组织结构中所规定的岗位职务数量和要求对所需员工进行招聘、选拔、考评、培训和提升的工作，其目的是为配备合适的人员充实组织中的各项职务，以保证组织活动的正常进行，进而实现管理目标。通过对全体员工日常行为规范管理，促使员工自觉遵守劳动纪律，提高工作效率，激发员工工作积极性，提高工作质量。

人事管理机构

香河县农村信用社的人事管理，先后历经人民银行管理，农业银行管理，公社党委和人行共同管理，县委财贸部统一管理，人民银行管理，农业银行管理，人民银行管理，银监局监管，省联社管理阶段。

20 世纪 50 年代初期，信用社干部由地方政府配备，人民银行管理。

1955 年 3 月，中国农业银行河北省分行建立，其任务之一是领导农村信用合作组织开展业务，信用社干部管理调配，统一由地方政府掌握，农业银行负责干部考察、人事档案管理。

1957 年 4 月 12 日，国务院印发《关于撤销中国农业银行的通知》，决定将农业银行的各级机构同人民银行合并。农业银行撤销之后，由人行负责信用社人事干部管理。

1958 年 12 月 20 日，国务院印发《关于人民公社信用部工作中的几个问题和国营企业流动资金问题的规定》指出，国家在农村的信用机构必须下放到人民公社，人民公社的信用部既是人民公社的组成部分，又是人民银行在当地的营业所。信用部可以同时挂两块牌子。是年，香河县农村信用社下放到人民公社和生产大队管理。信用社的干部选拔、任用、调配、奖惩等重大事项由人民公社负责。

1961 年 9 月 26 日，中国人民银行印发《关于讨论和试行农村信用合作社若干问题的规定（草案）的通知》，明确信用社受人民银行和人民公社的双重领导。

1963 年 10 月 24 日，中共中央、国务院批转中国人民银行《关于整顿信用社打击高利贷的报告》指出，信用社干部由农业银行统一管理，信用社在执行国家金融政策方针、信贷计划、财务管理、干部管理等方面，都应当接受农行的领导。

1965 年 11 月 3 日，中共中央印发《关于中国农业银行同中国人民银行合并问题的批示》指出，同意人、农两行合并，中国农业银行第三次被撤销，信用社人事管理随之转移至人民银行。

1979 年 2 月 23 日，国务院印发《关于恢复中国农业银行的通知》指出，明确信用合作社是集体金融组织，又是农业银行的基层机构，信用社的业务经营、财务会计、职工管理由农行领导。农行河北省分行再次成立后，信用社的人事管理、职工福利统一由农行管理。

1984 年 8 月，国务院批转中国农业银行《关于改革信用合作社管理体制的报告》指出，农业银行要加强对信用社的领导，不宜改变信用社的隶属关系。

1996 年 4 月 6 日，中国人民银行、中国农业银行联合印发《关于当前稳定和加强农村信用合作工作的通知》指出，信用社脱钩前，农业银行要继续加强对农村信用社的领导和管理。农业银行县支行行长（副行长）不得再兼任联社主任（副主任），县联社主任按民主管理程序由联社股东大会选举产生，经组织部门考察，由人民银行进行资格审查，按干部管理程序任命。8 月 26 日，国务院印发《关于农村金融体制改革的决定》指出，明确改革的步骤是：农村信用社与农行脱离行政隶属关系，对其业务管理和金融监管分别由县联社和人行承担，然后按合作制原则加以规范。改革后，农行不再领导管理农村信用社。农村信用社的业务管理，改由县联社负责，农村信用社的金融监督管理，由人行直接承担。12 月 25 日，河北省农村金融体制改革领导小组宣布全省信用社与农业银行脱离行政隶属关系，同时各项工作接受当地人民银行的监管。

1999 年 7 月 8 日，中国人民银行印发《关于做好当前农村信用社工作的意见的通知》指出，农村信用社要逐步组建市（地）级信用社联合社，市（地）级联社，主要职能是从事行业的管理和服务，防范风险和加强信用社内部管理，加强指导和监督作为联社的工作重点。

2005 年 6 月 29 日，省联社成立，省联社全面担负起对全省农村信用社的管理、指导、协调和服务等职责。

员工来源

省联社成立前，香河县农村信用社建社初期除少数个别员工从居民中招收，大部分员工是当地有文化的农民，或由供销社、土地改革工作队转入的干部。

1955 年，根据相关规定，凡经常周转资金在 5000 元以上的信用社，配备主任、会计各 1 名；经常周转金在 3000 元以上的信用社，配备 1 名会计，主任由乡干部兼任；经常周转金在 3000 元以下的信用社，设半脱产干部 1 人。到 1956 年全县信用社 51 家，专职脱产干部 102 人。1957 年，随着撤区并乡，农村生产合作社由初级转高级社，全县农村信用社 27 家，脱产干部 63 人。

1958 年 2 月，中国人民银行香河支行印发《关于合并信用社的意见》指出，根据专区精神，信用合作组织为便于党政的统一领导，随着乡镇的合并，信用社也按照县行政区域的划分，同时进行合并。是年，香河县农村信用社精简到 14 家，脱产干部 53 人。

1961 年 9 月，中国人民银行印发《关于讨论和试行农村信用合作社若干问题的规定（草案）的通知》指出，信用社的干部根据尽量少用人和保证业务需要的原则，适当配备，明确信用社一般只设脱产干部 2—3 人，信用站一般可设不脱产专职干部 1—2 人，业务量大的信用站，也可以设脱产干部 1 人。是年，香河县农村信用社 15 家，信用社脱产干部 45 人，信用站 286 家，信用站不脱产信用员 286 人。

1980 年，香河县农村信用社职工 59 人，亦工亦农 13 人。

1996 年，与农业银行脱离行政隶属关系后香河县农村信用社正式员工 235 人、临时工 86 人，其中，具备各级专业技术职称 168 人。

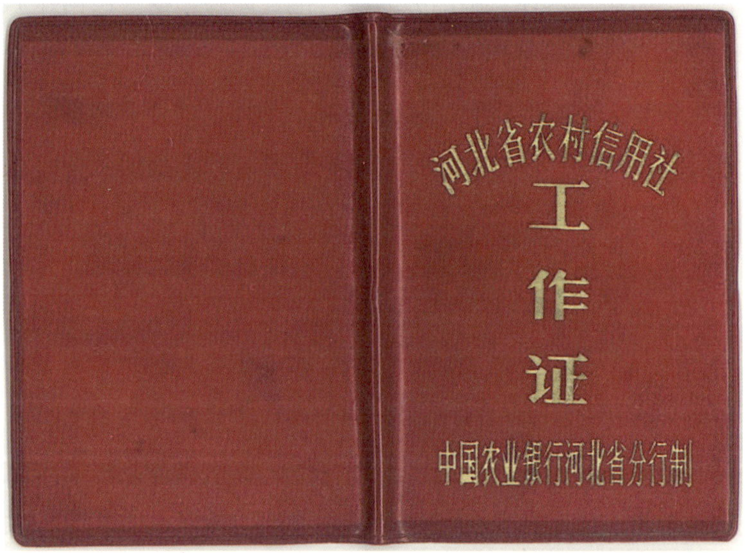

1987 年，河北省农村信用社工作证　　综合办公室供图

1998 年 6 月，县联社印发《香河县农村信用联社人事管理规定》指出，人事管理工作是一项政策性强，时间性紧、保密程度高的工作，任何单位不得擅自调入或调出工作人员；录入人才、任免、聘用干部、转业军人、大中专毕业生分配等都必须经联社主管部门报廊坊市体改办、省体改办审查、审批，下达核定指标方可执行。

1998 年 9 月，中国人民银行廊坊分行转发人行河北省分行印发《关于将县城城市信用合作社划归农村信用合作社联合社管理的通知》指出，原城市信用合作社的主管部门要将县城城市信用合作社的人员、财产和人事档案于 1998 年 9 月 15 日前移交县联社，人员要以 6 月 30 日前的工资档案、人事档案为准，所在地人民银行县（市）支行负责监交。移交完成后，县城城市信用合作社要主动接受当地县联社的领导；县联社要加强对县城城市信用合作社的管理。是年，香河县农村信用社有在编职工 230 人，临时工 71 人。

省联社成立后，县联社人员招聘由省联社统筹，主要为公开招聘、退役士兵安置、子女置换 3 种形式。

2006 年 3 月 9 日，省联社印发《河北省农村信用社职员招聘管理暂行办法》指出，全省农村信用社招聘职员实行面向社会公开招聘，由省联社统一组织实施。招聘职员应制定招聘简章，并对招聘的条件资格审查等内容作出详细规定。

公开招聘　2006年6月1日，银监会印发《关于优化农村合作金融机构人力资源结构的指导意见》指出：农村合作金融机构经过多年发展，一是员工总量偏大，超过业务量的需要；二是文化程度低，高素质人才缺乏；三是年轻员工占比低，年龄趋于老化；四是人员分布不合理，基层营业机构和业务岗位人员不足。要求各级联社加强组织领导，树立人力资源是第一资源的理念，积极推进改革，加快劳动用工制度改革步伐，保持稳定，要依法合规分流剩余人员，健全人力资源管理内控制度，强化监督管理。

2007年9月27日，省联社印发招聘简章，指出报考条件为河北省农村信用社正式在编员工、改制城信社在编人员。是年，香河县农村信用社有在职在编职工364人，其中，大学学历23人，大专148人，中专142人，高中28人。

2008年7月，县联社通过省联社统一招聘，新招聘员工10人，其中，大学本科学历5人，大学专科学历5人，平均年龄23周岁。

2011年1月，香河县农村信用社新招聘员工25人，年龄均在28周岁以下，平均年龄24周岁，其中，大学本科学历11人，专科学历14人。

2022年10月，香河农商银行新招聘员工10人，均为全日制本科学历。

退役士兵安置　根据国家有关退役士兵安置政策，香河县农村信用社执行安置政策。

1997年7月，廊坊市农村金融体制改革领导小组办公室印发《关于接收大中专毕业生城镇退役士兵有关事项的通知》指出，各联社必须按市办分配的名额或市办指定的接收人员组织接收，不准无指标或超名额接收任何人员，除接收微机专业人才外，其他被接收人员全部充实到基层信用社，不准在市郊信用社、县联社或城关信用社安排使用。年内接收的各类人员一律实行为期一年的试用期，试用期内只发基本工资，由联社主任与试用人员当面签订试用合同，在签订试用合同之前，各联社要首先组织被试用人员体检。试用期内，由市农金体改办统一组织3次文化知识，业务基本技能考试，其中，2次不及格者解除试用合同，并不再录用。同时在试用期内还要进行2次体检，发现有病不能坚持正常工作者，随时解除试用合同。接收完成后各联社要向市农金体改办报送接收人员花名册，由市农金体改办统一组织岗前培训，培训期内进行首次文化基础知识测试。

子女置换　2010年4月8日，县联社印发《香河县农村信用合作联社关于员工身份置换的实施方案》（香信联字〔2010〕39号）指出，在全县系统内组织开展一次性员工身份置换活动，经置换工作领导小组审查，置换分两批进行。

第一批（2010年5月）22人入职，年龄28周岁以下，平均年龄24周岁，其中，本科3人，大专19人。

第二批（2010年8月）7人入职，年龄24周岁以下，平均年龄22周岁，其中，本科学历2人，大专学历5人。2010年，置换员工29人。

用工形式

固定职工　即1983年以前参加信用社工作，纳入县劳动行政主管部门集体劳动工资计划内的职工统称固定职工（俗称大集体干部编制）。

1951—1970 年，农村信用社的职工由理事会推荐，参加银行组织的文化考试，乡政府（人民公社）审查报上级批准录用，称为“社干”，即信用社干部，为大集体干部编制。

1977 年 11 月 28 日，国务院印发《关于整顿和加强银行工作的几项规定》指出，信用社是集体金融组织，又是国家银行在农村的基层机构，各地一定要把信用社办好，信用社的编制应当纳入县集体劳动工资计划。

1979 年 8 月，中国人民银行印发《关于贯彻执行国务院恢复农业银行加强农金工作的意见》指出，信用社的职工由各省、自治区、直辖市确定编制，纳入集体劳动工资计划。

合同制职工 1993 年 3 月 23 日，中国农业银行印发《全国农村信用合作工作会议纪要》指出，信用社职工实行全员劳动合同制，即无论是固定职工还是合同制职工，都要签订劳动合同，对不能胜任工作、经调整岗位和下岗学习仍无效果的职工，可按规定程序予以辞退或解除劳动合同。

1999 年 2 月 8 日，国务院办公厅印发《关于进一步做好农村信用合作社改革整顿规范管理工作意见的通知》指出，信用社推行全员劳动合同制，控制人员增长、分流富余人员，调整队伍结构。

2005 年 11 月，省联社印发《河北省农村信用社员工管理暂行办法》，规定农村信用社实行全员聘用制，员工实行等级制，工资实行结构薪酬制。是年，香河县农村信用社有在编职工 242 人。

2006 年 4 月 19 日，省联社印发《河北省农村信用社劳动合同管理暂行办法》指出，河北省农村信用社实行全员劳动合同制管理。农村信用社与员工在平等自愿、协商一致的基础上，签订劳动合同，明确双方的权利和义务，依法确立劳动关系。劳动合同以书面形式订立，由当事人双方各执一份。劳动合同应当载明用人单位的名称、住所；劳动者的姓名、性别、年龄、文化程度等基本情况，并具备以下条款：一是劳动合同期限、试用（见习）期限；二是工作内容；三是工作时间和休息、休假；四是劳动保护和劳动条件；五是劳动报酬；六是劳动纪律；七是社会保险；八是劳动合同的终止条件；九是违反劳动合同的责任；十是双方认为需要约定的其他事项。

2007 年 11 月 25 日，省联社印发《关于规范整顿全省农村信用社劳动用工制度的意见》指出，对改制社移交人员由县级联社、办事处逐级确认汇总无误后报省联社，省联社最终确认后由所在单位法人代表与移交人员重新签订劳动合同，纳入正式人员编制统一管理。改制社移交人员劳动合同期限为 5 年、无固定期限两种，由所在单位根据员工意愿及本单位实际情况签订劳动合同。12 月 3 日，省联社印发《关于规范农村信用社与员工签订劳动合同的通知》指出，在本系统连续工作 10 年或 10 年以下，单位与员工同意续签劳动合同的，签订 5 年期劳动合同，或根据本人意愿签订 5 年期以下劳动合同。在本系统连续工作满 10 年以上，单位与员工同意续签劳动合同，如员工提出签订无固定期限合同，可签订无固定期限劳动合同。2007 年 12 月 20 日前完成合同签订工作。12 月 6 日，县联社印发《关于成立规范劳动用工工作领导小组的决定》指出，成立规范劳动用工工作领导小组，负责全面规范香河县农村信用社劳动用工清理整顿和改制移交人员的纳编工作。

2008 年 12 月 29 日，省联社印发《关于进一步做好全省农村信用社临时工与正式工并轨工作的通知》指出，做好留用人员的劳动合同续签工作，妥善处理非留用人员善后事宜。是年，香河县农村信用在岗在职人员 359 人。

2009 年 9 月 30 日，香河县农村信用社印发《定岗定编全员竞聘（选）上岗实施方案》指出，联社设置职能部室 11 个，全辖信用社 20 个、分社 9 个、储蓄所 1 个，全辖职工 356 人，在岗 325 人，核定编制 327 人，其中，中层正职 31 人、中层副职 25 人、分社负责人 9 人、委派会计 21 人，会计辅导员 2 人。

临时工　即在信用社临时工作，不在编制内的人员。

1996 年，香河县农村信用社有临时工 86 人。

1997 年 8 月，廊坊市农村金融体制改革领导小组办公室印发《关于辞退部分临时工及对部分合同制职工、临时工减发工资的通知》指出，对补考后双科不及格的临时工予以辞退；对补考后双科不及格的合同制职工或单科不及格的临时工从 1997 年 8 月 1 日起至 1998 年 8 月 1 日止，减发 1 年工资，1998 年 8 月 1 日后再次组织考试，根据考试情况再做处理。此次涉及香河县农村信用社辞退人员 10 人，减发工资临时工 13 人，减发标准为合同制职工只发 180 元生活费，临时工以不高于 180 元生活费为准。

1998 年，香河县农村信用社有临时工 71 人。

2003 年 5 月，中国人民银行廊坊市中心支行信用合作管理办公室关于印发《廊坊市农村信用社劳动用工（临时工）管理办法》指出，对现有在岗临时工按本办法进行清理，2002 年 12 月 31 日以前在农村信用社会计岗、出纳岗、信贷岗、司机岗、微机岗工作的临时工考核符合本办法规定的，可按本办法正式签订合同。对清退的临时工按在信用社工作年限每满一年发给相当于本人 1 个月基本工资的经济补偿金，最多不超过本人 12 个月的基本工资，对在信用社工作年限超过 12 年的人员，按每月 1.5 倍月工资标准计发。是年，香河县农村信用社临时工 86 人。

2006 年，香河县农村信用社有临时工 109 人。

2007 年 11 月 25 日，省联社印发《关于规范整顿全省农村信用社劳动用工制度的意见》指出，对现有临时工进行规范整顿，要求 2005 年 6 月 30 日前参加信用社工作的现业务岗位上的临时工、临时雇佣司机与所在单位签订劳动合同，期限为 1 年。1 年合同期满后，应进行考试、考核，合格者续签劳动合同。签订劳动合同的临时工原则上暂不参加绩效考核，工资待遇不超过 800 元。临时工整顿过程中，如遇到政策不明确等特殊情况，要另册上报，根据用工权限研究解决，不能耽误正常的工作日程。是年，香河县农村信用社成立规范用工工作领导小组，对香河县农村信用社劳动用工进行清理整顿。

劳务派遣工　2012 年，省联社印发《关于县级行社劳务派遣用工管理暂行办法的通知》指出，各县级行社通过与合法劳务派遣单位签订《劳动派遣协议》，由劳务派遣单位将与之订立劳动合同的劳动者派遣到农村信用社工作的一种用工形式。各县级行社一般在辅助性、临时性工作岗位使用劳务派遣工。业务岗派遣工在用工单位连续工作满 2 年且表现优异的，用工单位可根据工作需要和缺编情况，经省联社统一组织考试和用工单位考核后，择优录用为农村信用社正式员工。

2014 年 6 月，香河县农村信用社用工总数 426 人，其中，签订劳务合同职工 365 人，使用劳务派遣员工 61 人（辅助性岗位 6 人、业务岗 55 人），劳务派遣员工占用工总量的比例为 14.32%。

2017 年，香河县农村信用社劳务派遣业务岗员工 55 人转正 53 人。

2018 年 5 月，香河农商银行招聘劳务派遣员工 43 人，2020 年派遣转正 29 人。

2019 年 10 月，香河农商银行招聘劳务派遣员工大堂经理岗 28 人。

员工考核

员工考核是按照一定的标准，采用科学的方法，衡量和评定员工完成岗位职责任务的能力和效果的管理方法，员工考核结果与薪酬挂钩。

2017 年，廊坊市农村信用社业务岗劳务派遣工转正考试（香河考场）
综合办公室供图

2006 年 5 月 16 日，省联社印发《河北省农村信用社新员工试用（见习）期满考核暂行办法》指出，新员工试用（见习）期满，由所在单位的人事部门对其进行考核。考核的基本程序和内容是：一是个人总结与述职；二是组织考试；三是实施全方位考核，以所在岗位的职责任务和任职能力要求为基准，以履行职责和完成工作任务情况以及能力和态度为基本依据，从政治品德、学识水平、业务能力、工作实绩等方面进行全方位考核；四是综合评价，确定等级。考核结论分为 4 个等级，分别为优秀、合格、基本合格、不合格。新员工考核结果为优秀、合格或基本合格的，方可正式上岗，纳入编制管理。不合格者，视情况延期定级或予以辞退。

强制休假

2007 年 4 月 10 日，省联社印发《河北省农村信用社强制休假制度》指出，强制休假是为加强岗位风险控制，有计划地组织或根据工作需要适时安排信用社重要岗位人员暂时离开工作岗位，并相应对其岗位工作实施业务检查的一种休假办法。强制休假列入员工政策休假范围，具有一定的强制性。7 月 27 日，省联社廊坊办事处印发《廊坊市农村信用社员工强制休假管理办法（试行）的通知》指出，各县级联社相应成立强制休假领导小组，由理事长任组长，监事长任副组长，领导小组在各县级联社稽核部设立强制休假工作办公室。强制休假领导小组根据年度强制休假计划，结合工作需要临时决定，或由强制休假领导小组随机抽取确定。强制休假每年应不少于岗位人员的 1/3，其中，重要岗位人员不超过两年，高级管理人员和其他岗位人员最多不超过 3 年，必须实行强制休假。强制休假时限一般 15 天—20 天，如遇特殊情况，可适当延长。是年，香河县农村信用社成立王家摆信用社强制休假临时接管小组，对王家摆信用社 4 名员工岗位工作和所经办的业务进行全面稽核和业务核查。

2009 年，香河县农村信用社采取强制休假 74 人。

2015 年，香河县农村信用社采取强制休假 48 人。

2018 年 12 月 5 日，香河农商银行印发《河北香河农村商业银行股份有限公司员工强制休假管理办法（修订）》指出，强制休假实行分级管理，各级成立相应的强制休假领导组织，上级强制休假领导组织对下一级强制休假领导组织进行管理、指导、监督和服务，下一级强制休假领导组织对上级强制休假领导组织负责汇报工作。强制休假的方式主要有三种：一是成立强制休假临时接管工作组，对一个单位多个岗位人员同时进行强制休假；二是对辖内不同单位的多个人员同时进行强制休假；三是对单个人员进行强制休假。是年，香河农商银行采取强制休假 34 人。

亲属回避

1992 年 10 月，中国农业银行印发《关于加强农村信用社职工队伍建设意见的通知》指出，明确亲属双方不得在同级或上级机构之间担任直接隶属、领导、监督、制约关系的职务；一般工作人员及县联社中层干部应回避的亲属关系包括配偶、子女及子女的配偶，亲属双方不得安排在同一县联社的同一部门或同一信用社及有制约、监督关系的岗位上工作。

2008 年 9 月 19 日，县联社印发《香河县农村信用合作联社员工回避实施方案》指出，员工回避包括岗位回避和工作回避两种形式。岗位回避指对需回避人员单位、部门间的职务调整或岗位调整所做的回避安排；工作回避指在涉及重要事项的研究、决定及执行或从事重要工作时，对需回避人员实行脱离工作实施过程或议事现场的回避安排。回避对象和范围包含夫妻关系、直系亲属关系、三代以内旁系亲属关系、近姻亲关系、其他可能影响履职的亲属关系或人际关系。香河县农村信用社成立员工回避领导小组，采取本人自报亲属关系，领导班子集体研究，安排回避人员单位，部门间的职务调整或岗位调整。

截至 2023 年 3 月 31 日，香河农商银行涉及亲属回避人数 91 人。

第二节　干部管理

干部选拔任免

干部任免是干部管理的一项重要工作，按照党管干部的原则，由党委集体讨论决定。

1923 年 6 月，香河县第一信用合作社正式成立，合作社事务所设在香河县城内福音堂，香河县城周围 5 千米为其营业区域。组织机构：设执行委员 8 人，王玉堂任主席；设监察委员 6 人，阮玉恒任主席；曹文德任宣传员。

1926 年 3 月，香河县第一信用合作社社员数 31 人，成立初期由社员代表大会选举理、监事，由理事会挑选干部，不脱产，实行误工补贴制。

1951 年，中国人民银行印发《农村信用合作社章程准则（草案）》指出，信用社社员大会或社员代表大会选举和罢免理事会主任及理事、监事会主任和监事，并审查和通过对本社理监事处分问题。信用社的执行机关为理事会，理事会负责任命和撤换本社工作人员，信用社的监察机关为监事会，监事会负责监督理事会和本社工作人员的服务情况。

1953—1957 年，选拔任用信用社理事、主任的条件：“历史清楚。党、团员或热爱工作的贫、下中农积极分子；踏实可靠、大公无私，在群众中有一定威信。”规定：“信用社的干部都必须认真执行党政干部三大纪律、八项注意。”在此期间，干部选拔、任用、调配等重大事项，都要经过理事会或社员代表大会讨论决定，实行民主管理。

1958 年，农村信用社下放到公社和生产大队，信用社的干部选拔、任用、调配、奖惩等重大事项都由人民公社负责。

1961 年 9 月 26 日，中国人民银行印发《关于讨论和试行农村信用合作社若干问题的规定（草案）的通知》指出，信用社主任、信用站主任、业务员都应当由社员民主选举。

1962 年 11 月 9 日，中共中央、国务院批转中国人民银行《关于农村信用合作社若干问题的规定（试行草案）》指出，信用社主任实行民主选举，干部实行聘任制。

1964 年 1 月，中国农业银行香河支行印发《关于整顿信用合作社打击高利贷的意见》指出，今后信用社的干部，由农业银行县支行实行统一管理，信用社干部的一切任免，奖惩，应由县批准，不经县批准，不能随意调换和抽调信用社干部做其他工作。2 月，中国农业银行香河支行印发《关于选拔信用社王长义、李翠华、刘辛明、李广仁、董树佳 5 名干部的请示意见》指出，根据上级的指示精神，及时充实基层营业所会计、出纳人员经请示专区同意选拔信用社干部，首先选拔 5 名干部，这 5 名干部都是经过公社党委和支行审查，政治上可靠，都是贫农、中下农子弟，在业务上比较熟练，符合上级招收干部的条件。

1973 年 1 月，中国人民银行香河支行印发《信用社干部的管理和执行退职、退休规定》指出，信用社干部管理问题，信用社干部的任免、调动、奖惩等一律由贫下中农组织讨论，经公社党委审查，报县革委生产指挥部批准，不要随意抽调信用社干部去做其他工作，长期抽调的要调回来。

1979 年 12 月 5 日，中国农业银行印发《中国农业银行干部管理暂行办法》指出，营业所、信用社干部由县支行管理，要认真执行“任人唯贤”的干部路线，坚持德才兼备的用人标准，提拔使用中年干部，培养选拔青年干部，注意培养选拔妇女干部和少数民族干部。各级领导干部的任免，正职由上级行提名任免，其他干部各级行可主动提出建议，报请上级主管行审批。

1984 年 8 月 6 日，国务院批转中国农业银行《关于改革信用合作社管理体制的报告的通知》指出，再次明确信用社体制改革方向，明确信用社实行民主管理，领导干部由委任制改为选举制。

1996 年 11 月，信用社与农行脱离行政隶属关系后，按照国务院《关于农村金融体制改革的决定》，信用社干部的管理、考察、调配、任免、晋升、奖惩等工作，由农村信用联社及各级人行按照干部管理权限和范围负责进行。县联社主任由基层农村信用社代表选举产生，报县人民银行初审，地市分行审查其任职资格，符合条件的由理事会聘任。联社副主任、总稽核由主任提名，报市农金体改办考察其任职资格，符合条件的由主任聘任。

1998 年 4 月，中国人民银行印发《加强农村信用社监管工作的意见》指出，农村信用社和联社主要负责人拟任人选，办理任命手续前，必须接受人民银行的任职资格审查，不符合任职资格条件的人员不得担任农村信用联社的领导职务。任职资格审查实行分级管理制度，包括任职前审查，任职期间考核，离任稽核，任职资格取消和任职资格档案管理。是年，人民银行对信用社和联社主要负责人由过去的任命制，改为民主选举和聘任制。

2000 年 1 月 5 日，县联社印发《香河县信用联社干部队伍建设情况》指出，选拔班子人员时，坚持德才兼备和“四化”标准，采取“头头抓、抓头头”的管理方法：联社主任和各科长、各社主任之间实行双向负责制，签订责任书，推行大事“请示报告制度”和联社科长、主任“包社制度”；实行社务会制度，定期召集各科长、各社主任学习上级文件，交流工作经验；实行对岗位目标和职责的离岗审计制度；在基层推行干部民主测评制度，每年进行一次通过本人述职，群众打分测评，强化群众监督机制，开展“上评下”活动。

2005 年 11 月 3 日，省联社印发《河北省农村信用社高级管理人员选拔任用考察暂行办法》指出，对高级管理人员的选拔任用进行考察，建立考察组制订考察工作方案，全面考察被考察人的德、能、勤、绩、廉，重点是道德品行和工作实绩。

2006 年 3 月 9 日，省联社印发《中共河北省农村信用社联合社委员会干部管理工作暂行办法》指出，选拔任用干部的基本程序根据干部管理权限采取任用聘任制、竞聘聘用制。对选拔任用的干部在民主推荐、人力资源部门考察的基础上，党委按照民主集中制原则，集体讨论决定干部的任免。农村信用社干部实行分级管理，县级联社管理的干部：一是农村信用社、分理处党支部书记，农村信用社、分理处主任、副主任；二是县级联社各部门正股级、副股级干部。

2007 年 12 月 27 日，省联社印发《河北省农村信用社公开招聘县级联社高级管理人员暂行办法》指出，公开招聘各县级高级管理人员要具有履行职责所需的政治理论水平，熟悉农村经济和农村金融工作，具有大学专科以上文化程度，且从事金融工作 6 年以上或从事相关经济工作 10 年以上等条件。公开招聘高级管理人员由拟招聘单位党委会根据县级联社领导班子缺员情况进行提议，由省联社各办事处、市联社制定招聘计划，报省联社人力资源部备案。公开招聘高级管理人员工作在省联社各办事处、市联社领导下进行。公开成立招聘高级管理人员工作领导小组，领导小组下设办公室，负责招聘的相关具体组织工作。

干部竞聘

干部竞聘是组织选人用人的一种方式，通过公开选拔竞争上岗产生人选。

2007 年，县农村信用合作联社员工聘任聘用考试　　综合办公室供图

2007 年 3 月 16 日，县联社制定《香河县农村信用合作联社员工聘任聘用实施方案》指出，联社中层干部和信用社正副主任实行聘任制，任期 3 年，期满后重新竞聘。享受中层副职待遇的分社负责人、委派会计、专职稽核员、驻社稽核员实行聘任制，任期 3 年，期满后重新竞聘。对一般员工实行聘用制。一般员工聘期为 1 年，1 年期满，在信用社（科室）内部述职，由聘任人决定是否续聘。联社成立“三定、两考、两聘”工作领导小组。同时，印发《香河

县农村信用合作联社员工聘任聘用方案实施细则》和《香河县农村信用合作联社中层干部岗位聘任聘用实施方案》，对全辖信用社的每个岗位进行定编、定员、定岗，对中层干部进行聘任，对员工进行聘用，即在全县信用社实行“三定”的基础上，经“两考”（考试、考评），对联社中层干部和信用社正副主任，享受中层副职待遇人员实行聘任制。竞聘阶段由联社成立员工聘任聘用考评委员会，由“三定、两考、两聘”工作领导小组提名，参与竞聘员工提交应聘申请，由领导小组根据实施方案的有关规定对应聘人员进行资格条件审查，由考评委对竞聘人的德、能、勤、绩、廉等各方面情况进行组织考察，再由联社组织召开竞聘演讲会，参加人员为员工代表，最后进行综合评定。2007 年，竞聘中层正职岗位 31 个，其中，信用社主任岗 20 个、部室经理岗 11 个，中层副职干部岗位 11 个，副职待遇人员 43 人。

2008 年 1 月 26 日，县联社制定《香河县农村信用合作联社 2008 年度员工竞聘实施细则》指出，凡符合（聘任聘用实施方案）要求条件的，在岗的信用社、联社各部室的一般员工，均在本次竞聘范围。全系统 301 人参加此次竞聘。

2013 年 1 月 5 日，县联社印发《香河县农村信用合作联社 2013 年中层管理人员公开竞聘实施方案》指出，竞聘联社部室经理（主任）、信用社主任职位的，必须是联社现任的副经理、副主任、分社负责人、委派会计和会计辅导员，从事金融工作 4 年以上，或从事相关经济工作 8 年以上（其中，从事金融工作 2 年以上）。竞聘副经理、副主任、分社负责人、委派会计、会计辅导员职位的，从事金融工作 2 年以上，具有大专及以上学历的联社系统内正式员工。竞聘委派会计须具备廊坊市农村信用社会计岗位资格证和财务部门颁发的会计从业资格证；未取得会计从业资格证的人员，必须于 2013 年 12 月 31 日前取得证书。凡男年满 49 周岁（1963 年 12 月 31 日前出生）、女年满 44 周岁（1968 年 12 月 31 日前出生）不再参加竞聘任何职务；年满 40 周岁不再参加竞聘委派会计（1972 年 12 月 31 日前出生）；现有中层管理人员达到以上规定年龄期限的，不再担任任何职务。竞聘两种职位：第一种职位是中层正职 8 名，备用中层正职 8 名；第二种职位是中层副职 18 名，备用中层副职 10 名。

2016 年 1 月 11 日，县联社印发《香河县农村信用合作联社关于 2016 年中层管理人员公开竞聘实施方案的通知》指出，本次竞聘两种职位：第一种职位是中层正职 38 名，备用中层正职 8 名；第二种职位是中层副职 54 名，其中，委派会计、会计辅导员 23 名及其他副职 31 名，备用中层副职 10 名。

2019 年 4 月 9 日，香河农商银行印发《河北香河农村商业银行股份有限公司 2019 年备用中层管理人员公开竞聘实施方案》指出，凡男年满 48 周岁、女年满 43 周岁，不再参加竞聘任何职务，年满 40 周岁不再参加竞聘委派会计、会计辅导员岗位。现任中层正副职人员任职年龄上限为男 51 周岁、女 46 周岁；委派会计岗位任职上限为 45 周岁。竞聘分三种职位：第一种职位备用中层正职（支行行长、部门经理）10 名；第二种职位备用中层副职（支行副行长、分理处负责人、部门副经理）15 名；第三种职位备用委派会计（会计辅导员）2 名。

2022 年，香河农商银行印发《中共河北香河农村商业银行股份有限公司委员会关于 2022 年备用中层管理人员公开竞聘实施方案的通知》指出，竞聘备用中层正职的，必须是香河农商银行现任的副经理、副行长、分理处负责人、委派会计和会计辅导员，且任中层副职级满 2 年及以上的；竞聘备用中层副职的，必须在香河农商银行工作满4年正式在编员工。凡男年满45周岁、女年满40周岁，不再参加竞聘任何职务。竞聘确定岗位及名额为中层正职管理人员备用人选12名，中层副职管理人员备用人选12名。

干部考核

2003年1月11日，香河县农村信用社召开2002年信用联社高管人员任职考核会议。

2002年3月，香河县农村信用社召开2002年信用联社高管人员任职考核会议
综合办公室供图

2006年3月15日，省联社印发《河北省农村信用社高级管理人员选拔任用考察暂行办法》指出，全面考察其德、能、勤、绩、廉，重点是道德品行和工作实绩。考察办法和步骤：一是提交述职报告；二是采取个别谈话；三是实施调查核实。此后，香河县农村信用社高级管理人员选拔一直沿用此办法，对竞选人员进行全面考察。

2006年3月23日，银监会廊坊监管分局印发《关于2005年度农村信用社高级管理人员履职检查考核的通知》，并随文印发《农村信用社高级管理人员履职情况检查考核实施方案》指出，对2005年廊坊辖内农村信用社高级管理人员，县级联社高级管理人员包括理事长、副理事长、监事长、主任、副主任；农村信用社高级管理人员主任，进行风险监管指标考核、内控制度的建立和执行情况考核、民主测评、考试、问卷调查。5月14日，香河县农村信用社5名高级管理人员参加2005年高管人员履职考试。

2007年3月5日，银监会廊坊监管分局香河办事处印发《关于对香河县农村信用社高管人员2006年度履职情况考核的通知》指出，对香河县6家信用社的主任、副主任进行考核评价。

2007年7月3日，银监会廊坊监管分局香河办事处印发《关于落实高管人员不良记录动态积分考核办法的通知》指出，不良记录积分管理是银行业监管部门对高管人员履职期间发生的资本管理、业务经营管理、内控管理和工作纪律等方面发生的违规行为进行量化考核，并据以实施针对性监管的一种监管方法。积分管理实行24分制，高管人员积分当年达到12分的，给予书面提示，同时对其进行约见谈话。当年积分达到20分的，履职考核时给予基本称职评价，同时对其进行诫勉谈话；当积分达到24分或连续2年积分在20分以上，履职考核时给予不称职评价，并责令或建议该机构上级主管部门对其采取下岗培训、免职、解聘岗位职务、限期调离、解除劳动关系等处理。

2008年5月26日，省联社廊坊办事处转发银监会廊坊监管分局印发《关于对农村信用社高级管理人员2007年度履职考核情况的监管意见书》，其中，香河县农村信用社有27名高级管理人员参加考评，其中获得优秀2名、称职19名、基本称职6名。

2008年12月9日，省联社廊坊办事处印发《廊坊市农村信用社县级联社领导班子及其成员年度考核办法（试行）》指出，领导班子考核内容包括业绩指标、整体工作、民主评议、特殊加减分项；班子成员考核：工作业绩、综合评价、民主评议。特殊加减分项。其中，业绩指标除人均存款和综合费用率按增量及完成办事处下达指标情况两部分进行考核（分别占60%和40%），其他指标按存量、增量和完成办事处下达指标情况三部分考核（分别占30%、40%、30%），各部分加减分分值最高不超过基础分分值（100分）。

2021年2月23日，省联社廊坊审计中心组织开展2020年度领导班子及班子成员考核测评工作。按照考核要求香河农商银行安排专人设置投票箱，分批次组织参加测评人员以划票方式进行民主测评，期间考核组全程监督。

2023年3月4日，省联社及廊坊市审计中心组织开展2022年度领导班子及班子成员考核测评工作。

干部交流

2007年4月10日，省联社印发《河北省农村信用社高级管理人员交流及重要岗位工作人员轮换制度》指出，高级管理人员交流的时限是指：县（市、区）联社理事长、主任、监事长在同一职位上任职6年实行异地交流；县（市、区）联社领导班子其他成员，任同级职务6年实行异地交流。信用社主任任职6年实行异地交流或异地竞聘，信用社副主任任职6年根据工作需要实行异地竞聘或调整分管工作。

个人事项报告

个人有关事项报告是指领导干部每年如实地向组织报告本人婚姻、出国（境）、收入、房产、投资、配偶、子女从业等14个方面的个人有关事项。

2007年11月20日，中国银监局廊坊监管分局印发《关于规范廊坊银行业高级管理人员重大事项报告制度的通知》指出，银行业金融机构高级管理人员任职期间发生叛逃、出走、非正常死亡等情况应在3个工作日以内报告；因司法、纪检监察机关依法行使职能造成岗位空缺的，应在司法、纪检机关采取措施之日起2个工作日内报告；因辞职、撤职等原因造成岗位空缺的，应在辞职、撤职决定之日起2个工作日内报告；因意外、重大疾病等原因造成空岗20天以上的，应在意外伤害发生之日起或请假之日起2个工作日内报告；无故离岗达到3个工作日以上的，应在24小时内报告；因公无外出学习、考察、培训或因私请假离开岗位3个工作日以上的应在离岗前3个工作日内报告；出国境无论因公因私，应在出国境前3个工作日内报告。

2009年6月17日，省联社印发《关于加强因私出国（境）证件管理的通知》指出，对辖内员工因私出国（境）护照及通行证持有情况进行全面调查和统计，填制“河北省农村信用社员工因私出国（境）护照及通行证件调查统计表”，逐级上报。对因私出国（境）证件实行上缴管理，建立证件保管使用制度，设置管理台账，指定专人负责。

2010年5月26日，中央办公厅、国务院办公厅印发《关于领导干部报告个人有关事项的规定》指出，领导干部应报告本人婚姻和配偶、子女移居国（境）外、从业等事项。要求各级组织人事部门认真组织领导干部集中填报有关事项，自觉接受党组织领导。

2012年2月3日，中共河北省农村信用社联合社委员会办公室印发《关于做好领导干部报告个人有关事项的通知》指出，根据中央有关规定和省委组织部《关于配合做好省管干部2012年1月集中报告个人有关事项工作的通知》要求对个人有关事项进行报告，其中，符合配偶子女均已移居国（境）外规定情形的还需填报《配偶子女已移居国（境）外的国家工作人员有关情况报告表》和《配偶子女均已移居国（境）外的国家工作人员有关情况变动报告表》。是年8月，香河县农村信用社印发《香河县农村信用合作联社高级管理人员个人重大事项报告制度（试行）》的通知，指出县联社纪检监察部门负责本制度的具体实施，纪检监察部门要将高管个人重大事项的情况每季向所属管理机构党组织及上级纪检监察部门汇报。人力部门要将高管人员执行个人重大事项报告制度的情况记入个人廉政档案，并作为考核干部的一项内容。

2017年2月8日，中共中央办公厅、国务院办公厅印发《领导干部报告个人有关事项规定》《领导干部个人有关事项报告查核结果处理办法》指出，领导干部应当报告本人婚姻和配偶、子女移居国（境）外、从业等事项，领导干部应当报告收入、房产、投资等事项，领导干部应当于每年1月31日前集中报告一次上一年度本规定所列报告事项，并对报告内容的真实性、完整性负责，自觉接受监督。

第三节　人才培养

人才培养指对人才进行教育、培训的过程。被选拔的人才一般都需要经过培养训练，才能成为各种职业和岗位要求的专门人才。香河县农村信用社高度重视人才培养工作，坚持理论与业务知识相结合，通过思想教育、业务培训、提升学历等方式，不断提升员工政治素质和专业水平。

教育培训

教育培训是帮助企业实现战略目标，提升员工个人竞争力的一种教育、培训方式。香河县农村信用社培训主要分为系统内员工培训和组织外部拓展训练。按照省联社相关文件精神，香河县农村信用社人力资源部每年制订《香河县农村信用社员工培训计划》，指导和督促全行员工教育培训工作。

1954年，中国人民银行香河支行为训练建社骨干，传授业务知识和培养会计人员，于3月7日召开信用合作社互助会议，历时7天，34个乡89人参加会议。会议对有关信用社的知识、经验、业务方针政策上提高，进行交流。

1956年6月，中国农业银行印发《关于1956年下半年农村金融工作的指示》指出，要继续进行信用社的整社工作，抓紧对信用社干部的训练。在开展业务中仍然要注意帮助社员解决生产生活困难，防止高利贷乘机活动。

1957年4月至1979年5月，农行撤销期间，信用社干部员工的教育培训主要通过以会代训和自学相结合的方式开展。

1979年6月，农行河北省分行恢复成立后，要求各市县农行将信用社培训工作纳入重要议事日程，开展各类短期培训班、进修班、文化补习班，有效提升信用社职工的政治、业务、科学文化和管理水平。

1985年，中国农业银行要求各级农行必须把培训信用社职工提到议事日程上来，纳入农行干部培训规划之内，重点培训信用社正副主任和业务骨干人员。培训原则上以短训为主，培训教材主要选用农行的统一教材，也可编印一部分信用合作的专用教材。

1993 年 3 月 23 日，中国农业银行印发《全国农村信用合作工作会议纪要》指出，要求各级农业银行加强对信用社职工的培训教育工作，尽快提高信用社职工队伍素质。

1998 年 10 月 20 日，廊坊市农村金融体制改革领导小组办公室印发《关于大、中专毕业生初定和聘任专业技术职务有关问题的通知》指出，对国家教委承认学历的正规全日制大、中专院校毕业生（不含由国家教委备案或审定的广播电视大学、职工大学、职工业余大学高等学校举办的函授大学和夜大学“五大”毕业生），直接分配到信用社系统工作，见习期满，经考核合格，不需进行评审，可初定专业技术职务任职资格，并在相应的专业技术岗位上聘任专业技术职务。具体规定是：中专毕业见习期 1 年期满，可初定“员”级；大专毕业生见习期满，再从事本专行业技术工作 2 年，可初定为“助师”级；大学本科毕业生见习 1 年期满，可初定为“助师”。是年，香河县农村信用社强调职工加强自学，利用业余时间自修大中专文化，有 7 人自学大中专，7 人参加系统内部的函授中专，22 人参加专业证书教育。

1999 年，香河县农村信用社开展“三讲”教育活动，“三讲”是指“讲学习、讲政治、讲正气”。“三讲”教育活动是进一步深化金融改革、防范和化解金融风险、实现两大效益的需要。贯彻“中共十五届三中全会”精神，了解时事政治，落实上级有关文件精神。县联社进行岗位人员的集中培训，上半年主要进行职务岗、信贷岗、事后监督、司机等岗位人员的教育。同时完善大专学历“证书教育”，按时安排学员教材、学习、考试等。同时开展业务培训和形象教育。

2002 年 4 月 8 日，县联社印发《香河县农村信用社综合素质培训办法》指出，全县农村信用社的各业务岗位人员按岗位每季度每人轮训 1 次。年初一季度由各职能科室分别就主要分管岗位出 100 道复习题，基本内容以岗位培训教材为主，体现实用性和灵活性的特点。

2008 年 8 月 22 日，县联社财务会计部对新招聘的 10 名员工进行岗前培训。围绕《综合柜员制管理办法》《储蓄通存通兑管理办法》及反假币、残损币兑换等基础知识进行重点讲解，并对培训内容进行现场测试。

2009 年 3 月 6 日，县联社在淑阳信用社四层会议室举办客户经理培训班，联社主任王宝生讲话指出，当前工作重点是“抓发展、控风险”，在做好贷款实战营销工作的同时，严格防控风险。培训内容：一是认真学习《授信尽职指引》；二是学习如何做好信贷审查工作。

2009 年 11 月 30 日，县联社转发《河北省农村信用社联合社廊坊办事处关于印发<廊坊市农村信用社员工教育培训制度>的通知》，指出员工教育培训坚持整体规划、统筹安排、分级实施、按需施教、讲求实效的原则。员工在培训期间的学习成绩和鉴定作为其从事岗位工作和聘任职务的依据之一。

2010 年 2 月 16 日，县联社印发《香河县农村信用合作联社 2010 年度学习安排的通知》指出，各部室、信用社、分社、各客户经理分部自行安排学习时间，保证每周至少 1 次集体学习，时间不少于 2 小时。要建立学习制度，制订学习方案并严格落实，学习方案报联社人力资源部备案。同年，省联社廊坊办事处对新入职员工进行岗前业务培训，香河县农村信用社 36 名员工参加培训。

2012 年 8 月 9 日，省联社印发《河北省农村信用社 2012 年员工培训工作方案》指出，在县级行社层面，重点是根据业务经营管理工作的需要对县级机构员工进行培训，实现每位员工至少接受一次培训。内容涉及所有工作职能，培训人员不低于 10 万人次。同年，香河县农村信用社邀请外部团队组织开展执行力培训。

2013 年 1 月 24 日，省联社印发《关于成立省联社培训学院的通知》指出，为进一步做好干部和员工的培训工作，建立河北省农信社系统化、正规化培训平台，省联社与河北金融学院联合成立河北省农村信用社联合社培训学院。省联社培训学院设置在河北金融学院，享受河北金融学院教育、教师资源，主要负责河北省农村信用社系统干部、员工的培训工作；按照河北省在职人员学历教育的相关规定和要求组织本专科及以上层次学历和学位教育。4 月 24 日，县联社印发《香河县农村信用合作联社 2013 年度员工培训计划》指出，计划培训 28 期，涉及各项规章制度的学习、服务和行为规范、专业技能、基本理论知识、业务操作、法律法规、企业文化、新业务品种及新业务知识等内容。

2013 年 12 月，省联社廊坊办事处对新入职劳务派遣员工采取岗前业务培训，香河县农村信用社 55 人参加培训。

2014 年 1 月 9 日，县联社开展香河联社劳务派遣人员入职培训 综合办公室供图

2015 年 2 月 12 日，县联社印发《2015 年度员工（含劳务派遣员工）培训计划的通知》指出，本年度计划培训 30 期，涉及培训范围包括各项规章制度的学习、服务和行为规范、专业技能、基础理论知识、业务操作、法律法规、企业文化、新业务品种及新业务知识等内容。参训人员在培训期间，要严格执行考勤制度，对旷课或不认真听讲者，给予通报批评或扣发绩效工资。培训部室要对每期培训高度负责，组织员工按时参加培训，确保每期培训起到较好的效果并做好培训总结、通报，形成文字材料交人力资源部存档。

2015 年，香河县农村信用社开展星级网点创建项目，对员工开展星级柜面服务培训，通过不定期明察暗访，对工作人员柜面服务和网点形象建设进行综合排名，每季度公示 1 次，企业形象和服务质量进一步得到提升。

2018 年 6 月 19 日，省联社印发《河北省农村信用社 2018 年培训计划》指出，根据当年经济金融形式，结合农信社发展的需要，依托河北农信培训学院或其他专业院校，按照岗位分工和职责，确定不同的培训专题，举办高管综合专项培训。充分利用远程视频和互联网技术，开展视频大讲堂和网络在线培训。

2022 年 10 月 13 日，香河农商银行对新入职员工召开岗前培训会。

2022 年 10 月 13 日，香河农商银行开展 2022 年新员工岗前培训　　综合办公室供图

职称评聘与管理

1987 年 8 月，中国农业银行印发《关于农村信用合作社实行专业技术职务聘任制度的通知》指出，决定农村信用社实行专业技术职务聘任制度，这也是首次对农村信用社提出专业技术聘任思路。

1990 年 1 月 1 日，香河县农村信用社聘任助理经济师 1 名。

1995 年 6 月 1 日，香河县农村信用社聘任助理会计师 1 名，助理经济师 1 名。

1997 年 11 月，县联社印发《关于香河县农村信用社专业技术职务重新考核聘任的通知》指出，经联社管委会研究决定，对 17 名经济师、1 名会计师、45 名助理经济师、18 名助理会计师、10 名经济员、95 名会计员、12 名初级工全部予以重新聘任，聘任时间为 1997 年 5 月 30 日。

1998 年，中国人民银行人事教育司就农村信用社专业技术资格评审发出通知，明确信用社中、初级专业技术资格，国家已实行考试的专业，须参加社会考试取得资格，未实行考试的专业，由人行按照评审权限进行评审，高级专业资格由总行系列评委会代评，申报材料由省分行初审汇总上报。同年，香河县农村信用社聘任助理经济师 2 名。

2000 年 4 月 21 日，香河县信用合作社联合社专业技术职称考评委员会对 1997 年和 1998 年取得社会专业技术资格证书的 10 名助理经济师及 3 名中级工、2 名高级工专业技术人员给予聘任。聘任时间为 1999 年 7 月 1 日。聘任名单如下：助理经济师：乔德明、计凯东、杜振涛、林宗宇、孙立新、马长生、李文明、张新忠、胡艳荣、刘雪梅；高级工：李国、程祥；中级工：高建新、金文奎、韩云山。

2002 年 3 月 13 日，经县联社主任办公会研究决定，对 1999 年度取得助理经济师资格的 4 人，2000 年度取得工人技术职称的 6 人给予聘任。聘任时间均为 2002 年 1 月 1 日。聘任名单如下：助理经济师：宋季青、靳洪国、张亚丽、杨建海；高级工：许如何、韩云山；中级工：肖求真、王长军、董立峰、李斌。7 月 3 日，经县联社主任办公会研究决定对 2000 年度 17 名取得专业技术（助理经济师）资格证书人员给予聘任。聘任时间为2002年1月16日。聘任名单如下：荆翠敏、赵立新、吕金明、崔金荣、张宝荣、王洪山、勾建武、王红艳、刘建军、陈冰、李宝生、王艳东、徐凤荣、陈德雁、张俊芝、陈宝芹、宋宇红。

2003年，河北省职称改革领导小组印发的各系列（专业）专业技术职务任职资格申报评审条件和《河北省专业技术职务任职资格申报推荐办法（试行）》（冀职改办字〔2003〕3号）指出，按照“严格标准、择优推荐、控制数量、提高质量”的工作原则，规范工作程序，严禁弄虚作假，认真做好职称申报推荐工作。8月14日，县联社印发《关于对取得社会专业技术资格证书的专业技术人员聘任的通知》指出，对1999—2001年取得社会专业技术资格证书的9名经济师和9名助理经济师给予聘任。经济师：王亚男、刘立群、马长生、杨宝振、张建、彭万华、何永文、胡春艳、陈宝芹；助理经济师：王玉齐、刘宏杰、贾天武、李雪梅、牛新元、王艳存、贾铁东、陈桂敏、孟媛媛。

2005年2月，县联社对取得社会专业技术资格证书的6名经济师和8名助理经济师给予聘任。

2007年4月10日，省联社印发《河北省农村信用社专业技术职务聘任暂行规定》指出，河北省农村信用社专业技术职务职数实行结构比例控制。各单位按照省联社规定的结构比例，结合本单位专业工作需要和专业技术人员队伍状况，合理设置专业技术职务系列和职数。是年，香河县农村信用社结合省联社规定自身实际情况，聘任4名助理经济师，1名初级会计师。

2009年，县联社聘任2名助理会计师，1名助理经济师。

2019年，香河农商银行聘任中级经济师2名，中级工程师1名，中级审计师1名。

2022年，香河农商银行聘任助理审计师1名。

2022年香河农商银行各级专业技术职称情况一览表

表4-5-1

序号	部门	岗位	姓名	最高学历	专业技术职称
1	领导班子	高管	华国旺	大学本科	经济师
2	领导班子	高管	李雅卓	大学本科	助理经济师
3	领导班子	高管	王　健	大学本科	经济师
4	领导班子	高管	李玉春	大学专科	会计人员
5	领导班子	高管	王　辉	硕士研究生	助理经济师
6	领导班子	高管	张　岩	大学本科	初级会计师
7	二线	二线	张永康	大学本科	助理经济师
8	二线	二线	赵万宏	大学专科	助理会计师
9	二线	二线	冯宝祥	大学本科	会计员
10	二线	二线	王宝生	大学专科	助理经济师
11	董事会秘书	中层正职	韩卫华	大学专科	会计员
12	工会	中层正职	曹彦君	大学本科	会计员

续表 4-5-1

序号	部门	岗位	姓名	最高学历	专业技术职称
13	工会	员工	刘雪梅	大学专科	会计员
14	综合办公室	中层副职	王　力	大学本科	助理会计师、中级审计师
15	综合办公室	中层副职	张　颖	大学专科	助理会计师、中级审计师
16	人力资源部	员工	王惠书	大学本科	会计人员
17	人力资源部	员工	王　薇	大学本科	会计员
18	安全保卫部	中层正职	纪春生	大学专科	会计人员
19	安全保卫部	员工	林宗宇	中专	助理经济师
20	安全保卫部	员工	张新忠	大学专科	助理经济师
21	审计部	中层正职	任　超	大学本科	会计人员
22	审计部	员工	陈宝芹	大学本科	经济师
23	审计部	员工	李守杰	大学专科	会计员
24	审计部	员工	李文明	大学专科	经济师
25	纪检监察室	中层副职	石婷婷	大学本科	助理经济师
26	纪检监察室	员工	王艳存	大学专科	助理经济师
27	科技部	员工	张卓识	大学本科	助理经济师
28	党委办公室	中层正职	王丽颖	大学本科	助理经济师
29	信贷管理部	员工	石风华	大学本科	会计员
30	信贷管理部	员工	王洪山	中专	会计人员
31	信贷管理部	员工	贾天武	大学专科	助理经济师
32	信贷管理部	员工	魏　鸿	大学本科	会计人员
33	计划财务部	中层正职	胡秋菊	大学专科	助理经济师
34	计划财务部	员工	张立平	大学本科	助理会计师
35	计划财务部	员工	李海霞	大学本科	中级会计师
36	计划财务部	员工	冯雪婷	大学本科	助理会计师
37	计划财务部	员工	张　冉	大学本科	初级会计师
38	风险合规部	员工	张桂英	大学专科	会计人员
39	风险合规部	员工	王　华	中专	会计员
40	风险合规部	员工	王尚志	大学专科	会计人员
41	清非营销大队	中层副职	陈　冰	大学本科	助理经济师
42	清非营销大队	员工	程振勋	中专	会计员
43	清非营销大队	员工	周志远	大学专科	助理会计师

续表 4-5-1

序号	部门	岗位	姓名	最高学历	专业技术职称
44	结算管理部	中层副职	王　媛	大学本科	助理会计师
45	结算管理部	中层副职	王文静	大学本科	助理经济师
46	结算管理部	中层副职	吴　霞	大学本科	会计员
47	结算管理部	中层副职	马晶晶	大学本科	会计人员
48	结算管理部	中层副职	闫秀芹	大学本科	初级会计师、中级会计师
49	结算管理部	员工	杨凯森	大学本科	中级经济师、中级审计师
50	结算管理部	员工	王秀娟	大学专科	助理经济师
51	结算管理部	员工	贾桂芬	中专	会计人员
52	结算管理部	员工	宋成君	大学专科	会计员
53	结算管理部	员工	李雅静	大学本科	会计员
54	结算管理部	员工	李宝生	大学专科	助理经济师
55	结算管理部	员工	程青硕	大学本科	会计人员
56	结算管理部	员工	张海燕	中专	会计人员
57	结算管理部	中层副职	贾东云	大学本科	会计人员
58	结算管理部	中层副职	曾庆涵	大学本科	助理会计师
59	结算管理部	中层副职	张　雪	大学本科	中级经济师、中级审计师
60	结算管理部	中层副职	胡秋香	大学本科	初级会计师
61	结算管理部	中层副职	金梦婷	大学本科	会计人员
62	结算管理部	中层副职	杨海苹	大学本科	助理经济师
63	结算管理部	中层副职	李云云	大学本科	会计人员
64	结算管理部	中层副职	刘冬雪	大学本科	会计员
65	结算管理部	中层副职	王文宣	大学本科	会计员
66	客户经理部	员工	马玉龙	大学专科	经济师
67	客户经理部	员工	刘瑞东	大学专科	助理经济师
68	营业部	中层副职	王云婷	大学本科	初级会计师、初级审计师、中级经济师
69	营业部	员工	赵春秋	大学本科	助理会计师
70	营业部	员工	陈　俊	大学本科	中级经济师
71	营业部	员工	薛　静	大学本科	助理审计师
72	营业部	员工	蒙秋苹	大学本科	助理会计师
73	营业部	员工	吕金明	中专	经济师
74	淑阳支行	中层副职	杨　勇	大学本科	经济师

续表 4-5-1

序号	部门	岗位	姓名	最高学历	专业技术职称
75	淑阳支行	员工	杨　佳	大学本科	助理会计师
76	金辛庄支行	中层正职	韩　鹏	大学本科	会计员
77	金辛庄支行	中层副职	贾启龙	大学专科	会计员
78	金辛庄支行	员工	高志超	大学本科	助理审计师
79	金辛庄支行	员工	李明辉	大学本科	会计人员
80	金辛庄支行	员工	贾　超	大学本科	会计人员
81	大罗屯支行	中层副职	周　蒙	大学本科	助理会计师、中级经济师
82	大罗屯支行	中层副职	程政寓	大学本科	会计人员
83	大罗屯支行	员工	张　瑶	大学专科	中级经济师
84	大罗屯支行	员工	刘建军	中专	助理经济师
85	大罗屯支行	员工	张连洋	大学本科	初级会计师
86	钳屯支行	中层正职	杨建海	大学本科	助理经济师
87	钳屯支行	中层副职	王　薇	大学专科	会计人员
88	钳屯支行	员工	吴林贵	大学专科	助理经济师
89	渠口支行	中层正职	辛学伟	大学本科	会计员
90	渠口支行	员工	邵淑娟	大学本科	初级会计师
91	渠口支行	员工	吴坤轩	大学本科	初级会计师
92	渠口支行	员工	杨　局	大学专科	会计员
93	东鲁家口支行	中层正职	马晓明	大学专科	助理经济师
94	东鲁家口支行	员工	黄玉华	大学本科	会计人员
95	东鲁家口支行	员工	张怀营	中专	经济员
96	石虎辛庄支行	员工	蔡清华	大学本科	助理会计师
97	钱旺支行	中层正职	刘成杰	大学专科	会计员
98	钱旺支行	中层副职	王晨光	大学专科	会计员
99	钱旺支行	员工	吕金亮	中专	助理经济师
100	钱旺支行	员工	魏淑红	大学专科	会计人员
101	钱旺支行	员工	郭文丰	大学专科	助理经济师
102	刘宋支行	中层正职	赵广斌	大学本科	会计人员
103	安头屯支行	中层正职	刘洪权	大学专科	会计人员
104	安头屯支行	员工	杜振强	大学专科	经济师
105	五百户支行	中层正职	李雪松	大学本科	会计人员

续表 4-5-1

序号	部门	岗位	姓名	最高学历	专业技术职称
106	五百户支行	员工	李志强	大学专科	中级工程师
107	五百户支行	员工	郝爱龙	大学本科	初级会计师
108	李庄支行	员工	马爱杰	大学本科	会计员
109	蒋辛屯支行	中层副职	侯秋凤	大学本科	会计员
110	蒋辛屯支行	员工	蒙　洁	大学本科	会计人员
111	蒋辛屯支行	员工	张凯薪	大学本科	会计人员
112	梁家务支行	中层正职	刘亦兵	大学本科	助理经济师
113	梁家务支行	员工	靳洪国	中专	会计人员
114	梁家务支行	员工	李淑旭	中专	会计员
115	梁家务支行	员工	张　燕	中专	会计员
116	安平支行	中层副职	赵　越	大学本科	中级会计师
117	安平支行	员工	凌艳丽	大学本科	助理会计师、中级审计师
118	王家摆支行	中层正职	白素华	大学本科	助理经济师
119	鑫鑫支行	中层正职	刘海军	大学专科	助理经济师
120	鑫鑫支行	员工	邵冬芹	大学本科	会计员
121	金隆支行	中层正职	王　鹏	大学本科	助理经济师
122	金隆支行	中层副职	勾建武	中专	助理经济师
123	金隆支行	员工	王艳伟	大学本科	会计员
124	府前街支行	中层正职	宋季青	大学专科	经济师
125	永明路分理处	中层副职	孔德强	大学专科	经济师
126	永明路分理处	员工	赵小宁	大学专科	会计人员
127	安平一街分理处	员工	印洪利	高中	助理经济师
128	安平一街分理处	员工	李雅静	大学本科	会计员
129	新华大街分理处	中层副职	孙亚楠	大学本科	中级审计师
130	秀水街分理处	中层副职	吴向红	大学专科	会计人员
131	人力资源部	内退	张万全	大学专科	会计员
132	人力资源部	内退	赵立新	大学专科	助理经济师
133	人力资源部	内退	冯子波	大学专科	助理经济师
134	人力资源部	内退	王玉岐	大学专科	助理经济师
135	人力资源部	内退	严家新	中专	助理经济师
136	人力资源部	内退	杨永刚	大学专科	助理经济师

续表 4-5-1

序号	部门	岗位	姓名	最高学历	专业技术职称
137	人力资源部	内退	李建成	高中	技术员
138	人力资源部	内退	刘宏杰	大学专科	助理经济师
139	人力资源部	内退	马正仁	大学专科	会计员
140	人力资源部	内退	邳江红	大学专科	会计人员
141	人力资源部	内退	乔德明	大学专科	助理会计师
142	人力资源部	内退	孙连峰	中专	会计人员
143	人力资源部	内退	佟德发	大学专科	助理经济师
144	人力资源部	内退	王继生	大学专科	会计员
145	人力资源部	内退	王瑞山	大学本科	助理经济师
146	人力资源部	营销岗	杜振涛	大学本科	助理经济师
147	人力资源部	营销岗	盛　艳	中专	助理经济师
148	刘宋支行	营销岗	陈和宁	大学本科	助理经济师
149	李庄支行	营销岗	任伟超	大学专科	助理经济师
150	华联分理处	营销岗	杨宝振	大学专科	经济师
151	党委办公室	营销岗	张志军	大学本科	会计员
152	大罗屯支行	营销岗	杨建兵	大学专科	会计员
153	人力资源部	离岗清收	王双清	大学专科	助理经济师

第四节　薪酬福利

基本薪酬

基本薪酬又称“基本薪金”，是根据员工所承担或完成的工作本身或者是员工所具备的完成工作的技能向员工支付的稳定性报酬，是员工收入的主要部分，也是计算其他薪酬性收入的基础。

1951—1952 年，信用社干部工资参照乡干部标准，月薪平均 16 元，半脱产干部月薪平均 8 元。

1954 年 2 月，中国人民银行在金融工作会议上讨论信用社干部的待遇和调动等问题，规定信用社经营资金在 5000 元以上者，可由两名干部实行薪金待遇（待遇标准可比照乡干部）；经营资金在 3000 元以上者，会计可实行薪金待遇，主任一般由乡干部兼任；经营资金在 3000 元以下的原则上采取贴补制。对一般理事、监事、社员小组长、社员代表等，在结账时予以必要的精神或物质奖励。

1958 年，信用社干部执行行政级别工资，月平均工资 23 元。

1964 年 7 月，中国农业银行香河支行信用合作股印发《关于信用合作社干部调资方案》指出：“根据省专局、行指示精神，结合香河县具体情况，经县劳动科、人事科、农行香河支行等有关部门共同研究，制订香河县信用合作社干部调资方案：全县 17 个社 45 名干部，44 名在编干部参加此次调资，其中，正副主任 22 名，会计业务人员 22 名，原工资总额 1321 元，最高 35 元，最低 27 元，平均 30 元。定级后，升一级的正、副主任 5 名，会计业务人员 13 名，升级 18 名，占参加调资人数的 40%，调资后工资总额 1648 元，最高 43.5 元，最低 28.5 元，平均工资 37.45 元。”

1973 年 7 月，中国人民银行河北省分行印发《河北省农村信用合作社财务管理制度（试行稿）》指出，按批准的信用社干部标准列支工资，每月按固定日期一次发给，不准随意增加人员和擅自提高工资。病假在 6 个月以内的，第一个月工资照发，从第二个月按下列标准发给工资：工作年限不满 2 年的，发给本人工资 70%；满 2 年不满 5 年的，发给本人工资 80%；满 5 年不满 10 年，发给本人工资 90%；满 10 年和 10 年以上的发给本人工资 100%。信用社女干部产假内工资照发。

1977 年 11 月 28 日，国务院印发《关于整顿和加强银行工作的几项规定》指出，信用社是集体金融组织，又是国家银行在农村的基层机构，信用社的资金纳入国家信贷计划，人员编制纳入县集体劳动工资计划，职工待遇与人民银行一致。

1983 年 4 月，国务院批转劳动人事部印发《关于 1983 年企业调整工资和改革工资制度问题的报告》指出，调整工资要同企业的经济效益相结合，同职工个人的劳动成果挂起钩来，这是工资制度的一项重要改革，符合社会主义“各尽所能，按劳分配”的原则。

1985 年 6 月，中共中央、国务院印发《关于国家机关和事业单位工作人员工资制度改革问题的通知》指出，国家机关行政人员、专业技术人员均改为以职务工资为主要内容的结构工资制。即将现行的标准工资加上副食品价格补贴、行政经费节支奖金，与这次改革增加的工资合并在一起，按照工资的不同职能，分为基础工资、职务工资、工龄津贴、奖励工资四个组成部分。

1993 年，根据中国农业银行精神，香河县农村信用社实行工资改革，执行等级工资标准，由基本工资、津贴、奖金三部分组成。津贴按基本工资乘 4 再除以 6 计算，奖金分两类，即每人每月基数奖 120 元，月奖 60 元（工改期间未纳入新工资）。是年，信用社人员普调一级，有职称的专业人员按专业技术职务等级工资标准进档，中级、助级、员级分别增加 30 元、20 元、18 元，无职称的职工按行员等级工资标准进档。

1997 年 9 月 30 日，人事部、财政部印发《关于 1997 年调整机关、事业单位工作人员工资标准等问题的通知》指出，从 1997 年 10 月 1 日起适当调整机关、事业单位工作人员的工资标准。事业单位工作人员工资标准调整后，相应提高事业单位新参加工作人员的见习期工资标准和初期工资标准。提高后的见习期工资标准和初期工资标准分别为：初中毕业生每月 190 元（含见习津贴，下同）；高中、中专毕业生每月 200 元；大学专科毕业生每月 215 元；大学本科毕业生每月 225 元；获得双学士学位的大学本科毕业生（含学制为 6 年以上的大学本科毕业生）、研究生班毕业和未获得硕士学位的研究生每月 240 元；获得硕士学位的研究生每月 260 元；获得博士学位的研究生每月 290 元。

1997 年 12 月 26 日，中国人民银行印发《农村信用社、信用联社工作人员提前晋升工资奖励暂行办法》指出，对提前晋升工资奖励的对象、权限，提前晋升工资奖励工作的程序、步骤、要求作出明确规定。是年，香河县农村信用社执行中国人民银行《关于印发<农村信用社、信用联社现行工资制度

中若干问题的处理意见的>通知》，信用社人员再次普调一级工资，人均增资 23 元。

1998 年 6 月，县联社印发《香河县农村信用联社人事管理规定》指出，工资管理必须严格执行工资套改政策，政令统一，步调一致，把握好政策，根据劳资政策的有关文件规定和要求，自 1993 年 10 月起每两年，把员工工资全部晋升一个工资档次。

1999 年 7 月 1 日，县联社执行中国人民银行《1999 年农村信用社工作人员工资标准和增加离退人员离退休费的实施办法》，明确在职正式职工执行 5 级、6 级、7 级行员等级工资标准人员，月增额分别为 93 元、80 元、71 元。执行专业技术职务等级工资标准的中级、初级、员级人员，月增额分别为 93 元、80 元、71 元；执行工人工资标准的中级工、初级工，月增资额分别为 72 元、65 元；同时提高新参加工作人员见习期月工资标准，初中、高中（含中专）、大专、本科毕业生分别提高至 280 元、295 元、315 元、330 元。是年，香河县农村信用社员工总数 228 人，其中，专科毕业 15 人，中专毕业 71 人，高中毕业 105 人，初中及以下毕业 37 人，年末工资总额 202.68 万元。

截至 2000 年 12 月 31 日，香河县农村信用社有员工 239 人，工资总额 199 万元。

2004 年 12 月，县联社印发《香河县农村信用合作社绩效工资管理办法》指出，按照以岗定责、以责定酬、按劳分配、绩效挂钩的原则制定香河县农村信用社绩效工资考核管理办法。薪酬总额=起点工资+绩效工资；绩效工资=效益工资+增效工资，考核对象为全体在册的信用社职工（含市办合同制职工）；起点工资为岗位工资+工龄津贴+职称工资之和。截至年底，香河县农村信用社有员工总数 240 人，工资总额 518 万元。

2005 年 2 月 25 日，县联社印发《香河县信用联社关于绩效工资管理办法的补充规定》指出，对绩效工资、贷款收息考核、住房公积金、补贴及其他福利进行调整。是年，香河县农村信用社员工总数 240 人，工资总额 831 万元。

2007 年 3 月 6 日，省联社印发《河北省农村信用社县级联社工资分配制度改革指导意见（试行）》指出，依据《中华人民共和国劳动法》和《进一步深化企业内部分配制度改革指导意见》《河北省深化农村信用社改革实施方案》等法律法规和文件精神，结合推进劳动用工等各项配套制度改革，在全省农村信用社推行以岗位绩效为主体的工资分配制度。县级联社在岗职工工资构成包括岗位固定工资、岗位绩效工资与单位效益、外部环境、职工意愿、岗位职责、工作环境、劳动强度、素质能力要求、工作性质、个人业绩等要素挂钩，由各县级联社根据工作实际制定具体考核办法。

2008 年 1 月 28 日，县联社印发《香河县农村信用合作联社薪酬分配方案（修订）》指出，根据省联社核定月均工资情况测算本年度月薪酬额度，按省联社实际核定数结合当年增效考核结果，进行补发放。月薪酬总额等于岗位基础工资加绩效工资加不参加考核人员工资；绩效工资等于效益工资加增效工资；岗位基础工资等于岗位工资加工龄津贴加职称工资。

2009 年 5 月 31 日，省联社印发《市、县级机构绩效考核办法（试行）》指出，按照“简化考核内容、突出重点指标”的原则，设定存款增加额、不良贷款、拨备前利润、中间业务收入、公用费用率为年度经营目标的考核指标，基准分 100 分。其中，存款增加额 25 分、不良贷款 30 分、拨备前利润 35 分、中间业务收入 5 分、公用费用率 5 分。考核分数与绩效工资倍数成正比。

2011 年 4 月 22 日，省联社印发《关于加强工资管理的通知》指出，要建立健全内部分配制度，制定本单位具体的分配制度，明确本单位内部工资制度、分配形式、支付办法等。规范工资总额核算和管理口径，严格按照省联社工资总额管理办法和国家有关工资总额组成的规定及相关精神核算和管理工资总额，不得自行调整职工工资总额的管理口径，工资总额按照先提后用的原则。

2014 年 2 月 28 日，县联社印发《香河县农村信用合作联社中层管理人员工资薪酬分配管理办法（试行）》《香河县农村信用合作联社职工工资薪酬分配指导意见（试行）》指出，中层管理人员及分社负责人、会计辅导员、委派会计，确定一级考核一级的管理模式。根据省联社廊坊办事处印发《关于规范全市农村信用社工资发放的通知》确定岗位系数，信用社主任岗位系数为 1.8，信用社副主任岗位系数为 1.6，联社部门正职岗位工资系数 1.8，分社主任、联社部门副职、委派会计、会计辅导员岗位系数为 1.6。工资薪酬总额的 20%部分作为奖励工资，主要用于考核调剂、专项考核及其他奖励。职工工资采取按绩效优先的原则将工资分为基础工资、绩效工资、奖励工资组成。各信用社、分社、客户经理部一般职工岗、各部室职工岗的岗位工资每月 2000 元。津补贴包含工龄津贴、学历职称津贴和工勤津贴。

2015 年 11 月 16 日，县联社印发《关于 2015 年固定工资调级晋档工作实施方案（试行）的通知》指出，调级工作区分中层管理人员和职员，信用社主任、分社负责人调级按照《香河县农村信用合作联社信用社、分社分类管理办法》执行；前、中、后台部室经理调级，按岗位变化情况相应调整职级。职工调级，因岗位发生变化，随岗位变化调入相应职级，档级不变；岗位无变化在相应职级按相同岗位等级确定。晋档分值由员工工龄、考核、学历、专业技术职务、违规违纪等 5 个要素进行计分。晋档分值公式=工龄+考核+学历+专业技术职务–违规违纪。

职工福利

职工福利是指企业为职工提供的集体福利以及建立的某些补助和补贴。省联社成立以前主要通过奖金、救济费、营养保健费等方式体现；省联社成立后逐步形成假期保障、补充医疗、内部退养、企业年金等全方位的职工福利体系。

1962 年 9 月，香河县人民委员会根据省人委转发国务院通知“信用社脱离生产干部所需口粮，可以由国家供应”的精神，全县信用社脱产干部编制 45 人，这部分干部的口粮，一律由国家负责供应，对于信用社干部的副食品和日用品供应，以及他们的政治福利待遇等问题，应按照公社同级干部的待遇标准解决。

交通补贴 1964 年 6 月，中国农业银行香河县支行印发《香河县信用合作社开支制度（草案）》指出，“自行车补助费”凡因公下乡自备的自行车，每月下乡时间满 10 天以上者补助 0.5 元，满 20 天以上者补助 1 元，不足 10 天者不予补助。

1967 年 9 月，中国人民银行香河县支行印发《关于纠正追补信用社干部自行车补助问题的通知》指出，从 1965 年 1 月 1 日至 1967 年 8 月 31 日这段追补的自行车补助费一律退回。从 1967 年 9 月 1 日以后可以按照财政制度的规定进行恢复。

1972 年 8 月 29 日，中国人民银行天津地区中心支行关于转发河北省财金局印发《河北省信用合作社财务管理暂行办法的通知》指出，信用社干部的自行车补助，要按当地财政部门规定执行。

1980年12月，中国农业银行香河县支行转发农行河北省分行印发《关于信用社各项费用开支有关问题的通知》指出，职工因外出或下乡骑私有自行车补助外勤人员，每月补贴2元，内勤人员每月补贴1.5元。自行车修理费：公用自行车在每辆每月2元的额度内开支。职工因外出或下乡骑用私有自行车，凡在1个月内骑用20天以上者补贴2元；不满20天者，按实际骑用天数，每天补助0.1元。

2013年4月30日，县联社印发《关于发放员工交通补贴的规定（试行）》指出，取消原来的远途补助制度，各基层网点用车、机关部室下乡用车费用均采取发放交通补贴的办法，补贴标准按网点类别、岗位职责及工作性质核定，补贴到单位，由单位按实际情况发放。

2018年8月21日，省联社印发《河北省农村信用社公务用车制度改革实施办法》指出，公务交通补贴属于改革性补贴，不包含在企业负责人薪酬范围内，所需费用由省联社及各市县级行社纳入年度预算，按月按标准发放，或者按年度计算的补贴标准内据实报销公务交通费用。其中，各县级行社负责人公务交通补贴标准最高不超过2300元/月。

2019年10月30日，香河农商银行印发《关于发放员工交通补贴的规定》指出，交通补贴分为路途补贴和公务交通补贴两部分。路途补贴向除香河农商银行领导班子以外的全体员工发放；公务交通补贴分部门、分岗位核定最高标准。路途补贴：机关及营业部、公司客户经理部每人每月100元；淑阳支行、府前街支行、金隆支行、家具城分理处、永明路分理处、华联分理处、新华大街分理处、秀水街分理处每人每月200元；钱旺支行、钳屯支行、王家摆支行、金辛庄支行、运河大道分理处、大罗屯支行、鑫鑫支行、前套村分理处每人每月400元；安头屯支行、渠口支行、蒋辛屯支行、五百户支行每人每月600元；梁家务支行、安平支行、李庄支行、香城屯支行、刘宋支行、东鲁家口支行、石虎辛庄支行、安平一街分理处每人每月800元。

医疗补助　1953年，信用社脱产干部享受公费医疗。

1958年，信用社全脱产专干医疗费标准每人每月1元。

1964年6月，中国农业银行、劳动部印发《关于信用合作社干部工资福利待遇的联合通知》指出，信用合作脱离生产专职干部的福利待遇，根据业务开展情况采取逐步解决的方针，福利补助费按脱离生产专职干部的福利待遇，根据业务开展情况采取逐步解决的方针，福利补助费按脱离生产专职干部标准工资总额的2.5%提取，医药卫生补助费按脱离生产专职干部标准工资总额的5%提取。10月，中国农业银行香河县支行印发《信用社干部奖励、福利待遇问题的通知》指出：一是对信用社脱产专职干部的奖金，一部分按脱离生产专职干部标准工资总额3%提取，每月在各项支出科目“奖励金”户内列支，采取月评季奖的方式，另一部分从信用社的盈余中提取，作为年终奖励，其最高额不得超过脱离生产专职干部年工资总额的3%。二是信用社脱产专职干部的福利待遇采取逐步解决方针，医药卫生补助费：自1964年9月1日开始，按脱离生产专职干部标准工资总额的5%提取。福利补助费按脱离生产专职干部标准工资总额的2.5%提取。各项支出科目“医药费”“福利费”户内列支。三是信用社干部病假期间的生活待遇按照国务院《关于国家机关工作人员病假期间生活待遇试行办法》的规定执行，女干部产假期间工资照发。

1966年12月，中国人民银行香河县支行转发中国人民银行河北省分行印发《关于信用社从年度盈余中所提奖励金的使用问题的通知》指出，“文化大革命”运动中，不少地区的贫下中农社员和信用社干部，对信用社向干部发放季度和年终奖励金的制度，提出意见。经研究决定：目前河北省信用社干部工资水平已经不低，如果把奖金作为工资发给社干部势必扩大信用社干部与当地社员以及其他部门干部之间的收入水平上的差距，同时不利于信用社走亦工亦农道路，不利于逐步消灭三大差别，所以暂时提出：信用社年终有盈余的，可仍按原规定比例提取奖励金，但不再给信用社干部发给年度奖金。所提取的奖励金可以暂时存起来，也可以经社内民主讨论与公益金一并使用，用于干部家庭生活困难补助，医药补助；或者用于集体文化福利事业等。

1973年7月，中国人民银行河北省分行印发《河北省农村信用合作社财务管理制度（试行稿）》指出，社干因病就医，必须按指定医疗单位治疗，凭单据报销，不得私自购买药品或找私人医生治疗，不准报销营养药品。

1975年，香河县农村信用社的医疗费按脱产干部工资总额的5%提取。

1976年，香河县农村信用社职工医疗费规定为每人每年18元。

1980年7月12日，中国农业银行印发《关于农业银行系统实行企业待遇若干问题的暂行规定》指出，信用社职工福利费按职工工资总额的11%提取，其中，7%用于职工医药费补助费（包括职工家属医药补助费），4%用于职工福利费，职工家属医药补助，补助的标准不得超过其医药费的50%。12月，中国农业银行香河县支行转发中国农业银行河北省分行印发《关于信用社各项费用开支有关问题的通知》指出，医药费首先用于在职职工，其次用于家属医药补助。指标用完后，不得再行开支，待年终决算后视企业基金多少解决不足部分的一部分或全部。

1988年4月6日，中国农业银行印发《农村信用合作社职工管理暂行规定》指出，合同制职工患病或因公负伤，根据其从事信用社工作时间长短，给予1个月至1年的医疗期。在信用社工作满20年以上的，医疗期可以适当延长。在医疗期内，其医疗待遇和病假工资与本单位原固定工同等对待，医疗期满仍不能从事信用社工作被解除劳动合同的，由信用社发给相当于本人标准工资3—6个月的医疗补助费。合同制职工医疗费，参照国家有关规定执行。

1994年，职工基数医药费标准提高至20元；工龄医药费按工龄1年1元计算。离退休人员医药费包干月基数每人30元，工龄药费发放标准与在职员工相同。

1996年，退职退休人员新增岁龄医药费，以每岁0.5元的标准，按月计发，调整在职员工患病住院医药费负担比例，超过个人包干部分，由单位、个人分别负担80%和20%，若患绝症住院，医药费由单位全部报销，但包干药费停发。因公负伤住院，医药费由单位全部报销，包干医药费照发。

1997年1月，县联社印发《香河县农村信用社职工医药费管理暂行办法（试行）》指出，建立“在职职工医药费统筹基金”制度，每年信用社将福利费总额的30%上划联社作为“在职职工医药费统筹基金”，用于解决单一信用社难以承受的特殊问题。联社在“管理部门统筹基金科目”下设“职工医药费统筹基金”账户专户管理。在职工医药费统筹基金中报销职工个人医药费时，联社根据统筹基金的能力确定报销比例，但最高不超过本人实际开支医药费总额的60%。离退休职工医药费在“职工养老保险统筹基金”中解决，不予在职职工医药费统筹基金混用，但离退休职工也要执行医药费包干制度，包干基数为每人每年1200元，超过部分根据具体情况由联社管委会研究确定报销比例，最高不超过80%。临时工医药费除工伤事故外，一般不予报销。

1998年6月，县联社印发《香河县农村信用社职工医药费管理办法》指出，建立“在职职工医药费统筹基金”制度，每年信用社将福利费总额的30%上划联社作为“在职职工医药费统筹基金”。在职职工医药费统筹基金中报销职工个人医药费时，联社根据统筹基金的能力确定报销比例，但最高不超过本人实际开支医药费总额的60%。职工日常医药费仍执行按年包干办法，每人每月50元，计每年每人600元，超包干部分年末本社福利费如有能力，可按以下标准掌握报销，工龄在30年（含）以上者为80%，20年（含）至30年者为70%，10年（含）至20年为60%，10年以下者为50%。

2011年12月8日，省联社印发《关于建立企业补充医疗保险的意见》指出，企业补充医疗保险水平要与本联社的经济承受能力相适应，支付范围和城镇职工基本医疗保险的有关规定相一致，要坚持公平和效率相统一，民主决策，合理使用。企业补充医疗保险费的计提标准根据各地劳动和财政部门相关规定执行，在工资总额5%以内部分，可以直接从成本中列支。

2012年10月16日，县联社印发《香河县农村信用合作联社员工补充医疗保险暂行办法（试行）》指出，补充医疗保险的使用坚持以收定支，收支平衡、略有结余的原则，补助范围包括门诊医疗补助和住院医疗补助。门诊医疗补助的范围和标准按照退休人员每人每年报销最高限额为3500元；45周岁（含）以上的员工，每人每年报销最高限额为3000元；35周岁（含）至45周岁的员工，每人每年报销最高限额为2500元；35周岁以下的员工，每人每年报销最高限额为1500元。

2014年11月20日，县联社印发《关于调整香河县农村信用合作联社员工补充医疗保险暂行办法》指出，按照《河北省农村信用社联合社办公室关于建立企业补充医疗保险的意见》的通知要求，适当合理地提高职工医疗保障水平，调整门诊医疗补助标准：50周岁（含）以上（包括退休人员），每人每年报销最高限额为5000元；45周岁（含）至50周岁以下，每人每年报销最高限额4500元；35周岁（含）至45周岁以下，每人每年报销最高限额4000元；35周岁以下职工，每人每年报销最高限额为3000元。

抚恤金、遗属补助 1988年4月6日，中国农业银行发印发《农村信用合作社职工管理暂行规定》指出，明确合同制职工丧葬补助费、供养直系亲属抚恤费、救济费，参照国家有关规定执行；合同制职工因公或因病死亡的丧葬补助费，供养直系亲属的抚恤费，救济费与本单位原固定工同等对待。

2000年3月，县联社转发中国人民银行石家庄中心支行《企业职工死亡丧葬费补助标准等问题的通知》指出，企业职工因病或非因工死亡的丧葬补助费按本企业的平均工资2个月计发。企业职工因工死亡的丧葬补助费按本省上年度职工平均工资6个月的标准发给。

2008年12月30日，省联社转发河北省劳动和社会保障厅《关于调整本级统筹单位工伤职工和工亡职工供养亲属有关待遇标准的通知》指出，本次调整的范围为2007年12月31日前享受伤残津贴待遇的工伤职工、享受生活护理费待遇的工伤人员、领取供养亲属抚恤金待遇的工亡人员供养亲属。调整后的标准自2008年1月1日起执行。其中，供养亲属抚恤金的调整：配偶每人每月增加70元，其他亲属每人每月增加60元。

2011年9月14日，省联社转发省财政厅、省人力资源和社会保障厅《河北省社会保险事业管理局关于调整省本级统筹单位工伤职工伤残津贴、生活护理费和工亡职工供养亲属抚恤金标准的通知》指出，工亡职工供养亲属抚恤金配偶每人每月增加140元，其他亲属每人每月增加120元。新标准自2011年1月1日起执行。

2012年11月22日，省联社转发省人力资源和社会保障厅、省财政厅《关于调整参加企业职工基本养老保险人员死亡后丧葬补助金和遗属抚恤金标准的通知》指出，参保人员未达到按月领取基本养老金条件因病非因工死亡和按月领取基本养老金的退休、退职人员死亡后，无论是否有供养直系亲属，均发给一次性抚恤金。一次性抚恤金按死亡人员的缴费年限，每满1年（不满1年按1年计算）计发1个月去世时上一年度全省退休人员月平均基本养老金，但最多不超过20个月。新标准从2011年7月1日起执行。

带薪假 2007年12月14日，国务院印发《职工带薪年休假条例》指出，机关、团体、企业、事业单位、民办非企业单位、有雇工的个体工商户等单位的职工连续工作1年以上的，享受带薪年休假。职工在年休假期间享受与正常工作期间相同的工资收入。职工累计工作满1年不满10年的，年休假5天；满10年不满20年的，年休假10天；满20年的，年休假15天。

2008年9月18日，人力资管和社会保障部印发《企业职工带薪年休假实施办法》指出，年休假天数根据职工累计工作时间确定，职工在同一或者不同用人单位工作期间，以及依照法律、行政法规或者国务院规定视同工作期间，记为累计工作时间。职工新进用人单位且符合规定的，当年度休假天数按照在本单位剩余日历天数折算确定，折算后不足1整天的部分不享受年休假。折算方法为：（当年度在本单位剩余日历天数÷365天）×职工本人全年应享受年休假天数。

养老待遇 按照国家有关文件规定，在劳动者年老或丧失劳动能力后，根据对社会所做的贡献和所具备的享受养老保险资格或退休条件，劳动者可享受按月或一次性以货币形式支付的保险待遇，用于保障职工退休后的基本生活需要。

1973年1月，中国人民银行香河支行关于印发《信用社干部的管理和执行退职、退休规定》指出，信用社干部的退职、退休问题，要同农村基层供销社干部一样，按照《国务院关于工人、职员退休处理的暂行规定》和《国务院关于工人、职员退职处理的暂行规定（草案）》执行，从1973年1月1日起执行。审批手续：凡全部脱离生产的信用社干部，符合退职、退休规定条件的，由贫下中农管理组织讨论，经公社党委审查，报县生产指挥部批准。信用社干部工龄从全部脱离生产参加工作之日算起。退职、退休费用，由信用社公益金中开支，公益金不足的从各项支出科目专项列支。

1988年4月6日，中国农业银行印发《农村信用合作社职工管理暂行规定》指出，信用社合同制职工实行退休养老制度，其退休条件和原固定工一致，退休养老基金由信用社和合同制职工共同分担。信用社负担的退休养老基金，在交纳所得税前列支，数额为合同制职工工资总额（含标准工资和补助工资）的15%左右。合同制职工本人按月标准工资的2.5%交纳退休养老基金，由信用社按月在工资中扣除。合同制职工退休后，按月发给退休费，直至死亡。

1995年12月8日，国务院印发《关于机关、事业单位离退休人员增加离退休费的通知》指出，1995

年9月30日前的机关、事业单位离退休人员，从1995年10月1日起适当增加离退休费。离休人员按同职务在职人员晋升一个工资档次的增资额增加离休费，每月增资额不足25元的按25元增加；退休人员按每人每月20元增加退休费。依照国家规定退职的人员，按每人每月15元增加退职费。

1997年9月29日，人事部、财政部印发《关于机关、事业单位离退休人员增加离退休费的通知》指出，从1997年7月1日起，对1997年6月30日前办理离休、退休、退职手续和达到离退休年龄的人员（按国家有关规定经组织批准留任的除外），按每人每月20元增加离休、退休费和退职生活费。从1997年10月1日起，对1997年9月30日前办理离休、退休、退职手续和达到离退休年龄的人员（按国家有关规定经组织批准留任的除外），仍按《国务院关于机关、事业单位离退休人员增加离退休费的通知》（国发〔1995〕32号）规定精神，适当增加离休、退休费和退职生活费。具体办法是：离休人员按同职务在职人员晋升一个职务工资档次的档差增加离休费，每月低于25元的按25元增加；退休人员按每月20元增加退休费；依照国家规定退职的人员，按每月15元增加退职生活费。

1998年11月18日，为进一步加强农村信用社养老保险统筹基金管理，中国人民银行合作金融机构监管司印发《关于规范农村信用社基本养老保险统筹管理工作的意见》指出，未实行基本养老保险统筹或从1996年以后实行基本养老保险统筹的联社、信用社，要按有关规定从1994年1月1日起，单位按工资总额16%的比例补提养老保险基金。

1999年8月31日，国务院印发《关于增加机关、事业单位离退休人员离退休费的实施方案》指出，机关、事业单位1999年6月30日前办理离退休手续和到达离退休年龄的人员（按国家有关规定经批准留任的除外），从1999年7月1日起增加离退休费。具体办法：离休人员按照同职务在职人员的增资额增加离休费（机关离休人员按同职务同条件在职人员的增资额增加离休费）。每人每月增加数额不足120元的，按120元增加。退休人员按下列标准增加退休费：行政人员，省（部）级及以上职务210元、厅（局）级170元、处级140元、科级110元、科员及办事员90元；专业技术人员，教授及相当职务170元、副教授及相当职务140元、讲师及相当职务110元、助教及以下职务90元；工人，高级技师和技师110元、高级工以下（含高级工）及普通工90元。依照国家规定退职的人员，每人每月增加80元退职生活费。

2002年12月26日，县联社印发《香河县农村信用社退休（退职）职工医药费管理办法》指出，根据2002年9月20日，人民银行廊坊市中心支行信用合作管理办公室印发《关于农村信用社离退休职工医药费列入成本的通知》精神，成立退休（退职）人员报销医药费领导小组，退休（退职）人员报销医药费均由领导小组集体审批，日常医药费执行按月包干办法，凭乡级以上卫生院医药费报销凭证，每人每月最高报销100元，半年报销一次。因重病需到医院住院治疗的，须报联社批准，凭所救治医院住院统一收费收据，年度按以下规定比例分段计算报销，住院费用总额5000元以下报销费用额的50%；5001—10000元报销费用额的60%；10001—20000元报销费用额的70%；20001元以上报销费用额80%。

2003年1月27日，河北省劳动和社会保障厅、河北省财政厅、中国人民银行石家庄中心支行、河北省地方税务局印发《关于农村信用社参加河北省基本养老保险社会统筹有关问题的通知》指出，河北省各级农村信用社在编正式职工以及与农村信用社形成劳动关系的所有职工和符合国家规定的离退休人员，自 2001 年 1 月起，纳入河北省养老保险省级统筹，实行省级管理。农村信用社的单位缴费比例分三年逐步过渡到全省统一比例，其中，2001 年为单位工资总额的 19%，2002 年为单位工资总额的 19.5%，2003 年为单位工资总额的 20%。个人缴费比例 2001 年、2002 年为本人工资收入的 6%，以后随国家和河北省规定进行调整。

2004 年 1 月 18 日，中国银监会河北监管局（信用合作管理办公室）转发《河北省劳动和社会保障厅、河北省财政厅关于增加企业离（退）休人员离（退）休金有关问题的通知》指出，企业离休人员从 2003 年 7 月 1 日起按机关同职务、同条件在职人员的增资额增加离休费。每人每月增加数额不足 50 元的，按 50 元增加。11 月，河北省劳动和社会保障厅、河北省财政厅印发《关于 2004 年调整企业退休人员基本养老金有关问题的通知》指出，1993 年 12 月 31 日以前退休人员，在普调基础上每人每月再增加 10 元；1983 年 9 月 9 日职称改革前被评为中级及其以上专业技术职称和 1985 年职称改革后被评为副高级及其以上专业技术职称并在退休前被企业聘任的，在普调的基础上每人每月再增加 20 元。

2005 年 5 月 13 日，河北省社会保险事业管理局印发《关于公布 2004 年度全省企业职工养老保险个人账户记账利率的通知》指出，2003 年底以前记入职工养老保险个人账户的累计储存额按 5.31%计息；2004 年，正常缴纳养老保险费的，按当年银行一年期储蓄存款年利率一半即 1.125%计息；2004 年，不正常缴纳养老保险费的，按当年银行活期存款月利率即 0.6‰计息。

内部退养 是指尚未达到国家规定的退休条件，但符合一定工作年限或特定情况，实行系统内退出工作岗位，并由农村信用社发放生活费的制度。

1978 年 6 月，国务院印发《关于工人退休退职暂行办法》指出，对不符退休条件，但丧失劳动能力办理退职后的工人，按月发给相当于本人标准工资 40%的生活费，低于 20 元的按 20 元发给。职工退职后，可以继续享受公费医疗待遇。

2007 年 3 月 16 日，县联社印发《香河县农村信用合作联社员工聘任聘用实施方案》指出，内部退养的条件为：从 2007 年 1 月开始，男满 50 周岁，女满 45 周岁的，工作年限男满 30 年的，女满 25 年的可申请办理内退。符合内部退养条件的人员在内退期间改发内退生活费，其原工资作为档案工资保留：男工龄满 35 年（含）以上的按 95%计发工资；满 30 年不满 35 年的按 90%计发工资；满 25 年不满 30 年的按 85%计发工资；满 20 年不满 25 年的按 80%计发工资；满 15 年不满 20 年的按 75%计发工资；工龄在 15 年以下的不享受内退。内退以后随着年限的增长，相应地增加工资比例。女工龄满 30 年（含）以上的按 95%计发工资；满 25 年不满 30 年的按 90%计发工资；满 20 年不满 25 年的按 85%计发工资；满 15 年不满 20 年的按 80%计发工资；工龄在 15 年以下的不享受内退。内退以后随着年限的增长，相应地增加工资比例。

2008 年 1 月 26 日，县联社印发《香河县农村信用合作联社调整内退人员生活费标准方案》指出，香河县农村信用联社自 2007 年起执行员工内退政策，内退人员生活费实际按档案工资根据内退协议以一定的比例核发。按照香河县农村信用社当前人均工资增幅同比例确定的内退人员增幅比例，2008 年香河县农村信用社内退人员的生活费在原有的基础上上涨 13.5%。

企业年金 是指企业及其职工在依法参加基本养老保险的基础上建立职工养老保险制度，依据国家政策和本企业经济状况建立的，对国家基本养老保险进行重要补充的一种养老保险形式。

2012 年 12 月 15 日，省联社印发《河北省农村信用社县级行社企业年金具体实施意见》指出，县级行社参加条件：一是实现税后盈利（含补贴）；二是具有较好的风险管控能力，资本充足率等风险管控指标满足行业监管规定；三是具备相应的财务承受能力，不得因实行企业年金制度出现亏损，影响县级行社长远发展。企业年金缴费有企业缴费和个人缴费，企业缴费分 3 个档次，与资本充足率和拨备覆盖率等指标相结合，个人缴费按照上年度本人工资总额的 2.78%计提和缴纳，由县级行社从职工本人工资中代扣代缴。

第六章　综合管理

香河县农村信用社综合管理包括后勤保障管理和档案管理，后勤保障管理主要由综合办公室负责，主要包括公务用车管理、办公物品采购领用等职能。香河县农村信用社档案管理按照省联社工作部署，完成档案数字信息化管理并将档案库建成投入使用。

第一节　后勤保障管理

公务用车

1997 年 1 月，县联社印发《香河县信用联社车辆管理制度》指出，车辆日常驾驶、养护技术由司机负责，车辆用油、修理费等由联社综合办公室统一安排，确保联社领导的办公用车。联社的离退休老干部、职工及家属有病可以用车，个人用车出县的须经主管副主任批准，带班人员在值班时间严禁私自派车外出，司机严禁私自驾驶车辆外出。

2002 年 6 月 17 日，县联社印发《香河县信用联社车辆管理暂行办法》指出，明确记录车辆的购置时间、方式及价格、车辆本身的相关数字及相关凭证以及购入时随车维修工具及后期增购的物品。建立和使用《车辆维修报告单》制度，由司机根据车辆损件部位，损件程度及原因填写报告。修理费额度在 1000 元以下的由各个信用社主任审批，1000 元以上的报县联社审批后再行修理。

2007 年 5 月 10 日，县联社印发《香河县农村信用合作联社车辆管理办法》指出，联社各部室因公使用车辆，必须向办公室提出申请，由办公室开出派车单，驾驶员凭派车单出车，基层信用社因公使用车辆，必须经信用社主任批准。联社和基层信用社的车辆必须到指定的加油站加油，加油日期和数量必须登记，并由驾驶员签名留底，月底以转账形式结账。

2008 年 1 月 29 日，省联社印发《关于加强农村信用社工作用车管理的通知》指出，存款规模 7000 万元以上，前两个年度年均资产收益率不低于 4%为基层信用社配置工作用车的最低标准，符合最低标准的基层信用社可配备价格在 8 万元以内的工作用车 1 辆。存款规模在 1 亿元以上，前两个季度年均资产收益率不低于 5%的信用社，可配备价格 12 万元以内的工作用车 1 辆。县级联社根据基层信用社实际业务需求，核定其车辆年度费用额度，包干使用，节约费用滚动使用，超额车辆费用从信用社主任工资中扣减，县联社本县工作用车也实行费用包干制度。8 月 29 日，县联社印发《香河县农村信用合作联社关于信用社工作用车实行费用包干管理办法的通知》指出，信用社车辆费用实行全年包干制，每月由财务部门按照核定的费用额下划到各信用社指定账户，每季度报销一次。车辆费用包括基本费用、运行费用、维护费用等，其他的车辆费用一律不得报销。

2009年，县联社印发《香河县农村信用社车辆管理办法》指出：一是加强车辆管理，做好车辆调度，保证行政用车和业务用车。二是加强车辆用油的管理，对每一辆登记车辆行使千米数、车辆千米表读数和用油量，按每百千米耗油量进行核算监督，要求车辆到指定的加油站加油，加油的日期及数量登记清楚，审核报批，月底以转账形式结账。三是加强对汽车的维修管理，坚持维修申报制度，实行定点维修，节约维修费用。四是加强车辆的日常保养和维护工作，保持车辆的美观和使用性能。五是落实驾驶员管理制度，杜绝非驾驶人员驾车和违规违法驾车。

2013年，香河县农村信用社进行公务用车改革，并对公车进行公开拍卖。

2013年，香河信用联社组织召开出售汽车投标会　　综合办公室供图

2018年8月21日，省联社印发《河北省农村信用社公务用车制度改革实施办法》指出，采取配备公务用车方式的，要严格执行中央和河北省有关规定，不得发放任何形式的公务交通补贴。采取发放交通补贴方式的，不再为企业负责人配备公务用车。不得为退休人员、离任人员、调离本单位人员、非本单位人员配备公务用车或发放公务交通补贴。

2019年9月19日，省联社廊坊审计中心印发《关于加强公务用车改革及相关费用管理的通知》指出，原则上各县级行社只保留联社（总行）4辆公务用车（含商务车），取消网点公务用车。对公务用车的购置、更新、保养、维修以及日常使用等实行集中管理、统一调配。10月16日，香河农商银行印发《机关公务车辆使用管理办法（试行）》指出，综合办公室是机关公务车辆管理的职能部门，审计部、纪检监察室对机关车辆使用情况进行监督。实行公务用车费用预算管理制度，车辆管理部门每年年末编制次年度公务用车费用使用预算，包括公务用车购置（含租赁）、运行维护费用以及公务交通补贴提交计划财务部审核批准，年内动态监测公务用车费用开支情况，严格执行费用预算。

办公物品采购领用

2000年2月9日，廊坊市农村金融体制改革领导小组办公室印发《廊坊市农村信用社系统办公用品集体采购管理办法》指出，集体采购范围包括会计凭证、账表、统计报表及其他大宗印刷品类、微机（含软件开发）类、需要量大且价值较高的商品，如点钞机、防盗监控设备等。集体采购由农金处主管科室根据上级安排或业务需要，统计各联社需求量，并提出采购计划，送办公室汇总，报请农金处长同意后实施。供应商采取各科室及各联社推荐，并通过招标确定。

2009年，县联社印发《香河县农村信用合作联社物品采购实施细则》指出，对办公耗材，严格采购申报手续，实行统一集中采购。对易耗品的领用，实行专人管理，建立领用等级台账，对办公用品实行统一管理，节约使用。

第二节 档案管理

综合档案管理

香河农商银行综合档案是指机关各部室、各支行在其工作和活动过程中直接形成的具有保存价值的各种文字、图表、声像等各种不同形式的历史记录，包括纸质、电子、实物等。

2017年11月30日，省联社印发《河北省农村信用社档案信息化建设指导意见》指出，档案信息化建设是河北省农村信用社适应社会信息化建设发展的客观要求，也是进一步缩小河北省农村信用社与国有银行及股份制商业银行管理差距，全面提升农村信用社经营管理水平的迫切需要。档案信息化建设要以促进、完善企业信息化和提升档案管理水平为总目标。是年，香河县农村信用社通过档案管理公司开始电子档案扫描工作。

2019年10月21日，省联社印发《河北省农村信用社关于认真做好档案信息化管理系统建设项目推进工作的通知》指出，各审计中心要督促辖内档案目标管理AA级以下县级行社尽快开展文书档案的整编扫描数字化工作。是年，香河农商银行通过档案管理公司完成档案扫描数字化工作。

2022年，香河农商银行档案库建设完成并投入使用。

会计档案管理

会计档案是信用社各项业务活动的会计记录和重要史料，包括会计凭证、会计账簿、会计报告和其他应保存的会计资料。信用社会计档案采用纸介质、磁介质、光盘等形式保存。会计档案涉及香河县农村信用社的商业机密，其归档、保管、交接、销毁、调阅严格执行信息安全和保密制度。

2005年5月，香河县农村信用社进行档案升级工作，对会计档案的清理和升级进行培训，并经县档案工作目标管理考评委员会审核，批准安平、香城、五百户、王家摆、大罗屯、淑阳、梁家务、蒋辛屯、渠口、石虎辛庄、东鲁家口、安头屯、鑫鑫、金隆、李庄、金辛庄16家信用社升为省三级档案工作目标管理先进单位。

2016年3月，县联社按照《会计档案管理办法》安排部署，对全辖营业网点1998—2000年会计档案进行销毁清理。5月5日，省联社印发《河北省农村信用社会计档案管理暂行办法》指出，依据《会计档案保管期限明细表》做好会计档案保管期限的衔接工作。原保管期限为10年以下（含10年）的会计档案统一调整为10年，原保管期限为10年以上30年以下（含30年）的会计档案统一调整为30年，各级行社可根据库房条件、利用需要等实际情况，适当延长会计档案的保管年限，但不能缩短。做好电子会计资料的归档保存工作。8月17日，县联社印发《会计档案管理暂行办法》指出，辖内各网点在各种会计业务活动中形成的会计凭证、账簿、报表等会计专业材料，均属会计档案归档之列。会计档案应按内容和形成事件分类索引，以便查阅。采用非纸介质存储会计档案的，应能满足阅读及打印要求。会计电子化系统开发和修改的文档资料作为会计档案管理，保管期限为该系统停止使用或有重大修改后5年。

2019年，香河农商银行印发《河北香河农村商业银行股份有限公司会计档案管理办法》指出，辖内各网点建立会计档案的归档、保管、查阅和销毁制度，做到会计档案的妥善保管、有序存放、方便查阅，防止会计档案销毁、散失、泄密。对档案的归档、保管和移交、调阅等作出详细规定。

信贷档案管理

信贷档案是指银行在办理信贷业务过程中形成的，记录和反映信贷业务的重要文件和凭据，主要由相关契约及凭据、借款人的基本资料、借款人的信贷业务资料、银行综合管理资料等组成。

1996年7月10日，县联社印发《农村信用社贷款业务规范化处理》指出，贷款档案分为常用类档案资料，主要包括借款申请书、贷款调查报告、借款合同、贷款凭证、抵押物清单、抵押物所有权证明、定期存单抵押证明、到期贷款催收通知单、延期还款协议书、逾期贷款催收通知单、处理抵押品通知书、抵押品代保管证，以上档案资料由会计保管。参考类档案资料，主要包括借款单位资产负债表和损益表，营业执照复印件和有关部门签发的证件，经济指标记录及分析，倒闭关停企业情况记录，其他必须具备的资料，以上参考类档案资料由信贷员保管。建立参考类档案范围，有信贷关系的乡镇企业，有长期信贷关系的私营、联户企业，贷款金额在5万元以上的种植、养殖户。

2006年6月12日，省联社印发《河北省农村信用社信贷档案管理暂行办法》指出，信贷档案是指农村信用社提供、管理、收回各类信用全过程的真实记录资料，主要包括客户和担保人基础资料、信用档案资料、贷后管理资料、贷款审批委员会资料等档案。信贷档案要做到原始资料账册化、资料内容标准化、档案移交制度化，并逐步向电子化管理过渡。

2008年3月3日，县联社印发《香河县农村信用合作联社信贷档案》指出，信贷档案分两部分：一部分由内勤专管员负责管理，另一部分由外勤专管员负责管理。内勤专管员负责具有法律效力的信贷资料，包括借款借据、借款合同、借款申请书、借款调查报告、贷款审批记录、延期申请、延期协议、抵押物、质押物清单、抵押物他项权证、质押权利的证明书、产权证明书、有价单证等。外勤专管员负责管理负责客户和担保人基础资料、信用档案资料、贷后管理资料、贷款审批资料等。

2011年5月9日，廊坊市农村信用社信贷管理系统上线工作顺利完成。信贷管理系统实现档案管理功能管理模块，涵盖农村信用社信贷业务的各个方面。

2013年12月19日，省联社印发《河北省农村信用社信贷业务档案管理办法》指出，县级行社、支行建立信贷档案管理中心，根据实际情况确定由授信审批部或风险监控部归口管理。信贷业务档案按照档案内容的性质与重要程度的不同，分为权证类、要件类、管理类、保全类和综合类档案。

2020年，省联社印发《河北省农村信用社（农商银行）信贷管理基本制度（2020年修订版）（草案）》指出，信贷档案是市县级行社提供、管理、收回信用全过程的真实记录，包括客户及担保人的原始资料档案和信贷内部管理档案。市县级行社建立集中统一的信贷档案管理制度，指定专人管理信贷档案，实行信贷档案借阅、查阅登记制度。

第五篇　监督保障

监督保障是指内部控制与监督，是伴随着香河县农村信用社建立发展变革而相伴相生的，特别是省联社成立以后，在内控监督方面投入了大量人力、物力和财力，建立案防架构体系，完善制度规章，为农村信用社的发展发挥了强有力的保障作用。本篇监督保障涵盖风险合规、审计监察、安全保卫 3 个章节。

第一章　风险合规管理

风险合规管理是现代金融企业管理的核心活动，是有效防范化解金融风险的内在要求，是农村信用社高质量可持续发展的重要保障。加大风险合规建设力度，不仅是遵循金融运行规律、遵守外部法律法规的根本要求，也是规范机构及员工行为，推进风险管理和规范制度建设的根本手段，更是提升创造力和竞争力的重要抓手，特别是省联社成立以来，农村信用社秉持全面风险管理理念，构建全面风险管理体系，筑牢风险管理“防火墙”；建立健全合规体系，不断增强合规意识，营造浓厚合规文化；高压推进案件（风险）防控，严格员工异常行为管理，建立案防管理长效机制；强化科技风险防范，完善信息科技风险管理制度流程，加强业务连续性、流动性和应急性体系管理；加大法治维权力度，提升依法治行质效；不断加大消费者权益保护工作力度，持续推进“法治银行”建设，积极推动消费者权益保护体制机制建设，积极承担银行业金融机构应有的社会责任。

第一节　风险管理

风险管理是银行业金融机构为减少经营管理中可能遭受的各种风险进行的管理活动，是经营管理的核心内容。香河县农村信用社始终秉持审慎经营原则，实施全面风险管理，持续推进监管达标升级工作，促进风险管理水平不断提升，坚决守住不发生系统性区域性金融风险的底线。

全面风险管理

1991 年 10 月 20—24 日，中国农业银行在广西壮族自治区召开全国农村信用社综合治理整顿工作经验交流会。10 月 24 日，中国农业银行印发《全国农村信用社综合治理经验交流会暨会计决算工作会议纪要》，明确要进一步强化监督制约机制，提高监督质量，扩大监督范围。加强内部各岗位之间的相互监督制约，特别是要进一步加强对基层营业网点会计出纳的柜面监督。

1997 年 12 月 24 日，廊坊市农村金融体制改革领导小组转发国务院农村金融体制改革部际协调小组办公室《对<关于规范农村信用社外部监督机制>的批复》指出，农村信用社是依法设立的、具有独立法人资格的集体所有制合作金融企业，其业务经营活动接受中国人民银行的依法监管，财务管理工作由各级国家税务局负责，各级国家税务局要在国家税务总局的授权范围内，依法独立开展对信用社财务的管理、监督和检查工作。

2002 年 9 月 11 日，县联社组织召开全县信合系统“规范经营、强化管理”工作会议，主任樊德祥与会并讲话，监事长贾天相主持会议，机关科室、信用社、分社主要负责人 41 人参加会议。

2002 年 9 月 11 日，香河县信合系统“规范经营强化管理工作会议”召开
综合办公室供图

2004 年 6 月，由巴塞尔银行委员会制定的银行监管国际标准《巴塞尔新资本协议》的出台，标志着现代商业银行的风险管理，由以前单纯的信贷风险管理模式转向信用风险、市场风险、操作风险并举，组织流程再造与技术手段创新并举的全面风险管理阶段。

2007 年 6 月 26 日，省联社转发《中国银监会关于印发<商业银行操作风险管理指引>的通知》指出：商业银行应当按照本指引要求，建立与本行的业务性质、规模和复杂程度相适应的操作风险管理体系，有效地识别、评估、监测和控制、缓释操作风险。操作风险管理体系的具体形式不要求统一，但至少应包括以下基本要素：董事会的监督控制；高级管理层的职责；适当的组织架构；操作风险管理政策、方法和程序；计提操作风险所需资本的规定，要求农村信用社参照本指引执行。

2008 年 4 月 8 日，省联社转发《中国银监会办公厅关于加强农村合作金融机构流动性风险管理的通知》，要求农村合作金融机构要加强流动性风险管理，强化董（理）事会在流动性和支付风险管理中心的责任，农村合作金融机构要指定部门专门负责辖内流动性管理，切实发挥专业风险管理机构的作用；优化资产负债期限结构，合理配置流动性资产；加强流动性风险监测、分析和预警；发挥系统内资金调剂功能，构筑流动性风险防御体系。

2008 年 4 月 16 日，省联社印发《河北省农村信用社全面风险隐患排查活动实施方案》，指出本次排查工作内容：一是查业务，要全面涵盖存款业务、贷款业务、票据业务、代理业务；二是查制度，要全面排查各项内控制度的落实情况；三是查管理，要全面排查授权卡管理、库存现金管理和尾箱管理、印章和重要空白凭证管理、对账管理、安全保卫管理。自方案下发之日起，开始为期 1 个月的自查工作，6 月初将自查情况形成报告上报至省联社廊坊办事处。

8 月 4 日，廊坊银监分局转发银监会河北监管局《关于印发（河北省农村合作金融机构 2008—2010 年主要风险指标及监管评级达标升级规划）的通知》，指出河北省农村合作金融机构要按照“排名分类—梯次规划—按季督查—按年考核”的路径，促进达标升级规划的实施。8 月 20 日，县联社制订《香河县农村信用合作联社 2008—2010 年主要风险指标达标升级工作方案》，指出通过 3 年努力，到 2010 年底，资本充足率达到 8%，不良贷款率降至 11.95%，贷款损失专项准备充足率达 100%以上，贷款损失专项准备缺口为 0。截至 2010 年末，资本充足率为 11.34%，不良贷款占比 6.67%，拨备充足率为 129.88%，拨备缺口为 0，圆满完成达标升级规划任务。

2010 年 10 月 9 日，省联社印发《河北省农村信用社风险管理机制建设指导意见》，指出县级联社应根据风险识别程序和方法，对经营管理中面临的各类风险，包括信用风险、市场风险、操作风险、流动性风险、合规风险等，进行主动识别，分析风险来源，确定风险的影响范围。县联社根据《意见》要求全面梳理各类业务风险点，健全内控制度，强化对重点业务、新业务规章制度健全性、合规性及执行情况的检查和评估。

2014 年 10 月 15 日，银监会合作部印发《关于加强当前重点领域风险防范的风险提示》，要求农村中小金融机构要严格按照《商业银行内部控制指引》，建立健全覆盖业务流程各环节，包括所有部门岗位和人员的内控体系；提高对利用虚假质押或假冒证明文件进行诈骗等行为的警惕性和识别能力；积极建立和完善与股东经营风险间的“防火墙”，防止股东经营风险传染，导致机构出现声誉风险甚至流动性风险；审慎开展对大客户的授信业务，不得因为客户资产规模大、同业授信多而放松贷款标准；严格按照《关于加强商业银行股权质押管理的通知》要求，尽快建立健全本行股权质押管理制度体系，严禁直接或间接接受本行股权质押；提高对防控信息科技突发事件风险的重要性和紧迫性的认识，切实提高系统可靠性和可持续服务能力；重点加强对当地社会融资环境与信用环境的分析与监测，高度关注民间借贷等非正规金融活动可能带来的风险传染，严格排查、严厉查处内部员工参与高利贷和非法集资行为。11 月 10 日，省联社印发《重点领域风险摸底排查专项活动实施方案》，要求各级行社根据银监会合作部对银行业部分重点领域的风险提示，加强重点领域的风险识别和管控，切实防范重点领域风险和系统性、区域性风险。县联社按照方案要求，落实排查工作。

2018 年 4 月 24 日，银保监会印发《商业银行大额风险暴露管理办法》，是指商业银行对单一客户或一组关联客户超过其一级资本净额 2.5%的风险暴露，商业银行应将大额风险暴露管理纳入全面风险管理体系，建立完善与业务规模及复杂程度相适应的组织架构、管理制度、信息系统等，有效识别、计量、监测和防控大额风险。2019 年 5 月 16 日，省联社印发《关于加强全省农信机构大额风险暴露管理工作的通知》，要求各级行社成立大额风险暴露工作领导小组，明确工作职责、议事规则、工作措施、报告路径、部分分工等相关事项，组织推动业务条线管理部门落实具体管理职责，确保大额风险暴露管理工作落实到位，按时达标。香河农商银行按照省联社要求成立工作领导小组，制定相关管理办法，按照监管要求开展各项业务。

2019 年 6 月 28 日，省联社印发《河北省农村信用社（农商银行）风险隐患排查及化解工作方案》，要求各级行社要准确掌握风险状况，摸清风险底数，科学评估总量风险水平，切实加强全面风险管理，研究制定针对性管控措施，有效防范和化解金融风险，严守不发生系统性金融风险的底线，确保全省农信社规范安全稳健运行。7 月 18 日，香河农商银行印发《风险隐患排查及化解工作方案》，在辖内各网点开展排查工作，对排查发现问题及时整改。

2020 年 10 月 10 日，香河农商银行印发《河北香河农村商业银行股份有限公司流动性风险应急处置预案》，加强流动性风险管理，提高流动风险应急处置能力。

监管指标升级

中国银监会对商业银行的各项业务风险，设定监管核心指标，主要分为风险水平、风险迁移、风险抵补等三个层次，通过统一监管核心指标的计算口径、统一明确适用于各类银行业金融机构的监管标准，推动银行业转变发展方式、提高发展质量，促进银行业持续稳定健康发展。监管评级是通过对商业银行主要经营管理要素的评价，系统地分析、识别商业银行存在的风险和问题，是银保监会准确全面科学评价商业银行综合风险状况的重要手段，监管评级结果将作为监管机构实施分类监管和依法采取监管措施的基本依据。

1998 年 4 月 19 日，中国人民银行印发《加强农村信用社监管工作的意见》指出：要求人行各级分支机构要严格执行业务监管报表资料专收报告制度，对农村信用社报送的各种监管报表，要认真审核和及时进行分析整理，要按社建立业务监管报表资料档案。11 月 25 日，中国人民银行印发《农村信用社非现场监管基本工作程序》指出，人民银行把备付金比例低于 1%、两呆贷款比例高于 30%和资不抵债三类高风险农村信用社作为非现场监管的重点，进行跟踪监控，责成县联社帮助信用社制定控制、化解风险的措施，定期检查措施的落实情况及效果，防止风险加剧。

2006 年 2 月 23 日，省联社转发《中国银行业监督管理委员会关于印发<商业银行风险监管指标（试行）>的通知》（冀信联办发〔2006〕25 号），指出风险水平类指标包括流动性风险指标、信用风险指标、市场风险指标和操作风险指标，以时点数据为基础，属于静态指标。风险迁徙类指标衡量商业银行风险变化的程度，表示为资产质量从前期到本期变化的比率，属于动态指标，包括正常贷款迁徙率和不良贷款迁徙率。风险抵补类指标衡量商业银行抵补风险损失的能力，包括盈利能力、准备金充足程度和资本充足程度三个方面。6 月 21 日，廊坊银监分局印发《关于 2005 年度廊坊农村信用社风险评价情况的通报》，县联社各项风险监管指标综合评价得分 82.97 分，被评为 A 级联社。

2008 年 11 月 26 日，省联社印发《河北省农村信用社关于加快消化历史包袱促进监管指标达标升级的指导意见》要求，各级行社要建立风险指标及监管评级达标升级领导小组，切实加强组织和领导。同时要结合自身实际经营状况，按照达标升级规划，制订可行性实施方案。

8 月 20 日，县联社制订《香河县农村信用合作联社 2008—2010 年主要风险指标达标升级工作方案》，要求对不良贷款分类管理，有针对性地制订清收或盘活计划，同时加强与香河县人民法院协调沟通，对有资产且符合诉讼条件的不良贷款户集中诉讼，加大依法执行力度。

2016 年 6 月 6 日，省联社印发《河北省农村信用社 2016—2018 年监管指标达标提升规划》，提出各级行社要根据改制组建农村商业银行的主要准入指标要求，即资本充足率12%以上，不良贷款率5%以下和拨备覆盖率 150%以上。县联社按照方案要求对重点领域及案件隐患进行专项检查，开展“整治市场乱象、强化风险防控、弥补监管短板”的检查活动，并加强案件防控工作和员工行为排查，有效防范重点领域及案件隐患风险的发生，促进依法合规经营。

截至 2018 年底，香河农商银行资本充足率 14.68 %，不良贷款率 2.91%，拨备覆盖率 158.35 %。

截至 2022 年底，香河农商银行资本充足率为 12.86%，不良资产率 3.73%，拨备覆盖率为 172.96%。

2010—2022年香河县农村信用社主要业务监管指标明细一览表

表5-1-1　　　　单位：%

年份	资本充足率	不良贷款率	拨备覆盖率
2010	11.34	6.67	129.88
2011	13.42	2.18	240.24
2012	14.04	1.11	514.1
2013	14.04	0.94	627.92
2014	16.25	0.75	675.01
2015	12.43	2.83	151.04
2016	12.04	2.52	151.62
2017	14.02	2.34	162.06
2018	14.68	2.91	158.35
2019	14.85	2.82	185.63
2020	13.72	4.71	133.09
2021	13.59	4.42	150.07
2022	12.86	3.73	172.96

第二节　案防管理

案防管理是现代银行科学管理的核心内容，是银行内控的主要任务，香河县农村信用社自 1996 年与农行脱离行政隶属关系以来，从制度建设、员工排查、教育培训等多方面开展案件防控工作。特别是 2005 年省联社成立以后，通过建立健全案防管理体系，进一步完善案防管理制度流程，强化责任追究，健全案防治理长效机制，实现案防窗口前移，及早防范和化解案件风险，案件发生率得到有效遏制。

案防基础建设

1982 年 9 月 11 日，中国农业银行印发《关于加强业务管理、堵塞漏洞的通知》，要求对经济领域犯罪活动的斗争，必须做到边打击、边堵漏。明确农村信用代办站坚持以办理存款为主，必要时可以办理“双包”户和社员个人贷款，但不得办理社队企业或专业承包组的贷款。对“双包”户和其他社员个人贷款，每户年贷款余额不超过 200 元的，由信用站决定办理；200 元以上不超过 500 元的，由信用社审批；500 元以上不超过 1000 元的，由营业所审批；1000 元以上的，报县支行审批。营业所、信用社审批贷款，原则上都应该通过集体讨论，防止个人专断；加强对信用站辅导和监督。

1993 年，香河县农村信用社为加强案件防范，有效遏制案件发生，避免因案件发生给行、社造成资金损失，按照农行河北省分行制订的《案件防范目标管理暂行规定》的要求，经农行香河县支行研究决定，印发《关于实行案件防范目标管理的通知》（香农信字〔1993〕12 号），自 1993 年 7 月起，在全县农行、信用社实行案件防范目标管理，将案件防范工作任务分解到各个业务工作岗位，各个业务主管部门要按照“谁主管、谁负责”的原则，把案件防范管理工作与经营责任制有机结合起来，做到坚持两手抓、两手都要硬，层层落实、群防群治、齐抓共管。

1998 年 4 月 3 日，中国人民银行印发《关于加强农村信用社案件防范与查处工作的意见》，提出要切实把农村信用社案件防范和查处工作摆上各级行、社领导的重要日程；建立健全对领导干部权力的监督约束机制；建立健全业务内控制度；加强稽核、监察工作；建立责任制度和报告制度，发生案件必须及时上报，百万元以上案件的查处进展情况要随时报告；推进廉政建设，树立良好的行业风气。

2005 年 3 月 30 日，银监会办公厅印发《商业银行和农村信用社案件专项治理工作方案》，要求农信社要加强规章制度建设，严肃查处已发案件，开展防范操作风险专项检查和规章制度专项清理活动。

2006 年，省联社印发《河北省农村信用社员工行为排查暂行办法》，要求对农村信用社系统全部从业人员每年进行两次行为排查，主要从从业规范、工作责任心、劳动纪律、职业道德和社会公德五个方面进行。县联社按照排查办法每年组织全体员工进行两次行为排查，上报排查结果。10 月 26 日，省联社廊坊办事处印发《关于成立廊坊市农村信用社案件调查机动大队有关问题的通知》，经省联社廊坊办事处研究决定，建立廊坊市农村信用社案件调查机动大队，负责开展异地案件查办工作。县联社李守杰、张志军、佟德发为机动大队队员。

2008 年 9 月 25 日，省联社党委书记、理事长刘印楼在全省农村信用社案件风险隐患清查与综合治理工作会议上的讲话中指出，各级农村信用社管理机构要向同级监管机构、农村信用社下级管理机构要向上级管理机构订立案件风险隐患清查承诺书，强化压力传导机制，落实案件防控目标责任。

2011 年 3 月 18 日，廊坊银监分局印发《关于做好农村中小金融机构案件长效机制建设的几点意见》指出，农村中小金融机构要提高对案件防控长效机制建设重要性的认识，切实加强组织领导；进一步完善案件防控考核体系，使案防工作朝着持续化、常态化方向发展；要加强内部机制建设，形成风险管理的内在动力；要强化责任追究，提高案件防控工作的执行力和震慑力；切实加强信息科技建设，提升信息科技能力；全面组织开展农村中小金融机构从业人员案件防控培训工作；把案件防范工作融入日常监管工作中，确保全市农村中小金融机构案件防控长效机制取得明显效果。

2013 年 7 月 5 日，省联社党委书记、理事长王文进在全省农村信用社案件防控工作视频会议上的讲话中指出，要加强案防内控机制建设。按照现代企业制度和流程银行建设要求，健全决策与操作、运行与监督职责分离、制约有效的内控管理体系，提升 IT 系统风险控制能力，提高内部稽核有效性，完善重大违规一票否决的评级评价制度，推进案防长效机制建设。

2016 年 4 月 25 日，银监会河北监管局印发《河北银监局办公室关于在银行业金融机构开展案防合规文化建设活动的通知》，要求各银行业金融机构要将案防合规文化建设与案件专项整治、防范操作风险等有机结合起来，通过内部电子刊物、简报或网站宣传栏等，及时传导案防合规要求，解剖典型案例，解读监管政策及制度新规，普及合规文化知识，提示风险隐患，交流工作方法，介绍经验做法，有效传播案防合规文化理念。6 月 25 日，县联社按照通知要求，成立案防合规建设活动领导小组，在 7—9 月先后组织一次专题培训、2 次专题警示教育、1 次案防知识考试、1 次“员工故事和先进典型”宣讲活动。

2017 年 5 月 9 日，县联社印发《香河县农村信用合作联社 2017 年度案件防控工作实施方案》指出，要全面推进流程银行建设，开展重点领域风险排查，加强案防合规制度建设，成立案防工作领导小组。

2020 年 3 月 19 日，省联社印发《河北省农村信用社案防工作办法（试行）》，要求各级农信机构要按照“权责对等、分级负责、层层落实”的原则，自上而下逐级签订《案件防控目标责任书》和《遵守纪律合规操作承诺书》，将案件防控工作要求和具体工作目标落实到各层级、各部门、各岗位、各员工、确保压力层层传导、案防效力不减，切实建立起案件风险防控责任制。香河农商银行按照办法要求，逐级落实案件防控基础工作。

专项治理

2007 年 5 月 14 日，省联社廊坊办事处印发《廊坊农村信用社系统案件防控“四项行动”实施方案》，5 月 16 日，县联社制订《香河县农村信用合作联社案件防控“四项行动”实施方案》，按照实施方案开展落实“四项行动”，对在矫治行动中员工报告的情况，由本人签字，以示负责。对在“四项行动”中产生的报告，表格要由检查人和主管负责人、主要负责人签署以示负责。5 月 19 日至 9 月 5 日，县联社开展“四项行动”，即矫治行动、对缝行动、补漏行动和整肃行动。矫治行动为主要是对农村信用社员工的行为作出明确的禁止性规定，对违反禁止性规定的员工予以矫治，使之保持良好的从业状态。对缝行动是指对农村信用社执行的内部规章制度、与外部签署的合同（含协议及其他涉及责任的生效法律文书）进行审查，确保无缝对接。补漏行动是指农村信用社对现行的内部规章制度和与外部签署合同的执行情况进行检查。整肃行动是指对各种违章违规违法行为依法予以认真严肃的问责和追究。

2009 年 6 月 25 日，省联社印发《2009—2011 年案件防控治理工作实施方案》，提出各级机构利用三年时间，开展农村信用社案件防控治理工作。2009 年，防控工作重点是规范，全面完成深度排查、彻查风险、再次充分暴露案件；建立和落实法人机构、上级管理机构、业务管理部门、监督检查部门和各岗位案防责任；建立健全制度、业务流程、岗位规范、监测技防体系；全面实施问责、落实整改。2010 年，防控工作重点是强化，全面强化 2009 年实施的各项基础工作，构建制度流程体系和内部治理、风险治理、责任追究、协调联动、培训教育长效机制，实现案件防控工作的规范化、制度化。2011 年，防控工作重点是提升，提升制度流程体系和机制建设层次，法人（公司）治理、内部控制、风险管理、企业文化、激励约束、员工结构明显改善，实现案件防控的自我更新、自我修正和自我完善，主要案件防控能力指标力争达到国内银行业平均水平，最终实现案件防控长效机制建设目标。9 月 21 日，县联社制定实施方案开展治理目标、案件防控工作。

2010 年 5 月 4 日，银监会办公厅印发《“银行业内控和案防制度执行年”活动指导方案》，要求银行业金融机构开展“银行业内控和案防制度执行年”活动，应以下列制度为标准：1.银行业金融机构自身的内控和案防制度。一是资产类业务管理制度，如贷款“三查”制度；二是负债类业务管理制度，如大额存款管理制度；三是结算类业务管理制度，如票据业务内控制度、开户管理制度等；四是内控管理类制度，轮岗轮调制度、干部交流制度、强制休假制度、员工行为排查制度、离任审计制度等；五是案件防控管理制度，如案件责任追究制度等；六是电子银行管理制度、信用卡和 ATM 管理制度等。2.银监会案件防控有关制度。一是《中国银行业监督管理委员会关于加大防范操作风险工作力度的通知》；二是《中国银监会关于印发〈商业银行操作风险管理指引〉的通知》；三是《中国银监会关于促进银行业金融机构进一步加强案件防控工作的通知》；四是《中国银监会关于印发〈银行业金融机构建立存款风险滚动式检查制度的指导意见〉》的通知；五是《中国银监会办公厅关于银行业金融机构自查发现案件责任追究实行区别对待政策有关问题的通知》，以及银监会对有关案件防控工作的指导意见、风险提示等。3.银行业案件信息统计制度。一是《中国银监会办公厅关于印发〈银行业金融机构案件信息统计制度〉的通知》；二是《中国银监会办公厅关于严格执行案件信息统计制度按时上报案件情况文字说明的通知》。6 月 9 日，河北省农村信用社联合社廊坊办事处印发《廊坊市农村信用社内控和案防制度执行年活动实施方案》，7 月 20—25 日县联社根据实施方案进行自查，发现账户、现金、重要空白凭证管理等方面问题 24 个，对相关责任人处罚 3000 元。

2018 年 4 月 19 日，省联社印发《河北省农村信用社“案件防控年”专项活动实施方案》，要求各级行社要落实案防主体责任，签订案防责任书；建立健全案防制度体系，不断推进案防长效机制建设；强化案防“三道防线”建设，完善案防工作机制；紧密结合专项检查，深化案件风险隐患排查；加强合规教育与管理，提升合规文化渗透力；有效开展案件整改，加强案件责任追究。4 月 28 日，香河农商银行制订实施方案，按照方案要求明确董事长是案防工作第一责任人，行长是案防制度制定和执行的第一责任人，监事长是案防工作监督的第一责任人。董事长与各机构负责人统一签订《2018 年度案件防控目标责任状》，先后制定和完善各类规章制度，主要有《河北香河农村商业银行股份有限公司 2018 年案件防控管理办法》《香河农商银行开展银行业金融机构 2018 年案防合规文化建设活动实施方案》《香河农商银行员工行为排查制度》《香河农商银行诫勉谈话暂行办法》《香河农商银行客户投诉管理办法实施细则》等制度；组织全体员工围绕《中华人民共和国宪法》《中华人民共和国刑法》等内容进行培训学习；7 月底，组织观看警示教育片《打铁还需自身硬》，通过学习培训进一步增强员工知法、守法、遵章、守制意识。8 月，由稽核部组织学习《河北省农村信用社员工违规失职行为处理办法》《河北省农村信用社员工异常行为排查管理办法》，要求员工撰写心得体会，增强学习效果和加深印象。

2020 年 4 月 3 日，省联社印发《案防治理提升年活动实施方案》，指出治理内容包括案防责任落实、案防制度建设、案防合规文化建设、案防宣传、教育、培训、异常行为排查、违规积分管理等内容，要求各级农信机构在推进“案防治理提升年”活动中发现问题要及时查找不足，总结归纳，堵塞漏洞，积极完善和整改。其中涉及组织机构缺失、规章制度缺陷、存在案件风险隐患、需流程再造的，要及时健全组织架构，完善规章制度和操作流程；人员岗位设置、责任分工不合理的，要及时进行调整；对在活动中暴露出的案件要及时上报，力求把损失降到最小，对涉案人员该处理的处理，涉及违法的该向司法机关移交的移交。此外，要及时总结推广典型经验和好的做法。4月18日，香河农商银行印发《案防治理提升年活动实施方案》，要求自下而上开展案防治理提升年活动。6月，香河农商银行集中开展“守住钱袋子·护好幸福家”打击非法集资宣传活动。7月，举办防电信诈骗下乡宣传活动，通过分发宣传单、员工宣讲等多种方式，加大宣传力度，扩大宣传范围，告知客户需加强自身对法律法规的学习，提高风险防范意识。8月，风险合规部组织开展全员案件防控预防教育培训活动，对《河北省农村信用社员工管理办法》《河北省农村信用社员工违规失职行为处理办法》《河北省农村信用社预防金融犯罪法律读本》等文件进行深入学习。

2021年4月16日，香河农商银行根据省联社《“案防合规建设深化年”活动实施方案》要求，制定《河北香河农村商业银行股份有限公司“案防合规建设深化年”活动实施方案》，要求各单位要落实案防主体责任和第一责任人责任，切实加强组织领导，实行“一把手”负责制，明确牵头部门和人员职责分工，建立自上而下逐级落实的工作机制，把相关工作安排部署落到实处，切实提升案防治理水平。根据方案要求，3月，完成全行341名员工《遵守纪律合规操作承诺书》的统一签订工作。5月27日，举办“强内控、促合规，争做新时代农信人”主题演讲比赛。9月3日，组织业务骨干开展“内控合规”大讲堂，对一线人员进行重要领域操作风险等专项业务培训，并就什么是案件防控、为什么要案件防控、如何进行案件防控等问题做出明确的阐述及讲解。10月，对全行28家基层网点、15个职能部室进行员工异常行为排查，与负责人面对面座谈，现场填写排查表，各负责人当场签字盖章，充分保证员工异常行为排查工作落到实处。

2021年5月27日，香河农商银行举办“强内控、促合规、争做新时代农信人”演讲比赛
综合办公室供图

2022年，香河农商银行组织开展员工异常行为排查2次，共排查891人。

第三节　合规管理

合规，是指银行业金融机构在国家的金融方针政策、法律法规以及行业制度规章框架下依法依规独立开展业务经营，是持续稳定健康发展的必要前提。而合规管理泛指围绕经营目标，在行业系统内部的管理、业务等诸多环节中执行合规管理的基本流程，培育良好的合规管理文化，建立健全合规管理体系，为实现合规管理的总体目标提供合理的过程和方法的经营管理活动。香河县农村信用社将合规理念贯穿于各项经营管理工作中。

2005年11月3日，省联社印发《河北省农村信用社机构管理暂行办法》等34项规章制度，按专业分类分别是：基本制度 9 项、综合管理 8 项、人力资源管理 2 项、业务经营 1 项、风险资产管理 1 项、财务管理 9 项、稽核管理 2 项、安全保卫 2 项，上述制度的制定旨在全面加强全省农村信用社制度化、规范化管理，有效遏制金融风险，持续推进农村信用社稳定健康发展。

2006 年 4 月，省联社印发《河北省农村信用社管理制度汇编》，包含基本制度、综合管理、人力资源管理、业务经营、财务管理等制度规章 11 个大类 80 项。省联社还将《河北省农村信用社员工违规违纪行为处理暂行办法》与《河北省农村信用社稽核处罚暂行办法》合编单行版另行印发，为河北省农村信用社的科学发展提供有力的制度保证。

2006 年 10 月 20 日，银监会印发《商业银行合规风险管理指引》指出：商业银行应建立与其经营范围、组织机构和业务规模相适应的合规风险管理体系。合规风险管理体系应包括以下基本要素：合规政策；合规管理部门的组织结构和资源；合规风险管理计划；合规风险识别和管理流程；合规培训与教育制度。

2011 年 6 月 1 日，省联社印发《关于在全省农村信用社开展合规管理和风险防控年活动的指导意见》，指出“合规管理和风险防控年”活动的重点内容：一是梳理完善制度，重塑制度流程，进一步健全内控制度和监督体系，切实防范操作风险、提高执行力。二是对信贷业务、现金管理、账户管理、重要空白凭证管理、印章管理、股金管理、柜员管理、存取款和资金汇划业务、代理业务、四项制度（重要岗位人员交流、轮岗、亲属回避、强制休假制度）执行情况、电子银行、科技网络、安全保卫等方面开展风险大排查。三是进一步整肃风纪，开展合规文化教育，构建河北农信特色的合规文化。6 月 13 日，县联社制定实施方案，开展制度梳理，风险排查及合规培训。9 月 21—30 日，省联社廊坊办事处对县联社部室、信用社、分社进行检查验收，针对发现的问题，县联社及时完成整改，对责任人进行处理处罚。

2013 年 10 月 21 日，省联社印发《河北省农村信用社合规风险管理暂行办法》，指出县级行社要本着从实际出发，务求实效的原则，以对重大风险、重大事件的管理和重要流程的内部控制为重点，开展合规风险管理机制建设，建立与其经营范围、组织机构和业务规模相适应的合规风险管理体系。

2018 年 6 月 14 日，省联社印发《河北省农村信用社合规文化建设 3 年工作方案》，决定从 2018 年开始，利用 3 年时间，分 3 个阶段在全省农信社广泛深入地开展合规文化建设。8 月 28 日，香河农商银行印发《关于开展银行业金融机构 2018 年案防合规文化建设活动实施方案》，9 月 21 日，在全县范围内开展案防合规文化宣传月活动，促进合规文化建设。

2021 年 7 月 12 日，香河农商银行印发《“内控合规管理建设年”活动方案》，明确指出深刻认识开展内控合规管理建设活动的重要意义和着力压实合规管理的主体责任，并强调扎实推进“5 个突出”：1.突出党建引领，确保重大决策部署落到实处；2.突出顶层合规，强化公司治理主体履职尽职；3.突出问题导向，破解重点领域屡查屡犯顽瘴痼疾；4.突出关键少数，狠抓重要岗位关键人员教育管理；5.突出常态化治理，深化内控合规管常管长机制建设。此次活动分四个阶段进行，即第一阶段（2012 年 6 月底前）完成方案制定；第二阶段（2021 年 7—9 月）为自查自纠、交流培训；第三阶段（2021 年 10—11 月）评估验收、督促推进、总结提升；第四阶段（2021 年 11 月底前）报告报送。

第四节　法律事务

农村信用社的发展离不开法治的引领和规范，更离不开法治的保障和支撑。香河县农村信用社一直以法治形式深化改革发展、以法治思维引领金融创新、以法律手段维护合法权益，不断提升价值创造能力和可持续发展能力。

1990 年 10 月 20 日，中国农业银行印发《农村金融法制工作座谈会纪要》（农银发〔1990〕207 号），明确要认真组织贯彻实施《中华人民共和国行政诉讼法》，保证农村金融管理工作健康发展；要全面正确地理解依法收贷的含义：银行、信用社根据《中华人民共和国经济合同法》《中华人民共和国民法通则》《借款合同条例》和信贷规章的有关规定，以及按照借款合同的约定，通过催收、扣收、处理变卖抵押物、提前收回违约使用的贷款、加罚利息到期逾期贷款等措施，以及通过仲裁、诉讼等多种途径清收贷款都是依法收贷。依法收贷的范围，不仅包括呆滞呆账贷款，还包括未到期贷款中的非正常部分，如挤占挪用和违法使用等。正确理解和开展依法收贷，有利于立足自我，通过多种途径收回非正常贷款，促进依法收贷工作的深入开展。依法收贷必须和依法放贷、管贷相结合。依法放贷和管贷，是信贷资金安全的保证，也是依法收贷的前提和基础；各级行社要在认真总结经验的基础上，紧紧围绕资金的安全、周转、效益，强化贷款管理，把信贷工作的全过程纳入依法管理的轨道，使信贷收支活动置于法律的约束和保护之下。

1997 年 4 月，梁家务信用社加强与当地法庭合作，向法院起诉不良贷款户 4 户、金额 2.3 万元。

2000 年 7 月 26 日，廊坊市农金体改办转发中国人民银行办公厅《关于加强金融机构依法收贷、清收不良资产的法律指导意见》，指出金融机构应采取适当法律措施，对逾期贷款进行有效催收；切实落实贷款催收和不良资产清收中的担保责任；维护债务人改制、债务重组中的金融债权；加强对金融机构市场退出中的贷款的催收和不良资产的清收；严格控制在贷款催收和不良资产清收中用以物抵债的方式实现金融债权；建立贷款催收和不良资产清收中的责任追究制度。截至 2000 年年底，全县信用社依法起诉不良贷款 235 笔，金额 1174 万元，其中，收回本金 978 万元，利息 196 万元。

2006 年 4 月 19 日，省联社印发《河北省农村信用社诉讼管理暂行办法》，要求有效规范全省农村信用社诉讼活动，加强诉讼管理，维护农村信用社债权。

2007 年 4 月 27 日，县联社印发《香河县农村信用合作联社诉讼管理办法》，规定香河县信用联社资产保全部为农村信用社诉讼管理部门。

2008 年 10 月 1 日，县联社与河北红杉律师事务所签订协议，聘请河北红杉律师事务所为法律顾问单位，为县联社提供为期 1 年的法律服务。

2008 年 12 月 31 日，省联社印发《河北省农村信用社法律事务管理办法》，对诉讼事务和非诉讼事务进行具体规定。办法中的诉讼特指农村信用社为维护债权而向各级人民法院提起的民事诉讼。

2013 年 12 月 6 日，省联社印发《河北省农村信用社外聘法律顾问指导意见》，旨在进一步完善全省农村信用社法律风险防范机制，充分发挥外聘法律顾问在农村信用社业务经营管理中的法律风险防范作用，提高外聘法律顾问工作的质量和效率。

2016年12月26日，省联社印发《河北省农村信用社外聘法律顾问指导意见（2016年修订版）》指出：县级行社应当聘请法律顾问机构和常年法律顾问。印发《河北省农村信用社诉讼事务管理办法（2016年修订版）》，对河北省农村信用社诉讼事务管理明确规定。

2022年6月1日，香河农商银行与河北正昊律师事务所签订常年法律顾问聘用协议，服务期限为2022年6月1日至2023年5月31日。

2013—2022年，香河农商银行通过法律形式依法收回不良贷款8842.47万元。其中，2013年，收回1148万元；2014年，收回927万元；2015年，收回905万元；2016年，收回44万元；2017年，收回297万元；2018年，收回283万元；2019年，收回715.7万元；2020年，收回568万元；2021年，收回3312.63万元；2022年，收回642.14万元。

第五节　消费者权益保障

金融消费者权益保护（以下简称消保）是指金融机构通过适当的程序和方式，保障金融消费者在与金融机构发生业务往来的各个阶段，始终得到公平、公正和诚信的对待。香河县农村信用社积极推动消保体制机制建设，将消保工作融入公司治理、促进企业文化建设和经营发展战略之中，建立完善涵盖消保工作管理、普惠金融客户投诉、宣传教育、考核评价等方面，通过常态化组织开展“金融消费者权益日”“普及金融知识万里行”“防范打击非法集资集中宣传月”等各类宣传活动，不断加大消费者权益保护力度；严格规范消保监督机制。

1999年6月，县联社在全辖开展“农村合作金融宣传月”活动，通过报纸、电视台、悬挂宣传横幅等方式，开展形式多样的宣传活动。

2007年4月20日，省联社廊坊办事处印发《关于组织全市银行业金融机构团员青年开展“送金融知识下乡”活动的通知》，县联社组织开展系列宣传活动。

2013年6月26日，县联社印发《香河县农村信用合作联社2013年消费者权益保护工作要点》，成立金融消费者权益保护工作领导小组，由理事长任组长，监事长、主任、副主任为副组长，部室负责人为成员。各信用社、分社分别设立本机构金融消费者权益保护工作小组；完善纪检监察工作处理流程，做好有关规章制度的修订，采取案防、监控检查方式对临柜服务行为进行抽查，由监察室统一受理金融消费者投诉，落实好案防及党风廉政建设目标责任制，积极开展金融知识宣传。

2014年8月29日，人行石家庄中心支行在河北省开通“12363”金融消费权益保护咨询投诉电话，要求各县级行社做好信息披露和投诉处理工作。

2017年8月18日，省联社印发《关于集中开展全省农信社2017年金融知识宣传月活动的通知》，要求9月在全省农信系统集中开展金融知识宣传月活动。县联社按照方案要求，在辖内开展金融知识宣传活动。

2018年3月7日，县联社印发《关于开展2018年“金融消费者权益日”活动方案》，要求通过接受投诉咨询、网点宣传、集中宣传、媒体宣传等形式开展宣传宣讲，增强金融消费者的风险防范意识，引导金融消费者选择适当的金融产品和服务，远离非法金融活动。6 月 21 日，香河农商银行组织开展“普及金融知识万里行”活动。

2019 年 6 月 17 日，省联社转发中国人民银行办公厅《关于开展 2019 年“普及金融知识，守住‘钱袋子’”活动的通知》，香河农商银行通过微信公众号、LED 屏幕、发放宣传单等多种形式开展系列宣传活动，提升消费者权益保护理念，普及金融知识。

2020 年 11 月 9 日，省联社印发《关于建立校园金融知识宣传教育机制的通知》，香河农商银行在全县开展走进校园宣传金融知识活动。

2023 年 3 月 15 日，香河农商银行代表队参加省联社廊坊审计中心举办的廊坊农信“3・15”消费者权益保护暨反假货币宣演竞赛，获得团体一等奖。

第二章　审计监察管理

审计是由国家授权或接受委托的专职机构和人员，依照国家法规、审计准则和会计理论，运用专门的方法，对被审计单位的财政、财务收支、经营管理活动及相关资料的真实性、准确性、合规性、合法性、效益性进行审查和监督，评价经济责任，鉴证经济业务，用以维护财经法纪、改善经营管理、提高经济效益的一项独立性的经济监督活动。审计在银行的传统说法称为稽核，稽核是稽查和复核的简称，是稽查和审核的意思。监察是指监督各级国家机关及其工作人员的工作并检举违法失职者。香河县农村信用社的审计监察工作始终伴随着农村信用社的发展而变革，由简单的稽核发展成为在省联社审计监察部门领导下的审计监察模式。

第一节　审计架构

稽核审计是实现农村信用社经营管理战略的重要手段，是风险管理、内控机制的重要组成部分，是处理和解决农村信用社违规违纪行为的有力工具，目的旨在进一步规范信用社经营行为，提升管理水平、提高经营效益、防范化解风险，促进农村信用社持续稳定健康发展。

稽核审计工作主要包括两个方面内容：一方面是对信用社业务活动、财务收支的检查和监督，包括对资产、负债业务、信贷业务、中间业务、财务会计、科技信息管理、安全保卫等进行稽核审计。另一方面是对组织行为实施监督检查。在工作方式和方法上，一是以法律法规、制度规章为准绳；二是以日常监测和掌握的信息为线索；三是以管理和业务流程作为检查的依据；四是以明确违规行为人的责任、提出整改措施作为稽核检查的结果。

长期以来，由于管理体制的多次变迁，农村信用社审计管理及其架构也发生了比较大的变化，但都没有一个完整的、独立的组织架构。县联社与农行脱离行政隶属关系后，经过多次变革才最终形成审计委员会、审计部这样的完整的内审组织架构。1982 年 8 月，中国农业银行印发《中国农业银行稽核制度》，明确各县（市）农行在会计部门按 5—7 个基层营业所、信用社配备 1 名专职稽核员，负责基层网点的全面审计工作。10 月 15 日，农行香河支行转发农行廊坊中心支行《关于抓紧配备专职稽核员的通知》，强调各县支行稽核员分设在会计股和信用合作股，农行信用合作股负责信用社稽核组织领导和业务指导工作职责，专职稽核员要精通金融方针政策、法律法规和行业规章，业务熟练，作风正派，敢于坚持原则，清正廉洁。

1982 年 12 月 4 日，重新修订的《中华人民共和国宪法》（第四部）颁布实施，明确规定，对建立审计机关、实行审计监督作明确规定，赋予国家审计机关独立性和权威性。

1983年9月15日，中华人民共和国审计署挂牌成立，企、事业单位内审机构建设从此步入快车道。

1984年以前，农村信用社的稽核工作一直由银行监管。1984年11月，香河县信用合作社联合社成立，联社成立初期，稽核工作仅指定极少人员负责，遇稽核检查工作繁重时，采取临时抽调其他部室人员的方式开展稽核检查工作。

1985年2月8日，中国农业银行印发《关于信用社管理体制改革的情况和今后意见》（农银发字〔1985〕20号），明确各级行、社要在信用合作部门或县联社抓紧配备必要的专职稽核人员，如果县联社现有稽核人员不足，可在信用社员工中选配。

1985年，国务院发布《关于审计工作的暂行规定》，中华人民共和国审计署颁布《关于内部审计工作的暂行规定》和《关于内部审计工作的若干规定》，进一步强调审计工作的重要性、必要性，并要求国家机关、企事业单位建立健全内部审计（稽核）机构，独立开展内部审计（稽核）工作。

1986年2月20日、25日，中国农业银行先后印发《关于加强稽核审计工作的意见》《中国农业银行稽核审计工作暂行规定》（农银发字第〔1986〕17号），要求各省、自治区、直辖市和计划单列市分行认真组织学习并贯彻落实，各级农行要加强对信用社稽核审计管理，并确定主管领导进行负责指导，信用社要根据实际制定切实可行的稽核管理暂行办法，并逐级落实。

为了切实加强信用社的业务、财务活动制度化、规范化，进一步提升信用社合规经营、防范化解风险、提高经营效益，1986年4月24日，中国农业银行《关于印发〈关于加强信用社稽核工作的意见〉的通知》（农银函字〔1986〕168号），明确规定为加强稽核力量，各省、自治区、直辖市分行，计划单列市分行和各地区（市）中心支行都要在信用合作管理部门配备正、副处长（科）级稽核员1—2人，并根据需要适当配备科长（股）级稽核人员。县联社成立稽核辅导股（组），配备正、副股级稽核员1—2人，并根据工作需要配备专职稽核人员。

1988年1月4日，中国农业银行印发《农村信用合作社稽核工作暂行规定》（农银发〔1988〕1号）指出：信用社稽核工作在各级农行领导下，统一由各级信用合作管理部门或信用联社主管，依据金融法规和有关方针政策、规章制度进行稽核活动，在业务上接受农行稽核审计部门的指导。总行信用合作管理部设稽核处；各省、自治区、直辖市分行、计划单列市（区）分行和中心支行信用合作管理部门要配备1名正副处级（科）专职稽核员，并根据实际需要配备稽核人员；县联社设稽核股（组），配备副主任级总稽核，原则上按3—6个信用社配备一名稽核员，其中，股级、副股级稽核员不少于50%。

1990年4月11日，中国农业银行印发《关于对信用社内部实行综合治理整顿的意见》（农银发〔1990〕69号），明确要求进一步健全稽核组织机构，充实并培训稽核人员，提高稽核人员的政策水平和工作能力，进一步完善常规稽核和专项稽核的办法，促使稽核工作逐步实现制度化、规范化要求。

1991年10月20—24日，中国农业银行在广西召开全国农村信用社综合治理整顿工作经验交流会。24日，中国农业银行印发《全国农村信用社综合治理经验交流会暨会计决算工作会议纪要》（农银发〔1991〕33号），明确要加强内部稽核监督，各级信用合作管理部门都要配备专职稽核人员；各级农行要充实县联社人员，要求县联社强化内部稽核职能，及时配备专职稽核人员。以后凡因稽核监督不力而发生重大经济案件，要严肃追究行社领导的责任，稽核工作在保证质量的前提下，更新思想观念，要逐步扩大稽核范围，拓宽稽核方式。

1992 年 9 月 1 日，中国农业银行副行长林中杰在全国农村信用合作工作会议上讲话要求：在强化信用社监督工作中，各地要在加强民主管理、组织监督和全面落实信贷政策、贷款、财务三公开的同时，抓紧充实稽核人员，尽快健全和完善信用社三级监督网络。

1993 年 4 月 20 日，中国农业银行印发《关于加强农村信用社稽核工作的意见》（农银发〔1993〕106 号），明确对稽核人员的管理，要做到一级抓一级、一级对一级负责，定期对稽核机构和稽核人员的工作进行考核，视情况予以奖惩。县级联社要注意改善稽核人员的工作条件，对执行稽核任务的稽核人员发给的补助、津贴等要按中国农业银行有关文件规定执行，对长期从事稽核工作不徇私情、秉公办事、成绩突出者，在政治生活、个人生活待遇上予以优先照顾，为他们创造良好的工作和生活环境，保证稽核工作的顺利开展。

1996 年 12 月，农村信用社与农业银行脱离行政隶属关系后，稽核工作转由人民银行指导，并履行其监督管理职能，建立健全内部控制制度，加大稽核工作力度，以对商业银行监管的标准严格规范信用社经营行为。县联社设立总稽核岗，按规定配备专职稽核人员，独立履行依法监督检查信用社业务和财务活动。

1997 年 5 月 10 日，廊坊市农金改办印发《关于印发加强信用社初级稽核工作规定的通知》（廊农金改办〔1997〕22 号）文件，明确强调：信用社坐班主任要敢于坚持原则，认真履职尽责，加强自身政策水平和业务知识的学习，尽快提高政策理论水平和业务能力，扎实有效做好初级稽核工作，为信用社稳定健康发展发挥积极作用。

1998 年 8 月 12 日，县联社印发《香河县农村信用联社关于充实稽核队伍的决定》，指出每 4 个信用社（含信用分社）配备 1 名稽核员，负责在本县内进行专项稽核、抽样稽核和交叉稽核。

1999 年 1 月 1 日，县联社印发《1999 年初级稽核工作百分考核奖惩办法》规定：信用社坐班主任，即初级稽核员的岗位、职责、制度落实，专司其职的记 10 分，否则减 10 分；按照初级稽核工作规定要求，每月对门市和分社全面稽核 1 次，并有记录的记 10 分，否则减 10 分。每月稽核所辖信用站 1 次，每次不少于 10 个信用站，所辖信用站不足 10 个的，要全部稽核，并有记录的记 10 分，否则酌情减分；每次稽核规定要求认真填写“初级稽核登记簿”，要深入到信用站现场稽核，内容不少于现金、重要空白凭证、计息、账务处理手续等，并具有翔实的稽核工作记录，规范的记 10 分，否则酌情减分；序时稽核时间要衔接，情况真实的记 5 分，否则减 5 分，对发现的问题分清责任、纠改落实到人、操作人签字盖章，在纠改期限内完成的记 5 分，否则减 5 分；上报材料及时、内容齐全的记 10 分，每晚报一天扣 1 分，内容不全的酌情减分；坐班主任接受联社稽核员对其工作的检查、指导，实事求是地向联社稽核员汇报和反映初级稽核工作情况的记 10 分，否则减 10 分；认真落实纠改上级稽核发现问题，在限期内整改的记 5 分，否则减 5 分。及时上报稽核纠改登记簿反馈情况的记 5 分，否则减 5 分；坐班主任稽核发现的问题，解决处理及时的记 4 分，否则减 4 分，重大问题及时上报，无失职行为的记 6 分，否则减 6 分；初级稽核档案齐全的记 10 分，否则酌情减分。

2005 年 11 月 7 日，省联社印发《河北省农村信用社稽核工作暂行规定的通知》（冀信联发〔2005〕

45 号），指出省级以下农村信用社管理机构设立相应独立的稽核部门，根据实际需要配备专职稽核人员，在本级理（董）事会的领导下，管理、指导本辖区农村信用社的稽核工作，对辖内各级机构进行稽核监督。省联社成立稽核总队，各办事处和市级联社成立稽核大队，专门负责开展辖区内农村信用社的各项现场稽核与非现场稽核工作。

2006 年 11 月，省联社印发《河北省农村信用社联合社关于建立健全全省农村信用社稽核监督体系的意见（试行）》（冀信联发〔2006〕51 号）明确规定，县级行社要成立稽核分队，由行社主要负责人担任分队长，一般为 3—5 个网点（含分社或分理处）配备 1 名稽核员，但原则上县级稽核成员不得少于 6 人。同月，省联社制定印发《河北省农村信用社现场稽核工作操作规程》和《河北省农村信用社稽核处罚暂行办法》。

2007 年 3 月 23—24 日，通过“三定、两考、两聘”程序，县联社设置稽核部经理 1 名，副经理 1 名，专职稽核人员 4 名和派驻稽核人员 8 名；重新组建了新的稽核队伍，并建立了科学有效的稽核人员管理考核制和分级负责制，即《香河县农村信用合作联社稽核工作考核办法》《香河县农村信用合作联社派驻稽核人员管理暂行办法》《稽核人员岗位职责制》，自 2007 年 4 月 11 日开始实行稽核人员派驻制，授权监督检查信用社财务开支、信贷投放、内控建设和人员管理，开展稽核分队安排部署的其他监督检查工作；处罚或建议处理违规违纪的人员；直至信用社班子的履职等情况。

2010 年 9 月，稽核管理系统成功上线试运行，该系统是覆盖全省各层次全部业务的审计数据中心，是供省联社、市办事处和县（市）三个层次内审机构共同使用的审计管理平台，是一套集数据查询分析、审计模型应用、审计项目管理、指标监测分析等功能一体化的综合性系统，实现审计工作非现场分析和现场流程化管控，促进审计工作信息化、标准化、规范化。

2012 年 5 月 2 日，银监会印发《关于加强农村信用社省级联社行业审计工作的指导意见》（银监发〔2012〕20 号），首次提出强化农村信用社省级联社行业审计服务职能，建立健全行业审计体系，切实发挥行业审计在农村信用社、农村合作银行完善公司治理、规范经营行为、加强内部控制、强化风险管理等方面的作用，要求省联社积极推动地（市）办事处职能转换，加快改制区域审计中心工作。

2014 年 5 月 9 日，银监会办公厅印发《关于加强推进省联社行业审计体系建设的通知》（银监办发〔2014〕144 号），指出各省联社按照审计委员会、总审计师、行业审计部门、区域审计中心的组织框架，补充完善、健全部门行业审计内控制度，明确审计流程各环节以及组织机构和人员管理的基本规范。

2014 年 8 月 11 日，省联社印发《关于深化稽核体制改革的实施意见》，决定在省、市两级原稽核总队和稽核大队的基础上，组建省联社审计中心，各市审计中心，省联社审计中心与稽核部实行一套人马、两块牌子，负责全省农村信用社稽核工作的组织、管理、指导和协调。各办事处、市联社组建审计中心，各市可在原稽核部门、稽核大队、备用库的基础上进行组建，受审计总中心领导，主要负责贯彻落实省联社审计总中心对全省农村信用社稽核工作的安排部署。

2016 年 6 月 28 日，省联社转发《中国银监会〈关于印发商业银行内部审计指引〉的通知》，要求各级行社要进一步贯彻落实监管部门意见以及省政府要求，建立健全全省联社审计委员会、总审计师、行业审计部门、审计中心的行业审计组织架构，全力推进审计中心的改制组建工作，全面完成办事处改制组建审计中心工作，强化市级审计中心的审计监督职能。各市、县级法人行社要按照《商业银行内部审计指引》的要求，完善本行社的内部审计体系。

2018 年 5 月 29 日，省联社印发《关于开展强化内部审计试点工作的指导意见》，要求在各市审计中心选择 1 家县级农商行开展审计试点工作，廊坊市试点单位为文安县农商银行。

2019 年 5 月 30 日，省联社印发《关于强化内部审计推广工作的指导意见》，指出各级行社要贯彻落实审计署 2018 年 11 号令《审计署关于内部审计工作的规定》和银监会《商业银行内部审计指引》的有关精神和要求，参考省联社提供的模板结合自身实际制定《内部审计章程》和《内部审计管理办法》，明确内部审计工作的管理机制，并制定相关实施细则和规范化、标准化的操作规程，开展内部审计工作。9 月 6 日，香河农商银行印发《内部审计章程》，规定内部审计组织架构由董事会、审计委员会、内部审计部门组成。董事会下设审计委员会，审计委员会对董事会负责。审计委员会由 1 名独立董事，1 名外部董事，1 名内部董事组成，审计委员会主任由独立董事担任。审计委员会办公室设在审计部，负责各项具体业务的开展及与上级单位的协调沟通工作。同时制定《审计人员管理办法》《内部审计人才后备库管理办法》《审计监管联动暂行办法》等一系列审计规章制度。

2022 年 12 月 30 日，省联社廊坊审计中心印发《河北省农村信用社联合社廊坊审计中心审计大队目标管理暂行办法》，省联社廊坊审计中心成立审计大队，负责省、市两级组织的行业审计项目的实施、问题整改、成果运用等，隶属省联社廊坊审计中心党委，日常审计工作由审计一科负责。设置队长 1 名，由审计一科科长担任，下辖北、中、南 3 个审计分队，审计大队固定办公 2 人，分散办公成员 9 人，香河农商银行杨凯森为审计大队分散办公成员。

第二节　审计活动及成果

自 2005 年省联社成立以来，随着审计架构的日趋完善，组织开展的常规审计、专项审计、离任审计等审计活动日渐增多。

专项审计及成果

1987 年 3 月 7 日，中国农业银行印发《关于信用合作工作贯彻落实分行行长会议精神的几点意见》（农银发字〔1987〕27 号），明确要求加强信用社的稽核工作，有重点地对贷款业务进行专题稽核（对乡镇企业贷款进行稽核、对专业户大额贷款进行稽核），对财务、会计工作进行序时稽核；并且将安全保卫工作作为重要内容进行稽核；要求各省分行根据要求，结合工作实际，切实抓好，做出成效。

1997 年，按照市金融体改办和县联社工作安排，稽核部开展 6 次专项稽核，涉及年终决算、贷款手续、重要空白凭证、经营指标、信用站账折核对等方面。

1998 年 11 月 14—18 日，县联社稽核科对 15 家信用社（淑阳信用社、营业部、渠口信用社除外）的由信用站开户的储户业务进行抽查，抽查 87 个信用站，核对发生额 860 笔、余额 78.85 万元，对发现的问题及时整改。

2003 年 1 月，稽核科开展 2002 年年终决算真实性检查，11 月 4 日至 12 月 20 日，通过调阅式稽核对全县 21 家营业单位进行新增贷款专项检查，对检查发现的问题责任人进行通报批评或经济处罚。

2004 年 9 月 4 日，县联社组织稽核工作规范化管理研讨会，联社监事长张玉华主持研讨会并做总结讲话，联社稽核科全体人员参会并就当前稽核工作重点和存在不足分别发言。

2004 年 9 月 4 日，县联社组织召开稽核工作规范化管理研讨会 综合办公室供图

2005 年，县联社成立事后监督中心，对营业网点上报序时的会计核算资料，对已处理的会计业务进行集中审核监督，全年监督业务 98.66 万笔。

2006 年 3 月 5—23 日，县联社稽核科开展新增贷款、费用开支和抵债资产专项检查，纠正信贷方面跨区域、超权限放款问题、费用开支未达到“三签”问题。9 月 1—7 日，由稽核科牵头，组织财务科、保卫科、电脑科成立专项检查组，开展规章制度落实情况专项检查，发现现金管理问题 19 笔、金额 4.57 万元，印章管理问题 2 笔，柜员制执行问题 6 笔，对发现问题进行纠改。全年事后监督中心对全辖营业网点监督业务累计 82.6 万笔。

2007 年 1 月 24 日至 2 月 1 日，稽核部开展 2006 年年终决算真实性检查，对发现问题进行纠改。4 月 9—11 日对 21 个信用社原主管会计进行了离职监交。5 月 3 日，对全县营业网点银行承兑汇票贴现和质押贷款业务进行全面检查。6 月 4—8 日，稽核部组织稽核、监察、保卫人员开展安全大检查。7 月 10—23 日，对全辖信用社新增大额 5 万元以上贷款开展重点检查，对 50 万元及以上的贷款大户进行实地抽查，对贷款形态、档案管理、贷后管理问题进行纠改。8 月 10—20 日，稽核部成立专项检查组对 100 万元以上贷款大户进行了实地抽查。9 月 10—22 日，对全辖原 235 个信用代办站进行拉网式检查，重点检查撤站会计交接档案和撤站手续。10 月 16—20 日，稽核部对所有网点开办的质押贷款业务进行全面检查，检查质押贷款 767 笔、金额 3193.94 万元，发现问题 5 笔、金额 15.85 万元。10 月 28 日至 11 月 10 日，由联社副主任牵头负责，稽核、业务、财务、资产保全等 4 个部室部分成员组成强制休假临时接管小组，对王家摆信用社主任、委派会计、信贷员所经办的业务进行全面稽核和业务核查。

2009 年 5 月 30 日至 6 月 3 日，对联社机关及营业网点业务印章管理进行检查，检查印章 422 枚，其中，使用 411 枚、作废未上缴 2 枚、封存 9 枚。8 月 5—17 日对全县新发放贷款进行专项检查，检查 2319 笔、金额 161876 万元，其中，入户核查 134 笔，电话核查 39 笔，其余为调阅式检查。

2010 年 4 月 13—17 日，稽核监察部对辖内各网点 2010 年新增贷款进行延伸检查，深入到借款企业检查贷款投向的真实性、借款企业的现状、资金占用是否合理、是否具备偿债能力等内容，抽查贷款73笔、金额3250万元。5月28—29日，对6名置换离岗客户经理进行专项稽核审计，检查贷款684笔、金额2748.9万元。6月21—27日，对全辖58名管理人员自2010年第二季度工作履职情况进行监督评价，此后每季度结束均安排稽核人员对管理人员履职情况进行监督检查。10月9—14日，组织开展反洗钱业务专项检查，发现问题60笔，对涉及17名相关责任人进行处罚，罚款金额0.18万元。10月20—29日，对100万元以上大额贷款及汇票业务通过稽核系统进行专项稽核，共检查大额贷款531笔，金额180530万元。12月6—13日，稽核监察部开展新增抵、质押贷款及抵质押物的合规性专项检查。2010年处理处罚172人次，罚款金额2.71万元。

2011年3月17—25日，对全辖新柜员办理各项业务的合规性进行现场稽核检查，检查29人办理的各项业务11.65万笔、金额66.08万元，对检查发现的问题进行现场整改。5月9—20日，对辖内客户部新增50万元以下保证贷款进行延伸检查，检查贷款130笔、金额2995万元，同时现场征求借款客户对信用社贷款服务的意见或建议，填写调查问卷366份。全年开展专项稽核9项，下发督办单8分，交换意见书46份，提出合理化建议10条，处罚55人次，罚款金额0.93万元。

2012年5月25日至6月5日，县联社稽核科对辖内21个营业网点新放贷款进行检查，此次检查1637笔、金额49733.46万元，检查采取与贷款户面谈或电话核实的方式进行。5月30日至6月6日，对各营业网点重要岗位轮换、对账情况及柜面违规行为进行全面检查。6月21日，对辖内8个营业网点进行现金、重要空白凭证等重要物品的飞行检查，检查8个营业网点18名柜员尾箱现金755.81万元，重要空白凭证9578份，抵质押物154份，金额20826.5万元。8月17—22日，对辖内公司类存量贷款进行信贷业务案件风险自查，涉及贷款287笔、金额217523.6万元。12月5—11日，开展中间业务及电子银行业务专项稽核，发现问题5项，全部现场整改。12月26日，对县联社2012年固定资产购置、管理、处置进行专项稽核，检查固定资产17项。2012年，全年开展专项稽核15项，对132名问题责任人进行处罚，罚款金额2.15万元。

2013年，开展专项稽核21项，提出合理化建议31条，对49名问题责任人进行处罚，处罚金额1.26万元。4月15日至5月10日，开展贷款五级分类真实性专项检查，采取入户核查方式，核查企业类贷款27户、金额6537万元，个人贷款176户，金额7486万元，经入户核查，贷款系统五级分类真实准确。

2014年，开展专项稽核20项，对52名问题责任人进行处罚，罚款金额1.22万元。1月28日至2月27日，专项核查假冒名贷款8066笔、金额105555.52万元。5月19—30日，对辖内4个分部实施贷款资金投放真实性专项稽核，检查贷款202笔、金额28088万元。8月15—30日，对辖内营业网点手续费收支业务进行专项检查。12月5—17日，对辖内29家营业网点的现金管理进行专项检查，检查现金86笔、金额3111.59万元。

2015年，开展专项稽核22项，对20名问题责任人进行处罚，罚款0.38万元，包括银行卡网上非法买卖专项检查、贷款质量和不良贷款处置情况检查，管理人员履职检查，固定资产、低值易耗品、费用开支等专项稽核。

2016 年，开展专项稽核 22 项，对 39 名问题责任人进行处罚，罚款 0.77 万元。包括真实性检查、管理人员履职情况检查、票据业务手续及后续管理情况检查、电子银行及中间业务专项检查、费用开支等专项检查。

2017 年，开展专项稽核 29 项，处理处罚 89 人，金额 2.55 万元。4 月 21—22 日，对营业部及财务部的同业、投资、理财业务手续及后续管理进行专项稽核，检查同业业务 22 笔、存款证实书 10 份、债券 12 份、会议纪要 8 份、往来对账单 21 份。7 月 26 日，对大额不良贷款责任认定情况开展专项稽核。

2018 年，开展专项稽核 42 项，处理处罚 31 人次，金额 0.54 万元。8 月 1—14 日，开展科技信息管理专项稽核，对信息科技内控管理、制度建设等方面进行全面检查。8 月 16—21 日，对 2018 年 10 户大额不良贷款问责工作进行专项稽核。11 月 12—19 日，对客户经理部及总行风险合规部征信业务合规性进行专项稽核。

2019 年，开展专项审计 26 项，下发审计通知书 288 份，发现问题 2270 笔、金额 426915.73 万元，下发审计整改通知书 86 份，通报批评 22 人，问责 41 人，减发绩效工资 0.76 万元，所有问题全部纠改完毕。

2020 年，开展专项审计 39 项，下发审计通知书 307 份，审计业务 25850 笔、金额 1997636.6 万元，发现问题 400 笔、金额 300881.15 万元，下发整改通知书 87 份，问责 77 人，减发绩效工资 1.24 万元。

2021 年，开展专项审计 39 项，下发审计通知书 276 份，审计业务 27401 笔、金额 2819506.73 万元。发现问题 222 笔、金额 344279.11 万元，下发整改通知书 78 份，给予 8 名责任人减发绩效工资处理，共减发绩效工资 0.16 万元；给予 21 名责任人限期整改处理；给予 2 名责任人做书面检查，收到问题整改报告 78 份，审计发现问题全部整改完毕。

2022 年，开展专项审计 20 项，内容涵盖财务、信贷、柜面业务、反洗钱等重点业务领域，下发审计通知书 186 份，共发现问题 55 笔、金额 62637.93 万元，下发审计整改通知书 30 份，给予 3 名责任人减发绩效工资处理，共减发 0.06 万元；给予 1 名责任人限期整改处理；给予 1 名责任人做出书面检查处理，收到问题整改报告 30 份，审计发现问题全部整改完毕。

离任审计及成果

离任审计、经济责任审计是联社组织开展的最重要的审计种类之一。根据干部管理需要，通过履职评价持续为农商银行选人用人提供参考信息，促进领导干部更好地发挥工作职能，促进干部合规作为、主动作为、有效作为。

1997 年，人行河北省分行印发《农村信用社主任责任稽核办法》（冀银发〔1997〕408 号），指出主任责任稽核针对具有法定代表人资格的农村信用社主任或主要负责人，因主任提拔、调离、辞职、免职、撤职、退休等原因离任，须对其任职期内的执行金融政策法规，内部管理及内部控制，经营管理职责，法纪责任履行情况进行审查、评价、证明，从而确定或解脱其任职期间的管理责任和法纪责任。

2007 年 8 月 14 日，省联社印发《河北省农村信用社高级管理人员在任稽核、离任稽核暂行办法》（冀信联发〔2007〕104 号），旨在适应河北省农村信用社经营管理的需要，加强对各级高级管理人员任职期间经营管理行为的有效监督，规范全省高管人员在任稽核、离任稽核工作，保障各级机构的稳健运行。

2012 年 9 月 6 日，省联社将《河北省农村信用社高级管理人员在任稽核、离任稽核暂行办法》修订为《河北省农村信用社高级管理人员任中稽核、离任稽核办法》，规定高管人员在任期间，应进行任中稽核。高管人员离开现任职务，必须进行离任稽核，对拟提升职务或调职转任的，应坚持“先稽核、后任职”的原则，特殊情况经上级领导批准后可“先离任、后稽核”。

2016 年 11 月 4—7 日和 11 月 23—25 日，受省联社廊坊审计中心委托，开展跨区域高管离任审计，廊坊审计中心“高管离任”审计工作组香河检查组对三河联社监事长、城郊联社副主任任职期间职责履行情况进行离任审计，未发现违规、违纪行为。

2019 年 9 月 17 日，香河农商银行印发《河北香河农村商业银行股份有限公司高级管理人员任中审计、离任审计办法》（香农商行字〔2019〕123 号），明确指出高级管理人员是指香河农商银行辖内支行行长和需要监管部门批准任职资格的部门负责人，高管人员在任职期间，应进行任中审计；高管人员离开现任职务，必须进行离任审计，对拟提升职务或调职转任的，应坚持“先审计，后任职”的原则，但特殊情况经上级领导批准后可“先离任、后审计”。

2006—2022年香河县农村信用社离任审计开展情况一览表

表5-2-1　　单位：人

审计年份	审计时间	被审计人员数量			合计
		高级管理人员	中层正职	中层副职	
2006	12 月 8—14 日	6	1	—	7
2007	5 月 7—11 日	—	28	11	39
2008	1 月 18—19 日	—	4	—	4
2009	5 月 6—8 日	2	10	8	20
2012	2 月 10—13 日	—	20	2	22
2013	2 月 7—19 日	—	16	8	24
	3 月 21—23 日	1	—	—	1
2015	10 月 8 日	—	1	—	1
2016	1 月 26—29 日	—	21	6	27
	4 月 25 日	—	3	—	3
2017	4 月 25 日	1	—	—	1
	11 月 13 日	—	1	—	1

续表5-2-1

审计年份	审计时间	被审计人员数量			合计
		高级管理人员	中层正职	中层副职	
2018	7月3—6日	—	4	—	4
	12月26—30日	—	3	—	3
2019	3月14—15日	—	2	2	4
	5月10—15日	—	23	18	41
	7月12日	—	—	1	1
2020	4月14日	—	—	1	1
2021	1月12日	—	2	2	4
	3月8—29日	—	1	10	11
	7月5日	—	2	—	2
2022	7月5—8日	—	3	—	3
	8月4—5日	—	3	—	3
	9月9—13日	—	10	5	15
	10月29—31日	—	4	—	4
	11月16—18日	—	—	3	3
总计		10	162	77	249

常规审计及成果

1997年，县联社稽核科对全县信用社进行序时稽核检查，检查内容包括信用社账务稽核、财务稽核、现金及重要空白凭证管理、主任查库制度执行、信贷资产管理等。

1998年3月30日，廊坊市农村金融体制改革领导小组办公室印发《农村信用社稽核工作意见》指出，县联社必须认真做好序时稽核工作，稽核内容必须全面、完整，不得偏废。稽核的主要内容有账务、财务、现金、存款、贷款、计息、有价证券、重要凭证等的管理和使用。

2003年，县联社稽核采取序时稽核与专项稽核相结合方式进行。

2005年，序时稽核通过调阅式进行再监督，对当月新发放贷款进行逐笔检查，财务开支500元（含）逐笔检查，利息收付逐笔核对。

2008年，稽核部对31个营业网点开展4次全面序时稽核，稽核面100%。累计发现问题1087笔、金额28098万元，问题全部整改完毕。

2009年，稽核监察部对31个营业网点开展4次全面序时稽核，发现问题146笔、金额4659万元，下发整改通知书185份，提出合理化建议105条，问题全部整改完毕。

2010年，稽核监察部对29个营业网点开展序时稽核4次，发现问题61笔、金额8854.19万元，下发整改通知书、提出合理化建议102条。

2011年7月12日，省联社印发《廊坊市农村信用社序时稽核管理暂行办法》规定，序时稽核检查按季进行，业务期间为每季初第一天至季末最后一日，检查对象为全县基层营业网点。序时稽核应充分运用河北省农村信用社稽核管理系统，采取现场检查与非现场监测相结合的稽核方式，通过采集信息、查阅资料、调阅监控录像和统计分析等方法，检查各项业务操作的合规性。县联社稽核部按照办法规定，每季度末结束组织稽核员对全辖所有网点开展序时稽核，对稽核发现的问题责任人进行处理处罚，向问题涉及网点下发整改通知书，并提出合理化建议。2011年，稽核监察部对全辖21个营业网点开展序时稽核4次，稽核内容涵盖营业网点的委派会计、柜员基本制度执行情况，结算业务合规性，有价证券管理，重要空白凭证管理，现金管理等内容。

2012年，稽核监察部先后对全辖29个营业网点开展4次序时稽核检查，发现问题5笔、金额58.22万元，问题全部整改完毕。

2013年，稽核部组织开展序时稽核4次，提出合理化建议125条，发现问题24笔、金额3344.23万元，全部整改完毕。

2014年，稽核部组织开展序时稽核4次，提出合理化建议120条，发现问题全部纠改。

2015年，稽核部对29个营业网点及计划财务部开展序时稽核4次，提出合理化建议120条，对稽核系统提取的违规可疑问题进行逐笔核对。

2016年，稽核部开展序时稽核4次，提出合理化建议120条，发现问题全部纠改。

2017年，稽核部开展序时稽核4次，发现问题21笔、金额4133.45万元，下发督导通知书20份，问责20人，处罚金额0.35万元。

2018年，稽核部开展序时稽核4次，发现问题5笔、金额3.16万元，下发督导通知书5份，问责5人，处罚金额0.05万元。

2019年，审计部开展序时审计4次，下发整改通知书14份，通报批评11人，问责3人，减发绩效工资0.06万元。

2020年，审计部开展序时审计4次，按季度开展序时审计工作，重点围绕现金、重要空白凭证、柜面挂失业务和贷款业务等内容进行逐项审计，全年下发审计通知书120份，发现问题1155笔，金额33560万元，现场整改1100条，下发督导通知书18份，对发现的问题及时纠正和处理。

2021年，审计部先后对全辖29家营业网点及香河农商银行本部进行4次序时审计，下发审计通知书119份，发现问题5笔、金额1.21万元，下发审计整改通知书5份，给予2名责任人通报批评处理，给予3名责任人限期整改处理，收回整改报告5份，问题全部整改完毕。

2022年，审计部先后对所辖28家营业网点及香河农商银行本部进行4次序时审计，下发审计通知书120份，发现问题27笔、金额1198.79万元，下发审计整改通知书21份，给予6名责任人减发绩效工资处理，减发绩效工资0.12万元，给予15名责任人限期整改处理，收回整改报告21份，问题全部整改完毕。

第三节 监察管理

香河县农村信用社对纪检监察工作高度重视，1998年，设立监察室，负责辖内案件的查处、客户投诉举报及党风廉政建设等工作。

2009年10月，监察室与稽核部合并为稽核监察部。

2013年1月，纪检监察室与稽核部分离单独成为一级部室。监察室负责全辖党风廉政建设和反腐败工作的监督检查，及时向农商银行领导和审计中心纪检监察部门请示汇报；对总行机关部门、辖内网点的监察工作进行指导和监察检查；负责对所辖范围内案件的立案、核查、审理、处置和上报工作；负责全辖处理处罚管理与指导；按规定受理属于监察业务范围内的群众举报、控告和申诉，具体承办上级机关转办和领导交办的信访举报件；负责全辖客户投诉的受理、调查、处置工作；保持与当地检察、监察机关的联系，安排部署和检查全辖的廉洁从业警示教育等工作；负责全辖廉政档案的管理、更新及廉政意见回复工作；收集整理和保管全行的监察档案。

2014年12月，县联社转发省联社办公室《关于进一步加强员工行为管理的通知》（冀信联办发〔2014〕255号），就进一步加强各级行社员工行为管理提出以下要求：1.员工行为排查工作要深、要细，不走过场；2.建立健全全员管理制度，层层落实责任；3.加强营业网点办公和营业场所管理，确保安全稳定运营；4.加强监督检查，切实加大问责力度；5.严格报告制度，做到不漏报、不瞒报；6.建立健全妥善处置预案，切实降低风险和损失。

信访工作

香河县农村信用社始终坚持“属地管理、分级负责，谁主管、谁负责，依法、及时、就地解决问题与疏导教育相结合”的原则，规范办信、接访，严格落实工作责任制、强化首访责任，把矛盾和纠纷化解在属地。

2014年7月，县联社印发《香河县农村信用合作联社信访案件化解稳控工作实施方案》（香信联字〔2014〕33号）《香河县农村信用合作联社集中开展矛盾纠纷排查调处和社会治安重点地区排查整治百日专项行动方案》（香信联字〔2014〕106号），围绕服务纠纷、非法集资、信用站代办员等认真开展全辖风险隐患排查工作。

2019年10月，香河农商银行制定印发《河北香河农村商业银行股份有限公司信访举报件办理工作规定》（香农商行字〔2019〕159号），明确纪检监察部门受理举报件包括以来信、来访、来电等形式，向纪检监察部门举报香河农商银行各级机构或干部员工违规违纪违法问题的举报件。纪检监察部门不受理以下举报件：1.按照国家规定，已经或者依法应当通过诉讼、仲裁、行政复议等法定途径解决的举报件；2.涉及劳务纠纷、业务纠纷、服务纠纷、业务责任认定等个人诉求类的举报件；3.其他不适宜受理的举报件。纪检监察部门根据举报件反映内容，按属地管理原则，进行处理：1.查办举报件一般按人员管理权限，由纪检监察部门直接进行查办；2.对反映问题线索清楚、问题性质严重的举报件，上级机构的纪检监察部门可以直接查办。同时对办结时限、信访工作程序做出详细规定，保障了广大员工和举报人的批评、建议、检举等权利。

2019 年 12 月，香河农商银行印发《重大声誉风险事件（舆情）应急处置预案》（香农商行字〔2019〕174 号），规范重大突发事件和群体性信访投诉事件的处理流程，每年至少进行一次应急演练，有效提升重大突发事件和群体性事件的应急处理能力。

投诉管理

1997 年 8 月 14 日，县联社设置金融监督电话，电话号码“8317643”。电话的受理范围：联社机关、全县所辖 18 个营业网点及所有工作人员违反国家金融法律、法规、规章的行为；有违已经公开的服务承诺和有损农村信用社社会形象的行为；其他违法违纪违规行为。

县联社受理投诉工作始于 2008 年，监察室直接接件受理。2010 年，省联社客户服务电话“96369”正式上线。

2013 年 2 月，县联社印发《香河县农村信用合作联社客户投诉管理办法实施细则》（香信联字〔2013〕20 号），明确规定联社监察部门是受理客户投诉的主要部门，应履行以下职责：统一受理各类客户投诉，建立“客户投诉登记簿”“客户投诉统计台账”；组织调查、核实投诉内容，提出处理意见，及时答复投诉人；监督每一件投诉调查内容的真实性，是否存在包庇、袒护等现象；详细记录每一件客户投诉的处理结果，对上级转办的投诉，要按上级的意见将处理结果逐级反馈；定期汇总、分析投诉信息，向相关部门提出改进工作的意见和建议。明确投诉处理的原则、处理流程、办结时限、责任追究等内容，有效强化投诉管理，提升广大员工服务水平和服务质量。

2014 年 2 月，县联社印发《香河县农村信用合作联社关于建立纪检监察信访、举报、投诉问题督办机制的实施意见》，指出应建立健全组织领导体系，明确工作职责，进一步规范投诉管理。

2016 年 2 月 24 日，县联社印发《香河县农村信用合作联社客户投诉管理的补充规定》（香信联字〔2016〕34 号），指出因内部管理问题引发的针对单位或部门的投诉，相关责任人为信用社主任或部门责任人；因服务态度及主观故意原因引发的针对个人的投诉，因服务质量、解释不到位等非主观故意原因引发的针对个人的投诉，直接责任人为被投诉人，相关责任人为信用社、副主任（大堂经理）、分理处负责人；正常营业期间的，相关责任人为信用社、副主任（大堂经理）、分理处负责人。非营业期间的，相关责任人为信用社主任或分社负责人；因违规操作、制度传达不到位、业务知识不熟悉、不掌握引起的操作错误产生的对个人的投诉，直接责任人为被投诉人或经办人，相关责任人为设委派会计的信用社为委派会计，未设委派会计的为分社负责人；投诉内容涉及委派会计和大堂经理职责交叉的，对委派会计和大堂经理一并给予追究。对投诉责任进行明确划分，各司其职、各尽其责，进一步提升全员投诉责任意识。

2017 年 8 月，省联社客户投诉工单管理系统上线，投诉均通过线上处理，使全行投诉处理更加规范，进一步提高投诉处理效率。

2019 年 10 月，根据《河北省农村信用社员工违规失职行为处理办法》，香河农商银行结合工作实际，对投诉管理办法实施细则进行修订，印发《河北香河农村商业银行股份有限公司客户投诉管理办法实施细则》（香农商字〔2019〕156 号）。

2010—2022年香河县农村信用社客户投诉量统计表

表5-2-2

统计年度	投诉数量（件）	有效投诉（件）	属实投诉（件）	办结率（%）
2010	18	18	4	100
2011	19	19	3	100
2012	11	11	4	100
2013	23	23	11	100
2014	20	20	2	100
2015	27	27	5	100
2016	33	33	3	100
2017	23	16	2	100
2018	35	6	0	100
2019	26	5	0	100
2020	22	4	2	100
2021	21	9	2	100
2022	18	6	2	100

党风廉政建设

1954年7月，中国人民银行颁发《中国人民银行监察工作条例》，后经修改于1955年9月以《中国人民银行监察工作制度》正式颁布。该制度规定中国人民银行设监察局，中国人民银行管辖行及直属单位设监察室。

1979年，国务院批复同意重建各级银行监察机构，中国人民银行设有监察部驻金融系统监察局，受监察部和中国人民银行双重领导，业务以监察部领导为主。各专业银行、综合性银行、保险公司设立监察室，接受各自银行、保险公司和金融监管局的双重领导。

1988年3月18日，中国农业银行印发《关于坚决禁止职工赌博的通告》（农银发〔1988〕29号），要求农业银行系统全体职工严格执行党的路线、方针、政策，遵纪守法，禁止赌博；通知强调，自通告公布之日起，凡农业银行系统干部职工，如有参加赌博的，一经发现，无论情节轻重，一律开除公职或解除劳动合同。农村信用社干部职工参加赌博的处理，参照本通告，由县联社做出处理决定。按照中国农业银行通告精神，县联社及时转发通告至机关各科室和营业网点，要求全辖干部职工认真学习，遵规守纪。

1997年1月30日，县联社印发《香河县信用联社廉政建设十条规定》指出：要全面贯彻落实上级有关廉政建设的规定；信用社干部、职工不准假公济私，不准从事有偿性中介活动；信用社干部、职工不准在其他各类经济实体中入权利股、名义股、暗股；在公务活动中不准接受礼金、礼品等，凡无法推辞而接受的一律上交所在单位；改进工作作风，县联社下乡工作人员需在信用社就餐时，必须在信用社食堂就餐，中午不许喝酒；不准到所辖各社或企业报销应由个人支付的各项费用；婚丧嫁娶不准大操大办，更不准借机变相行贿索贿；不准用公款进入营业性歌厅等场所娱乐，不准参加赌博，不准搞封建迷信活动；树立良好的职业形象，不准对客户吃、拿、卡、要；坚持亲属回避制度。

2001 年 2 月 9 日，县联社组织 33 名干部职工观看反腐败纪录片《玉林金融大案》。6 月 28 日，县联社印发《关于在“三查”活动中进行“三铁”精神教育的实施方案》，在“查思想、查作风、查行为”的三查活动中组织全体员工进行“铁账本、铁算盘、铁规章”精神的教育。

2006 年 11 月 3 日，县联社组织机关科长、信用社主任参观保定太行监狱，对党员干部进行预防职务犯罪警示教育活动。

2007 年 3 月，根据省联社廊坊办事处农村信用社系统行风建设工作的总体安排，县联社印发《香河县信用合作联社行风建设工作实施方案》（香信联字〔2007〕19 号），在全辖开展行风建设工作。5 月，县联社组织开展行风建设回头看及验收工作，通过行风建设各信用社环境状况明显改善，使顾客感觉到真实变化；员工牢记“三种”观念，精神状态、道德素质、服务水平等有了较大的改进；联社结合自身的实际情况，进一步完善各项规章制度，并落实到各岗位、各员工。10 月，县联社制订《香河县农村信用合作联社行风建设自查自纠推倒重来实施方案》，分个人申报、单位自查自纠、联社检查 3 个阶段。要求各单位要认真对待，按照“十二条”和“八个问题”要求一一对照检查纠改，不走过场。

2007 年 9 月 26 日，县联社组织举办警示教育专题法制讲座，邀请香河县人民检察院预防职务犯罪科科长杨军到县联社授课，机关各部室经理、信用社正副主任、分社负责人、专职纪检监察员、稽核员、委派会计和信贷员共 110 人参加学习。

2008 年，县联社制订行风建设自查自纠验收方案，认真检查验收，一是成立由联社理事长、监事长、联社主任、副主任等领导成员以及部室负责人组成的行风建设推倒重来检查验收工作领导小组；二是确定检查验收对象、人员和时间，由稽核监察人员 12 人，分成 4 个小组，对辖内 21 个信用社（营业部）进行检查验收；三是主要从行风建设、财务、信贷三个方面进行检查验收，验收结束后，按照市办要求，做好在综合业务检查中违规责任人的处理工作。对 2007 年 11 月省联社廊坊办事处综合大检查中发现的问题，根据《河北省农村信用合作社联合社廊坊办事处关于香河联社行风建设检查冒名（假名）贷款处理处罚及整改情况的考核评比报告》中的检查结论及处理意见，县联社依据《河北省农村信用社员工违规违纪行为处理暂行办法》（冀信联发〔2008〕26 号）《河北省农村信用社联合社廊坊办事处关于对假名、冒名贷款责任人处理的指导意见》（冀信联廊办〔2007〕161 号）中相关条款的规定，经联社研究决定，对 104 名责任人给予纪律处分或经济处罚。

2009 年 3 月 8 日，县联社成立党风廉政建设工作领导小组，领导小组下设办公室，具体负责党风廉政建设工作的开展、完善、监督、落实，确定联社理事长为本次活动的第一责任人，主任、监事长为直接责任人，各营业网点、部（室）的主要负责人、委派会计分别为本部门的第一、第二责任人。

2010 年，县联社组织班子成员及全辖中层以上领导干部 98 人，赴唐山监狱进行参观，开展实地警示教育。

2011 年 11 月 11 日，县联社组织开展“三项主题”警示教育活动，全辖信用社主任、委派会计、分社负责人、机关部室经理以及部分职工共 118 人参加培训，聘请县检察院反贪局局长、预防职务犯罪科科长，结合实际案例对如何预防职务犯罪、职务犯罪的诱因和特点进行现场授课。

2012 年，县联社印发《香河县农村信用合作联社 2012 年度党风廉政建设责任制任务分解方案》（香信联字〔2012〕12 号），对政治学习、落实民主集中制、干部选拔任用、案件风险防范等 31 个方面进行任务分解，将党风廉政建设责任分配到相关领导和责任部室。

2014 年，县联社印发《贯彻落实党风廉政建设党委主体责任、纪委监督责任实施意见》，对 29 项重点工作进行任务分解，明确党委、纪委职责分工。

2016 年，县联社根据《河北省农村信用社高级管理人员诫勉谈话暂行办法》，制定《香河农村信用合作联社诫勉谈话暂行办法》（香信联字〔2016〕152 号），9 月 22 日，监事长会同监察部门负责人对任务指标完成差的 5 家网点负责人分别进行诫勉谈话。

2016 年，县联社印发《香河县农村信用合作联社关于开展“以案为鉴、加强廉洁自律教育”专题警示教育活动的通知》，自 2016 年起，纪检监察室每年 6 月组织全体干部员工开展“以案为鉴”廉洁自律警示教育活动，通过学习党纪法规、参观警示教育基地、观看警示教育片、撰写心得体会等方式以案说法、以案明纪，达到警钟长鸣，防微杜渐的目的。

2017—2022 年，县联社纪委书记每年组织 1 次同中层正职及新提拔任用干部进行廉政谈话及任前谈话，通过与被谈话人进行平等交谈，达到统一思想、取得共识、促进工作的目的，督促落实党风廉政建设主体责任、监督责任。

2018 年，根据省联社关于开展“一问责八清理”及基层微腐败专项行动要求，香河农商银行印发《河北香河农村商业银行股份有限公司省委巡察整改暨“一问责八清理”专项行动“回头看”实施方案》，认真开展各项清理工作及明察暗访，对外公布监督举报电话及信箱，每周向审计中心报告活动开展情况。通过活动开展，规范管理、完善制度，一是严格控制公务接待，责成办公室严格按照上级规定接待标准，压降公务接待费用开支；二是有效压降公车存量，严格落实公务用车费用公示制度。香河农商银行将网点公车全部处置，只保留少量公车由综合办公室统一调配，用于全辖调剂使用，单车费用单独核算，并由办公室定期进行公示，从源头上消除公车私用现象；三是监督督促办公室规范招投标管理，制定印发《招投标管理办法（试行）》，并严格执行，通过竞价方式择优选择合作厂商，有效降低工程及采购费用支出。

2020 年，根据驻省联社纪检监察组《关于建立全省农信系统领导干部（党风）廉政档案的实施方案》要求，香河农商银行认真推进领导干部廉政档案建设工作，按时完成廉政档案建档工作。11 月底，通过省联社廊坊审计中心验收。廉政档案建成后，定期根据干部变动情况进行更新；同时，加强成果运用，规范对 2021—2022 年干部选拔任用、年度评先评优等进行党风廉政意见回复，避免干部任用中带病提拔，强化制度执行的刚性。

2022 年，省联社印发《河北省农村信用社 2022 年清廉金融文化建设工作实施方案》，香河农商银行组织全体干部职工开展摄制清廉金融文化短视频、清廉理念箴言、主题书画作品征集，清廉金融文化主题演讲比赛。7 月 21 日，香河农商银行选派冯雪婷、段秋乐参加全市清廉文化主题演讲比赛，2 人均获得第三名的优异成绩。同日，香河农商银行组织全辖班子成员、中层正职 31 人到廊坊市法治宣教中心参加警示教育、参观“官德·家风”展示馆，赴反腐倡廉警示教育中心，观看警示教育片《身边警钟》。

第三章 安全保卫管理

安全保卫是信用社内控机制的重要组成部分，是信用社持续健康发展的重要保障。多年来香河县农村信用社严格按照“预防为主”“人防、物防、技防、协防”相结合的工作总方针，建立健全完善的组织架构和管理制度，不断提升硬件设施建设，充分重视责任体系构建，逐步向全员防范目标迈进。经全体干部员工的共同努力，基本实现无重大案件、无重大安全事故的管理目标，信用社实现了持续稳定健康发展。

第一节 组织保障

香河农村信用社自 1923 年建立至 1978 年，无独立的安全保卫组织机构。1979—1996 年，农行香河支行管理农村信用社，安全保卫工作主要由农行香河支行保卫部门负责，行社采取统一规划、统一布置、统一检查的方法开展日常工作。把信用社的安全保卫工作纳入目标考核，基层信用社主任是安全保卫工作的第一责任人，日常工作逐级负责、落实到人，实行目标管理定期考核机制。

1995 年 3 月 23 日，县联社成立“三防一保”（防抢劫、防盗窃、防诈骗、保卫人身和财产安全）办公室。

1996 年 12 月 25 日，县联社与农行香河县支行脱离行政隶属关系，成立保卫科，负责全面实施县联社安全保卫工作计划，制定安全保卫工作制度；管理经济民警队伍、专职守卫、押运人员和治保消防组织、监督检查枪支弹药的管理，安装安全设施、设备、负责安全设施的规划和布置；协助公安、司法机关查处本单位发生的各种案件，参加调查重大治安灾害事故，负责重点人员的管理，配合有关部门做好要害部门的审查等工作。

2005 年，省联社成立，开始全面指导县联社的安全保卫工作。

2012 年，县联社成立监控中心，坚持“全面覆盖、突出重点、规范操作、反应高效”的工作原则，充分利用监控平台，对监控区域的安全状况和监控对象的举止行为开展远程巡查、抽查，及时发现违规行为和风险隐患，高效、妥善进行处置。

2020 年 10 月，根据《银行业金融机构外包风险管理指引》（银监发〔2010〕44 号）文件规定，香河农商银行与保定市利盾卫士保安服务有限公司廊坊分公司签订监控值守服务合同，将监控中心职责任务外包，配备相关操作人员 7 名并签署保密协议书。

第二节 安防设施建设

人防方面

建社初期，由于农村信用社基础设施极其简陋，机构分散，人员相对较少，安全保卫工作主要是增强“人防”意识，坚持夜间、节假日明确人员留守值班守库（当时仅有木质保险柜，白天当办公桌，晚上当睡床），并自备木棒、铁棍、狼牙棒等防卫器具，对库款、账册、印章等实行专人保管，对门窗进行加固。白天员工下乡营销存贷款业务时，尽量少携带现金等重要物品，避免发生抢、盗事件。

1957 年，信用社以预防为重心，以建制为重点，逐步建立健全安全保卫制度。根据业务工作的特点和办理程序，结合实际，制定行之有效的防卫办法和管理责任制。树立人人讲安全、人人管安全、人人做安全的责任意识，加强对营业场所的安全检查，对存在风险隐患的门窗、柜台、栏杆等进行修缮、加固，信用社干部职工齐心协力，落实安全保卫工作责任，以岗定责，层层落实。

1958 年，“大跃进”时期，部分信用社干部职工被抽调下乡工作，一些安全保卫工作制度、办法被淡化，形同虚设，信用社一度存在营业单位值班人员不到位，重要凭证、账册等没有专人保管，信用社资金财产存在重大安全隐患。

1973 年 3 月 8 日，人行香河支行转发河北省分行《关于转发中国人民银行<关于加强储蓄所、营业所和信用社安全保卫工作的通知>》（香银信字〔1973〕1 号）要求，营业所所在地信用社，每天业务终了用密封或加锁的办法将现金交营业所入库保管，严格禁止现金在抽屉里过夜。对所属的信用站的库存现金建立定期或不定期的抽查制度。各营业所根据信用社的业务情况核定相应的库存现金，严防库存现金过大，超过库存限额即时送交银行。各信用社对所属的信用站的库存，核定相应的库存加以控制。

1982 年 4 月 12 日，农行廊坊地区中心支行印发《安全防范岗位责任制》，制度规定信用社负责人要领导所在信用社落实安全岗位责任制和各项安全规定，要以身作则，做干部、职工表率；教育干部职工热爱本职工作，遵纪守法、自觉执行各项安全措施，对违章人员要进行教育，因工作失职、造成事故者要根据具体情况予以严肃处理；对信用社不安全因素，要及时采取措施，堵塞漏洞，加强防范，对解决不了的问题要向上级行提出整改报告；发生案件和重大事故，要及时报告，并保护好现场，积极配合公安部门开展侦破工作。

1983 年 6 月 6 日，农行香河支行转发中国农业银行《关于切实加强银行信用社库款安全保卫工作的通知》（农银合字〔1983〕180 号），明确对信用社、信用站的业务周转金要从严控制。对新增信用社网点一定要建立健全安全防范措施，责任落实到人，在做好一切安全保卫工作的前提下才能挂牌开业。

1991 年 7 月 4 日，中国农业银行印发《安全保卫责任制暂行办法》（农银发〔1991〕195 号），明确安全保卫工作是农业银行经营管理的重要组成部分，必须纳入各级行、社目标管理，贯穿于业务工作的各个环节。安全保卫责任制的基本形式是：安全保卫承包责任制；安全保卫目标管理责任制；安全保卫岗位责任制；安全保卫记分考核制。要求各级行、社可结合本单位实际，采取不同的安全保卫责任制形式，但不论采取何种形式，都必须与经济责任制、领导任期目标责任制结合起来，制定本单位、部门若干具体工作目标或实施细则，层层落实到单位、部门和职工个人，并且签订责任状或承诺书。

1998 年 6 月 12 日，县联社印发《关于落实安全保卫工作规范管理规定》，规定营业各种印章和重要空白凭证、微机软盘，要随现金同时入库保管，个人印章由个人保管；安全防范教育（含安全会议记录），每月至少组织学习、研究两次。

1998 年 7 月 4—10 日，县联社开展“安全保卫隐患自查自纠”活动。9 月 16—24 日组织全体职工学习“关于河北省金融系统连续发生两起杀人抢劫案件的通报”，并开展案件自查整改活动。

2002 年，县联社聘请县人民武装部工作人员作为专业指导，在香河县民兵训练基地组织全县营业网点持枪手进行实弹射击打靶培训演练。

2004 年，县联社组织全辖营业网点部分员工集中进行安全保卫工作培训。

2006 年，省联社印发《河北省农村信用社营业守库押运期间安全保卫工作规程》（冀信联发〔2006〕68 号），第二款指出：本规程是农村信用社安全保卫防爆预案的基础，是各级营业网点岗位人员规范业务安全操作的行为准则。

2004 年，香河县信用联社召开保卫工作培训会　　综合办公室供图

2013 年 8 月 27 日，省联社印发《河北省农村信用社营业网点员工成功堵截风险事件专项奖励指导意见（试行）的通知》强调，省联社建立基层营业网点员工成功堵截风险事件专项奖励制度，对成功堵截风险事件的人员进行奖励表彰，旨在大力弘扬为保护银行资金财产安全而不怕危险、无私奉献大无畏牺牲精神。

2018 年 1 月，县联社转发省联社办公室《河北省农村信用社消防安全管理暂行办法》（冀信联办发〔2018〕243 号）至机关部室和各基层网点，并随文转发附件 3 个：1.消防安全档案（共 22 页图表）；2.消防安全设施配置与操作规程；3.灭火应急处置预案。办法明确指出，消防安全管理贯彻“预防为主、防消结合”的方针，按照“属地管理为主”和“谁主管、谁负责”的原则，实行“逐级负责、分工协作、各司其职、各尽其责”的工作机制，切实做到安全自查、隐患自除、责任自负、管理有效。《办法》从消防安全责任、消防安全管理、消防安全检查及隐患整改、消防安全教育和疏散预案演练、火灾应急处置和奖惩 6 个方面都有明确规定。8 月 23 日，省联社办公室印发《河北省农村信用社安全生产管理暂行规定》（冀信联办发〔2018〕244 号），规定第三条指出，各市县级农信机构应当制定和实施下列安全生产规章制度，或在有关规章制度中对下列内容进行明确规定：1.安全生产责任制及其监督考核、责任追究机制，安全生产管理台账、档案制度以及会议机制；2.安全生产风险因素辨识与危险源管控、隐患排查治理、危险作业管理等制度；3.安全生产资金投入保障制度；4.设备、设施检查维修制度；5.安全生产教育培训考核管理制度；6.职业健康保障制度和劳动防护用品配备、使用管理制度；7.生产安全事故应急救援预案与演练制度、事故报告以及调查处理制度；8.工程建设安全管理和外来进场施工队伍管理制度；9.其他有关安全生产制度。

2021 年 12 月，香河农商银行通过招投标的方式与香河神远保安服务有限公司合作，对 28 家网点及总行警卫室配备保安人员 33 名。

物防方面

1986 年 11 月 13 日，县联社转发中国农业银行《关于加强安全防范设施和装备管理的通知》（农银发〔1986〕字第 68 号），明确要求要完善安全防范设施和装备：各级银行和信用社保卫部门应配备必要的交通工具和技术装备；新建机构和网点应把安全防范设施列入工程预算，并要求工程质量和效率，经具备资质条件的监管部门严格验收合格后，才允许挂牌营业。

1992 年 12 月 25 日，县联社转发中国农业银行《技术防范器材管理规定（试行）》，明确农业银行系统的技术防范器材包括用于守库、营业、运钞及银行工作人员执行上述任务时保障自身安全的闭路电视监控系统、闭路摄影系统、报警系统、通信器材、防卫车辆、防护防卫器材。技术防卫器材管理工作的基本原则：器材设备购置应技术先进、性能可靠、价格适宜，便于维修养护；安装应合理、隐蔽、有效；操作应规范准确；管理应科学严格。

1993 年，为认真贯彻落实中国人民银行一系列文件精神，进一步做好安全保卫工作，规避风险，堵塞漏洞，防患于未然，县联社全面开展安全保卫基础设施建设，特别是对基层网点的门窗、库房以及营业室进行全面修缮改造，库房安装防盗门、报警器，统一配备狼牙棒、电警棍等防范自卫器具，并定期对员工进行安全防卫知识培训和演练。

1995 年，中国农业银行印发《“三防一保”工作试行办法》，明确各社所配备的多功能电筒、狼牙棒、报警装置等均属于安全保卫器械，要妥善保管使用，确保器械 24 小时处于正常工作状态。狼牙棒、多功能电筒只限于夜间值班守库使用，任何人无权也不得将安全防卫器械私自使用、外借或带离信用社，违者将严肃处理。

1997 年 12 月 15 日，人行河北省分行农金处转发中国人民银行《农村信用社安全设施标准及管理办法》，对基础防护设施和技术防护设施的标准、安全防护设施的管理做出明确规定，要求各级农村合作金融管理部门和县联社领导高度重视农村信用社安全设施达标工作，加强安全设施的管理和有效使用。

2006 年，省联社印发《河北省农村信用社枪支弹药管理暂行办法》（冀信联发〔2006〕69 号），规定河北省农村信用社枪支管理实行岗位责任制和领导责任制，发生涉枪案件时，既要追究持枪、管枪人员的责任，也要追究发案单位有关领导的责任。持枪人员必须是农村信用社系统正式在编人员中的保卫干部、专职押运员、专职守库人员和经批准的信用社的兼职持枪人员。持枪人员经过严格考试、审查，合格后才能上岗持枪。枪支弹药保管应使用枪弹分存、能够双人管理的专用枪柜，枪柜钥匙要指定专人分别管理。

2006 年 8 月 31 日，县联社印发《闭路电视监控系统使用管理暂行规定》，要求各网点闭路电视监控系统要 24 小时开启使用，配备不间断电源。监控系统记录资料保存时间不应少于 30 天。信用社人员不准无故回放查看录像资料，更不准删除资料。12 月 6 日，县联社上报省联社廊坊办事处关于购置防盗门及改造防护网的请示获得批复，安装防盗门 23 个，改造防护网 1900 平方米。

2008 年，省联社印发《河北省农村信用社视频安防监控装置管理使用办法》（冀信联发〔2008〕76 号），办法第二章第五条强调，农村信用社视频安防监控装置管理实行领导负责制，营业网点负责人为第一责任人，视频安防监控装置管理员负责具体管理。

2009 年 3 月 27 日，廊坊市公安局印发《关于金融机构配置提款箱的通知》，要求各金融单位应购置经公安部安全警用电子产品质量检测中心检验合格，带暗锁、带时间记录装置的 B 级提款箱，县联社按照通知要求为各营业网点统一配备 B 级提款箱。

截至 2010 年底，县联社持续投入资金 640 万元，由模拟摄像机全部换成高清红外宽动态摄像机，安装营业网点的远程视频监控系统、ATM 机智能分析报警系统、防尾随联动门、防弹砸玻璃、不锈钢防护、自助防护舱、加钞间门禁远程授权开启系统、卷帘门项目，在合理位置放置电警棍、狼牙棒、玻璃破碎探测器，安装入侵报警系统、人脸识别。全部营业机构都已安装远程视频监控系统，构建先进的现代物防防范体系，切实保障辖内网点安全经营。

2011 年，县联社新建机关办公楼严格按照《消防设计防火规范》（GA50016-2006）、《高层民用建筑设计防火规范》（GA50045-2005）要求，安装设施完备的消防供配电设施、火灾自动报警系统、消防给水设施、自动喷水灭火系统、气体、泡沫灭火系统、机械加压送风和排烟系统、消防中控室、30 立方米高位水箱，被香河县消防救援大队定为重点消防单位。

2011 年，县联社与河北威泰消防香河分公司建立维修保养合作关系，每月 4 次对消防中控室控制主机运行、消火栓、建筑消防设施进行检修。

2012—2022 年，县联社聘请具有资质的廊坊市宏安消防科技有限公司对县联社办公楼建筑消防设施每年整体检测一次。

2013 年 6 月，县联社按照省联社廊坊办事处开展“安全生产月”活动的通知要求，制订“安全生产月”活动实施方案。重点落实“五个一”措施：一是各营业网点召开一次安全保卫工作专题会，信用社主任和分社负责人及各部室经理与联社理事长层层签订安全责任承诺书 40 份，落实责任制度；二是开展一次全员参加的安全警示教育活动；三是开展一次集中安全教育培训；四是组织一次防暴演练；五是开展一次安全隐患排查和安全保卫合理化建议征集活动。9 月，县联社按照省联社廊坊办事处“安全生产”大检查要求进行全面安全大检查，重点是营业网点员工执行制度情况、安全设施运行及安全设施达标情况等。检查发现 4 个营业网点电线线路铺设不规范，针对存在的问题联社进行统一安排部署，由专业电工进行及时全面整改规范，达到消防安全要求。10 月，县联社为全辖 30 个网点安装防尾随门双开报警系统。

2015 年 8 月，县联社保卫部按照全省农信社会议提出的关于“全面推进县级行社安保达标升级工作”精神，参照《河北省农村信用社安全保卫达标升级管理暂行办法》对全辖网点安全保卫达标升级进行评定检查，通过全面评定，在全县 31 个单位中评出 A 级网点 1 个、B 级网点 29 个（包括联社本部）、C 级网点 1 个。截至 2021 年底，全县营业网点均达到 A 级标准。

2016 年 3 月，县联社投资 3 万元在各网点新建微型消防站，发生火情时确保“救早、灭小”，有效处置初起火灾扑救。

技防方面

随着现代科学技术的不断发展和普及应用，技术防范在安全防范技术中的地位和作用将越来越重要，带来了安全防范的一次新的革命。

1956 年，中国人民银行规定农村信用社到营业所提取、送存现金应请示当地乡政府指派民兵押送，并对沿途路线、时间、地点以及押运人员严格保密，同时指出：社内一切财产一般由会计负责保管，如因故离社或工作下村，晚上必须指派专人留守，如发生账、据、单证或其他财产丢失，留守人员承担全部责任；需要到社外办理业务所携带的现金、凭证、印章等必须严格控制领发数量，履行严格的交接手续，回社时，经办人员必须将现金、印章、空白重要凭证等全部交清；夜间信用社值班留守人员一定要坚守岗位，保证值班室电话每周 7×24 小时畅通，对库存现金、账表、单据凭证、印鉴印章、文件等重要涉密资料必须入柜加锁，并履行值班登记手续，以示负责。

1964 年 3 月 29 日，人行香河支行印发《关于加强银行保卫工作和调整充实会纳人员情况的报告》，强调银行保卫工作的重要性，指出进一步强化安全保卫工作，确保国家财产安全和职工人身安全，要建立健全安全保卫制度，落实责任，堵塞漏洞，规避风险。

1964 年 12 月 29 日，农行香河支行印发《关于加强信用社保卫工作，防止丢款事件的通知》（香农银信字〔1964〕11 号），转发农行河北省分行《关于承德专区中心支行“关于青龙县王厂和承德县金厂两家信用社丢款事件的通报”》，要求各级银行、信用社以两个案件作为反面教材，认真吸取教训，总结工作中的不足和漏洞，举一反三，加强政治思想工作，坚决杜绝麻痹大意思想，增强安全防范意识，把一切风险隐患消灭在萌芽状态，确保银行资金安全和职工人身安全，促进银行、信用社持续健康发展。

1973 年，中国人民银行香河县支行转发中国人民银行《关于加强储蓄所、营业所和信用社安全保卫工作的通知》（香信银字〔1973〕1 号），通报山西、北京、江苏等地接连发生持枪歹徒窜入银行、信用社，入室抢劫盗窃银行、信用社资金案件，案件的发生导致银行资金损失，并且造成职工多死、多伤的惨痛事件，通知要求各级银行、信用社认真开展安全保卫工作大检查，对基层网点的安全保卫制度落实情况、安全设施是否齐全有效、防爆演练是否按要求进行、员工安全防范意识是否存在麻痹大意思想等进行严格检查。

1994 年 2 月 24 日，公安部、中国人民银行联合印发《关于基层金融单位治安保卫工作暂行规定》（公通字〔1994〕9 号），除明确规定基层金融单位治安保卫工作实行谁主管谁负责、预防为主、综合治理、人员防范与技术防范相结合的原则，逐级建立治安保卫责任制以及安全防范设施建设要求外，还要求公安机关应当为运钞车按照规定核发“免检通行证”，执行押运任务前，押运员、业务员、司机等应当办理、携带“免检通行证”。12 月 1 日，中国农业银行印发《进一步加强农村信用合作社“三防一保”工作的意见》（农银发〔1994〕246 号），明确信用社“三防一保”工作必须按照人民银行和国家有关部门的部署和要求，结合信用社工作实际，狠抓组织落实，搞好基础建设，实行综合治理。各级行必须把信用社的“三防一保”工作列入重要议事日程，一把手亲自抓，有关部门具体落实。要求信合部门的主要领导要参加行、社“三防一保”工作领导小组，并配备专（兼）职人员具体分管这项工作；县（市）联社主任要参加行、社“三防一保”工作领导小组，配备专职人员负责此项工作；上挂一级的县（市）联社可以单独成立联社主任为首的“三防一保”工作领导小组，设立“三防一保”工作办公室，并配备专职工作人员；信用社要成立“三防一保”工作小组，责任落实到人，以确保信用社“三防一保”工作，真正做到层层有人抓、人人有责任、各负其责、各司其职。

1996 年 9 月 18 日，国务院农村金融体制改革部际协调小组办公室印发《关于加强农村信用社安全保卫工作的通知》（农金改办〔1996〕3 号），明确各级农村体制改革领导小组办公室要加强农村信用社安全设施建设的管理和指导，县联社应加强对安全设施的资金投入，使其安全设施规范、适用、安全。为解决各县（市）在行社“脱钩”后业务量大，运钞任务重，保卫人员少的问题，省农金体改办要求辖内信用社车辆实行统一调运、相互配合，建立由专业人员指挥各信用社相互协作的现金押运队伍，目的是有效解决安全保卫机构人员少、车辆紧张的矛盾，保证信用社现金的正常供应，又能确保现金押运安全。

1997 年 7 月 16 日，县联社转发省农金体改办《河北省农村信用合作社安全保卫工作制度》，要求各社要认真组织员工学习，并认真贯彻执行。11 月 12 日，县联社转发省农金体改办《关于开展农村信用社保卫工作综合检查的通知》，要求全辖信用社、分社以及储蓄所立即组织干部员工认真学习《河北省农村信用合作社安全保卫工作制度》和《河北省金融防范标准》两个文件，强调结合文件精神对本单位的安全防范设施逐项逐条进行认真自查，发现不符合标准的或存有隐患的要立即整改，做到人防、物防落实到位，不留死角。

1998 年 6 月 12 日，县联社印发《关于落实安全保卫工作规范管理规定》，规定分两部分：第一部分对“主任室、营业室、守库室”内制度上墙内容及档案管理做出具体规定；第二部分规定对安全保卫工作规范管理内容。

1998 年，县联社保卫科对有条件安装技防设施和需要更新的技防设施及时组织安装。有 11 个单位安装电视监控，16 个单位安装“110”报警。要求装有“110”报警的单位每月与县公安局进行一次测试，装有电视监控的单位坚持每日 24 小时录像制度，确定专人管理。

2000 年 10 月 25 日，廊坊市农金体改办转发中国人民银行《关于印发<农村信用社安全保卫基本制度>的通知》，制度涉及安全保卫 18 项主要工作，要求各金融机构组织干部职工认真学习，并在营业场所及相关部门张贴悬挂。

2002 年，县联社开始与河北科通安全防范技术有限公司合作，先后对重点部位、要害部位、固定目标和移动目标全方位远程监控、遥控、跟踪定位，与县公安局指挥中心“110”报警台联网运行，组成一个用户到公安机关多功能、全方位的技术防范接警、出警与公司人防相结合的高科技自动报警网络系统。截至 2002 年底，技防投资 400 万元，先后安装报警主机、红外探测器、震动探测器、烟感探测器、温感探测器、声光联动报警和无声有声触碰按钮等安全设施。技防手段延伸和加强了人力防范手段和实体防范手段功能，在技术手段上得以补充和加强。融入人力防范和实体防范之中，使人力防范和实体防范在探测、延迟、反应三个基本要素中间不断增加高科技含量，不断提高探测能力、延迟能力和反应能力，使防范手段真正起到作用达到预期目的。针对传统模式的四线电子围栏导线短路或脉冲间隔内触发不报警的问题，更换了具有阻挡、威慑、报警、智能显示和联网远程控制等功能有机地集成在一起的智能型周界阻挡安防报警六线电子围栏，全辖六线电子围栏 1620 米，投资 45 万元。反劫持催泪装置。为进一步拓展营业场所的防护，有效中止非法行为保护员工的人身安全和单位财产安全，投资 25 万元对所辖网点安装催泪瓦斯装置。

2005 年，省联社印发《河北省农村信用社安全保卫工作暂行规定》（冀信联发〔2005〕46 号），文件指出农村信用社安全保卫工作必须坚持“预防为主、群防群治，突出重点，保障安全”，同时要认真坚持“谁主管、谁负责”和“综合治理”的原则，各级机构的法定代表人是安全保卫的第一责任人，负责领导、部署本单位和所辖营业机构的安全保卫工作。

2006 年 4 月，县联社将押运社会化综合改革工作纳入内控案防工作的一项重要内容来抓，按照“稳步推进，安全效率，全面委托，内外协调”的要求，周密、细致、稳妥地做好各项准备工作，在较短的时间内顺利地完成可行性调查、同业信息收集、委托押运风险评估、押运移交成本测算、押运协约审核、合同谈判、实施押运过程中的制度配套以及押运经警人员安置等各项工作。

2008 年 5 月，试运行两年后正式与廊坊市银盾押运服务有限公司正式签约，实现押运业务安全、稳妥、顺利移交。押运工作各项业务衔接正常，银押双方职责明确、权属清晰、交接手续规范、交流平台畅通、信息反馈及时，形成了一套较为完整有效的监督、检查、指导、制约的协作机制，确保款箱押运业务移交后全辖营业网点的安全运行，达到互惠互利、共谋发展、安全运行的目的。

2010 年 1 月 19 日，省联社印发《河北省农村信用社安全保卫工作达标升级实施细则》（冀信联发〔2010〕4 号），指出各级机构要认真贯彻落实，对标对表，查漏补缺，建立健全各项安全保卫制度规章，规避风险，将防范窗口前移。

2015 年 5 月 29 日，省联社印发《河北省农村信用社安全保卫工作规定》，指出县级行社理事长（董事长）为本单位安全保卫工作的第一责任人，对辖内的安全保卫工作负总责。网点主任（行长）为本网点安全保卫工作的第一责任人，对本网点安全保卫工作负管理责任。营业网点应设立安全员，负责对网点物防、技防设施设备以及人防措施、所在网点员工操作行为等进行检查或监督，对发现的影响安全防范的问题应根据情况和有关规定及时上报，或对当事人进行风险提示，要求当事人纠改。安全员可以实行轮换制，由网点排班，并在办公场所公示，当班安全员胸挂安全员工牌上岗。

第六篇　党群文化

香河县农村信用社的发展历程中，真正党群文化的形成，是从中华人民共和国成立后开始的，党是中国共产党，是中国工人阶级的先锋队，同时是中国人民和中华民族的先锋队，是中国特色社会主义社会的领导核心，党群即中国共产党与广大人民群众，党群文化内容主要包括党组织建设、支部委员会、党员活动、工会建设、创先争优活动、企业文化等内容。

第一章　党组织建设

党组织建设，是指党的组织制度、党的中央组织、党的地方组织、党的基层组织、党的干部、党的纪律、党的纪律检查机关、党组等内容。本章主要讲述香河县农村信用社党组织的建立与发展，分别从党委会（节）等方面进行志述。

20 世纪 50 年代，信用社干部职工中的党员组织关系，是根据行政区划归属于所在地区、乡（镇）党委管理，参加区、乡（镇）机关支部活动，发展党员、党内任职、奖惩均按《中国共产党章程》规定的程序由县、区、乡党委决定，香河县农村信用社党员由乡镇（公社）领导。

1977 年 11 月 28 日，国务院印发《关于整顿和加强银行工作的几项规定》（国发〔1977〕154 号），明确信用社实行人行县支行和公社党委双重领导，政治思想工作以公社领导为主，上级银行对信用社的领导按对银行基层机构的领导关系进行管理。同年，香河县农村信用社政治思想以公社领导为主，中国人民银行香河县支行对信用社的领导按对银行基层机构领导关系管理。

1979 年中国农业银行恢复后，香河县农村信用社隶属于中国农业银行香河县支行，对党员的管理实行公社党委和农业银行党组织双重管理，以公社（乡）党委管理为主。

1996 年香河县信用合作社联合社与中国农业银行香河县支行“脱钩”后，党员关系由香河县地方党委管理。

1999 年 9 月 9 日，中共香河县委员会印发《中共香河县委关于建立“中共香河县信用联社党组”

的批复》（香通〔1999〕93 号）指出，县委同意建立“中共香河县信用联社党组”。

2009 年，省联社成立系统党委并召开省联社党的建设工作会议和市级农信机构党委成立大会，指出：一是农村信用社党组织由省联社党委直管，县联社以“三个代表”重要思想、科学发展观为指导，在加强党的思想建设、组织建设、作风建设和制度建设中，基层党组织的战斗力、凝聚力明显增强；二是建立定期研究制度，专题研究部署党建工作；三是建立党支部“三会一课”制度，增强基层党组织的凝聚力和战斗力；四是加强基层党组织建设的对策，要巩固发展基层党组织建设取得的成果，解决当前基层党组织建设中存在的问题。6 月 10 日，中共河北省农村信用社联合社委员会转发中共河北省委组织部《关于全省农村信用社联合社系统党的关系实行统一管理的通知》（冀信联党发〔2009〕9 号）指出，省联社党委对全省信用社系统党组织实行统一管理。7 月 16 日，中共河北省农村信用社联合社委员会印发《全省农村信用社系统党组织建设的意见的通知》指出，各级市、县联社党委按要求抓紧建立健全党的组织和工作机构，建立和完善党建工作机制，加强党组织的自身建设，充分发挥党组织的政治核心作用，确保党的方针政策和省联社党委的决策部署的贯彻落实，推动全省农村信用社又好又快发展。10 月 28 日，中共河北省农村信用社联合社廊坊办事处委员会印发《关于同意召开中国共产党香河县农村信用合作联社党员大会的批复》指出，同意成立中国共产党香河县农村信用合作联社委员会。

2010 年 9 月 17 日，中共河北省农村信用社联合社委员会印发《关于加强全省农村信用社党的建设工作的意见》（冀信联党发〔2010〕19 号）指出，要充分认识加强农村信用社党的建设工作重要意义，党建工作的指导思想和主要任务：一是加强党的思想建设，提高各级党组织思想政治水平；二是加强党的组织建设，充分发挥各级党组织的战斗堡垒作用和党员的先锋模范作用；三是加强党的制度建设，构建党建工作长效机制；四是加强作风建设，弘扬党的优良传统和作风；五是加强廉政建设，努力促进系统行风转变。切实加强组织领导，扎实推进新形势下全省农村信用社系统党的建设。

第一节 党委会

党委是指在各级党政机关中设立的党的基层委员会。机关党委在上级党的委员会或党的机关工作委员会领导下工作，接受部门党组的领导。

1999 年 9 月 9 日，香河县委印发《中共香河县委关于建立“中共香河县信用联社党组”的批复》，经香河县委批准，县联社建立“中共香河县信用联社党组”。刘永春任党组书记，樊德祥、张玉华、贾天相任党组成员。

1999 年 10 月 10 日，中共香河县信用联社党组印发《中共香河县信用联社党组第一次党组会议纪要的通知》指出，10 月 9 日，中共香河县信用联社党组在李庄信用社召开第一次党组会议，对党组工作进行分工，党组书记刘永春，对党组工作负总责，负责召集党组会议，主要研究职权范围内的事项；党组成员樊德祥，负责联社全面工作，主要负责班子建设、教育等；党组成员张玉华，负责联社业务、机关的党支部工作；党组成员贾天相，负责政工、纪检监察工作；党组办公室主任王耀庭，副主任兼党组秘书周建富，党组下设办公室，负责党组具体工作。会议明确 7 项党组职责：一是负责落实党的方针、政策、金融政策、法律规章；二是负责班子建设、思想教育、审查股级干部的聘任、调整、奖惩；三是审查联社的经营方针、年度计划；四是审议人员管理制度、奖惩制度及内部管理制度的重大变革；五是审议年度财务计划和预决算方案；六是审查内部机构设置及调整方案；七是审议、研究其他重大事项。

2000 年 7 月 26 日，中共香河县信用联社党组印发《关于樊德祥等同志任免职的通知》，樊德祥任香河县联社党组书记，免去刘永春党组书记职务。

2009 年 11 月 3 日，中国共产党香河县农村信用合作联社召开党员大会
综合办公室供图

2009 年 9 月 28 日，省联社廊坊办事处印发《中共河北省农村信用社联合社廊坊办事处临时委员会关于批准香河县农村信用合作联社成立临时党委的通知》，经省联社廊坊办事处临时党委研究决定，同意香河县农村信用合作联社临时党委成立。任命王宝生为党委委员、书记，赵万宏为党委委员、纪委书记，方利、王元伟、周新颖为党委委员。临时党委负责选举人员出席中共河北省农村信用社联合社廊坊办事处第一次代表大会和筹建联社党委工作，待正式党委、纪委选举产生后，临时党委随即撤销。10 月 28 日，中共河北省农村信用社联合社廊坊办事处委员会印发《关于同意召开中国共产党香河县农村信用合作联社党员大会的批复》，同意成立中国共产党香河县农村信用合作联社委员会，设立党委办公室，聘任王亚男为党委办公室主任。11 月 3 日，中共香河县农村信用合作联社委员会召开党员大会，选举王宝生为党委委员、书记，赵万宏为党委委员、纪委书记，方利、王元伟、周新颖为党委委员。

2013 年 2 月 5 日，中共香河县农村信用合作联社党委召开党员代表大会，选举马长生为中共香河县农村信用合作联社委员会党委委员。

2014 年 5 月 13 日，中共香河县农村信用合作联社委员会召开党员代表大会，选举孙晋为党委委员。

2016 年 11 月 23 日，中共香河县农村信用合作联社党委召开党员大会，选举新一届党委委员，王宝生任党委委员、党委书记，冯宝祥任党委委员、纪委书记，王元伟、孙学辉、朱建功、郑存利、周新颖为党委委员。

2019 年 1 月 28 日，中国银行保险监督管理委员会廊坊分局印发《关于张斌等 4 名同志任职资格的批复》（廊银保监复〔2019〕9 号），张斌任党委委员、党委书记；王健任党委委员、纪委书记；张永康、郑存利、李玉春、姚燕强任党委委员。同日，县联社召开党委会议，增选曾宪君为党委委员。

2022 年 5 月 18 日，省联社印发《关于廊坊审计中心辖内县级行社换届领导班子调整的通知》，华

2022 年 9 月 2 日，香河农商银行新一届委员会会议　　综合办公室供图

国旺任香河农商银行党委委员、书记；李雅卓任香河农商银行党委委员、副书记；王健任香河农商银行党委委员、纪委书记；免去张斌香河农商银行党委书记、委员职务；免去张永康香河农商银行党委委员职务。9 月 23 日，中共香河农商银行党委召开党员大会，李玉春、张岩、王辉、曾宪君为党委委员。

民主生活会制度

民主生活会是党员领导干部召开意图在开展批评与自我批评的组织生活制度。是党内政治生活的重要内容，是发扬党内民主、加强党内监督、依靠领导班子自身力量解决矛盾和问题的重要方式。民主生活会应当遵循“团结—批评—团结”的方针，贯彻整风精神，充分发扬民主，开展积极健康的思想斗争，增强党内政治生活的政治性、时代性、原则性、战斗性。参加民主生活会的党员领导干部应当严肃认真开展批评和自我批评，坚持实事求是，讲党性不讲私情、讲真理不讲面子，按照“照镜子、正衣冠、洗洗澡、治治病”的要求，严肃认真提意见，满腔热情帮同志，达到统一思想、增进团结、互相监督、共同提高的目的。经济组织、文化组织、社会组织和其他组织的参加人员为党组（党委）成员。民主生活会每年召开 1 次。

2013 年 3 月 29 日，中共香河县农村信用合作联社党委召开主题为“学习贯彻中共第十八次全国代表大会精神，团结和谐促进信合发展”的民主生活会。根据会议主题县联社党委书记、理事长王宝生提出 8 点改进措施：一是努力学习知识，拓宽理论水平；二是端正思想认识，树立大局意识；三是加强对中层干部的管理与教育工作，切实贯彻落实上级会议精神，在具体工作中应起好榜样的作用，抓好中层干部的思想教育工作；四是改进工作作风，勇敢担当责任；五是由工会牵头，负责组织“我为联社发展献计策”征文活动；六是由工会牵头，为联社理事长、监事长、主任建立邮箱，广大员工可以通过电子邮件与联社领导积极沟通，献计献策，畅通言路；七是加大管理工作，采取相应考核措施；八是贯穿全年工作主线，提供高效服务。6 月 20 日，香河县农村信用合作联社召开由党委委员、纪委委员参加的，开展主题为“围绕大讨论活动内容，促进信合持续健康发展”的民主生活会。9 月 16 日，香河县农村信用合作联社召开由党委委员、纪委委员参加的“反腐倡廉、贯彻落实党的群众路线教育实践活动”专题民主生活会。联社党委书记、理事长王宝生围绕主题，就存在的问题提出 4 点改进措施：一是努力学习知识，提高理论水平；二是端正思想认识，树立大局意识；三是改进工作作风，勇敢担当责任，深入贯彻落实中央八项规定精神，提高拒腐防变的能力；四是联社党委纪委委员就自身存在的不足及改进措施进行剖析。

2014 年 8 月 4 日，中共香河县农村信用合作联社党委召开领导班子专题民主生活会。会议由县联社党委书记、理事长王宝生主持，领导班子全体成员参加，省联社廊坊办事处第一督导组贺立、尹继勇、金绍军到会指导，中层干部代表，员工代表和企业代表列席会议，围绕“为民、务实、清廉”的总体要求，深刻剖析领导班子及班子成员个人遵守党的政治纪律、贯彻中央八项规定精神和转变作风的基本情况，深入查摆“四风”方面存在的突出问题，对存在问题的原因进行深入剖析，并提出努力方向和改进措施。

2016 年 3 月 25 日，中共香河县农村信用合作联社党委召开领导班子民主生活会，学习习近平总书记著作《知之深 爱之切》，会议提出 3 点要求：一是加强思想教育要有针对性和说服力；二是真正把精神文明建设当作战略方针来抓；三是政治上要敏锐，工作上要创新。4 月 5 日，县联社召开主题为“三严三实”的民主生活会，增强党员干部学习的自觉性和系统性，深入学习习近平总书记关于新形势下认真践行“三严三实”的重要论述，学习《中国共产党章程》《中国共产党廉洁自律准则》《中国共产党纪律处分条例》等规章制度，牢固树立“三严三实”的检验标尺，准确把握“三严三实”的基本要求。6 月 12 日，中共香河县农村信用合作联社党委召开学习《中国共产党廉洁自律准则》《中国共产党纪律处分条例》民主生活会，要求党员领导干部遵守党的政治纪律、政治规矩和组织纪律，学习党的历史，学习革命先辈和先进典型，学习领悟党章。

2017 年 1 月 6 日，中共河北省农村信用社联合社委员会办公室印发《关于认真开好 2016 年度民主生活会的通知》（冀信联党办发〔2017〕1 号）指出，党员领导干部要贯彻落实中共十八届六中全会精神，研究加强党内政治生活和党内监督措施，为各级党委（党组）开好民主生活会作出表率和示范。1 月 25 日，中共香河县农村信用合作联社党委召开主题为学习习近平总书记重要讲话精神的民主生活会，指出，要加强思想教育要有针对性和说服力，真正把精神文明建设当作战略方针来抓，政治上要敏锐，工作上要创新。9 月 20 日，中共香河县农村信用合作联社党委召开主题为学习《关于新形势下党内生活的若干准则》、提高“四个意识”的民主生活会，开展严肃认真的自我批评，切实解决突出问题，提高党员解决自身问题的能力，增强基层党组织的凝聚力和战斗力。11 月 9 日，中共香河县农村信用合作联社党委召开主题为学习“习近平总书记系列重要讲话读本、中共十九大报告及中共十九大文件汇编”的民主生活会，解读中共十九大精神，紧密结合工作实践的对策思考，全面把握中共十九大精神，准确理解中共十九大提出的新思想、新论断、新目标、新要求，坚持用习近平新时代中国特色社会主义思想武装头脑、指导实践推进工作。

2018 年 1 月 11 日，中共河北省农村信用社联合社委员会印发《关于认真开好 2017 年度民主生活会的通知》指出，全系统省、市、县三级党委要认真开好主题为“认真学习领会习近平新时代中国特色社会主义思想，坚定维护以习近平同志为核心的党中央权威和集中统一领导，全面贯彻落实中共第十九次全国代表大会各项决策部署”的民主生活会。

2 月 12 日，中共香河县农村信用合作联社党委召开主题为“认真学习领会习近平新时代中国特色社会主义思想，坚定维护以习近平同志为核心的党中央权威和集中统一领导，全面贯彻落实中共第十九次全国代表大会各项决策部署，党的建设问题及信用社改革战略性重大问题，经营管理重点问题”的民主生活会，围绕主题，聚焦学习贯彻习近平新时代中国特色社会主义思想、认真执行党中央决策部署、对党忠诚老实、担当负责、纠正“四风”、廉洁自律等 6 个方面查摆问题，严肃开展批评和自我批评，贯彻整风精神，勇于自我革命，开展积极健康的批评和自我批评，达到坚持真理、修正错误，增进团结、振奋精神的目的。8 月 21 日，香河农商银行党委召开巡视整改专题民主生活会，按照省联社党委、省联社廊坊审计中心党委的统一部署，围绕学习贯彻中共十九大精神，学习领会以习近平同志为核心的党中央关于巡视工作的新部署新要求。

2019 年 1 月 31 日，香河农商银行党委召开主题为“强化创新理论武装，树牢‘四个意识’、坚定‘四个自信’、坚决做到‘两个维护’，勇于担当作为，以求真务实作风坚决把党中央决策部署落到实处”的民主生活会，党员领导干部展开积极健康的自我批评，从思想政治、精神状态、工作作风及习近平总书记 1 月 11 日在十九届中央纪委三次全会上的重要讲话中提出的 6 条要求 4 个方面进行剖析。

2019 年 1 月 31 日，廊坊审计中心主任兰成民（右二）到香河农商银行指导 2018 年度党委领导班子民主生活会　综合办公室供图

2021 年 2 月 5 日，香河农商银行党委召开“2020 年度党委民主生活会”，省联社廊坊审计中心党委书记、主任兰成民和审计中心综合科科长马艳到会指导。党委书记、董事长张斌主持会议，代表党员领导干部进行对照剖析发言，会上班子成员展开自我批评，每位成员都主动进行自我批评，实事求是地提出问题，廊坊审计中心主任兰成民指出，民主生活会是党中央从严治党和提升政治意识的重要制度，要高度重视、严格落实。

2022 年 1 月 14 日，经廊坊审计中心党委同意，香河农商银行党委召开“党史学习教育民主生活会”，廊坊审计中心主任兰成民参加会议，要求全体党员大力弘扬伟大建党精神，坚持和发展党的百年奋斗历史经验，坚定历史自信，践行时代使命，厚植为民情怀，勇于担当作为，团结带领人民群众走好新的赶考之路。香河农商银行党委围绕“加强党性修养、厚植教育情怀、我为群众办实事”这一主线，明确党史学习教育要以思想受教育、信念更坚定、深刻检视问题、整改措施见行动为目标，做到真学、真懂、真信、真用。

2023 年 2 月 10 日，香河农商银行党委召开“2022 年度党委民主生活会”，省联社廊坊审计中心副主任刘耿堂、审计二科科长薛勇到会指导，会议明确四项内容：一是通报党史学习教育专题民主生活会、2022 年专题民主生活会整改措施落实情况及本次民主生活会征求意见情况；二是代表党委班子作对照检查发言；三是个

2022 年 1 月 14 日，香河农商银行党委班子及班子成员参加省联社廊坊审计中心组织的党史学习教育主题线上民主生活会　综合办公室供图

人对照检查发言；四是对党委班子其他成员进行批评帮助。刘耿堂指出，香河农商银行党委要认真学习习近平总书记在中共第二十届一中全会上的重要讲话精神、习近平总书记在中央经济工作会议上的重要讲话精神、习近平总书记在中央农村工作会议上的重要讲话精神、中共十九大报告、《中国共产党章程（修正案）》、《中国共产党党内监督条例》、党中央关于民主生活会相关精神，并对照民主生活会查摆问题，进行总结梳理，形成整改清单，通过聚焦具体问题，细化措施，形成切实可行的整改措施，同时，接受党员群众监督，确保各项问题得到切实整改落地。

第二节　支部委员会

党支部委员会是党支部日常工作的领导机构，有正式党员 7 人以上的党支部，应当设立党支部委员会。党支部委员会由 3—5 人组成，一般不超过 7 人。党支部委员会设书记和组织委员、宣传委员、纪检委员等，必要时可以设 1 名副书记。正式党员不足 7 人的党支部，设 1 名书记，必要时可以设 1 名副书记。党支部委员会成员应当自觉接受上级党组织和党员、群众监督，加强互相监督。

2009 年 11 月 9 日，中共香河县农村信用合作联社委员会党委印发《关于建立联社党总支及基层党支部的通知》指出，联社机关建立党总支，全县 21 个基层单位组建成 14 个党支部，基层党支部分别是淑阳、金辛庄、钳屯、渠口、东鲁家口、钱旺、刘宋、五百户、香城屯、蒋辛屯、王家摆、鑫鑫、金隆、府前街信用社党支部。

2011 年 3 月 20 日，中共香河县农村信用合作联社委员会印发《开展创建先进基层党组织活动实施方案》指出，要坚持以中共第十七次全国代表大会精神、邓小平理论、“三个代表”重要思想为指导，为确保创建先进基层党组织活动落到实处，联社党委成立创建先进基层党组织活动领导小组，按照“五个好”（领导班子好、党员队伍好、工作机制好、工作业绩好、群众反映好）的创建标准，促进信用社党的思想建设，组织建设、作风建设、制度建设、廉政建设落到实处。

2012 年 1 月 19 日，中共香河县农村信用合作联社委员会印发《关于基层党支部变更的通知》指出，决定新建中国共产党香河县农村信用合作联社第一、第二、第三支部，新建中国共产党香河县农村信用合作联社委员会第一、第二、第三、第四客户部支部委员会，新建中国共产党香河县农村信用合作联社淑阳、钱旺、蒋辛屯信用社支部。

2016 年 11 月 9 日，中共香河县农村信用合作联社委员会印发《关于党支部换届选举结果的批复》指出，同意县联社机关第一、第二、第三党支部，客户部第一、第二、第三、第四党支部及钱旺、淑阳、蒋辛屯信用社党支部进行换届选举的结果。

2019 年 5 月 27 日，中共河北香河农村商业银行股份有限公司委员会印发《关于对辖内基层党支部新增、撤销与党支部书记任免的通知》指出，成立大罗屯、金辛庄、钳屯、安平、安头屯、五百户、渠口支行党支部，撤销第一、第二、第三、第四客户经理部党支部。

2022 年 12 月 27 日，中共香河农村商业银行股份有限公司委员会印发《关于对各党支部换届选举结果的批复》，香河农商银行党委辖内 13 个党支部进行集体换届。

2009—2022年香河县农村信用社党支部及党员分布情况一览表

表6-1-1

年份	支部名称	支部书记	党员
2009	联社党总支	赵万宏	王宝生、方利、赵万宏、王元伟、刘海军、刘卫东、杨勇、李长甫、严家新、高文杰、李文明、李守杰、贾铁东、周新颖、李雪松、孙云太、李玉春、陈宝芹、赵立新、王尚志、吴金栋、林宗宇、庄发、王亚男、张金荣、贾天武、张万全、陈伟、吴志岭、赵晓宁、杜振涛、吴林贵、齐国新、石振明、李书旭、张新忠、蔡志国、佟德发、王洪山、张玉华、贾天相、魏启春、陈万福、曹文祥、张金平
	淑阳信用社党支部	王瑞山	李淼、张志军、王长军、赵广斌、王文泽、孙立国
	金辛庄信用社党支部	任　超	贾建国、杨宝振
	钳屯信用社党支部	王继生	王翠凤、李雪梅、计凯东、冯子波
	渠口信用社党支部	勾建武	吕金明、杨局、宋季青、董立锋
	东鲁口信用社党支部	杨建海	赵连和、王德起、吕金亮
	钱旺村信用社党支部	殷立清	王艳存、魏淑红、张金龙、周建富
	刘宋信用社党支部	马晓明	陈冰、何福仲、李宝生
	五百户信用社党支部	乔德明	张宝荣、马爱杰、崔树军
	香城信用社党支部	刘宏杰	杨永刚、张国恒、周玉荣
	蒋辛屯信用社党支部	马连军	李宝福、姚建生、岳士奎、孙立新、邵德友
	王家摆信用社党支部	米　洋	张亚丽、赵永顺、金文奎、高建新、韩鹏
	鑫鑫信用社党支部	李卫东	刘宝瑞、周志远
	金隆信用社党支部	刘洪权	赵以录、吴庆新
	府前街信用社党支部	王金明	王耀庭、王双清
2012	联社机关第一支部	王继生	毕国明、曹文祥、魏起春、张宝荣、刘宝瑞、陈万福、刘卫东、董立峰、张新忠、周建富、杨勇、王亚男、张金荣、孙亚楠、李守杰、贾铁东、李文明、张万全
	联社机关第二党支部	刘洪权	张玉华、贾天相、周玉荣、王翠凤、王德起、辛学伟、郑存利、王鹏、宋季青、岳士奎、赵立新、庄发、林宗宇、王尚志、张立平、贾天武、计凯东
	联社机关第三党支部	杜振涛	李长甫、赵连合、张金平、张国恒、邵德友、曾宪君、李玉春、陈宝芹、殷图、李雪松、孙云太、王洪山、吴林贵、佟德发、蔡志国、齐国新、马爱杰、周新颖、吴志岭
	客户一分部党支部	殷立清	王长军、姚建生、贾建国、周志远、吴庆新、赵以录、王双清
	客户二分部党支部	王瑞山	李书旭、冯子波、李宝福、高建新、金文奎、陈伟、乔德明、刘海军、张亚丽、米洋、吕金亮

续表6-1-1

年份	支部名称	支部书记	党员
2012	客户三分部党支部	马晓明	赵永顺、何福仲、杨永刚、凌冬梅、吕金明、安文杰、马晓明、陈冰、李卫东、孙立新
	客户四分部党支部	严家新	吴金栋、杨局、张金龙、石振明、杨建海、王文宣、李雪梅、肖求真、任超、王丽颖
	钱旺信用社党支部	刘宏杰	王文泽、崔树军、魏淑红、王艳存、刘冬雪、李宝生
	淑阳信用社党支部	王玉岐	韩鹏、张志军、杨宝振、赵小宁、孙立国、高文杰、石婷婷、王金明、赵广斌
	蒋辛屯信用社党支部	马连军	周新宇、勾建武
2016	联社机关第一支部	安文杰	王宝生、朱建功、周新颖、曹文祥、魏起春、张宝荣、刘宝瑞、陈万福、张金荣、庄发、王金明、刘亦兵、王亚男、刘雪梅、张志军、刘卫东、贾建国、王长军、计凯东、王文泽、赵立新、王继生、勾建武、贾铁东、李文明、李守杰、张万全、崔树军、张新忠、乔德明、李玉春
	联社机关第二支部	刘洪权	冯宝祥、王元伟、孙学辉、方利、赵万宏、张玉华、贾天相、张志刚、周玉荣、王翠凤、王德起、王瑞山、王洪山、王艳存、任伟超、林宗宇、王尚志、贾天武、赵广斌
	联社机关第三支部	肖求真	郑存利、高文杰、齐国新、李长甫、赵连合、张金平、张国恒、邵德友、曾宪君、王文宣、赵越、李雪松、陈宝芹、蔡志国、岳士奎、佟德发、吴志岭
	客户一分部党支部	严家新	殷立清、王双清、马晓明、李雅静、石婷婷、赵小宁
	客户二分部党支部	米　洋	金文奎、白素华、王丽颖、魏淑红、王玉岐、陈冰、陈书旭、冯子波、孙云太、辛学伟、杨建兵、高建新
	客户三分部党支部	马连军	吕金明、何福仲、刘宏杰、吴林贵、杜振涛、凌冬梅、杨勇、殷图、马爱杰、杨永刚、孙立新
	客户四分部党支部	王　鹏	吴金栋、周志远、杨局、刘海军、石振明、纪春生、吕金亮、刘成杰
	钱旺信用社党支部	李卫东	刘冬雪、李志强、任超、张立平
	淑阳信用社党支部	韩　鹏	姚建生、杨宝振、李雪梅、董立峰、宋季青、赵志伟、赵永顺、杨建海、李宝生
	蒋辛屯信用社党支部	周新宇	孙立国、陈伟、吴庆新、李宝福、孙亚楠
2019	机关第一党支部	张志军	张斌、朱建功、李玉春、刘雪梅、韩卫华、计凯东、任超、李文明、李守杰、杜振涛、张新忠、林宗宇、刘卫东、贾建国、王长军、王尚志、王宝生、周新颖、崔树军、王继生、张万全、张宝荣、张金平

续表6-1-1

年份	支部名称	支部书记	党员
2019	机关第二党支部	刘洪权	王健、张永康、贾天武、王洪山、王艳存、马艳青、杨勇、曹彦君、王从亮、赵广斌、冯宝祥、赵万宏、张志刚、王德起、王瑞山、孙立新、吴金栋、张玉华、周玉荣、王翠凤、贾天相
	机关第三党支部	蔡志国	郑存利、曾宪君、齐国新、许全海、祖斌、殷图、王丽颖、赵越、张立平、陈宝芹、凌冬梅、岳士奎、李长甫、肖求真、姚建生、吴志岭、佟德发、殷立清、吴庆新、王亚男、邵德友
	淑阳支行党支部	刘亦兵	王文宣、杨宝振、白素华、吕金明、赵小宁、张伟、刘宇、张国恒、李雪梅、高文杰、王双青、刘宝瑞、严家新
	大罗屯支行党支部	杨建兵	米洋、魏淑红、高建新、马晓明、贾东云、冯子波、王玉岐
	金辛庄支行党支部	李雪松	赵永顺、韩鹏、王金明、勾建武、李雅静、孙立国、庄发
	钳屯支行党支部	吴艳茹	任娟娟、任伟超、陈万福、陈冰、马爱杰、周志远、刘宏杰
	五百户支行党支部	王　鹏	石婷婷、刘冬雪、李宝生、李志强、金文奎、王文泽
	安平支行党支部	孙云太	乔德明、石振明、宋季青、孙亚楠
	安头屯支行党支部	安文杰	赵志伟、杨永刚、张金荣、何福仲、辛学伟
	钱旺支行党支部	李卫东	崔鹏、卢艳、冯雪婷、吕金亮
	渠口支行党支部	纪春生	杨局、刘海军、刘成杰、董立锋、赵连合
	蒋辛屯支行党支部	周新宇	李宝福、吴林贵、李淑旭、赵立新、魏起春、杨建海、曹文祥
2022	机关第一支部	任　超	华国旺、任超、刘雪梅、王丽颖、计凯东、石婷婷、李文明、李守杰、张新忠、王长军、王惠书、陈宝芹、王艳存、林宗宇、纪春生、王云婷、王宝生、张志军、杜振涛、王继生
	机关第二支部	王从亮	王从亮、王力、张颖、贾天武、王洪山、曹彦君、贾建国、王尚志、任娟娟、孙莹、马艳青、陈冰、魏鸿、冯宝祥、赵万宏、刘卫东、张志刚
	机关第三支部	蔡志国	张岩、蔡志国、祖斌、姚静、张立平、凌冬梅、岳士奎、张淞、吕金明、胡秋菊、冯雪婷、王媛、程青硕、邳建军、肖求真、崔树军、吴庆新、李长甫
	淑阳支行党支部	王涛华	王涛华、杨勇、杨宝振、赵小宁、宋季青、殷立清、严家新、王双清
	大罗屯支行党支部	程政寓	曾宪君、杨建兵、程政寓、刘冬雪、刘海军、王文宣、张连洋、张伟、范峻廷、米洋、高建新、吴艳茹、张国恒、王德起
	金辛庄支行党支部	李雪松	李雪松、李雅静、韩鹏、勾建武、贾启龙、金梦婷、王瑞山、王金明、赵永顺
	钳屯支行党支部	杨建海	李玉春、杨建海、王薇、金文奎、刘宇、任伟超、马爱杰、吴林贵、周志远、齐国新、孙月影、李宝生、吴金栋、刘宏杰

续表6-1-1

年份	支部名称	支部书记	党员
2022	五百户支行党支部	王　鹏	王辉、王鹏、徐智峰、孙亚楠、李志强、张万全、王文泽、孙立新
	安平支行党支部	安文杰	安文杰、赵越、白素华、孙立国、许全海、曹文洁、张永康、王玉岐、冯子波、石振明、乔德明
	安头屯支行党支部	刘洪权	韩卫华、刘洪权、赵志伟、贾东云、赵广斌、张斌、杨永刚、佟德发、张金荣、何福仲
	钱旺支行党支部	刘成杰	李雅卓、刘成杰、吕金亮、邵淑娟、王晨光、魏淑红、李卫东
	渠口支行党支部	辛学伟	辛学伟、何东杰、卢艳、杨局、马晓明、董立锋、蔡清华、邵德友
	蒋辛屯支行党支部	刘亦兵	王健、周新宇、刘亦兵、李宝福、李淑旭、曹文祥、赵立新

“三会一课”

“三会一课”制度是党在实践中形成的行之有效的党员教育管理的一项重要制度。“三会一课”中的“三会”，指定期召开支部党员大会、支部委员会、党小组会；“三会一课”中的“一课”，指按时上好党课。

2010年1月13日，中共香河县农村信用合作联社委员会印发《“三会一课”制度》，规定党小组生活会，每月召开1次，党委（支部）班子成员除要参加所在小组的生活会外，同时需参加每半年1次的民主生活会。小组或党委（支部）召开组织生活会，召集人须提前确定题目，认真组织、认真记录。党委（支部）班子生活会情况要及时整理向上级党组织报告。党委（支部）每2个月召开1次党委会，3个月召开2次支委会，研究确定机关党建工作的重大问题，安排部署党建工作任务，处理有关党务工作。党委每年召开1次机关党员大会或党员代表大会，支部每季度召开1次，由党委（支部）书记总结报告工作，传达上级指示，进行教育活动，安排部署工作。党课每月1次，由机关党委统一组织，党委没有部署时，由各支部自行安排并抓好落实。

2012年2月15日，中共河北省农村信用社联合社委员会印发《河北省农村信用社党建工作责任制（实行）》《河北省农村信用社基层党组织“三会一课”办法（实行）》的通知（冀信联党发〔2012〕3号）指出，各级党委对本级党的建设工作负总责，党支部书记是支部党建工作的第一责任人，党支部委员负责协助党支部书记认真履行职责，做好各项具体工作，各级党务部门在本级党委领导下，负责开展日常党建工作，同时对“三会一课”制度做出具体规定。

2021年3月24日，香河农商银行按照省联社要求，开展主题为“深化纠正‘四风’和作风纪律专项整治工作”的党课，指出，要全面落实“作风建设巩固拓展年”各项要求，坚持以习近平新时代中国特色社会主义思想为指导，深入学习贯彻习近平总书记关于作风建设系列重要指示批示，中共十九大精神，中共十九届二中、三中、四中、五中全会精神，坚持围绕主线、坚持把握原则、坚持突出重点、坚持推动落实，为持续开展作风纪律整治工作提出八项重要举措：一是实施“学习党史悟思想”

行动，为“十四五”规划开好局起好步提供坚强政治保障；二是实施“疫情防控强作用”行动，全力保障疫情防控和金融服务两抓手、两促进；三是实施“创模范机关做表率”行动，积极发挥模范机关和模范标兵示范带动作用；四是实施“精准督导重落实”行动，推动纠治“四风”工作高质量发展；五是实施“精文减会提效能”行动，深化拓展基层减负工作；六是实施“制度建设上水平”行动，着力建设科学高效的作风制度保障体系；七是实施“安全生产再加强”行动，不断提升安全生产治理现代化水平；八是实施“乡村振兴注动力”行动，充分发挥金融对推进乡村振兴战略的支撑作用。6月29日，香河农商银行举办主题为“学习贯彻习近平总书记在‘七一勋章’颁授仪式上的重要讲话精神”的党课，指出，新时代是需要英雄并一定能产生英雄的时代，中国共产党要始终成为时代先锋、民族脊梁，在全党全社会形成崇尚先进、见贤思齐的浓厚氛围。9月24日，香河农商银行开展主题为“关于新形势下的党内政治生活的若干准则”的党课，指出办好中国的事情，关键在党，关键在党要管党、从严治党，党要管党必须从党内政治生活管起，从严治党必须从党内政治生活严起。香河农商银行全体党员从坚定理想信念，坚持党的基本路线，坚决维护党中央权威，严明党的政治纪律，保持党同人民群众的血肉联系，坚持民主集中制原则，发扬党内民主和保障党员权利，坚持正确选人用人导向，严格党的组织生活制度开展自我批评，加强对权力运用的制约和监督，保持清正廉洁的政治本色11个方面进行学习。

2022年4月14日，香河农商银行举办主题为“学习铁人精神 发挥模范作用 勇担时代使命”的党课，组织党员沿着王进喜的奋斗历程，探寻马克思主义理想信念，学习、继承和发扬铁人精神。6月8日，香河农商银行组织党员上党课学习《中华人民共和国安全生产法》，从生产经营单位的安全生产保障、从业人员的安全生产权利义务、安全生产的监督管理、生产安全事故的应急救援、调查处理、法律责任5个方面进行学习。9月7日，香河农商银行组织党员开展主题为“学习贯彻习近平总书记在省部级主要领导干部学习贯彻中共十九届六中全会精神专题研讨班开班式上重要讲话精神”的党课，强调党的百年奋斗中，党领导人民取得一个又一个伟大成就、战胜一个又一个艰难险阻，全党要坚持唯物史观和正确党史观，并指出战略问题是一个政党、一个国家的根本性问题，全党要以学习贯彻中共十九届六中全会精神为重点，深入推进党史学习教育。

11月7日，香河农商银行组织党员上党课，学习中共二十大报告，指出，中国共产党第二十次全国代表大会，是在全党全国各族人民迈上全面建设社会主义现代化国家新征程、向第二个百年奋斗目标进军的关键时刻召开的一次十分重要的大会。大会高举中国特色社会主义伟大旗帜，全面贯彻习近平新时代中国特色社会主义思想，弘扬伟大建党精神，自信自强、守正创新、踔厉奋发、勇毅前行，为全面建设社会主义现代化国家、全面推进中华民族伟大复兴而团结奋斗。

第三节 党员活动

集体活动

2002 年 11 月 22 日，县联社组织召开学习贯彻中共十六大精神培训会

综合办公室供图

1997 年 6 月 29 日，中共香河县信用合作社联合社党组召开“庆七一、迎回归、树形象”活动，联社主任、党支部书记、党员代表、员工代表分别发言庆祝党的生日和香港回归祖国。

2002 年 11 月 22 日，中共香河县信用合作社联合社党组召开贯彻中共十六大精神主题会议，指出，要高举邓小平理论伟大旗帜，全面贯彻“三个代表”重要思想，把思想统一到中共十六大精神上，把力量凝聚到实现提出的各项任务和奋斗目标上，加快金融改革和发展，为全面建设小康社会提供强有力的金融支持和服务。

2003 年 6 月 17 日，中共香河县信用合作社联合社印发《关于开展中国共产党成立 82 周年庆祝活动的安排意见》，经县联社党组研究决定在“七一”开展“筑抗‘非典’堡垒，做促发展先锋”主题实践活动，表彰先进、加强信息宣传等活动。

2009 年 9 月 7 日，为庆祝中华人民共和国成立 60 周年，中共香河县农村信用合作联社委员会开展“从我做起，从现在做起，从身边做起，讲文明、树新风、看新貌”活动，以多种形式，为国庆献礼。12 月，中共香河县农村信用合作联社委员会开展第三批深入学习实践科学发展观活动，同时成立学习实践科学发展观活动领导小组。

2010 年 6 月 7 日，中共香河县农村信用合作联社委员会印发《关于在全系统深入开展创先争优活动的实施方案》，制定创先争优的指导思想和目标要求，开展“党性教育”“岗位奉献”“党员示范岗”“服务群众”“组织创新”“四职教育”等活动。9 月 30 日，中共香河县农村信用合作联社委员会开展创先争优活动演讲比赛，从全辖信用社系统选出具有代表性的先进事迹进行演讲，评出一等奖 1 名、二等奖 2 名、三等奖 3 名、鼓励奖 4 名。

2011 年 3 月 20 日，中共香河县农村信用合作联社委员会印发《关于开展“党员流动红旗示范岗”活动实施方案》指出，要以邓小平理论和“三个代表”重要思想为指导，在开展“创先争优”活动中紧密围绕农村信用社发展大局，结合岗位工作实际，县联社党委成立“党员流动红旗示范岗”活动领导小组。同日，县联社印发《开展“一帮一”活动实施方案》，要求以邓小平理论、“三个代表”重要思想为指导，全面落实科学发展观，决定在全系统党员和领导干部中开展“一帮一”党性实践活动。7 月 1 日，中国共产党成立 90 周年，县联社歌颂党的光荣历史和丰功伟绩，歌颂社会主义现代化建设的伟大成就和农信事业的发展，举办以“爱党、爱国、爱农信”为主题的演讲比赛。11 月，中共香河县农村信用合作联社委员会组织党员开展培训活动：一是学习《中国共产党章程》《中国共产党简史》；二是“党员干部读党史”活动；三是组织党员干部和职工分赴革命圣地——井冈山、延安，开展“红色之旅”活动；四是举行新党员入党宣誓仪式暨新老党员座谈，共同庆祝党的生日。

2012 年 6 月，中共香河县农村信用合作联社委员会组织党委、纪委成员及基层党支部书记，到河北省唐山市乐亭县李大钊故居，开展以“迎接党的生日，重温入党誓词”为主题的革命理想信念教育及党支部书记培训活动。

2013 年 5 月 30 日，中共香河县农村信用合作联社委员会根据河北省农村信用社联合社、省联社廊坊办事处、香河县委的有关要求，印发《贯彻落实中共八届五次全会精神暨“解放思想、改革开放、创新驱动、科学发展”大讨论活动实施方案》，通过开展大讨论活动确立谋划科学发展的正确思路。6 月 17—21 日，中共香河县农村信用合作联社委员会组织全辖员工到北京参观“中国人民抗日战争纪念馆”，开展爱国主义教育活动。6 月 27 日，中共香河县农村信用合作联社委员会印发《开展“党员流动红旗标兵”活动实施方案》指出，县联社在全系统开展“党员流动红旗标兵”活动，以邓小平理论、“三个代表”重要思想、科学发展观为指导，在党员内部形成比学习、比素质、比服务、比守纪的风气。

2014 年 3 月，中共香河县农村信用合作联社委员会印发《关于开展党的群众路线教育实践活动的实施方案》指出，县联社于 3 月 6 日启动群众路线教育实践活动，历时 8 个月，机关部室及辖内 29 个营业网点共 129 名党员参加。6 月 30 日，为迎接中国共产党成立 93 周年，中共香河县农村信用合作联社委员会组织开展“我为党旗添光彩”征文活动、“迎七一”集中走访慰问活动、“党员先锋示范岗”活动、党员民主评议等四项活动。

2017 年 12 月 20 日，省联社廊坊审计中心印发《廊坊市农村信用社中共十九大精神知识竞赛实施方案》指出，要深入学习宣传贯彻中共十九大精神，全市举办农信社学习宣传中共十九大精神知识竞赛。12 月 26 日，省联社廊坊审计中心举办全市农信社中共十九大知识竞赛，审计中心及 9 家县级行社的 10 支代表队，30 名参赛选手参加。香河县农村信用社获得团体三等奖，孙亚楠、冯雪婷获得“优秀选手”荣誉称号。

2018 年，春节、“七一”、国庆节前夕，省联社廊坊审计中心党委及香河农商银行党委组织慰问困难党员、退休党员，廊坊审计中心党委向香河县困难党员发放生活慰问金 3000 元，香河农商银行党委向困难党员发放生活慰问金 24000 元。5 月 2 日，香河农商银行钱旺支行党支部书记李卫东参加全省农信系统基层党支部书记培训示范班。9 月 13 日，香河农商银行党委组织学习新修订版《中国共产党纪律处分条例》并制订三项方案：一是认真进行学习、研讨、交流，结合实际工作谈学习贯彻条例的体会；二是带着问题学、联系实际学，逐张逐条学、逐字逐句学深悟透；三是加强对全行党员学习的监督检查。

2019 年 7 月 1 日，中共香河农商银行党委组织召开庆祝中国共产党成立 98 周年暨“七一”表彰大会，经党委研究，对先进基层党组织、优秀党务工作者、优秀共产党员进行表彰，党委书记、董事长张斌作题为《强党建 促发展》的讲话，党委班子成员、机关全体党员、各党支部书记共 65 人参加大会，省联社廊坊审计中心“不忘初心、牢记使命”第三指导组成员李志宏到会指导。7 月 12—21 日，为庆祝中国共产党成立 98 周年，中共香河农商银行党委组织全体党员先后两批次赴塞罕坝林场开展“不忘初心、牢记使命”主题教育，缅怀塞罕坝功臣王尚海，聆听他作为林场首任党委书记带领大家克服困难，取得“马蹄坑造林大会战”胜利的先进事迹。9 月 26 日，中共香河农商银行党委组织 48 名党员到廊坊市烈士陵园缅怀革命先烈。

2019 年，塞罕坝林场红色主题教育合影　　综合办公室供图

2020 年，香河农商银行党委按照省联员活动室，共制作党员活动室标牌 11 个，党建制度牌 44 个，整理党建资料 26 盒，发放党员学习书籍 300 本。

2021 年 7 月 1 日，香河农商银行组织观看中国共产党成立 100 周年庆典
综合办公室供图

2021 年，中共香河农商银行党委疫情防控领导小组和疫情防控行动小组，坚决落实疫情防控常态化要求，团结带领全体职工，在疫情期间扎实工作，坚持全面排查，不落一人、不留死角，全力保障客户和员工的生命安全及疫情期间的金融服务工作。3 月 24 日，香河农商银行按省联社要求认真收看由中央组织部、中央广播电视总台联合录制的反映新冠疫情防控阻击战中先进基层党组织和优秀共产党员典型事迹《榜样 5》专题栏目。4 月 18 日，中共香河农商银行党委组织各支部党员观看《上甘岭》《建党伟业》《建国大业》等党建教育片。4 月 23 日，中共廊坊市委党史学习教育领导小组组织开展“唱支山歌给党听”群众歌咏活动，县联社马海涛、凌冬梅、范峻廷、李雅静、王薇、闫旭参加活动。5 月 16 日，中共香河农商银行党委举办主题为“学党史、知党情、跟党走”的知识竞赛，渠口支行党支部、钱旺支行党支部、安平支行党支部分别获得团体一、二、三等奖；吴坤轩获得优秀个人第一名；张连洋、孙亚军获得优秀个人二等奖；段

秋乐、闫旭、曾庆涵获得优秀个人三等奖。7 月 1 日，香河农商银行党委书记张斌带领机关全体党员集中观看庆祝中国共产党成立 100 周年大会直播。7 月 5 日，香河农商银行与人民银行廊坊市中心支行联合开展“学史知责悟初心、为企服务办实事”主题活动。

2022 年 8 月 17 日，省联社印发《全省农信系统迎接中共二十大宣讲活动方案》的通知指出，各级党委要认真学习中共二十大精神。9 月 1 日至 11 月 30 日，为庆祝中共第二十次全国代表大会胜利召开，深入贯彻落实习近平总书记关于加强学习、建设学习大国的重要指示精神，推动实现持续深入常态化学习。中共香河农商银行党委开展“学习强国”学习积分竞赛活动，评出先进奖 60 名（包括一等奖 10 名、二等奖 20 名、三等奖 30 名）、进步奖 20 名、团体奖 3 个。9 月 23 日，香河农商银行党委组织召开党员大会，大会分三个会场，参会党员 120 名，大会包括五项内容：一是听取中共香河农商银行的工作报告；二是审查中共香河农商银行纪律检查委员会工作报告、党费收缴、使用和管理情况的报告；三是选举中共香河农商银行新一届委员会委员；四是选举出席省联社廊坊审计中心第二次大会代表；五是选举新一届党委书记、副书记、党委委员、纪委书记、纪委委员。10 月 16 日，香河农商银行高层管理人员、机关部室经理、副经理在办公楼八层主会场与基层网点 20 个分会场同时集中收看习近平总书记在中共第二十次全国代表大会上的报告。10 月 25 日，香河农商银行党委开展“贯彻二十大精神 助力乡村振兴”活动。

党员教育

1991 年 7 月 26 日，根据中国农业银行香河县支行党组安排部署，香河县农村信用社开展“一方有难 八方支援”的集体爱国主义教育。

2001 年 3 月 29 日，县联社学习“三个代表”重要思想　综合办公室供图

2001 年 3 月 29 日，中共香河县信用合作社联合社党组开展“三个代表”重要思想学习教育，在学教活动中坚持做到“十有”：有组织、有实施方案、有专人辅导、有考勤、有会议记录、有体会文章、有笔记、有学习篇目、有学习时间安排、有信息情况反馈。8 月 15 日，中共香河县信用合作社联合社党组组织学习江泽民在庆祝中国共产党成立 80 周年大会上的重要讲话精神。同日，中共香河县农村信用合作联社党组印发《关于在全系统开展“学、转、促”活动的安排意见》指出，要认真学习“三个代表”重要思想，把握“一条主线”（“三个代表”重要思想）、“一个灵魂”（解放思想、实事求是）、“一个核心”（保持党的先进性）、“一种精神”（理论创新、与时俱进），做到边学、边转、边促。

2002 年 11 月 21 日，中共香河县信用合作社联合社党组印发《关于认真学习贯彻中共十六大精神的通知》，制定学习中共十六大精神实施意见，要求学习好、领会好、掌握好、贯彻好中共十六大精神。

2003 年 9 月 29 日，中共香河县信用合作社联合社党组印发《关于兴起学习贯彻“三个代表”重要思想新高潮的方案》指出，在县联社党组织和全体干部、党员中兴起学习贯彻“三个代表”重要思想新高潮，制订活动实施方案上报县委，全体党员干部进行全员轮训、培训，召开座谈会，深入群众，完善制度。

2004 年 9 月 14 日，中共香河县信用合作社联合社党组印发《关于开展“为基层群众服务、为党和政府争光”活动的实施方案》指出，要以邓小平理论、“三个代表”重要思想、中共十六大精神为指导分阶段开展活动，第一阶段：1.动员学习“五姐妹”先进事迹；2.学习大厂县法院法官吴宏友、河南省登封市公安局局长任长霞的先进事迹；3.组织学习市委书记吴显国在市委第三届七次全会上的讲话；4.组织学习市委书记吴显国在全市庆祝中国共产党成立 83 周年暨“一优三先”表彰大会上的讲话。第二阶段查摆问题，第三阶段深入服务，第四阶段培树典型。

2005 年 7 月 29 日，香河县信用联社保持共产党员先进性教育活动动员大会召开
综合办公室供图

2005 年 7 月 18 日，按照中央和省、市委关于保持共产党员先进性教育活动的部署和安排，中共香河县信用合作社联合社党组印发《保持共产党员先进性教育活动实施方案》，7—9 月开展先进性教育，成立活动领导小组，由党组书记、联社理事长、主任樊德祥任组长，联社监事长张玉华、联社副主任贾天相为副组长，下设活动办公室，张志刚担任办公室主任；采取个人自学、举办培训班、先进事迹报告会、专题辅导等形式，确保学习培训时间，增强学习培训效果。7 月 29 日，中共香河县信用合作社联合社党组召开保持共产党员先进性教育活动动员大会，31 名党员参加。

2010 年 10 月 27 日，中共河北省农村信用社联合社委员会印发《关于学习贯彻十七届五中全会精神的通知》，明确中共十七届五中全会是在中国即将完成“十一五”规划、进入全面建设小康社会的关键时期召开的一次重要会议，结合信用社实际，深入贯彻中共十七届全会精神，充分认识学习贯彻全会的重要意义，结合实际准确把握全会的精神实质，以贯彻全会精神为动力切实抓好当前各项工作。

2011 年 1 月 21 日，中共香河县农村信用合作联社委员会组织全体党员，开展行风建设三项主题活动，三项主题分别为“学规范用规范”（规范是指《廊坊市农村信用社员工行为规范》和《廊坊市农村信用社一线员工服务规范》）、“做人与廉洁”、“做事与合规”，上半年以“学规范用规范”活动为主，下半年以“做人与廉洁”“做事与合规”活动为主。3 月 20 日，按照省联社廊坊办事处关于在全体党员中开展“四职”教育活动的要求，中共香河县农村信用合作联社委员会印发《中共香河县农村信用合作联社委员会开展“四职”教育活动实施方案》指出，县联社党委成立“四职”教育活动领导小组，增强党员职业理想、职业道德、职业技能、职业纪律。12 月 31 日，为做好全市农信社 2011 年度党内统计年报及新版党员管理信息系统（基层版）的安装和使用，省联社廊坊办事处召开全市农信社 2011 年度党内统计工作培训会议，会上传达了省联社党委副书记、副理事长何福魁在全省农信社党建工作交流会上的讲话精神，并讲解 2011 年度中国共产党党内统计系统（基层版）使用及 2011 年党内统计报表审核要点和填报要求等。

2012 年，县联社按县委要求在党员中开展“五讲”（讲学习、讲纪律、讲正气、讲政治、讲奉献）活动和“五教”（党员意识、党的传统、党的纪律、党的理想、党员形象）活动。10 月 22 日，为保持党员的纯洁性和先进性，把创先争优活动开展得扎实有效，县联社党委邀请县委党校研究室主任、高级讲师丁云梅老师，为广大党员上了一堂以“学习贯彻党章，永葆党的先进性”为主题的党课，就作为一名共产党员如何保持先进性，在工作中充分发挥先锋模范作用进行了深入浅出的讲解。

2014 年 3 月 17 日至 5 月 13 日，县联社党委先后组织全体党员集中观看《周恩来的四个昼夜》《焦裕禄》《雷锋》等教育影片。

2015 年 10 月 29 日，省委办公厅印发《关于深入推进“三严三实”专题教育的实施方案》的通知指出，要深入推进全省农信社“三严三实”专题教育，引导全系统党员干部狠抓落实、奋发作为、激情工作。省联社按要求印发《关于深入推进“三严三实”专题教育的实施方案》的通知，县联社党委贯彻执行。

2016 年 4 月 29 日，省联社印发《关于在河北省农信社系统党员中开展“学党章党规、学系列讲话，做合格党员”学习教育实施方案》的通知，明确各级机构要充分认识“两学一做”学习教育的重大意义，将其作为一项重大政治任务，切实尽好责、抓到位、见实效。

2017 年 6 月 21 日，按照省联社党委和省联社廊坊审计中心党委统一部署要求，县联社推进“两学一做”学习教育常态化制度化，通过学习教育，切实强化“四个意识”同时开展“亮身份、树形象、展风采”活动；在中国共产党成立 96 周年之际，党委书记王宝生到基层为党员讲党课。11 月 16 日，县联社党委组织党员深入学习中共第十九次全国代表大会精神，香河县农村信用合作联社党委书记王宝生在联社为基层党支部书记和党员讲党课，并聘请县委党校丁云梅教授解读中共十九大精神，为全体党员逐段逐句地解读《中共十九大报告》《十九大党章修正案学习问答》《中共十九大报告学习辅导百问》《中共十九大文件汇编》等书籍，基层党支部召开专题党课活动，把学习党的十九大内容记载到《党支部工作手册》中，把塞罕坝林场的先进事迹作为鲜活材料，以推进“两学一做”学习教育为载体，把中共第十九次全国代表大会精神转化为生动实践。

2018 年，中共香河农商银行委员会组织党员学习《中华人民共和国宪法修正案》、《中国共产党纪律处分条例》、中共十九大报告等内容。

2019 年，中共香河农商银行委员会组织党员干部认真学习中共十九大精神，将中共十九大精神和党章作为党员干部学习的重点，举办 2 场培训班，培训党员 143 人次。7 月 12 日，省委印发《关于做好向全国优秀共产党员张富清学习活动有关工作的通知》指出，要结合实际，采取多种形式，组织广大党员和干部员工深入开展学习活动，把学习宣传张富清先进事迹与深入贯彻习近平新时代中国特色社会主义思想和中共十九大精神结合起来，学出成效。

2020 年，中共香河农商银行委员会将习近平新时代中国特色社会主义思想，中共十九届四中全会精神、中共十九届五中全会精神、《习近平谈治国理政》及上级党委决策部署列入党委中心组和党员学习重点内容，开展党委书记讲党课，党支部群内交流心得体会、召开座谈会等学习活动。1 月 7 日，省联社党委印发《关于学习收看“不忘初心、牢记使命”主题教育优秀党员教育电视片的通知》指出，省联社联合河北广播电视台，播放《见证初心和使命的“十一书”》《初心故事——李志刚》《初心故事——周松勃》等主题教育片，引导广大党员干部认真学习榜样、努力争当先进、勇于担当作为、创造一流业绩。

2021 年，中共香河农商银行党委班子成员带头学习习近平新时代中国特色社会主义思想，中共第十九次全国代表大会和历届全会精神，切实开展党委理论学习中心组学习、专题研讨、政治学习等。3 月 16 日，省联社党委书记徐翀在全省农信系统党史学习教育动员大会上发表讲话，指出，要坚持以习近平新时代中国特色社会主义思想为指导，引导各级农信机构党组织和农信党员“学党史、悟思想、办实事、开新局”，中共河北省农村信用社联合社廊坊审计中心委员会成立“党史学习小组和巡回指导组”，要求各级党委认真学习党史，香河农商银行、三河农商银行、大厂农商银行为第一指导组指导单位。3 月 19 日，香河农商银行党委组织学习习近平总书记在党史学习教育动员大会上的重要讲话精神，指出在全党开展党史学习教育，是党中央立足党的百年历史新起点、统筹中华民族伟大复兴战略全局和世界百年未有之大变局、为动员全党全国满怀信心投身全面建设社会主义现代化国家而作出的重大决策。7 月 1 日，香河农商银行组织学习习近平总书记在庆祝中国共产党成立 100 周年大会上的重要讲话精神。

2021 年，香河农商银行组织党员到唐山市乐亭县李大钊纪念馆参观学习
综合办公室供图

2021 年 5 月 25 日至 6 月 3 日，中共香河农商银行党委分三批组织开展“学党史 悟思想 办实事 开新局”党史实地学教活动，先后组织 124 名党员前往李大钊纪念馆，缅怀中国杰出的无产阶级革命家李大钊。

2022 年，中共香河农商银行党委组织开展基层党组书记集中轮训、加大基层党务工作者培训力度、抓实普通党员集中轮训、从严做好新发展党员培训作为主要任务。制订《2022 年香河农商银行党员教育培训计划》，坚持全面落实政治理论教育、政治教育和政治训练、党章党规党纪教育、党的宗旨教育、革命传统教育、形势政治教育、知识技能教育，坚持集中培训、集体学习、个人自学、组织生活、实践锻炼有机融合。年内，香河农商银行党委理论学习中心组组织集中学习 14 次。

2022 年 10 月 18 日，中共香河农商银行党委召开专题会议，会议要求党员以习近平新时代中国特色社会主义思想为指导，全面深入宣讲中共二十大精神，推进全面从严治党的部署和要求，领悟“两个确立”的决定性意义，增强“四个意识”、坚定“四个自信”、做到“两个维护”。

2023年1月5日中共香河农商银行党委书记、董事长华国旺以《踔厉奋发 勇毅前行 学习宣传贯彻中共二十大精神 助推全行业务稳健发展》为题，向班子成员和全体中层管理人员宣讲中共二十大精神，强调要深刻领会中共二十大的重要意义，深入学习宣传中共二十大精神，准确把握中央、省委、省联社和审计中心党委的要求和部署。

2023年1月5日，香河农商银行党委书记华国旺（主席台中央）宣讲中共二十大精神 综合办公室供图

2023年4月15日是中国第8个安全教育日，香河农商银行党委坚持以国家安全观为引领，开展“安全教育日读书会”活动，组织党委理论学习中心组集中学习1次，学习党委会“第一议题”1次，各支部通过“三会一课”学习13次，党员学习151人次。

第二章　工会建设

工会是中国共产党领导的职工自愿结合的工人阶级群众组织，是会员和职工利益的代表。香河县农村信用合作联社工会，在县总工会和县联社党组织的领导下，在不断强化工会自身建设的基础上，结合农村合作金融行业特点，紧紧围绕业务经营和管理，通过狠抓职工思想政治工作、精神文明建设等活动，组织开展形式多样的劳动竞赛和丰富多彩的文体活动，努力创建合规企业文化，充分发挥工会组织连接党和群众的桥梁纽带作用，关心职工疾苦，引导广大职工积极参政、议政，为强化经营管理，提高经营效益献计献策，有效促进了香河县农村信用合作事业的蓬勃发展和改革顺利进行。

第一节　工会组织建设

1986年6月30日，根据中国农业银行香河县支行第二届职代会第二次会议通过，香河县农村信用合作联社选出7个工会小组长，各工会小组负责工会日常工作开展。

1997年4月3日，县联社成立工会委员会并召开工会会员第一次代表大会，贾天相当选工会主席。

2012年4月5日，香河县农村信用合作联社工会第一次会员代表大会召开
综合办公室供图

2011年9月29日，省联社印发《关于成立全省农村信用社系统工会的通知》指出，经省联社党委研究，成立全省农村信用社系统工会，受省联社党委和省总工会的双重领导，以省联社党委领导为主，在依法维护职工权益，组织引导职工建功立业、参与民主管理、培训教育、发展和谐劳动关系等方面发挥作用。12月13日，省联社印发《河北省农村信用社系统各级工会筹建工作方案》指出，各县级行社要按照“依法依规建会”的要求建立工会组织，县联社按要求执行。

2012年3月15日，县联社印发《香河县农村信用合作联社工会筹建方案》，经省联社廊坊办事处批准，周新颖任县联社工会主席。4月5日，县联社召开工会成立暨第一次工会会员代表大会，大会选举王亚男、马连军、刘雪梅、张金友、周新颖、高文杰、殷立清为第一届工会委员会委员，周新颖任主席；马连军、张金友、殷立清为第一届经费审查委员会委员，张金友任主任；王亚男、刘雪梅、高文杰为第一届女职工委员会委员，王亚男任主任，任期5年。

2013年，县联社有在职员工335人，职工入会率达100%。

2016年，县联社召开第二届工会会员代表大会，选举产生第二届工会委员会、经费审查委员会，以信用社、部室为单位成立31个工会小组。

2019年7月19日，香河农商银行工会印发《关于成立工会小组的通知》，根据《中华人民共和国工会法》的规定，香河农商银行各部室、支行共成立工会小组26个。

工会职能：

1.在上级工会组织的领导下，认真贯彻落实《中华人民共和国工会法》，开展好工会工作。

2.组织职工学习马克思列宁主义、毛泽东思想、邓小平理论、“三个代表”重要思想、科学发展观、习近平新时代中国特色社会主义思想，以及党的路线方针政策，提高职工的自身素质。

3.围绕上级工会组织的部署，深入细致地做好职工的思想政治工作，调动广大职工参与各项工作的积极性和创造性。

4.充分发挥工会本身的作用，为职工做一些力所能及的服务工作，维护职工的合法权益，做好职工的困难补助工作。

5.定期召开职工代表大会，审议和通过工会工作方案，依法维护职工的合法权益。

6.组织职工参与本行的民主决策、民主管理和民主监督。

7.组织职工开展业余文艺、体育活动，丰富教职工的业余生活。

8.充分发挥工作组织，加强工会组织自身建设。

9.负责工会工作，做好会员情况登记及会籍管理，及时收缴会费，按时上缴工会经费。

10.负责工会会员福利的管理，妥善安排工会的各项福利费用支出。

11.负责慰问退休、退养的职工。

12.努力完成领导交办的其他工作。

经费审查委员会职能：

1.依照《中华人民共和国工会法》的有关规定，监督工会收好、管好、用好工会会费，监督工会认真执行党和国家的有关方针、政策、财经法纪，以及工会的有关规章制度。

2.审查工会的财务预算、决算。

3.督促工会发扬财务民主，定期报告财务工作，公布账目，检查工会委员会对会员大会或会员代表大会关于财务工作决议的贯彻执行情况。

4.深入实际，调查实际，总结经验，对工会财务管理提出改进意见和建议。

5.宣传党和国家的财务方针政策及工会的规章制度，维护财经纪律，保证工会财产的安全完整。

女工委员会职能：

1.团结带领女职工发扬自尊、自强、自爱、自立精神，积极做好各项工作，为发展做贡献。

2.督促、协助工会主席贯彻执行有关女职工劳动保护政策，维护女职工的合法权益。

3.深入进行调查研究，了解女职工情况，及时反映她们的意见和要求。

4.举办适合女职工特点的活动，促进女职工的身心健康。

5.组织开展家庭文化建设活动，促进文化建设。

2012 年 4 月 6 日，省联社工会印发《关于规范河北省农村信用社各级工会名称的通知》，要求各级工会名称进行统一规范，香河县农村信用合作联社工会，简称“香河县联社工会”。

2012 年 9 月 27 日，省联社印发《河北省农村信用社系统工会章程》指出，省联社系统工会由 154 家县级联社工会，11 家市级联社、办事处工会（分会）和省联社机关工会自愿组建的全省农信社系统行业工会，是全省农信系统职工合法权益的代表者。

2014 年 3 月 5 日，县联社工会召开第一届会员代表大会第二次会议，推选香河县农村信用合作联社工会委员候选人。由于工作调动等原因，补选两名工会委员。县联社工会第一届经费审查委员会委员改为杨勇、马连军、肖求真，杨勇任经费审查委员会主任。

2016 年 3 月 2 日，县联社工会召开第二届会员代表大会，选出第二届会员代表大会代表 65 名，占联社工会会员总数的 20.6%。选出第二届工会委员会委员为周新颖、刘雪梅、马连军、胡秋菊、安文杰、杨勇、吴艳茹，周新颖任工会主席。第二届经费审查委员会委员为马连军、安文杰、杨勇，安文杰任经费审查委员会主任。第二届女工委员会委员为刘雪梅、胡秋菊、吴艳茹，刘雪梅任女工委委员会主任。

2018 年 3 月 13 日，香河县农村信用合作联社工会委员会更名为河北香河农村商业银行股份有限公司工会委员会。

2019 年 7 月 23 日，香河农商银行工会召开第三届工会委员会会员代表大会，大会选出第三届会员代表大会代表 75 名，占工会会员总数的 22.52%。其中，一线员工代表 47 名，占代表总数的 62.67%；女职工代表 29 名，占代表总数的 38.67%；青年代表 32 名，占代表总数的 42.67%；党员代表 41 名，占代表总数的 54.67%。大会选举产生第三届工会委员会委员为王健、刘雪梅、张志军、胡秋菊、陈和宁、王文泽、曹彦君，第三届经费审查委员会委员为张志军、陈和宁、王文泽，第三届女工委委员会委员为刘雪梅、胡秋菊、曹彦君。新当选的工会委员会委员召开第一次会议，选举王健为香河农商银行工会第三届工会委员会主席，张志军为经费审查委员会主任，刘雪梅为女工委委员会主任。

2020 年 9 月 16 日，香河农商银行工会委员会召开第三届第二次会议，选举曹彦君为河北香河农村商业银行股份有限公司工会主席。

职工代表大会

职工代表大会是职工参加企业经营决策、管理、监督干部、行使民主权利的权力机构，也是企业实行民主管理的基本形式。

2013 年 2 月 20 日，县联社召开第一届第一次职工代表大会，全系统的 51 名职工代表参加，审议并通过《2013 年工资薪酬考核分配管理办法》议案。4 月 9 日，县联社召开第一届第二次职工代表大会，全系统的 51 名职工代表参加，审议并通过《香河县农村信用合作联社关于发放员工交通补贴的规定（试行）》议案。

2014 年 2 月 27 日，县联社召开第一届第三次职工代表大会，全系统的 56 名职工代表参加，审议并通过《2014 年职工工资薪酬分配指导意见》《2014 年中层管理人员工资薪酬分配指导意见》《企业劳动关系和谐情况》3 项议案。10 月 17 日，县联社召开第一届第四次职工代表大会，全系统的 52 名职工代表参加了这次会议。审议并通过《香河县农村信用合作联社岗位固定工资分配办法（试行）》《香河县农村信用合作联社调整 2014 年绩效工资考核的方案》2 项议案。

2015 年 3 月 4 日，县联社召开第一届第五次职工代表大会，全系统的 51 名职工代表参加，审议并通过《香河县农村信用合作联社职工工资薪酬考核分配管理办法（试行）》议案。10 月 10 日，县联社召开第一届第六次职工代表大会，全系统的 47 名职工代表参加，审议并通过《香河县农村信用合作联社职工监事候选人》议案。

2016 年 1 月 15 日，县联社召开第二届第一次职工代表大会，全系统的 50 名职工代表参加，审议并通过《香河县农村信用合作联社 2016 年中层管理人员公开竞聘实施方案》《香河县农村信用合作联社 2016 年中层管理人员公开竞聘民主评议程序实施细则》《香河县农村信用合作联社 2016 年中层管理人员公开竞聘工作竞聘考评委员会名单》《香河县农村信用合作联社 2016 年中层管理人员公开竞聘工作总监票人、监票人、结果公布人、统计、复核人员名单》4 项议案。3 月 10 日，县联社召开第二届第二次职工代表大会，全系统的 47 名职工代表参加，审议并通过《香河县农村信用合作联社 2016 年工资薪酬考核分配管理办法》议案。6 月 15 日，召开第二届第三次职工代表大会，全系统的 42 名职工代表参加，审议并通过《2016 年职工工资薪酬考核分配管理办法（试行）》议案。10 月 19 日召开第二届第四次职工代表大会，来自全系统的 39 名职工代表参加这次会议，审议并通过《员工补充医疗保险委托华夏保险公司的情况说明》议案。

2017 年 3 月 24 日，召开第二届第五次职工代表大会，全系统的 42 名职工代表参加，审议并通过《香河联社职工工资薪酬考核分配管理办法》议案。6 月 26 日，县联社召开第二届第六次职工代表大会，全系统的 43 名职工代表参加。审议并通过《河北香河农村商业银行股份有限公司选举第一届董事会执行董事》《河北香河农村商业银行股份有限公司选举第一届监事会职工监事》《香河县农村信用合作联社职工安置方案（草案）》等议案。11 月 23 日，县联社召开第二届第七次职工代表大会，全系统的 41 名职工代表参加，审议并通过《河北香河农村商业银行股份有限公司选举第一届监事会职工监事》议案。

2018 年 4 月 11 日，香河农商银行召开第二届第八次职工代表大会，全系统的 40 名职工代表参加，审议并通过《河北香河农村商业银行股份有限公司职工工资薪酬考核分配管理办法》议案。12 月 19 日，香河农商银行召开第二届第九次职工代表大会，全系统的 36 名职工代表参加，审议并通过《河北省农村信用社员工违规失职行为处理办法》（2017 年修订版）议案。12 月 24 日，香河农商银行召开第二届第十次职工代表大会，全系统 42 名职工代表参加，审议并通过《河北香河农村商业银行股份有限公司选举第一届董事会执行董事》《河北香河农村商业银行股份有限公司选举第一届董事会执行董事》《河北香河农村商业银行股份有限公司选举第一届监事会职工监事》三项议案。

2019 年 1 月 16 日，香河农商银行召开第二届第十一次职工代表大会，全系统 38 名职工代表参加，审议并通过《河北香河农村商业银行股份有限公司工会经费收支管理实施细则》议案。8 月 8 日，香河农商银行召开第三届第一次职工代表大会，全系统的 45 名职工代表参加，审议并通过《河北香河农村商业银行股份有限公司职工工资薪酬考核分配管理办法（试行）》议案。

2020 年 6 月 24 日，香河农商银行召开第三届第二次职工代表大会，全系统的 45 名职工代表参加，审议并通过《河北香河农村商业银行股份有限公司职工工资薪酬考核分配管理办法（试行）》议案。

2021 年 4 月 13 日，香河农商银行召开第三届第三次职工代表大会，全系统的 46 名职工代表参加，审议并通过《河北香河农村商业银行股份有限公司职工工资薪酬考核分配管理办法（试行）》议案。11 月 11 日，香河农商银行召开第三届第四次职工代表大会，全系统的 45 名职工代表参加，审议并通过《河北省农村信用社员工违规失职行为处理办法》（2021 年修订版）议案。

2022 年 6 月 7 日，香河农商银行召开第三届第五次职工代表大会，全系统的 47 名职工代表参加，审议并通过《河北香河农村商业银行股份有限公司选举第二届董事会执行董事候选人》议案。7 月 7 日，香河农商银行召开第三届第六次职工代表大会，全系统的 44 名职工代表参加，审议并通过《河北香河农村商业银行股份有限公司职工工资薪酬考核分配管理办法（试行）》议案。

2022 年 6 月 7 日，香河农商银行召开第三届职工代表大会第五次会议

综合办公室供图

第二节　工会活动

为活跃职工的业余文化生活，建立起和谐健康的企业文化氛围，香河县联社工会组织开展一系列活动。

女职工活动

1997 年 3 月 8 日，县联社工会举办庆祝“三八”国际劳动妇女节联欢会，联欢会在职工家属楼内召开，香河县农村信用社各级负责人带领 108 名女职工代表参加大会，并邀请职工家属及周围广大群众观看联欢会。

1998 年 3 月 8 日，县联社召开女职工代表会议，共庆“三八”国际劳动妇女节，县联社主要负责人致贺词，对战斗在各岗位上的女先进工作者、女能手、好妻子、好母亲、好女儿进行表扬。

2001 年 3 月 7 日，县联社工会组织全系统员工开展庆“三八”文体活动，进行跳绳、跳棋、打扑克（女职工）、台球、乒乓球、象棋（男职工）比赛，决出各个单项的前六名，并颁发奖品。

2010 年 3 月 8 日，为庆祝“三八”国际劳动妇女节 100 周年，县联社组织开展主题为“庆三八、展风采、强素质、促和谐”的多种形式的娱乐活动。

2001 年 3 月 7 日，县联社工会举办庆“三八”文体活动　　综合办公室供图

2011 年 3 月 6 日，为迎接“三八”国际劳动妇女节，县联社工会组织系统内女职工展开主题为“做时代女性、铸精彩事业、创造美好生活”的趣味体育比赛，活动本着“爱生活、展风采、促和谐”的原则，围绕趣味性展开，比赛项目包括夹气球、踢毽子、托乒乓球、转呼啦圈等。5 月 2 日，县联社工会举办主题为“健康生活、快乐工作”的女职工健康知识讲座，邀请“全国三八健康使者万里行”组委会成员、教授刘亚娟，对发病率较高的疾病及女职工心理健康等知识进行讲解。

2013 年 3 月 8 日，县联社工会组织女职工开展主题为“敬业争先展女性风采”的迎“三八”趣味体育比赛，包括跳绳、踢毽子、转呼啦圈、投篮球等，将健身与趣味性、娱乐性融为一体。

2014 年，县联社工会举办“提升职场公众形象，如何化好职业妆容”的专题培训，专门聘请专业老师从皮肤护理、如何化淡妆等方面进行细致讲解。

2015 年 3 月，县联社工会组织全系统女职工先后开展女性职业彩妆培训，就工作妆容与其他妆容的区别以及化妆的技巧，职业女性怎样在繁忙的工作生活中，留住自己的容颜，设计自己的形象，永葆青春与健康进行讲解，并对日常护肤、美容保健等给出专业性的建议。

2017 年 6 月 12 日，县联社工会聘请北京协和医院主任医师谭先杰为女性职工和男性职工家属进行妇科知识专项讲座。

2021 年 3 月 7 日，香河农商银行举办庆“三八”插花活动　综合办公室供图

2018 年 3 月 6—8 日，县联社工会举办“三八”妇女节趣味活动。活动内容包括快乐呼啦圈、趣味保龄球、抢凳子、跳绳、踢毽子等项目，130 名女职工参加。

2020 年 3 月 8 日，受新冠疫情影响，香河农商银行工会组织员工开展线上“三八”成语接龙趣味活动。

2021 年 3 月 7 日，香河农商银行工会开展“魅力巾帼，花样生活”艺术插花活动，共 50 名女职工参加，聘请专业花艺师现场为大家讲解插花技巧、色彩搭配。

2023 年 3 月 7 日，为关爱女性职工，丰富员工业余文化生活，提高女性员工队伍的职业素养，香河农商银行开展“艺术蛋糕 DIY（自己动手）”活动。

亲情化活动

县联社工会从关心员工、维护员工权益出发，通过开展亲情化组织建设，增强员工归属感，建设营造融洽和谐的工作生活氛围，提高职工的凝聚力、向心力和战斗力。

2008 年 2 月 3 日，县联社召开退休老职工迎新春团拜会，50 余名退休职工参加。

2010 年，县联社工会本着维护职工利益、关心职工身心健康的原则，用节省下来的工会经费为每名员工办理意外伤害险，使广大干部职工亲身体会到信用社这个大家庭的浓浓亲情。

2013 年，县联社工会印发《香河县农村信用合作联社亲情化组织建设方案》指出，要深入开展亲情化组织建设，深化“以人为本”的理念。同年，县联社开展亲情化活动：一是为每名员工办理意外伤害险，截至 2013 年底，共有 10 名员工受益；二是成立“红白理事会”，帮助员工料理婚丧嫁娶事宜；三是组织职工进行健康体检，根据性别、年龄的差异制定体检套餐；四是派一名学历较高的女性管理人员，参加河北省心理咨询培训，不定期对职工进行心理疏导、减压；五是春节期间慰问退休职工和困难职工 72 人，慰问职工遗属 8 人，共送出慰问金 6.7 万元。

2014 年，县联社开展亲情化活动：一是组织在职员工和退休老职工进行健康体检；二是为每名员工办理意外伤害险，截至 2014 年底，共 20 名员工受益；三是走访慰问退休、困难职工及遗属 93 人，共送出慰问金 6.96 万元。

2014—2016 年，县联社工会为全系统女职工购买“女职工团体重大疾病保险”。

2016 年，县联社开展亲情化活动：一是员工因病住院，由工会牵头，慰问探望员工 4 人次；二是发挥红白理事会职能，为员工主持操办婚宴 4 次、上门吊唁去世员工家属 8 次；三是春节期间走访慰问退休、困难职工及遗属共 110 人，共送出慰问金 11 万元。

2017 年，县联社工会牵头，县联社领导班子成员探望生病住院员工 7 人次；为员工主持操办婚宴 2 次、上门吊唁去世员工家属 11 次；走访慰问退休、困难职工及遗属 128 人，共送出慰问金 12.8 万元。

2021 年，廊坊审计中心主任兰成民（左一）、综合科科长马艳（右一）慰问香河农商银行老党员　综合办公室供图

2018 年，经香河农商银行党委研究决定，由工会重新制订《香河农商行亲情化组织建设方案》。由工会牵头，县联社领导班子成员探望生病住院员工 6 人次；上门吊唁去世员工家属 4 次；走访慰问退休、困难职工及遗属 150 人，共送出慰问金 14.4 万元。

2019 年，由香河农商银行工会牵头，县联社领导班子成员探望生病住院员工 6 人次。同年，在春节期间走访慰问退休、困难职工及遗属 160 人，共送出慰问金 16.4 万元。

2020 年，香河农商银行工会组织上门吊唁去世员工家属 12 次。春节期间，组织走访慰问退休、困难职工及遗属 149 人，共送出慰问金 15.1 万元。

2021 年，为弘扬中华优秀传统文化、建设中华民族共有精神家园，按照省联社廊坊市审计中心的要求，在重阳节期间，香河农商银行工会组织主题为“我们的节日重阳节”的活动，由工会主席带队走进敬老院，给老人们带去慰问品，和老人们面对面、心贴心地交流。在春节期间走访慰问退休、困难职工及遗属共 163 人，共送出慰问金 16.6 万元。

2022 年，香河农商银行员工因病住院，由工会牵头，县联社领导班子成员慰问探望生病住院员工 4 人次。在春节期间走访慰问退休、困难职工及遗属共 173 人，共送出慰问金 17.3 万元。

第三章　创先争优活动

创先争优以“工作争先、服务争先、业绩争先”为目标，是加强精神文明建设和物质文明建设的重要载体，也是企业建设的内在需要。通过大力开展“双先”评比、文明单位创建等活动，激励员工发扬无私奉献和顽强拼搏的精神，以高度的责任感履职尽责。

第一节　“双先评比”

1980 年 2 月 29 日，中国人民银行政治部、中国农业银行政治部、全国银行工会领导小组联合发出《关于在银行系统开展大干“四化”，创造金融红旗手、金融红旗单位（集体）竞赛活动的意见（草案）》指出，遵照国务院关于在各条战线要进一步开展社会主义劳动竞赛的指示精神，经党组研究决定在银行系统，统一开展大干“四化”争当红旗手，创造金融红旗单位（集体）的社会主义劳动竞赛活动。就开展“双红”竞赛的标准要求和具体做法作出统一规定。香河县刘宋信用社吴玉兰获“1980 年度全国金融红旗手”称号。

1980 年，农行省分行根据中国人民银行政治部、中国农业银行政治部和全国银行工会领导小组关于大干“四化”争创金融红旗手、红旗单位的意见，在全省农金系统开展群众性的社会主义劳动竞赛活动。为加强对这项劳动竞赛活动的领导，农行河北省分行成立领导小组，专门负责竞赛活动的组织工作。年内，农行河北省分行召开先进集体、先进个人表彰大会，共有 44 个先进集体被授予河北省农村金融红旗单位称号，有 84 名先进个人被授予河北省农村金融红旗手称号。香河县刘宋信用社被授予“1980 年度金融红旗单位”称号。

1981 年，全省金融系统继续开展争创金融红旗单位和金融红旗手的劳动竞赛活动，香河县刘宋信用社被授予“1981 年度金融红旗单位”称号。

1981 年 3 月 31 日，农行廊坊地区支行开展金融红旗单位评选活动，香河县安平信用社、刘宋信用社被授予“金融红旗单位”荣誉称号。

1985 年 3 月，农行廊坊支行开展“双先”（先进集体、先进个人）评选活动，安平信用社被评为“1984 年度先进集体”，王军被评为“1984 年度先进个人”。

1986 年 12 月 15 日，廊坊市总工会印发《关于工会工作汇报评比的通知》，安平信用社被评为“先进集体”，贾天相、吴玉兰被评为“先进个人”。

1988 年 3 月 23 日，大罗屯信用社被中国农业银行河北省分行评为“优质服务单位”，张金荣被评为省级“优质服务标兵”。

1989年4月10日，大罗屯信用社工会小组被中国农业银行廊坊地区中心支行评为1988年度“先进单位”。

1990年3月13日，大罗屯信用社工会小组被中国农业银行廊坊地区中心支行评为“先进单位”。

1998年3月2日，县联社印发《关于表彰1997年度先进集体、先进个人的决定》指出，1997年，是香河县农村信用合作系统与农行脱钩以来发展最好的一年，全年吸收存款1.23亿元，投放贷款4729万元，全辖社社盈余，盈利164万元，为鼓励先进，激发职工奋发向上的进取精神，县联社决定对在1997年改革和发展中取得突出成绩的先进单位和先进个人予以表彰奖励，淑阳、东鲁家口、石虎辛庄、刘宋、李庄、蒋辛屯、安平、王家摆信用社获得“先进集体”荣誉称号；崔振岐、王继生等44名职工获得“先进个人”荣誉称号；王晓燕、卢俊旺等24名职工获得“先进信用站会计”荣誉称号。7月28日，中国人民银行廊坊分行印发《关于表彰1997年度农村信用合作社先进个人的通报》，对全市2600多名员工的优秀代表进行表彰，淑阳信用社主任崔振岐，李庄信用社主任吴金栋被评为“优秀信用社主任”，王瑞山、孙连起、庄发等11人被评为“优秀职工”。

2002年2月20日，人行廊坊中心支行信合办印发《关于对2002年度考核先进单位、先进集体进行表彰的通报》，香河县信用联社获得“财务专业、微机专业、稽核专业、监察专业先进集体第三名”“人事专业先进集体第二名”。4月2日，人行廊坊中心支行印发《关于表彰2001年度农村信用合作联社先进单位和先进个人的决定》，香河县信用联社获得2001年度综合考核第二名；刘宋信用社、鑫鑫信用社获得“十佳信用社”荣誉称号；淑阳信用社、渠口信用社获得“存款超1亿元信用社”荣誉称号；安平信用社扁城信用站、金辛庄信用社矬口第二信用站获得“存款超1000万元信用站”荣誉称号；蒋辛屯信用社主任王瑞山被评为“优秀信用社主任”；王继生、李淑旭、殷立清、王富被评为“优秀信贷员”。

2003年2月28日，廊坊市总工会印发《关于表彰先进职工之家、先进职工小家、优秀工会工作者、优秀工会积极分子的决定》，香河县信用联社淑阳信用社工会小组获得“廊坊市先进职工小家”荣誉称号。

2004年4月14日，廊坊银监分局印发《关于表彰2003年度农村信用合作联社先进单位和先进个人的决定》，香河县信用联社蒋辛屯信用社主任王瑞山被评为“河北省监管局表彰的先进个人”“2003年度廊坊市农村信用合作联社优秀主任”，赵以录被评为“河北省公安厅金融系统安全保卫工作先进个人”。

2005年3月1日，市总工会印发《关于表彰先进职工之家、先进职工小家、优秀工会工作者、优秀工会积极分子的决定》，安平信用社工会小组获得“先进职工小家”荣誉称号。

2005年3月15日，省监管局信合办印发《关于表彰2004年度河北省农村信用社保险统筹工作先进单位和个人的通报》，香河县联社被评为“2004年河北省农村信用合作联社保险统筹工作先进单位”。

2005年4月13日，市银监局印发《关于表彰2004年度农村信用合作联社先进单位和先进个人的决定》，香河县信用联社蒋辛屯信用社被评为“十佳信用社”；王瑞山被评为“优秀信用社主任”；严家新被评为“优秀信贷员”；殷立清、崔树军获得“改革先进工作者”荣誉称号；香河县联社保卫科获得“河北省公安厅金融系统安保工作先进集体”荣誉称号；刘卫东、赵以录获得“河北省公安厅金融系统安全保卫工作先进个人”荣誉称号；香河县联社被省银监局评为“2004年度省级先进单位”，王亚男被省银监局评为“2004 年度先进个人”。

2010 年 1 月 7 日，中共河北省农村信用社联合社委员会办公室关于印发《河北省农村信用社联合社评比表彰管理办法（试行）》的通知指出，省联社对全省农村信用社评选对象及重点的不同分设两大类四种综合奖项：一是侧重经营管理考核评选“双先”（先进集体、先进工作者）；二是侧重党建工作考核评选“双优”（优秀基层党组织、优秀共产党员）。“双先”评选活动自 2009 年始，由人力资源部牵头、相关部室配合，根据 3 年间（2009 年度评选可只考虑本年）省联社安排部署的主要工作、经营指标、考核任务等内容制定具体评选标准，并组织评选活动。此后，每三年评选一次，评选活动于下年 3 月底前结束，5 月进行表彰。“双优”评选活动自 2011 年开始，由党委组织部负责，根据三年间全省农村信用社系统党委安排部署的主要工作、党建重点活动等内容制定具体评选办法，组织评选活动。

2012 年 2 月 28 日，廊坊市银监分局印发《关于 2011 年度全市农村中小金融机构非现场报表及信息报错先进单位和个人表彰的决定》，县联社获得“信息报送先进单位”称号。香河县联社李玉春获得“非现场报表先进个人”称号。6 月 27 日，省联社印发《中共河北农村信用社联合社委员会关于表彰全系统创先争优先进基层党组织、优秀共产党、优秀党务工作者的决定》，钱旺信用社党支部获得“先进基层党组织”荣誉称号，孙云太被评为“优秀共产党员”，王亚男被评为“优秀党务工作者”。

2015 年 1 月 5 日，市档案局印发《关于表彰 2014 年度全市档案工作先进集体和先进工作者的通报》，县联社被评为“2014 年度全市档案工作先进集体”。1 月 27 日，省联社印发《关于表彰河北省农村信用社 2014 年度先进典型的决定》，香河县联社获得“2014 年度十佳经营管理奖”“2014 年度贷款营销优秀单位”荣誉称号。

2016 年 1 月 29 日，县联社 2015 年度“双先”表彰暨 2016 年度工作部署大会召开
综合办公室供图

2016 年 1 月 25 日，省联社印发《关于表彰河北省农村信用社 2013—2015 年度先进集体、先进个人的决定》，香河县联社获得“先进单位”荣誉称号。

2016 年 6 月 30 日，省联社印发《关于表彰全系统优秀共产党员、优秀党务工作者和先进基层党组织的决定》，刘雪梅被评为省级“优秀共产党员”。

2017 年 3 月 16 日，省联社印发《关于表彰廊坊市农村信用社 2016 年度先进集体和先进个人的决定》，香河县联社获得“年度经营效益优秀单位”荣誉称号；胡秋菊、吴艳茹荣被评为“先进个人”；赵广斌被评为“年度十佳中层管理人员”。

第二节 文明单位创建

创建文明单位活动是企业加强物质文明、精神文明“双文明”建设的重要内容，也是衡量“双文明”建设成果的主要标准。

1998 年 4 月 21 日，县联社印发《以加强机关形象建设为重点，继续深入创建“三讲”文明机关活动的实施方案》指出，要求以邓小平理论为指导，全面深入贯彻中共十五大精神，紧紧围绕 1998 年信合工作重心，大力加强队伍的思想政治建设，着力解决领导干部在政治思想、组织纪律、工作作风、精神状态上存在的突出问题，通过抓教育、内强素质，抓窗口、外树形象，强化制度落实，从严治社，努力建设勤政务实、高效廉洁的“三讲”（讲学习、讲政治、讲正气）文明机关。

2000 年 3 月 9 日，廊坊市农金体改办印发《关于加强农村信用社精神文明建设的指导意见》的通知指出，各联社要成立精神文明建设领导小组，由联社一把手任组长，明确具体办事机构，落实工作人员，明确职责和任务，制定思想政治工作、精神文明建设的规划和意见，积极开展群众性的精神文明创建活动，研究建立精神文明建设考评机制。3 月 11 日，县联社结合工作思路和精神文明建设的指导意见印发《精神文明建设百分考核办法》，制定了 5 项考核办法。3 月 20 日，市农金体改办印发《关于开展“农村信用社优质文明服务月”活动的通知》，指出，要加强农村信用社精神文明建设，以精神文明建设为中心开展“优质文明服务月”活动，发现典型。

2001 年 4 月 28 日，廊坊市农金体改办印发《关于授予文安县、霸州市、香河县 3 个联社“文明单位”荣誉称号的通报》，香河县联社获得“文明单位”荣誉称号。

2006 年 10 月 16 日，省联社廊坊办事处转发市银监局《关于在廊坊市银行业开展“文明窗口”和“文明服务标兵”评选活动的通知》指出，为推动农村信用社文明创建活动的深入开展，弘扬信用社从业人员的敬业精神、奉献精神、创新精神和团队精神，决定开展“文明窗口”和“文明服务标兵”评选活动。同时县联社印发《香河县信用联社开展“文明窗口”和“文明服务标兵”评选活动方案》，组织各营业网点申报“文明服务标兵”和“文明窗口”参加评选活动。

2008 年 5 月 4 日，省联社印发《河北省农村信用社迎奥运文明规范服务活动方案》，要求以秦皇岛、石家庄、廊坊等北京主赛区周边城市为重点，紧紧围绕服务践行、产品创新、结构优化、功能拓展、提升核心竞争力等内容，力争在较短时间内使农村信用社的服务水平有较大提升。

2010 年 10 月 20 日，省联社印发《河北省农村信用社开展文明服务“双星”创建活动的实施方案》，要求在全省农信系统内开展文明服务“双星（星级网点、星级柜员）”创建活动。

2011 年 1 月 13 日，县联社印发《关于对在“创先争优”活动中涌现的“揽储能手”“清非功臣”“营销标兵”“文明柜员”进行表彰的决定》，经综合评定，张宝荣、张亚丽、李雪峰、彭万华、何艳红、王文静获得“文明柜员”荣誉称号。

2012 年 9 月 5 日，省联社印发《河北省农村信用社关于营业网点文明服务星级管理暂行办法》指出，推进星级管理是以文明规范服务为标准，以推进营业网点服务管理为导向，以提升金融服务水平，更好地满足广大客户日益增长的金融服务需求为目的的精神文明创建互动。实施星级管理旨在强化各营业网点和全体农信员工的服务意识，规范服务行为，提升服务水平，进一步塑造全省农信社依法合规经营、文明规范服务和履行社会责任的良好形象，促进河北农信事业的和谐、健康、较快发展。星级网点分为 5 个等级，分别为文明服务一星级营业网点、二星级营业网点、三星级营业网点、四星级营业网点、五星级营业网点。星级越高，代表营业网点的综合服务能力和水平越高。各星级网点的星级有效期为 3 年。

2016—2022 年，香河县联社被县文明建设委员会评为“香河县精神文明单位”。

2020 年，香河农商银行被县委、县政府授予“2020 年度香河县创建省级文明县城先进单位”称号。

第四章　企业文化

企业文化是企业的灵魂，是管理者和员工的理念、精神、行为方式和形象表现的总和，建设具有丰厚的文化底蕴，具有较强的凝聚力和活力，具有较好的团队协作意识和创新意识，具有较强的抗风险能力和竞争能力的农信企业文化，是企业持续发展的动力和源泉，是建设“百年农信”的基石。

第一节 展览馆建设

2023 年 6 月 29 日，农信社发源地展览馆落成开馆　　综合办公室供图

2023 年是香河县农村信用社成立 100 周年，按照省联社及省联社廊坊审计中心统一工作部署，决定筹建“农信社发源地展览馆”。展览馆位于香河农商银行机关 2 层，总面积 1100 余平方米。该展览馆，通过翔实的史料、生动的图文与现代化电子影像，展现了信用社创建以来的曲折历程和蓬勃发展。

2022 年 6 月 24 日，河北省银监局领导吉京良、翟义刚、周懋及廊坊审计中心主任李纲对香河农商银行“农信社发源地展览馆”项目进行考察和调研。

2022 年 6 月 24 日，展览馆调研会现场　　综合办公室供图

2022 年 8 月 17 日，省联社党群工作部高玉成、刘金霞、任伟达及省联社廊坊审计中心主任李纲、综合科科长马艳到香河农商银行对“农信社发源地展览馆”的筹建项目进行实地考察。

2023 年 1 月 17 日，省联社廊坊审计中心成立“喜迎农信社成立 100 周年系列活动”领导小组。审计中心主任任组长，其他班子成员为副组长，审计中心各科负责人为组员，领导小组下设办公室，设在综合科，负责“农信社成立 100 周年”宣传方案的制定和实施。

2023 年 1 月 17 日，省联社廊坊审计中心主任李纲、廊坊金融管理局人事科长李娟及《廊坊日报》记者到香河农商银行调研，就“百年农信”的历史意义问题进行深入讨论。

2023 年 2 月 7 日，省联社党委副书记、副理事长王河山及省联社廊坊审计中心主任李纲到香河农商银行对“百年农信”纪念活动开展情况进行实地调研。

展览馆建设意义

1923 年 6 月，中国第一个农村信用合作社在香河县诞生，点亮了近代中国农村信用合作事业的第一盏灯，对此后华北乃至中国合作事业的发展，有着重大的示范作用和辐射功能，影响巨大，意义深远。

香河农信社发源地展览馆展厅内部　　综合办公室供图

在香河建设农信社发源地展览馆，旨在回顾和展现河北农信百年奋斗历程，彰显河北农信在中国农村合作事业发展史上无可替代的历史地位，展示香河农信在中国共产党领导下耕植“三农”、服务“三农”所取得的辉煌成就，弘扬农信人生生不息、昂扬奋进的企业精神，打造农信文化传承的重要宣传窗口，构筑中国农信人凝聚奋进力量的精神家园。该展览馆将成为中国农信人铭记光辉历史、传承红色基因、坚定初心使命、赓续精神力量的重要宣传教育基地和强大精神纽带，也必将成为农信系统追本溯源、寻根问祖的重要目的地，对宣传农信历史文化、弘扬农信企业精神、推进农信文化建设、激发全体农信人砥砺奋进力量都具有重大意义。

陈列方式

包括图文展示、多媒体影像、人物雕塑、沙盘模型、OLED 显示屏、纱幕投影、场景复原、历史文献、报纸杂志、证章票据、老物件等多种展陈方式。

共展示与河北及香河农村信用社相关历史照片近 250 张、图表 60 余张，历史文献书籍 80 余件，历史报纸杂志 50 余件，不同时期的各种票据 100 余件（包括旧存单存折、旧票据收据、旧票证凭证、入股证明、合同文书、账册账簿、地契等），各种证件（股金证、社员证、退休证、聘书、获奖证书等）40 余件，器具用品（包括老工作台、老桌椅、老保险柜、老算盘、老打字机、老装订机、老点钞机、老计算器、老自行车、老公文包、老钱袋等）30 余件，以及各种纪念币、印章、奖章等。

展馆主题

序厅：主要通过 LED 大屏播放宣传片《百年峥嵘铸辉煌》。

第一部分　合作溯源　早期实践（16 世纪初至 19 世纪初）

主要通过图文展板和文献展示，回溯近代合作社思想的起源、发展及在中国的传播与早期实践。

共展示老照片 25 张，早期合作社思想著作和马克思、恩格斯、列宁论合作社的著作及近代合作社运动相关著作 20 余册。

第二部分　开创先河 奠基立业（1920—1924 年）

主要通过图文展板、多媒体显示器、OLED 透明屏、人物雕塑、沙盘模型、历史文献、老物件等，回溯中国农村信用合作运动的缘起及中国第一家农村信用合作社在香河的诞生过程，并专门介绍中国农村合作运动的两位先驱者于树德和章元善。

展区共展示历史图片 50 余张，包括李大钊、周恩来、于树德、章元善及华洋义赈会的相关老照片，特别是李大钊在北洋法政学堂的毕业合影、于树德与周恩来等人在日本留学时的合影弥足珍贵；通过 OLED 互动透明屏展示华洋义赈会发行的慈祥花签共 6 张；多媒体显示器主要播放于树德红色印记影片、农信社年代记忆影片、于树德与周恩来等人的“新中学会”合影解读影片、香河县第一农村信用社诞生影片等；人物雕塑为于树德和章元善站立式雕像；沙盘模型为香河县第一农村信用合作社诞生地沙盘（20 世纪 20 年代的香河县城模型）。展区展出的历史文献主要有华洋义赈会相关史料书籍（原件和复制件）20 余册，于树德、章元善关于合作社的著作（原件和复制件）10 余册。还展示一件珍贵的民国时期的老保险柜。

第三部分　推广复制 砥砺烽火（1925—1948 年）

主要通过图文展板、多媒体显示、历史文献、老照片等，介绍二十世纪二三十年代，中国华洋义赈救灾总会倡导的河北农村合作运动的蓬勃发展情况和土地革命时期、抗日战争时期到解放战争时期，中国共产党在中央苏区和华北抗日根据地、解放区积极发展合作经济情况。

展区共展示历史图片 70 余张，特别是完整收集并展示了 1925—1933 年，河北省开展独具特色的合作教育的珍贵老照片。多媒体显示器主要播放河北农村合作运动蓬勃发展的影片和中国红色合作运动的发展影片。展区展出的历史文献主要为关于合作社方面的著作，其中包括毛泽东主编的《湖南农民运动考察报告》，《论合作社》（原件）、《晋察冀边区的合作事业》、《合作文存》（复制件）、《合作讯》（原件和复制件）和《赈务报告书》（复制件）等 30 余件。

第四部分　翻天覆地 涅槃重生（1949—1978 年）

主要通过图文展板、多媒体展示、历史文献、老报纸、老照片、票据证件等，介绍从中国共产党的七届二中全会到十一届三中全会这一历史时期，中国共产党领导的新中国将发展农村信用合作社作为一项国家战略而不断推动发展的历史进程，以及河北省、香河县农村信用合作社的发展情况。

展区共展示与农村信用社发展有关的历史图片 30 余张，1949—1978 年的《新华日报》《人民日报》原件近 20 张，各种文件 20 余份，各种票据、证件 20 余份，并通过多媒体显示设备，展示中华人民共和国成立后农村信用社涅槃重生的历史进程。

第五部分　探索改革 体制回归（1979—2004 年）

主要通过图文展板、多媒体展示、历史文献、纱幕投影、场景还原、老报纸、老照片、老物件及各种票据证章等，介绍改革开放和社会主义现代化建设新时期，随着农村经济体制改革的逐步深入，农村信用社回归合作制的改革之路，以及河北省、香河县的体制改革情况。

展区共展示相关历史图片 30 余张，1979—2004 年间农村信用社改革相关文件（复印件）和书籍 30 余份，人民日报原件 20 余张，各种票据、证件 20 余份，老物件 10 余件，复原了 20 世纪 80 年代农村信用社营业室场景，并通过多媒体显示设备、纱幕投影，回顾这一历史时期农村信用社的改革进程。

第六部分　深化改革 逐梦远航（2005—2023 年）

主要通过图文展板、多媒体展示、各种文件等方式，展示国家深化农村信用社体制改革时期，河北省联社坚持在党的坚强领导下，深入贯彻中共十九大、中共二十大精神，高举习近平新时代中国特色社会主义思想伟大旗帜，全面履行对全省农信社的管理、指导、协调、服务职能，坚持服务“三农”和支农支小定位，持续创新金融产品和服务模式，加快构建新型行业管理体系，奋力打造“六小”现代金融企业的基本情况，以及香河农信的改革发展情况。

展区共展示相关图片 40 余张，相关文件（复印件）10 余份。设置多媒体展示设备 2 台。

第二节　网点建设

星级网点建设

2013 年 9 月 30 日，省联社印发《关于深入推进营业网点文明服务星级创建工作的指导意见》，就全省农信社营业网点文明服务星级创建工作提出如下意见：各级行社要进一步提高认识，加强领导；完善相关制度，建立文明服务星级创建长效机制；强化日常督导，加强动态管理；加强对外宣传，树立农信社良好的文明服务形象。根据省联社印发《河北省农村信用社营业网点文明服务星级管理暂行办法》，县联社印发《关于网点上星工作需要解决的问题》《文明服务规范岗位职责》《大堂经理工作日志》《服务创新活动实施方案》等制度，制定统一标牌，规范便民设施，在全辖各网点开展星级网点建设活动，截至 2013 年底，29 个营业网点全部创建为星级网点，其中四星级网点 3 个、三星级网点 4 个、二星级网点 18 个、一星级网点 4 个。

2014 年，县联社围绕《河北省农村信用社营业网点文明服务星级管理暂行办法》及星级网点创建活动的相关要求，“三结合”推动星级网点建设：一是将星级网点活动与“党的群众路线教育实践活动”相结合，同部署、同开展、同促进，提升全辖营业网点服务质量和服务水平；二是将星级网点创建活动与行风建设相结合，通过开展创建活动提升员工整体素质，严格规章制度管理，树立良好农信形象；三是将星级网点创建活动与全面改善办公环境相结合，严格按照要求对网点的硬件进行添置和改善，通过开展星级网点创建活动，共 29 个网点参加验收，其中五星级网点 5 个、四星级网点 6 个、三星级网点 11 个、二星级网点 7 个，参加验收网点达到文明服务星级网点评定标准，全部合格升星。

2015 年，县联社基层网点文明服务均达三星级以上。

2017 年 10 月，省联社廊坊审计中心组织开展星级网点验收工作，县联社共验收 13 个网点，其中四星级网点 9 个、三星级网点 4 个。

2018 年，按照省联社印发《关于做好星级网点验收评定工作通知》的要求，香河农商银行组织相关网点负责人，召开专项会议，认真学习文件，逐条进行分析文明服务星级网点验收评定表，针对存在的问题，统一制定整改措施。2018年4月，省联社到香河县开展文明服务星级网点验收工作，共评出五星级网点2个，参加验收网点全部达到文明服务星级网点评定标准，全部合格升星，29个网点中五星级网点7个、四星级网点13个、三星级网点9个。

2016年，县联社星级柜员创建总结大会召开　　综合办公室供图

2022年，蒋辛屯支行由四星升级为五星级网点，王家摆支行由三星升级为四星级网点；原安抚路分理处迁址更名为运河大道分理处，重新升级为三星级网点；全县28个网点，其中，五星级网点7个，四星级网点13个，三星级网点8个。

星级柜员评定

2016年4月25日，县联社聘请温州博冠咨询有限公司专业讲师对网点负责人和临柜人员进行培训，培训分3期进行，每期5天，白天现场辅导、走访、检查、点评，晚上进行针对性系统培训，培训从三个方面进行：1.职业形象；2.服务流程：一是“五步法”与业务流程融合在一起。“您好，请坐”“请问您办理什么业务”“请您输入密码”“请看我为您核点现金”“请问您还办理其他业务吗”“请拿好，核对一下”“再见，请慢走”；二是规范晨会内容，须包括负责人的工作点评及小游戏环节；三开门迎宾仪式；3.营业环境。为了使培训效果能够保持下去，每月由培训机构派出神秘人进行现场和监控检查，对每名一线柜员的服务和每个网点的综合情况进行打分排名，将排名结果全县公布，对每月选出的30名优秀员工张榜表彰，并在年终考核中加分。

2017年3月28日，县联社印发《星级柜员评定实施方案（试行）》，方案对星级柜员评定内容、评定标准、等级设定、评定机构及评定流程做出具体规定。上半年，张亚男、王继苹被评为五星柜员。

2018—2019年，香河农商银行聘请咨询公司工作人员每季度组织1次“神秘人”进行现场监控检查、2次培训机构固化检查。对每名一线柜员的服务和每个网点的综合情况进行打分排名，将排名结果进行公布，每次选出25名优秀员工张榜表彰，在年终考核中给予加分，同时结合柜员业务知识、职业技能成绩进行综合考评，评定星级柜员。

2020—2021年，星级柜员评定工作由人力资源部、工会共同负责，抽调支行副行长两名，通过实地走访和调取监控录像的形式评分，每季度对香河农商银行29个营业网点所有综合柜员的职业形象、五步法的展示及运用、营业环境、大堂纪律、晨会开展情况进行检查，将排名结果全辖公布，并每次选出25名优秀员工张榜表彰，在年终考核中给予加分，同时结合柜员业务知识、职业技能成绩进行综合考评，评定星级柜员。

“五小”建设

五小建设指“小食堂、小宿舍、小浴室、小阅览室、小活动室”建设，县联社始终坚持五小建设推进工作，通过改善硬件设施，为员工营造健康、和谐、文明的工作环境。

2015 年 6 月 4 日，《廊坊都市报》整版专题刊登了题为《心系员工创“五小”共促和谐谋发展》的文章、图片，介绍宣传县联社“五小”建设所取得的成效。

2022年香河农商银行“五小”建设情况一览表

表 6-4-1

网点名称	食堂	浴室	图书室	活动室	菜（花）园
淑阳支行	√	√	√	√	√
金辛庄支行	√	√	√	√	
大罗屯支行	√	√	√	√	
钳屯支行	√	√	√	√	√
渠口支行	√	√	√	√	√
东鲁家口支行	√	√	√		√
石虎辛庄支行	√	√	√		√
钱旺支行	√	√	√	√	√
刘宋支行	√	√	√	√	√
安头屯支行	√	√	√	√	√
五百户支行	√	√	√		
香城屯支行	√	√	√	√	√
李庄支行	√	√	√		
蒋辛屯支行	√	√	√	√	
梁家务支行	√	√			√
安平支行	√	√	√	√	
王家摆支行	√	√	√	√	√
鑫鑫支行	√	√			
金隆支行	√	√			
府前街支行	√	√	√	√	
营业部	√	√	√	√	

第三节　宣传报道

县联社通过内刊、杂志、多媒体、微信公众号等方式进行内部宣传和外部宣传，使职工与群众通过多渠道了解县联社的企业文化和发展。

信息报道

1988 年 4 月，钱旺信用社张金友在《廊坊日报》发表题为《发放贷款，支持春耕》《优先安排资金，支持出口产品创汇》的报道。

1997 年 5 月 12 日，县联社印发《香河县信用合作联社信息反馈工作的安排意见》，对 1997 年各社信息工作做出安排，县联社创办《情况反映》，明确 1 名专职人员，负责全辖宣传报道工作。各信用社明确 1 名人员从事信息反馈和通讯报道工作。不定期撰写工作信息，推广典型经验，颂扬好人好事，剖析经营问题。联社设立宣传报道工作专项奖，通讯报道工作作为评定先进工作单位的一项内容。

2000 年 1 月 1 日，为加强信息工作的管理，县联社提出，一方面，要集中反映县联社落实上级会议精神、工作安排部署情况；另一方面，要及时反映新情况、新问题、新人、新事，信息工作由文字水平较高的人员负责，全员参与，每月 1 篇，并创办内部刊物《信合简报》，《情况反映》周刊。是年，县联社印发《信息宣传奖励办法》，办公室明确 1 名专职从事信息反馈、宣传报道的文秘人员，加强了宣传报道工作的组织力度，使投稿数量、中稿率都有了大幅度提高。

2005 年 8 月 31 日，省联社廊坊办事处转发省联社《关于加强信息工作的通知》，要求各联社每月至少报送信息 4 篇，每季度报送调查报告 2 篇，按规定报送单位半年、年度工作总结，并制定奖励办法：报送信息被廊坊市及地方政府转发，奖励作者 30 元；被省政府、省联社、河北银监局、石家庄人民银行转发，奖励作者 100 元；被银监会、人总行转发，奖励作者 300 元；调研报告被市级转发，奖励作者 100 元；被省级转发，奖励作者 200 元，被国家级转发，奖励作者 300 元。新闻报道或工作经验被市级新闻媒体采用，奖励 50 元；被省级媒体采用，奖励 200 元；在国家级媒体刊发，奖励 300 元。

2008 年 4 月 25 日，省联社印发《河北省农村信用社信息宣传工作考核评比暂行办法》的通知，对省联社各部、办事处及信息员进行考核，考核内容包括：信息采用量；信息进入领导决策的层次和效果；信息上报的及时性；政务公开和政府信息公开工作；紧急和重要信息无迟报、漏报、瞒报、错报问题。

2009 年 5 月 4 日，县联社为适应农村信用社快速发展和信息宣传工作需要，组织全辖 30 名信息员在淑阳信用社二楼会议室集体学习，并为每位信息员配发由中国金融网主编贾启勇编写的《金融新闻写作》一书。

2011 年 12 月 12 日，省联社廊坊办事处印发《廊坊市农村信用社信息宣传工作管理规定的通知》，要求紧紧围绕全市农村信用社的中心工作及重点、难点和热点问题开展信息宣传，及时、准确、全面地反映工作中的新思路、新成绩、新经验，为各级领导全面掌握情况、科学决策、指导工作服务。

2014 年 3 月 20 日，县联社印发《信息宣传工作考核办法》指出，信息宣传工作要围绕全县农村信用社系统的中心工作及当前工作的重点、难点和热点问题开展，及时、准确、全面地反映工作中的新情况、新问题、新经验。信息宣传工作考核范围为各部室、客户经理部、信用社、分社。考核标准：一是5人（含）以上的联社部室、每季度刊登1篇信息、1篇经验交流或调研，5人以下的联社部室每季度刊登1篇信息，每半年刊登1篇经验交流或调研；二是各客户经理部、各信用社每季度刊登一篇信息，每季度刊登1篇经验交流或调研；三是各分社每半年刊登一篇信息。各单位的信息调研须报至办公室备案，每季度进行一次考核通报，各单位少刊登1篇信息扣发绩效工资300元，少刊登1篇经验交流或调研扣发绩效工资600元。奖励办法：被联社《信合简报》采用，每篇奖励100元、每篇经验交流或调研奖励200元；被《廊坊日报》《廊坊信合》采用，每篇信息奖励200元，每篇经验交流或调研奖励400元；被省联社《工作简报》、《专项信息》、办公自动化内网（省联社及廊坊办事处新闻首页）、省联社门户网站、廊坊市委和市政府信息部门采用的，每篇信息奖励300元，每篇经验交流或调研奖励600元；被《中国农村信用合作社报》《中华合作时报》《农村金融时报》《金融界》等报刊采用的，每篇信息奖励400元，每篇经验交流或调研奖励800元；被《河北日报》《河北经济日报》《华北金融》《河北金融》等报刊（台）采用的，每篇奖励500元，每篇经验交流或调研奖励1000元；被《经济日报》《金融时报》《中国农村金融》等报刊采用的，每篇信息奖励600元，每篇经验交流或调研奖励1200元；在《人民日报》、《光明日报》、中央人民广播电视台、中央电视台等新闻节目中刊（播）发的消息，奖励3000元；在办事处每半年开展一次的调研评比中获得优秀的调研文章，每篇奖励1000元。

2019年3月4日，香河农商银行印发《信息宣传工作考核管理办法》指出，确定1名信息员开展工作：一是围绕农商银行深化改革，强化管理，提高信贷资产质量，进一步加大信贷服务“三农”力度，加强信息的收集整理和宣传报道工作；二是围绕各级文件精神和各项工作要求开展调研活动；三是围绕农商银行中心工作，突出典型人物事迹。

2020年3月17日，省联社印发《关于在全省范围设置信息安全员的通知》（办通〔2020〕38号）指出，省联社各部、室、中心、市县级农信机构各部门，各实体营业网点分别设置信息安全员至少1名（根据本机构或本部门人员编制情况可兼职担任），工作职责包括：一是负责本部门（网点）的信息安全工作，并协同科技部门做好信息安全管理工作；二是负责本部门（网点）信息安全宣传工作；三是传达并落实国家和监管部门、上级农信机构基本机构各项信息安全工作要求；四是积极参加监管部门、上级农信机构及本机构组织的信息安全相关培训；五是组织本部门（网点）信息安全自查和整改工作；六是向科技部门报告本部门（网点）信息安全事件，并根据本机构安全策略对信息安全事件进行处置；七是向科技部门反馈信息安全工作执行情况。4月13日，省联社印发《河北省农村信用社2020年综合办公室和信息宣传工作要点》（冀信联党办发〔2020〕9号）的通知，县联社全面贯彻落实省联社年度工作会议精神，围绕中心工作履职责，围绕凝心聚力强宣传，优质高效地服务发展、服务决策、服务落实等任务开展工作。

2000—2022年香河农商银行信息宣传报道情况一览表

表6-4-2

年度	信息宣传报道情况
2000	编发《信合简报》26 期；投稿 33 篇
2001	编发《信合简报》28 期
2002	编发《信合简报》29 期
2003	编发《信合简报》45 期
2004	编发《信合简报》43 期
2005	编发《信合简报》27 期
2006	编发《信合简报》6 期
2007	编发《信合简报》17 期
2008	各级媒体发表文章 6 篇
2009	编发《信合简报》57 期
2010	编发《信合简报》31 期
2011	编发《信合简报》35 期
2012	刊物发表 45 篇；内刊发表 34 篇；上报调研 20 篇
2013	经验交流、调研 40 篇；信息 37 篇
2014	信息调研 100 篇
2015	各级媒体发表文章 123 篇
2016	各级媒体发表文章 28 篇
2017	各级媒体发表文章 35 篇
2018	各级媒体发表文章 32 篇
2019	各级媒体发表文章 43 篇
2020	报送信息 110 篇
2021	各级媒体发表文章 210 篇
2022	各级媒体发表文章 295 篇

多媒体宣传

2001 年，香河县农村信用社与香河县电视台联合拍摄以投放小额农业贷款，支持地方经济发展为内容的电视系列片，并在香河电视台播放。

2008 年，县联社在香河电视台开办《信合之友》电视栏目，宣传改革发展成效。

2009 年 11 月 30 日，为全省结算宣传日，全辖 30 个营业网点统一悬挂农信银宣传横幅，营业室外电子屏滚动播放“欢迎办理‘农信银’个人账户通存通兑业务”字幕。

2012 年，县联社制作了反映县联社改革成果的专题宣传片《潮起正是扬帆时》，在香河电视台黄金时段滚动播出。

2019 年，香河农商银行在全县公交车站布置广告灯箱，在公交车身安装 LED 广告屏，宣传、推广香河农商银行，扩大香河农商银行知名度。

官方微信

2016 年 5 月 16 日，开通“香河县农村信用合作联社”微信订阅号，为客户提供县联社工作动态、产品服务介绍和经济金融政策等资讯信息和线上服务。微信订阅号服务菜单包括微服务、微资讯、微矩阵。按照政策变化、企业文化宣传、实时活动推送信息。

2018 年，县联社改制后微信更名为“香河农商银行”官方订阅号。

内部周刊

1996 年，香河县农村信用社与中国农业银行香河支行脱离隶属关系后，创办《情况反映》周刊，发布信用社动态资讯。

2000 年 1 月 1 日，县联社创立《信合简报》周刊，记录各信用社在工作中的新思路、新经验、新成绩等。

2019 年 8 月，香河农商银行创办《香河农商银行周报》内刊，主要采编香河农商银行各支行、部室及领导调研、工作部署、主要活动、重点工作、首创性工作、突发事件、典型案例、上级领导考察部署工作、优势金融产品等信息。栏目主要包含领导活动、本周要闻、省联社部门动态、地方动态、金融咨询和重要发文等内容。

2022 年 6 月，将《香河农商银行周报》改为简报形式，记录行内工作动态、工作信息。

第四节　文体活动

县联社始终以“快乐、团结、进步”为宗旨，营造健康向上、文明和谐的氛围，积极组织员工参加文艺汇演、知识竞赛、体育比赛等活动。

业务知识竞赛

1981 年 3 月 17 日，五百户信用社张进先在廊坊地区会计、出纳技术表演赛中，获计算利息第一名，珠算技术比赛第二名。

1986 年 7 月，县联社孙秋颖参加农行河北省分行第三届技术比赛中，获得国家级珠算技术六级证书。

1989 年 9 月，城关信用社会计张宇清在农行河北省分行第四届技术比赛中，获得全省计算器计息第三名，获得“省二级业务技术能手”荣誉称号。

1996 年 7 月 13—14 日，县联社举办了会计、出纳、复核员技术比赛，45 岁以下的会计、出纳、复核员等 111 人参加了业务知识和业务技能比赛，其中会计类前三名分别为高文杰、王建辉、刘瑞民；出纳类前三名分别为孟媛媛、张俊芝、印宏利；复核员类前三名分别为张宇清、许文华、李学慧。

1998 年 5 月 21—22 日，廊坊市农金体改办印发《廊坊市农村信用社 1998 年度会纳业务技术比赛和帐展情况通报》，通过开展珠算掀打、加减乘除混合运算、手工计息、手工记账等 7 个单项比赛，香河县农村信用社获得团体前三名，胡艳荣获得会纳基础知识第二名，杨局获得计息单项第三名，孟媛媛获得手工点钞第三名。

2000 年 5 月 31 日，县联社对全辖 21 个营业单位的信贷员进行了业务知识考试，共 40 名员工参加，比赛围绕信贷政策、信贷知识命题，殷立清获得第一名，孙立新获得第二名，杨建辉获得第三名。7 月，全县信用合作系统开展第三季度电脑知识、法律知识考试，电脑知识考试第一名石晓云，第二名王静、胡桂霞，张宇清，第三名李雅静。法律知识考试第一名李书旭、张金荣、李忠东；第二名廉福波、秦宝宏，第三名王建辉、陈桂敏、揣美丽。

2002 年 6 月 8 日，县联社开展会纳知识竞赛活动，钱旺信用社、金隆信用社、渠口信用社获得第一名；金辛庄信用社获得第二名；王家摆信用社获得第三名。

2003 年 10 月 26 日和 11 月 6 日，县联社分别以预赛、决赛的形式，举办了法规及业务知识竞赛。决赛中安头屯社的王薇、杨勇、张亚男获得第一名，钱旺村信用社的胡艳荣、李丽、崔金荣第二名，淑阳信用社的贾启龙、王文静、刘雪梅获得第三名。

2006 年 8 月 11 日，为提高微机人员的业务能力、技术水平，县联社信息电脑科对全系统 136 名内勤人员进行考试，考试成绩全部及格。9 月 25—26 日，省联社举办河北省农村信用社行风建设知识竞赛，9 月 29 日，省联社廊坊办事处印发《关于对参加河北省农村信用社行风建设知识竞赛选手张志远等 5 位同志进行表扬的通报》，对香河县联社参赛选手王薇进行通报表扬并给予奖励。11 月 17 日，为树立“严谨规范、内强素质、诚实守信、清廉简朴、服务优质、开拓创新”的行业新风，县联社举办演讲比赛：五百户信用社、石虎信用社获得一等奖；刘宋信用社、稽核科获得二等奖；钱旺村信用社、渠口信用社获得三等奖，优秀奖 4 名。

2011 年 11 月 11 日，县联社组织管理人员、一线员工开展“两个规范”（《廊坊市农村信用社员工行为规范》《廊坊市农村信用社一线员工服务规范》）知识竞赛，胡秋香、石晓云、王薇获得管理人员组前三名；李云云、许会、刘冬雪获得一线员工组前三名。

2012 年 5 月 24 日，为贯彻落实省联社廊坊办事处“优质服务年”的活动，县联社开展“两个规范”知识竞赛活动，全辖各营业网点及联社机关部室的 30 支代表队参加竞赛，联社营业部荣获团体一等奖；渠口、王家摆信用社分别荣获团体二等奖；淑阳信用社、大罗屯信用社、计财办组分别荣获团体三等奖；金隆信用社、刘宋信用社、石虎辛庄信用社、风险安保组代表队分别荣获优秀团体奖；吴向梅、张雪、李云云、杨建兵、张美媛分别荣获优秀选手奖。6—11 月，廊坊银监分局开展提升农村金融服务水平的“双百竞赛”活动，县联社严家新获“支农金融服务突出贡献个人”称号。10 月 25 日，县联社组织“优质服务在我心”主题演讲比赛，全辖信用社主任、客户经理部、联社机关部室经理共计 86 名员工参加，共评出一等奖 1 名、二等奖 2 名、三等奖 3 名。11 月 29 日，省联社廊坊办事处组织全市会计业务技能比赛，共 74 名选手参加单指单张点钞、多指多张点钞、计算机平打、计算机翻打、微机录入、知识竞赛 6 个项目的比赛，其中香河县农村信用合作联社闫淑玉、李云云、张雪获得知识竞赛第二名。

2013 年 7 月 31 日，廊坊市农村信用社举办 2013 年会计业务技能比赛，9 家县级行社的 70 余名选手参加单指单张点钞、多指多张点钞、计算机平打、计算机翻打、微机录入、知识竞赛 6 个项目的比赛，香河县农村信用合作联社刘冬雪获得单指单张点钞第二名。9 月 22 日，县联社王薇在廊坊市农信系统举办的“放飞梦想”演讲比赛中获得第一名，并代表廊坊市农信系统参加河北省金融工会联合会和省联社举办的两场演讲比赛，分别获得优秀奖。年内，廊坊市银监分局组织开展“青春风采杯”辩论赛，香河县联社获得团体第三名。

2015 年，在香河县工会举办的“巾帼奉献提升 依法立业建功”演讲比赛中县联社获得优秀组织奖，王薇获得演讲比赛个人三等奖。

2019 年 11 月 13 日，省联社廊坊审计中心举办全市农村信用社（农商行）2019 年反洗钱知识竞赛，共有 9 家县级行社代表队参加，香河农商银行薛静、周蒙、张颖获得团队二等奖。

2022 年 7 月 21 日，为迎接中共二十大召开，省联社廊坊审计中心举办“廉洁从业，从我做起”主题演讲比赛，香河农商银行段秋乐、冯雪婷荣获三等奖。

文艺演出

1996 年 8 月 30 日，县联社举办“1996 金秋卡拉 OK 演唱会”，17 个信用社和联社各科（室）推选的 28 名选手参加演唱会。

2010 年 4 月 26 日，县联社组织开展“唱信合歌、演信合戏、做信合人”活动，由信用社员工自己表演，节目形式多样，大合唱《我们是农金领域信合人》、幽默话剧小品《内当家》、新编京剧《信合颂》。还有传统的京东大鼓、戏剧、歌曲表演等。

2011 年 4 月 28 日，省联社廊坊办事处举办“廊坊市农村信用社迎中国共产党成立 90 周年文艺会演”，香河县农村信用社表演的歌舞《山丹丹花开红艳艳》获得一等奖、《抬花轿》、《新媳妇认门》获得优秀奖、小品《农村新兵》获得创作奖。

2011 年 4 月 28 日，省联社廊坊办事处举办迎中国共产党成立 90 周年文艺会演，图为香河联社参演节目《山丹丹花开红艳艳》 综合办公室供图

2012 年 5 月 7 日，在省联社廊坊办事处举办的“农信之歌”2012 年文艺会演中，县联社选送表演的荒诞穿越剧《唐伯虎点秋香》被评为节目一等奖，并获得全市唯一的节目优秀创作奖；曲艺说唱《老姐妹夸农信》被评为二等奖。

2015 年，香河县工会组织彩色周末演出，香河县农村信用社表演的小品《伟仔演笑会》获得表扬，之后该节目又被香河县环卫局邀请参加演出。

体育比赛

1997 年，钱旺信用社和安平信用社共同举办台球友谊赛。

2002 年 3 月 18—20 日，县联社工会利用 3 个半天时间，组织广大员工开展一次“迎春”体育比赛，包括跳棋、象棋、扑克、台球、乒乓球等项目，全系统 126 名业余爱好者报名参赛。

2004 年 2 月 1 日，县联社开展台球、乒乓球比赛等活动。

2004 年 2 月 1 日，县联社工会组织台球比赛　　综合办公室供图

2009 年 6 月 3 日，县联社职工篮球队与香河县建设局篮球队在中国人民银行香河县支行职工篮球场举行篮球友谊赛，用实际行动贯彻落实“五提”（提效率、提质量、提水平、提素质、提形象）活动和“创建文明行业，构建和谐联社”的理念。

2010 年 2 月 6 日，县联社举办迎新春乒乓球、台球、象棋、扑克牌等体育比赛，产生一等奖 5 名、二等奖 5 名、三等奖 5 名及纪念奖多名。

2012 年 1 月 15 日，县联社举办以“迎新春，促和谐”为主题的趣味体育比赛活动，活动包括踢毽子、 夹乒乓球、转呼啦圈 、投篮球、打乒乓球等项目。

2013 年，县联社举办职工台球赛，比赛分为初赛、晋级赛和决赛 3 个环节，联社机关和基层网点的 20 多名台球爱好者参加比赛。

2014 年，县联社成立骑行、摄影、绘画、篮球、乒乓球等业余文体协会组织。年内，组织全系统 50 多名羽毛球爱好者，进行一场职工业余羽毛球赛；9 月 20—23 日，省联社廊坊办事处举办“廊坊市农村信用社 2014 年度篮球比赛”，香河县农村信用合作联社篮球队荣获第三名。在光大银行杯“河北省金融财贸轻纺职工书画比赛”中，香河县农村信用合作联社员工邳建军书画作品代表省联社廊坊办事处参赛，荣获一等奖。

2015 年，县联社成立自行车骑行协会，组织以“低碳生活、绿色出行、快乐工作”为主题骑行活动。5 月，县联社利用公休时间，先后组织广大职工开展春季登山活动。8 月初，县联社在安平中信国安第一城康体中心举办职工篮球赛，全系统 5 支球队参赛。11 月上旬，县联社利用公休时间举办职工乒乓球赛。同年，在省联社举办的职工运动会上，县联社代表省联社廊坊办事处参加比赛，获得多人拔河第一名，女子 100 米、400 米第二名，女子跳远第三名。

2015 年，县联社职工肖求真的摄影作品《东北大地》在中国金融时报社组织的书画摄影大赛中获得优秀奖；6 月，在河北省农村信用社系统工会组织的“河北省农村信用社联合社创立 10 周年暨河北省农村信用社系统第三届书画摄影展”中，肖求真作品荣获三等奖。

2016 年春，县联社组织骑行爱好者到平谷观看桃花，全程骑行 100 千米。5 月，县联社组织员工分期分批前往保定开展登“白石山”活动。同年，县联社开展篮球赛、乒乓球赛、羽毛球赛等活动。

2018 年 6 月 26—28 日，省联社职工乒乓球赛在正定国家乒乓球训练基地举行，省联社机关及 14 家市级机构代表队共 150 人参加，香河农商银行吴向红所在队伍获得团体冠军。

2017—2022 年，香河县农村信用社开展多次不同主题职工健步走活动。

2021 年，香河农商银行开展职工健步走活动　　综合办公室供图

第五章　慈善公益

香河县农村信用社立足县域，在发展壮大的同时积极回馈社会，通过爱心捐款捐物、交纳特殊党费、无偿献血、志愿者服务等多种形式的公益活动，积极履行着社会责任，始终用慈善心、公益心、博爱心、爱心传递温暖，帮扶弱势群体。

第一节　公益活动

县联社成立以来一直热衷于公益事业，全体职工助人为乐、勇于承担社会责任，积极开展捐款、捐物资、志愿服务、无偿献血等公益活动。

1991 年 7 月 26 日，农行香河县支行组织系统干部职工开展捐款活动，信用社集体捐款 2570 元、职工个人捐款 1740 元。

2003 年 5 月 6 日，县联社积极组织全体干部职工捐款，为抗击“非典”奉献爱心，干部职工捐款 8.48 万元，其中集体捐款 5 万元，员工个人捐款 3.48 万元。

2004 年 11 月 23 日，县联社组织职工到双安路、国安路两侧开展义务植树活动。

2008 年 5 月 29 日，县联社党组倡议系统全体党员为四川省汶川地震灾区捐款，县联社机关及支部 35 名党员以“特殊党费”形式共捐款 2.23 万元。

2009 年 5 月 5 日，河北省残联、省卫生厅、省红十字会等部门联合发起“慈善燕赵、万人复明”募捐活动，县联社积极响应组织募捐，联社机关共募集善款 860 元，12 月 9 日，县联社工会主席代表农信系统将 1.71 万元捐款送到香河县民政局救灾救济股，帮助受灾群众温暖过冬。

2010 年 4 月 20 日，县联社组织“为青海省玉树灾区献爱心”捐款活动，全体员工共捐款 1.5 万元。

2010 年 4 月 20 日，县联社组织员工为青海省玉树灾区献爱心捐款

综合办公室供图

2011 年 3 月 24 日，县联社设立“香河县农村信用合作联社爱心帮扶基金”，帮助困难职工，收到员工自愿捐款 6.68 万元。

2017 年 7 月 27 日，县联社副主任孙学辉（左）到香河县进京检查站慰问执勤民警　　综合办公室供图

2017 年 7 月 27 日，县联社副主任孙学辉到香河县京哈进京检查站慰问执勤民警。

2019 年 7 月 22 日，香河农商银行组织工作人员到香河京哈高速北出入口检查站看望并慰问交警，并送上饮料、矿泉水等降温消暑慰问品。

8 月 16 日，香河农商银行到县消防大队，慰问奋战在一线的消防战士，为他们送上矿泉水、方便面等日常所需物资。

9 月 10 日，香河农商银行 60 余人到县人民医院流动献血站参加无偿献血活动。

2021 年，香河农商银行组织员工开展"博爱一日捐"活动　　综合办公室供

2021—2022 年，香河农商银行组织全体干部职工参加红十字会组织的"博爱一日捐"活动，共捐款 29134 元。

2022 年 3 月 24 日，香河农商银行向县红十字会爱心捐款 50 万元。

2022 年 5 月 9 日，香河农商银行组织干部职工参与爱国卫生环境清扫活动。

2022 年 12 月 11 日，香河农商银行组织 30 多名干部员工开展无偿献血活动。

第二节　职工互助

职工互助有利于帮助困难职工，2013 年开始县联社坚持组织职工互助捐款，先后帮助 19 名生活有困难的职工，保障职工的生活。

2012 年 6 月 21 日，省联社印发《河北省农村信用社救助困难职工互助活动管理暂行办法》指出，职工互助是在职工基本医疗保险、大病医疗保险、生育保险、补充医疗保险等基础上进行的一项补充救助活动。职工互助活动资金是由系统各级工会通过多渠道募集方式组织募集、管理和使用，主要为因遭遇重大意外事故、患重大疾病等原因造成家庭生活特别困难的职工及其家庭提供补充救助。救助对象是参加互助活动捐款的职工及其家庭，并符合下列情形之一：1.捐款职工及其未就业的配偶、未成年子女（未满 18 周岁），经河北省二级以上医院首次确诊患十种重大疾病的一种或几种的；2.捐款职工及未就业的配偶、未成年子女（未满 18 周岁），经河北省二级以上医院首次确诊患十种重大疾病以外的其他重大疾病的；3.因意外灾难或事故造成财产重大损伤、损失，影响到基本生活的，根据损伤、损失额度给予定额或按比例救助。具体救助额度，由各市县级机构工会根据实际情况自行确定。4.各市县要根据本单位互助金募集总额度，合理确定救助比例。对申请救助者，原则上按照其医院费用总额自费部分的 20%—50%给予补充救助，每个人当年救助总额度不超过 5 万元。

2013 年县联社在职工中广泛开展互助互济活动，共有 341 人参与捐款，共募集款项 1.2 万元。

2013—2022年香河县农村信用社职工互助捐款一览表

表6-5-1

年度	捐款人数（人）	捐款金额（元）	救助职工人数（人）
2013	306	12276.00	—
2014	327	13080.00	—
2015	322	12880.00	—
2016	319	12760.00	1
2017	307	12280.00	2
2018	344	17200.00	—
2019	333	16650.00	2
2020	328	16400.00	6
2021	341	17050.00	2
2022	344	17200.00	6

2002 年 1 月 31 日，钱旺信用社职工的孩子检查患有白血病，香河县农村信用社党员干部共计捐款 1.6 万元。

2009 年 6 月 7 日，五百户信用社职工身患血管夹层病，县联社研究决定给予家庭困难补贴 2 万元，同时发出《爱心捐款倡议书》，截至 6 月 9 日，共收到捐款 3.6 万元。

第七篇 人物 荣誉

第一章 人物

1923 年，在“中国华洋义赈救灾会”的指导下，中国第一家农村信用社在香河成立，1952 年，在中国人民银行关于“深入农村、帮助农民、解决问题、发展生产”的农村金融工作方针指导下，香河县相继建立起农村信用社。100 年来，几代信合人传承着不畏艰难、扎根农村、艰苦创业的精神，在各自平凡而又光荣的工作岗位上尽职尽责，为信合事业的发展做出了不可磨灭的贡献，涌现出一大批先进模范人物。本志收录 1923—2023 年，符合入志条件（且收集到资料）的人物 19 人，其中人物传略 6 人，简介人物 13 人。收录标准为中国第一家农村信用合作社主要创始人、县联社高管正职以上干部及职工获得国家级以上表彰的先进个人。

第一节 人物传

于树德 （1894—1982），男，号永滋，河北静海人，清光绪二十年（1894），是中国早期合作社思想的传播者之一，对合作社的理论颇有研究。1923 年，他受聘于中国华洋义赈救灾总会担任合作指导员，在河北香河县利用救灾总会的赈灾款，首次建立了德国雷发巽式的农村信用合作社；奉行“救灾不如防灾，防灾之要义在于帮助农民发展生产”的思想。多次派人到国外考察，学习外国成功经验，举办合作讲习会，到 1928 年，全国信用合作社发展到 569 个，社员 13711 人。发展速度惊人，当时远远超过德国、日本等国家信用合作社的发展速度；1932 年 10 月，他又担任中国华洋义赈救灾总会代理农利股主任兼任利用组组长；抗日战争期间，他担任过中国工业合作协会副总干事；中华人民共和国成立后，他应毛泽东、周恩来邀请，由南方到北京工作，历任第二、三届全国政协委员，第四、五届全国政协常委，中华全国供销合作总社监事会副主任；1982 年 2 月 18 日去世。

章元善 （1892—1987），男，汉族，祖籍浙江诸暨泰南村（现浣沙区太南村），清光绪十八年（1892）10 月 1 日，生于江苏省吴县。光绪二十二年（1896），入季姓蒙馆开蒙；光绪三十一年（1905），入苏州公立高等小学堂；光绪三十四年（1908）考入江南高等学堂预科；1911年8月，考取清政府公费留学生；1915年，回国；1922年起，任“中国华洋义赈救灾总会”副总干事、总干事；1923年，他在河北省香河县组建了中国第一家农村信用合作社。1987年6月病逝于北京，享年95岁。章元善先生早年赴美留学，回国后积极投身于义赈救灾社会活动中，长期担任华洋义赈会的实际负责人，在广大农村地区倡导并推动合作运动。

吴玉兰（1935—2002），女，汉族，中共党员，初中文化程度，河北省香河县人，1935年生，1961年入社后，在香河县刘宋信用社工作；1981年，中国人民银行授予吴玉兰全国“金融红旗手”荣誉称号；1984年12月，因患高血压等疾病主动提出辞去主任职务，经上级批准退居二线；2002年1月23日去世。

王振中（1930—2012），男，汉族，1930年出生，天津市蓟县人，初中学历，中共党员，1947年参加工作。1980年4月至1984年1月，任农行香河支行副行长；1984年1月至1986年1月，任农行香河支行行长（兼任香河县信用合作社联合社主任）；1986年1月至1991年3月，任农行香河支行正行级调研员；2012年9月21日去世。

方利（1960—2016），男，汉族，1960年10月出生，河北省保定市人，大专学历，中共党员，助理会计师职称，1979年12月参加工作。1979年12月至1983年5月，在保定市南奇信用社工作；1983年6月至1986年5月，在廊坊市安次区万庄信用社工作；1986年6月至1990年3月廊坊市安次区联社工作；1990年4月至1992年4月廊坊安次区联社任财务股股长；1992年5月至1994年7月借调廊坊市农村信用合作管理科工作；1994年8月至1997年1月，在廊坊市安次区联社任业务科科长；1997年2月至2009年8月，在廊坊市城郊联社任副主任；2009年9月至2015年9月香河联社任主任。2016年12月去世。

宋昆（1938—2019），男，汉族，1938年1月出生，河北省香河县人，中共党员。1956年1月参加工作，先后在香河县城关信用社、城关营业所、蒋辛屯营业所、县农行营业室工作；1977年7月至1980年3月，任农行香河支行农金股股长；1980年4月至1984年10月任农行香河支行副行长；1984年11月至1986年2月，任农行大厂支行行长；1986年3月至1993年12月，任农行香河支行行长；1993年12月起，任农行廊坊分行副处级调研员至退休；1996年1月荣获全国金融系统劳动模范称号；2019年4月去世。

第二节 人物简介

刘永春，男，汉族，1942年12月出生，高中学历，中共党员。1972年3月至1982年3月，在刘宋信用社工作；1982年3月至1984年4月，在刘宋营业所工作；1984年4月至1984年9月，在香河农行计划股工作；1984年11月至1986年1月，任香河联社副主任（信用社主任级）；1986年1月至1996年12月，任农行香河县支行副行长，1986年3月至1988年11月兼任香河联社主任；1996年1月至1999年9月，任香河联社主任。

张玉华，男，汉族，1957年2月出生，河北省香河县人，1976年2月参加工作，1986年6月加入中国共产党，大专学历，经济师职称。1976年5月至1977年2月，在香河县邮电局工作；1977年2月至1985年1月，在香河县金辛庄信用社先后任该社会计、信贷员；1985年2月至1996年1月，在香河县淑阳信用社先后任信贷员、副主任、主任；1996年2月至2004年7月，在香河联社任联社机关党支部书记兼副主任； 2004年7月至2006年8月，在香河联社任监事长。

贾天相，男，汉族，1957年12月出生，河北省香河县人，1977年5月参加工作，1997年5月加入中国共产党，大专学历，经济师职称。1977年5月至1977年12月，在大罗屯信用代办站工作；1977年12月至1984年8月，在大罗屯信用社任副主任；1984年8月至1987年12月，在大罗屯信用社任主任；1987年12月至1988年12月，在香河联社任副主任（信用社主任级）；1988年12月至1993年3月，在香河联社任业务股股长；1993年4月至1996年4月，在农行香河县支行任存款科科长；1996年5月至1996年12月，在香河联社任办公室主任；1996年12月至2006年8月，在香河联社任副主任；2006年9月至2009年8月，在香河联社任监事长；1984年，被农行河北省分行授予省业务技术二级能手称号。

樊德祥，男，汉族，1959年7月出生，本科学历，中共党员，经济师职称。1977年10月至1979年7月，任赤脚医生；1979年8月至1984年7月，在香河县百货公司工作；1984年8月至1986年12月，在香河县委办公室工作；1987年1月至1994年1月，在人行香河县支行工作；1994年2月至1999年9月，在人行大厂县支行工作；1999年9月至2009年6月，在香河联社任理事长。

王宝生，男，汉族，1963年7月出生，河北省大厂县人，大专学历，中共党员，助理经济师职称，1982年2月参加工作。1982年12月至1987年4月，在大厂县王必屯信用社工作；1987年5月至1988年9月，在大厂县邵府信用社任主任；1988年10月至1989年7月，在农行职工中专学习；1989年8月至1990年6月，在大厂县邵府信用社任主任；1990年7月至1994年1月，在大厂联社主管社务工作；1994年1月至1996年12月，在大厂联社祁各庄信用社任主任；1997年1月至2000年5月，在大厂联社任副主任；2000年6月至2006年8月，在大厂联社任主任；2006年8月至2009年6月，在香河联社任主任；2009年6月至2018年12月，在香河县农村信用合作联社任理事长（香河农商银行董事长）。

赵万宏，男，汉族，1963年9月出生，河北省香河县人，大专学历，中共党员，助理经济师职称，1988年7月参加工作。1988年7月至1996年5月，任金隆城市信用社副主任；1996年6月至2001年3月，任府前街信用社主任；2001年3月至2004年7月，任淑阳信用社主任；2004年7月至2009年8月，任香河联社副主任；2009年8月至2015年9月，任香河联社监事长。

冯宝祥，男，汉族，1966年6月出生，河北省廊坊市人，本科学历，中共党员，1986年12月参加工作。1986年12月至1995年5月，任廊坊市城郊联社落垡信用社坐班主任；1995年6月至1996年1月，任廊坊市城郊联社码头信用社副主任；1996年2月至1997年1月，任廊坊市城郊联社杨税务信用社主任；1997年2月至2002年4月，任廊坊市城郊联社落垡信用社主任；2002年5月至2007年2月，任廊坊市城郊联社业务科科长；2007年3月至2007年11月，任廊坊市城郊联社任办公室主任，

2007年12月至2009年8月，任廊坊市城郊联社南尖塔信用社主任；2009年9月至2013年3月，任永清联社副主任；2013年4月至2015年9月，任大城联社监事长；2015年9月至2018年12月任香河联社监事长（香河农商银行监事长）。

张永康，男，汉族，1967年9月出生，河北省文安县人，本科学历，中共党员，助理经济师职称，1987年9月参加工作。1987年9月至1988年5月，在文安联社工作；1988年6月至1988年8月，任文安联社文安镇信用社会计员；1988年9月至1996年9月，在文安县联社工作；1996年10月至1997年9月，任文安联社稽核科副科长；1997年10月至2003年2月，任文安联社稽核科科长；2003年3月至2006年12月，任文安联社孙氏信用社主任；2007年1月至2009年7月，任文安联社稽核部经理；2009年8月至2016年10月，任大城县农村信用合作联社副主任；2016年11月至2018年12月，任城郊联社主任 ；2018年12月至2022年5月，任香河农商银行行长 。

张斌，男，汉族，1970年10月出生，河北省三河市人，本科学历，中共党员，1991年9月参加工作。1991年9月至1997年3月，在三河市高楼镇农经站工作；1997年4月至1999年11月，在三河市基金会；1999年12月至2001年4月，任三河联社燕郊开发区信用社副主任；2001年5月至2002年5月，任三河联社燕郊行宫信用社副主任；2003年5月至2006年8月，任三河联社燕郊开发区信用社主任；2006年9月至2009年6月，任廊坊市城郊联社副主任；2009年7月至2015年9月，任大厂联社主任（农商银行行长）；2015年9月至2018年12月，任大厂农村商业银行董事长；2018年12月至2022年5月，任香河农商银行董事长。

王健，男，汉族，1973年8月出生，河北省三河市人，本科学历，中共党员，经济师职称，1995年7月参加工作。1995年7月至2003年10月，在三河联社燕郊信用社工作；2003年11月至2006年8月，在三河联社综合办公室工作；2006年9月至2008年12月，任三河联社李旗庄信用社主任；2009年1月至2009年10月，任三河联社零售二部经理；同年5月，借调至省联社办公室；2009年11月至2011年8月，任三河联社客户三部经理，2010年7月借调到廊坊办事处业务科；2011年9月至2012年12月，任三河联社开发区信用社主任；2013年1月至2015年9月，任三河联社党委办公室主任；2015年9月至2018年12月，任三河联社副主任；2018年12月，任香河农商银行监事长。

华国旺，男，汉族，1975年7月出生，河北省永清县人，本科学历，中共党员，经济师职称，1995年7月参加工作。1995年8月至1998年9月，在廊坊市城郊联社南尖塔信用社工作；1998年10月至2002年10月，在廊坊市城郊联社财务科工作；2002年11月至2006年11月，任廊坊市城郊联社副科长；2006年12月至2007年2月，任廊坊市城郊联社杨税务信用社负责人（主持工作）；2007年3月至2009年5月，任廊坊市城郊联社杨税务信用社主任；2009年6月至2009年8月，省联社交流学习；2009年9月至2015年9月，任霸州联社副主任；2015年9月至2018年12月，任廊坊市城郊联社副主任；2019年1月至2020年6月，任廊坊市城郊联社监事长；2020年7月至2022年5月，任文安农商银行行长；2022年5月，任香河农商银行董事长。

王元伟，男，汉族，1977年4月出生，河北省廊坊市人，本科学历，中共党员，经济师职称，1998年10月参加工作。1998年10月至2003年3月，在廊坊市城郊联社仇庄信用社工作；2003年4月至

2007 年 2 月，在廊坊市城郊联社信贷科工作；2007 年 3 月至 2009 年 8 月，在廊坊市城郊联社码头信用社任主任；2009 年 8 月至 2015 年 9 月，在香河联社任副主任；2015 年 9 月至 2018 年 12 月，任香河联社主任（香河农商银行行长）。

李雅卓，男，汉族，1982 年 10 月出生，河北省文安县人，本科学历，中共党员，助理经济师职称，2006 年 8 月参加工作。2006 年 8 月至 2006 年 10 月，在文安联社业务科工作；2006 年 11 月至 2008 年 2 月，借调廊坊银监分局人事科工作；2008 年 3 月至 2018 年 11 月，在省联社廊坊审计中心稽核监察科工作（其间，2008 年 4 月至 2009 年 8 月在城郊联社锻炼）；2018 年 12 月，任霸州农商银行副行长；2022 年 5 月，任香河农商银行行长。

第二章　荣誉

荣誉是对工作业绩、人品人格的最直接肯定，也是推动工作、奋发向上的原动力。100 年来，一代又一代香河农信人以改革创新的精神，为理想拼搏，为事业奋斗，立足“三农”，服务县域，赤诚奉献，收获了一个又一个荣誉。

第一节　集体荣誉

1981—2023年香河县农村信用社获得市级及以上先进单位表彰情况一览表

表 7-2-1

获奖单位	荣誉	授奖单位	授予时间
安平信用社	金融红旗单位	中国农业银行廊坊地区中心支行	1981 年
刘宋信用社	金融红旗单位	中国农业银行廊坊地区中心支行	1981 年
刘宋信用社	1980 年度省级金融红旗单位	中国农业银行河北省分行	1981 年
安平信用社	1981 年度金融红旗单位	中国农业银行廊坊地区中心支行	1982 年
刘宋信用社	1981 年度金融红旗单位	中国农业银行廊坊地区中心支行	1982 年
刘宋信用社	1981 年度省级金融红旗单位	中国农业银行河北省分行	1982 年
香城信用社	河北省民族团结先进单位	河北省政府	1982 年
安平信用社	金融红旗单位	中国农业银行河北省分行	1983 年
安平信用社	1984 年度先进集体	中国农业银行廊坊地区中心支行	1985 年
安平信用社	1985 年度先进集体	中国农业银行廊坊地区中心支行	1986 年
大罗屯信用社	优质服务单位	中国农业银行河北省分行	1988 年
大罗屯信用社	先进单位	中国农业银行廊坊市中心支行	1989 年
大罗屯信用社	先进单位	中国农业银行廊坊市中心支行	1990 年
县联社	1990 年度信贷管理一级行社	中国农业银行河北省分行	1991 年
县联社	1990 年度“清非”先进单位	中国农业银行河北省分行	1991 年

续表 7-2-1

获奖单位	荣誉	授奖单位	授予时间
淑阳信用社	1992 年度先进单位	中国农业银行廊坊市中心支行	1993 年
东鲁家口信用社	1992 年度先进单位	中国农业银行廊坊市中心支行	1993 年
淑阳信用社	1993 年度全市农信系统先进工会小组	中国农业银行廊坊市中心支行	1993 年
东鲁家口信用社	1993 年度全市农信系统先进工会小组	中国农业银行廊坊市中心支行	1993 年
钱旺信用社	1993 年度全市农信系统先进工会小组	中国农业银行廊坊市中心支行	1993 年
东鲁家口信用社	1994 年度全市农信系统先进工会小组	中国农业银行廊坊市中心支行	1993 年
县联社	安全防范先进单位	河北省公安厅	1997 年
县联社	文明单位	廊坊市农村金融体制改革领导小组办公室	2001 年
县联社	改革整顿规范工作先进单位	中国人民银行天津市分行	2001 年
刘宋信用社	2001 年度十佳信用社	中国人民银行廊坊市中心支行	2002 年
渠口信用社	存款超亿元信用社	中国人民银行廊坊市中心支行	2002 年
淑阳信用社	存款超亿元信用社	中国人民银行廊坊市中心支行	2002 年
县联社	2001 年度综合考评第二名	中国人民银行廊坊市中心支行	2002 年
鑫鑫信用社	2001 年度十佳信用社	中国人民银行廊坊市中心支行	2002 年
淑阳信用社	先进职工之家	廊坊市总工会	2003 年
安平信用社	先进职工之家	廊坊市总工会	2005 年
保卫科	保卫工作先进集体	河北省公安厅	2005 年
蒋辛屯信用社	2004 年度十佳信用社	中国银监会廊坊监管分局	2005 年
县联社	先进单位	中国银监会廊坊监管分局	2005 年
县联社	廊坊市星级职代会单位	廊坊市总工会	2005 年
县联社	2004 年度河北省农村信用社保险统筹工作先进单位	中国银监会廊坊监管分局	2005 年
县联社	廊坊农信系统人均存款第三名	省联社廊坊办事处	2006 年
府前街信用社	2006 年度先进职工之家	廊坊市总工会	2006 年
县联社	2006 年度专项工作先进单位	省联社廊坊办事处	2007 年
县联社	2006 年度先进职工之家	廊坊市总工会	2007 年
县联社	2007 年度先进联社	省联社廊坊办事处	2007 年
县联社	庆祝廊坊市农村信用社存款突破 400 亿元文艺汇演二等奖	省联社廊坊办事处	2010 年
钱旺信用社	先进职工之家	廊坊市总工会	2010 年

续表 7-2-1

获奖单位	荣誉	授奖单位	授予时间
县联社	迎中国共产党成立 90 周年文艺汇演一等奖	省联社廊坊办事处	2011 年
县联社	篮球比赛第三名	省联社廊坊办事处	2011 年
县联社	“农信进万家”先进单位	省联社	2011 年
县联社	先进基层党组织	省联社廊坊办事处	2012 年
县联社	廊坊市女职工建功立业标兵岗	廊坊市总工会	2012 年
县联社	廊坊市农村信用社 2012 文艺汇演一等奖	省联社廊坊办事处	2012 年
县联社	篮球比赛第二名	省联社廊坊办事处	2012 年
县联社	廊坊市农村信用社 2012 文艺汇演优秀创作奖	省联社廊坊办事处	2012 年
县联社	先进集体（2010—2012 年）	省联社	2012 年
县联社	工会工作先进单位（2011—2012 年度）	河北省金融工会	2012 年
县联社	2011 年度综合考评第三名	省联社廊坊办事处	2012 年
县联社	2011 年度信息报送先进单位	中国银监会廊坊监管分局	2012 年
县联社	廊坊市银行业金融机构文艺汇演一等奖	廊坊市金融工作办公室 中国人民银行廊坊市中心支行 中国银监会廊坊监管分局	2013 年
县联社	文明单位（2012—2013 年）	廊坊市政府	2013 年
客户经理部	先进集体（2010—2012 年）	省联社	2013 年
县联社	“青春风采杯”辩论赛	中国银监会廊坊监管分局	2013 年
县联社	职工文化优秀示范团队	河北省总工会	2013 年
县联社工会	“放飞梦想”演讲比赛第一名	省联社廊坊办事处	2013 年
县联社	清非工作优秀单位	省联社廊坊办事处	2014 年
县联社	经营效益优秀单位	省联社廊坊办事处	2014 年
县联社	综合考评第二名	省联社廊坊办事处	2014 年
县联社	存款组织优秀单位	省联社廊坊办事处	2014 年
县联社	文明单位	廊坊市人民政府	2014 年
县联社	河北省金融系统劳动关系和谐企业	河北省金融工作办公室	2014 年
县联社	十佳经营管理奖	省联社	2014 年
县联社	贷款营销优秀单位	省联社	2014 年
县联社	河北省机关档案工作目标管理 AAAA 级	河北省档案局	2014 年
县联社	河北省金融系统劳动关系和谐企业	河北省金融工作办公室	2014 年
安全保卫部	安全保卫工作先进集体	省联社廊坊办事处	2014 年

续表 7-2-1

获奖单位	荣誉	授奖单位	授予时间
县联社	档案工作先进单位	廊坊市档案局	2014 年
县联社	2014 年度篮球比赛第三名	省联社廊坊办事处	2014 年
县联社	综合考评第三名	省联社廊坊办事处	2015 年
县联社	先进集体（2013—2015 年）	省联社	2015 年
县联社	先进集体	省联社	2015 年
县联社	安全保卫工作先进集体	省联社	2015 年
县联社	河北省第二届职工道德建设先进单位	河北省总工会	2015 年
县联社	经营效益优秀单位	省联社廊坊审计中心	2016 年
县联社	十佳经营管理奖	省联社	2016 年
县联社	先进基层党组织	省联社	2016 年
渠口信用社	先进集体（2013—2015 年）	省联社	2016 年
县联社	2015 年度综合考评第一名	省联社廊坊审计中心	2016 年
县联社	中共十九大精神知识竞赛三等奖	省联社廊坊审计中心	2017 年
县联社	经营效益优秀单位	省联社廊坊审计中心	2017 年
县联社	十佳经营管理奖	省联社	2017 年
香河农商银行	先进基层党组织	省联社廊坊审计中心	2018 年
香河农商银行	2017 年经营管理优秀单位	省联社廊坊审计中心	2018 年
香河农商银行	2017 年经营效益优秀单位	省联社廊坊审计中心	2018 年
香河农商银行	先进集体（2016—2018 年）	省联社	2018 年
香河农商银行	2019 年度反洗钱知识竞赛第二名	省联社廊坊审计中心	2019 年
香河农商银行第四战区	廊坊农信系统 2020 普惠金融年先进战区	省联社廊坊审计中心	2021 年
香河农商银行第二战区（大罗屯支行）	廊坊农信系统 2020 普惠金融年先进工作组	省联社廊坊审计中心	2021 年
安平支行	河北省农村信用社先进集体（2019—2021 年）	省联社	2022 年
运河大道分理处	2022 年度存款营销先进单位	省联社廊坊审计中心	2023 年
运河大道分理处	2022 年度市场拓展先进单位	省联社廊坊审计中心	2023 年
香河农商银行	廊坊农信 3.15 消费者权益保护暨反假货币宣演竞赛一等奖	省联社廊坊审计中心	2023 年

第二节 个人荣誉

1981—2022年香河县农村信用社获得市级及以上先进个人表彰情况一览表

表 7-2-2

姓名	获奖时工作单位	荣誉	授奖单位	授予时间
李长瑞	大罗屯信用社	金融红旗手	中国农业银行廊坊地区中心支行	1981 年
张进先	五百户信用社	会计、出纳技术表演赛计算利息第一名、珠算第二名	中国农业银行廊坊地区中心支行	1981 年
吴玉兰	刘宋信用社	中国农业银行河北省廊坊地区中心支行	中国农业银行廊坊地区中心支行	1981 年
贾天相	大罗屯信用社	技术（业务）能手	中国农业银行廊坊地区中心支行	1984 年
王　军	安平信用社	1984 年度先进个人	中国农业银行河北省分行	1985 年
张金荣	刘宋信用社	优质服务标兵	中国农业银行河北省分行	1988 年
张宇清	城关信用社	省二级业务技术能手	中国农业银行河北省分行	1989 年
李长瑞	大罗屯信用社	1990 年度优秀信用社主任	中国农业银行廊坊市中心支行	1991 年
贾万荣	钱旺信用社	1992 年度廊坊市农信系统优秀工会积极分子	中国农业银行廊坊市中心支行	1992 年
姚建生	钳屯信用社	1993 年度廊坊市农信系统优秀工会积极分子	中国农业银行廊坊市中心支行	1994 年
王　军	安平信用社	1994 年度廊坊市农信系统优秀工会积极分子	中国农业银行廊坊市中心支行	1995 年
曹文祥	县联社	1992 年度先进工作者	中国农业银行廊坊市中心支行	1993 年
王耀庭	东鲁口信用社	1993 年度先进工作者	中国农业银行廊坊市中心支行	1994 年
佟德发	钱旺信用社	1994 年度先进工作者	中国农业银行廊坊市中心支行	1995 年
孙秋颖	钱旺信用社	1995 年度先进工作者	中国农业银行廊坊市中心支行	1996 年
李雪梅	钳屯信用社	业务技术比赛手工计息第三名	廊坊市农村金融体制改革领导小组办公室	1997 年
宋文志	钱旺信用社	优秀信用社主任	中国农业银行廊坊市中心支行	1996 年
刘瑞民	营业部	会纳业务技术比赛记账第二名	廊坊市农村金融体制改革领导小组办公室	1998 年
胡艳荣	钱旺信用社	会纳业务技术比赛会纳基础知识第二名	廊坊市农村金融体制改革领导小组办公室	1998 年
孟媛媛	营业部	会纳业务技术比赛手工点钞第三名	廊坊市农村金融体制改革领导小组办公室	1998 年

续表 7-2-2

姓名	获奖时工作单位	荣誉	授奖单位	授予时间
杨　局	渠口信用社	会纳业务技术比赛获计息第三名	廊坊市农村金融体制改革领导小组办公室	1998 年
崔振歧	淑阳信用社	1997 年度优秀信用社主任	中国人民银行廊坊市中心支行	1998 年
吴金栋	李庄信用社	1997 年度优秀信用社主任	中国人民银行廊坊市中心支行	1998 年
王瑞山	李庄信用社	优秀职工	中国人民银行廊坊市中心支行	1998 年
孙连起	县联社	优秀职工	中国人民银行廊坊市中心支行	1998 年
庄　发	大罗屯信用社	优秀职工	中国人民银行廊坊市中心支行	1998 年
刘　付	县联社	优秀职工	中国人民银行廊坊市中心支行	1998 年
杜景宗	县联社	优秀职工	中国人民银行廊坊市中心支行	1998 年
陈淑云	县联社	优秀职工	中国人民银行廊坊市中心支行	1998 年
王双清	钱旺信用社	优秀职工	中国人民银行廊坊市中心支行	1998 年
孙立新	淑阳信用社	优秀职工	中国人民银行廊坊市中心支行	1998 年
王秀娟	县联社	优秀职工	中国人民银行廊坊市中心支行	1998 年
段淑芬	营业部	优秀职工	中国人民银行廊坊市中心支行	1998 年
李雪梅	钳屯信用社	优秀职工	中国人民银行廊坊市中心支行	1998 年
王继生	刘宋信用社	优秀信贷员	中国人民银行廊坊市中心支行	2002 年
李淑旭	梁家务信用社	优秀信贷员	中国人民银行廊坊市中心支行	2002 年
殷立清	府前街信用社	优秀信贷员	中国人民银行廊坊市中心支行	2002 年
王　富	钱旺信用社	优秀信贷员	中国人民银行廊坊市中心支行	2002 年
王瑞山	蒋辛屯信用社	优秀信用社主任	中国人民银行廊坊市中心支行	2002 年
殷立清	县联社	优秀信贷员	中国人民银行廊坊市中心支行	2002 年
王继生	刘宋信用社	优秀信贷员	中国人民银行廊坊市中心支行	2002 年
王　富	钱旺信用社	优秀信贷员	中国人民银行廊坊市中心支行	2002 年
李淑旭	梁务信用社	优秀信贷员	中国人民银行廊坊市中心支行	2002 年
王瑞山	蒋辛屯信用社	2003 年度优秀信用社主任	中国银监会廊坊监管分局	2004 年
赵以录	县联社	安全保卫工作先进个人	河北省公安厅	2004 年
王瑞山	蒋辛屯信用社	2004 年度优秀信用社主任	中国银监会廊坊监管分局	2005 年
严家新	蒋辛屯信用社	2004 年度优秀信贷员	中国银监会廊坊监管分局	2005 年
殷立清	蒋辛屯信用社	改革先进工作者	中国银监会廊坊监管分局	2005 年
崔树军	县联社	改革先进工作者	中国银监会廊坊监管分局	2005 年
刘卫东	县联社	保卫工作先进个人	河北省公安厅	2005 年
赵以录	县联社	保卫工作先进个人	河北省公安厅	2005 年

续表 7-2-2

姓名	获奖时工作单位	荣誉	授奖单位	授予时间
王亚男	县联社	先进个人	中国银监会廊坊监管分局	2005 年
马晓明	府前街信用社	优秀信用社主任	省联社廊坊办事处	2006 年
高文杰	县联社	先进工作者	省联社廊坊办事处	2006 年
刘洪权	府前街信用社	先进工作者	省联社廊坊办事处	2006 年
任　超	李庄信用社	先进工作者	省联社廊坊办事处	2006 年
张金友	金辛庄信用社	主任知识竞赛个人优秀选手奖	省联社廊坊办事处	2007 年
彭万华	府前街信用社	2008 年度十佳员工	省联社廊坊办事处	2009 年
马长生	县联社	2008 年优秀员工	省联社	2009 年
吴艳茹	沙发市场分社	2009 年度优秀柜员	省联社廊坊办事处	2010 年
彭万华	府前街信用社	2009 年度十佳员工	省联社廊坊办事处	2010 年
王宝生	县联社	十佳管理人员	省联社廊坊办事处	2012 年
王文静	秀水街分社	十佳员工	省联社廊坊办事处	2012 年
刘淑红	鑫鑫信用社	优秀员工	省联社廊坊办事处	2012 年
祁艳杰	营业部	优秀员工	省联社廊坊办事处	2012 年
李雅静	县联社	优秀员工	省联社廊坊办事处	2012 年
果桂芝	县联社	优秀员工	省联社廊坊办事处	2012 年
蔡志国	县联社	优秀员工	省联社廊坊办事处	2012 年
江　斌	县联社	优秀员工	省联社廊坊办事处	2012 年
李雪松	县联社	安全保卫先进个人	河北省公安厅	2012 年
赵万宏	县联社	廊坊市职工劳动模范	廊坊市政府	2012 年
孙云太	县联社	优秀共产党员	省联社	2012 年
王亚男	县联社	优秀党务工作者	省联社	2012 年
李玉春	县联社	2011 年度非现场报表先进个人	中国银监会廊坊监管分局	2012 年
严家新	县联社	“双百竞赛”活动支农金融服务突出贡献个人	中国银监会廊坊监管分局	2012 年
邳建军	县联社	2013 年度职工书画作品三等奖	省联社	2013 年
郑存利	县联社	先进个人（2010—2012 年）	省联社	2013 年
王元伟	县联社	2012 年度金融工作先进个人	廊坊市人民政府	2013 年
孙玉太	县联社	十佳员工	省联社廊坊办事处	2013 年
蔡志国	客户经理部	优秀员工	省联社廊坊办事处	2013 年
何艳红	前套村分社	优秀员工	省联社廊坊办事处	2013 年

续表 7-2-2

姓名	获奖时工作单位	荣誉	授奖单位	授予时间
江　斌	县联社	优秀员工	省联社廊坊办事处	2013 年
曾宪君	县联社	非现场监管报表报送优秀等级	中国银监会廊坊监管分局	2014 年
殷　图	县联社	非现场监管报表报送优秀等级	中国银监会廊坊监管分局	2014 年
孙　晋	县联社	安全保卫工作先进个人	省联社	2014 年
邳建军	县联社	河北省金融财贸轻工纺织职工书画大赛	省金融工会联合会、省财贸轻纺工会	2014 年
吴小丹	刘宋信用社	省联社第一届职工运动会女子 100 米第二名	省联社	2015 年
侯秋凤	县联社	省联社第一届职工运动会女子 400 米第二名	省联社	2015 年
吴小丹	刘宋信用社	省联社第一届职工运动会女子跳远第三名	省联社	2015 年
曾宪君	县联社	2014 年度“十佳员工”	省联社廊坊办事处	2015 年
周新宇	蒋辛屯信用社	2014 年度“十佳员工”	省联社廊坊办事处	2015 年
安文杰	安头屯信用社	2014 年度“十佳员工”	省联社廊坊办事处	2015 年
肖求真	渠口信用社	第三届职工书画摄影展摄影三等奖	省联社	2015 年
王宝生	县联社	2014 年度履职考核优秀等次	省联社廊坊办事处	2015 年
马长生	县联社	2014 年度履职考核优秀等次	省联社廊坊办事处	2015 年
孙亚楠	县联社	2014 年度全省农村信用社信息宣传工作先进个人	省联社	2015 年
曾宪君	县联社	先进个人（2013—2015 年）	省联社	2016 年
曹彦君	淑阳信用社	中共十九大精神知识竞赛	省联社廊坊审计中心	2017 年
孙亚楠	梁家务信用社	中共十九大精神知识竞赛	省联社廊坊审计中心	2017 年
冯雪婷	大罗屯信用社	中共十九大精神知识竞赛	省联社廊坊审计中心	2017 年
任　超	金辛庄信用社	2016 年度存款组织工作先进个人	省联社廊坊审计中心	2017 年
赵广斌	县联社	2016 年度十佳中层管理人员	省联社廊坊审计中心	2017 年
任伟超	县联社	2016 年度清非先进个人	省联社廊坊审计中心	2017 年
吴艳茹	钳屯信用社	2016 年度十佳信用社主任	省联社廊坊审计中心	2017 年
胡秋菊	营业部	2016 年度十佳信用社主任	省联社廊坊审计中心	2017 年
刘亦兵	香河农商银行	存款组织先进个人	省联社廊坊审计中心	2018 年
胡秋菊	营业部	十佳信用社主任	省联社廊坊审计中心	2018 年
曾宪君	香河农商银行	十佳中层管理人员	省联社廊坊审计中心	2018 年
计凯东	香河农商银行	十佳中层管理人员	省联社廊坊审计中心	2018 年

续表 7-2-2

姓名	获奖时工作单位	荣誉	授奖单位	授予时间
邵淑娟	石虎辛庄支行	十佳员工	省联社廊坊审计中心	2018 年
邵淑娟	渠口支行	职工业务技能大赛对公业务一等奖	省联社廊坊审计中心	2018 年
张亚男	大罗屯支行	职工业务技能大赛传票算业务三等级	省联社廊坊审计中心	2018 年
邵淑娟	渠口支行	机器点钞项目第一名	省联社廊坊审计中心	2019 年
邵淑娟	渠口支行	优秀选手	中国人民银行廊坊市中心支行	2019 年
邵淑娟	渠口支行	冀青之星	共青团河北省委员会、河北省“双创双服”活动领导小组办公室	2019 年
任娟娟	香河农商银行	演讲比赛第三名	省联社廊坊审计中心	2019 年
张　淞	客户经理部	冀青之星	共青团河北省委员会、河北省“双创双服”活动领导小组办公室	2019 年
张　颖	刘宋支行	反洗钱知识竞赛第二名	省联社廊坊审计中心	2019 年
周　蒙	石虎辛庄支行	反洗钱知识竞赛第二名	省联社廊坊审计中心	2019 年
薛　静	营业部	反洗钱知识竞赛第二名	省联社廊坊审计中心	2019 年
邵淑娟	渠口支行	反假货币知识与技能大赛最佳风采选手奖	省联社廊坊审计中心	2019 年
杨建兵	大罗屯支行	2018 年度优秀共产党员	省联社廊坊审计中心	2019 年
杨建兵	大罗屯支行	香河县道德模范暨最美香河人荣誉称号	香河县人民政府	2019 年
赵广斌	香河农商银行	2018 年度农信银支付清算系统业务支行管理先进个人	省联社	2019 年
李卫东	钱旺支行	2018 年度十佳支行行长	省联社廊坊审计中心	2019 年
计凯东	香河农商银行	2018 年度十佳中层管理人员	省联社廊坊审计中心	2019 年
邵淑娟	渠口支行	2018 年度十佳员工	省联社廊坊审计中心	2019 年
李云云	香河农商银行	2019 年农信银支付清算业务运行管理先进个人	省联社	2020 年
殷　图	香河农商银行	2019 年度十佳中层管理人员	省联社廊坊审计中心	2020 年
王　鹏	五百户支行	2019 年度十佳支行行长	省联社廊坊审计中心	2020 年
张　瑶	大罗屯支行	2019 年度十佳员工	省联社廊坊审计中心	2020 年
白素华	府前街支行	2019 年度先进个人	省联社廊坊审计中心	2020 年
果桂芝	香河农商银行	2019 年度先进个人	省联社廊坊审计中心	2020 年
秦艳洁	钳屯支行	2019 年度先进个人	省联社廊坊审计中心	2020 年
邵淑娟	渠口支行	廊坊市劳动模范	中共廊坊市委、廊坊市人民政府	2021 年

续表 7-2-2

姓名	获奖时工作单位	荣誉	授奖单位	授予时间
任娟娟	香河农商银行	2021 年度廊坊市党建巡礼活动演讲比赛三等奖	中国人民银行廊坊市中心支行、中国银监会廊坊监管分局、廊坊市地方金融管理局	2021 年
任　超	香河农商银行	优秀共产党员	省联社	2021 年
蔡志国	客户经理部	优秀党务工作者	省联社	2021 年
陈和宁	刘宋支行	2020 年度十佳支行行长	省联社廊坊审计中心	2021 年
王从亮	香河农商银行	2020 年度十佳中层管理人员	省联社廊坊审计中心	2021 年
马海涛	香河农商银行	2020 年度十佳员工	省联社廊坊审计中心	2021 年
李卫东	钱旺支行	2020 普惠金融年先进个人	省联社廊坊审计中心	2021 年
杨建兵	大罗屯支行	2020 普惠金融年先进个人	省联社廊坊审计中心	2021 年
吴向红	秀水街分理处	2022 年乒乓选拔赛第三名	省联社系统工会廊坊分会	2022 年
孙云太	安平支行	先进个人（2019—2021 年）	省联社	2022 年

附　录

附录一：

农村信用合作社空白章程（1923年）

（一）宗旨

以社员共同责任，向社外借款，对有正当用途的社员放款；养成社员之间的简朴、自助和合作的精神。

（二）社员

社员是信用合作社成效的关键，因此章程对社员的资格有一定的限制。加入合作社的社员必须具有正当的职业，年满20岁或20岁以上，品行正派。社员之间应当相互认识，凡由本村社员组成的合作社称为甲种合作社，凡由邻村的社员组成的合作社称为乙种合作社，以示区别。社员加入合作社，需两个社员介绍，并经四分之三以上社员同意。

社员入社时必须认缴至少一股的股金，并可随时增加。无力认缴时也可向合作社商借，但须在3个月内还清，每股金额依合作社的不同情况而不同。

社员入社满2年后方可退社，但负有债务或为他人担保债务且未还清者不得退社。退社后对合作社的债务仍要承担2年的连带责任。社员死亡即自动离社，但其继承人对合作社债务仍要承担1年的连带责任。凡认缴的股本、借款、利息延期不交的，犯罪或有其他恶劣品行丧失信用的，妨碍合作社工作的社员，经合作社执行委员会提议，三分之二社员同意，可以除名。终止社员资格时退还股本。

社员具有选举和被选举本社职员的权利，对合作社的议案有表决权和向合作社借款的权利。同时，社员必须对合作社承担无限连带责任，并遵守合作社的规章。

（三）资本

本社资本包括：社员股、社员之定期存款、非社员之定期存款、由总会或其他联属之合作机关借入之款、公积金。

（四）组织机构和职员

合作社的组织机构分为社员全体大会、执行委员会和监察委员会等。

社员全体大会是合作社最高机关，负责选举执行委员和监察委员，制定或删改本社办事细则，承认或开除社员，处理社员对执行委员会或监察委员会不满意的事件，审查年度报告，审查决算等。社员全体大会必须过半数的社员参加方可召开，在表决时一人一个投票权。通常决议由出席社员过半数通过有效，特别决议三分之二或四分之三通过有效。社员全体大会分为定期和临时全体大会两种。定期社员全体大会，每年至少两次，一般在 1 月和 6 月召开。

执行委员会是合作社常设机构，由五个执行委员组成。第一年选举的执行委员任期 1 年者二人，任期 3 年者一人，任期 4 年者一人，相应地第二年补选二人，第 3 年和第 4 年各补选一人。以后年度选举的委员均任期 4 年。执行委员会执行社员全体大会的决议，并负责处理借款，召集会议和颁发各种通知和公告。

监察委员会是合作社监察机构。监察委员的人数，社员不满 20 人的社为 3 人，20 人以上的为 6 人。第一年选举的委员任期 1 年、2 年、3 年的各为三分之一，以后年度选举的任期 3 年，每年相应地补选三分之一委员。其职权是：每季查账一次，检查社员的借款是否用于正当用途，调查借款担保人是否可靠，调查执行委员及其他职员有无舞弊行为。每月召开 1 次监察委员会议。

此外，合作社还设置信用评定委员会和事务员。信用评定委员会负责调查社员信用程度，由执行委员和监察委员组成。事务员负责合作社具体事务的操作。

（五）股份

信用合作社的股份每股至少 1 元，最多不超过 50 元。社员认股至少 1 股，无上限限制。社员退社或死亡，股份可退还给本人或其继承人或寄托人；社员死亡，合作社允许其继承人或寄托人入社，其股份可转让给其继承人或寄托人。

（六）盈余分配

合作社放款利息高于存款利息和借款利息构成盈余。盈余的四分之三可作为营业费用和发展地方合作计划费。四分之一为公积金。公积金主要用于补偿无法收回的债务和其他特别债务，以及向社外借款时作为抵押。若合作社终止，公积金用于本村办新社，若 1 年内没有组织新社，则上缴中国华洋义赈总会。股本不分红利。

附录二：

农村信用合作社示范章程准则草案（1951年）

第一章　总　则

第一条　本社定名为××县×区×村（乡）信用合作社。社址设于×村（乡）

第二条　本社是×村（乡）和×村（乡）的劳动人民根据自愿两利原则，大家筹集股金，吸收存款，互通有无，以解决社员生产上和生活上的困难，以发展生产改善生活。

第三条　本社员为相互保证责任（如有亏损按社员人数平均负担，或按照社员最高信用评定数额比例分摊由各社自定）。

第二章　业　务

第四条　本社依据社员需要和能力，接受国家银行领导和监督，制定计划，经营下列各项业务：

一、收受社员存款和储蓄（现金及实物），必要时，得收受团体和非社员存款；

二、本社贷放社员生产上和生活上必需资金（现金及实物），资金如有多余时，经国家银行核准得对非社员贷款；

三、借入款项；

四、接受国家银行委托，代理业务；

五、接受社员及各种合作社、机关、团体的信托业务；

六、其他经社员大会决议的业务。

本社利率规定须经国家银行同意，各项业务规则另订之。

第五条　本社业务依照年度、季度计划进行，凡和国家银行、国营贸易机构及各种合作社业务往来，均采用合同经营制。

第六条　本社力求精打细算，节省开支，加速资金周转，所有业务经营和收支情况，必须规定，严禁贪污浪费。

第七条　本社社员均由理事会按其生产需要及经济情况评定其信用最高数额，作为社员借贷之最高限度，必要时作为分摊亏损责任之比例标准。

第三章 社 员

第八条 凡居住本社区域内之男女劳动人民，年满 16 岁除被剥夺公民权者外，均得申请加入本社为社员，不满 18 岁者无被选举权。

第九条 社员入社，每人须缴入社费和社股股金，入社费规定为人民币 X 元。社股每人至少一股，每股金额为人民币 X 元，不论股金多少，每人均只有一表决权，贫苦无力一次缴清社股者，经理事会许可得分期缴纳，但期限不得超过 6 个月，在缴纳入社费和第一次股金后即取得社员资格，发给社员证（社员证可参照供销社规定制订），本社社员证不得转让或借给他人。

第十条 社员自请退社，须于年终决算 1 个月前提出，并于决算后 1 个月内退还其股金，如有亏损，按股扣除，如有分红按股发给。社员迁移时，经理事会许可得于 1 个月内退还其股金，但须负在社时期内的亏损责任。社员退社，入社费一律不退。社员死亡，股金退还其合法继承人，并负盈亏责任。

第十一条 本社社员的义务如下：

一、缴纳入社费为社股；

二、遵守社章及本社所定各种规则，服从本社决议；

三、保护本社利益，爱护本社财产；

四、发展新社员；

五、响应本社号召，积极参加本社各种活动。

第十二条 本社社员的权利如下：

一、享有本社存款、储蓄、放款及其他业务的权利；

二、选举和被选举权；

三、对本社业务、财务、组织等工作有查询、批评和建议的权利；

四、享有本社各种文化、卫生等福利设施的权利。

第十三条 社员对本社的发展与巩固有功绩者，经社员大会或社员代表大会通过，得给予名誉的或物质的奖励。社员违反社章、社规或大会决议事项，得按情节轻重，给以批评、警告或开除的处分。开除社员须经社员大会或社员代表大会通过执行。

第四章 组 织

第十四条 本社最高权力机关为社员大会或社员代表大会，社员代表由社员直接选择；代表名额和选举办法结合当地实际情况及社员人数决定之。

第十五条 社员大会或社员代表大会职权如下：

一、通过和修改社章，增加社股金额，决定有关本社的解散或与其他社合并等问题；

二、选举和罢免理事主任及理事、监事主任和监事，并审查和通过对本社理监事处分问题；

三、审查和通过本社业务方针、计划、预算及理事会的工作报告和决算；

四、通过盈余分配或弥补亏损的议案；

五、通过社员的开除或奖励事项；

六、其他重要问题的讨论和决议。

第十六条 社员大会或社员代表大会每半年开会 1 次，由理事会召集之，遇有下列情形之一时，得召开临时社员大会或社员代表大会。

一、理事会认为有必要时；

二、监事会的要求；

三、社员五分之一或代表三分之一以上的请求；

四、国家银行的建议；

理事会接到上级要求或建议时，须于 10 日内召开社员大会或社员代表大会，大会记录由大会主席签字后保存社内，大会决议须报告国家银行备查。

第十七条 理事会是本社的执行机关，由理事 X 人（5 人—13 人）组成之。理事主任由理事互选之。必要时得互推副主任 1—2 人。

第十八条 理事会的职权如下：

一、执行社员大会或社员代表大会决议和国家银行的指示；

二、制定本社发展社员和业务计划，提交社员或社员代表大会通过，经国家银行批准后执行之；

三、对外代表本社签订合同契约；

四、对社员群众进行教育工作，组织社员参加各种社会活动；

五、任命和撤换本社工作人员；

六、评定社员最高信用数额；

七、其他有关本社业务、财务、组织等执行事项。理事会必须严格遵行各种报告制度，按期向社员大会或社员代表大会，和国家银行提出有关业务、财务、组织等工作报告。

第十九条 理事会负责经营业务、保护本社一切财产，如有违法失职、营私舞弊造成不应有的损失时，当事人须负法律上的责任。

第二十条 理事会每月至少开会 1 次，必要时得召开临时会议，由理事主任召集之，理事会开会前，应通知监事会派员列席。

第二十一条 监事会为本社的监察机关，代表全体社员监督和检查理事会的工作，由监事 XX 人（3—9 人）组成之，主任一人由监事互选之。现任及退职而手续未清的理事及其直系亲属不得当选为监事。

第二十二条 监事会的职权如下：

一、监督理事会对大会决议，国家银行的指示和政府法令执行的情况；

二、监督检查本社的业务经营和财务会计的情况；

三、监督理事会和本社工作人员的服务情况；

四、接受社员意见，向理事会提出查询或建议；

五、列席理事会议；

六、如发现理事会有违法舞弊行为时，得要求理事会召开临时社员大会或社员代表大会，并立即报告国家银行指导解决之。

第二十三条　监事会每月开会 1 次，必要时得召开临时会议，由监事主任召集之，会议决议应通过理事会并报告国家银行，理事会接到通知 10 日内不提出不同意见，必须按通知执行。

第二十四条　社员大会或社员代表大会，理事会监事会均须有三分之二以上出席方能开会，过半数以上的通过，才能决议。社员代表，理事和监事对某项决议不同意时，有权将自己意见记入会议记录。

第二十五条　本社社员代表，理事和监事的任期，均为 1 年，连选得连任。

第二十六条　本社社员得依居住区域和业务上的便利编成小组（每一组为 15 人左右并推选小组长 1 人），在理事会领导下进行下列工作：

一、初步评定社员最高信用数额，审查社员借贷，办理收付手续并监督其借款用途，保证收回；

二、传达理事会决议，并反映社员要求，和对合作社的批评与建议；

三、通过小组对社员进行宣传教育，提高社员对合作社的认识；

四、了解社员经济情况并帮助其进行生产互助。

第五章　资金和结算

第二十七条　本社资金来源如下：

一、社员入社费；

二、社员股金；

三、公积金；

四、其他不返还的收入；

五、存款；

六、借入款。

第二十八条　本社以每年 1 月 1 日至 12 月 31 日为一会计年度，理事会于年度终了时，应制成全年的工作报告、资产负债表、损益计算书、财产目录和下年度业务计划与预算，送交监事会审查后，提交社员大会或社员代表大会讨论通过，并报告国家银行备案。

第二十九条　本社年终结算有盈余时，应根据下列标准做成盈余分配案，提交社员大会或社员代表大会通过，报告国家银行，批准后实行分配；

一、公积金在 50%以上，作为本社基金累积，以备扩充业务与弥补亏损之用；

二、公益金不得超过 10%，作为办理社员文化、娱乐、医药、卫生等福利设施及奖励对本社有功绩的社员；

三、本社工作人员奖励 10%；

四、教育基金 10%，作为办理社员和干部教育训练工作之用；

五、社员股金以不分红为原则，如必须分红时，不得超过20%。

第三十条 本社年终结算，遇有亏损时，应以公积金及股金及不返还之收入依次补偿，如仍不敷时，按社员人数平均分摊归还或按社员最高信用评定数额比例摊还。

第六章 解 散

第三十一条 本社遇有下列情形之一，经社员大会或社员代表大会决议和国家银行批准得停业解散：

一、社员人数过少；

二、与其他合作社合并；

三、业务亏累不能继续经营。

第三十二条 本社决定解散时应由社员大会或社员代表大会选出X人（3—5人）组成清理委员会，清理债权债务，有盈余时，除公积金、公益金不得分配外（存入国家银行作为发展信用合作社的基金），其余应拟定分配方案，交社员大会或社员代表大会通过，报告国家银行批准后分配之，如有亏损时，仍参照第三十条规定处理。

第七章 附 则

第三十三条 本章程经社员大会或社员代表大会通过，呈请政府或政府委托之机关批准登记后施行之，修改时同。

附录三：

香河县农村信用合作社县级联合社章程（1996年）

第一章　总　则

第一条　本联合社定名为河北省香河县农村信用合作社联合社（以下简称联社）。本联社地址：河北省香河县府前街。

第二条　本联社是河北省香河县农村信用合作社（以下简称信用社）按照平等互利的原则出资入股组成，实行民主管理、主要为信用社服务的联合经济组织，是独立的企业法人。

第三条　本联社依法自主经营、自负盈亏、自担风险、自我约束，以其全部资产对本联社的债务承担责任，依法享受民事权利，承担民事责任。本联社的财产和合法权益及依法开展业务经营，受国家法律保护，任何单位和个人不得侵犯和非法干涉。

第四条　本联社对辖内信用社行使以下管理职能：

（一）根据全国信用社统一的规章制度，制定辖内信用社人事、劳资、信贷、财务、会计、稽核、保卫等方面的具体制度办法并组织实施；

（二）管理辖内信用社人事、劳资，统筹解决信用社职工退职退休经费；

（三）制定并检查、考核辖内信用社信贷、财务收支计划执行情况，稽核、辅导辖内信用社业务和财务；

（四）监察、处理辖内信用社案件，组织指导辖内信用社做好安全保卫工作；

（五）协调有关方面的关系，维护辖内信用社的合法权益。

（六）综合汇总辖内信用社的会计、统计报表，按规定及时上报；

（七）其他管理职能；

第五条　本联社为辖内信用社提供以下服务：

（一）组织辖内信用社之间的资金调剂；

（二）经中国人民银行批准，参加资金市场，为辖内信用社融通资金；

（三）办理或代理辖内信用社的资金清算和结算业务；

（四）组织管理辖内信用社的社团贷款；

（五）组织做好辖内信用社的现金供应和回笼；

（六）筹集、管理辖内信用社风险防范基金；

（七）组织辖内信用社职工培训教育；

（八）组织经验交流，为辖内信用社提供各种信息咨询服务；

（九）其他服务职能。

第六条 本联社遵守国家法律、法规和金融方针政策，主要任务是对辖内信用社;进行管理和服务。本联社开展业务经营，坚持不与信用社竞争的原则。

第七条 本联社依法接受中国人民银行的监督管理，接受行业统一的业务制度管理。

第二章　注册资本

第八条 本联社注册资本为人民币 126.7 万元，由下列社员出资入股组成：

香河县农村信用社入股情况一览表

入股社员	入股金额	入股社员	入股金额
淑阳信用社	10 万元	安头屯信用社	7 万元
刘宋信用社	10 万元	李庄信用社	5 万元
钳屯信用社	10 万元	东鲁口信用社	5 万元
安平信用社	10 万元	金辛庄信用社	5 万元
钱旺信用社	10 万元	梁务信用社	5 万元
辛屯信用社	7 万元	石虎信用社	5 万元
王家摆信用社	7 万元	大罗屯信用社	5 万元
渠口信用社	7 万元	香城信用社	5 万元
五百户信用社	7 万元	联社职工	6.7 万元

第三章　股　金

第九条 本联社股金每股 1 万元人民币。每个社员至少入 5 股，最高不得高于股金总额的 20%。

第十条 本联社社员必须用货币资金入股，不得以债权、实物资产、有价证券等折价入股。

本联社社员不能退股。

第十一条 本联社使用记名式股金证，作为社员资格证明和股金所有权证明。社员不能以股金证在本联社以外设定质押。

第四章　社员

第十二条 凡辖内的农村信用社，承认本联社章程，承担社员义务，办理社员登记手续后，即成为本联社的社员。

本联社职工可以集中资金向本联社入股。入股职工参加联社社员大会。

其他法人和自然人不得向县联社入股。

第十三条　本联社社员的权利：

（一）参加社员大会并有选举权和被选举权；

（二）参与本联社重大事项决策的权利；

（三）接受本联社服务的权利；

（四）按本联社章程规定，接受利润返还的权利；

（五）监督本联社经营状况和财务状况的权利；

（六）监督本联社各项工作并提出建议、批评和质询的权利；

（七）参加本联社举办的学习、培训教育及经验交流的权利；

（八）本联社依法破产后参加剩余财产分配的权利；

（九）本联社章程规定的其他权利。

第十四条　本联社社员的义务

（一）遵守本联社章程及各项规章制度，执行社员大会和理事会决议；

（二）缴纳股金；

（三）以缴纳的股金为限对本联社承担有限责任；

（四）按期交纳管理费；

（五）维护本联社公共利益，保护本联社财产，

（六）支持本联社各项业务开展，协助本联社扩大资金来源和回收贷款；

（七）做好本联社委托的各项业务；

（八）接受本联社的管理；

（九）参加本联社举办的活动；

（十）本联社章程规定的其他义务。

第十五条　对本联社发展做出突出贡献的社员，本联社给予精神鼓励和物质奖励；对违反本联社章程的社中，本联社予以批评教育。

第五章　组织机构

第十六条　本联社实行民主管理，社员大会是权力机构，由全体社员组成。

第十七条　社员大会每年至少举行 1 次，由本联社理事会召集，社员的法定代表人参加理事会认为必要时；经二分之一以上理事提议，或有三分之一以上的社员提议，可以临时召集联社社员大会，表决时每个社员一票。

第十八条　社员大会行使下列职权：

（一）制定和修改本联社章程；

（二）选举和更换理事、监事；

（三）审议的批准理事会、监事会工作报告；

（四）审议本联社的发展规划和对辖内信用社业务的管理办法；

（五）审定和批准本联社年度财务预、决算方案、利润分配方案和亏损弥补方案；

（六）对本联社的分立、合并、解散和清算等事项作出决议；

（七）对本联社其他重大事项作使议；

第十九条 章程的修改，本联社的分立、合并、解散和清算，要经社员大会以全体社员的三分之二以上多数通过；其他议案必须经社员大会以全体社员的二分之一以上多数通过。

第二十条 本联社理事会是社员大会常设执行机构，由 7 名理事组成。

理事由社员大会选举和更换。理事每届任期 3 年，可连选连任。理事会会议由理事长召集和主持。每半年召开 1 次，必要时可随时召开。

第二十一条 理事会行使下列职权：

（一）召集社员大会，并向社员大会报告工作；

（二）执行社员大会决议；

（三）审定本联社的经营方针、年度业务经营计划；

（四）批准本联社内部管理制度；

（五）批准本联社的人员管理制度和奖惩制度；

（六）聘任和解聘联社主任、副主任；

（七）审议本联社年度财务预、决算方案和利润分配方案；

（八）批准本联社机构设置及调整方案；

（九）指出联社分立、合并、解散、清算等重大事项的计划和方案；

（十）章程规定和社员大会授予的其他职权。

第二十二条 理事会议须经半数以上理事表决通过，理事会理事长、副理事长的选举和更换，须经全体理事三分之二以上的多数通过。

第二十三条 理事会设理事长 1 人，主持理事会工作；副理事长 1—2 人，协助理事长工作。理事长、副理事长由理事会选举产生，可连选连任。

第二十四条 本联社设监事会，由 5 名监事组成。每届任期与理事会相同，行使职权至社员大会选出新的一届监事为止。

第二十五条 本联社监事由社员代表、职工代表组成。由社员大会选举和罢免。理事、主任、副主任和财务负责人不得兼任监事。

监事会会议由监事长召集和主持，每半年召开 1 次，必要时可随时召开。

监事会设监事长 1 人，主持监事会工作，由监事会选举和更换，可连选连任。

第二十六条 监事会行使下列职权：

（一）向联社社员大会报告工作；

（二）派代表列席理事会会议；

（三）监督联社执行国家法律、法规、政策；

（四）监督联社履行其对农村信用社的管理、协调、指导和服务职责；

（五）对理事会决议和主任的决定提出质询，并要求复议；

（六）监督联社的经营管理和财务管理；

（七）联社章程规定和社员大会授予的其他职权。

第二十七条　监事会决议须经全体监事的二分之一以上多数通过，重大事项须经全体监事的三分之二以上多数通过。

第二十八条　本联社实行理事会领导下的主任负责制。设主任 1 人，为法定代表人，副主任 1—2 人。主任人选按《农村信用合作社县级联合社管理规定》的有关程序产生，由理事会聘任，可连聘连任。主任、副主任可以由理事长或副理事长兼任。

第二十九条　主任全面负责本社的管理经营，并行使下列职权：

（一）负责管理辖内信用社的业务活动，提出工作方案并组织实施，保证辖内信用社顺利开展业务并健康发展；

（二）主持县联社的管理经营工作，组织实施理事会的决议；

（三）拟定联社内部管理制度草案；

（四）拟定县联社发展规划和经营计划草案；

（五）拟定县联社年度财务预、决算方案和利润分配方案；

（六）提出符合县联社特点的人员管理制度和奖惩制度草案；

（七）拟定县联社内部机构设置及调整方案；

（八）决定对内部工作人员的奖惩；

（九）推荐副主任人选，报理事会审议；

（十）任免县联社的中层管理人员；

（十一）根据县联社人员管理制度和工资制度聘任或解聘职工；

（十二）章程规定和理事会授予的其他职权。

第三十条　本联社理事长、副理事长、主任、副主任不得在党政机关任职，不得兼任其他企事业单位的高级管理人员，不得从事除本职工作以外的其他任何以营利为目的的经营活动。

第六章　业　务

第三十一条　本联社经中国人民银行批准，经营下列业务：

（一）办理存款、贷款、票据贴现、国内结算业务；

（二）办理个人储蓄业务；

（三）代理其他银行的金融业务；

（四）代理收贷款项及受托代办保险业务；

（五）买卖政府债券；

（六）代理发行、代理兑付、 承销政府债券；

（七）提供保险箱业务；

（八）按照中国人民银行的规定从事同业拆借；

（九）办理经中国人民银行批准的其他业务。

第三十二条 县联社执行中国人民银行和全国农村信用社统一的结算制度，按照中国人民银行的规定，组织本县农村信用社的县辖结算，办理同城和异地结算业务。

第七章 财务会计

第三十三条 本联社执行国家统一制定的农村信用社财务会计制度，并按照国家有关规定，建立、健全财务制度。本联社一会计年度终了时按规定制作财务会计报告，并汇总全辖信用社的会计报表，及时报送中国人民银行。

第三十四条 本联社的财务会议报告在召开社员大会 5 天以前置备于本联社，供社员查询。

第三十五条 本联社依法纳税，税后可分配利润归全体社员所有，并按下列顺序分配：

（一）提取法定盈余公积金 10%；

（二）提取公益金，按税后利润的 5%提取；

（三）提取员工劳动分红基金，按税后利润的 5%—10%提取；

（四）股金分红和按交易量返还利润，按不超过税后利润的 50%—70% 提取，其中：股金分红部分不超过税后利润的 20%。

利润返还部分按社员与本社的交易量（按活期存款年平均余额计算）大小返还。

第三十六条 本联社的盈余公积金可用于弥补亏损或转增资本金；转增资本金时，以转增后存联社的盈余公积金不少于注册资本的 25%为限，并按照股本结构公平扩增每股权益价值，向社员公告。

第三十七条 本联社除法定的会计账册外，不得另立会计账册。对本联社资产，不得以任何个人名义开立账户存储。

第三十八条 本联社聘请中国人民银行认可的会计师事务所对本联社财务报表及财务状况进行审查。

第三十九条 本联社定期向理事会和监事会报告财务状

第八章 终止与清算

第四十条 本联社因分立、合并需要解散的，由理事会提出议案，并附解散的理由、 解散的清算方案，召集临时社员大会作出决议，经中国人民银行批准后按有关规定予以实施。

本联社的撤销、破产的清算按《农村信用合作社县级联合社管理规定》执行。

第九章 附 则

第四十一条 本章程未尽事宜，按《农村信用合作社县级联合社管理规定》办理；

第四十二条 本章程报中国人民银行批准后，经本联社社员大会审议通过，由理事会发布实施；

第四十三条 本章程解释权属本联社理事会，修改权属本联社社员大会。

附录四：

香河县农村信用合作联社章程（2007 年）

第一章　总　则

第一条　为了维护香河县农村信用合作联社（以下简称“本联社”）社员和债权人的合法权益，规范本联社的组织和行为，根据国务院《深化农村信用社改革试点方案》和《关于农村信用社以县（市）为单位统一法人工作的指导意见》《河北省农村信用社县（市、区）联社法人治理结构指引》等有关法律、法规和规定，制定本章程。

第二条　本联社注册名称：香河县农村信用合作联社

本联社地址：香河县淑阳镇府前街 12 号

邮政编码：065400

第三条　本联社是由辖内自然人、企业法人和其他经济组织入股组成的合作制社区性地方金融机构。

第四条　本联社是独立的企业法人，享有由社员入股投资形成的全部法人财产权，依法享有民事权利，并以全部法人资产独立承担民事责任；其财产、合法权益及依法经营受国家法律保护，任何单位和个人不得侵犯和非法干涉。

本联社社员按其所持股金享有所有者的资产收益、参与重大决策和选择管理者等权利，并以所持股金为限对本联社的债务承担责任。

第五条　本联社注册资本为人民币 10000 万元，全部由社员认购股金构成。

第六条　本联社下设的信用社、储蓄所是本联社分支机构，不具有法人资格，在本联社授权范围内依法开展业务，其民事责任由本联社承担。

第七条　本章程自生效之日起，即成为规范本联社组织与行为，规范本联社与社员、社员与社员之间权利义务关系的具有法律约束力的文件。

第八条　本联社依法执行国家法律法规和行政章程，执行国家金融方针和政策，依法接受银行业监管机构的监督管理。

第二章　经营宗旨和经营范围

第九条　本联社的经营宗旨是：依据国家有关法律法规和行政规章、行业规章，自主开展各项业务，主要为当地农民、农业和农村经济发展提供金融服务。

第十条　本联社以安全性、流动性、效益性为经营原则，实行自主经营、自担风险、自负盈亏、自我约束。

第十一条　本联社业务经营与管理应符合《中华人民共和国商业银行法》等法律法规和银行业监督管理机构颁布的有关行政规章及行业管理的各项规章制度的规定。

第十二条　经中国银行业监督管理委员会批准，本联社的经营范围是：

（一）吸收公众存款；

（二）发放短期、中期和长期贷款；

（三）办理国内外结算；

（四）办理票据承兑与贴现；

（五）代理发行、代理兑付、承销政府债券；

（六）买卖政府债券、金融债券；

（七）代理收付款项及代理保险业务；

（八）参加资金市场，为本联社融通资金；

（九）经中国银行业监督管理委员会批准的其他业务。

第三章　股权设置

第十三条　本联社股本由自然人股和法人股组成，自然人股和法人股又分别设定资格股和投资股两种股权。

第十四条　资格股是获得社员资格必须缴纳的基础股金，是社员获得信用社优先、优惠服务的前提。资格股可以转让、继承，同时满足以下条件，可以办理退股：

（一）社员提出退股申请；

（二）不存在本章程第十五条所列情况；

（三）持满 3 年并转让所持全部投资股；

（四）经理事会同意。

资格股退股原则上应在当年年底财务决算后办理，在年底财务决算前办理退股的，不支付当年股金分红。

第十五条　本联社社员持有的资格股，存在下列情况之一的不得办理退股：

（一）本联社当年亏损的；

（二）当联社资本充足率未达到规定要求或退股后达不到规定要求的。

第十六条　投资股是由社员以投资的方式形成的股金。投资股可转让、继承和赠与，但不能退股。

第十七条　本联社股金总额为人民币 15598 万元。其中资格股 10256 万元，占比 66%；投资股 5342 万元，占比为 34%；自然人股 15429 万元（其中职工自然人股 2620 万元，占股金总额的 17%），占比 99%；法人股 169 万元，占比 1%。

第十八条　资格股和投资股均实行“一人一票”制。

第十九条 本联社每股金额为人民币 1 元。

每个自然人认购资格股最低限额为 1000 股；每个法人认购资格股最低限额为 1 万股。

每个自然人认购投资股最低限额为 2000 股；每个法人认购投资股最低限额为 2 万股。

单个自然人持股额（包括资格股和投资股，下同）最高不得超过股本总额的 5‰。职工持股总额不得超过股本总额的 25%。单个企业法人及其关联企业持股总额不得超过股本总额的 5%。

第二十条 本联社社员必须以货币资金入股。

第二十一条 本联社印发记名股金证，以人民币标明面值，作为入股社员所有权凭证和参与利益分配的依据。

第二十二条 退股或股权转让等股权变动事项应向本联社理事会提出书面申请，符合有关规定并经审查同意后，办理相关手续。

第二十三条 本联社的股金证不得设定权利质押。

第二十四条 本联社社员不得以本联社股金证为自己或他人担保。本联社职工在本联社工作期间不得退股或转让股金。

第四章 社员及其权利和义务

第二十五条 本联社社员分为自然人社员和法人社员。凡辖内的农户、个体工商户、企业法人和本联社职工，承认本联社章程，按规定缴纳股金，即成为本联社社员。

第二十六条 自然人入股应具备的条件：

（一）具有完全民事行为能力，能独立承担民事责任；

（二）具有良好的社会声誉和诚信记录；

（三）具有良好的资本补充能力；

（四）入股资金为自有资金且来源合法真实；

（五）本地居民、在本地从事生产经营活动 3 年以上且有固定住所；

（六）以现金方式缴纳股金。

个体工商户以自然人形式入股。

第二十七条 法人入股应具备的条件：

（一）本地注册的企业法人；

（二）具有良好的社会声誉和诚信记录；

（三）法人治理结构健全；

（四）财务状况良好且最近两个会计年度连续盈利；

（五）净资产达到全部资产的 30%以上；

（六）对外累计权益性投资不得超过本企业净资产的 50%（国务院规定的投资公司和控股公司除外，包括本次投资金额）；

（七）具有良好的资本补充能力；

（八）入股资金为自有资金且来源合法；

（九）以现金方式缴纳股金。

第二十八条　自然人、法人必须以自有资金入股，不得以金融机构贷款入股。

第二十九条　社员享有以下权利：

（一）参加或委派代理人参加社员代表大会，按有关规定行使表决权；

（二）选举理事、监事和被选举为理事和监事；

（三）对本联社的经营行为进行监督，提出建议和质询；

（四）获得本联社金融服务的优先权和优惠权；

（五）享有股金分红和参与其他形式的利益分配；

（六）依照国家有关法律、法规和行政规章、行业规章的规定转让股金和优先认购股金；

（七）本联社终止或清算后依法参加剩余财产分配；

（八）国家有关法律、法规和行政规章、行业规章以及本章程规定的其他权利。

第三十条　社员承担以下义务：

（一）承认并遵守本章程；

（二）按其所认购的股金数额向本联社缴纳股金；

（三）以其所持股金数额为限对本联社承担风险和民事责任；

（四）维护本联社的利益和信誉，支持本联社合法开展各项业务；

（五）服从和履行社员代表大会的决议；

（六）国家有关法律、法规和行政规章、行业规章以及本章程规定的其他义务。

第五章　社员代表大会

第三十一条　本联社的权力机构是社员代表大会。社员代表按合法、有序、公开的原则，由社员推荐选举产生，社员代表每届任期 3 年，可连选连任。本联社社员代表 112 名。

社员代表大会表决由社员代表按“一人一票”制表决。

第三十二条　社员代表大会行使以下职权：

（一）制订或修改章程；

（二）审议通过社员代表大会议事规则；

（三）选举、更换理事和由社员代表出任的监事，审议、批准理事、监事的报酬方案；

（四）审议、批准理事会和监事会工作报告；

（五）审议、批准本联社发展规划，决定本联社的经营方针和投资计划；

（六）审议、批准本联社年度财务预、决算方案、利润分配方案和亏损弥补方案；

（七）对本联社增加或减少注册资本作出决议；

（八）对本联社的分立、合并、解散和清算等事项做出决议；

（九）决定其他重大事项。

第三十三条 社员代表大会在每一会计年度结束后3个月内召开，召开社员代表大会必须有50%以上社员代表出席。有下列情形之一的，应当在两个月内召开临时社员代表大会：

（一）理事会人数不足本联社章程规定人数三分之二时；

（二）本联社未弥补的亏损达到本联社股本总额的三分之一时；

（三）经二分之一以上社员代表提议或者三分之二以上监事提议时；

（四）理事会认为必要时；

（五）法律法规、行政规章、行业管理规章和本章程规定的其他情形。

第三十四条 社员代表大会由理事会召集，理事长主持，理事长因故不能履行职责时，由理事长指定的其他理事主持。

第三十五条 召开社员代表大会，理事会应当将会议召开时间、地点及审议事项于会议召开10日前以书面方式通知社员代表。

第三十六条 社员代表因故不能出席社员代表大会，可以委托代理人代为出席和表决。社员代表委托代理人的，代理人应当向本联社提交社员代表授权委托书，并在授权范围内行使表决权。

第三十七条 社员代表大会作出的决议，必须经出席会议的社员代表（含代理人）的半数以上通过。社员代表大会对制订和修改章程、增加或减少注册资本金、本联社的合并、分立或解散等重大事项做出决议，必须经出席会议的三分之二以上社员代表通过。

第三十八条 社员代表大会采取无记名方式表决，当场公布表决结果。社员代表大会应当对所议事项及决议作出会议记录，由出席会议的理事签名。会议记录应当与出席社员代表大会的签名册及授权委托书一并保管。

第三十九条 社员代表大会审议有关关联交易事项时，关联社员代表应当回避，不参与表决。

第六章　理事和理事会

第四十条 理事由社员代表大会选举或更换，并在中国银行业监督管理机构任职资格审查通过后行使职责。理事每届任期3年，任期届满，可连选连任。

第四十一条 存在《中华人民共和国公司法》第147条规定的情形以及中国银行业监督管理机构确定为市场禁入者并且禁入尚未解除的人员，不得担任本联社的理事。

第四十二条 理事应遵守法律法规、行政规章、行业管理规章和本章程的规定，忠实履行职责，维护本联社利益。当其自身利益与本联社社员利益相冲突时，应以本联社和社员的最大利益为行为准则，并保证：

（一）在职责范围内行使权利，不超权限；

（二）不利用内幕信息为自己或他人谋取利益；

（三）不利用职权收受贿赂或其他非法收入，不侵占本联社的财产；

（四）未经社员代表大会在知情的情况下批准，不接受与本联社交易有关的佣金；

（五）不将本联社资产以其个人名义或其他个人名义开立账户储存；

（六）不以本联社资产为本联社的社员或其他个人债务提供担保；

（七）不以任何其他方式恶意损害本联社利益。

第四十三条　理事应谨慎、认真、勤勉地行使本联社所赋予的权利，并保证：

（一）本联社的经营行为符合国家有关法律法规、行政规章、行业管理规章以及国家各项经济政策的要求，经营活动不超越营业执照规定的业务范围；

（二）公平对待所有社员；

（三）认真阅读本联社的各项业务、财务报告，及时了解本联业务经营管理状况；

（四）接受监事会对自己履行职责的合法监督和合理建议。

第四十四条　未经本章程规定或理事会合法授权，任何理事不得以个人名义代表本联社或理事会行事；理事以个人名义行事时，在第三方会合理地认为该理事在代表本联社或理事会行事的情况下，该理事应事先声明其立场和身份，未声明其立场和身份的发言不代表本联社或理事会。

第四十五条　理事个人或其所任职的其他企业直接或间接与本联社已有的或计划中的合同、交易、安排有关联关系时，应向理事会披露。

第四十六条　本联社理事每年应至少亲自参加两次理事会。否则，视为不能履行职责，理事会可建议社员代表大会予以更换。

第四十七条　理事在任期届满以前提出辞职，应向理事会提出书面辞职报告。如因理事的辞职导致本联社理事会理事低于法定最低人数时，该理事的辞职报告应在下任理事填补因其辞职产生的缺额后方能生效。理事在任期届满以前，社员代表大会不得无故解除其职务。

第四十八条　以上有关理事义务的规定，适用于本联社监事、主任和其他高级管理人员。

第四十九条　本联社设理事会，由 9 名理事组成，其中自然人担任理事的人数不得少于理事人数的二分之一，本联社职工担任理事的人数不得超过理事人数的三分之一。

第五十条　理事会是社员代表大会的执行机构和本联社的经营决策机构，对社员代表大会负责。理事会行使以下职权：

（一）负责召集社员代表大会，并向社员代表大会报告工作；

（二）执行社员代表大会决议；

（三）决定本联社的发展方向、业务发展中长期计划、年度计划、信贷资产清收处置计划、入股及投资方案；

（四）制订本联社的年度财务预、决算方案、利润分配方案和弥补亏损方案；

（五）制订本联社增加或减少注册资本的方案；

（六）决定本联社的内部职能部门设置、分支机构发展和撤销方案；

（七）制订本联社的基本管理制度；

（八）审议、批准本联社的大额贷款、大额投资、大额资产处置方案及重大关联交易；

（九）聘任或解聘本联社主任；根据主任提名，聘任或解聘副主任、财务、信贷部门负责人；根据监事长提名，聘任或解聘稽核部门负责人；

（十）拟订县联社的合并、分立和解散方案；

（十一）决定本联社“三定”方案和员工工资薪酬分配方案；

（十二）本联社章程规定和社员代表大会授予的其他权利。

第五十一条 理事会在聘任期限内解除主任职务，应当及时告知监事会和银行业监督管理机构、行业管理部门，并作出书面说明。理事会不得直接聘任或解聘未经主任提名的副主任、财务和信贷负责人和未经监事长提名的稽核部门负责人。

第五十二条 理事会可以下设风险管理、关联交易控制、薪酬和提名等专项委员会，并制定各委员会的议事规则和工作职责。

第五十三条 本联社理事会应当建立规范公开的理事选举程序，经社员代表大会批准后实施。在社员代表大会召开前 1 个月，理事会应向社员披露理事候选人详细资料。

第五十四条 本联社理事会会议分为例会和临时会议。例会每年至少召开 4 次，有以下情形之一的，应在 10 个工作日内召开临时理事会：

（一）理事长认为必要时；

（二）三分之一以上理事联名提议时；

（三）监事会提议时；

（四）主任提议时。

第五十五条 理事会由理事长召集和主持，理事长因故不能履行职责时，由理事长指定其他理事召集和主持理事会会议。

理事会会议应有二分之一以上的理事出席方可举行。

理事会应当通知监事会派员列席理事会议。

第五十六条 理事会会议应由理事本人出席。理事因故不能出席，可以书面委托其代表或其他理事代为出席，委托书中应载明授权范围，出席会议的受托理事应在授权范围内行使权利。

第五十七条 理事会实行一人一票的表决制度。理事会作出决议，必须经全体理事过半数通过，重大事项须经全体理事三分之二以上通过。

第五十八条 理事会决议表决方式为无记名投票表决。理事会应对会议所议事项作出会议记录，出席会议的理事和记录员在会议记录上签名。出席会议的理事有权要求在记录上对其在会议上的发言作出说明性的记载。

第五十九条 理事会审议有关关联交易事项时，关联理事应回避，不参与表决。关联理事可以自行回避，也可以由任何其他参加理事会的理事提出回避要求。

第六十条 理事应对理事会决议承担责任。

理事会的决议违反国家法律法规、行政规章、行业管理规章或本章程，致使本联社遭受损失的，参与决策的理事应当承担相应的赔偿责任。但经证明在表决时曾表明异议并记载于会议记录的，该理事可以免除责任。

第六十一条　理事会设理事长 1 人，理事长为本联社的法定代表人。理事长由全体理事过半数选举产生，经银行业监督管理部门核准任职资格后履行职责。理事长每届任期 3 年，可连选连任，离任时须进行离任审计。

第六十二条　理事长行使以下职权：

（一）主持社员代表大会，召集和主持理事会会议；

（二）对全辖各项业务经营活动有知晓权、发言权、决策权和质询权。

（三）参加主任办公会等工作会议。在会议召开两天前，召集人应将会议内容以书面形式报送理事长，理事长可根据实际决定是否参加会议。参加会议时可提出指导性的工作意见。

（四）检查理事会决议的实施情况，并向理事会报告；

（五）对本联社业务活动的合法、合规性进行监督；

（六）协调各方关系，为经营班子的经营创造良好的外部环境；

（七）签署本联社股权证书，签发理事会决议；

（八）在理事会闭会期间，行使由理事会授权其行使的职权。

理事长因故不能履行职权时，由理事长指定其他理事代行职权。

第七章　监事会

第六十三条　本联社设监事会。监事会是本联社的监督机构。对社员代表大会负责，由 7 名监事组成，非职工监事人数不得低于监事总人数的三分之一。

非职工监事由社员代表大会选举产生和更换，职工监事由联社职工代表大会选举产生和更换，每届任期三年，可连选连任。

第六十四条　存在《中华人民共和国公司法》第 147 条规定的情形以及中国银行业监督管理机构确定为市场禁入者并且禁入尚未解除的人员，不得担任本联社的监事。本联社理事、主任、副主任以及财务、信贷负责人不得兼任监事。

第六十五条　监事会行使以下职权：

（一）监督理事会、经营班子履行职责情况；

（二）要求理事、理事长及高级管理人员纠正其损害本联社利益的行为；

（三）对理事和经营班子成员进行专项审计和离任审计；

（四）检查监督本联社的财务管理和活动，对经营效益的真实性和经营管理活动的合规、合法性负责；

（五）对本联社的经营决策、风险管理和内部控制等进行监督，并指导本联社内部稽核工作；

（六）派代表列席理事会和主任办公会议；

（七）对理事及理事长、经营班子及主任提出监督意见或进行质询；

（八）其他法律法规、行政规章及章程规定应当由监事会行使的职权。

第六十六条 对监事会提出的纠正措施、整改建议等，理事会和高级管理层拒绝或者拖延的，监事会必须向银行业监督管理机构和社员代表大会报告。

第六十七条 监事会设监事长 1 人，由监事提名经全体监事过半数通过选举产生，经银行业监督管理部门核准任职资格后履行职责。监事长应由专职人员担任。

第六十八条 监事会会议每年至少召开两次，监事长、三分之一以上监事提议时可召开临时监事会。

监事会会议应有二分之一以上监事出席方可召开。会议由监事长召集和主持。当监事长不能履行职责时，可委托其他监事召集和主持。

第六十九条 监事会会议应由监事本人出席，实行一人一票的表决制度。监事会决议须经全体监事过半数通过，重大事项经全体监事三分之二以上通过。

第七十条 监事长行使以下职权：

（一）召集和主持监事会会议；

（二）向社员代表大会报告工作；

（三）组织监事会落实监督检查职责；

（四）对本联社经营行为的真实性及合法合规性负责；

（五）提请理事会聘任或解聘稽核部门负责人；

（六）组织对信用社的稽核检查工作；

（七）督促本联社按照规定实施信息披露；

（八）向银行业监督管理机构和上级行业管理部门反映问题、提出建议。

第七十一条 监事会应按照监事会职责对监事进行适当分工，并将监事履行职责情况向社员代表大会报告。监事有权向本联社相关人员及机构了解情况，相关人员及机构应予以配合。监事会行使职权必要时可聘请社会中介机构给予帮助，由此发生的费用由本联社承担。

第七十二条 本联社内部稽核部门的稽核报告应当及时报送监事会，监事会对稽核结果有疑问的，有权要求高级管理层和稽核部门作出解释。

第七十三条 监事会决议表决方式为无记名投票表决。监事会应当对会议所议事项及决议作出会议记录。出席会议的监事会和记录员在会议记录上签名。出席会议的监事有权要求在记录上对其在会议上的发言作出说明性的记载。

第八章 主 任

第七十四条 本联社实行理事会领导下的主任负责制。设主任 1 名，副主任 2 名。主任由理事会聘任，副主任由主任提名，理事会聘任。每届任期 3 年，期满后可以连任。

第七十五条 主任对理事会负责，行使以下职权：

（一）根据理事会的授权负责联社日常经营管理工作，具体组织实施社员代表大会或理事会决议，保证辖内农村信用社顺利开展业务并健康发展；

（二）拟定本联社业务发展计划和投资方案，经理事会批准后组织实施；

（三）拟定联社内部管理制度、应急预案，报理事会审定执行；

（四）拟定本联社内部职能部门设置计划、分支机构发展和撤销计划；

（五）拟定本联社信贷资产质量清收、处置计划，根据业务发展需要拟定增资扩股计划；

（六）定期向理事会、监事会报告经营情况，经营管理的重大事项及时向理事会、监事会进行汇报；

（七）提请理事会聘任或解聘副主任、财务和信贷负责人；

（八）聘任或解聘应由理事会聘任或解聘以外的本联社内部职能部门及分支机构负责人和其他管理人员；

（九）拟定本联社“三定”方案和员工工资薪酬分配方案；

（十）授权副主任、内部各职能部门及分支机构负责人从事经营管理活动；

（十一）其他依据法律、法规、规章和本联社章程规定或理事会授予的其他职权。

本联社主任不得由理事长兼任。

第七十六条 本联社主任每年接受监事会的专项审计，审计结果向理事会和社员代表大会报告。主任、副主任离任时，须进行离任审计。

第七十七条 本联社主任、副主任超出理事会授权范围或违反法律法规、行政规章、行业管理规章和本章程规定做出经营决策，致使本联社遭受严重损失的，参与决策的主任、副主任应承担相应责任。

第九章 财务管理

第七十八条 本联社执行有关部门和行业颁布的农村信用社会计基本制度和财务管理实施办法，按照国家有关规定建立健全财务会计制度，真实记录并全面反映其业务活动和财务状况，遵守国家和地方税法，依法纳税。

第七十九条 本联社的财务会计报告向社员代表大会公布。

第八十条 本联社利润依据国家及农村信用社有关财务制度规定，按下列顺序分配；

（一）弥补以前年度亏损；

（二）按净利润不低于 10%的比例分别提取盈余公积、公益金；

（三）按净利润的一定比例提取一般准备；

（四）按入股金额向社员分红，分红比例由社员代表大会决定。

第八十一条 本联社的法定盈余公积累计达到注册资本的 50%时，可不再提取。法定盈余公积可用于弥补亏损或转增资本金，但转增资本金时，以转增后留存的法定盈余公积金不少于注册资本的 25%为限。

第八十二条 本联社除法定会计账册外，不得另立会计账册。

第十章 终止和清算

第八十三条 本联社因下列情形而终止：

（一）自行解散；

（二）因分立、合并需要解散；

（三）被依法撤销；

（四）被依法宣告破产；

第八十四条 本联社清算依照国家有关法律法规进行。

第十一章 附 则

第八十五条 本联社社员代表大会通过的章程修改、补充规定，经批准后视为本章程的组成部分。

第八十六条 本章程未尽事宜依照国家有关法律法规、银行业监督管理机构和行业管理的有关规定办理。

第八十七条 本章程解释权属本联社理事会，修改权属本联社社员代表大会。

第八十八条 本章程经社员代表大会通过。

附录五：

河北香河农村商业银行股份有限公司章程（2018年）

第一章 总 则

第一条 为维护河北香河农村商业银行股份有限公司（以下称“本行”）股东和利益相关人的合法权益，规范本行的组织和行为，根据《中华人民共和国公司法》《中华人民共和国商业银行法》《商业银行公司治理指引》和《中国银监会农村中小金融机构行政许可事项实施办法》等有关法律法规的规定，制定本章程。

第二条 机构注册名称：

中文名称：河北香河农村商业银行股份有限公司

中文简称：香河农商银行

英文名称：Hebei Xianghe Rural Commercial Bank Company Limited

英文简称：Xianghe Rural Commercial Bank

英文缩写：XRCB

机构住所：香河县新华大街62号

邮政编码：065400

第三条 本行是依照《中华人民共和国商业银行法》和《中华人民共和国公司法》等法律，并经中国银行业监督管理机构批准，在香河县农村信用合作联社整体改制的基础上，由符合条件的自然人、企业法人共同组建的股份有限公司，是具有独立企业法人资格的地方性银行机构。本行承接改制前机构的所有权利和义务。

第四条 本行为永久存续的股份制地方性银行机构，本行注册资本为人民币30000万元。本行营业执照签发日期为本行成立日期。

第五条 董事长为本行法定代表人，并依法登记，公司法定代表人变更，应当办理变更登记。

第六条 本行是独立的企业法人，享有由股东入股形成的全部法人财产权，依法享有民事权利，并以全部法人资产独立承担民事责任；本行依法经营，财产、合法权益受国家法律保护，任何单位和个人不得侵犯和非法干涉。

第七条 本行下设的支行、分理处等分支机构不具备法人资格，在本行授权范围内依法开展业务，其民事责任由本行承担。本行达到监管部门关于在注册地辖区以外区域设立支行的准入条件时，可根据自身经营需要，在注册地辖区以外区域设立支行。

第八条 本行是企业法人，有独立的法人财产，享有法人财产权，本行以全部财产对本行的债务承担责任。本行股东按其所持股份享有所有者的资产收益、参与重大决策和选择管理者等权利，并以所持股份为限对本行承担责任。

第九条 根据《中国共产党章程》和《中华人民共和国公司法》有关规定，设立中国共产党河北香河农村商业银行股份有限公司委员会，发挥领导核心作用，把方向、管大局、做决策、保落实。本行要建立党的工作机构，配备足够数量的党务工作人员，保障党组织的工作经费。

第十条 本行依法执行国家有关法律法规和行政规章，执行国家金融方针和政策，依法接受中国银行业监督管理机构的监督管理。

第十一条 本章程自生效之日起，即成为规范本行的组织与行为、本行与股东、股东与股东之间权利义务关系的具有法律约束力的文件，亦成为对本行、股东、董事、监事和高级管理人员具有法律约束力的文件。

第二章　经营宗旨和业务范围

第十二条 本行的经营宗旨：依照国家有关法律法规和行政规章，自主开展各项业务；响应国家政策号召，积极配合政府和监管部门支持“三农”发展，为“三农”和当地经济发展提供金融服务，并以此促进城乡经济协调发展。

第十三条 本行以安全性、流动性、效益性为经营原则，实行自主经营，自担风险，自负盈亏，自我约束。

第十四条 本行实行一级法人、统一核算、分级管理、授权经营的管理体制。本行可根据经营管理和业务发展需要设置内部管理机构和分支机构。各内部管理机构和分支机构根据授权实施管理和经营。

第十五条 本行根据地方经济发展和产业结构状况，由董事会确定本行每年新增贷款中用于发放涉农贷款的比例，确保涉农贷款增长指标符合银行业监督管理机构要求，并报银行业监督管理机构备案。

第十六条 经中国银行业监督管理机构批准，报请工商行政管理部门登记，本行的经营范围是：

（一）吸收公众存款；

（二）发放短期、中期和长期贷款；

（三）办理国内结算；

（四）办理票据承兑与贴现；

（五）代理发行、代理兑付、承销政府债券；

（六）买卖政府债券、金融债券；

（七）从事同业拆借；

（八）代理收付款项及代理保险业务；

（九）从事银行卡（借记卡）业务；

（十）经国务院银行业监督管理机构批准的其他业务。

第三章　股份和注册资本

第一节　股份认购

第十七条　本行根据股本金来源和归属设置自然人股和法人股。本行股东应当符合金融机构入股的条件，不得虚假出资或者抽逃出资，也不得抽回股本。

第十八条　本行发行的股份均为人民币普通股，全部资本划分为等额股份，每股面值为人民币 1 元。本行股份同股同权，同股同利，承担相同的义务。

同次发行的同种类股份，每股的发行条件和价格相同；任何单位或者个人所认购的股份，每股应当支付相等的价格。

第十九条　本行单个自然人股东（包括职工股东）及其近亲属合计投资入股比例不得超过本行股本总额的 2%；本行职工合计投资入股比例不得超过本行股本总额的 20%；单个境内非金融机构及其关联方持股比例不得超过本行股本总额的 10%；单个股东投资入股比例超过 1%的需向中国银行业监督管理机构报告、审批。本行不接受中央和地方财政资金、地方政府融资平台、“三资”企业、私募基金、产业基金、担保公司、典当行、小额贷款公司等入股。

第二十条　本行股东的条件

（一）自然人作为股东，应当符合以下条件：

1.具有完全民事行为能力的中国公民；

2.有良好的社会声誉和诚信记录，无犯罪记录；

3.入股资金为自有资金，不得以委托资金、债务资金等非自有资金入股；

4.银监会规章规定的其他审慎性条件。

（二）法人作为股东应当符合以下条件：

1.在工商行政管理部门登记注册，具有法人资格；

2.具有良好的公司治理结构或有效的组织管理方式；

3.具有良好的社会声誉、诚信记录和纳税记录，能按期足额偿还金融机构的贷款本金和利息；

4.具有较长的发展期和稳定的经营状况；

5.具有较强的经营管理能力和资金实力；

6.最近 2 年内无重大违法违规行为；

7.财务状况良好，最近 2 个会计年度连续盈利；

8.年终分配后，净资产不低于全部资产的 30%（合并会计报表口径）；

9.权益性投资余额不得超过本企业净资产的 50%（含本次投资金额，合并会计报表口径），国务院规定的投资公司和持股公司除外；

10.入股资金为自有资金，不得以委托资金、债务资金等非自有资金入股；

11.银监会规章规定的其他审慎性条件。

（三）个体工商户以自然人形式入股。

第二十一条 本行总股本为30000万股，包括法人股和自然人股。

第二十二条 本行发起人名单

（一）企业法人发起人名单

企业法人发起人名单				
企业法人发起人名称	认购股份（万股）	持股比例（%）	出资方式	出资时间
香河县汇鑫房地产开发有限公司	2000	6.67	原股金折转	2010.12.20
香河县城镇房地产综合开发有限公司	1837	6.12	原股金折转	2008.3.28
香河华联香百超市有限公司	1620.1	5.40	原股金折转	2015.6.30
廊坊市德仁建设工程有限公司	700	2.33	原股金折转	2017.4.28
香河县三强热力有限公司	647	2.16	原股金折转	2011.10.14
香河华鑫非织造布有限公司	500	1.67	原股金折转	2010.12.15
香河县三强建筑工程有限公司	500	1.67	原股金折转	2010.12.30
香河嘉美家具城有限公司	300.3	1.00	原股金折转	2015.7.17
香河汇美塑胶有限公司	268.3	0.89	原股金折转	2010.12.17
香河富士嘉利纸制品有限公司	230.1	0.77	原股金折转	2010.12.24
香河县龙盛房地产开发有限公司	225	0.75	原股金折转	2010.12.20
香河县龙盛建设工程有限公司	225	0.75	原股金折转	2010.12.20
香河县宏大房地产开发有限公司	202	0.67	原股金折转	2010.12.13
香河县聚新宝钣金制品有限公司	194	0.65	原股金折转	2010.12.21
香河县顺达皮革商贸有限公司	191.09	0.64	原股金折转	2011.9.9
香河紫辰汽车配件有限公司	190	0.63	原股金折转	2016.8.1
香河县忠信厨房设备有限公司	175.1	0.58	原股金折转	2006.6.28
香河县华安电器设备有限公司	130	0.43	原股金折转	2010.12.20
中冶长城重型机械制造有限公司	100.1	0.33	原股金折转	2010.12.17
香河县华鑫泡沫有限公司	100	0.33	原股金折转	2010.12.15
香河县万泰建筑工程有限公司	100	0.33	原股金折转	2010.12.17
河北华香清真肉类加工有限责任公司	66.8	0.22	原股金折转	2010.12.17
香河县宏远机械有限公司	54.1	0.18	原股金折转	2010.12.20
河北峻宇锅炉有限公司	53	0.18	原股金折转	2010.12.18
香河华北致冷设备有限公司	51.1	0.17	原股金折转	2008.1.28
香河县康泰机械制造股份有限公司	51	0.17	原股金折转	2010.12.20
香河港龙汽车配件制造有限公司	51	0.17	原股金折转	2016.8.2
香河欣通电气设备有限公司	50.5	0.17	原股金折转	2010.12.20
香河北方家具城有限公司	50	0.17	原股金折转	2010.12.20
香河伟业新型门窗有限公司	50	0.17	原股金折转	2013.9.30
合计	10912.59	36.38		

（二）前十大户自然人发起人名单

前十大户自然人发起人名单				
自然人发起人名称	认购股份（万股）	持股比例（%）	出资方式	出资时间
安学军	505	1.68	原股金折转	2011.6.29
高金英	212.7	0.71	原股金折转	2006.7.23
李春艳	187.87	0.63	原股金折转	2016.3.18
汪文斌	180	0.60	原股金折转	2011.8.8
薛福刚	159.6	0.53	原股金折转	2007.12.19
魏国强	151	0.50	原股金折转	2011.8.31
王振琦	150.5	0.50	原股金折转	2006.7.23
王铁成	150.1	0.50	原股金折转	2006.7.23
成金明	150	0.50	原股金折转	2006.2.19
高德谦	150	0.50	原股金折转	2006.7.22
合计	1996.77	6.65		

第二十三条　本行向认购股份的股东印发记名股权证书，以人民币标明面值，作为入股股东所有权凭证和参与利益分配的依据。本行发行的股权证书，采用一户一证制，载明下列事项：

（一）本行名称；

（二）股权证书票面金额；

（三）持有股权证书的股东姓名或名称；

（四）股权证书的编号。

本行的股权证书加盖本行公章和法定代表人印章后生效。

第二十四条　股东持有的股权证书发生被盗、遗失、灭失或毁损，可以依照《中华人民共和国民事诉讼法》规定的公示催告程序，请求人民法院宣告该股权证失效后，向本行申请补发股权证书。

第二十五条　本行置备股东名册，股东名册记载下列事项：

（一）股东的姓名或名称、地址或住所、自然人股东身份证号、法人股东组织机构代码证、法人代表姓名；

（二）股东所持股份种类和股份数；

（三）股东所持记名股权证书的编号；

（四）股东取得其股份的日期；

（五）股东股份转让、质押、继承和赠与情况；

（六）其他必要的股东信息。

股东名册是本行向股东履行义务的依据，上述信息和股东权利变更要及时通知本行变更股东名册。因上述信息和股东权利变更未通知本行等股东自身原因或违反有关法律法规规定造成未记载于股东名册的，不得对抗本行。

第二节　股份增减和收购

第二十六条　本行根据经营和发展的需要，依照有关法律法规的规定，经股东大会做出决议并报中国银行业监督管理机构批准后，可以采取下列方式增加资本：

（一）向社会定向募集新股；

（二）向现有股东配售股份；

（三）向现有股东派送红股；

（四）以资本公积金转增股本；

（五）吸收合并其他金融机构；

（六）有关法律、法规规定的其他方式。

本行股东依照本条增持股份后持股比例须符合本章程第十九条规定。因派送红股超过本章程规定最高持股数量和比例的不再派送红股，以现金分红方式处理。

第二十七条　股东有权按照持股比例优先认购本行不定时发行或出售的新股。就优先认购权而言，股东的各自认购比例应为新股发行前、各股东的持股数额与未放弃优先认购权的全体股东在新股发行前所持股份总数之间的比例。但股东认购新股后的持股比例须符合本章程第十九条规定。

第二十八条　本行可以减少注册资本。本行减少注册资本应按照《中华人民共和国公司法》《中华人民共和国商业银行法》等有关法律法规的规定程序办理。

第二十九条　本行不得收购本行股份。但是，有下列情形之一的除外：

（一）减少本行注册资本;

（二）与持有本行股份的其他公司合并;

（三）将股份奖励给本行职工;

（四）股东因对股东大会做出的本行合并、分立决议持异议，要求本行收购其股份的。

本行因前款第（一）项至第（三）项的原因收购本行股份的，应当经股东大会决议。本行依照前款规定收购本行股份后，属于第（一）项情形的，应当自收购之日起 10 日内注销;属于第（二）项、第（四）项情形的，应当在 6 个月内转让或者注销。

本行依照第一款第（三）项规定收购的本行股份，不得超过本行已发行股份总额的 5%；用于收购的资金应当从本行的税后利润中支出;所收购的股份应当在 1 年内转让给职工。

第三十条　本行收购股份可以下列方式之一进行：

（一）向全体股东发出收购要约;

（二）有关法律法规的规定和有关部门批准的其他情形。

第三节　股份转让和质押

第三十一条　本行股东所持的股份不得退股，但经本行同意，可依法转让、继承和赠与。

股东拟通过证券交易所以外方式转让所持股权的，应事前报本行董事会或股权管理机构审核同意，涉及审批事项的应经银行业监管机构批准同意后，再与受让方正式办理相关手续，涉及报告事项的应按相关要求向属地监管部门报告。通过证券交易所转让的，要同时符合银行业监督管理部门和证券监督管理部门相关规定。股权转让后，应及时办理相关变更登记手续，在股东名册上进行变更登记。

本行股份转让后的持有人（受让人），持有本行股份1%以上股东发生变动，应按相关规定向中国银行业监督管理机构报告或审批。转让、继承和赠与股份后，股东持股比例须符合本章程第十九条规定。

第三十二条 本行股份总额1%以下（不含）的单户股份转让、继承和赠与，经本行相关部门审核，董事长签字后依法办理变更登记手续。

本行股份总额1%以上的单户股份转让、继承和赠与，应向董事会提出书面申请，并按照本章程第十八条规定报告中国银行业监督管理机构或经中国银行业监督管理机构批准后，依法办理变更登记手续。

单一股东（或实际控制人）通过小股东转让、赠与或其他形式受让本行股份后，其持股比例达到或超过1%的，应当报董事会批准，否则转让交易无效。

股份变更涉及有关监管规定的，应当报告中国银行业监督管理机构或经中国银行业监督管理机构审批。

第三十三条 因股份转让、继承和赠与而产生的公告、公证、招标、拍卖、审计、评估等一切与之相关的费用由转让人和受让人协商承担，转让人及受让人均不承担相关费用的视为放弃股份转让、继承和赠与事宜。

第三十四条 股东因股份或其他事项变更，涉及股东名册登记变更事项的，应携带合法有效的证明文件，到本行办理变更登记手续。需要换发股权证的，到本行换发股权证。

因自然人股东死亡而发生股份继承的，继承人应在继承事实发生之日起90日内，持有效证明文件到本行办理股东名册变更登记并换领股权证。

第三十五条 有下列情形的，不得转让和赠与：

（一）持股比例在5%以上的股东的股份自本行成立日起未超过5年的，其他股东持有的股份自本行成立日起未超过1年的；

（二）股东在本行的借款余额大于其持有股份的；

（三）股东在本行借款逾期未归还的；

（四）本行董事、监事和高级管理人员任职期间或本行董事、监事和高级管理人员虽已离职，但尚未满6个月的；

（五）股东大会召开前20日内或本行决定分配红利的基准日前5日内的。

第三十六条 本行不得接受本行的股份作为质押权标的。

第三十七条 本行股东股权质押要遵循如下要求：

（一）股东以本行股权出质为自己或他人担保的，应当严格遵守法律法规和监管部门的要求，并事前告知本行董事会。董事会指定的其他部门，负责承担银行股权质押信息的收集、整理和报送等日常工作。拥有本行董、监事席位的股东，或直接、间接、共同持有或控制本行2%以上股份或表决权的股东出质本行股份，事前须向本行董事会申请备案，说明出质的原因、股权数额、质押期限、质押权人等基本情况。凡董事会认定对本行股权稳定、公司治理、风险与关联交易控制等存在重大不利影响的，应不予备案。在董事会审议相关备案事项时，由拟出质股东委派的董事应当回避。

（二）股东完成股权质押登记后，应配合本行风险管理和信息披露需要，及时向本行提供涉及质押股权的相关信息。

（三）股东在本行借款余额超过其持有经审计的本行上一年度股权净值的，不得将本行股权进行质押。

（四）股东质押本行股权数量达到或超过其持有本行股权的 50%时，应当对其在股东大会和派出董事在董事会上的表决权进行限制。

第三十八条 股东的关联企业的借款在计算比率时应与该股东在本行的借款合并计算；股东在本行借款逾期未还的期间内，不得就其持有的本行股份行使表决权，本行应将前述情形在股东大会会议记录中载明。

第四章 股东和股东大会

第一节 股 东

第三十九条 本行股东为依法持有本行股份的自然人和法人，股东按其所持有的股份享有权利，承担义务。本行股东必须符合银行业监督管理机构规定的向农村商业银行投资入股的条件。

第四十条 本行股东享有下列权利：

（一）依照其所持有的股份份额获得股利和其他形式的利益分配；

（二）依法请求召集、主持、参加或委派代理人参加股东大会，并依照其所持有的股份份额行使表决权；

（三）享有选举权和被选举权；

（四）对本行的经营行为进行监督，提出建议或者质询；

（五）依照法律法规和本章程的规定，可以对所持有的股份转让、继承、赠与；

（六）本行应当将章程、股东名册、公司债券存根、股东大会会议记录、董事会会议记录、监事会会议记录、财务会计报告置备于本公司；

（七）股东有权查阅公司章程、股东名册、公司债券存根、股东大会会议记录、董事会会议决议、监事会会议决议、财务会计报告，对公司的经营提出建议或者质询；

（八）本行终止或清算时，按其所持有的股份份额依法参加本行剩余财产的分配；

（九）股东大会、董事会的会议召集程序、表决方式违反法律、行政法规或本章程，或决议内容违反本章程的，股东可以自决议做出之日起 60 日内，请求人民法院撤销；

（十）股东合法权益受到侵害时，有权依照法律法规及本行章程的规定，要求停止侵害，赔偿损失；

（十一）适用法律法规、行政规章和本章程所赋予的其他权利。

第四十一条 股东提出查阅前条所述有关信息或者索取资料的，应当向本行提供证明其持有本行股份的书面文件，本行经核实股东身份后按照股东的要求予以提供。股东对获取的信息和资料必须承担保密义务，不得擅自披露有关信息。

第四十二条 诉讼事项：

（一）股东大会、董事会的决议违反法律法规和本章程规定、侵犯股东合法权益的，股东有权向人民法院提起要求停止该违法行为和侵害行为的诉讼；

（二）董事和高级管理人员执行本行职务时违反法律或本章程的规定，给本行造成损失的，连续 180 日以上单独或合并持有本行 1%以上股份的股东可以书面请求监事会向人民法院提起诉讼；

（三）监事会执行本行职务时违反法律或本章程的规定，给本行造成损失的，前述股东可以书面请求董事会向人民法院提起诉讼；

（四）监事会、董事会收到前款规定的股东书面请求后拒绝提起诉讼，或者自收到请求之日起 30 日内未提起诉讼，或者情况紧急、不立即提起诉讼将会使本行利益受到难以弥补的损害的，前款规定的股东有权为了本行的利益以自己的名义直接向人民法院提起诉讼；

（五）他人侵犯本行合法权益，给本行造成损失的，本条第（二）款所指股东可以依照前款的规定向人民法院提起诉讼。

第四十三条 本行股东承担下列义务：

（一）遵守法律法规和监管规定，承认并遵守本章程；

（二）主要股东应当在必要时向本行补充资本；

（三）按其所认购的股份和入股方式缴纳股金；

（四）以其所持本行股份为限对本行承担责任；

（五）保守本行商业秘密，维护本行的利益和荣誉，支持本行合法开展各项业务；

（六）服从和履行股东大会决议；

（七）依法对本行履行诚信义务，如实提供股东身份资料、财务报告、报表、信用报告、关联情况报告、入股其他金融机构情况报告等其他资料，并确保提交的资料真实、完整、有效；

（八）本行法人股东如发生法定代表人、公司名称、注册地址、注册资金、经营范围、自身股东变更等重大事项变更，以及公司解散、被撤销、分立或与其他公司合并、被其他公司兼并、持有其他金融机构股份等情形时，法人股东应在事件发生后 30 天内书面通知本行；涉及股东名册登记事项变更的，应携带合法有效的证明文件，到本行股权管理部门办理变更登记手续，需要换发股权证的、由本行股权管理部门换发股权证；

（九）不得滥用股东权利损害本行或者其他股东的利益；不得滥用公司法人独立地位和股东有限责任损害本行债权人的利益；股东滥用股东权利给本行或者其他股东造成损害的，应当依法承担赔偿责任。本行股东滥用公司法人独立地位和股东有限责任，逃避债务，严重损害本行债权人利益的，应当对本行债务承担责任；

（十）应经但未经监管部门批准或未向监管部门报告的股东，不得行使股东大会召开请求权、表决权、提名权、提案权、处分权等权利；

（十一）对于存在虚假陈述、滥用股东权利或其他损害本行利益行为的股东，银监会或其派出机构可以限制或禁止本行与其开展关联交易，限制其持有本行股权的限额、股权质押比例等，并可限制其股东大会召开请求权、表决权、提名权、提案权、处分权等权利。

（十二）法律法规和本章程规定应承担的其他义务。

第四十四条 本行主要股东对本行和其他股东负有诚信义务，不得利用其主要地位、为自己谋求不当利益或损害本行和其他股东的利益。上述所涉及的情形包括但不限于：

（一）主要股东在行使表决权时，不得做出有损于本行和其他股东合法权益的决定；

（二）主要股东不得直接或间接干预本行依法开展的经营活动；

（三）主要股东应尊重本行财务的独立性，不得干预本行的财务、会计活动，与本行实行人员、资产、财务分开，机构、业务独立，各自独立核算、独立承担责任和风险；

（四）主要股东及其关联方不得向本行下达任何经营计划和指令，也不得以其他任何形式影响本行经营管理的独立性；

（五）主要股东投入本行的资产应独立完整、权属清晰。主要股东不得占用、支配本行资产。

本行职工应独立于主要股东，不得在主要股东处担任任何职务，包括但不限于董事、监事、经理等。

第四十五条 本行资本充足率低于法定标准和监管标准时，股东特别是主要股东应支持董事会提出的提高资本充足率的措施；股东特别是主要股东应当支持本行董事会制定合理的资本规划，主要股东不得阻碍其他股东对本行补充资本或合格的新股东进入，主要股东应当以书面形式向本行做出资本补充的长期承诺，并作为本行资本规划的一部分。

第四十六条 在本行出现流动性困难时，在本行有借款的股东应立即归还到期借款，未到期的借款应提前归还。流动性困难，是指本行无法及时获得或者无法以合理成本获得充足资金，以偿付到期债务或其他支付义务、满足资产增长或其他业务发展需要的风险。

第四十七条 本行不得向股东发放信用贷款，发放其它贷款的条件不得优于对其他借款人同类贷款的条件。

单一股东（主要股东或其控股股东、实际控制人、关联方、一致行动人、最终受益人等单个主体）在本行的贷款总额不得超过本行资本净额的 10%（该股东的关联方贷款与该股东的贷款合并计算）。单一股东所在集团客户（主要股东或其控股股东、实际控制人、关联方、一致行动人、最终受益人等单个主体）在本行的授信总额不得超过本行资本净额的 15%，本行对全部关联方的授信余额不超过资本净额的 50%。

股东特别是主要股东在本行的贷款形成不良的，自不良贷款本息全部清偿之日起 5 年内不得申请新贷款。

第四十八条 同一股东及其关联方不得向股东大会同时提名董事和监事的人选；同一股东及其关联方提名的董事（监事）人选已担任董事（监事）职务，在其任职期届满或更换前，该股东不得再提名监事（董事）候选人；同一股东及其关联方提名的董事原则上不得超过董事会成员总数的三分之一。国家另有规定的除外。

第四十九条　本行的主要股东在行使表决权时，不得做出有损于本行和其他股东合法权益的决定。

第二节　股东大会

第五十条　股东大会是本行的最高权力机构，依法行使下列职权：

（一）制定或修改章程；

（二）选举和更换董事和非职工监事，决定有关董事、监事的报酬事项；

（三）审议批准董事会和监事会工作报告；

（四）审议批准本行的发展战略、规划，决定本行的经营方针和投资计划；

（五）审议批准本行年度财务预、决算方案，利润分配方案和亏损弥补方案；

（六）对本行增加或减少注册资本做出决议；

（七）决定发行债券，审议股权激励计划；

（八）对本行的合并、分立、解散、清算或变更公司形式做出决议；

（九）审议批准本行特别重大捐赠、特别重大投资、特别重大资产购置和特别重大资产处置；

（十）审议单独或合并持有本行股份总数3%以上股东提出的应当由股东大会做出决定的议案；

（十一）审议通过或修改股东大会议事规则、董事会议事规则、监事会议事规则；

（十二）审议批准需本行回购股份方案；

（十三）听取中国银行业监督管理机构对本行的监管意见、行业管理部门及外部审计部门的主要审计、检查情况及本行执行整改情况的通报；

（十四）听取监事会对董事会、高级管理层及其成员、监事的履职评价报告；

（十五）授权董事会聘请或更换会计师事务所、律师事务所等中介机构；

（十六）审议法律、行政法规和本章程规定的应当由股东大会决定的其他事项。

对前款所列事项，股东以书面形式一致表示同意的，可以不召开股东大会，直接做出决定，并由全体股东在决定文件上签名、盖章。

第五十一条　股东大会可以根据日常经营和管理的需要，经出席股东大会股东所持表决权的过半数通过，可以对本章程第五十条（二）、（三）、（四）、（五）、（七）、（九）、（十）、（十一）、（十三）、（十四）、（十五）项普通决议事项授权董事会行使。

第五十二条　股东大会分为年度股东大会和临时股东大会。年度股东大会每年召开 1 次，于上一会计年度结束后的 6 个月内召开。因特殊情况需延期召开的，应当及时向银行业监督管理机构报告，说明延期召开的理由并公告。

第五十三条　本行股东大会主要采取现场会议方式召开。

第五十四条　有下列情形之一的，本行应在事实发生之日起 2 个月以内召开临时股东大会：

（一）董事人数不足公司法规定人数或者本行章程所定人数的三分之二时；

（二）本行未弥补的亏损达到本行股本总额的三分之一时；

（三）单独或者合并持有本行有表决权股份总数 10%（不含投票代理权）以上的股东书面提议时（持股数按股东提出书面提议日计算）；

（四）董事会认为必要时；

（五）监事会提议召开时；

（六）三分之一以上董事提议召开时；

（七）全部独立董事提议召开时；

（八）法律法规、部门规章及本章程规定的其他情形。

第三节　股东大会的召集

第五十五条　股东大会会议包括年度会议和临时会议。股东大会年会由董事会召集。董事会不能履行或者不履行召集股东大会会议职责的，监事会应当及时召集和主持；监事会不召集和主持的，连续 90 日以上单独或者合计持有本行 10%以上股份的股东可以自行召集和主持。

第五十六条　监事会有权提议召开临时股东大会，并应当以书面形式向董事会提出请求和拟召集的股东大会提案。

董事会应当根据法律法规、行政规章和本章程的规定，在收到书面请求和提案后 10 个工作日内做出同意或不同意召开临时股东大会的决议，并以书面形式向监事会进行反馈。

董事会同意召开临时股东大会的，应当在做出董事会决议后的 5 个工作日内发出召开股东大会的通知，通知中对原提案内容的变更，应征得监事会的同意。

董事会不同意召开临时股东大会，或者在收到提议后 10 个工作日内未做出反馈的，或者董事会同意召开股东大会但未在做出决议后的 5 个工作日内发出召开股东大会通知的，视为董事会不能履行或者不履行召集股东大会职责，监事会可以自行召集和主持。

第五十七条　连续 90 日以上单独或者合计持有本行 10%以上有表决权股份的股东有权向董事会请求召开临时股东大会，并应当以书面形式向董事会提出。

董事会应当根据法律法规、行政规章和本章程的规定，在收到书面请求和提案后 10 个工作日内做出同意召开临时股东大会的决议，并以书面形式向提议股东进行反馈。

董事会同意召开临时股东大会的，应当在做出董事会决议后的 5 个工作日内发出召开股东大会的通知，通知中对原提案内容的变更，应征得提议股东的同意。

董事会不同意召开临时股东大会，在收到提议后 10 个工作日内未做出反馈的，或者董事会同意召开股东大会但未在做出决议后的 5 个工作日内发出召开股东大会通知的，连续 90 日以上单独或者合计持有本行 10%以上有表决权股份的股东有权向监事会提议召开临时股东大会，并应当以书面形式向监事会提出请求。

监事会应在收到书面请求和提案后 10 个工作日内做出召开临时股东大会的决议并书面反馈提议股东。

监事会同意召开临时股东大会的，应在做出同意开会的决议后 10 个工作日内发出召开股东大会通知，通知中对原提案内容的变更，应征得提议股东的同意。

监事会未在规定期限内发出股东大会通知的，视为监事会不召集和主持股东大会，连续 90 日以上单独或者合计持有本行 10%以上有表决权股份的股东可以自行召集和主持。

第五十八条　监事会或提议股东自行召集临时股东大会的，应当书面通知董事会，并报中国银行业监督管理机构备案。董事会和董事会秘书应予配合，董事会应当提供股权登记日的股东名册。

监事会或提议股东自行召开的临时股东大会，其所发生的合理费用，由本行承担。

第五十九条　全体独立董事取得一致意见后，有权向董事会提议召开临时股东大会。对独立董事要求召开临时股东大会的提议，董事会应当依据适用法律和本章程的规定，在收到提议后 10 个工作日内做出召开临时股东大会的书面反馈意见。

董事会同意召开临时股东大会的，应当在做出董事会决议后的 5 个工作日内发出召开临时股东大会的通知。

第四节　股东大会提案和通知

第六十条　提案的内容应当属于股东大会职权范围，有明确议题和具体决议事项，并且符合法律法规、行政规章和本章程的有关规定，以书面形式提交或送达董事会。提案应以书面形式做出。

第六十一条　本行召开股东大会，董事会、监事会、全部独立董事联名、全部外部监事联名以及单独或合计持有本行有表决权的股份总额 3%以上的股东，有权以书面形式向本行提出提案，本行应当将提案中属于股东大会职权范围内的事项，列入该次会议的议程。

第六十二条　单独或合计持有本行有表决权股份总数 3%以上的股东，可以在股东大会召开 10 日前提出临时提案并书面提交董事会。董事会应当在收到提案后两个工作日内通知其他股东，并将该临时提案提交股东大会审议。股东大会通知中未列明的事项或不符合本章程第五十九条规定的提案，股东大会不得进行表决并做出决议。

如发生本章程规定的由监事会或提议股东召集临时股东大会的情况，则上述提案应由监事会或提议股东提交股东大会审议。

第六十三条　提案应遵循以下规定：

（一）提出提案的方式

1.董事会向股东大会所提提案，应以董事会决议做出；

2.监事会向股东大会所提提案，应以监事会决议做出；

3.独立董事所提提案，应由所有独立董事联名做出；

4.外部监事所提提案，应由所有外部监事联名提出；

5.单独或者合计持有本行有表决权股份总数 3%以上股东所提议案，应由上述股东联名做出。

（二）提出提案程序

所有提案应依照本章程向会议召集人提出。

（三）提名候选人的提案还应遵守以下规定

1.有权提出候选人提案的机构：

（1）董事会可以向股东大会提出董事候选人的提案；

（2）单独或者合计持有本行有表决权股份总数 3%以上股东可以向会议召集人提出董事、股东监事候选人提案；

（3）监事会可以向股东大会提出外部监事、股东监事候选人的提案；

（4）单独或者合计持有本行有表决权股份总数 1%以上股东可以向会议召集人提出外部监事候选人提案。

2.候选人的审核：

（1）董事会向股东大会提名董事候选人，应经董事会薪酬与提名管理委员会审核；

（2）监事会向股东大会提名外部监事、股东监事候选人，应经监事会提名委员会审核；

（3）单独或者合计持有本行有表决权股份总数 1%以上股东提出候选人的，外部监事候选人应经监事会提名委员会审核；单独或者合计持有本行有表决权股份总数 3%以上股东提出候选人的，董事候选人应经董事会薪酬与提名管理委员会审核，股东监事候选人应经监事会提名委员会审核；董事会薪酬与提名管理委员会、监事会提名委员会不履行审核职责的，由上述股东集体审核。

3.提案人提名的人数必须符合本章程的规定，并且不得多于拟选人数。

4.独立董事和外部监事的特别规定：

（1）同一股东只能提出 1 名独立董事或外部监事候选人。

（2）被提名的独立董事、外部监事候选人分别由董事会薪酬与提名管理委员会、监事会提名委员会进行资质审查，审查重点包括独立性、专业知识、经验和能力等。

（3）独立董事的选聘应主要遵循市场原则。

（4）董事会薪酬与提名管理委员会、监事会提名委员会、单独或者合计持有本行有表决权股份总数 1%以上股东可以向董事会、监事会提出独立董事、外部监事候选人，董事会、监事会应当根据本章程的规定，对上述提名做出决议，已经提名董事的股东不得再提名独立董事。

（5）监事会提请罢免独立董事、外部监事的提案应当由全体监事的三分之二以上表决通过方可提请股东大会审议。

第六十四条 董事会应当以本行和股东的最大利益为行为准则，按照本章程的规定对股东大会提案进行审查。

第六十五条 董事会决定不将股东大会提案列入会议议程的，应当在该次股东大会上进行解释和说明，并将提案内容和董事会的说明与股东大会决议一并存档。

第六十六条 股东大会审议提案时，不得对提案进行修改，否则，有关变更应当被视为一个新的提案且不得在本次股东大会上进行表决。

第六十七条 召开股东大会年度会议，应当将会议召开的时间、地点和审议的事项于会议召开 20 日前通知各股东；临时股东大会应当于会议召开 15 日前通知各股东。

拟出席股东大会的股东，应当于会议召开 7 日前，将出席会议的书面回复送达本行。

如拟出席会议的股东所代表的有表决权的股份数未达到本公司有表决权的股份总数二分之一以上，本行应当在股东大会召开 5 日以前将会议拟审议的事项、开会日期和地点以公告形式再次通知股东，再次通知的拟议事项应与前次股东大会通知的拟议事项一致，不得增加或删改。经再次公告通知，本行可以召开股东大会（临时股东大会），但拟出席会议的股东所代表的有表决权的股份数应达到本行有表决权的股份总数 10%。

因意外遗漏未向某有权得到通知的股东送出股东大会通知或者该股东没有收到股东大会通知，股东大会及股东大会做出的决议并不因此而无效。

第六十八条 股东大会的通知应当包括以下内容：

（一）会议的时间、地点和期限；

（二）会议审议的事项和提案；

（三）所有有权出席股东大会的股东，既可本人出席也可以书面委托代理人出席会议和参加表决，该股东代理人可以不是本行的股东；

（四）代理委托书的送达时间和地点；

（五）会务常设联系人姓名、电话号码；

（六）发出通知的日期。

股东大会拟讨论董事、监事选举事项的，股东大会通知中应充分披露董事、监事候选人的详细资料。

第六十九条 股东大会召开的会议通知发出后，除有不可抗力或者其他意外事件等原因，董事会不得变更股东大会召开的时间；因不可抗力或者其他意外事件确需变更股东大会召开时间的，应在原定股东大会召开日前至少 2 个工作日发布延期通知，董事会在延期召开通知中应说明原因并公布延期后的召开日期。

第五节 股东大会的召开

第七十条 股东大会召开时，本行全体董事、监事、董事会秘书、高级管理层成员应出席或列席会议。

第七十一条 股东大会由董事长主持。董事长不能履行职务或者不履行职务的，由半数以上董事共同推举 1 名董事主持。

监事会自行召集的股东大会，由监事长主持。监事长不能履行职务或不履行职务的，由半数以上监事共同推举 1 名监事主持。

股东自行召集的股东大会，由召集人推举代表主持。

第七十二条 股东可以亲自出席股东大会，也可以委托代理人代为出席股东大会。股东为企业法人的，企业的法定代表人出席会议。

自然人股东出席会议的，应出示本人身份证和股权证书；委托代理人出席会议的，应出示代理人本人身份证、授权委托书和被代理人股权证书。

法人股东应由法定代表人或者法定代表人委托的代理人出席会议。法人股东法定代表人出席会议的，应出示本人身份证、能证明其具有法定代表人资格的有效证明和股权证书；委托代理人出席会议的，应出示代理人本人身份证、法人股东依法出具的书面授权委托书、法人股东单位的法定代表人资格证明和股权证书。

第七十三条 股东出具的委托他人出席股东大会的授权委托书应当载明下列内容：

（一）委托人的姓名或者名称、身份证号（组织机构代码），代理人的姓名、身份证号；

（二）代理人所代表的委托人的股份数量；

（三）委托书签发日期和有效期限；

（四）委托人为自然人股东的应签名，委托人为法人股东的应当加盖法人单位公章；

（五）原则上应对股东大会议程的每一项议程作具体的指示，如果股东在委托书中不作具体指示，代理人可以按自己的意愿表决；

（六）对可能纳入股东大会议程的临时提案是否有表决权，如果有表决权应行使何种表决权的具体指示；

股东未出席股东大会会议，也未委托代理人出席的，视为放弃在该次会议上的表决权，不计入有效表决票。

第七十四条 出席股东大会人员的签名册由本行负责制作。签名册应载明股东姓名或名称、持有表决权的股份数额、出席人姓名等事项。

第七十五条 单独或者合计持有本行有表决权股份总数 5%以上的股东有权在股东大会会议上提出质询。

第六节 股东大会的表决

第七十六条 股东（包括股东代理人）以其出席股东大会所持有的有表决权的股份数额行使表决权，每一股份享有一票表决权，单一股东或代理人表决权不得分割行使，本行持有的本行股份没有表决权。

依据法律法规、行政规章和本行章程，表决权被限制的股东没有表决权，所有权有争议或权属不明的股份没有表决权，没有完全民事行为能力的自然人和丧失法人资格的组织持有的股份没有表决权，涉及关联交易内容的股份在表决其相关提案时没有表决权，通过欺诈、胁迫、恶意串通等其他非法方式持有的股份或取得的代理权没有表决权。

本行股东在本行授信出现逾期时，没有表决权。股东大会表决通过的决议，在扣除无表决权的票数后，达不到通过比例的决议无效；因无效决议而取得利益应及时返还。

第七十七条 股东大会表决前股东去世、丧失行为能力、撤回委托、撤回签署委任的授权或者其所持有的股份已被转让的，只要本行在有关会议开始前没有收到该等事项的书面通知，由代理人以委托书所做出的表决仍然有效。

第七十八条 股东大会选举董事、非职工监事提案可在汇总后作为一项提案提交大会表决，股东大会对每位候选人逐一进行表决。除前述以外的提案进行逐案表决，对同一事项有不同提案的，按提案提出的时间顺序进行表决。

第七十九条 除因不可抗力等特殊原因导致股东大会中止或不能做出决议外，股东大会不得对提案进行搁置或不予表决。

第八十条 股东大会召集人应当保证股东大会在合理的工作时间内连续举行，直至形成最终决议。因不可抗力或其他异常原因导致股东大会不能正常召开或未能做出任何决议的，股东大会召集人有义务采取必要措施尽快恢复召开股东大会。

第八十一条 股东大会对提案进行表决前，应当推举计票人、唱票人和监票人，上述人员的推举由民主推荐产生。审议事项与股东代表有利害关系的，相关股东代表及其代理人不得参加计票、唱票、监票。

股东大会对提案进行表决后，应当由计票、唱票、监票人当场清点并公布表决结果，决议的表决结果载入会议记录。

第八十二条 本行股东大会对提案采取记名方式投票表决或股东大会同意的其它方式表决。

第七节 股东大会的决议

第八十三条 股东大会决议分为普通决议和特别决议。股东大会做出普通决议，应当由出席股东大会的股东（包括股东代理人）所持表决权的过半数以上通过。股东大会做出特别决议，应当由出席股东大会的股东（包括股东代理人）所持表决权的三分之二以上通过。

第八十四条 下列事项由股东大会以特别决议通过：

（一）修改章程；

（二）本行增加或者减少注册资本；

（三）本行重大收购事宜及收购股份；

（四）本行的合并、分立、解散、清算或终止；

（五）本行变更组织形式；

（六）本行的股权激励方案；

（七）本行发行超过资本净额 30%额度的债券；

（八）经出席会议股东表决权半数以上认为需要以特别决议通过的其他事项。

除上述规定以外的股东大会决议为普通决议。

第八十五条 股东大会审议有关关联交易事项时，关联股东不得参与投票表决，其所代表的有表决权的股份数不计入有效表决权总数。

前款的关联交易事项是指按照中国银行业监督管理机构的相关规定构成关联交易的事项。

第八十六条 股东大会应就会议表决事项制作表决票，出席股东大会会议的股东（包括股东代理人）应就决议事项发表以下意见之一：赞成、不赞成或弃权，并在表决票上签字或盖章。未填、错填、字迹无法辨认、在规定的期间未回复、未投的表决票均视为投票人放弃表决权利，不计入有效表决票总数。股东对决议事项修改后才签署的，则视为该股东对此项决议事项投不赞成票。

第八十七条 会议主持人根据表决结果决定股东大会审议事项的决议是否通过，并应当在会上宣布表决结果。

第八十八条 股东大会通知及补充通知中未列明的事项，股东大会不得进行表决并做出决议。

第八十九条 股东大会的决议内容违反法律、行政法规的无效。

股东大会的召集程序、表决方式违反法律法规或者本章程，或者决议内容违反本章程的，股东有权自决议做出之日起 60 日内，请求人民法院撤销。

本行根据股东大会、董事会决议对相关事项做出变更登记的，人民法院宣告该决议无效或者撤销该决议后，本行应当向登记机关申请撤销变更登记。

第九十条 会议主持人应指定专人制作完整而准确的股东大会会议记录。会议记录记载以下内容：

（一）出席股东大会有表决权的股份数，占本行总股份的比例；

（二）召开会议的日期、地点；

（三）会议主持人、会议议程；

（四）各发言人对每个审议事项的发言要点；

（五）每一表决事项的表决结果；

（六）股东的质询意见及建议，董事会、监事会及高级管理层成员的答复或说明等内容；

（七）监事会或股东依据本章程的规定召开临时股东大会的，在会议记录中应说明召集、召开临时股东大会的过程；

（八）决议事项或表决结果涉及关联交易的，会议记录应对关联股东是否参与表决情况做出记载，如果参加表决，应说明原因；

（九）股东大会认为和本章程规定应当载入会议记录的其他内容。

第九十一条 股东大会会议记录由主持人、出席会议的董事或其他会议召集人和记录员签名，连同出席股东的签名册及代理出席的授权委托书作为本行档案由董事会办公室永久保存。

第九十二条 董事会应在股东大会结束后 10 日内将股东大会记录、股东大会决议等文件复印件报中国银行业监督管理机构备案。

第九十三条 本行的股东大会会议实行律师见证制度，并由律师随后就该股东大会会议出具法律意见书。法律意见书应当对股东大会召开程序、出席会议的股东（股东代理人）资格、表决程序及决议内容和结果是否合法有效等事项发表意见。

第五章　党委

第九十四条 在本行设立中国共产党河北香河农村商业银行股份有限公司委员会。党委设书记 1 名，其他党委成员若干名。董事长、党委书记由 1 人担任，根据需要可设 1 名党委副书记协助党委书记抓党建工作。监事长为分管党建工作的委员。符合条件的党委成员可以通过法定程序进入董事会、监事会、高级管理层，董事会、监事会、高级管理层成员中符合条件的党员可以依照有关规定和程序进入党委。同时，按规定设立纪委。

第九十五条 机构设置、人员配备及经费保障。党委设立党委办公室、纪检监察室等机构。党委办公室、纪检监察室单独设置。党务工作人员原则上按照不少于同级部门平均编制的原则进行配备。党建工作经费，按照上年度员工工资总额的一定比例安排，纳入企业管理费用税前列支。

第九十六条 本行党委根据《中国共产党章程》等党内有关法规履行职责。

（一）保证监督党和国家方针政策在本行的贯彻执行，落实党中央、国务院和省委、省政府重大战略决策，以及落实上级党组织有关重要工作部署。

（二）加强对选人用人工作的领导和把关，管标准、管程序、管考察、管推荐、管监督，坚持党管干部原则与董事会依法选择高级管理层以及高级管理层依法行使用人权相结合。党委对董事会或行长提名的人选进行酝酿并提出意见建议，或者向董事会、行长推荐提名人选；对拟任人选进行考察，集体研究提出意见建议。

（三）研究讨论本行发展战略、中长期发展规划、改革发展稳定、重大经营管理事项、中高层经营管理人员的选拔任用管理和涉及员工切身利益的重大问题以及董事会认为应先经党委研究的其他事项，并提出意见建议。

（四）支持股东大会、董事会、监事会、高级管理层依法履职；支持职工代表大会开展工作；支持纪委切实履行监督责任。

（五）承担全面从严治党主体责任。领导工会、共青团等群团组织，团结凝聚职工群众，维护各方合法权益；领导党风廉政建设。

（六）加强本行基层党组织和党员队伍建设，充分发挥党支部党战斗堡垒作用和党员的先锋模范作用。

（七）党委职责范围内其他有关重要事项等。

第九十七条　建立党委研究讨论重大问题的运行机制。党委研究讨论是董事会、高级管理层决策重大问题的前置程序，重大事项必须经党委研究讨论后，再由董事会或高级管理层作出决定。

第六章　董事和董事会

第一节　董　事

第九十八条　本行董事由自然人担任，执行董事由职工股东担任，董事由股东大会选举或更换。本行所有董事均须报中国银行业监督管理机构核准其任职资格后履行职责。其中:本行职工担任董事的人数应不少于董事会成员总数的 1/4，但不应超过董事会成员的 1/3；本行职工外的其他自然人股东董事、法人股东董事和独立董事，按照《公司法》的相关规定和中国银行业监督管理机构的有关规定或要求设定。

董事每届任期 3 年。董事任期届满，可连选连任。在任期届满以前，股东大会不得无故解除其职务。董事任期届满未及时改选，或者董事在任期内辞职导致董事会成员低于法定人数的，在改选出的董事就任前，原董事仍应当依照适用法律和本章程的规定，履行董事职务。

第九十九条　董事应当符合法律法规和中国银行业监督管理机构规定的任职资格和条件，董事的任职资格须经中国银行业监督管理机构审核。董事应当具备履行职责必需的专业知识和工作经验。

第一百条　董事依法有权了解本行的各项业务经营情况和财务状况，有权对其他董事和高级管理层成员履行职责情况实施监督。

第一百零一条　董事应当遵守法律法规和本章程的规定，忠实履行职责，维护本行利益。当其自身利益与本行股东利益相冲突时，应以本行和股东的最大利益为行为准则，并保证：

（一）在其职责范围内行使权利，不得越权；

（二）不得利用内幕信息为自己或他人谋取利益；

（三）不得利用职权收受贿赂或其他非法收入；

（四）不得侵占本行的财产；

（五）不得挪用本行资金；

（六）未经股东大会批准，不得接受与本行交易有关的佣金；

（七）不得将本行资产以其个人名义或其他个人名义开立账户储存；

（八）不得违规将本行资金借贷给他人，不得以本行资产为本行的股东或他人提供担保；

（九）不得违反本章程的规定或未经股东大会同意，与本行订立合同或进行交易；

（十）不得利用职务便利为自己或他人谋取本应属于本行的商业机会，不得自营或为他人经营与本行同类的业务；

（十一）不得擅自披露本行秘密；

（十二）不得实施违反对本行忠实义务的其他行为，不得以任何其他方式恶意损害本行利益。

董事违反前款规定所得的收入应当归本行所有，给本行造成损失的，应当承担赔偿责任。

第一百零二条 董事应当遵守法律法规和本章程的规定，对行负有下列勤勉义务：

（一）董事应当投入足够的时间履行职责，谨慎、认真、勤勉地行使本行赋予的权利，以保证：

1.本行的商业行为符合法律、法规以及国家各项经济政策和本章程的要求，经营活动不超越营业执照规定的业务范围；

2.公平对待所有股东，不得剥夺股东的个人权益，包括分配权、表决权；

3.认真阅读本行的各项业务、财务报告，及时了解本行业务经营管理状况；

4.接受监事会对其履行职责的合法监督和合理建议。

（二）如实向监事会提供有关情况和资料，不得妨碍监事会或者监事行使职权；

（三）法律、法规、行政规章规定的其他勤勉义务。

第一百零三条 董事个人或者其所在任职的其他企业直接或者间接与本行已有的或者计划中的合同、交易、安排有关联关系时（聘任合同除外），必须以书面形式向董事会关联交易控制委员会告知其关联关系的性质和程度，并在审议相关事项时做必要的回避。

第一百零四条 未经股东大会同意，任何董事不得泄露其在任职期间所获得的涉及本行的机密信息。但是，在下列情况下，可以按照法院或者其他政府主管机构的要求披露该信息：

（一）法律、法规和行政规章有规定的；

（二）公众利益有要求的。

第一百零五条 未经本章程规定或者董事会的合法授权，任何董事不得以个人名义代表本行或者董事会行事。董事以其个人名义行事时，在第三方会合理地认为该董事在代表本行或者董事会行事的情况下，该董事应当事先声明其立场和身份，未声明其立场和身份的发言不代表本行或董事会，相应后果由个人承担。

第一百零六条　董事可以在任期届满前提出辞职。董事辞职应当向董事会提交书面辞职报告。

因董事辞职影响本行正常经营或导致董事会成员低于法定人数的，在改选出的董事就任前，原董事仍应当依照法律法规的规定，履行董事职责。

第一百零七条　董事有下列情形之一，未主动提出辞职的，可以由董事会提请股东大会予以罢免：

（一）董事被监管部门取消任职资格的；

（二）董事越权、不作为等行为给本行造成损失的；

（三）董事一年内出席董事会会议少于三分之二或连续两次未能出席，也不委托其他董事出席董事会会议的，视为不能履行其职责，董事会应当建议股东大会予以罢免；

（四）董事违法违纪等不再符合有关法律或本行章程规定的董事任职资格条件的；

（五）其他因情况变化不再符合有关法律或本行章程规定的董事任职资格条件的。

董事会、股东大会在审议罢免董事的议案时，相关董事应有权出席该会议并做出陈述和解释，股东大会应当在听取董事的陈述之后进行表决。

第一百零八条　董事被董事会提请股东大会予以罢免的，在相关股东大会做出决议之前，该董事在董事会仍有表决权。

第一百零九条　董事在任期内提出辞职未及时补选或者任期届满未及时改选导致董事会成员低于法定人数的，在补选或者改选出董事就任前，原董事仍应当依照有关法律法规、行政规章和本章程规定，履行董事职务。

第一百一十条　董事提出辞职或者任期届满，其对本行和股东负有的义务在其辞职报告尚未生效或者生效后的合理期间内，以及任职结束后的合理期间内并不当然解除，其对本行保守商业秘密的义务在其任职结束后仍然有效，直至该秘密成为公开信息。其他义务的持续期间应当根据公平的原则确定，视事件发生与离任之间时间的长短，以及与本行的关系在何种情况和条件下结束而定。

第一百一十一条　董事不得利用其关联关系损害本行利益，若给本行造成损失的，应当承担赔偿责任。

第一百一十二条　董事执行本行职务时违反法律、法规、本章程和股东大会决议的规定，给本行造成损失的，应当承担赔偿责任。但董事在表决时曾表明异议并记载于会议记录的，该董事可以免除由该董事会决议而产生的所有责任。

第一百一十三条　董事在任职期间擅自离职给本行造成损失的，应当承担赔偿责任。

第二节　独立董事

第一百一十四条　本行董事会设独立董事 2 名，由股东大会选举或更换，独立董事每届任期 3 年，任期届满，连选可以连任，但在本行任职时间累计不得超过 6 年。独立董事不得在超过两家商业银行同时任职。

第一百一十五条　独立董事除符合本章程有关董事的一般规定外，还应当符合下列条件：

（一）独立履行职责，不受与本行存在利害关系的单位或个人影响；

（二）具有本科（含本科）以上学历；

（三）具有五年以上的法律、经济、金融、财务或其他有利于履行独立董事职责的工作经历；

（四）能够运用金融机构的财务报表和统计报表判断金融机构的经营管理和风险状况；

（五）熟悉商业银行经营管理相关的法律法规；

（六）了解拟任职机构公司治理结构、公司章程和董事会职责。

拟任人还应是法律、经济、金融、财会方面的专业人员，并符合相关法规规定。

第一百一十六条 除本章程规定不符合担任董事的情形外，有下列情形的人员不得担任本行独立董事：

（一）本人及其近亲属合并持有本行1%以上的股份；

（二）本人或其近亲属在持有本行1%以上股份的股东单位任职；

（三）本人或其近亲属在本行、本行控股或实际控制的机构任职；

（四）本人或其近亲属在不能按期归还本行贷款的机构任职；

（五）本人或其近亲属任职的机构与本行存在法律、会计、审计、管理咨询、担保合作等方面的业务联系或债权债务等方面的利益关系，以致妨碍其履职独立性的情形；

（六）本人或其近亲属可能被本行大股东、高管层控制或施加重大影响，以致妨碍其履职独立性的情形；

（七）银监会按照实质重于形式原则确定的未达到农村中小金融机构独立董事在独立性方面最低监管要求的其他情形；

本行所称近亲属是指配偶、父母、子女、兄弟姐妹、祖父母、外祖父母、孙子女、外孙子女。

第一百一十七条 独立董事除具有本行董事享有的职权外，还具有以下特别职权：

（一）重大关联交易提交董事会讨论前，应经独立董事发表书面意见，独立董事做出判断前，可以聘请中介机构出具独立财务顾问报告，作为其判断的依据；

（二）应当对重大关联交易的公允性以及内部审批程序履行情况发表书面意见；

（三）向董事会提请召开临时股东大会；

（四）提议召开董事会；

（五）向董事会提议聘用或解聘会计师事务所；

（六）独立聘请外部审计机构和咨询机构，独立董事聘请中介机构的费用及其他行使职权时所需的合理费用由本行承担；

（七）法律法规、行政规章和本章程规定的其他事项。

独立董事行使上述职权应当取得全体独立董事一致同意。

第一百一十八条 独立董事履行职责时应当独立对董事会审议事项发表客观、公正的意见，并重点关注以下事项：

（一）重大关联交易的合法性和公允性；

（二）利润分配方案；

（三）高级管理人员的聘任和解聘；

（四）可能造成商业银行重大损失的事项；

（五）可能损害存款人、中小股东和其他利益相关者合法权益的事项；

（六）外部审计师的聘任等。

独立董事对本行的决策发表的意见，应当在董事会会议记录中载明。独立董事应当对上述事项发表以下几类意见之一：同意；保留意见及其理由；反对意见及其理由；无法发表意见及障碍。

第一百一十九条 独立董事在履行职责过程中，发现董事会、董事、高级管理层成员及本行机构和人员有违反法律、法规、规章及本行章程规定情形的，应及时要求予以纠正并向中国银行业监督管理机构报告。

第一百二十条 独立董事每年在本行工作的时间不得少于 15 个工作日。独立董事原则上必须出席会议，也可以委托其他独立董事出席董事会会议，但每年至少应当出席董事会会议总数的三分之二。

担任董事会审计及关联交易控制委员会、薪酬与提名管理委员会、风险管理委员会负责人的董事每年在本行工作的时间不得少于 25 个工作日。

第一百二十一条 独立董事有下列情形之一的，可以由监事会提请股东大会予以罢免：

（一）因职务变动不符合独立董事任职资格条件，本人未提出辞职的；

（二）一年内出席董事会会议的次数少于董事会会议总数三分之二的；

（三）严重失职的；

（四）法律法规、行政规章或本章程规定的不适合继续担任独立董事的其他情形。

第一百二十二条 严重失职是指：

（一）泄露本行商业机密，损害本行合法利益；

（二）在履行职责过程中接受不正当利益，或者利用独立董事的地位谋取私利；

（三）明知董事会决议违反有关法律、本章程或可能造成本行重大损失，而未提出反对意见；

（四）关联交易导致本行重大损失，独立董事未行使否决权的；

（五）中国银行业监督管理机构认定的其他严重失职行为。

第一百二十三条 监事会提请罢免独立董事的议案应当由监事会全体监事的三分之二以上表决通过后方可提交股东大会审议。

监事会提请股东大会罢免独立董事的，应当在发出召开股东大会的通知前 30 日内向中国银行业监督管理机构报告并向独立董事本人发出书面通知。独立董事有权在表决前以口头或书面形式陈述意见，并有权将该意见在股东大会会议召开前 5 日报送中国银行业监督管理机构等有权监管机关。股东大会应在审议独立董事陈述的意见后进行表决。

第一百二十四条 独立董事在任期届满前可以提出辞职。独立董事辞职应向董事会提交书面辞职报告，对任何与其辞职有关或其认为有必要引起行股东和债权人注意的情况进行说明。在董事会批准独立董事辞职前，独立董事应当继续履行职责。

第一百二十五条 独立董事辞职后，董事会中独立董事人数少于 2 名的，独立董事的辞职报告应在下任独立董事填补其缺额后方可生效。

第一百二十六条 独立董事有权获得报酬和津贴。报酬和津贴的标准由董事会制订，股东大会审议通过。

第一百二十七条 为了保证独立董事有效行使职权，本行应保证其享有与其他董事同等的知情权并提供必需的工作条件，独立董事履行职责时所需的费用由本行承担。

第一百二十八条 董事会决议违反有关法律、法规、规章或本章程，致使本行遭受严重损失，独立董事未发表反对意见的，依法承担赔偿责任。

第一百二十九条 除本节关于独立董事的特别规定以外，本章程关于董事的一般规定也适用于独立董事。

第三节　董事会

第一百三十条 本行设董事会，董事会是股东大会的执行机构，对股东大会负责。董事会由 11 名董事组成，设董事长 1 名。董事会中设执行董事 3 名，非执行董事 8 名（含独立董事 2 名）。

第一百三十一条 董事提名及选举的一般程序为：

（一）董事会向股东大会提名董事候选人，应经董事会薪酬与提名管理委员会审核，并以董事会决议做出；单独或者合计持有本行有表决权股份总数 3%以上股东亦可以向董事会提名董事候选人；董事会薪酬与提名管理委员会、单独或者合计持有本行有表决权股份总数 1%以上股东可以向董事会提出独立董事候选人，已经提名董事的股东不得再提名独立董事；

（二）董事会薪酬与提名管理委员会对董事候选人的任职资格和条件进行初步审核，合格人选提交董事会审议；经董事会审议通过后，以书面提案方式向股东大会提出非执行董事候选人；

（三）董事候选人应在股东大会召开之前做出书面承诺，同意接受提名，承诺公开披露的本人资料真实、完整并保证当选后切实履行义务；

（四）董事会应当在股东大会召开前依照法律法规和章程规定向股东披露董事候选人详细资料，保证股东在投票时对候选人有足够的了解；

（五）董事的提名提案至少应当在股东大会召开 10 日前提交股东大会召集人；

（六）股东大会对每位董事候选人逐一进行表决；

（七）遇有临时增补董事，由董事会薪酬与提名管理委员会或符合提名条件的股东提出并提交董事会审议，股东大会予以选举或更换；

（八）本行建立职工代表大会制度，执行董事通过本行职工代表大会选举产生、罢免，与股东大会选举产生的非执行董事组成本行董事会，并依照国家有关适用法律法规、行政规章和本章程的规定行使权利、履行义务和承担责任。

第一百三十二条 董事会行使下列职权：

（一）召集股东大会，并向股东大会报告工作；

（二）执行股东大会的决议；

（三）决定本行的经营计划和投资方案；

（四）制订本行的年度财务预算方案和决算方案；

（五）制订本行的利润分配方案和弥补亏损方案；

（六）制订本行增加或者减少注册资本、其他改变或重组注册资本的方案；

（七）制订收购本行股份方案；

（八）制订本行发行债券方案；

（九）制订公开发行股份的方案；

（十）制订本行合并、分立、解散和变更公司形式的方案；

（十一）决定本行内部管理机构、分支机构的设置；

（十二）决定聘任或解聘本行行长、董事会秘书，并根据行长的提名决定聘任或解聘副行长及其他高级管理层成员，根据需要决定聘任或解聘财务总监、合规总监、风险总监，并决定其报酬事项；

（十三）制订本章程草案和修改草案；

（十四）制订股东大会议事规则、董事会议事规则草案和修改草案；

（十五）制定或修改本行的基本管理制度；

（十六）审议批准本行重大或一般捐赠、重大或一般投资、重大资产购置、重大资产处置和重大关联交易；

（十七）管理本行信息披露事项；

（十八）对聘请或更换会计师事务所等中介机构做出决议；

（十九）监督高级管理层的履职情况，确保高级管理层有效履行职责；

（二十）定期听取高级管理层对本行经营计划的执行情况、经营业绩、重要合同、财务状况、风险状况、合规状况、经营前景和对监管意见的整改情况等报告；

（二十一）审议单独或合并持有本行股份总数 3%以上股东提出的应当由董事会做出决定的议案；

（二十二）法律法规、行政规章或本章程规定的以及股东大会授予的其他职权；

（二十三）董事会决定重大问题，应事先听取党委的意见。

第一百三十三条 董事会可以根据日常经营和管理的需要授权董事长、行长或专门委员会行使董事会部分职权。其中，根据本章程规定应当由全体董事三分之二以上表决通过的事项，董事会的授权也必须由全体董事三分之二以上表决通过。

第一百三十四条 董事长由执行董事担任，由董事会选举或更换，董事每届任期 3 年，任期届满，可连选连任。

第一百三十五条 董事长行使下列职权：

（一）主持股东大会和召集、主持董事会会议；

（二）督促、检查董事会决议的执行；

（三）签署本行股权证书、债券及其他有价证券；

（四）签署董事会重要文件和其他应由本行法定代表人签署的文件；

（五）行使法定代表人的职权；

（六）在发生特大自然灾害等不可抗力的紧急情况下，对本行事务行使符合法律规定和本行利益的特别处置权，并在事后向本行董事会和股东大会报告；

（七）有关法律法规、行政规章和本章程规定的以及董事会授予的其他职权。

董事长不能履行或不履行职权时，可由半数以上董事共同推举一名董事履行职权。

第一百三十六条 董事会主要以召开现场会议的方式履行职责。董事会应制定董事会议事规则，并由股东大会审议通过后执行，以确保董事会的工作效率和科学决策。

第一百三十七条 董事会会议分为定期会议和临时会议。董事会定期会议每季度应当至少召开 1 次会议。有下列情形之一的，董事长应当在 10 日内召集临时董事会会议：

（一）董事长认为必要时；

（二）三分之一以上董事联名提议时；

（三）全部独立董事提议时；

（四）监事会提议时；

（五）行长提议时；

（六）单独或合计持有本行 10%以上表决权的股东提议时。

第一百三十八条 董事会会议由董事长召集并主持。如果董事长不能履行职务或者不履行职务的，由半数以上董事共同推举 1 名董事召集并主持。董事会应当通知监事会派员列席董事会会议。如有必要，也可以通知行长列席董事会会议。

第一百三十九条 下列人员或机构可以向董事会提出议案：

（一）董事长；

（二）三分之一以上董事；

（三）半数以上独立董事（如只有 2 名独立董事，2 名独立董事联名）；

（四）监事会；

（五）行长；

（六）单独或合计持有本行 3%以上股份的股东。

第一百四十条 会议通知及会议资料应在定期会议召开至少 10 日前和临时会议召开至少 5 日前送达全体董事和监事。

会议通知可以通过下列方式送达：

（一）公告；

（二）书面通知，包括专人送达、特快专递；

（三）经确认能收到的传真、电子邮件。

会议通知应包括以下内容：

（一）会议的时间、地点；

（二）会议期限；

（三）会议将审议的事项和议题；

（四）发出通知的日期；

（五）会议常设联系人姓名、电话号码。

第一百四十一条　董事会会议应当由半数以上的董事出席方可举行，实行一人一票制。董事会会议对提案采取记名方式投票表决或董事会同意的其它方式表决。

第一百四十二条　董事会会议应由董事本人出席，因故不能出席的，可以书面委托同类别其他董事代为出席。独立董事可以委托其他独立董事代为出席。委托书应当载明代理人的姓名、代理事项、授权范围和有效期限，并由委托人签名。

代为出席会议的董事应当在授权范围内行使董事的权利。董事未出席董事会会议，也未委托其他董事代为出席的，视为放弃在该次会议上的投票权，不计入有效表决票。

第一百四十三条　董事与董事会决议事项有重大利害关系的，应进行回避，不得对该项决议行使表决权，也不得代理其他董事行使表决权。该董事会会议应当由半数以上无重大利害关系的董事出席方可举行。

第一百四十四条　如果本行董事在本行首次考虑订立有关合同、交易或安排前以书面形式通知董事会，声明由于通知所列的内容与本行日后达成的合同、交易或安排与其有利害关系，则在通知阐明的范围内，视为其已作了所规定的披露。

第一百四十五条　董事会决议须经全体董事的过半数通过。但是，审议本章程第一百三十二条第（四）（五）（六）（七）（八）（九）（十）（十一）（十二）（十三）（十六）（十七）项所述重大事项时，应当经董事会$\frac{2}{3}$以上董事通过。对上述重大事项的表决不得采取通讯表决方式。

第一百四十六条　除非有特殊原因，董事会不得对会议通知中未列明的事项做出决议。

第一百四十七条　董事会形成的决议，由出席会议的董事签字，并在会议上宣布。董事应对董事会的决议承担责任。

董事会决议违反法律、行政法规或本章程、股东大会决议，致使本行遭受损失的，参与决议的董事对本行负有赔偿责任。但经证明在表决时曾表明异议并记载于会议记录的，该董事可以免除责任。

第一百四十八条　董事会会议应当有会议记录。出席会议的董事和记录人，应当在会议记录上签名。出席会议的董事有权要求在记录中对其在会议上的发言做说明性记载。董事会会议记录作为本行档案由董事会秘书永久保存。

第一百四十九条　董事会会议记录包括以下内容：

（一）会议召开的日期、地点和召集人姓名；

（二）出席董事的姓名以及受他人委托出席董事会的董事（代理人）姓名；

（三）会议议程；

（四）董事发言要点；

（五）每一决议事项的表决方式和结果（应载明赞成、不赞成或弃权的票数及相应投票人的姓名和意见）。

第一百五十条 董事会的决议及会议记录等应当在会议结束后10日内报中国银行业监督管理机构备案。

第一百五十一条 董事会在聘任期限内解除行长职务，应当及时告知监事会并向监事会做出书面说明。

第一百五十二条 董事会应当接受监事会的监督，并应当配合监事会依职权进行的检查等活动。

第四节 董事会办公室和董事会秘书

第一百五十三条 本行董事会下设办公室，负责股东大会、董事会、董事会各专门委员会会议的筹备、信息披露，以及董事会、董事会各专门委员会的其他日常事务。

第一百五十四条 本行设董事会秘书 1 名，对董事会负责。董事会秘书由董事长提名，由董事会过半数通过后聘任或罢免，董事会秘书是本行的高级管理人员，应报经中国银行业监督管理机构进行任职资格审核。

第一百五十五条 董事会秘书应符合以下条件：

（一）具备大专以上学历，从事金融工作 4 年以上，或从事相关经济工作 6 年以上（其中从事金融工作 2 年以上）；

（二）熟悉并遵守相关经济与财务的有关法律；

（三）具有胜任其职位的专业知识和工作经验；

（四）具有胜任其职位的组织、管理和业务能力。

第一百五十六条 董事会秘书的任期与董事任期相同，期限届满，可连选连任。

第一百五十七条 董事会秘书行使下列职权：

（一）负责本行和相关当事人与中国银行业监督管理监管机构之间的沟通和联络；

（二）协助董事处理董事会的日常工作，向董事提供、提醒并确保其了解中国银行业监督管理机构及相关政府部门关于银行运作的法规、政策及要求，协助董事在行使职权时切实履行法律法规、行政规章及本章程的有关规定；

（三）筹备和组织股东大会、董事会会议和各专门委员会会议，并负责会议的记录；

（四）负责保管股东大会、董事会会议和各专门委员会的决议、记录、股东名册和签署或盖章的文件原件并保证有权获得本行有关记录和文件的人及时得到有关文件和记录；

（五）负责办理本行信息披露事务；

（六）负责处理本行股权管理事务；

（七）为本行重大决策提供咨询和建议；

（八）负责依法准备和递交中国银行业监督管理机构及其他相关监管部门所要求的报告和文件；

（九）法律法规、行政规章和本章程规定的或董事会授权的其他职权。

第五节 董事会专门委员会

第一百五十八条 董事会下设发展战略与“三农”委员会、风险管理委员会、审计及关联交易控制委员会、薪酬与提名管理委员会、消费者权益保护委员会，各专门委员会成员不少于 3 名。审计及关联交易控制委员会、薪酬与提名管理委员会由独立董事担任主任委员。各专门委员会主任委员、委员由董事长提名，董事会决定，对董事会负责。审计及关联交易控制委员会、薪酬与提名管理委员会的成员不应包括控股股东提名的董事。

第一百五十九条 发展战略与“三农”委员会主要职责：

（一）对战略发展规划进行审议，向董事会提出建议；

（二）对年度财务预算、决算进行审议，向董事会提出建议；

（三）对战略性资本配置、资本结构、资本充足率等，以及资产负债管理目标进行审议，向董事会提出建议；

（四）对各类金融业务的总体发展进行规划，向董事会提出建议；

（五）对重大机构重组和调整方案进行审议，向董事会提出建议；

（六）负责对重大投融资方案的设计并对管理层提交的方案进行审议，向董事会提出建议；

（七）负责对兼并、收购方案的设计并对管理层提交的方案进行审议，向董事会提出建议；

（八）对人力资源战略发展规划进行审议，向董事会提出建议；

（九）对信息技术发展及其他专项战略发展规划等进行审议，向董事会提出建议；

（十）对公司治理结构是否健全进行审查和评估，以保证财务报告、风险管理和内部控制符合本行的公司治理标准；

（十一）负责制定“三农”金融服务发展战略和规划；

（十二）审议年度“三农”金融发展目标和服务资源配置方案，评价与督促经营层认真贯彻落实；

（十三）就“三农”金融业务开展情况、存在问题和下步措施等向董事会提出意见和建议；

（十四）法律、行政法规、规章以及董事会授权的其他事宜。

第一百六十条 风险管理委员会主要职责：

（一）根据本行总体战略，审核和修订本行风险战略、风险管理政策、风险偏好、全面风险管理架构和内部控制流程，对其实施情况及效果进行监督和评价，向董事会提出建议；

（二）监督和评价风险管理部门的设置、组织方式、工作程序和效果，并提出改善意见；

（三）监督和评价高级管理人员在信用、市场、操作等方面的风险控制情况，提出完善本行风险管理和内部控制的意见；

（四）对本行风险管理政策、风险偏好和全面风险管理状况进行定期评估，向董事会提出建议；

（五）在董事会授权下，审核批准超越行长权限和行长提请本委员会审议的重大风险管理事项或交易项目；

（六）法律、行政法规、规章规定的以及董事会授权的其他事宜。

第一百六十一条 审计及关联交易控制委员会主要职责：

（一）监督本行内部控制，审核本行的管理规章制度及其执行情况，检查和评估本行重大经营活动的合规性和有效性；

（二）审核本行的财务信息及其披露情况，审核本行重大财务政策及其贯彻执行情况，监督财务运营状况，监控财务报告的真实性和管理层实施财务报告程序的有效性；

（三）检查、监督和评价本行内部审计工作，监督本行内部审计制度及其实施，对内部审计部门的工作程序和工作效果进行评价；

（四）提议聘请或更换外部审计师，采取合适措施监督外部审计师的工作，审查外部审计师的报告，确保外部审计师对其审计工作承担相应责任；

（五）督促本行确保内部审计部门有足够资源运作，并协调内部审计部门与外部审计师之间的沟通；

（六）制定关联交易管理基本制度，并监督实施；

（七）负责确认本行的关联方，向董事会和监事会报告；并及时向本行相关工作人员提供其所确认的关联方；

（八）在董事会授权范围内，审批关联交易及与关联交易有关的其他事项，接受关联交易的统计及备案信息；

（九）对应当由董事会或股东大会批准的关联交易进行审核，并提交董事会或由董事会提交股东大会批准；

（十）就审计和关联交易管理制度的执行情况向董事会进行汇报；

（十一）法律、行政法规、规章以及董事会授权的其他事宜。

第一百六十二条 薪酬与提名管理委员会主要职责：

（一）拟定董事和高级管理人员的选择标准和程序，提请董事会决定；

（二）广泛搜寻合格的董事和高级管理人员的人选；

（三）就董事候选人、行长和董事会秘书人选向董事会提出建议；

（四）就行长提名的高级管理人员的人选进行审核并向董事会提出建议；

（五）提名董事会下设各专门委员会主任委员和委员人选；

（六）拟定高级管理人员及关键后备人才的培训计划；

（七）拟订董事的履职评价办法，董事、监事的薪酬方案，其中监事的薪酬方案征询监事会意见，报经董事会同意后提交股东大会决定；

（八）组织董事的履职评价，提出对董事薪酬分配的建议，提交董事会审议后报股东大会决定；

（九）根据监事会对监事的履职评价，提出对监事薪酬分配的建议，提交董事会审议后报股东大会决定；

（十）拟订和审查本行高级管理人员的考核办法、本行的薪酬方案，并对高级管理人员的业绩和行为进行评估，报董事会批准；涉及股东大会职权的应报股东大会批准；

（十一）协调平衡各部门、人员间的薪酬水平和绩效目标设定，确定每种薪酬要素的相对价值相当程度，提出固定薪酬和浮动薪酬的调整建议，监督薪酬政策的执行，确定绩效考核的内容和标准，确定特殊情况的考核政策。

（十二）法律、行政法规、规章以及董事会授权的其他事宜。

第一百六十三条 消费者权益保护委员会主要职责：

（一）拟定本行消费者权益保护工作的战略、政策和目标，从总体规划上指导高级管理层加强消费者权益保护的企业文化建设，将消费者权益保护相关内容纳入公司治理和经营发展战略中。

（二）负责督促高级管理层有效执行和落实消费者权益保护的相关工作，定期听取高级管理层关于本行消费者权益保护工作开展情况的专题报告，审议并通过相关专题报告，向董事会提交相关专题报告，并将相关工作作为信息披露的重要内容。

（三）负责监督、评价本行消费者权益保护工作的全面性、及时性、有效性以及高级管理层相关履职情况。

（四）根据本行总体战略，对拟提交董事会审议的消费者权益保护方面的议案进行审议并向董事会提出建议。

（五）相关银行业消费者权益保护监管规定要求的或董事会授权的其他事宜。

第一百六十四条　董事会各专门委员会议事规则和工作程序由董事会制定。各专门委员会应当制定年度工作计划并按照议事规则定期召开会议。

第一百六十五条　董事会的相关拟决议事项应当先提交相应的专门委员会进行审议，由该专门委员会提出审议意见。除董事会依法授权外，专门委员会的审议意见不能代替董事会的表决意见。

第六节　关联交易

第一百六十六条　本行的关联方包括关联自然人、法人或其他组织。上述关联方应按照《商业银行与内部人和股东关联交易管理办法》及相关法律的规定认定。

第一百六十七条　本行的关联交易分为一般关联交易和重大关联交易。

一般关联交易是指本行与一个关联方之间单笔交易金额占本行资本净额 1%（含）以下，且该笔交易发生后本行与该关联方的交易余额占本行资本净额 5%（含）以下的交易。

重大关联交易是指本行与一个关联方之间单笔交易金额占本行资本净额 1%（不含）以上，或本行与一个关联方发生交易后本行与该关联方的交易余额占本行资本净额 5%（不含）以上的交易。

第一百六十八条　一般关联交易由本行行长或经本行行长授权的高级管理层成员按照本章程规定进行审批。

第一百六十九条　重大关联交易由审计及关联交易控制委员会审查后提交董事会批准，经全体成员三分之二投赞成票表决通过。

第一百七十条　重大关联交易应当在批准之日起 10 个工作日内报告中国银行业监督管理机构。

第七章　监事和监事会

第一节　监　事

第一百七十一条　本行监事由自然人担任，股东监事和外部监事由股东大会选举产生或更换，职工监事由职工代表大会选举产生或更换。职工监事与外部监事不低于监事人数的三分之一。监事每届任期 3 年，任期届满，可连选连任。本行董事及高级管理人员不得兼任监事。

第一百七十二条 监事个人或者其所在任职的其他企业直接或者间接与本行已有的或者计划中的合同、交易、安排有关联关系时（聘任合同除外），必须以书面形式向董事会关联交易控制委员会、监事会披露其关联关系的性质和程度，并在审议相关事项时做必要的回避。

第一百七十三条 监事可以在任期届满以前提出辞职，本章程有关董事辞职的规定，适用于监事。

第一百七十四条 监事在任期内提出辞职未及时补选或者任期届满未及时改选导致监事会成员低于法定人数的，在补选或者改选出监事就任前，原监事仍应当依照有关法律法规、行政规章和本章程规定，履行监事职务。

第一百七十五条 监事每年出席监事会会议次数少于监事会会议总数三分之二的，或者连续两次不能出席监事会会议，也不委托其他监事出席监事会会议的，视为不能履行职责，监事会应当提请股东大会予以罢免，股东监事和外部监事每年在本行工作的时间不得少于 15 个工作日。

第一百七十六条 本行监事忠实、勤勉、保密义务、罢免和赔偿责任的规定适用本章程关于董事的相关规定。

第二节 外部监事

第一百七十七条 本行监事会设外部监事，由股东大会选举、更换或罢免，外部监事每届任期 3 年，任期届满，连选可以连任，但在本行任职时间累计不得超过 6 年。

第一百七十八条 外部监事的任职资格和条件应符合有关法律法规的规定和中国银行业监督管理机构的要求。本行外部监事应当符合下列基本条件：

（一）具有大专（含大专）以上学历或相关专业中级以上职称；

（二）具有 5 年以上的法律、经济、金融、财务或其他有利于履行外部监事职责的工作经历；

（三）熟悉商业银行经营管理相关的法律、法规；

（四）能够阅读、理解和分析商业银行的信贷统计报表和财务报表；

（五）法律、行政法规及本行章程规定的其他条件。

除非本章程另有规定，本章程中关于外部监事的其他任职资格及条件、就职及辞职、基本义务、工作时间及出席会议次数的最低限额、工作条件、津贴和费用等的规定，参照本行独立董事的规定。

第一百七十九条 外部监事每年为本行工作的时间不得少于 15 个工作日，1 年内出席监事会会议次数少于监事会会议总数三分之二的，监事会可以建议股东大会予以罢免。

第一百八十条 除本节关于外部监事的特别规定以外，本章程关于监事的一般规定也适用于外部监事。

第一百八十一条 本行应提供外部监事履行职责所必需的工作条件。外部监事履行职权时，本行有关人员应当积极配合，不得拒绝、阻碍或隐瞒，不得干预其独立行使职权。

第三节 监事会

第一百八十二条 本行设监事会，是本行的监督机构，对股东大会负责。监事会由 7 名监事组成，设监事长 1 名。监事会中设职工监事 3 名、非职工监事 4 名（含股东监事 1 名，外部监事 3 名）。

第一百八十三条 本行监事长由全体监事的过半数以上选举产生。监事长召集和主持监事会会议；

监事长不能履行职务或不履行职务的，由半数以上监事共同推举 1 名监事召集和主持监事会会议。

第一百八十四条　监事长应当由本行职工监事专职担任。监事长至少应当具有财务、审计、金融、法律等某一方面的专业知识和工作经验。

第一百八十五条　监事会行使下列职权：

（一）监督董事会、高级管理人员以及董事、监事、高级管理人员履行职责的情况；

（二）检查、监督本行的财务状况；

（三）要求董事和高级管理层成员纠正其损害本行利益的行为；

（四）对董事和高级管理层成员进行专项审计和离任审计；

（五）对本行的经营决策、风险管理和内部控制等进行审计，指导本行内部稽核工作；

（六）对董事、高级管理层成员进行质询；

（七）提请股东大会罢免不能履行职责或违反法律、行政法规、公司章程或者股东会决议的董事、监事及高级管理人员；

（八）提议召开临时股东大会，或在董事会不履行召集和主持股东大会职责时召集和主持股东大会；

（九）向董事会会议提出提案；

（十）列席董事会会议，并对董事会决议事项提出质询或建议，但不具有表决权；

（十一）监事会认为必要时，可以指派监事列席高级管理层会议；

（十二）制定、修改监事会各专门委员会工作规则；

（十三）依据《公司法》的规定，对董事、高级管理人员提起诉讼；

（十四）法律法规、行政规章和本章程规定的、股东大会授权的其他职权。

除提请罢免独立董事、外部监事的议案应当由全体监事的三分之二以上表决通过方可提请股东大会审议外，其他议案全体监事的半数以上表决通过为有效。

第一百八十六条　监事会可设置监事会办公室。监事会可根据需要授权监事长和监事会专门委员会行使监事会部分职权，但须经监事会半数以上监事表决通过。

第一百八十七条　对监事会提出的纠正措施、整改建议等，董事会和高级管理层拒绝或者拖延执行的，监事会须向中国银行业监督管理机构和股东大会报告。

第一百八十八条　监事会应按监事会职责，对监事进行适当分工，并将监事履行职责情况向股东大会报告。监事有权向本行相关人员及机构了解情况，相关人员及机构应予以配合。

监事会行使职权，必要时可聘请律师事务所、会计师事务所等专业性中介机构给予帮助，由此发生的费用由本行承担。

第一百八十九条　本行内审部门的审计报告应当及时报送监事会，监事会对审计结果有疑问的，有权要求高级管理层和审计部门做出解释。

第一百九十条　监事长由监事会选举或更换，监事长每届任期 3 年，任期届满，可连选连任。

第一百九十一条　监事长行使下列职权：

（一）召集和主持监事会会议；

（二）组织履行监事会的职责；

（三）签署监事会报告和其他重要文件；

（四）代表监事会向股东大会做报告；

（五）督促检查本行对监事会决议的实施情况；

（六）依照法律法规、行政规章和本章程规定、监事会授权的其他职权。

第一百九十二条 监事长在履行职责过程中，未尽到勤勉忠实义务，未及时制止和纠正董事会、高级管理层违反法律、法规、规章和本章程行为的，应当追究其责任。

第一百九十三条 监事会主要以召开现场会议的方式履行职责。监事会应制定监事会议事规则，并由股东大会审议通过后执行，以确保监事会的工作效率和科学决策。

第一百九十四条 监事会会议分为定期会议和临时会议。监事会定期会议每季度应当至少召开 1 次，于会议召开 10 日前书面通知全体监事。

有下列情形之一的，应在 10 日内召开临时监事会会议：

（一）监事长认为必要时；

（二）三分之一以上的监事提议时；

（三）非职工监事一致提议时。

第一百九十五条 监事会会议由监事长负责召集和主持；监事长不能履行职责的，可指定其他监事召集和主持；受指定的监事不能履行职责或者不履行职责的，由半数以上监事共同推举 1 名监事召集和主持。

第一百九十六条 会议通知及会议资料应在定期会议召开至少 10 日前和临时会议召开至少 10 日前送达全体监事。

本章程第一百四十条关于董事会会议通知送达方式和通知内容的规定也适用于监事会。

第一百九十七条 监事会会议应当由半数以上的监事出席方可举行，实行一人一票制。监事会会议对提案采取记名方式投票表决或监事同意的其它方式表决。

第一百九十八条 监事会会议应由监事本人出席，因故不能出席的，可以书面委托其他监事代为出席。外部监事可以委托其他外部监事代为出席。委托书应当载明代理人的姓名、代理事项、授权范围和有效期限，并由委托人签名或盖章。但 1 名监事不应在 1 次监事会会议上接受超过 2 名（含）监事的委托。

代为出席会议的监事应当在授权范围内行使监事的权利。监事未出席监事会会议，也未委托其他监事代为出席的，视为放弃在该次会议上的投票权，不计入有效表决票。

第一百九十九条 除本章程规定外，监事会会议决议须全体监事的半数以上通过为有效。

第二百条 除非有特殊原因，监事会不得对会议通知中未列明的事项做出决议。

第二百零一条 监事会形成的决议，由出席会议的监事签字，并在会议上宣布。监事应对监事会的决议承担责任。但经证明在表决时曾表明异议并记载于会议记录的，该监事可以免除责任。

第二百零二条 监事会应当有会议记录。出席会议的监事和记录人，应当在会议记录上签名。出席会议的监事有权要求在记录中对其在会议上的发言作说明性记载。监事会会议记录作为本行档案永久保存。

第二百零三条　本章程第一百四十九条关于董事会会议记录内容的规定也适用于监事会。

第二百零四条　监事会的决议及会议记录等应当在会议结束后10日内报中国银行业监督管理机构备案。

第四节　监事会专门委员会

第二百零五条　监事会下设监督委员会和提名委员会。各专门委员会成员不少于 3 人，提名委员会主任委员原则上由外部监事担任。

第二百零六条　监督委员会负责拟订本行财务活动的监督方案并实施相关检查，监督董事会确立稳健的经营理念、价值准则和制定符合本行实际的发展战略，对本行经营决策、风险管理和内部控制等进行监督检查。

第二百零七条　提名委员会负责拟定监事的选任程序和标准，对监事候选人的任职资格进行初步审核，并向监事会提出建议；对董事的选聘程序进行监督；对董事、监事和高级管理人员履职情况进行综合评价并向监事会报告；对本行薪酬管理制度和政策及高级管理人员薪酬方案的科学性、合理性进行监督。

第二百零八条　监事会各专门委员会协助监事会履行职责，对监事会负责，其议事规则和工作程序由监事会制定。各专门委员会应当制定年度工作计划并定期召开会议。

第二百零九条　监事会的相关拟决议事项应当先提交相应的专门委员会进行审议，由该专门委员会提出审议意见。除监事会依法授权外，专门委员会的审议意见不能代替监事会的表决意见。

第八章　高级管理层

第二百一十条　本行实行董事会领导下的行长负责制。行长不得由董事长兼任。

第二百一十一条　本行设行长 1 人、副行长 3 人、董事会秘书 1 人；财务总监 1 人、合规总监 1 人、风险总监 1 人；本行行长、副行长、董事会秘书、财务总监、合规总监、风险总监为本行高级管理人员。本行高级管理层由上述高级管理人员和监管部门认定的其他高级管理人员组成。

高级管理人员每届任期 3 年，任期届满，可连聘连任。

第二百一十二条　本行行长由董事长提名，董事会三分之二以上通过后聘任。副行长、财务总监、风险总监、合规总监、财务部门负责人、内审部门负责人、合规部门负责人由行长提名，经董事会三分之二以上董事通过后聘任。行长、副行长及其他高级管理人员每届任期 3 年，任期届满，可连聘连任。

第二百一十三条　本行高级管理人员应当符合法律法规和中国银行业监督管理机构规定的任职资格和条件，须经中国银行业监督管理机构审核后履行职责。营业部经理及支行行长应当符合任职资格和条件，须在任职前 10 日内向中国银行业监督管理机构报告。

第二百一十四条　本行行长行使下列职权：

（一）主持本行的经营管理工作，组织实施董事会决议；

（二）拟订经营计划和投资方案，经董事会批准后组织实施；

（三）授权其他高级管理层成员或内部管理机构及分支机构负责人从事经营管理活动；

（四）拟订本行内部管理机构设置方案；

（五）拟订本行分支机构设置和撤并方案；

（六）拟订本行基本管理制度；

（七）制定本行的具体规章；

（八）提请董事会聘任或解聘副行长和其他高级管理层成员；

（九）聘任或解聘应由董事会聘任或解聘以外的本行内部管理机构或分支机构的负责人；

（十）拟定本行职工的工资、福利、奖惩、聘用和解聘方案；

（十一）提议召开董事会临时会议；

（十二）定期、及时、准确、完整地向董事会报告有关本行经营计划的执行情况、经营业绩、重要合同、财务状况、风险状况、合规状况、经营前景和对监管意见的整改等情况，并对报告真实性负责；

（十三）在本行发生挤兑等重大突发事件时，采取紧急措施，并立即向董事会、监事会和中国银行业监督管理机构报告；

（十四）法律法规、行政规章和本章程规定的以及董事会授予的其他职权。

除非董事会另有要求，行长应列席董事会会议。行长列席董事会会议，非董事行长在董事会上没有表决权。

副行长协助行长工作，在行长不能履行职权时，由董事会指定 1 名副行长代为行使职权。

第二百一十五条 高级管理层依法在职权范围内的经营管理活动不受董事会干预，董事会不得越权干涉高级管理层的经营管理，或对高级管理人员施加不正当影响。高级管理层成员对董事、董事长越权干预其经营管理的或所施加的不正当影响，有权请求监事会予以制止，并向中国银行业监督管理机构报告。董事不得以个人名义行使董事会的职权或干预经营层的经营管理活动。

第二百一十六条 高级管理层应当根据本行经营活动需要，建立健全内部控制机制，包括内部规章制度、经营风险控制系统、信贷审批系统等。

第二百一十七条 高级管理层拟定有关职工工资、福利、安全生产以及劳动保护、劳动保险、解聘本行职工等涉及职工切身利益的问题时，应当事先听取工会和职工代表大会的意见。

第二百一十八条 高级管理层应当根据董事会或者监事会的要求，向董事会或者监事会报告本行重大合同的签订、执行情况、资金运用情况和盈亏情况，并对报告的真实性负责。

第二百一十九条 高级管理层成员应当接受监事会的监督，定期向监事会提供有关本行经营业绩、重要合同、财务状况、风险状况和经营前景等情况的信息，配合监事会依照职权进行的检查、审计等活动。

第二百二十条 高级管理层成员每年应当接受监事会的专项审计，审计结果向股东大会报告，并告知董事会。

第二百二十一条　高级管理层成员在行使职权时，应当根据法律法规、行政规章和本章程的规定，履行诚信和勤勉的义务。

第二百二十二条　未经董事会批准，高级管理人员不得在其他企业或经济组织兼职。

第二百二十三条　高级管理层超出董事会授权范围或违反国家法律法规、行政规章和本章程规定做出经营决策，致使本行遭受严重损失的，参与决策的高级管理层成员应承担赔偿责任，并由董事会对其实施解聘。

第二百二十四条　高级管理层成员应当遵守本章程，忠实履行职责，维护本行利益，不得利用职务和职权为个人谋利，不得利用职权收受贿赂或者其他非法收入，不得侵占本行的财产。

第二百二十五条　高级管理层成员执行本行职务时不应违反有关法律法规、行政规章和本章程的规定，如因违反有关法律法规、行政规章和本章程的规定而给本行造成损失的，应当承担赔偿责任。

第二百二十六条　高级管理层成员可以在任期届满前提出辞职，但必须在完成离任审计后方可离任。

第二百二十七条　高级管理层成员应当保持相对稳定，在任期内不应随意调整。确需调整的，应报中国银行业监督管理机构备案，并按有关规定报请中国银行业监督管理机构对新任高级管理层成员的任职资格进行审查。高级管理层成员对董事会违反任免规定的行为，有权请求监事会提出异议，并向中国银行业监督管理机构报告。

第九章　财务会计制度、利润分配和审计

第一节　财务会计制度

第二百二十八条　本行依照有关法律法规、行政规章和企业会计准则，制定本行的财务会计制度，真实记录并全面反映业务活动和财务活动状况。

第二百二十九条　本行会计年度为公历 1 月 1 日至 12 月 31 日。本行应当在每一会计年度终了及时编制财务会计报告以及资产负债表、损益表、利润分配表和会计报表附注等其他有关报表资料，并经具有审计资格的中介机构审查验证。本行的财务会计报告应当在年度股东大会召开前的 20 日置于本行主要营业场所，供股东查阅。

第二百三十条　本行应当向聘用的会计师事务所提供真实、完整的会计凭证、会计账簿，不得拒绝、隐匿、谎报。

第二百三十一条　本行除法定的会计账册外，不另立会计账册。本行的资产，不以任何个人名义开立账户存储。

第二百三十二条　本行按照法律法规的规定及时向中国银行业监督管理机构和行业管理组织报送会计报表、统计报表及要求报送的其他资料，并对报送报表资料的真实性、准确性、完整性负责。

第二百三十三条　本行遵守国家和地方税法规定，依法纳税。

第二百三十四条 本行的税后利润，按下列顺序分配：

（一）弥补以前年度亏损；

（二）提取法定盈余公积，法定公积金按照税后利润不低于 10%的比例提取，当法定盈余公积金达到注册资本的 50%时可不再计提；

（三）提取一般风险准备金；

（四）提取任意盈余公积；

（五）向股东支付股金红利；

（六）其他提取。

其他提取是指依据股东大会决议，采取收购本行股份等方式用于对职工进行股权激励。

如遇本行年度经营亏损，则依据本章程的相关规定由出资股东共同分担。

第二百三十五条 本行的法定公积金和任意公积金可用于弥补亏损或转增资本金。但法定公积金转为资本时，所留存的该项公积金不得少于转增前公司注册资本的 25%。经本行股东大会批准，可以给予本行职工股份支付性奖励。

第二百三十六条 本行股东大会对利润分配方案做出决议后，董事会须在股东大会召开后 2 个月内完成红利（或股份）的派发事项。

第二百三十七条 本行股东大会决定派发红利时，以公告或其他形式通知股东。本行分派红利时，按有关法律法规代扣代缴股东红利收入的应缴税金。

第二百三十八条 本行实行绩效薪酬制度，绩效工资与经营业绩挂钩，按利润总额的一定比例计提，每年的具体比例由董事会根据经营情况确定。

股东存在违规占用本行资金情况的，本行应当扣减该股东所分配的现金红利，以偿还其占用的资金。

第二百三十九条 本行应于董事会通过有关利润分配预案之日起 10 日内将利润分配预案报中国银行业监督管理机构备案，以股份形式分配股利应由股东大会做出决议并报中国银行业监督管理机构批准。

第二节 内部审计

第二百四十条 本行董事会负责建立和维护健全有效的内部审计体系，确保内部审计具有充分的独立性。本行内部审计制度、审计人员的职责、审计预算、人员薪酬、主要负责人任免应当由董事会批准后实施。

第二百四十一条 董事会对内部审计的适当性和有效性承担最终责任，负责批准内部审计规章、中长期审计规划和年度工作计划等，为独立、客观开展内部审计工作提供必要保障，并对审计工作情况进行考核监督。

第二百四十二条 内部审计部门对董事会负责，根据董事会授权组织指导内部审计工作。内部审计部门应定期向董事会及其审计委员会、监事会报告审计工作情况，及时报送项目审计报告。

第二百四十三条 内部审计部门应制定内部审计程序，评价风险状况和管理情况，落实年度审计工作计划，开展后续审计，监督整改情况，对审计项目质量负责，做好档案管理。内部审计部门应定期向董事会和高级管理层主要负责人报告审计工作情况。每年至少一次向董事会提交包括履职情况、审计发现和建议等内容的审计工作报告。

第三节 会计师事务所的聘任

第二百四十四条 本行聘用有资质的会计师事务所进行会计报表审计、净资产验证及其他相关的咨询服务等业务。

第二百四十五条 本行会计师事务所的聘用、解聘以及报酬费用由董事会决定。

第十章 信息披露

第二百四十六条 本行按照法律法规、行政规章和本章程规定制订信息披露制度。

本行遵循真实性、准确性、完整性、可比性、及时性和公平性原则，规范地披露信息，无虚假记载、无误导性陈述或重大遗漏。

第二百四十七条 本行信息披露的内容以中文编制成年度报告，于每个会计年度终了后的 4 个月内披露。因特殊原因不能按时披露的，应至少提前 15 日向中国银行业监督管理机构申请延迟。年度报告在公布之日 5 日以前报送中国银行业监督管理机构。

第二百四十八条 本行董事会负责信息披露，信息披露文件包括定期报告、临时报告以及其他相关资料。

第二百四十九条 本行年度披露的信息应当包括：基本信息、财务会计报告、风险管理信息、公司治理信息、年度重大事项等。本行半年度、季度的情况报告应当参照年度报告要求披露。

第二百五十条 本行发生以下事项之一的应当自事项发生之日起10个工作日内编制临时信息披露报告，并通过公开渠道发布，因特殊原因不能按时披露的，应当提前向中国银行业监督管理机构提出申请：

（一）控股股东或者实际控制人发生变更的；

（二）更换董事长或者行长的；

（三）对年内董事累计变更人数超过董事会成员人数三分之一的；

（四）本行名称、注册资本或者注册地发生变更的；

（五）经营范围发生重大变化的；

（六）合并或分立的；

（七）重大投资、重大资产处置事项；

（八）重大诉讼或者重大仲裁事项；

（九）聘任、更换或者提前解聘会计师事务所的；

（十）银行被质押股权达到或超过全部股权的 20%；

（十一）主要股东质押本行股权数量达到或超过其持有本行股权的 50%；

（十二）银行被质押股权涉及冻结、司法拍卖、依法限制表决权或者受到其他权利限制。

主要股东是指能够直接、间接、共同持有或控制商业银行5%以上股份或表决权以及对商业银行决策有重大影响的股东。

（十三）中国银行业监督管理机构规定的其他事项。

第二百五十一条 本行应当通过年报、互联网站等方式披露信息，方便股东和其他利益相关者及时获取所披露的信息。

第二百五十二条 本行董事、高级管理人员应当对年度报告签署书面确认意见；监事会应当提出书面审核意见，说明报告的编制和审核程序是否符合法律法规和监管规定，报告的内容是否能够真实、准确、完整地反映本行的实际情况。

董事、监事、高级管理人员对定期报告内容的真实性、准确性、完整性无法保证或者存在异议的，应当陈述理由和发表意见。

第二百五十三条 本行监事会应当对董事、高级管理人员履行信息披露职责的行为进行监督；关注公司信息披露情况，发现存在违法违规问题的应当进行调查和提出处理建议，并将相关情况及时向中国银行业监督管理机构报告。

第二百五十四条 本行内部及相关各方信息知情人士对未公开披露的信息负有保密义务。

第二百五十五条 本行信息披露的时间按有关法律法规、行政规章规定的时间要求执行。

第十一章　劳动人事

第二百五十六条 根据国家规定和行业管理部门部署，本行有权自行决定招聘职工的条件、数量、招聘时间、招聘形式和用工形式。

第二百五十七条 本行根据经营管理需要，实行全员劳动合同制，高级管理人员实行聘任制。

第二百五十八条 本行建立面向高级管理人员和全体职工的薪酬长期激励机制。

第二百五十九条 本行执行国家的劳动保护和保险制度，依法保护职工的合法权益。

第二百六十条 本行与本行职工发生的劳动争议，按照国家有关劳动争议处理规定办理。

第十二章　通知、公告及送达

第二百六十一条 本行的通知应以下列形式发出：

（一）以专人送出；

（二）以邮政邮件、电子邮件、传真或电话方式送出；

（三）以公告方式进行；

（四）本章程或有关议事规则规定的其他形式。

第二百六十二条 股东大会通知一般以公告方式进行，董事会、监事会的会议通知，以公告、邮政邮件、电子邮件、传真方式之一进行，通过直接、邮递或电子邮件方式送达，收件人地址以股东名册登记的地址为准，不因股东变更地址后未申请变更股东名册而无效。

第二百六十三条 前款所称公告，应当于股东大会召开 20 日前，临时股东大会应在 15 日前进行，一经公告，视为所有股东已收到有关股东大会的通知。

第二百六十四条 本行通知以专人送出的，由被送达人在送达回执上签名（或盖章），被送达人签收日期为送达日期；本行通知以邮政邮件发出的，交寄的次日视为送达日期；本行通知以电子邮件、传真、电话方式发出的，自电子邮件、传真、电话发出的日期视为送达日期；本行通知以公告方式发出的，以首次发布公告日为送达日期。

第二百六十五条 如果本行会议通知因意外遗漏或不可抗力因素未被送达有关人员，该次会议和会议上通过的任何决议并不因此无效。

第十三章 合并、分立、解散和清算

第一节 合并与分立

第二百六十六条 本行可以依法进行合并或分立。

第二百六十七条 本行的合并或分立应当按照以下程序进行：

（一）董事会拟订合并或分立方案；

（二）股东大会根据本章程的规定做出决议；

（三）各方当事人签署合并或分立合同；

（四）依法办理有关审批程序；

（五）处理与合并或分立有关的债权债务事宜；

（六）办理解散或变更登记。

第二百六十八条 本行合并或者分立，合并或者分立各方应当编制资产负债表和财产清单。本行自股东大会做出合并或者分立决议之日起 10 日内通知债权人，并于 30 日内在报纸公告。

第二百六十九条 债权人自接到通知书之日起 30 日内，未接到通知书的自第一次公告之日起 45 日内，有权要求本行清偿债务或者提供相应的担保。

第二百七十条 本行合并或分立时，董事会应当采取必要措施，保护对该合并或分立持异议的股东的合法权益。

第二百七十一条 本行合并或者分立各方的资产、债权、债务的处理，通过签订合同加以明确规定。本行合并后，合并各方的债权、债务由合并后存续的公司或者新设的公司承继。本行分立前的债务按所达成的协议由分立后的公司承担连带责任。但是，本行在分立前与债权人就债务清偿达成的书面协议另有约定的除外。

第二百七十二条 本行合并或者分立，登记事项发生变更的，经中国银行业监督管理机构批准后，依法向本行登记机关办理变更登记。

第二节 解散和清算

第二百七十三条 有下列情形之一的，本行应当解散并依法进行清算：

（一）股东大会决议解散并经中国银行业监督管理机构批准；

（二）因合并或分立而解散并经中国银行业监督管理机构批准；

（三）本行经营管理发生严重困难，继续存续会使股东利益受到重大损失，通过其他途径不能解决的，持有本行全部股东表决权10%以上的股东，可以请求人民法院解散本行；

（四）依法被吊销营业执照、责令关闭或者被撤销。

本行清算和解散事项应当遵守《公司法》《商业银行法》规定。

第二百七十四条 本行因第二百六十七条第（一）项情形而解散的，应当在15日内成立清算组。清算组人员由股东大会以普通决议的方式确定人选。

本行因第二百六十七条第（二）项情形而解散的，清算工作由合并或分立各方当事人依照合并或者分立时签订的合同办理。

本行因第二百六十七条第（三）项情形而解散的，由人民法院依照有关法律规定，组织股东、有关机关及专业人员成立清算组进行清算。

本行因第二百六十七条第（四）项情形而解散的，由行业主管机关组织股东、有关机关及专业人员成立清算组进行清算。

第二百七十五条 清算组在清算期间行使下列职权：

（一）通知或者公告债权人；

（二）清理本行财产、编制资产负债表和财产清单；

（三）处理本行未了结的业务；

（四）清缴所欠税款以及清算过程中产生的税款；

（五）清理债权、债务；

（六）处理本行清偿债务后的剩余财产；

（七）代表本行参加民事诉讼活动。

第二百七十六条 清算组应当自成立之日起10日内通知债权人，并于60日内公告。

债权人自接到通知书之日起30日内，未接到通知书的自公告之日起45日内，向清算组申报其债权。债权人申报债权时，应当说明债权的有关事项，并提供证明材料。清算组应当对债权进行登记。

在申报债权期间，清算组不得对债权人进行清偿。

第二百七十七条 清算组在清理本行财产、编制资产负债表和财产清单后，应当制订清算方案，并报股东大会或者有关主管部门确认。

第二百七十八条 本行财产按下列顺序清偿：

（一）支付清算费用；

（二）支付本行职工工资、劳动保险费用和法定补偿金；

（三）个人储蓄存款的本金及利息；

（四）缴纳所欠税款；

（五）清偿本行其他债务；

（六）按股东持有的股份比例进行分配。

本行财产未按前述第（一）至（五）项规定清偿前，不得分配给股东。

第二百七十九条　清算组在清理本行财产、编制资产负债表和财产清单后，认为本行财产不足清偿债务的，应当依法向人民法院申请宣告破产。本行经人民法院宣告破产后，清算组应当将清算事务移交给人民法院。

第二百八十条　清算结束后，清算组应当制作清算报告以及清算期间收支报表和账务账册，报股东大会或者有关主管部门、人民法院确认，并向本行登记机关申请注销登记，公告本行终止。

第二百八十一条　清算组人员应当忠于职守，依法履行清算义务，不得利用职权收受贿赂或者其他非法收入，不得侵占本行财产。

清算组人员因故意或者重大过失给本行或者债权人造成损失的，应当承担赔偿责任。

第二百八十二条　本行清算不应损害职工、债权人和股东的利益。

第十四章　修改章程

第二百八十三条　本行依据法律法规、行政规章及本章程的规定，可以修改本章程。

第二百八十四条　有下列情形之一的，本行应当修改章程：

（一）《中华人民共和国公司法》《中华人民共和国商业银行法》或有关法律法规、行政规章修改后，章程规定的事项与修改后的法律、行政法规的规定相抵触；

（二）本行的情况发生变化，与章程记载事项不一致；

（三）股东大会决定修改章程。

如股东大会通过的本行章程报有关主管机构登记、核准、审批时需要进行文字或条文顺序变动的，本行董事会有权依据主管机构的要求做出相应的修改。

第二百八十五条　股东大会决议通过的章程修改事项应经中国银行业监督管理机构审批；涉及公司登记事项的，依法办理变更登记。

第二百八十六条　修改本行章程的应由董事会提出修改方案，经股东大会表决通过。本行股东大会通过的章程修改、补充决定，经批准后视为本行章程的组成部分。

第二百八十七条　本章程修改事项属于有关法律要求披露信息的，本行应予以公告。

第十五章　其他事项

第二百八十八条　本行主要股东是指能够直接、间接、共同持有或控制本行 5%以上股份或表决权以及对本行决策有重大影响的股东。

第二百八十九条 本行捐赠分为一般捐赠、重大捐赠和特别重大捐赠。一次性捐赠金额 100 万元（含）以下或一年内累计捐赠金额 500 万元（含）以下的为一般捐赠；一次性捐赠金额 100 万元以上 1000 万元（含）以下或一年内累计捐赠金额 500 万元以上 2000 万元（含）以下的捐赠为重大捐赠；一次性捐赠金额 1000 万元以上或一年内累计捐赠金额 2000 万元以上的捐赠为特别重大捐赠。

第二百九十条 本行投资分为一般投资、重大投资和特别重大投资。一次性投资金额 1000 万元（含）以下或一年内累计投资金额 5000 万元（含）以下的为一般投资；一次性投资金额 1000 万元以上 10000 万元（含）以下或一年内累计投资金额 5000 万元以上 20000 万元（含）以下的投资为重大投资；一次性投资金额 10000 万元以上或一年内累计投资金额 20000 万元以上的投资为特别重大投资。

本行债券投资均属于一般投资范围。

第二百九十一条 本行资产购置分为一般资产购置、重大资产购置和特别重大资产购置。一次性资产购置金额占本行资本净额 5‰（含）以下或一年内累计资产购置金额占本行资本净额 3%（含）以下的为一般资产购置；一次性资产购置金额占本行资本净额 5‰以上 10%（含）以下或一年内累计资产购置金额占本行资本净额 3%以上 20%（含）以下的为重大资产购置；一次性资产购置金额占本行资本净额 10%以上或一年内累计资产购置金额占本行资本净额 20%以上的为特别重大资产购置。

第二百九十二条 本行资产处置分为一般资产处置、重大资产处置和特别重大资产处置。一次性资产处置金额占本行资本净额 5‰（含）以下或一年内累计资产处置金额占本行资本净额 3%（含）以下的为一般资产处置；一次性资产处置金额占本行资本净额 5‰以上 10%（含）以下或一年内累计资产处置金额占本行资本净额 3%以上 20%（含）以下的为重大资产处置；一次性资产处置金额占本行资本净额 10%以上或一年内累计资产处置金额占本行资本净额 20%以上的为特别重大资产处置。

第二百九十三条 本行关联交易是指本行与关联方之间发生的转移资源或义务的下列事项：

（一）授信；

（二）资产转移；

（三）提供服务；

（四）中国银行业监督管理机构规定的其他关联交易。

授信是指本行向客户直接提供资金支持，或者对客户在有关经济活动中可能产生的赔偿、支付责任做出保证，包括贷款、贷款承诺、承兑、贴现、证券回购、贸易融资、保理、信用证、保函、透支、拆借、担保等表内外业务。

资产转移是指本行的自用动产与不动产的买卖、信贷资产的买卖以及抵债资产的接收和处置等。

提供服务是指向本行提供信用评估、资产评估、审计、法律等服务。

第二百九十四条 本章程所称“资本净额”指本行最近一期经审计的资本净额。

第二百九十五条 “独立董事”是指不在本行担任除董事以外的其他职务，并与本行及主要股东不存在任何可能妨碍其进行独立、客观判断关系的董事。

第二百九十六条 “外部监事”是指不在本行担任除监事以外的其他职务，并与本行及主要股东不存在任何可能妨碍其进行独立、客观判断关系的监事。

第十六章 附 则

第二百九十七条 本章程未尽事宜，依照中华人民共和国有关法律法规及中国银行业监督管理机构的有关规定办理。

第二百九十八条 除本章程另有规定外，本行章程所称“以上”“以内”“以下”“不少于”“不多于”“不低于”，都含本数；“不满”“以外”“不足”“少于”“低于”“过”不含本数。

第二百九十九条 本章程解释权属本行董事会，修改权属本行股东大会。

第三百条 本章程，待呈报中国银行业监督管理机构批准并依法注册之日起生效。

附录六:

香河县建置沿革

香河县历史悠久。据孙小营窑地出土的石斧证明，这里早在新石器时代就有人类聚居生息。商代以前归属，无文字记载。

西周灭商后，封召公奭于燕（都蓟，今北京），香河县境属燕国。

春秋、战国时，香河为燕地。

秦并六国，建三十六郡，划燕地为上谷、渔阳二郡，此时属渔阳郡。

西汉，置雍奴县（今天津市武清区城关镇东北），香河为雍奴县东北境地，属幽州渔阳郡。

东汉，属幽州渔阳郡。幽州并冀州，属冀州渔阳郡。

三国，为曹魏之领地。

西晋，隶幽州燕国。

东晋，十六国相互争战，纷纷建立割据政权，此地先后为后赵、前秦、后燕辖地。

南北朝时，属北魏幽州渔阳郡。永熙三年（534），北魏分东、西魏，属东魏。武定八年（550），隶北齐东北道渔阳郡。承光元年（577），改隶北周幽州（总管府）渔阳郡。

隋文帝开皇三年（583），废渔阳、燕郡，此地属幽州。隋炀帝大业三年（607），改属涿郡。

唐初，“高祖改郡为州”，至贞观元年（627）“分天下为十道”，雍奴县为河北道幽州都督府（后升大都督府）之辖县。天宝元年（742），复设郡领县，雍奴县改称武清县，香河属范阳郡武清县地。乾元元年（758）李存勖称帝，遂属后唐。公元936年，石敬瑭（后称晋高祖）勾结契丹（后称辽）灭后唐，割燕云十六州给契丹，此地属契丹。

契丹会同元年（938），于新仓（今宝坻）置榷盐院，后居民集聚，质实朴茂，遂划武清、三河、潞县居民7000户于武清县北部的孙村（今香河县城）置香河县。时县境较阔，约辖今香河、宝坻、宁河三县地，隶南京（今北京）幽都府。947年，辽太宗耶律德光率军南下中原，攻占汴京（今河南开封）灭后晋，改国号“大辽”，改年号为“大同”。辽圣宗开泰元年（1012）年，改南京幽都府为析津府，辖11县并统6州，香河属析津府直辖县之一。

北宋宣和四年（金天辅六年，辽保大二年，1122），金攻克辽南京（今北京），香河属金。宣和五年，金以燕京（辽称南京）及涿、檀、易、顺、景、蓟之地还宋，香河随之归宋，徽宗赐（香河）名清化县。

金天会三年（北宋宣和七年，1125），金尽取燕山府及所属州县，清化县复名香河县，属中都路大兴府。大定十二年（南宋乾道八年，1172），划香河县境东部1.5万户置宝坻县。承安三年（1198），宝坻县升置盈州，香河隶之，后盈州废，仍属中都路大兴府。

元至元八年（1271），元世祖忽必烈在大都（今北京）建立元王朝。至元十三年（1276），升漷阴县（今北京市通州区漷县镇）为漷州，香河县属大都路漷州。

明洪武元年（1368），香河隶漷州，属山东行省北平府。洪武二年（1369）改隶北平行省北平府。洪武十年（1377）二月至十三年（1380）二月，香河县归属漷州。永乐元年（1403），属北京行在顺天府，永乐十九年（1421）改属京师顺天府。

清顺治元年（1644），香河属直隶省顺天府。康熙二十七年（1688），顺天府设四路厅，香河县属东路厅。

1912 年，香河县属直隶省顺天府。

1914 年，改顺天府为京兆地方，香河属之。

1928 年，南京国民党政府将京兆并入河北管辖，香河属河北省。

1941 年至 1945 年 8 月，冀东敌后抗日游击战争迅猛发展。为适应抗日战争的需要，在中国共产党的领导下相继成立了联合县民主政权。

1944 年 11 月，香（河）、武（清）、宝（坻）联合县成立，香河东、南部地区隶冀热区行署第五专署（1946 年改冀热辽区行署第十八专署）领导。

1945 年 1 月，香河县西北部地区属通（县）、三（河）、香（河）联合县，隶冀热辽区行署第十四专署。

1946 年 1 月，抗日战争胜利后，各联合县撤销，恢复原县制。香河属冀东区（行署）第十八专署。

1948 年 7 月，香河解放。

1949 年 8 月 1 日，河北省人民政府成立。香河属河北省通县专区。

1958 年 4 月，通县专区撤销，香河改属唐山专区。同年 11 月，撤销香河县建制，并入宝坻县。

1959 年 6 月，仍属唐山专区。当月地市合并后，改隶唐山市。

1960 年 3 月，改属天津市。

1961 年 6 月，天津市所辖宝坻（含香河）等县划归河北省天津专区。

1962 年 6 月，恢复香河县制，属河北省天津专区。

1967 年 11 月，天津专区改为天津地区，香河改属天津地区。

1974 年 1 月，天津地区改称廊坊地区，香河属之。

1989 年 4 月，经国务院批准，廊坊地区改为省辖地级市，辖香河至今。

（根据《香河县志（1979—2008）》整理）

附录七：

民国时期香河行政区划的变迁

1916年，改行区统乡，乡辖村制。将清代16保改划为10区，编151个乡，辖339个村。1930年，改10区为5区，设177个乡，领344个村。各区、乡辖村如下：

第一区（区公所圣延寺），辖31个乡、57个村。

1乡：县城内（淑阳里）

2乡：周园。

3乡：南台。

4乡：西店。

5乡：北岗子。

6乡：河北止务、后道止务。

7乡：圣延寺。

8乡：前延寺。

9乡：五百户、六百户、马各庄。

10乡：七百户。

11乡：黄家院、金辛庄。

12乡：十百户、李辛庄。

13乡：大雀林院、小雀林院、草寺。

14乡：烟墩止务。

15乡：姬止务、前小屯、后小屯、石灰厂。

16乡：小庄止务、孙家止务、宋家止务、王家止务。

17乡：大罗屯、小罗屯。

18乡：段乔各庄、阎乔各庄、孙乔各庄、刘乔各庄、前店子。

19乡：前井亭、中井亭、后井亭。

20乡：刘庄、王庄、店子。

21乡：九百户。

22乡：八百户。

23乡：杨营各庄、韩营各庄、孙营各庄、赵营各庄。

24乡：东口头。

25乡：西口头。

26 乡：顾家屯。

27 乡：黄庄。

28 乡：庞营。

29 乡：孙小营。

30 乡：石辛庄。

31 乡：前彭家务、后彭家务。

第二区（区公所渠口），辖 35 个乡、75 个村。

1 乡：渠口、许注。

2 乡：庙上、金庄。

3 乡：唐儿屯、苇子房、青百户庄、青寺。

4 乡：张庄、张家坡、西河头。

5 乡：大鲁家口、小鲁家口。

6 乡：七里庄。

7 乡：魏各庄。

8 乡：戴家阁、花园、渔阳院、孙家庄。

9 乡：大河各庄。

10 乡：魏家滩。

11 乡：康庄、孙家庄。

12 乡：店子务、邵庄。

13 乡：王家酆、刘家酆。

14 乡：孙各庄。

15 乡：温庄、西梨园。

16 乡：东梨园。

17 乡：小酆、小渠口。

18 乡：阎胡套、黄沙务。

19 乡：石虎辛庄。

20 乡：固庄、躲各庄、艾台。

21 乡：韦各庄、炭户、仙人院、高山庄。

22 乡：北刘庄、万福辛庄。

23 乡：安抚寨、胡庄子、白庙。

24 乡：许台、前套、后套、计庄。

25 乡：矬口。

26 乡：池套、郎庄、孟庄。

27 乡：义井。

28 乡：东焦庄、西焦庄、康庄。

29 乡：杜屯、达古庄、高坨子。

30 乡：平旺庄、马房。

31 乡：东马家窝、西马家窝。

32 乡：富各庄、于辛庄、小河各庄。

33 乡：成自务。

34 乡：大六王庄、小六王庄。

35 乡：袁官屯、宣教寺。

第三区（区公所刘宋），辖 42 个乡、69 个村。

1 乡：刘宋。

2 乡：张庄。

3 乡：倪庄。

4 乡：孙家庄、荆庄。

5 乡：大滩。

6 乡：八户村。

7 乡：王家务。

8 乡：程官屯。

9 乡：中营村。

10 乡：新安镇。

11 乡：爱国村。

12 乡：牛济河、小高坨。

13 乡：独立庄。

14 乡：青庄务。

15 乡：仁乐村。

16 乡：仁义村。

17 乡：仁和村、马庄。

18 乡：仁德村、兴隆庄。

19 乡：大霍辛庄、小霍辛庄、刘庄、赵庄。

20 乡：黄小营、仓上村、于辛庄、董家湾。

21 乡：北务屯、陈庄、刘庄、德辛庄。

22 乡：田各庄、太平庄。

23 乡：王庄、刘怀庄、丁庄。

24 乡：柴庄、李胡庄。

25 乡：神机马房、马神庙。

26 乡：周庄、高辛庄、张庄。

27 乡：香城屯。

28 乡：香椿营。

29 乡：辛立屯、石辛庄、刘庆庄。

30 乡：肖家庄、赶庄。

31 乡：河北屯镇。

32 乡：桐城、高辛庄。

33 乡：冯家庄。

34 乡：韩家口。

35 乡：杨家场。

36 乡：洞上村、小羊庄。

37 乡：石薄庄。

38 乡：亢家庄、李辛庄。

39 乡：李大人庄。

40 乡：张辛庄。

41 乡：艾家庄。

42 乡：李各庄、小黄庄。

第四区（区公所二百户），辖 29 个乡、73 个村。

1 乡：红庙村、后家湾。

2 乡：南兴隆庄、五百户。

3 乡：前马房。

4 乡：头百户、后马房。

5 乡：贾庄。

6 乡：二百户、坨子。

7 乡：起河屯、窝头。

8 乡：钳屯。

9 乡：叶屯、赵屯。

10 乡：池屯、赵庄。

11 乡：北张庄。

12 乡：尚店、北兴隆庄、刘宋庄。

13 乡：南四百户、土山庄、南张庄。

14 乡：骡子王、夏辛庄、蔡庄。

15 乡：王家摆、三间房、太平庄、谭庄、曹店。

16 乡：枳根城、高家庄、乔家庄、孙家务、鲁家务。

17 乡：周庄、甘露寺。

18 乡：贾庄、谢屯。

19 乡：赶古庄、扁城、堡上村、小屯。

20 乡：延福屯。

21 乡；成辛庄、大友垡、小友垡、小沙河。

22 乡：安平镇、王家场。

23 乡：李家庄、邢营。

24 乡：荒庄、凌庄。

25 乡：朱庄、段庄、辛庄、刘皮庄、褚庄。

26 乡：仉村、曹庄。

27 乡：太平庄、东双街、西双街、罗庄。

28 乡：前土门楼、后土门楼、打渔庄、吴辛庄。

29 乡：南三百户、王家务。

第五区（区公所梁家务），辖 40 个乡、70 个村。

1 乡：梁家务。

2 乡：定福庄。

3 乡：冯滦庄。

4 乡：东马各庄。

5 乡：西马各庄。

6 乡：王必屯。

7 乡：梁庄、李庄。

8 乡：刘庄、袁庄。

9 乡：百家湾、王庄。

10 乡：马房顶、大荒庄、小荒庄。

11 乡：打鶴户、双营。

12 乡：前建各庄。

13 乡：后建各庄。

14 乡：前骆驼港、后骆驼港。

15 乡：蒋辛屯、挠子庄。

16 乡：大祁庄、小祁庄、大羊店、小羊店。

17 乡：四百户、小尹庄。

18 乡：头百户。

19 乡：三百户。

20 乡：五百户、闻庄。

21 乡：田贾庄、土堡子。

22 乡：六百户、小马房、后场。

23 乡：杨辛庄、大马房。

24 乡：彭家务、北表庄。

25 乡：姬庄、匠庄。

26 乡：小沙务。

27 乡：王店子。

28 乡：程辛庄、大窑上、杨簸箕庄。

29 乡：郭辛庄、姚止务、赶水坝。

30 乡：牛牧屯。

31 乡：南吴村、桥上。

32 乡：河南吴村。

33 乡：大沙务。

34 乡：北吴村。

35 乡：朱庄、大王庄、后营。

36 乡：候东仪、黄东仪、黄土坡。

37 乡：侯各庄。

38 乡：赵庄、于寺。

39 乡：苍头、半壁店。

40 乡：岭子村。

1934 年后，香河县再次分成三区，根据北宁铁路管理局 1937 年 12 月出版的《北宁铁路沿线经济调查报告》记载，1934 年至 1937 年香河县的区乡编制情况如下：

第一区　编乡 66 个，辖 132 个村庄，共 9186 户，人口共计 58322 人，其中男 30816 人、女 27506 人。

第二区　编乡 29 个，辖 73 个村庄，共 3649 户，人口共计 19015 人，其中男 10115 人、女 8900 人。

第三区　编乡 8 个，辖 139 个村庄，共 11581 户，人口共计 66404 人，其中男 34110 人、女 32294 人。

抗日战争后期，中国共产党领导的抗日民主政权实行区领村制。香河县与邻近各县组成两个联合县：香武宝联合县（1944 年 7 月至 1945 年 9 月）在香河境内有 3 个联区。老五河以南至香宝公路以北为四联区，辖 61 个村；雀林院至顾家屯一带属五联区，辖 62 个村；青龙湾河以北，蔡庄、幞头屯、荆庄以南为六联区，辖 57 个村。

通三香联合县（1944 年 9 月至 1945 年 9 月）在香河境内西部有 1 个联区（三联区）辖 132 个村。

1945 年 8 月，日本帝国主义投降，9 月香河城解放。翌年 1 月，各联合县撤销，复香河原县制，全县划 6 个区、298 个行政村。1 区（驻香河城关）辖 50 个村；2 区（驻蒋辛屯）辖 50 个村；3 区（驻孙止务）辖 59 个村；4 区（驻渠口）辖 46 个村；5 区（驻刘宋）辖 30 个村；6 区（驻五百户）辖 63 个村。

1946 年 9 月，国民党军队占领香河后，划全县为 7 个区、24 个联乡、4 个镇（淑阳、渠口、刘宋、安平）、329 个村。

1948 年 7 月，香河县第二次解放，全县设 6 个区、302 个村。

1949 年 3 月，河北屯等 22 个村划回香河。全县设 7 个区，区政府分别在香河城关、蒋辛屯、王家摆、渠口、刘宋、五百户、河北屯，辖 324 个村。

（根据民国版《香河县志》、2001 年版《香河县志（1979—2008）》及《北宁铁路沿线经济调查报告》整理）

附录八：

中华人民共和国成立后香河行政区划的变迁

中华人民共和国成立后，香河县的行政区划又是几经变更。

1950 年 8 月，将 7 个区并为 4 个区（香河城关、红庙、刘宋、渠口），辖 325 个行政村。

1953 年 6 月，建立乡政权，全县置 5 个区，辖 1 个镇、62 个乡、326 个自然村。

1 区（驻香河城关）1 个镇、辖 13 个乡、84 个村。

城关镇：城关、周园、西店、南台。

北岗子乡：北岗子、万福辛庄、刘庄、朱庄、大王庄。

池套乡：池套、杜屯、郎庄、前套、后套、孟庄、许台、白庙、胡庄子、安抚寨。

金辛庄乡：金辛庄、矬口、计庄子、段乔各庄、阎乔各庄、前店子、后井亭、中井亭。

刘庄子乡：刘庄子、孙家庄、王庄子、前彭家务、后彭家务、小店子、前井亭。

延福屯乡：延福屯、草沙河、成辛庄、小友垡。

高庄乡：高庄、鲁家务、陈辛压、孙家务。

东延寺乡：东延寺、西延寺、前延寺、李辛庄。

大罗屯乡：大罗屯、小罗屯、赵庄、前小屯、后小屯、河南止务。

太平庄乡：太平庄、王家摆、堡上、三间房、王指挥庄、乔庄、枳根城。

安平乡：安十后庄、安平东庄。

池屯乡：池屯、叶屯、张庄、钳屯、赵屯、草寺、刘庄、雀林院。

周庄乡：周庄、贾庄、谢屯、赶古庄、谭庄、曹店、甘露寺、尚店。

孙家止务乡：孙家止务、姚家止务、赶水坝、郭辛庄、宋家止务、王家止务、姬家止务、河北止务。

2 区（驻红庙）辖 13 个乡、69 个村。

后家湾乡：后家湾、茅草店、红庙。

荒凌庄乡：荒凌庄、东双街、太平庄、刘辛庄、朱庄、段庄、罗庄、前段庄、刘皮庄、邢家营。

庞营乡：庞营、孙小营、黄院、石辛庄、东口头、前口头、北口头。

霍刘赵乡：霍刘赵（霍辛主、刘庄、赵庄）、张庄、周庄、石辛庄。

七百户乡：七百户、西七百户、马各庄、于辛庄、西口头、八百户。

九百户乡：九百户、十百户、后马房、前马房、头百户。

二百户乡：二百户、贾庄、坨子、窝头、起河屯。

香城屯乡：香城屯、田各庄、仓上、黄营。

香椿营回族自治乡：香椿营、董家湾。

五百户乡：五百户、张庄、六百户、曹庄、高辛庄、仉村。

蔡庄乡：蔡庄、夏辛庄、兴隆庄、骡子王、三百户、土山、四百户。

李庄乡：李庄、王家务、吴打庄、前土门楼 后土门楼。

神机马房乡：神机马房、褚庄、马神庙、柴庄、李胡庄。

3 区（驻刘宋）辖 16 个乡、64 个村。

后独立庄乡：后独立庄、前独立庄、大青庄务、小青庄务、兴隆庄、太平庄、商汪甸。

孙营庄乡：孙营庄、赵营庄、顾家屯、杨营庄、韩营庄。

幞头屯乡：幞头屯、吴庄、尹庄、黄庄、北村。

安头屯乡：安头屯。

荆庄乡：荆庄、大田、西王各庄、东王各庄、孙家庄。

铁佛堂乡：铁佛堂。

刘宋乡：刘宋（含吴辛庄）。

中营乡：中营、刘庆屯、程官屯。

北务屯乡：北务屯、小陈庄、辛立屯、德辛庄、刘庄、太平庄。

张庄乡：张庄、倪庄、马庄。

李大人庄乡：李大人庄、刘怀庄、王庄、丁庄、艾庄、桐高村（桐城、高辛庄、高庄）。

王家务乡：王家务、八户。

河北屯乡：河北屯、马庄、裴庄。

张辛庄乡：张辛庄、杨家场、亢家庄。

洞上乡：洞上、后洞上、李辛庄、韩家口、崔庄、九池元、杨庄、黄庄、李各庄。

冯庄乡：冯庄、石薄庄（石庄、薄庄）、肖赶庄（肖庄、赶庄）、三里屯。

4 区（驻金庄）辖 11 个乡、57 个村。

渠口乡：渠口、北渠口、许庄、小鄑、金庄。

大鲁家口乡：大鲁家口、小鲁家口、西魏各庄、东魏各庄、张庄、西河头、唐屯、青户庄、青寺。

王刘鄑乡：王刘鄑、孙各庄、邵庄。

戴家阁乡：戴家阁、牛济河、小高坨、大七里庄、小七里庄、渔阳院、槐园、荣各庄。

宣教寺乡：宣教寺、小河各庄、康庄、店子务、袁官屯、大高坨。

钱旺村乡：钱旺村、达古庄、义井、焦康庄。

阎胡套乡：阎胡套、西梨园、东梨园、三岔口、芦庄、邱庄、韦各庄、炭户庄、高山庄。

石虎辛庄乡：石虎辛庄、固庄、躲各庄、黄沙务。

大河各庄乡：大河各庄、魏家滩、温庄、富各庄。

马家窝乡：东马家窝、西马家窝。

成自务乡：成自务、大六王庄、小六王庄。

5 区（驻蒋辛屯）辖 9 个乡、52 个村。

田贾庄乡：田贾庄、刘庄、袁庄、马房顶、大荒庄、百家湾。

梁家务乡：岭子、三百户、李庄、苍头、梁家务。

五百户乡：蒋辛屯、闻庄、五百户、大窑上、杨簸箕庄。

后建各庄乡：后建各庄、四百户、小尹庄、前建各庄、王庄子、程辛庄。

大马房乡：大马房、后场、六百户、小马房、挠子庄、小祁庄、祁羊店、姬庄、匠庄。

北吴村乡：河北吴村、王店子、头百户。

打鶻户乡：打鶻户、土堡子、前骆驼港、小朱庄、双营、后骆驼港。

南吴村乡：凌家吴村、河南吴村。

冯滦庄乡：冯滦庄、定福庄、西马各庄、东马各庄、王必屯、梁庄、北袁庄、西彭府、东彭府、杨辛庄。

1956 年 7 月，撤区并乡，本县划为 24 个乡镇，分辖 317 个村。香河城关镇 26 个村、五百户乡 13 个村、安平乡 15 个村、王指挥庄乡 11 个村、孙止务乡 14 个村、李庄乡 12 个村、二百户乡 13 个村、北务屯乡 10 个村、刘宋乡 9 个村、荆庄乡 17 个村、安头屯乡 9 个村、东口头乡 18 个村、香椿营乡 6 个村、池屯乡 13 个村、钱旺村乡 9 个村、宣教寺乡 10 个村、渠口乡 8 个村、大鲁家口乡 16 个村、阎胡套乡 13 个村、蒋辛屯乡 20 个村、梁家务乡 10 个村、前骆驼港乡 12 个村、李大人庄乡 17 个村、河北屯乡 16 个村。

1958 年 1 月，将 24 个乡镇合并为 14 个乡镇。即香河城关（镇）、大罗屯、安平、五百户、香椿营、刘宋、荒凌庄、安头屯、幞头屯、渠口、钱旺村、蒋辛屯、梁家务、河北屯。

1958 年 9 月，撤乡镇，建政社合一的人民公社。香河建 4 个人民公社，辖 25 个管理区，232 个生产队。

香河镇人民公社（驻香河镇，辖 6 个管区、51 个大队）。

大罗屯管区：小罗屯、大罗屯、赵庄、前小屯、后小屯、孙止务、吴村、河南止务。

王家摆管区：谭庄、鲁家务、陈辛庄、孙家务、王家摆、六合庄、周庄、贾庄、甘露寺、曹店。

安平管区：安平一街、二街、东庄、四街、后庄、扁城、赶古庄，谢屯、延福屯、草沙河、成辛庄、小友垡。

金辛庄管区：庞营、彭家务（前彭务、后彭务）、黄院、石辛庄、金辛庄、刘庄子。

延寺管区：赵屯、刘庄、雀林院、钳屯、草寺、西延寺、叶屯、池屯、东延寺、尚店、李辛庄、张庄、前延寺。

东北街管区：东北街（城关四街、北岗子、南台、西店、周园）。

钱旺村人民公社（驻钱旺村、辖 9 个管区、92 个大队）。

大鲁家口管区：青户庄、东鲁家口、青寺、西河头、张庄、大鲁口、唐屯、东魏各庄、西魏各庄。

大河各庄管区：袁官屯、宣教寺、小河各庄、大河各庄、魏家滩、富各庄、东马家窝、成自务、温庄。

后建各庄管区：百家湾、王庄子、前建各庄、后建各庄、小尹庄、四百户、闻庄，小窑上、大窑上、杨簸箕庄、程辛庄。

焦康庄管区：钱旺村、大六王庄、马房顶、义井、大高坨、小六王庄、刘庄、大荒庄、袁庄、达古庄、田贾庄、焦康庄、西马家窝、土堡子。

渠口管区：店子务、西梨园、北渠口、邱庄、邵庄、三岔口、东梨园、韦各庄、孙各庄、康庄、王刘鄚、卢庄、小鄚、小高坨、渠口、炭高仙（炭户庄、高山庄、仙人院）。

石虎辛庄管区：躲各庄、固庄、黄沙务、石虎辛庄、阎胡套。

梁家务管区：头百户、王店子、三百户、北吴村、岭子、苍头、梁家务、李庄。

戴家阁管区：小七里庄、大七里庄、渔阳院（含槐园村）、戴家阁、荣各庄、牛济河。

蒋辛屯管区：前骆驼港、打鶴户、双营、后骆驼港、祁羊店、小祁庄、大马房、六百户、后场、小马房、五百户、蒋辛电、姬庄、匠庄。

五百户人民公社（驻五百户，辖 5 个管区、51 个大队）。

二百户管区：二百户、窝头、起河屯、红庙、后家湾、茅草店、头百户、后马房、坨子、贾庄、前马房。

邢家营管区；后土门楼、前土门楼、吴打庄、王家务、李庄、邢家营、荒凌庄、双太庄（东双街、太平庄）。

香椿营管区：香椿营、于辛庄、田各庄、石辛庄、张庄、周庄、香城屯、霍刘赵（霍辛庄、刘庄、赵庄）、仓上。

五百户管区：张庄、仉村、高辛庄、五百户、三百户、夏辛庄、蔡庄、黄营、骡子王、曹庄、四百户、土山、六百户、兴隆庄。

八百户管区：十百户、九百户、马各庄、西口头、八百户、孙小营、东口头、西七百户、东七百户。

安头屯人民公社（驻地安头屯，辖 5 个管区、38 个大队）。

后独立庄管区：后独立庄、前独立庄、东太平庄、兴隆庄、商汪甸、小青庄务、大青务。

幞头屯管区：西王各庄、东王各庄、吴庄、幞头屯、大田、孙家庄、小尹庄、北村、荆庄。

刘宋管区：马庄、刘宋、王家务、倪庄、程官电、张庄。

安头屯管区：孙营庄、赵营庄、铁佛堂、安头屯、黄庄、顾家屯、韩营庄、杨营庄。

北务屯管区；西太平庄、刘庆庄、中营、北务屯、刘庄、德辛庄、新立屯、八户。

1958 年 11 月，香河并入室抵县，全县共建 12 个大型人民公社，含原香河县辖区内的香河镇（香河县城关更名香河镇）、钱旺村、刘宋、五百户 4 社。

1961 年 5 月，将 10 个公社（林亭口、大钟庄两社已划汉沽）划为 38 个公社。原属香河县的 4 社划成刘宋、安头屯、香河镇、李庄、钳屯、五百户、香城屯、渠口、钱旺村、梁家务、蒋辛屯、石虎辛庄、大七里庄、安平、王家摆等 15 个公社，并分别隶香河镇、渠口 2 个工作委员会领导，管理区随之撤销。翌年 3 月，原香河县境内又增加了金辛庄、孙止务两社。

1962 年 6 月，香宝分县，恢复香河县制。辖城关、孙止务、王家摆、安平、钳屯、李庄、五百户、香城屯、刘宋、安头屯、金辛庄、钱旺村、渠口、石虎辛庄、大七里庄、蒋辛屯、梁家务 17 个人民公社共 298 个生产大队。

1968 年 3 月，17 个公社管理委员会更名为公社革命委员会。

1984 年 3 月，公社改乡，共建 4 个镇 13 个乡。即城关镇、安平镇、刘宋镇、渠口镇；大罗屯乡（原孙止务乡）、王家摆乡、钳屯乡、李庄乡、五百户乡、香城屯乡、安头屯乡、金辛庄乡、钱旺村乡、石虎辛庄乡、东鲁家口乡（原大七里乡）、蒋辛屯乡，梁家务乡。辖 300 个行政村和 1 个居民委员会。

（根据 2001 年版《香河县志（1979—2008）》整理）

附录九：

香河与邻县接壤村庄的归属变迁

据史料记载，从1946年至1990年的44年间，与邻县接壤的一些村庄归属多次变更。

1946年1月，河北屯、后洞上、洞上、刘怀庄、李大人庄、桐高村、张辛庄、杨家场、艾庄子、小杨庄、肖赶庄、裴庄、石薄庄、冯庄、马庄、李各庄、小崔庄、李辛庄、韩家口、小黄庄、九池元、亢庄子22个村划归武清县；同年初，原属香河县的牛牧屯、桥上、小沙务、大沙务、黄东仪（含下坡子）、侯东仪（含上坡子）、赵庄、侯各庄、于次9个村划归通县。7月，香河县艾台村划三河县管辖。8月，河北屯等22个村复归香河。

1947年7月，原属宝坻县的荣各庄、商汪甸、前独立庄、东太平庄、东王各庄、西王各庄6个村划归香河县。

1948年4月，河北屯等22个村再划归武清县；翌年3月，复归香河。

1952年10月至1955年9月，先后将东彭家务、西彭家务、王必屯、北袁庄、梁庄、杨辛庄、冯滦庄、定福庄、东马各庄和西马各庄10个村划归三河县、大厂回族自治县（区）。

1956年7月，原属通县、武清的安平（一、二、四街）和扁城（二分之一村）划归香河县。

1958年11月，将香河管辖的罗庄、大友垡、刘皮庄、刘辛庄、朱庄、段庄、前段庄、褚庄、神机马房、马神庙、柴庄、李胡庄、丁庄、东王庄、李大人庄（含刘怀庄）、桐高村（桐城、高辛庄、高庄）、张辛庄、杨家场、艾庄子、亢庄子、三里屯、肖赶庄（肖庄、赶庄）、裴庄、石薄庄（石庄、薄庄）、冯庄、河北屯、马庄、小黄庄、九池元、李各庄、后洞上、洞上、小杨庄、小崔庄、李辛庄和韩家口36个自然村划归武清县。

1962年6月，将宝坻县的庆功台、韩庄、窦庄、卸甲庄、蔡庄、谭家务6个行政村划入香河县。

（根据2001年版《香河县志（1979—2008）》整理）

编纂始末

在奋进新征程、建功新时代的历史时刻，作为中国农村信用社发源地的香河农信人坚定文化自信、勇担社会责任，编写了这部《香河县农村信用社志》，客观真实地记述了香河县农村信用社一百年来的文化基因和行业特点。

2022 年 11 月，香河农商银行成立志书编纂委员会，由党委书记、董事长华国旺任编纂委员会主任，党委副书记、行长李雅卓和纪委书记、监事长王健任副主任， 其他班子成员为委员。编纂委员会下设编纂办公室，负责具体编纂工作。

志书编写，资料为先。为最大限度地收集整理香河县农村信用社成立一百年来的数据、文件、图片、实物等资料，志书编纂人员自 2022 年 11 月开始，协调沟通各部门、各单位关系，先后到人行香河县支行档案室、农行香河县支行档案库、香河县档案局、香河县图书馆、香河农商银行档案库及各支行档案室查阅与香河县农村信用社发展有关的历史档案资料。经反复筛选、提炼、整理、修改，志书初稿于 2023 年 4 月中旬成形。2023 年 5 月末，经香河县方志编纂中心会同香河县历史、金融、法律等方面专家进行初审。2023 年 7 月，复审通过。2023 年 8 月，送方志出版社进入出版流程。

《香河县农村信用社志》主要记述 1923—2023 年香河县农村信用社改革与发展的历史，共 7 篇，分别为组织机构、管理体制、业务经营、内部管理、监督保障、党群文化、人物 荣誉。其中组织机构、管理体制、人物 荣誉篇由张颖主笔，业务经营、内部管理篇由赵丹主笔，监督保障篇由李守杰主笔，党群文化篇由庹稳主笔。图照主要由综合办公室提供。1996 年以后的数据、人物名录、组织沿革等资料由各条线业务部室提供。本志由省联社廊坊审计中心主任李纲作序，王健主编。

《香河县农村信用社志》编写时间紧、任务重，编纂人员自我加压、勇挑重担、不辞辛苦，放弃节假日休息时间，在规定时间内圆满完成志书编纂工作，付出了大量的心血和汗水。在志书编纂过程中，得到了省联社及省联社廊坊审计中心党委的大力支持，香河农商银行党委提供了有力的组织保障，得到了人行香河县支行、农行香河县支行、香河县档案馆、香河县方志编纂中心等单位的大力支持和协助，得到了全辖各部室、各网点、在职及退休职工的全力配合和热情帮助。在此，谨向所有关心支持帮助志书编纂工作的有关单位、部门和个人表示衷心的感谢！

盛世修志、志载盛世，编纂《香河县农村信用社志》是一项全新的工作，由于跨度时间长、涉及内容广、史料搜集难，编纂时间较短，虽然编纂人员加班加点，但因编纂人员专业知识和水平有限，难免有疏漏、错误之处，恳请农信前辈及读者予以批评指正。

《香河县农村信用社志》编纂委员会

2023 年 8 月